中国哲学社会科学学科年鉴
CHINESE ACADEMIC ALMANAC

ALMANAC OF
CHINA'S
POPULATION

中国社会科学院人口与劳动经济研究所 编

中国人口年鉴

2022

中国社会科学出版社

图书在版编目（CIP）数据

中国人口年鉴. 2022 / 中国社会科学院人口与劳动经济研究所编. -- 北京：中国社会科学出版社，2024.6. -- ISBN 978-7-5227-4298-4

Ⅰ.C924.2-54

中国国家版本馆CIP数据核字第2024UP6609号

出 版 人	赵剑英	
责任编辑	姜阿平	
责任校对	李　惠	
责任印制	张雪娇	
出　　版	中国社会科学出版社	
社　　址	北京鼓楼西大街甲158号	
邮　　编	100720	
网　　址	http://www.csspw.cn	
发 行 部	010-84083685	
门 市 部	010-84029450	
经　　销	新华书店及其他书店	
印刷装订	三河市东方印刷有限公司	
版　　次	2024年6月第1版	
印　　次	2024年6月第1次印刷	
开　　本	787×1092　1/16	
印　　张	37	
插　　页	2	
字　　数	1006千字	
定　　价	318.00元	

凡购买中国社会科学出版社图书，如有质量问题请与本社营销中心联系调换
电话：010-84083683
版权所有　侵权必究

《中国人口年鉴》
编委会

主　编：都　阳　中国社会科学院人口与劳动经济研究所所长，研究员、博士生导师
副主编：陆　旸　中国社会科学院人口与劳动经济研究所研究员、博士生导师
委　员：（十八人，按照姓氏笔画升序排列）
　　　　王广州　中国社会科学院人口与劳动经济研究所研究员、博士生导师
　　　　王美艳　中国社会科学院人口与劳动经济研究所副所长，研究员、博士生导师
　　　　刘向兵　中国劳动关系学院党委书记，研究员
　　　　杜　鹏　中国人民大学人口与健康学院院长，教授、博士生导师
　　　　杨伟国　中国人民大学劳动人事学院教授、博士生导师
　　　　杨菊华　中央民族大学民族学与社会学学院教授、博士生导师
　　　　陆　旸　中国社会科学院人口与劳动经济研究所研究员、博士生导师
　　　　陆杰华　北京大学社会学系教授、博士生导师
　　　　张　翼　中国社会科学院社会发展战略研究院院长，研究员、博士生导师
　　　　李　实　浙江大学共享与发展研究院院长，教授、博士生导师
　　　　林　宝　中国社会科学院人口与劳动经济研究所研究员、博士生导师
　　　　罗楚亮　中国人民大学劳动人事学院教授、博士生导师
　　　　段成荣　中国人民大学人口与健康学院教授、博士生导师

都　阳　中国社会科学院人口与劳动经济研究所所长，研究员、博士生导师

徐　芳　首都经济贸易大学党委副书记，教授、博士生导师

高文书　中国社会科学院大学（中国社会科学院研究生院）副校长（副院长），研究员、博士生导师

赖德胜　中共中央党校（国家行政学院）社会和生态文明教研部副主任，教授、博士生导师

蔡　昉　中国社会科学院国家高端智库首席专家、学部委员，研究员、博士生导师

《中国人口年鉴》
编辑部

主　任：陆　旸
编　辑：张　妍　施琛华
地　址：北京市东城区王府井大街27号
邮　编：100006
电　话：010-65263591

编辑说明

时光飞渡，《中国人口年鉴》2022卷携着编辑部各位同仁对读者的良好祝愿，终于与大家见面了。

《中国人口年鉴》始终秉承"收录广泛、资料浓缩、信息密集、内容权威"的原则，以全面、客观、翔实地反映中国人口及相关各项事业的发展概况，以及相关领域的研究状况为己任，继续在学术界和社会各界发挥自己应有的作用。

《中国人口年鉴》2022卷设8个栏目：1. 重要文献；2. 学科综述；3. 年度论文；4. 年度作者；5. 年度课题；6. 大事记；7. 数据；8. 附录。

1. 重要文献。该栏目辑选了2021年度有关人口、老龄工作、教育、乡村人才振兴等方面的重要文献和文件。

2. 学科综述。该栏目收录了7篇文章，内容为2021年度国内外学者在人口学、养老与保障、劳动经济学、劳动关系、人力资源学科、人口经济学、健康经济学等方面的研究进展。

3. 年度论文。该栏目对2021年度人口学、人口经济学和劳动经济学发表的相关论文成果进行推介，基本上反映了2021年人口与劳动经济学学科的研究状况。

4. 年度作者。该栏目推出人口学、人口经济学和劳动经济学的年度作者，该推荐基于这些作者在2021年全年发表在国内权威期刊和顶级期刊上的论文。

5. 年度课题。该栏目涵盖国家社会科学基金项目和国家自然科学基金项目的立项、结项情况。

6. 大事记。该栏目分"2021年世界人口大事记"和"2021年中国人口大事记"两部分内容。

7. 数据。该栏目在2022卷年鉴中所占篇幅最大，其目的在于为读者在时间和空间上提供一个比较平台，以最大限度地发挥统计数据的作用。

8. 附录。该栏目由"会议综述"和"会议动态"两部分组成。

"会议综述"收录了与高质量发展、产教融合、人工智能与当代劳动新发展相关的会议综述。

"会议动态"收录了与卫生健康、劳动经济、人口发展、社会保障、劳动关系相关的会议动态。

9. 本年鉴所载文章、数据，除特殊注明外，均不包括中国台湾省、香港特别行政区、澳门特别行政区以及服现役人员。

10. 《中国人口年鉴》2022卷全书由编辑部统编，副主编陆旸审校，主编都阳审定。

目 录

重要文献

中共中央 国务院关于优化生育政策促进人口长期均衡发展的决定 …………………………（3）
中共中央 国务院关于加强新时代老龄工作的意见 ……………………………………………（8）
推动现代职业教育高质量发展 …………………………………………………………………（14）
积极应对人口老龄化 促进人口均衡发展 ……………………………………………………（19）
全国人民代表大会常务委员会关于修改《中华人民共和国人口与计划生育法》
　　的决定 ………………………………………………………………………………………（24）
加快推进乡村人才振兴 …………………………………………………………………………（26）

学科综述

2021 年人口学研究综述 ……………………… 牛建林　伍海霞　封　婷　刘旭阳　王广州（37）
2021 年养老与保障相关问题研究综述 ………………………………… 韩启民　夏翠翠　林　宝（52）
2021 年劳动经济学研究综述 ………………… 李冰冰　张　琛　马太超　刘金凤　曲　玥（62）
2021 年劳动关系相关问题研究综述 ……………………………………………………… 张　翕（70）
2021 年人力资源学科年度新进展综述 ………………………………………… 蔡翼飞　董庆前（75）
2021 年人口经济学研究综述 ……………………………………………………………… 王智勇（82）
2021 年健康经济学研究综述 ……………………………………………………………… 赵　文（86）

年度论文

2021 年人口学年度论文 …………………………………………………………………………（95）
2021 年人口经济学年度论文 …………………………………………………………………（110）
2021 年劳动经济学年度论文 …………………………………………………………………（120）

1

年度作者

2021 年人口学年度作者 ……………………………………………………………… (166)
2021 年人口经济学年度作者 …………………………………………………………… (169)
2021 年劳动经济学年度作者 …………………………………………………………… (171)

年度课题

…………………………………………………………………………………………… (177)

大事记

2021 年世界人口大事记 ………………………………………………………………… (229)
2021 年中国人口大事记 ………………………………………………………………… (232)

数　据

1. 2021 年全国行政区划 ………………………………………………………………… (247)
2. 2021 年各省、自治区、直辖市人口数及人口自然变动情况 ………………………… (248)
3. 2021 年全国分年龄、性别的人口数 ………………………………………………… (249)
4. 2021 年全国分年龄、性别的人口数（城市） ……………………………………… (253)
5. 2021 年全国分年龄、性别的人口数（镇） ………………………………………… (257)
6. 2021 年全国分年龄、性别的人口数（乡村） ……………………………………… (261)
7. 2021 年各省、自治区、直辖市户数、人口数、性别比和平均家庭户规模 ………… (265)
8. 2021 年各省、自治区、直辖市户数、人口数、性别比和平均家庭户规模
（城市） ……………………………………………………………………………… (267)
9. 2021 年各省、自治区、直辖市户数、人口数、性别比和平均家庭户规模
（镇） ………………………………………………………………………………… (269)
10. 2021 年各省、自治区、直辖市户数、人口数、性别比和平均家庭户规模
（乡村） ……………………………………………………………………………… (271)
11. 2021 年各省、自治区、直辖市按家庭户规模分的户数 …………………………… (273)
12. 2021 年各省、自治区、直辖市的分性别、受教育程度的人口 …………………… (274)
13. 2021 年各省、自治区、直辖市的分性别、受教育程度的人口（城市） ………… (276)
14. 2021 年各省、自治区、直辖市的分性别、受教育程度的人口（镇） …………… (278)
15. 2021 年各省、自治区、直辖市的分性别、受教育程度的人口（乡村） ………… (280)
16. 2021 年各省、自治区、直辖市的分性别、婚姻状况的人口 ……………………… (282)
17. 2021 年各省、自治区、直辖市的分性别、婚姻状况的人口（城市） …………… (284)
18. 2021 年各省、自治区、直辖市的分性别、婚姻状况的人口（镇） ……………… (286)
19. 2021 年各省、自治区、直辖市的分性别、婚姻状况的人口（乡村） …………… (288)

20. 2021年各省、自治区、直辖市的人口城乡构成 …………………………………………（290）
21. 2021年各省、自治区、直辖市人口年龄构成和抚养比 …………………………………（291）
22. 2021年各省、自治区、直辖市人口年龄构成和抚养比（城市）…………………………（292）
23. 2021年各省、自治区、直辖市人口年龄构成和抚养比（镇）……………………………（293）
24. 2021年各省、自治区、直辖市人口年龄构成和抚养比（乡村）…………………………（294）
25. 2021年全国15岁及以上人口分年龄、性别的婚姻状况 …………………………………（295）
26. 2021年全国15岁及以上人口分年龄、性别的婚姻状况（城市）………………………（299）
27. 2021年全国15岁及以上人口分年龄、性别的婚姻状况（镇）…………………………（303）
28. 2021年全国15岁及以上人口分年龄、性别的婚姻状况（乡村）………………………（307）
29. 2017—2021年全国就业基本情况 …………………………………………………………（311）
30. 全国1991—2021年按照三次产业分就业人员数 …………………………………………（312）
31. 全国2000—2021年城镇非私营单位就业人员数 …………………………………………（313）
32. 2021年各省、自治区、直辖市按行业分城镇单位就业人员 ……………………………（314）
33. 1990—2021年各省、自治区、直辖市城镇登记失业人员及失业率 ……………………（316）
34. 全国历年城市社会救济和城市居民最低生活保障 ………………………………………（317）
35. 2021年各省、自治区、直辖市城市居民最低生活保障及其他社会救济 ………………（318）
36. 全国历年农村社会救济和城市居民最低生活保障 ………………………………………（320）
37. 2021年各省、自治区、直辖市农村居民最低生活保障情况 ……………………………（321）
38. 2021年各省、自治区、直辖市特困人员救助供养情况 …………………………………（322）
39. 2021年各省、自治区、直辖市养老机构 …………………………………………………（324）
40. 2021年各省、自治区、直辖市特困人员救助供养机构 …………………………………（326）
41. 2021年各省、自治区、直辖市儿童福利机构 ……………………………………………（328）
42. 2021年各省、自治区、直辖市社会福利院 ………………………………………………（329）
43. 全国1985—2021年结婚登记情况 …………………………………………………………（331）
44. 2021年各省、自治区、直辖市结婚登记服务情况（一）………………………………（332）
45. 2021年各省、自治区、直辖市结婚登记服务情况（二）………………………………（333）
46. 全国1985—2021年离婚办理情况 …………………………………………………………（334）
47. 2021年各省、自治区、直辖市民政部门离婚办理服务情况 ……………………………（335）
48. 2021年各省、自治区、直辖市自然灾害损失情况 ………………………………………（336）
49. 1997—2021年全国社会保险基本情况 ……………………………………………………（337）
50. 2006—2021年全国社会保险基金收支及累计结余 ………………………………………（338）
51. 2021年各省、自治区、直辖市城镇职工基本养老保险情况 ……………………………（340）
52. 1992—2021年全国参加城镇职工基本养老保险人数 ……………………………………（341）
53. 2021年各省、自治区、直辖市城乡居民社会养老保险情况 ……………………………（342）
54. 2021年各省、自治区、直辖市基本医疗保险参保人数 …………………………………（343）
55. 2021年各省、自治区、直辖市基本医疗保险基金收支情况 ……………………………（344）
56. 2021年各省、自治区、直辖市失业保险情况 ……………………………………………（345）
57. 2021年各省、自治区、直辖市工伤保险情况 ……………………………………………（346）

58. 2021年各省、自治区、直辖市生育保险情况 …………………………………………… （347）
59. 2021年各省、自治区、直辖市城镇居民人均可支配收入来源 ……………………… （348）
60. 2021年各省、自治区、直辖市农村居民人均可支配收入来源 ……………………… （349）
61. 2021年各省、自治区、直辖市城镇居民家庭人均消费支出 ………………………… （350）
62. 2021年各省、自治区、直辖市农村居民家庭人均消费支出 ………………………… （351）
63. 2021年各省、自治区、直辖市城镇非私营单位就业人员工资总额和指数 ………… （352）
64. 1995—2021年全国城镇非私营单位就业人员工资总额和指数 …………………… （353）
65. 2021年各省、自治区、直辖市城镇非私营单位就业人员平均工资和指数 ………… （354）
66. 1996—2021年全国城镇单位就业人员平均工资和指数 …………………………… （356）
67. 2021年各省、自治区、直辖市医疗卫生机构数 ……………………………………… （358）
68. 2021年各省、自治区、直辖市医疗卫生机构床位数 ………………………………… （362）
69. 2021年各省、自治区、直辖市卫生人员数 …………………………………………… （363）
70. 2021年各省、自治区、直辖市农村乡镇卫生院及床位、人员数 …………………… （364）
71. 2021年各省、自治区、直辖市村卫生室人员数 ……………………………………… （365）
72. 2021年各省、自治区、直辖市医院诊疗人次数、住院人次数 ……………………… （366）
73. 2021年各省、自治区、直辖市基层医疗卫生机构诊疗人次、住院人次数 ………… （367）
74. 1995—2021年全国卫生总费用情况 ………………………………………………… （368）
75. 2015—2021年全国医院次均门诊费用、人均住院费用 …………………………… （369）
76. 2015—2021年全国综合医院次均门诊费用、人均住院费用 ……………………… （370）
77. 2021年各省、自治区、直辖市医院门诊和住院病人人均医药费用 ………………… （371）
78. 2021年全国城市居民分性别前10位疾病死亡率及死亡原因构成 ………………… （372）
79. 2021年全国农村居民分性别前10位疾病死亡率及死亡原因构成 ………………… （373）
80. 2010—2021年全国儿童保健情况 …………………………………………………… （373）
81. 2021年各省、自治区、直辖市儿童保健情况 ………………………………………… （374）
82. 1994—2021年卫生部监测地区新生儿死亡率、婴儿死亡率、5岁以下儿童和
    孕产妇死亡率 …………………………………………………………………………… （375）
83. 1993—2021年全国孕产妇保健情况 ………………………………………………… （376）
84. 2021年各省、自治区、直辖市孕产妇保健情况 ……………………………………… （377）
85. 2010—2021年全国孕产妇主要疾病死亡率及死因 ………………………………… （378）
86. 2021年29种传染病报告发病及死亡情况 …………………………………………… （379）
87. 全国育龄妇女分年龄、孩次的生育情况
    （2020年11月1日至2021年10月31日） ………………………………………… （380）
88. 全国城市育龄妇女分年龄、孩次的生育情况
    （2020年11月1日至2021年10月31日） ………………………………………… （382）
89. 全国镇育龄妇女分年龄、孩次的生育情况
    （2020年11月1日至2021年10月31日） ………………………………………… （384）
90. 全国乡村龄妇女分年龄、孩次的生育情况
    （2020年11月1日至2021年10月31日） ………………………………………… （386）

91. 全国历年各级各类学校数	(388)
92. 全国历年各级各类学校专任教师数	(389)
93. 全国历年各级各类学校招生数	(390)
94. 全国历年各级各类学校在校学生数	(391)
95. 2021年各省、自治区、直辖市每10万人口各级学校平均在校生数	(392)
96. 全国历年各级各类学校毕业生数	(393)
97. 2021年各省、自治区、直辖市各级普通学校生师比	(394)
98. 1995—2021年义务教育巩固率、高中阶段和高等教育毛入学率	(395)
99. 2021年全国高等教育学生数	(396)
100. 2021年全国各级各类学历教育学生情况	(397)
101. 2021年各省、自治区、直辖市特殊教育基本情况	(399)
102. 2021年各省、自治区、直辖市分性别的15岁及以上文盲人口	(400)
103. 2021年各省、自治区、直辖市分性别的15岁及以上文盲人口（城市）	(401)
104. 2021年各省、自治区、直辖市分性别的15岁及以上文盲人口（镇）	(402)
105. 2021年各省、自治区、直辖市分性别的15岁及以上文盲人口（乡村）	(403)
106. 2021年各省、自治区、直辖市残疾人人口数	(404)
107. 2021年各省、自治区、直辖市残疾人就业情况	(405)
108. 2021年各省、自治区、直辖市残疾人参加城乡社会养老保险情况	(406)
109. 2021年各省、自治区、直辖市托养服务机构建设情况	(407)
110. 2021年各省、自治区、直辖市残疾人法律服务和法律援助	(408)
111. 2021年各省、自治区、直辖市残疾人服务设施建设	(409)
112. 2017—2021年台湾省面积和人口主要指标	(410)
113. 2017—2021年台湾省劳动力和就业状况	(411)
114. 2011—2020年台湾省医院、病床和医务人员情况	(412)
115. 2008—2020年台湾省入学率和教育经费	(412)
116. 2017—2021年香港特别行政区人口主要指标	(413)
117. 2017—2021年香港特别行政区劳动人口及失业状况	(413)
118. 2017—2021年香港特别行政区按行业划分的就业人数	(414)
119. 2017—2021年香港特别行政区按居住国家/地区划分的访港旅客人数	(414)
120. 2017—2021年香港特别行政区医疗卫生条件	(415)
121. 2017—2021年香港特别行政区15岁及以上人口受教育程度	(416)
122. 2017—2021年香港特别行政区行业划分督导级（不包括经理级与专业雇员）及以下副院的工资指数	(417)
123. 2017—2021年香港特别行政区按住房租住权划分的家庭住户数目	(417)
124. 2017—2021年香港特别行政区社会保障情况	(418)
125. 2017—2021年澳门特别行政区人口主要指标	(419)
126. 2017—2021年澳门特别行政区按行业划分的就业人口	(419)
127. 2017—2021年澳门特别行政区经济活动人口及失业状况	(420)

128. 澳门特别行政区按教育机构类别统计的注册学生人数 …………………………………… (420)
129. 2017—2021 年澳门特别行政区医疗卫生条件 …………………………………………… (420)
130. 2019—2021 年澳门特别行政区社会保障情况 …………………………………………… (421)
131. 世界部分国家人口发展趋势 ……………………………………………………………… (422)
132. 世界部分国家性别不平等情况 …………………………………………………………… (426)
133. 发展中国家的多维贫困指数 ……………………………………………………………… (428)
134. 世界部分国家的健康状况 ………………………………………………………………… (430)
135. 世界部分国家的就业状况 ………………………………………………………………… (432)
136. 世界部分国家的失业状况 ………………………………………………………………… (434)
137. 2021 年中国县级最低工资数据 …………………………………………………………… (436)

附　录

会议综述 ……………………………………………………………………………………… (529)
"高质量发展与工会工作"学术研讨会综述 …………………………………………………… (529)
深化产教融合　校企合作推进职业教育高质量发展研讨会会议综述 ……………………… (535)
人工智能与当代劳动新发展
　　——第六届全国劳动人权马克思主义论坛会议综述（三） ………………………… (541)
会议动态 ……………………………………………………………………………………… (548)

索　引
……………………………………………………………………………………………… (567)

Contents

Key Documents

Decision of the Central Committee of The State Council on optimizing the fertility
　　policy and promoting the long-term and balanced development of population .... (3)
Opinions of the CPC Central Committee and The State Council on Strengthening Work on
　　Aging in the New Era .... (8)
Promote high-quality development of modern vocational education .... (14)
Actively respond to the aging population and promote balanced population development .... (19)
Decision of the Standing Committee of the National People's Congress on amending
　　the Population and Family Planning Law of the People's Republic of China .... (24)
Accelerate the revitalization of rural personnel .... (26)

Literature Review

A Review of Demographic Research in
　　2021 .... *Niu Jianlin, Wu Haixia, Feng Ting Liu Xuyang and Wang Guangzhou* (37)
A Review of Old-age Care and Security Research in
　　2021 .... *Han Qimin, Xia Cuicui and Lin Bao* (52)
A Review of Labor Economics Research in
　　2021 .... *Li Bingbing, Zhang Chen, Ma Taichao, Liu Jinfeng and Qu Yue* (62)
A Review of Labor Relations Research in 2021 .... *Zhang Xi* (70)
A Review of the Annual Progress of Human Resource in
　　2021 .... *Cai Yifei and Dong Qingqian* (75)
A Review of Population Economics Research in 2021 .... *Wang Zhiyong* (82)
A Review of Health Economics Research in 2021 .... *Zhao Wen* (86)

Annual Papers

2021 Annual Papers on Demography .... (95)
2021 Annual Papers on Population Economics .... (110)

2021 Annual Papers on Labor Economics ……………………………………………………（120）

Annual Authors

Demographic Annual Authors in 2021 …………………………………………………（166）
Population Economics Annual Authors in 2021 ………………………………………（169）
Labor Economics Annual Authors in 2021 ……………………………………………（171）

Annual Projects

……………………………………………………………………………………………（177）

Events

Major Events of World's Population in 2021 …………………………………………（229）
Major Events of China's Population in 2021 …………………………………………（232）

Data

1. Divisions of Administrative Areas in China（2021）………………………………（247）
2. Total Population and Natural changes by Region（2021）………………………（248）
3. Population by Age and Sex（2021）………………………………………………（249）
4. Population of Cities by Age and Sex（2021）……………………………………（253）
5. Population of Towns by Age and Sex（2021）……………………………………（257）
6. Population of Rural by Age and Sex（2021）……………………………………（261）
7. Households, Population, Sex Ratio and Household Size by Region（2021）……（265）
8. Households, Population, Sex Ratio and Household Size of Cities by Region（2021）……（267）
9. Households, Population, Sex Ratio and Household Size of Towns by Region（2021）……（269）
10. Households, Population, Sex Ratio and Household Size of Rural by Region（2021）……（271）
11. Households by Household Size and Region（2021）……………………………（273）
12. Population by Sex, Education Attainment and Region（2021）…………………（274）
13. Cities Population by Sex, Education Attainment and Region（2021）…………（276）
14. Towns Population by Sex, Education Attainment and Region（2021）…………（278）
15. Rural Population by Sex, Education Attainment and Region（2021）…………（280）
16. Population by Sex, Marital Status and Region（2021）…………………………（282）
17. Cities Population by Sex, Marital Status and Region（2021）…………………（284）
18. Towns Population by Sex, Marital Status and Region（2021）…………………（286）
19. Rural Population by Sex, Marital Status and Region（2021）…………………（288）
20. Population by Urban and Rural Residence and Region（2021）………………（290）

No.	Title	Page
21.	Age Composition and Dependency Ratio of Population by Region (2021)	(291)
22.	Age Composition and Dependency Ratio of Cities Population by Region (2021)	(292)
23.	Age Composition and Dependency Ratio of Towns Population by Region (2021)	(293)
24.	Age Composition and Dependency Ratio of Rural Population by Region (2021)	(294)
25.	Population Aged 15 and Over by Age, Sex and Marital Status (2021)	(295)
26.	Cities Population Aged 15 and Over by Age, Sex and Marital Status (2021)	(299)
27.	Towns Population Aged 15 and Over by Age, Sex and Marital Status (2021)	(303)
28.	Rural Population Aged 15 and Over by Age, Sex and Marital Status (2021)	(307)
29.	Employment (2017–2021)	(311)
30.	Number of Employment Persons by Three Strata of Industry (1991–2021)	(312)
31.	Number of Employment Persons in Non-private Units (2000–2021)	(313)
32.	Number of Employment Persons in Urban Units by Sector and Region (2021)	(314)
33.	Number of Employment Persons and Unemployed Rate in Urban Area by Region (1990–2021)	(316)
34.	Urban Social Relief and Minimum Life Guarantee	(317)
35.	Urban Minimum Life Guarantee and Other Social Relief by Region (2021)	(318)
36.	Rural Social Relief and Minimum Life Guarantee	(320)
37.	Rural Minimum Life Guarantee by Region (2021)	(321)
38.	Support for Especially Poor Persons by Region (2021)	(322)
39.	Pension Institutions by Region (2021)	(324)
40.	Support Institutions for Rural Especially Poor Persons by Region (2021)	(326)
41.	Child Welfare Institutions by Region (2021)	(328)
42.	Social Welfare Institutions by Region (2021)	(329)
43.	Marriage Registration (1985–2021)	(331)
44.	Marriage Registration by Region (1) (2021)	(332)
45.	Marriage Registration by Region (2) (2021)	(333)
46.	Divorce handled by Civil Affairs System (1985–2021)	(334)
47.	Divorce handled by Civil Affairs System by Region (2021)	(335)
48.	Natural Disasters Losses by Region (2021)	(336)
49.	Basic Statistics of Social Insurance (1997–2021)	(337)
50.	Revenue, Expenses and Balance of Social Insurance Fund (2006–2021)	(338)
51.	Urban Employee Basic Pension Insurance by Region (2021)	(340)
52.	Number of People Participated in Urban Basic Pension Insurance (1992–2021)	(341)
53.	Basic Pension Insurance for Urban and Rural Residents by Region (2021)	(342)
54.	Number of People Participated in Urban Basic Medical Insurance by Region (2021)	(343)
55.	Revenue and Expenses of Urban Basic Medical Insurance by Region (2021)	(344)
56.	Unemployment Insurance by Region (2021)	(345)

57. Work-related Injury Insurance by Region (2021) ······ (346)
58. Maternity Insurance by Region (2021) ······ (347)
59. Per Capita Disposable Income of Urban Households by Sources and Region (2021) ······ (348)
60. Per Capita Disposable Income of Rural Households by Sources and Region (2021) ······ (349)
61. Per Capita Consumption Expenditure of Urban Households by Region (2021) ······ (350)
62. Per Capita Consumption Expenditure of Rural Households by Region (2021) ······ (351)
63. Total Wages of Employed Persons in Urban Units and Related Indices by Region (2021) ······ (352)
64. Total Wages of Employed Persons in Urban Units and Related Indices (1995–2021) ······ (353)
65. Average Wages of Employed Persons in Urban Units and Related Indices by Region (2021) ······ (354)
66. Average Wages of Employed Persons in Urban Units and Related Indices (1996–2021) ······ (356)
67. Number of Medical and Health Institutions by Region (2021) ······ (358)
68. Number of Beds in Medical and Health Institutions by Region (2021) ······ (362)
69. Number of Health Personnel by Region (2021) ······ (363)
70. Number of Township Health Centers, Beds and Personnel by Region (2021) ······ (364)
71. Number of Personnel in Village Clinics by Region (2021) ······ (365)
72. Number of Visits and Inpatients in Hospitals by Region (2021) ······ (366)
73. Number of Visits and Inpatients in Grass-roots Health Care Institutions by Region (2021) ······ (367)
74. National Health Expenditure (1995–2021) ······ (368)
75. Average Medical Expense Per Outpatient in Hospitals (2015–2021) ······ (369)
76. Average Medical Expense Per Outpatient in General Hospitals by Grade (2015–2021) ······ (370)
77. Average Medical Expense Per Outpatient in Hospitals by Region (2021) ······ (371)
78. Death Rate of 10 Main Diseases in Urban (2021) ······ (372)
79. Death Rate of 10 Main Diseases in Rural (2021) ······ (373)
80. Child Health (2010–2021) ······ (373)
81. Child Health by Region (2021) ······ (374)
82. Neonatal Mortality Rate, Infant Mortality Rate of Children Under 5-year and Maternal Mortality Rate in Surveillance Region (1994–2021) ······ (375)
83. Maternal Health (1993–2021) ······ (376)
84. Maternal Health by Region (2021) ······ (377)
85. National Maternal Mortality Rate and Causes of Death from Major Diseases (2010–2021) ······ (378)

86. Number of Reported Incidence and Death of 29 Infectious Diseases (2021)	(379)
87. Age-specific Fertility Rate of Women at Childbearing Ages by Age of Mother and Birth Order (November 1, 2020 – October 31, 2021)	(380)
88. Age-specific Fertility Rate of City Women at Childbearing Ages by Age of Mother and Birth Order (November 1, 2020 – October 31, 2021)	(382)
89. Age-specific Fertility Rate of Town Women at Childbearing Ages by Age of Mother and Birth Order (November 1, 2020 – October 31, 2021)	(384)
90. Age-specific Fertility Rate of Rural Women at Childbearing Ages by Age of Mother and Birth Order (November 1, 2020 – October 31, 2021)	(386)
91. Number of Schools by Level and Type of School	(388)
92. Number of Full-time Teachers by Level and Type of School	(389)
93. Number of New Students Enrolment by Level and Type of School	(390)
94. Number of Students Enrolment by Level and Type of School	(391)
95. Number of Students Per 100 000 Population by Region (2021)	(392)
96. Number of Graduates by Level and Type of School	(393)
97. Student-teachers Ratio by Level of Regular Schools by Region	(394)
98. Retention rate of compulsory education and Gross enrollment rate of High School and higher education (1995 – 2021)	(395)
99. Number of Students in Regular Institutions of Higher Education (2021)	(396)
100. Basic Statistics on Students by Level and Type of Education (2021)	(397)
101. Basic Statistics on Special Education by Region (2021)	(399)
102. Illiterate Population Aged 15 and Over by Sex and Region (2021)	(400)
103. Cities Illiterate Population Aged 15 and Over by Sex and Region (2021)	(401)
104. Town Illiterate Population Aged 15 and Over by Sex and Region (2021)	(402)
105. Rural Illiterate Population Aged 15 and Over by Sex and Region (2021)	(403)
106. Population of Persons with Disabilities by Region (2021)	(404)
107. Employment of Persons with Disabilities by Region (2021)	(405)
108. Participation of Persons with Disabilities in Social Insurance by Region (2021)	(406)
109. Development of Nursing Care Service Institutions by Region (2021)	(407)
110. Legal Service and Legal Aid for Persons with Disabilities by Region (2021)	(408)
111. Service Facilities for Persons with Disabilities by Region (2021)	(409)
112. Main Indicators of Area and Population of Taiwan Province (2017 – 2021)	(410)
113. Labor Force and Employment of Taiwan Province (2017 – 2021)	(411)
114. Hospitals, Beds and Medical Personnel of Taiwan Province (2011 – 2020)	(412)
115. New Enrollment Rate and Education Funding of Taiwan Province (2008 – 2020)	(412)
116. Main Indicators of Population of Hong Kong Special Administrative Region (2017 – 2021)	(413)

117. Labor Force and Unemployment of Hong Kong Special Administrative Region
（2017－2021） ·· （413）
118. Number of Employed Persons by Industry of Hong Kong Special Administrative Region
（2017－2021） ·· （414）
119. Number of Visitor Arrivals by Country/Territory of Hong Kong Special Administrative
Region （2017－2021） ··· （414）
120. Health Conditions of Hong Kong Special Administrative Region （2017－2021） ········· （415）
121. Educational Attainment of Population Aged 15 and Above of Hong Kong Special
Administrative Region （2017－2021） ·· （416）
122. Wages Index of Employees at Supervisory Level and Below by Industry of Hong Kong
Special Administrative Region （2017－2021） ···································· （417）
123. Number of Households by Right of Dwelling of Hong Kong Special Administrative
Region （2017－2021） ··· （417）
124. Social Security Situation of Hong Kong Special Administrative Region
（2017－2021） ·· （418）
125. Main Indicators of Population of Macao Special Administrative Region
（2017－2021） ·· （419）
126. Employment Population by Industry of Macao Special Administrative Region
（2017－2021） ·· （419）
127. Labor Force and Unemployment of Macao Special Administrative Region
（2017－2021） ·· （420）
128. Students Enrolment by Type of Educational Institution of Macao Special
Administrative Region ··· （420）
129. Medical and Health Conditions of Macao Special Administrative Region
（2017－2021） ·· （420）
130. Social Security Situation of Macao Special Administrative Region （2019－2021） ········ （421）
131. Demographic Trends in Some Countries of the World ································· （422）
132. Gender Inequality in Some Countries of the World ···································· （426）
133. Multidimensional Poverty Index for Developing Countries ···························· （428）
134. Health in Some Countries of the World ·· （430）
135. Employment in Some Countries of the World ·· （432）
136. Unemployment in Some Countries of the World ··· （434）
137. County-level Minimum Wage of China （2021） ··· （436）

Appendix

Conference Summary ·· （529）
Summary of the symposium on "High-quality Development and Trade Union Work" ············ （529）

Deepening the integration of production and education, school-Enterprise Cooperation, Promoting
　　the high-quality development of vocational education Seminar Overview of the conference
　　dynamics ·· (535)
Artificial Intelligence and New Development of Contemporary Labor-Summary of the 6th National
　　Marxist Forum on Labor Human Rights (Ⅲ) ·· (541)
Conference News ·· (548)

Index

·· (567)

重要文献

中共中央 国务院
关于优化生育政策
促进人口长期均衡发展的决定

（二〇二一年六月二十六日）

人口发展是关系中华民族发展的大事情。为贯彻落实党的十九大和十九届二中、三中、四中、五中全会精神，促进人口长期均衡发展，现就优化生育政策，实施一对夫妻可以生育三个子女政策，并取消社会抚养费等制约措施、清理和废止相关处罚规定，配套实施积极生育支持措施（以下简称实施三孩生育政策及配套支持措施），作出如下决定。

一 充分认识优化生育政策、促进人口长期均衡发展的重大意义

党和国家始终坚持人口与发展综合决策，科学把握人口发展规律，坚持计划生育基本国策，有力促进了经济发展和社会进步，为全面建成小康社会奠定了坚实基础。党的十八大以来，党中央高度重视人口问题，根据我国人口发展变化形势，作出逐步调整完善生育政策、促进人口长期均衡发展的重大决策，各项工作取得显著成效。当前，进一步适应人口形势新变化和推动高质量发展新要求，实施三孩生育政策及配套支持措施，具有重大意义。

（一）有利于改善人口结构，落实积极应对人口老龄化国家战略。老龄化是全球性人口发展大趋势，也是我国发展面临的重大挑战。预计"十四五"期间我国人口将进入中度老龄化阶段，2035年前后进入重度老龄化阶段，将对经济运行全领域、社会建设各环节、社会文化多方面产生深远影响。实施三孩生育政策及配套支持措施，有利于释放生育潜能，减缓人口老龄化进程，促进代际和谐，增强社会整体活力。

（二）有利于保持人力资源禀赋优势，应对世界百年未有之大变局。人口是社会发展的主体，也是影响经济可持续发展的关键变量。实施三孩生育政策及配套支持措施，有利于未来保持适度人口总量和劳动力规模，更好发挥人口因素的基础性、全局性、战略性作用，为高质量发展提供有效人力资本支撑和内需支撑。

（三）有利于平缓总和生育率下降趋势，推动实现适度生育水平。群众生育观念已总体转向少生优育，经济负担、子女照料、女性对职业发展的担忧等成为制约生育的主要因素。实施三孩生育政策及配套支持措施，促进生育政策与相关经济社会政策同向发力，有利于满足更多家庭的生育意愿，有利于提振生育水平。

（四）有利于巩固全面建成小康社会成果，促进人与自然和谐共生。今后一个时期，我国人口众多的基本国情不会改变，人口与资源环境承载力仍然处于紧平衡状态，脱贫地区以及一些生态脆弱、资源匮乏地区人口与发展矛盾仍然比较突出。实施三孩生育政策及配套支持措施，

有利于进一步巩固脱贫攻坚和全面建成小康社会成果，引导人口区域合理分布，促进人口与经济、社会、资源、环境协调可持续发展。

二　指导思想、主要原则和目标

（五）指导思想。坚持以习近平新时代中国特色社会主义思想为指导，立足新发展阶段、贯彻新发展理念、构建新发展格局，实施积极应对人口老龄化国家战略，实施三孩生育政策及配套支持措施，改革服务管理制度，提升家庭发展能力，推动实现适度生育水平，促进人口长期均衡发展，为建设富强民主文明和谐美丽的社会主义现代化强国、实现中华民族伟大复兴的中国梦提供坚实基础和持久动力。

（六）主要原则

——以人民为中心。顺应人民群众期盼，积极稳妥推进优化生育政策，促进生育政策协调公平，满足群众多元化的生育需求，将婚嫁、生育、养育、教育一体考虑，切实解决群众后顾之忧，释放生育潜能，促进家庭和谐幸福。

——以均衡为主线。把促进人口长期均衡发展摆在全党全国工作大局、现代化建设全局中谋划部署，兼顾多重政策目标，统筹考虑人口数量、素质、结构、分布等问题，促进人口与经济、社会、资源、环境协调可持续发展，促进人的全面发展。

——以改革为动力。着眼于我国人口发展面临的突出矛盾和问题，着眼于现代化建设战略安排，深化改革，破除影响人口长期均衡发展的思想观念、政策法规、体制机制等制约因素，提高人口治理能力和水平。

——以法治为保障。坚持重大改革于法有据、依法实施，将长期以来党领导人民在统筹解决人口问题方面的创新理念、改革成果、实践经验转化为法律，保障人民群众合法权益，保障新时代人口工作行稳致远，保障人口发展战略目标顺利实现。

（七）主要目标

到2025年，积极生育支持政策体系基本建立，服务管理制度基本完备，优生优育服务水平明显提高，普惠托育服务体系加快建设，生育、养育、教育成本显著降低，生育水平适当提高，出生人口性别比趋于正常，人口结构逐步优化，人口素质进一步提升。

到2035年，促进人口长期均衡发展的政策法规体系更加完善，服务管理机制运转高效，生育水平更加适度，人口结构进一步改善。优生优育、幼有所育服务水平与人民群众对美好生活的需要相适应，家庭发展能力明显提高，人的全面发展取得更为明显的实质性进展。

三　组织实施好三孩生育政策

（八）依法实施三孩生育政策。修改《中华人民共和国人口与计划生育法》，提倡适龄婚育、优生优育，实施三孩生育政策。各省（自治区、直辖市）综合考虑本地区人口发展形势、工作基础和政策实施风险，做好政策衔接，依法组织实施。

（九）取消社会抚养费等制约措施。取消社会抚养费，清理和废止相关处罚规定。将入户、入学、入职等与个人生育情况全面脱钩。依法依规妥善处理历史遗留问题。对人口发展与经济、社会、资源、环境矛盾较为突出的地区，加强宣传倡导，促进相关惠民政策与生育政策有效衔接，精准做好各项管理服务。

（十）建立健全人口服务体系。以"一老一小"为重点，建立健全覆盖全生命周期的人口服务体系。加强基层服务管理体系和能力建设，增强抚幼养老功能。落实生育登记制度，做好生育咨询指导。推进出生医学证明、儿童预防接种、户口登记、医保参保、社保卡申领等"出生一件事"联办。

（十一）加强人口监测和形势研判。完善国家生命登记管理制度，健全覆盖全人群、全生命周期的人口监测体系，密切监测生育形势和人口变动趋势。依托国家人口基础信息库等平台，实现教育、公安、民政、卫生健康、医保、社保等人口服务基础信息融合共享、动态更新。建立人口长期均衡发展指标体系，健全人口预测预警制度。

四 提高优生优育服务水平

（十二）保障孕产妇和儿童健康。全面落实妊娠风险筛查与评估、高危孕产妇专案管理、危急重症救治、孕产妇死亡个案报告和约谈通报等母婴安全五项制度。实施妇幼健康保障工程，加快推进各级妇幼保健机构标准化建设和规范化管理，加强危重孕产妇、新生儿救治能力及儿科建设，夯实县乡村三级基层网络，加快补齐生育相关公共服务短板。促进生殖健康服务融入妇女健康管理全过程。加强儿童保健门诊标准化、规范化建设，加强对儿童青少年近视、营养不均衡、龋齿等风险因素和疾病的筛查、诊断、干预。做好儿童基本医疗保障工作。

（十三）综合防治出生缺陷。健全出生缺陷防治网络，落实三级预防措施。加强相关知识普及和出生缺陷防控咨询，强化婚前保健，推进孕前优生健康检查，加强产前筛查和诊断，推动围孕期、产前产后一体化管理服务和多学科协作。扩大新生儿疾病筛查病种范围，促进早筛早诊早治。做好出生缺陷患儿基本医疗和康复救助工作。

（十四）规范人类辅助生殖技术应用。强化规划引领，严格技术审批，建设供需平衡、布局合理的人类辅助生殖技术服务体系。加强人类辅助生殖技术服务监管，严格规范相关技术应用。开展孕育能力提升专项攻关，规范不孕不育诊治服务。

五 发展普惠托育服务体系

（十五）建立健全支持政策和标准规范体系。将婴幼儿照护服务纳入经济社会发展规划，强化政策引导，通过完善土地、住房、财政、金融、人才等支持政策，引导社会力量积极参与。以市地级行政区为单位制定整体解决方案，建立工作机制，推进托育服务健康发展。加大专业人才培养力度，依法逐步实行从业人员职业资格准入制度。发展智慧托育等新业态，培育托育服务、乳粉奶业、动画设计和制作等行业民族品牌。

（十六）大力发展多种形式的普惠服务。发挥中央预算内投资的引导和撬动作用，推动建设一批方便可及、价格可接受、质量有保障的托育服务机构。支持有条件的用人单位为职工提供托育服务。鼓励国有企业等主体积极参与各级政府推动的普惠托育服务体系建设。加强社区托育服务设施建设，完善居住社区婴幼儿活动场所和服务设施。制定家庭托育点管理办法。支持隔代照料、家庭互助等照护模式。支持家政企业扩大育儿服务。鼓励和支持有条件的幼儿园招收 2 至 3 岁幼儿。

（十七）加强综合监管。各类机构开展婴幼儿照护服务必须符合国家和地方相关标准和规范，并对婴幼儿安全和健康负主体责任。地方政府要承担监管责任，建立健全登记备案制度、信息公示制度、评估制度，加强动态管理，建立机构关停等特殊情况应急处置机制。

六　降低生育、养育、教育成本

（十八）完善生育休假与生育保险制度。严格落实产假、哺乳假等制度。支持有条件的地方开展父母育儿假试点，健全假期用工成本分担机制。继续做好生育保险对参保女职工生育医疗费用、生育津贴待遇等的保障，做好城乡居民医保参保人生育医疗费用保障，减轻生育医疗费用负担。

（十九）加强税收、住房等支持政策。结合下一步修改个人所得税法，研究推动将 3 岁以下婴幼儿照护费用纳入个人所得税专项附加扣除。地方政府在配租公租房时，对符合当地住房保障条件且有未成年子女的家庭，可根据未成年子女数量在户型选择等方面给予适当照顾。地方政府可以研究制定根据养育未成年子女负担情况实施差异化租赁和购买房屋的优惠政策。

（二十）推进教育公平与优质教育资源供给。推进城镇小区配套幼儿园治理，持续提升普惠性幼儿园覆盖率，适当延长在园时长或提供托管服务。推进义务教育优质均衡发展和城乡一体化，有效解决"择校热"难题。依托学校教育资源，以公益普惠为原则，全面开展课后文体活动、社会实践项目和托管服务，推动放学时间与父母下班时间衔接。改进校内教学质量和教育评价，将学生参加课外培训频次、费用等情况纳入教育督导体系。平衡家庭和学校教育负担，严格规范校外培训。

（二十一）保障女性就业合法权益。规范机关、企事业等用人单位招录、招聘行为，促进妇女平等就业。落实好《女职工劳动保护特别规定》，定期开展女职工生育权益保障专项督查。为因生育中断就业的女性提供再就业培训公共服务。将生育友好作为用人单位承担社会责任的重要方面，鼓励用人单位制定有利于职工平衡工作和家庭关系的措施，依法协商确定有利于照顾婴幼儿的灵活休假和弹性工作方式。适时对现行有关休假和工作时间的政策规定进行相应修改完善。

七　加强政策调整有序衔接

（二十二）维护好计划生育家庭合法权益。对全面两孩政策调整前的独生子女家庭和农村计划生育双女家庭，继续实行现行各项奖励扶助制度和优惠政策。探索设立独生子女父母护理假制度。加强立法，保障响应党和国家号召、实行计划生育家庭的合法权益。

（二十三）建立健全计划生育特殊家庭全方位帮扶保障制度。根据经济社会发展水平等因素，实行特别扶助制度扶助标准动态调整。对符合条件的计划生育特殊家庭成员，落实基本养老、基本医疗保障相关政策；优先安排入住公办养老机构，提供无偿或低收费托养服务；对住房困难的，优先纳入住房保障。有条件的地方可对计划生育特殊家庭成员中的生活长期不能自理、经济困难的老年人发放护理补贴。落实好扶助所需资金，有条件的地方可探索建立公益金或基金，重点用于帮扶计划生育特殊家庭。

（二十四）建立健全政府主导、社会组织参与的扶助关怀工作机制。通过公开招投标方式，支持有资质的社会组织接受计划生育特殊家庭委托，开展生活照料、精神慰藉等服务，依法代办入住养老机构、就医陪护等事务。深入开展"暖心行动"。建立定期巡访制度，落实计划生育特殊家庭"双岗"联系人制度，扎牢织密帮扶安全网。

八　强化组织实施保障

（二十五）加强党的领导。各级党委和政府要提高政治站位，增强国情、国策意识，坚持一把手亲自抓、负总责，坚持和完善目标管理责任制，加强统筹规划、政策协调和工作落实，推动出台积极生育支持措施，确保责任到位、措施到位、投入到位、落实到位。

（二十六）动员社会力量。加强政府和社会协同治理，充分发挥工会、共青团、妇联等群团组织在促进人口发展、家庭建设、生育支持等方面的重要作用。积极发挥计划生育协会作用，加强基层能力建设，做好宣传教育、生殖健康咨询服务、优生优育指导、计划生育家庭帮扶、权益维护、家庭健康促进等工作。鼓励社会组织开展健康知识普及、婴幼儿照护服务等公益活动。以满足老年人生活需求和营造婴幼儿健康成长环境为导向，开展活力发展城市创建活动。

（二十七）深化战略研究。面向建设社会主义现代化强国和实现中华民族伟大复兴，持续深化国家人口中长期发展战略和区域人口发展规划研究，完善人口空间布局，优化人力资源配置。加强新时代中国特色人口学科和理论体系建设，发展人口研究高端智库，促进国际交流合作。

（二十八）做好宣传引导。加强政策宣传解读，把各地区各部门和全社会的思想行动统一到党中央重大决策部署上来，引导社会各界正确认识人口的结构性变化，弘扬主旋律、汇聚正能量，及时妥善回应社会关切，营造良好氛围。弘扬中华民族传统美德，尊重生育的社会价值，提倡适龄婚育、优生优育，鼓励夫妻共担育儿责任，破除高价彩礼等陈规陋习，构建新型婚育文化。

（二十九）加强工作督导。各省（自治区、直辖市）要按照本决定要求，制定实施方案，狠抓任务落实，及时研究解决苗头性、倾向性问题，确保优化生育政策取得积极成效。各省（自治区、直辖市）党委和政府每年要向党中央、国务院报告本地区人口工作情况，中央将适时开展督查。

（新华社北京7月20日电）
（原文刊载于《人民日报》2021年7月21日）

中共中央 国务院
关于加强新时代老龄工作的意见

(2021 年 11 月 18 日)

有效应对我国人口老龄化，事关国家发展全局，事关亿万百姓福祉，事关社会和谐稳定，对于全面建设社会主义现代化国家具有重要意义。为实施积极应对人口老龄化国家战略，加强新时代老龄工作，提升广大老年人的获得感、幸福感、安全感，现提出如下意见。

一 总体要求

（一）指导思想。以习近平新时代中国特色社会主义思想为指导，深入贯彻党的十九大和十九届二中、三中、四中、五中、六中全会精神，加强党对老龄工作的全面领导，坚持以人民为中心，将老龄事业发展纳入统筹推进"五位一体"总体布局和协调推进"四个全面"战略布局，实施积极应对人口老龄化国家战略，把积极老龄观、健康老龄化理念融入经济社会发展全过程，加快建立健全相关政策体系和制度框架，大力弘扬中华民族孝亲敬老传统美德，促进老年人养老服务、健康服务、社会保障、社会参与、权益保障等统筹发展，推动老龄事业高质量发展，走出一条中国特色积极应对人口老龄化道路。

（二）工作原则。

——坚持党委领导、各方参与。在党委领导下，充分发挥政府在推进老龄事业发展中的主导作用，社会参与，全民行动，提供基本公益性产品和服务。充分发挥市场机制作用，提供多元化产品和服务。注重发挥家庭养老、个人自我养老的作用，形成多元主体责任共担、老龄化风险梯次应对、老龄事业人人参与的新局面。

——坚持系统谋划、综合施策。坚持应对人口老龄化和促进经济社会发展相结合，坚持满足老年人需求和解决人口老龄化问题相结合，确保各项政策制度目标一致、功能协调、衔接配套，努力实现老有所养、老有所医、老有所为、老有所学、老有所乐，让老年人共享改革发展成果、安享幸福晚年。

——坚持整合资源、协调发展。构建居家社区机构相协调、医养康养相结合的养老服务体系和健康支撑体系，大力发展普惠型养老服务，促进资源均衡配置。推动老龄事业与产业、基本公共服务与多样化服务协调发展，统筹好老年人经济保障、服务保障、精神关爱、作用发挥等制度安排。

——坚持突出重点、夯实基层。聚焦解决老年人健康养老最紧迫的问题，坚持保基本、促公平、提质量，尽力而为、量力而行，确保人人享有基本养老服务和公共卫生服务。推动老龄工作重心下移、资源下沉，推进各项优质服务资源向老年人的身边、家边和周边聚集，确保老龄工作有人抓、老年人事情有人管、老年人困难有人帮。

二 健全养老服务体系

（三）创新居家社区养老服务模式。以居家养老为基础，通过新建、改造、租赁等方式，提升社区养老服务能力，着力发展街道（乡镇）、城乡社区两级养老服务网络，依托社区发展以居家为基础的多样化养老服务。地方政府负责探索并推动建立专业机构服务向社区、家庭延伸的模式。街道社区负责引进助餐、助洁等方面为老服务的专业机构，社区组织引进相关护理专业机构开展居家老年人照护工作；政府加强组织和监督工作。政府要培育为老服务的专业机构并指导其规范发展，引导其按照保本微利原则提供持续稳定的服务。充分发挥社区党组织作用，探索"社区＋物业＋养老服务"模式，增加居家社区养老服务有效供给。结合实施乡村振兴战略，加强农村养老服务机构和设施建设，鼓励以村级邻里互助点、农村幸福院为依托发展互助式养老服务。

（四）进一步规范发展机构养老。各地要通过直接建设、委托运营、购买服务、鼓励社会投资等多种方式发展机构养老。加强光荣院建设。公办养老机构优先接收经济困难的失能（含失智，下同）、孤寡、残疾、高龄老年人以及计划生育特殊家庭老年人、为社会作出重要贡献的老年人，并提供符合质量和安全标准的养老服务。建立健全养老服务标准和评价体系，加强对养老机构建设和运营的监管。研究制定养老机构预收服务费用管理政策，严防借养老机构之名圈钱、欺诈等行为。

（五）建立基本养老服务清单制度。各地要根据财政承受能力，制定基本养老服务清单，对健康、失能、经济困难等不同老年人群体，分类提供养老保障、生活照料、康复照护、社会救助等适宜服务。清单要明确服务对象、服务内容、服务标准和支出责任，并根据经济社会发展和科技进步进行动态调整。2022年年底前，建立老年人能力综合评估制度，评估结果在全国范围内实现跨部门互认。

（六）完善多层次养老保障体系。扩大养老保险覆盖面，逐步实现基本养老保险法定人员全覆盖。尽快实现企业职工基本养老保险全国统筹。健全基本养老保险待遇调整机制，保障领取待遇人员基本生活。大力发展企业（职业）年金，促进和规范发展第三支柱养老保险。探索通过资产收益扶持制度等增加农村老年人收入。

三 完善老年人健康支撑体系

（七）提高老年人健康服务和管理水平。在城乡社区加强老年健康知识宣传和教育，提升老年人健康素养。做好国家基本公共卫生服务项目中的老年人健康管理和中医药健康管理服务。加强老年人群重点慢性病的早期筛查、干预及分类指导，开展老年口腔健康、老年营养改善、老年痴呆防治和心理关爱行动。提高失能、重病、高龄、低收入等老年人家庭医生签约服务覆盖率，提高服务质量。扩大医联体提供家庭病床、上门巡诊等居家医疗服务的范围，可按规定报销相关医疗费用，并按成本收取上门服务费。积极发挥基层医疗卫生机构为老年人提供优质中医药服务的作用。加强国家老年医学中心建设，布局若干区域老年医疗中心。加强综合性医院老年医学科建设，2025年二级及以上综合性医院设立老年医学科的比例达到60%以上。通过新建改扩建、转型发展，加强老年医院、康复医院、护理院（中心、站）以及优抚医院建设，建立医疗、康复、护理双向转诊机制。加快建设老年友善医疗机构，方便老年人看病就医。

（八）加强失能老年人长期照护服务和保障。完善从专业机构到社区、家庭的长期照护服务模式。按照实施国家基本公共卫生服务项目的有关要求，开展失能老年人健康评估与健康服务。依托护理院（中心、站）、社区卫生服务中心、乡镇卫生院等医疗卫生机构以及具备服务能力的养老服务机构，为失能老年人提供长期照护服务。发展"互联网＋照护服务"，积极发展家庭养老床位和护理型养老床位，方便失能老年人照护。稳步扩大安宁疗护试点。稳妥推进长期护理保险制度试点，指导地方重点围绕进一步明确参保和保障范围、持续健全多元筹资机制、完善科学合理的待遇政策、健全待遇支付等相关标准及管理办法、创新管理和服务机制等方面，加大探索力度，完善现有试点，积极探索建立适合我国国情的长期护理保险制度。

（九）深入推进医养结合。卫生健康部门与民政部门要建立医养结合工作沟通协调机制。鼓励医疗卫生机构与养老机构开展协议合作，进一步整合优化基层医疗卫生和养老资源，提供医疗救治、康复护理、生活照料等服务。支持医疗资源丰富地区的二级及以下医疗机构转型，开展康复、护理以及医养结合服务。鼓励基层积极探索相关机构养老床位和医疗床位按需规范转换机制。根据服务老年人的特点，合理核定养老机构举办的医疗机构医保限额。2025年年底前，每个县（市、区、旗）有1所以上具有医养结合功能的县级特困人员供养服务机构。符合条件的失能老年人家庭成员参加照护知识等相关职业技能培训的，按规定给予职业培训补贴。创建一批医养结合示范项目。

四　促进老年人社会参与

（十）扩大老年教育资源供给。将老年教育纳入终身教育体系，教育部门牵头研究制定老年教育发展政策举措，采取促进有条件的学校开展老年教育、支持社会力量举办老年大学（学校）等办法，推动扩大老年教育资源供给。鼓励有条件的高校、职业院校开设老年教育相关专业和课程，加强学科专业建设与人才培养。编写老年教育相关教材。依托国家开放大学筹建国家老年大学，搭建全国老年教育资源共享和公共服务平台。创新机制，推动部门、行业企业、高校举办的老年大学面向社会开放办学。发挥社区党组织作用，引导老年人践行积极老龄观。

（十一）提升老年文化体育服务质量。各地要通过盘活空置房、公园、商场等资源，支持街道社区积极为老年人提供文化体育活动场所，组织开展文化体育活动，实现老年人娱乐、健身、文化、学习、消费、交流等方面的结合。培养服务老年人的基层文体骨干，提高老年人文体活动参与率和质量，文化和旅游、体育等部门要做好规范和管理工作。开发老年旅游产品和线路，提升老年旅游服务质量和水平。县（市、区、旗）应整合现有资源，设置适宜老年人的教育、文化、健身、交流场所。

（十二）鼓励老年人继续发挥作用。把老有所为同老有所养结合起来，完善就业、志愿服务、社区治理等政策措施，充分发挥低龄老年人作用。在学校、医院等单位和社区家政服务、公共场所服务管理等行业，探索适合老年人灵活就业的模式。鼓励各地建立老年人才信息库，为有劳动意愿的老年人提供职业介绍、职业技能培训和创新创业指导服务。深入开展"银龄行动"，引导老年人以志愿服务形式积极参与基层民主监督、移风易俗、民事调解、文教卫生等活动。发挥老年人在家庭教育、家风传承等方面的积极作用。加强离退休干部职工基层党组织建设，鼓励老党员将组织关系及时转入经常居住地，引导老党员结合自身实际发挥作用，做好老年人精神关爱和思想引导工作。全面清理阻碍老年人继续发挥作用的不合理规定。

五　着力构建老年友好型社会

（十三）加强老年人权益保障。各地在制定涉及老年人利益的具体措施时，应当征求老年人的意见。建立完善涉老婚姻家庭、侵权等矛盾纠纷的预警、排查、调解机制。加强老年人权益保障普法宣传，提高老年人运用法律手段保护权益意识，提升老年人识骗防骗能力，依法严厉打击电信网络诈骗等违法犯罪行为。完善老年人监护制度。倡导律师事务所、公证机构、基层法律服务机构为老年人减免法律服务费用，为行动不便的老年人提供上门服务。建立适老型诉讼服务机制，为老年人便利参与诉讼活动提供保障。

（十四）打造老年宜居环境。各地要落实无障碍环境建设法规、标准和规范，将无障碍环境建设和适老化改造纳入城市更新、城镇老旧小区改造、农村危房改造、农村人居环境整治提升统筹推进，让老年人参与社会活动更加安全方便。鼓励有条件的地方对经济困难的失能、残疾、高龄等老年人家庭，实施无障碍和适老化改造、配备生活辅助器具、安装紧急救援设施、开展定期探访。指导各地结合实际出台家庭适老化改造标准，鼓励更多家庭开展适老化改造。在鼓励推广新技术、新方式的同时，保留老年人熟悉的传统服务方式，加快推进老年人常用的互联网应用和移动终端、APP应用适老化改造。实施"智慧助老"行动，加强数字技能教育和培训，提升老年人数字素养。

（十五）强化社会敬老。深入开展人口老龄化国情教育。实施中华孝亲敬老文化传承和创新工程。持续推进"敬老月"系列活动和"敬老文明号"创建活动，结合时代楷模、道德模范等评选，选树表彰孝亲敬老先进典型。将为老志愿服务纳入中小学综合实践活动和高校学生实践内容。加强老年优待工作，在出行便利、公交乘车优惠、门票减免等基础上，鼓励有条件的地方进一步拓展优待项目、创新优待方式，在醒目位置设置老年人优待标识，推广老年人凭身份证等有效证件享受各项优待政策。有条件的地方要积极落实外埠老年人同等享受本地优待项目。发挥广播电视和网络视听媒体作用，加强宣传引导，营造良好敬老社会氛围。

六　积极培育银发经济

（十六）加强规划引导。编制相关专项规划，完善支持政策体系，统筹推进老龄产业发展。鼓励各地利用资源禀赋优势，发展具有比较优势的特色老龄产业。统筹利用现有资金渠道支持老龄产业发展。

（十七）发展适老产业。相关部门要制定老年用品和服务目录、质量标准，推进养老服务认证工作。各地要推动与老年人生活密切相关的食品、药品以及老年用品行业规范发展，提升传统养老产品的功能和质量，满足老年人特殊需要。企业和科研机构要加大老年产品的研发制造力度，支持老年产品关键技术成果转化、服务创新，积极开发适合老年人使用的智能化、辅助性以及康复治疗等方面的产品，满足老年人提高生活品质的需求。鼓励企业设立线上线下融合、为老年人服务的专柜和体验店，大力发展养老相关产业融合的新模式新业态。鼓励商业保险机构在风险可控和商业可持续的前提下，开发老年人健康保险产品。市场监管等部门要加强监管，严厉打击侵犯知识产权和制售假冒伪劣商品等违法行为，维护老年人消费权益，营造安全、便利、诚信的消费环境。

七　强化老龄工作保障

（十八）加强人才队伍建设。加快建设适应新时代老龄工作需要的专业技术、社会服务、经营管理、科学研究人才和志愿者队伍。用人单位要切实保障养老服务人员工资待遇，建立基于岗位价值、能力素质、业绩贡献的工资分配机制，提升养老服务岗位吸引力。大力发展相关职业教育，开展养老服务、护理人员培养培训行动。对在养老机构举办的医疗机构中工作的医务人员，可参照执行基层医务人员相关激励政策。

（十九）加强老年设施供给。各地区各有关部门要按照《国家积极应对人口老龄化中长期规划》的要求，加强老年设施建设，加快实现养老机构护理型床位、老年大学（学校）等方面目标。各地要制定出台新建城区、新建居住区、老城区和已建成居住区配套养老服务设施设置标准和实施细则，落实养老服务设施设置要求。新建城区、新建居住区按标准要求配套建设养老服务设施实现全覆盖。到2025年，老城区和已建成居住区结合城镇老旧小区改造、居住区建设补短板行动等补建一批养老服务设施，"一刻钟"居家养老服务圈逐步完善。依托和整合现有资源，发展街道（乡镇）区域养老服务中心或为老服务综合体，按规定统筹相关政策和资金，为老年人提供综合服务。探索老年人服务设施与儿童服务设施集中布局、共建共享。

（二十）完善相关支持政策。适应今后一段时期老龄事业发展的资金需求，完善老龄事业发展财政投入政策和多渠道筹资机制，继续加大中央预算内投资支持力度，进一步提高民政部本级和地方各级政府用于社会福利事业的彩票公益金用于养老服务的比例。各地要统筹老龄事业发展，加大财政投入力度，各相关部门要用好有关资金和资源，积极支持老龄工作。研究制定住房等支持政策，完善阶梯电价、水价、气价政策，鼓励成年子女与老年父母就近居住或共同生活，履行赡养义务、承担照料责任。对赡养负担重的零就业家庭成员，按规定优先安排公益性岗位。落实相关财税支持政策，鼓励各类公益性社会组织或慈善组织加大对老龄事业投入。开展全国示范性老年友好型社区创建活动，将老年友好型社会建设情况纳入文明城市评选的重要内容。

（二十一）强化科学研究和国际合作。加大国家科技计划（专项、基金等）、社会科学基金等对老龄领域科技创新、基础理论和政策研究的支持力度。支持研究机构和高校设立老龄问题研究智库。推进跨领域、跨部门、跨层级的涉老数据共享，健全老年人生活状况统计调查和发布制度。积极参与全球及地区老龄问题治理，推动实施积极应对人口老龄化国家战略与落实2030年可持续发展议程相关目标有效对接。

八　加强组织实施

（二十二）加强党对老龄工作的领导。各级党委和政府要高度重视并切实做好老龄工作，坚持党政主要负责人亲自抓、负总责，将老龄工作重点任务纳入重要议事日程，纳入经济社会发展规划，纳入民生实事项目，纳入工作督查和绩效考核范围。加大制度创新、政策供给、财政投入力度，健全老龄工作体系，强化基层力量配备。发挥城乡基层党组织和基层自治组织作用，把老龄工作组织好、落实好，做到层层有责任、事事有人抓。建设党性坚强、作风优良、能力过硬的老龄工作干部队伍。综合运用应对人口老龄化能力评价结果，做好老龄工作综合评估。

（二十三）落实工作责任。全国老龄工作委员会要强化老龄工作统筹协调职能，加强办事机构能力建设。卫生健康部门要建立完善老年健康支撑体系，组织推进医养结合，组织开展疾病防治、医疗照护、心理健康与关怀服务等老年健康工作。发展改革部门要拟订并组织实施养老服务体系规划，推进老龄事业和产业发展与国家发展规划、年度计划相衔接，推动养老服务业发展。民政部门要统筹推进、督促指导、监督管理养老服务工作，拟订养老服务体系政策、标准并组织实施，承担老年人福利和特殊困难老年人救助工作。教育、科技、工业和信息化、公安、财政、人力资源社会保障、自然资源、住房城乡建设、商务、文化和旅游、金融、税务、市场监管、体育、医疗保障等部门要根据职责分工，认真履职，主动作为，及时解决工作中遇到的问题，形成齐抓共管、整体推进的工作机制。

（二十四）广泛动员社会参与。注重发挥工会、共青团、妇联、残联等群团组织和老年人相关社会组织、机关企事业单位的作用，结合各自职能开展老龄工作，形成全社会共同参与的工作格局。发挥中国老龄协会推动老龄事业发展的作用，提升基层老年协会能力。及时总结推广老龄工作先进典型经验。

（新华社北京 11 月 24 日电）
（原文刊载于《人民日报》2021 年 11 月 25 日）

推动现代职业教育高质量发展

中办国办印发意见

新华社北京 10 月 12 日电 近日，中共中央办公厅、国务院办公厅印发了《关于推动现代职业教育高质量发展的意见》，并发出通知，要求各地区各部门结合实际认真贯彻落实。

《关于推动现代职业教育高质量发展的意见》主要内容如下。

职业教育是国民教育体系和人力资源开发的重要组成部分，肩负着培养多样化人才、传承技术技能、促进就业创业的重要职责。在全面建设社会主义现代化国家新征程中，职业教育前途广阔、大有可为。为贯彻落实全国职业教育大会精神，推动现代职业教育高质量发展，现提出如下意见。

一 总体要求

（一）指导思想。以习近平新时代中国特色社会主义思想为指导，深入贯彻党的十九大和十九届二中、三中、四中、五中全会精神，坚持党的领导，坚持正确办学方向，坚持立德树人，优化类型定位，深入推进育人方式、办学模式、管理体制、保障机制改革，切实增强职业教育适应性，加快构建现代职业教育体系，建设技能型社会，弘扬工匠精神，培养更多高素质技术技能人才、能工巧匠、大国工匠，为全面建设社会主义现代化国家提供有力人才和技能支撑。

（二）工作要求。坚持立德树人、德技并修，推动思想政治教育与技术技能培养融合统一；坚持产教融合、校企合作，推动形成产教良性互动、校企优势互补的发展格局；坚持面向市场、促进就业，推动学校布局、专业设置、人才培养与市场需求相对接；坚持面向实践、强化能力，让更多青年凭借一技之长实现人生价值；坚持面向人人、因材施教，营造人人努力成才、人人皆可成才、人人尽展其才的良好环境。

（三）主要目标

到 2025 年，职业教育类型特色更加鲜明，现代职业教育体系基本建成，技能型社会建设全面推进。办学格局更加优化，办学条件大幅改善，职业本科教育招生规模不低于高等职业教育招生规模的 10%，职业教育吸引力和培养质量显著提高。

到 2035 年，职业教育整体水平进入世界前列，技能型社会基本建成。技术技能人才社会地位大幅提升，职业教育供给与经济社会发展需求高度匹配，在全面建设社会主义现代化国家中的作用显著增强。

二 强化职业教育类型特色

（四）巩固职业教育类型定位。因地制宜、统筹推进职业教育与普通教育协调发展。加快建立"职教高考"制度，完善"文化素质＋职业技能"考试招生办法，加强省级统筹，确保公平公正。加强职业教育理论研究，及时总结中国特色职业教育办学规律和制度模式。

（五）推进不同层次职业教育纵向贯通。大力提升中等职业教育办学质量，优化布局结构，实施中等职业学校办学条件达标工程，采取合并、合作、托管、集团办学等措施，建设一批优秀中等职业学校和优质专业，注重为高等职业教育输送具有扎实技术技能基础和合格文化基础的生源。支持有条件的中等职业学校根据当地经济社会发展需要试办社区学院。推进高等职业教育提质培优，实施好"双高计划"，集中力量建设一批高水平高等职业学校和专业。稳步发展职业本科教育，高标准建设职业本科学校和专业，保持职业教育办学方向不变、培养模式不变、特色发展不变。一体化设计职业教育人才培养体系，推动各层次职业教育专业设置、培养目标、课程体系、培养方案衔接，支持在培养周期长、技能要求高的专业领域实施长学制培养。鼓励应用型本科学校开展职业本科教育。按照专业大致对口原则，指导应用型本科学校、职业本科学校吸引更多中高职毕业生报考。

（六）促进不同类型教育横向融通。加强各学段普通教育与职业教育渗透融通，在普通中小学实施职业启蒙教育，培养掌握技能的兴趣爱好和职业生涯规划的意识能力。探索发展以专项技能培养为主的特色综合高中。推动中等职业学校与普通高中、高等职业学校与应用型大学课程互选、学分互认。鼓励职业学校开展补贴性培训和市场化社会培训。制定国家资历框架，建设职业教育国家学分银行，实现各类学习成果的认证、积累和转换，加快构建服务全民终身学习的教育体系。

三　完善产教融合办学体制

（七）优化职业教育供给结构。围绕国家重大战略，紧密对接产业升级和技术变革趋势，优先发展先进制造、新能源、新材料、现代农业、现代信息技术、生物技术、人工智能等产业需要的一批新兴专业，加快建设学前、护理、康养、家政等一批人才紧缺的专业，改造升级钢铁冶金、化工医药、建筑工程、轻纺制造等一批传统专业，撤并淘汰供给过剩、就业率低、职业岗位消失的专业，鼓励学校开设更多紧缺的、符合市场需求的专业，形成紧密对接产业链、创新链的专业体系。优化区域资源配置，推进部省共建职业教育创新发展高地，持续深化职业教育东西部协作。启动实施技能型社会职业教育体系建设地方试点。支持办好面向农村的职业教育，强化校地合作、育训结合，加快培养乡村振兴人才，鼓励更多农民、返乡农民工接受职业教育。支持行业企业开展技术技能人才培养培训，推行终身职业技能培训制度和在岗继续教育制度。

（八）健全多元办学格局。构建政府统筹管理、行业企业积极举办、社会力量深度参与的多元办学格局。健全国有资产评估、产权流转、权益分配、干部人事管理等制度。鼓励上市公司、行业龙头企业举办职业教育，鼓励各类企业依法参与举办职业教育。鼓励职业学校与社会资本合作共建职业教育基础设施、实训基地，共建共享公共实训基地。

（九）协同推进产教深度融合。各级政府要统筹职业教育和人力资源开发的规模、结构和层次，将产教融合列入经济社会发展规划。以城市为节点、行业为支点、企业为重点，建设一批产教融合试点城市，打造一批引领产教融合的标杆行业，培育一批行业领先的产教融合型企业。积极培育市场导向、供需匹配、服务精准、运作规范的产教融合服务组织。分级分类编制发布产业结构动态调整报告、行业人才就业状况和需求预测报告。

四　创新校企合作办学机制

（十）丰富职业学校办学形态。职业学校要积极与优质企业开展双边多边技术协作，共建技术技能创新平台、专业化技术转移机构和大学科技园、科技企业孵化器、众创空间，服务地方中小微企业技术升级和产品研发。推动职业学校在企业设立实习实训基地、企业在职业学校建设培养培训基地。推动校企共建共管产业学院、企业学院，延伸职业学校办学空间。

（十一）拓展校企合作形式内容。职业学校要主动吸纳行业龙头企业深度参与职业教育专业规划、课程设置、教材开发、教学设计、教学实施，合作共建新专业、开发新课程、开展订单培养。鼓励行业龙头企业主导建立全国性、行业性职教集团，推进实体化运作。探索中国特色学徒制，大力培养技术技能人才。支持企业接收学生实习实训，引导企业按岗位总量的一定比例设立学徒岗位。严禁向学生违规收取实习实训费用。

（十二）优化校企合作政策环境。各地要把促进企业参与校企合作、培养技术技能人才作为产业发展规划、产业激励政策、乡村振兴规划制定的重要内容，对产教融合型企业给予"金融＋财政＋土地＋信用"组合式激励，按规定落实相关税费政策。工业和信息化部门要把企业参与校企合作的情况，作为各类示范企业评选的重要参考。教育、人力资源社会保障部门要把校企合作成效作为评价职业学校办学质量的重要内容。国有资产监督管理机构要支持企业参与和举办职业教育。鼓励金融机构依法依规为校企合作提供相关信贷和融资支持。积极探索职业学校实习生参加工伤保险办法。加快发展职业学校学生实习实训责任保险和人身意外伤害保险，鼓励保险公司对现代学徒制、企业新型学徒制保险专门确定费率。职业学校通过校企合作、技术服务、社会培训、自办企业等所得收入，可按一定比例作为绩效工资来源。

五　深化教育教学改革

（十三）强化双师型教师队伍建设。加强师德师风建设，全面提升教师素养。完善职业教育教师资格认定制度，在国家教师资格考试中强化专业教学和实践要求。制定双师型教师标准，完善教师招聘、专业技术职务评聘和绩效考核标准。按照职业学校生师比例和结构要求配齐专业教师。加强职业技术师范学校建设。支持高水平学校和大中型企业共建双师型教师培养培训基地，落实教师定期到企业实践的规定，支持企业技术骨干到学校从教，推进固定岗与流动岗相结合、校企互聘兼职的教师队伍建设改革。继续实施职业院校教师素质提高计划。

（十四）创新教学模式与方法。提高思想政治理论课质量和实效，推进习近平新时代中国特色社会主义思想进教材、进课堂、进头脑。举办职业学校思想政治教育课程教师教学能力比赛。普遍开展项目教学、情境教学、模块化教学，推动现代信息技术与教育教学深度融合，提高课堂教学质量。全面实施弹性学习和学分制管理，支持学生积极参加社会实践、创新创业、竞赛活动。办好全国职业院校技能大赛。

（十五）改进教学内容与教材。完善"岗课赛证"综合育人机制，按照生产实际和岗位需求设计开发课程，开发模块化、系统化的实训课程体系，提升学生实践能力。深入实施职业技能等级证书制度，完善认证管理办法，加强事中事后监管。及时更新教学标准，将新技术、新工艺、新规范、典型生产案例及时纳入教学内容。把职业技能等级证书所体现的先进标准融入人才培养方案。强化教材建设国家事权，分层规划，完善职业教育教材的编写、审核、选用、使用、更新、评价监管机制。引导地方、行业和学校按规定建设地方特色教材、行业适用教材、校本专业教材。

（十六）完善质量保证体系。建立健全教师、课程、教材、教学、实习实训、信息化、安全等国家职业教育标准，鼓励地方结合实际出台更高要求的地方标准，支持行业组织、龙头企业参与制定标准。推进职业学校教学工作诊断与改进制度建设。完善职业教育督导评估办法，加强对地方政府履行职业教育职责督导，做好中等职业学校办学能力评估和高等职业学校适应社会需求能力评估。健全国家、省、学校质量年报制度，定期组织质量年报的审查抽查，提高编制水平，加大公开力度。强化评价结果运用，将其作为批复学校设置、核定招生计划、安排重大项目的重要参考。

六 打造中国特色职业教育品牌

（十七）提升中外合作办学水平。办好一批示范性中外合作办学机构和项目。加强与国际高水平职业教育机构和组织合作，开展学术研究、标准研制、人员交流。在"留学中国"项目、中国政府奖学金项目中设置职业教育类别。

（十八）拓展中外合作交流平台。全方位践行世界技能组织 2025 战略，加强与联合国教科文组织等国际和地区组织的合作。鼓励开放大学建设海外学习中心，推进职业教育涉外行业组织建设，实施职业学校教师教学创新团队、高技能领军人才和产业紧缺人才境外培训计划。积极承办国际职业教育大会，办好办实中国—东盟教育交流周，形成一批教育交流、技能交流和人文交流的品牌。

（十九）推动职业教育走出去。探索"中文＋职业技能"的国际化发展模式。服务国际产能合作，推动职业学校跟随中国企业走出去。完善"鲁班工坊"建设标准，拓展办学内涵。提高职业教育在出国留学基金等项目中的占比。积极打造一批高水平国际化的职业学校，推出一批具有国际影响力的专业标准、课程标准、教学资源。各地要把职业教育纳入对外合作规划，作为友好城市（省州）建设的重要内容。

七 组织实施

（二十）加强组织领导。各级党委和政府要把推动现代职业教育高质量发展摆在更加突出的位置，更好支持和帮助职业教育发展。职业教育工作部门联席会议要充分发挥作用，教育行政部门要认真落实对职业教育工作统筹规划、综合协调、宏观管理职责。国家将职业教育工作纳入省级政府履行教育职责督导评价，各省将职业教育工作纳入地方经济社会发展考核。选优配强职业学校主要负责人，建设高素质专业化职业教育干部队伍。落实职业学校在内设机构、岗位设置、用人计划、教师招聘、职称评聘等方面的自主权。加强职业学校党建工作，落实意识形态工作责任制，开展新时代职业学校党组织示范创建和质量创优工作，把党的领导落实到办学治校、立德树人全过程。

（二十一）强化制度保障。加快修订职业教育法，地方结合实际制定修订有关地方性法规。健全政府投入为主、多渠道筹集职业教育经费的体制。优化支出结构，新增教育经费向职业教育倾斜。严禁以学费、社会服务收入冲抵生均拨款，探索建立基于专业大类的职业教育差异化生均拨款制度。

（二十二）优化发展环境。加强正面宣传，挖掘宣传基层和一线技术技能人才成长成才的典型事迹，弘扬劳动光荣、技能宝贵、创造伟大的时代风尚。打通职业学校毕业生在就业、落户、参加招聘、职称评审、晋升等方面的通道，与普通学校毕业生享受同等待遇。对在职业教育工作中取得成绩的单位和个人、在职业教育领域作出突出贡献的技术技能人才，按照国家有关规定予以表彰奖励。各地将符合条件的高水平技术技能人才纳入高层次人才计划，探索从优秀产业工人和农业农村人才中培养选拔干部机制，加大技术技能人才薪酬激励力度，提高技术技能人才社会地位。

（原文刊载于《人民日报》2021年10月13日）

积极应对人口老龄化 促进人口均衡发展

——全国政协专题协商会发言摘编

构建多层次养老保障体系

全国政协委员、中国社科院世界社保研究中心主任　郑秉文

目前，我国已初步构建起以基本养老保险为基础、以企业（职业）年金为补充、与个人储蓄性养老保险和商业养老保险相衔接的"三支柱"养老保险体系。第一支柱即基本养老保险制度，由国家、单位和个人共同负担，坚持全覆盖、保基本。第二支柱为企业（职业）年金制度，由单位和个人共同负担，实行完全积累，市场化运营。第三支柱即个人储蓄性养老保险和商业养老保险。

与世界平均水平相比，我国养老金占GDP比重存在较大差距，主要原因是第二、第三支柱比重太少。第二、第三支柱养老金制度是夯实应对人口老龄化社会财富储备的核心资产，因为养老金第一支柱在中国和绝大多数发达国家都是现收现付制，而第二、第三支柱才是积累养老金资产的主要载体。

发展多层次养老保障体系要靠科学的制度设计和配套的财税政策两方面发力。从制度设计上讲，第二支柱要最大限度扩大参与率，引入"自动加入"机制，取消雇主缴费归属期，放开个人投资选择权，引入生命周期基金，扩大投资范围。此外，第三支柱试点已3年多，应尽快公布升级版的第三支柱设计，提高税优比例，简化个税抵扣手续，完善产品线，使之覆盖保险、基金、银行理财产品等。应打通第二、第三支柱之间的通道，实现双赢。企业年金已经运行17年，应坚持一张蓝图绘到底。

从财税配套改革上讲，首先，应建立养老金友好型个税制度，坚持宽税基、简税制、低税率的原则。其次，2019年我国成功实现了分项所得税制向个人综合所得税制的转变，改革还应继续，最终应以家庭总收入为单位进行年终汇算清缴，这是带动家庭成员参与第二、第三支柱养老金体系的重要举措。

加快"长护险"制度顶层设计

上海市政协常委、提案委员会常务副主任　黄鸣

"长护险"功能应定位为"长期照护"，淡化"医疗护理"。《关于开展长期护理保险制度试点的指导意见》（人社厅发〔2016〕80号）明确，长期护理保险是"为长期失能人员的基本生

活照料和与基本生活密切相关的医疗护理提供资金或服务保障的社会保险制度",上海沿用该概念。通过 4 年多需求评估和服务对接实践,我们感到"长期护理保险"的本质内涵应当聚焦失能失智老年人的长期照护刚需,既区别于"医疗护理",又不同于"类家政服务"。为此,定名为"长期照护保险"更为妥当。

强化独立险种的设计理念,明晰明确功能定位。基于目前"长护险"资金"出身"于医保的情况,在政策设计上,要厘清其与医疗的关系;在服务项目上,要考虑生活照护需求,避免形成"第二医疗保险"误区。

因此建议,一是要明确缴费性质,从医保基金中划拨的费用不再是医保基金,而是独立的"长护险"基金。二是要完善缴费机制,探索个人缴费,先期可从降低医疗保险金个人缴纳比例开始,将降低部分转为"长护险"个人缴费。三是要引入商业保险,针对保障内容、适用人群、保额、保障期限和保费等要素,开发政策性保险产品,以弥补当前"长护险"的三个不足:服务时间不足、服务项目不足、支付能力不足。商业保险公司可共享评估标准和结果、服务队伍以及服务网络。政府对购买"长护险"产品的对象给予一定比例的资金补贴,这既能提高老年人的支付能力,又可拉动养老服务消费。条件成熟时,在开发政策性"长护险"产品的基础上,逐步将"长护险"经办业务交给商业保险公司,政府对其进行监管。

大力发展"互联网+"居家养老

全国政协常委、辽宁省政协副主席　武献华

"互联网+"与居家养老服务相结合,既能为老年人谋福利,还能促进居家养老产业的发展。但还存在以政府为主、其他企业为辅的养老服务体系不完善,产业发展滞后,企业资金不足影响服务质量提升,服务供给单一性与养老实际需求多样性之间不平衡等难点和问题。为此,建议如下:

建立以政府为主导的多元主体参与机制。加强顶层设计,通过一系列法规及政策来健全完善相关市场。在政府主导的基础上,积极发挥社会组织及专业机构的力量,培育成熟的商业模式,通过竞争来促进相关产业的发展。放宽市场准入门槛,为互联网行业投身养老服务产业消除壁垒,有选择地加大数据信息资源等的开放力度。加大对养老服务产业的扶持力度,支持优秀的互联网养老企业发展。

推进全国性养老服务信息平台建设。构建"系统+服务+老人+终端"的家庭智能看护系统,以社区为依托、以智慧养老服务平台为支撑,以智能终端为纽带,全方位提供老年人居家的安全性和保障性服务。将健康医疗大数据与家庭看护系统进行有机结合,搭建老年人健康管理平台,创建居家养老老人健康档案,并与国内各大医疗单位、科研院所实现数据共享,提供及时的健康保障服务。利用互联网和移动终端搭建符合老年人需求的信息服务平台,整合线下社区养老资源,从身体健康和心理健康两方面提供老年人教育、文娱活动、旅游康养等一体化的服务功能。

加强服务设施供给力度。完善社区居家养老服务用房保障,健全社区居家养老服务设施功能,明确配建居家养老服务设施具体标准。大力推进区域性居家养老服务中心建设,通过社会化运作方式，为老年人提供生活照料、关怀访视、心理咨询和应急救援等服务。

完善监管保障机制。"互联网+"居家养老平台拥有老人大量生活健康信息，其中涉及的网络安全和隐私保障问题不容忽视。应加强网络安全建设与监管，运营主体要加强对服务主体的审核和管理来保障信息安全。

推进医养结合高质量发展

全国政协委员、中日友好医院原副院长　姚树坤

医养结合是指在基本生活照料的基础上，为老年人提供医疗卫生方面的服务。目前，推进医养结合还存在一些问题。一是医养结合标准化建设不足，在机构准入标准、人员上岗资质、服务内容、评估体系等方面存在缺失，部分养老政策中的相关规定仍局限于养老和医疗相互独立的情形。二是医养结合机构需要较高的投入，但目前社会资本投入医养结合机构的积极性较低。现行政策对营利性医养结合机构的税收优惠和财政补贴支持不够。三是目前养老机构仍以传统的养老院、福利院为主，医院参与医养结合机构的积极性不高，部分基层医疗卫生机构以及民营医院存在大量的闲置资源没有充分利用。为此建议：

进一步加强医养结合标准化建设。研究制定国家层面的医养结合标准体系并在实施中持续改进，完善医养结合机构的准入和退出标准，健全医养结合机构在建筑设计、活动场地、人员配备、护理操作、服务规程等方面的标准规范，确保相关企业与机构有章可循，规范运营。

完善优惠政策，吸引社会资本投资医养结合机构。逐步将目前医疗卫生和养老服务机构享受的优惠政策覆盖到由社会力量开办的医养结合机构上。根据医养结合机构提供的服务类别、专业程度、服务层次而不是其设立性质来确定税收优惠和补贴标准。进一步在医养结合领域推广政府购买服务方式，培育专业的医养结合机构。

加快推进医养资源整合。鼓励有条件的养老机构集团化发展，联合医疗机构提供专业化医疗服务。支持公立和民营医院增设养老、康复床位，待条件成熟后可设置医养结合机构。健全医养结合机构与综合性医院之间的双向转诊机制，建立医养服务智慧化平台，通过电子健康档案实现数据共享，对老年病人实施持续健康管理。

医养结合是提高老年人生活质量、实现健康养老的一项有力措施，也是可以带动社会经济发展的新兴产业。建议持续推进医养结合高质量发展，推动积极应对老龄化国家战略的落实。

实施老有所为促进计划

全国政协委员、上海师范大学校长　袁雯

老有所为，作为积极老龄化的核心内容，对今天和未来的中国，日趋重要。当前老年志愿者注册人数多，实际参与少；偶尔参与多，持续参与少。缺机会、缺认可、缺激励，使得老有所为尚处于自发状态。据此建议实施老有所为促进计划，让老年人共享社会发展的成果，使老年生活更有质量。

建议将"老有所为"纳入老龄事业规划，落实专项经费，制定专项计划。

促进老年人参与社区志愿服务。采用政府购买服务的资助方式,支持各类社会组织、各类学校和教育机构,聚焦后代照护、老年人互助、微环境维护、睦邻关系、社区事务等主题,设计活动和持续参与机制,拓宽老年人服务社区的参与渠道,传承关爱互助的精神。

支持有专长的低龄老年人创业。设立"老有所为"创业扶持资金,优先支持低龄老年人创建志愿服务机构,鼓励他们提供面向老年人的健康服务。支持学有所长的老年人开设工作室,传承文化与技能。让老年人通过"有为"实现"有价值的所养"。

建议制定"老有所为"实施意见,全面保障和落实老年人参与社会的权利。设计"老有所为"促进计划的目标原则和任务,构建老有所学的终身教育体系,保障老年人的继续教育权利,增强老年人的社会适应能力。科学开发低龄老年人力资源,制定适宜老年人的就业环境和岗位标准;以税收优惠等政策鼓励机构和企业灵活聘用老年人,发挥他们的专长。鼓励老年人退而不休,树立一批老年人标杆,弘扬老年人的长者风范。设立"老有所为突出贡献奖",对在服务社会中做出突出贡献的老年人进行表彰。完善老年人社会保险体系,探索面向老年人再就业、志愿服务等情况的保险种类,采用政府购买的方式鼓励全社会提供可供老年人"老有所为"的岗位和机会。

构建生育支持政策体系

全国政协人口资源环境委员会副主任　王培安

当前,影响生育率的关键因素不是生育政策对生育子女数量的限制,而是"不愿生、不敢生、生不出、生不好"的问题。一是生育意愿显著下降,青年一代延迟婚育、不婚不育现象增加;二是公共服务不足,如托幼服务供给不足、大城市房价和子女教育成本过高、相关公共服务存在过度市场化倾向等;三是性别平等意识偏弱,产假时间较短、育儿假缺失,年轻父母很难平衡工作与育儿之间的矛盾,女性在劳动力市场中处于被动。为加快构建生育支持政策体系,建议:

将托育服务纳入基本公共服务范围。一是积极构建政府主导、以普惠微型托育机构为主体、社会力量广泛参与的托育服务体系,为城乡居民提供质量有保障、价格可承受、方便可及的托育服务。二是在出生人口减少、学前教育资源有富余的地区,鼓励"托幼一体化",推动有条件的幼儿园开设托班,将2至3岁幼儿托育服务纳入以公立机构为主的普惠型学前教育服务体系。三是加强贫困地区婴幼儿照护入户指导,将其列入乡村振兴战略的重要项目,巩固脱贫攻坚成果,缓解人口发展的区域不平衡问题。

构建与国家人口战略相适应的生育保障体系。一是将生育保险范围从与用人单位建立了劳动关系的职工扩展到所有医保参保人群。二是加强生育津贴制度的前瞻性研究,减轻用人单位雇用女性的成本,防止加剧就业的性别歧视;强化生育津贴平衡国家、企业、个人生育成本的功能,逐步做大做强生育保障制度。三是将3岁以下育儿费用纳入专项附加扣除范围,进一步提高个税起征点,降低中低收入家庭税率。

建立健全家庭友好政策体系,将性别平等落到实处。一是以政策为先导,强调父亲在家庭事务中的责任,促进家庭内部性别平等。二是为职业女性提供带薪、无薪相结合的育儿假、家庭津贴、税收减免等制度，减少劳动力市场的性别歧视。

推动社区养老健康发展

北京市朝阳区政协委员、寸草春晖养老机构董事长　王小龙

我们是一家专注社区养老的连锁机构，主要发展模式为融合式养老，打造家门口的养老院。在实践中，我们感到制约社区养老的一大瓶颈是，在老龄化程度比较深的老旧城区，很难找到符合要求的物业来改造成社区养老设施，很多失能、失智老人只能被送到远郊区去养老。此外，社区养老服务事业也面临着人才的严重短缺，年轻人不愿意干，老员工流失率高。另外，租赁物业融资难等问题也制约了社区养老服务企业的发展。

2019年，国家推进普惠制养老，民营养老企业也有机会获取一些低成本的公建民营物业，大大降低了运营服务成本。公建民营项目基本上都是由政府免费提供物业，这样收费价格就比靠单纯市场租赁物业低至少20%—30%。以北京为例，同样针对重度失能、失智老人，如果是靠市场租赁物业的养老院，每位老人每个月入住费用是9000—10000元，而公建民营养老院则是5000—7000元，费用明显降低。

为促进社区养老服务业发展，建议各地尽快建立针对养老服务事业的联席办公制度，出台针对老旧物业改造的一事一议、特事特办的政策，加大公建民营政策落地力度，解决老旧城区物业改造中原始手续缺失、消防设施配套不到位，从而阻碍申报审批的问题。特别是民政和消防部门应联合制定出台一些既保证安全，又能促进养老行业发展的政策，不搞一刀切。

出台政策鼓励从事养老护理员工作。建议在大学设立养老服务与管理专业，设立养老护理专业的职称通道，出台对养老护理员的补贴制度；建立产业扶持基金，对优秀的养老企业提供投融资担保服务，支持社区养老企业健康发展。

（原文刊载于《人民日报》2021年7月27日）

全国人民代表大会常务委员会关于修改《中华人民共和国人口与计划生育法》的决定

(2021年8月20日第十三届全国人民代表大会常务委员会第三十次会议通过)

第十三届全国人民代表大会常务委员会第三十次会议决定对《中华人民共和国人口与计划生育法》作如下修改：

一、将第二条第二款修改为："国家采取综合措施，调控人口数量，提高人口素质，推动实现适度生育水平，优化人口结构，促进人口长期均衡发展。"

二、将第十一条修改为："人口与计划生育实施方案应当规定调控人口数量，提高人口素质，推动实现适度生育水平，优化人口结构，加强母婴保健和婴幼儿照护服务，促进家庭发展的措施。"

三、将第十五条第二款中的"贫困地区"修改为"欠发达地区"。

四、将第十八条第一款修改为："国家提倡适龄婚育、优生优育。一对夫妻可以生育三个子女。"

五、第二十五条增加一款，作为第二款："国家支持有条件的地方设立父母育儿假。"

六、将第二十六条修改为："妇女怀孕、生育和哺乳期间，按照国家有关规定享受特殊劳动保护并可以获得帮助和补偿。国家保障妇女就业合法权益，为因生育影响就业的妇女提供就业服务。

"公民实行计划生育手术，享受国家规定的休假。"

七、增加一条，作为第二十七条："国家采取财政、税收、保险、教育、住房、就业等支持措施，减轻家庭生育、养育、教育负担。"

八、增加一条，作为第二十八条："县级以上各级人民政府综合采取规划、土地、住房、财政、金融、人才等措施，推动建立普惠托育服务体系，提高婴幼儿家庭获得服务的可及性和公平性。

"国家鼓励和引导社会力量兴办托育机构，支持幼儿园和机关、企业事业单位、社区提供托育服务。

"托育机构的设置和服务应当符合托育服务相关标准和规范。托育机构应当向县级人民政府卫生健康主管部门备案。"

九、增加一条，作为第二十九条："县级以上地方各级人民政府应当在城乡社区建设改造中，建设与常住人口规模相适应的婴幼儿活动场所及配套服务设施。

"公共场所和女职工比较多的用人单位应当配置母婴设施，为婴幼儿照护、哺乳提供便利条件。"

十、增加一条，作为第三十条："县级以上各级人民政府应当加强对家庭婴幼儿照护的支持和指导，增强家庭的科学育儿能力。

"医疗卫生机构应当按照规定为婴幼儿家庭开展预防接种、疾病防控等服务，提供膳食营养、生长发育等健康指导。"

十一、将第二十七条改为第三十一条，删去第四款，将第五款改为第四款，修改为："在国家提倡一对夫妻生育一个子女期间，按照规定应当享受计划生育家庭老年人奖励扶助的，继续享受相关奖励扶助，并在老年人福利、养老服务等方面给予必要的优先和照顾。"

十二、增加一条，作为第三十二条："获得《独生子女父母光荣证》的夫妻，独生子女发生意外伤残、死亡的，按照规定获得扶助。县级以上各级人民政府建立、健全对上述人群的生活、养老、医疗、精神慰藉等全方位帮扶保障制度。"

十三、将第二十九条改为第三十四条，将其中的"奖励"修改为"奖励和社会保障"，"较大的市"修改为"设区的市、自治州"。

十四、将第五章章名修改为"计划生育服务"。

十五、将第三十一条改为第三十六条，修改为："各级人民政府应当采取措施，保障公民享有计划生育服务，提高公民的生殖健康水平。"

十六、将第三十三条改为第三十七条，修改为："医疗卫生机构应当针对育龄人群开展优生优育知识宣传教育，对育龄妇女开展围孕期、孕产期保健服务，承担计划生育、优生优育、生殖保健的咨询、指导和技术服务，规范开展不孕不育症诊疗。"

十七、增加一条，作为第四十一条："托育机构违反托育服务相关标准和规范的，由卫生健康主管部门责令改正，给予警告；拒不改正的，处五千元以上五万元以下的罚款；情节严重的，责令停止托育服务，并处五万元以上十万元以下的罚款。

"托育机构有虐待婴幼儿行为的，其直接负责的主管人员和其他直接责任人员终身不得从事婴幼儿照护服务；构成犯罪的，依法追究刑事责任。"

十八、将第三十九条改为第四十三条，删去第四项中的"或者社会抚养费"，将"行政处分"修改为"处分"；将第四十条改为第四十四条，将其中的"行政处分"修改为"处分"。

十九、删去第十九条第一款、第二十四条第三款、第三十二条、第三十四条第二款、第三十六条第三项、第三十七条、第四十一条、第四十二条、第四十五条。

二十、将第四十六条改为第四十七条，修改为："中国人民解放军和中国人民武装警察部队执行本法的具体办法，由中央军事委员会依据本法制定。"

二十一、将第四条、第六条、第十条中的"计划生育行政部门"修改为"卫生健康主管部门"；将第十三条第一款中的第一处"计划生育"修改为"卫生健康"，删去"卫生"；将第三十六条改为第四十条，将其中的"计划生育行政部门或者卫生行政部门依据职权"修改为"卫生健康主管部门"；将第四十三条改为第四十五条，将其中的"计划生育行政部门"修改为"卫生健康主管部门"。

本决定自公布之日起施行。

《中华人民共和国人口与计划生育法》根据本决定作相应修改并对条文顺序作相应调整，重新公布。

（原文刊载于《人民日报》2021年8月21日）

加快推进乡村人才振兴

中办国办印发意见

新华社北京 2 月 23 日电 近日，中共中央办公厅、国务院办公厅印发了《关于加快推进乡村人才振兴的意见》，并发出通知，要求各地区各部门结合实际认真贯彻落实。

《关于加快推进乡村人才振兴的意见》全文如下。

乡村振兴，关键在人。为深入贯彻落实习近平总书记关于推动乡村人才振兴的重要指示精神，落实党中央、国务院有关决策部署，促进各类人才投身乡村建设，现就加快推进乡村人才振兴提出如下意见。

一 总体要求

（一）指导思想。以习近平新时代中国特色社会主义思想为指导，全面贯彻党的十九大和十九届二中、三中、四中、五中全会精神，坚持和加强党对乡村人才工作的全面领导，坚持农业农村优先发展，坚持把乡村人力资本开发放在首要位置，大力培养本土人才，引导城市人才下乡，推动专业人才服务乡村，吸引各类人才在乡村振兴中建功立业，健全乡村人才工作体制机制，强化人才振兴保障措施，培养造就一支懂农业、爱农村、爱农民的"三农"工作队伍，为全面推进乡村振兴、加快农业农村现代化提供有力人才支撑。

（二）目标任务。到 2025 年，乡村人才振兴制度框架和政策体系基本形成，乡村振兴各领域人才规模不断壮大、素质稳步提升、结构持续优化，各类人才支持服务乡村格局基本形成，乡村人才初步满足实施乡村振兴战略基本需要。

（三）工作原则

——坚持加强党对乡村人才工作的全面领导。贯彻党管人才原则，将乡村人才振兴纳入党委人才工作总体部署，引导各类人才向农村基层一线流动，打造一支能够担当乡村振兴使命的人才队伍。

——坚持全面培养、分类施策。围绕全面推进乡村振兴需要，全方位培养各类人才，扩大总量、提高质量、优化结构。尊重乡村发展规律和人才成长规律，针对不同地区、不同类型人才，实施差别化政策措施。

——坚持多元主体、分工配合。推动政府、培训机构、企业等发挥各自优势，共同参与乡村人才培养，解决制约乡村人才振兴的问题，形成工作合力。

——坚持广招英才、高效用才。坚持培养与引进相结合、引才与引智相结合，拓宽乡村人才来源，聚天下英才而用之。用好用活人才，为人才干事创业和实现价值提供机会条件，最大限度激发人才内在活力。

——坚持完善机制、强化保障。深化乡村人才培养、引进、管理、使用、流动、激励等制度改革，完善人才服务乡村激励机制，让农村的机会吸引人，让农村的环境留住人。

二　加快培养农业生产经营人才

（四）培养高素质农民队伍。深入实施现代农民培育计划，重点面向从事适度规模经营的农民，分层分类开展全产业链培训，加强训后技术指导和跟踪服务，支持创办领办新型农业经营主体。充分利用现有网络教育资源，加强农民在线教育培训。实施农村实用人才培养计划，加强培训基地建设，培养造就一批能够引领一方、带动一片的农村实用人才带头人。

（五）突出抓好家庭农场经营者、农民合作社带头人培育。深入推进家庭农场经营者培养，完善项目支持、生产指导、质量管理、对接市场等服务。建立农民合作社带头人人才库，加强对农民合作社骨干的培训。鼓励农民工、高校毕业生、退役军人、科技人员、农村实用人才等创办领办家庭农场、农民合作社。鼓励有条件的地方支持农民合作社聘请农业经理人。鼓励家庭农场经营者、农民合作社带头人参加职称评审、技能等级认定。

三　加快培养农村二三产业发展人才

（六）培育农村创业创新带头人。深入实施农村创业创新带头人培育行动，不断改善农村创业创新生态，稳妥引导金融机构开发农村创业创新金融产品和服务方式，加快建设农村创业创新孵化实训基地，组建农村创业创新导师队伍。壮大新一代乡村企业家队伍，通过专题培训、实践锻炼、学习交流等方式，完善乡村企业家培训体系，完善涉农企业人才激励机制，加强对乡村企业家合法权益的保护。

（七）加强农村电商人才培育。提升电子商务进农村效果，开展电商专家下乡活动。依托全国电子商务公共服务平台，加快建立农村电商人才培养载体及师资、标准、认证体系，开展线上线下相结合的多层次人才培训。

（八）培育乡村工匠。挖掘培养乡村手工业者、传统艺人，通过设立名师工作室、大师传习所等，传承发展传统技艺。鼓励高等学校、职业院校开展传统技艺传承人教育。在传统技艺人才聚集地设立工作站，开展研习培训、示范引导、品牌培育。支持鼓励传统技艺人才创办特色企业，带动发展乡村特色手工业。

（九）打造农民工劳务输出品牌。实施劳务输出品牌计划，围绕地方特色劳务群体，建立技能培训体系和评价体系，完善创业扶持、品牌培育政策，通过完善行业标准、建设专家工作室、邀请专家授课、举办技能比赛等途径，普遍提升从业者职业技能，提高劳务输出的组织化、专业化、标准化水平，培育一批叫得响的农民工劳务输出品牌。

四　加快培养乡村公共服务人才

（十）加强乡村教师队伍建设。落实城乡统一的中小学教职工编制标准。继续实施革命老区、民族地区、边疆地区人才支持计划、教师专项计划和银龄讲学计划。加大乡村骨干教师培养力度，精准培养本土化优秀教师。改革完善"国培计划"，深入推进"互联网＋义务教育"，健全乡村教师发展体系。对长期在乡村学校任教的教师，职称评审可按规定"定向评价、定向使用"，高级岗位实行总量控制、比例单列，可不受所在学校岗位结构比例限制。落实好乡村教师生活补助政策，加强乡村学校教师周转宿舍建设，按规定将符合条件的乡村教师纳入当地住房保障范围。

（十一）加强乡村卫生健康人才队伍建设。按照服务人口1‰左右的比例，以县为单位每5年动态调整乡镇卫生院人员编制总量，允许编制在县域内统筹使用，用好用足空余编制。推进乡村基层医疗卫生机构公开招聘，艰苦边远地区县级及基层医疗卫生机构可根据情况适当放宽学历、年龄等招聘条件，对急需紧缺卫生健康专业人才可以采取面试、直接考察等方式公开招聘。乡镇卫生院应至少配备1名公共卫生医师。深入实施全科医生特岗计划、农村订单定向医学生免费培养和助理全科医生培训，支持城市二级及以上医院在职或退休医师到乡村基层医疗卫生机构多点执业，开办乡村诊所，充实乡村卫生健康人才队伍。完善乡村基层卫生健康人才激励机制，落实职称晋升和倾斜政策，优化乡镇医疗卫生机构岗位设置，按照政策合理核定乡村基层医疗卫生机构绩效工资总量和水平。优化乡村基层卫生健康人才能力提升培训项目，加强在岗培训和继续教育。落实乡村医生各项补助，逐步提高乡村医生收入待遇，做好乡村医生参加基本养老保险工作，深入推进乡村全科执业助理医师资格考试，推动乡村医生向执业（助理）医师转化，引导医学专业高校毕业生免试申请乡村医生执业注册。鼓励免费定向培养一批源于本乡本土的大学生乡村医生，多途径培养培训乡村卫生健康工作队伍，改善乡村卫生服务和治理水平。

（十二）加强乡村文化旅游体育人才队伍建设。推动文化旅游体育人才下乡服务，重点向革命老区、民族地区、边疆地区倾斜。完善文化和旅游、广播电视、网络视听等专业人才扶持政策，培养一批乡村文艺社团、创作团队、文化志愿者、非遗传承人和乡村旅游示范者。鼓励运动员、教练员、体育专业师生、体育科研人员参与乡村体育指导志愿服务。

（十三）加强乡村规划建设人才队伍建设。支持熟悉乡村的首席规划师、乡村规划师、建筑师、设计师及团队参与村庄规划设计、特色景观制作、人文风貌引导，提高设计建设水平，塑造乡村特色风貌。统筹推进城乡基础设施建设管护人才互通共享，搭建服务平台，畅通交流机制。实施乡村本土建设人才培育工程，加强乡村建设工匠培训和管理，培育修路工、水利员、改厕专家、农村住房建设辅导员等专业人员，提升农村环境治理、基础设施及农村住房建设管护水平。

五　加快培养乡村治理人才

（十四）加强乡镇党政人才队伍建设。选优配强乡镇领导班子特别是乡镇党委书记，健全从乡镇事业人员、优秀村党组织书记、到村任职过的选调生、驻村第一书记、驻村工作队员中选拔乡镇领导干部常态化机制。实行乡镇编制专编专用，明确乡镇新录用公务员在乡镇最低服务年限，规范从乡镇借调工作人员。落实乡镇工作补贴和艰苦边远地区津贴政策，确保乡镇机关工作人员收入高于县直机关同职级人员。落实艰苦边远地区乡镇公务员考录政策，适当降低门槛和开考比例，允许县乡两级拿出一定数量的职位面向高校毕业生、退役军人等具有本地户籍或在本地长期生活工作的人员招考。

（十五）推动村党组织带头人队伍整体优化提升。坚持把政治标准放在首位，选拔思想政治素质好、道德品行好、带富能力强、协调能力强，公道正派、廉洁自律，热心为群众服务的党员担任村党组织书记。注重从本村致富能手、外出务工经商返乡人员、本乡本土大学毕业生、退役军人中的党员里培养选拔村党组织书记。对本村暂时没有党组织书记合适人选的，可从上级机关、企事业单位优秀党员干部中选派，有条件的地方也可以探索跨村任职。全面落实村党组织书记县级党委组织部门备案管理制度和村"两委"成员资格联审机制，实行村"两委"成员近亲属回避，净化、优化村干部队伍。加大从优秀村党组织书记中考录乡镇公务员、招聘乡镇事业编制人员力度。县级党委每年至少对村党组织书记培训1次，支持村干部和农民参加学历教育。坚持和完善向重点乡村选派驻村第一书记和工作队制度。

（十六）实施"一村一名大学生"培育计划。鼓励各地遴选一批高等职业学校，按照有关规定，根据乡村振兴需求开设涉农专业，支持村干部、新型农业经营主体带头人、退役军人、返乡创业农民工等，采取在校学习、弹性学制、农学交替、送教下乡等方式，就地就近接受职业高等教育，培养一批在乡大学生、乡村治理人才。进一步加强选调生到村任职、履行大学生村官有关职责、按照大学生村官管理工作，落实选调生一般应占本年度公务员考录计划10%左右的规模要求。鼓励各地多渠道招录大学毕业生到村工作。扩大高校毕业生"三支一扶"计划招募规模。

（十七）加强农村社会工作人才队伍建设。加快推动乡镇社会工作服务站建设，加大政府购买服务力度，吸引社会工作人才提供专业服务，大力培育社会工作服务类社会组织。加大本土社会工作专业人才培养力度，鼓励村干部、年轻党员等参加社会工作职业资格评价和各类教育培训。持续实施革命老区、民族地区、边疆地区社会工作专业人才支持计划。加强乡村儿童关爱服务人才队伍建设。通过项目奖补、税收减免等方式引导高校毕业生、退役军人、返乡入乡人员参与社区服务。

（十八）加强农村经营管理人才队伍建设。依法依规划分农村经营管理的行政职责和事业职责，建立健全职责目录清单。采取招录、调剂、聘用等方式，通过安排专兼职人员等途径，充实农村经营管理队伍，确保事有人干、责有人负。加强业务培训，力争3年内轮训一遍。加强农村土地承包经营纠纷调解仲裁人才队伍建设，鼓励各地探索建立仲裁员等级评价制度。将农村合作组织管理专业纳入农业技术人员职称评审范围，完善评价标准。加强农村集体经济组织人才培养，完善激励机制。

（十九）加强农村法律人才队伍建设。加强农业综合行政执法人才队伍建设，加大执法人员培训力度，完善工资待遇和职业保障政策，培养通专结合、一专多能执法人才。推动公共法律服务力量下沉，通过招录、聘用、政府购买服务、发展志愿者队伍等方式，充实乡镇司法所公共法律服务人才队伍，加强乡村法律服务人才培训。以村干部、村妇联执委、人民调解员、网格员、村民小组长、退役军人等为重点，加快培育"法律明白人"。培育农村学法用法示范户，构建农业综合行政执法人员与农村学法用法示范户的密切联结机制。提高乡村人民调解员队伍专业化水平，有序推进在农村"五老"人员中选聘人民调解员。完善和落实"一村一法律顾问"制度。

六　加快培养农业农村科技人才

（二十）培养农业农村高科技领军人才。国家重大人才工程、人才专项优先支持农业农村领域，推进农业农村科研杰出人才培养，鼓励各地实施农业农村领域"引才计划"，加快培育一批高科技领军人才和团队。加强优秀青年后备人才培养，突出服务基层导向。支持高科技领军人才按照有关政策在国家农业高新技术产业示范区、农业科技园区等落户。

（二十一）培养农业农村科技创新人才。依托现代农业产业技术体系、农业科技创新联盟、现代农业产业科技创新中心等平台，发现人才、培育人才、凝聚人才。加强农业企业科技人才培养。健全农业农村科研立项、成果评价、成果转化机制，完善科技人员兼职兼薪、分享股权期权、领办创办企业、成果权益分配等激励办法。

（二十二）培养农业农村科技推广人才。推进农技推广体系改革创新，完善公益性和经营性农技推广融合发展机制，允许提供增值服务合理取酬。全面实施农技推广服务特聘计划。深化农技人员职称制度改革，突出业绩水平和实际贡献，向服务基层一线人才倾斜，实行农业农村科技推广人才差异化分类考核。实施基层农技人员素质提升工程，重点培训年轻骨干农技人员。建立健全农产品质量安全协管员、信息员队伍。鼓励地方对"土专家"、"田秀才"、"乡创客"发放补贴。开展"寻找最美农技员"活动。引导科研院所、高等学校开展专家服务基层活动，推广"科技小院"等培养模式，派驻研究生深入农村开展实用技术研究和推广服务工作。

（二十三）发展壮大科技特派员队伍。坚持政府选派、市场选择、志愿参加原则，完善科技特派员工作机制，拓宽科技特派员来源渠道，逐步实现各级科技特派员科技服务和创业带动全覆盖。完善优化科技特派员扶持激励政策，持续加大对科技特派员工作支持力度，推广利益共同体模式，支持科技特派员领办创办协办农民合作社、专业技术协会和农业企业。

七　充分发挥各类主体在乡村人才培养中的作用

（二十四）完善高等教育人才培养体系。全面加强涉农高校耕读教育，将耕读教育相关课程作为涉农专业学生必修课。深入实施卓越农林人才教育培养计划2.0，加快培养拔尖创新型、复合应用型、实用技能型农林人才。用生物技术、信息技术等现代科学技术改造提升现有涉农专业，建设一批新兴涉农专业。引导综合性高校拓宽农业传统学科专业边界，增设涉农学科专业。加强乡村振兴发展研究院建设，加大涉农专业招生支持力度。加强农林高校网络培训教育资源共享，打造实用精品培训课程体系。

（二十五）加快发展面向农村的职业教育。加强农村职业院校基础能力建设，优先支持高水平农业高职院校开展本科层次职业教育，采取校企合作、政府划拨、整合资源等方式建设一批实习实训基地。支持职业院校加强涉农专业建设、开发技术研发平台、开设特色工艺班，培养基层急需的专业技术人才。采取学制教育和专业培训相结合的模式对农村"两后生"进行技能培训。鼓励退役军人、下岗职工、农民工、高素质农民、留守妇女等报考高职院校，可适当降低文化素质测试录取分数线。

（二十六）依托各级党校（行政学院）培养基层党组织干部队伍。发挥好党校（行政学院)、干部学院主渠道、主阵地作用,分类分级开展"三农"干部培训。以县级党校(行政学校)为主体,加强对村干部、驻村第一书记、基层团组织书记等乡村干部队伍的培训。采取线上线下相结合等模式,将党校(行政学院)、干部学院的教育资源延伸覆盖至村和社区。

(二十七)充分发挥农业广播电视学校等培训机构作用。支持职业院校、农业广播电视学校、农村成人文化技术培训学校(机构)、农技推广机构、农业科研院所等,加强对高素质农民、能工巧匠等本土人才培养。探索建立农民学分银行,推动农民培训与职业教育有效衔接。建立政府引导、多元参与的投入机制,将农民教育培训经费按规定列入各级预算,吸引社会资本投入。

(二十八)支持企业参与乡村人才培养。引导农业企业依托原料基地、产业园区等建设实训基地,推动和培训农民应用新技术。鼓励农业企业依托信息、科技、品牌、资金等优势,带动农民创办家庭农场、农民合作社,打造乡村人才孵化基地。支持农业企业联合科研院所、高等学校建设产学研用协同创新基地,培育科技创新人才。

八 建立健全乡村人才振兴体制机制

(二十九)健全农村工作干部培养锻炼制度。完善县级以上机关年轻干部在农村基层培养锻炼机制,有计划地选派县级以上机关有发展潜力的年轻干部到乡镇任职、挂职,多渠道选派优秀干部到农村干事创业。

(三十)完善乡村人才培养制度。加大公费师范生培养力度,实行定向培养,明确基层服务年限,推动特岗计划与公费师范生培养相结合。推动职业院校(含技工院校)建设涉农专业或开设特色工艺班,与基层行政事业单位、用工企业精准对接,定向培养乡村人才。支持中央和国家机关有关部门、地方政府、高等学校、职业院校加强合作,按规定为艰苦地区和基层一线"订单式"培养专业人才。

(三十一)建立各类人才定期服务乡村制度。建立城市医生、教师、科技、文化等人才定期服务乡村制度,支持和鼓励符合条件的事业单位科研人员按照国家有关规定到乡村和涉农企业创新创业,充分保障其在职称评审、工资福利、社会保障等方面的权益。鼓励地方整合各领域外部人才成立乡村振兴顾问团,支持引导退休专家和干部服务乡村振兴。落实中小学教师晋升高级职称原则上要有1年以上农村基层工作服务经历要求。国家建立医疗卫生人员定期到基层和艰苦边远地区从事医疗卫生工作制度。执业医师晋升为副高级技术职称的,应当有累计1年以上在县级以下或者对口支援的医疗卫生机构提供医疗卫生服务的经历。支持专业技术人才通过项目合作、短期工作、专家服务、兼职等多种形式到基层开展服务活动,在基层时间累计超过半年的视为基层工作经历,作为职称评审、岗位聘用的重要参考。对县乡事业单位专业性强的岗位聘用的高层次人才,可采取协议工资、项目工资、年薪制等灵活多样的分配方式,合理确定薪酬待遇。鼓励地方通过建设人才公寓、发放住房补助,允许返乡入乡人员子女在就业创业地接受学前教育、义务教育,解决好返乡入乡人员的居住和子女入学问题。完善社保关系转移接续机制,为返乡入乡人员及其家属按规定参加城镇职工基本养老保险、基本医疗保险提供便捷服务。

(三十二)健全鼓励人才向艰苦地区和基层一线流动激励制度。适当放宽在基层一线工作的专业技术人才职称评审条件。对长期在基层一线和艰苦边远地区工作的，加大爱岗敬业表现、实际工作业绩及工作年限等评价权重，落实完善工资待遇倾斜政策，激励人才扎根一线建功立业。推广医疗、教育人才"组团式"援疆援藏经验做法，逐步将人才"组团式"帮扶拓展到其他艰苦地区和更多领域。

（三十三）建立县域专业人才统筹使用制度。积极开展统筹使用基层各类编制资源试点，探索赋予乡镇更加灵活的用人自主权，鼓励从上往下跨层级调剂行政事业编制，推动资源服务管理向基层倾斜。推进义务教育阶段教师"县管校聘"，推广城乡学校共同体、乡村中心校模式。加强县域卫生人才一体化配备和管理，在区域卫生编制总量内统一配备各类卫生人才，强化多劳多得、优绩优酬，鼓励实行"县聘乡用"和"乡聘村用"。

（三十四）完善乡村高技能人才职业技能等级制度。组织农民参加职业技能鉴定、职业技能等级认定、职业技能竞赛等多种技能评价。探索"以赛代评"、"以项目代评"，符合条件可直接认定相应技能等级。按照有关规定对有突出贡献人才破格评定相应技能等级。

（三十五）建立健全乡村人才分级分类评价体系。坚持"把论文写在大地上"，完善农业农村领域高级职称评审申报条件，探索推行技术标准、专题报告、发展规划、技术方案、试验报告等视同发表论文的评审方式。对乡村发展急需紧缺人才，可以设置特设岗位，不受常设岗位总量、职称最高等级和结构比例限制。

（三十六）提高乡村人才服务保障能力。完善乡村人才认定标准，做好乡村人才分类统计，加强乡村人才工作信息化建设，建立健全县乡村三级乡村人才管理网络。加强人才管理服务工作，大力发展乡村人才服务业，引导市场主体为乡村人才提供中介、信息等服务。

九　保障措施

（三十七）加强组织领导。各级党委要将乡村人才振兴作为实施乡村振兴战略的重要任务，建立党委统一领导、组织部门指导、党委农村工作部门统筹协调、相关部门分工负责的乡村人才振兴工作联席会议制度。把乡村人才振兴纳入人才工作目标责任制考核和乡村振兴实绩考核。加强农村工作干部队伍的培养、配备、管理、使用，将干部培养向乡村振兴一线倾斜，选优配强涉农部门领导班子和市县分管乡村振兴的领导干部，注重提拔使用政治过硬、实绩突出的农村工作干部。

（三十八）强化政策保障。加强乡村人才振兴投入保障，支持涉农企业加大乡村人力资本开发投入。农村集体经营性建设用地和复垦腾退建设用地指标注重支持各类乡村人才发展新产业新业态。推进农村金融产品和服务创新，鼓励证券、保险、担保、基金等金融机构服务乡村振兴，引导工商资本投资乡村事业，带动人才回流乡村。

（三十九）搭建乡村引才聚才平台。加强现代农业产业园、农业科技园区、农村创业创新园区等平台建设，支持入园企业、科研院所等建设科研创新平台，完善科技成果转化、人才奖补等政策，引进高层次人才和急需紧缺专业人才。加强人才驿站、人才服务站、专家服务基地、青年之家、妇女之家等人才服务平台建设，为乡村人才提供政策咨询、职称申报、项目申报、融资对接等服务。

（四十）制定乡村人才专项规划。对标实施乡村振兴战略需要，评估乡村人才供求总量和结构，细分乡村人才供求缺口，探索建立乡村人才信息库和需求目录。在摸清乡村人才现状基础上，制定乡村人才振兴规划，明确乡村人才振兴的总体要求、重点任务、政策措施，推动"三农"工作人才队伍建设制度化、规范化、常态化。

（四十一）营造良好环境。完善扶持乡村产业发展的政策体系，建好农村基础设施和公共服务设施，改善农村发展条件，提高农村生活便利化水平，吸引城乡人才留在农村。通过优秀人才评选、创新创业比赛、职业技能大赛等途径，每年选树一批乡村人才先进典型，按照规定给予表彰和政策扶持，引导乡村人才增强力争上游、务农光荣的思想观念。

（原文刊载于《人民日报》2021年2月24日）

学科综述

2021年人口学研究综述

牛建林　伍海霞　封　婷　刘旭阳　王广州 *

2021年3月国家确立了"十四五"发展规划，健康、老龄化成为未来五年社会发展的重点议题。5月三孩生育政策的实施提高了生育问题的社会关切。从研究领域来看，生育政策调整后未来人口的发展与老龄化趋势、快速老龄化背景下健康和老龄问题成为学界关注的重点。同时，新的数据和技术为人口迁移和区域研究的发展提供了新的视域；死亡、婚姻家庭、人口调查方法等传统研究领域也不断推进。

一　生育统计研究

2021年有关生育方面的研究主要涉及实际生育水平、生育政策效果、生育偏低原因和流动人口生育等方面。

实际生育水平。 基于新的生育政策和新的统计数据，2021年人口统计学关注的首要生育议题就是对我国实际生育水平的重新估计，其观点基本认为过去10年我国生育水平被低估，实际生育水平高于统计数据测算结果。不论是采用2017年全国生育状况抽样调查数据，[1][2] 还是利用第七次全国人口普查数据，[3] 近10年我国总和生育率整体上在1.41—1.84之间波动。但整体而言，即便运用邦戈茨新中间变量模型，考虑婚姻、避孕、流产及不孕不育影响，提高总和生育率测算的准确性，其结果对于总和生育率的提高不超过0.172，绝大部分年份两者差距在0.05左右，常规思路对我国总和生育率的测算基本稳健。[4]

生育政策效果。 近10年，我国生育政策重大调整，从"单独二孩"逐步过渡到"全面二孩"并进一步放开至"三孩政策"，标志着我国生育政策由紧缩型调整为宽松型。而评估生育政策效果的研究一致认为，"二孩"政策短期内对提升我国生育水平、增加出生人口规模发挥

---

* 作者简介：牛建林，中国社会科学院人口与劳动经济研究所，研究员，博士生导师，研究方向为人口统计学，邮箱为 niujl@cass.org.cn；伍海霞，中国社会科学院人口与劳动经济研究所，研究员，硕士生导师，研究方向为人口统计学，邮箱为 wuhx@cass.org.cn；封婷，中国社会科学院人口与劳动经济研究所，副研究员，硕士生导师，研究方向为人口统计学，邮箱为 fengtingl@cass.org.cn；刘旭阳，中国社会科学院人口与劳动经济研究所，博士后，研究方向为人口统计学，邮箱为 nkliuxuyang@163.com；王广州，中国社会科学院人口与劳动经济研究所，研究员，博士生导师，研究方向为人口统计学，邮箱为 wanggz@cass.org.cn。

[1] 陈卫、张凤飞、刘金菊：《2012—2016年中国生育水平估计——基于邦戈茨新中间变量模型》，《人口与发展》2021年第4期。

[2] 李月、张许颖：《婚姻推迟、婚内生育率对中国生育水平的影响——基于对总和生育率分解的研究》，《人口学刊》2021年第4期。

[3] 陈卫：《中国的低生育率与三孩政策——基于第七次全国人口普查数据的分析》，《人口与经济》2021年第5期。

[4] 陈卫、张凤飞、刘金菊：《2012—2016年中国生育水平估计——基于邦戈茨新中间变量模型》，《人口与发展》2021年第4期。

了作用，但长期考察政策效果并不持久。从"二孩"政策对总和生育率的提升作用考察，以2014年之后"二孩总和生育率"对总和生育率的提升作用代表"二孩"政策效果分析，"全面二孩"政策对总和生育率的提升在0.2—0.4之间，[①] 但并不能扭转我国总和生育率持续下降的局面。而考虑到城乡生育政策存在差异，借鉴自然实验的思路采用城乡对照方式评估我国二孩政策效果，"二孩"政策相当于放宽城镇生育政策而对农村生育政策无显著影响，将城镇作为实验组，农村作为控制组，考察"二孩"政策实施后两组生育水平差异，结果显示，"二孩"政策将城乡二孩总和生育率差距缩小了0.1—0.2。[②] 从"二孩"政策对总人口规模的提升作用考察，通过设定不同总和生育率方案，模拟受生育政策影响未来我国生育水平变化趋势，对未来人口规模、结构进行预测。结果显示，总和生育率每提高0.1，人口总量峰值推迟1—2年，人口年均增长率提升0.06%—0.07%，[③] 但即便生育政策发挥效果，提升我国出生人口规模，2027—2030年也将迎来中国人口规模峰值，之后总人口不可避免下降。[④]

生育偏低原因。针对目前我国较低的生育水平，人口统计学考察原因的思路为利用分解公式，将生育水平分解为不同的因素，考察各因素的贡献度。不论是对总和生育率分解还是对出生人口规模分解，结果均显示，已婚育龄妇女规模下降是造成我国生育水平持续走低的稳健因素，而提高其婚内生育水平是扭转我国低生育局面的关键。对总和生育率的分解通常是将其分解为育龄妇女已婚比例和已婚妇女生育率2个因素，[⑤] 分解结果显示，育龄妇女已婚比例始终发挥拉低总和生育率的作用，其作用峰值约在2015年，近期其作用正逐步减弱，但整体上仍为负向作用；[⑥] 已婚妇女生育率受生育政策影响，其作用并不稳定，且不同学者计算结果存在较大差异，对于不同年份已婚妇女生育率对总和生育率影响的正负存在不同的结论。这在一定程度上反映出生育统计数据的局限，不同来源的数据选取年初、年中、年末数据的差异造成不同来源同年度数据可能存在显著差异，造成不同学者运用不同统计口径的数据研究相同问题，其结论存在较大差异。尽管已婚妇女生育率对总和生育率的影响并不稳健，但仍旧可以总结出，育龄妇女已婚比例影响较为稳健，其负向影响将长期保持，从人口统计学角度分析，未来提升我国生育水平的突破口仍然在如何提高已婚妇女生育率。对出生人口规模分解通常是将其分解为育龄妇女规模、育龄妇女年龄结构、育龄妇女已婚比例、育龄妇女已婚生育率4个因素，结果显示，育龄妇女规模下降是我国出生人口规模下降的主导因素，而已婚比例下降进一步强化了出生人口规模下降，生育政策调整对育龄妇女已婚生育率的提升发挥作用，但作用相对微弱且持续期较短，总体评价4个因素均对出生人口规模下降造成影响。[⑦]

此外，也有学者关注子女性别结构对育龄妇女生育行为的影响，认为"男孩偏好"降低育龄妇女再生育水平。通过测算不同孩次结构下孩次性别递进生育率，发现孩次结构影响育龄妇

[①] 陈卫：《中国的低生育率与三孩政策——基于第七次全国人口普查数据的分析》，《人口与经济》2021年第5期。

[②] 卿石松、陈滔、程丽跃：《两孩政策效果追踪评估与未来趋势分析》，《人口与经济》2021年第4期。

[③] 张鹏飞：《全面二孩政策下生育水平变动与中国人口结构发展研究》，《大连理工大学学报（社会科学版）》2021年第4期。

[④] 陈卫：《中国的低生育率与三孩政策——基于第七次全国人口普查数据的分析》，《人口与经济》2021年第5期。

[⑤] 李月、张许颖：《婚姻推迟、婚内生育率对中国生育水平的影响——基于对总和生育率分解的研究》，《人口学刊》2021年第4期。

[⑥] 陈卫：《中国的低生育率与三孩政策——基于第七次全国人口普查数据的分析》，《人口与经济》2021年第5期。

[⑦] 陈卫、刘金菊：《近年来中国出生人数下降及其影响因素》，《人口研究》2021年第3期。

女生育决策，与"一女"和"两女"的孩次结构相比，"一男"与"两男"的孩次结构大大降低育龄妇女再生育概率，削弱生育刺激政策效果发挥。① 2020年新冠疫情暴发，一定程度上降低结婚登记规模，进而对我国出生人口数产生负向影响。通过分析国家卫健委互联互通出生人口监测数据，2020年第一季度我国婚姻登记对数下降45%，考虑到结婚生育周期规律，受第一季度结婚数量下降影响，第四季度我国生育数量锐减。②

而父母个体特征同样会产生影响生育水平的因素，其中新婚夫妇是否是独生子女引起关注。有研究表明，独生子女夫妇因在成长时期经历了较重的孤独感，而有更高的生育意愿，倾向于生育一个子女以上，③ 特别是在有关是否愿意生育二孩的问题上，兄弟姐妹数量与育龄妇女的二孩生育意愿显著正相关。④ 当然，对于生育意愿的分析应当立足生命周期，理论上讲生育意愿并不稳定，会随着个体诸如年龄、财富等特征的转变发生变化，更科学的方式应当立足长周期，而非将生育意愿的影响因素立足某一个时间节点的状态。⑤

流动人口生育。流动人口因其户籍地与常住地分离，统计难度较大，遗漏问题严重，长久以来存在低估其生育水平的问题。利用流动人口动态监测数据，通过计算时期孩次递进总和生育率，发现近10年我国流动人口总和生育率在1.56—2.11之间波动，整体上呈现增长趋势，与整体生育水平相比，流动人口仍具有生育潜力。⑥⑦

二 死亡及相关人口模型

死亡分析是人口统计学最传统的研究主题，也发展出了很多经典模型。由于死亡研究在人口统计领域的基础性，因应人口形势的新挑战，2021年人口统计学者积极探索死亡规律，发表了一系列研究成果。

其一，死亡水平的测算和预测。作为人口转变的重要特征和经济社会发展水平的综合反映，中国的死亡水平仍处于下降阶段，预期寿命不断提高，准确测算预测死亡水平是把握人口和社会发展趋势的重要基础。平均预期寿命既是综合死亡指标，也是国民经济和社会发展的基础测度，方法上的争议和数据质量的问题限制了这一指标的准确测算、预测和应用。王广州⑧研究和利用中国人口数据，应用经典的死亡预测模型 Lee - Carter 模型，测算和预测年龄别死亡率，并分析了相对误差。在此基础上，测算平均预期寿命并与实际数据比较，讨论了基础数据和模型偏差对平均预期寿命的影响，并用年龄别死亡率外推预测至2030年中国人口0岁、60岁、65

---

① 杨淑彩、姜全保：《子女孩次性别结构与女性再生育——基于孩次性别递进生育率的分析》，《人口与经济》2021年第2期。
② 张翠玲、李月、杨文庄等：《新冠肺炎疫情对中国出生人口变动的影响》，《人口研究》2021年第3期。
③ Zhang, C., Yang, A. Z., and Kim, S. W., et al. "How Chinese Newlyweds Experiences as Singletons or Siblings Affect their Fertility Desires", *The China Quarterly*, 2021.
④ Lan, M., "Relationship Between Chinese Women's Childhood Family Background and their Fertility Intentions Under Different Policy Conditions", *Journal of Child and Family Studies*, 2021(12).
⑤ Kuhnt, A. K., Minkus, L., and Buhr, P., "Uncertainty in Fertility Intentions from a Life Course Perspective: Which Life Course Markers Matter?", *Journal of Family Research*, 2021 (1).
⑥ 石智雷、吕婕：《全面二孩政策与流动人口生育水平变动》，《人口研究》2021年第3期。
⑦ 梁同贵：《流动人口生育水平研究中的两个盲点与生育水平再分析》，《人口与经济》2021年第5期。
⑧ 王广州：《中国人口平均预期寿命预测及其面临的问题研究》，《人口与经济》2021年第6期。

岁和 80 岁平均预期寿命。

随着中国老龄化进程不断深化，高龄阶段死亡率变动的影响不断增加，然而我国高龄死亡率的测算受制于死亡数据的可获得性和数据质量，引入适用的模型就显得更为重要。为了克服两性高龄死亡数据不一致问题，王晓军等在 Cairns – Black – Dowd 模型基础上尝试联合建模，分别应用 Logistic 两人口死亡率模型[1]和 Logistic 多人口死亡率模型[2]，并利用中国台湾地区较为准确的死亡数据进行检验和模型初选，对我国高龄两性人口死亡率联合建模。配偶对死亡的保护作用早已得到验证，有研究[3]指出配偶健康状况不佳将提升老年人死亡风险，并讨论了中介效应的可能路径。

Pearce 和 Raftery[4]利用最新的国际长寿数据库（International Database on Longevity，IDL）数据使用贝叶斯人口预测更新了现有的超百岁老人生存模型并扩展了预测窗口，获得 21 世纪人类的极限寿命（maximum reported age at death，MRAD）分布的无条件估计。发现到 2100 年，目前 122 岁的 MRAD 被打破的概率大于 99%，估计 21 世纪有人能活到 126 岁、128 岁或 130 岁的概率分别为 89%、44% 和 13%。

其二，其他死亡研究。面临新发展阶段，在国家扎实推进共同富裕的背景下，人口学者也积极关注经济社会状况带来的死亡不平等问题。主观预期寿命较少受到关注，但却是很强的死亡预测指标，有研究使用 CHARLS 数据分析了中国中老年人的主观预期寿命及社会经济差异。[5]

新冠疫情在全球的大传播给死亡率变动带来了不确定性。谭远发等[6]研究了意大利、西班牙、中国和韩国的死亡率差异及变化趋势，考察了新冠肺炎在人口规模和年龄结构不同的国家传播导致的差异化后果。Sasson[7]利用多国生命统计资料，将 Gompertz 模型下 COVID-19 死亡率翻倍时间与主要死因进行了比较，并以以色列为例按年龄估计死亡人数。研究发现，COVID-19 死亡率随着年龄的增长呈指数增长，其 Gompertz 比率接近与衰老相关的死因以及肺炎和流感的中位数；在整个成人年龄范围内，COVID-19 的死亡率水平是肺炎和流感的 2.8 倍到 8.2 倍；COVID-19 死亡率以及死亡率与年龄之间的关系在不同国家有很大的差异。在数据有限的国家，这一思路可以用于估计特定年龄段 COVID-19 的死亡情况。

在没有完整的死亡登记系统的国家，兄弟姐妹法是估计成人死亡率的重要方法，Feehan 和 Borges[8]的研究将这一方法重塑为一个网络采样问题（network sampling problem），正式推导出了兄弟姐妹生存数据的统计估计量，厘清了方法依赖的精确条件，并通过内部一致性检查评估数

---

[1] 王晓军、陈惠民、赵晓月：《我国男女两性老龄人口死亡率联合建模与预测》，《统计研究》2021 年第 10 期。
[2] 王晓军、赵晓月、陈惠民：《老龄多人口死亡率联合建模与一致性预测》，《人口与经济》2021 年第 2 期。
[3] 夏翠翠、李建新：《配偶综合症？配偶健康对老年人死亡风险的影响及中介效应研究》，《人口与发展》2021 年第 27 期。
[4] Pearce, Michael and Raftery, Adrian E., "Probabilistic forecasting of maximum human lifespan by 2100 using Bayesian population projections", Demographic Research, 2021 (52).
[5] 王记文：《中国中老年人口的主观预期寿命及其社会经济差异》，《人口与经济》2021 年第 4 期。
[6] 谭远发、王乐、黄建忠：《新冠肺炎死亡率的国际差异及其影响因素——基于年龄结构和检测率的双重视角》，《人口研究》2021 年第 2 期。
[7] Sasson, Isaac, "Age and COVID – 19 mortality: A comparison of Gompertz doubling time across countries and causes of death", Demographic Research, 2021 (16).
[8] Feehan, Dennis M., Gabriel M. Borges, "Estimating Adult Death Rates From Sibling Histories: A Network Approach", Demography, 2021 (4).

据和报告质量。该研究介绍的方法可以通过 R 软件包中 siblingsurvival 实现。Aizawa[①]采用随机生存森林将婴儿存活率的整体提高分解为可由婴儿成长环境改善所解释的部分和由危险函数的结构变化所引起的其余部分，探讨了最近三十年导致六个亚洲国家 1 岁以下婴儿生存率提高的因素。结果显示，这些国家婴儿死亡率的改善很大一部分是来自环境改善，家庭规模的缩小、产前护理使用的增加、怀孕时间的延长以及生活水平的提高都与婴儿死亡率的改善有关。

综观 2021 年的死亡研究，其既关注基础方法的改进与测算，也注重回应人口和社会发展形势的现实要求。这些研究兼顾统计数据可得性，体现出了人口统计学的学科特点，其中之一便是认识和测度"是什么"是研究"为什么"的前提，强调与人口变动机制相关的"底层"规律。测量风险暴露时使用人年数指标、夫妻死亡风险联合分布规律等人口统计学基本概念和方法在生物统计、流行病学和保险精算等学科得到了广泛应用，但在当前中国人口统计研究中还有待进一步普及。可以期待，定义和测量的规范化将提高死亡统计研究的科学性，也将助益于其他应用研究。

其三，死亡之外的人口模型。在过去二三十年间，中国劳动年龄人口占比处于高位，开启了人口机会窗口，然而，以年龄区间确定的劳动年龄人口并不能精确反映出劳动力资源对经济增长的贡献，只有通过实现就业才能将人口机会窗口转化为人口红利。王广州[②]提出临界劳动年龄人口比重和临界就业人口等分析方法，在劳动年龄人口基础上叠加就业的年龄模式并与静止人口结构相比较测算出"额外"的就业人口，并指出年龄别就业率下降会直接影响人口红利获取。其测算结果表明，当前中国人口红利仍处于水平较高的阶段。对人口机会窗口和人口红利的重新界定和认识有助于反映人口红利的真正经济内涵，基于新方法进行的分析和得到的结论更具有科学性。Feehan 和 Wrigley – Field[③]表明，当一个人口可以被划分为子人口时，整个人口的死亡率可以写成每个子人口死亡率的加权调和平均数（weighted harmonic mean），其中权重为每个子人口的死亡人数。使用不同的权重，整个人口的死亡率也可以表示为每个子人口死亡率的算术平均值。这种分解方法可以推广到其他类型的发生—暴露率，应用该研究发现的人口关系，可以帮助人口研究者对子人口指标进行正确汇总。

三　老龄化与养老安排研究

自 2000 年进入老龄社会以来，中国老龄化进程不断加快，老年人的养老模式与生活方式、家庭养老与家庭代际关系状况、城乡老年人的生活状况备受社会关注。

老年人的预期养老方式研究。我国"十四五"规划（2021—2025 年）中提出了"构建居家社区机构相协调、医养康养相结合的养老服务体系"，家庭养老与社区养老、机构养老等社会养老模式是目前中国老年人养老的主要方式。家庭规模与结构、子女给予的代际支持、老年人的经济资源等均会对老年人的预期养老方式产生影响。从家庭户规模看，一代户家庭（空巢和独居）比其他家庭结构的老年人选择自我养老和机构养老的可能性高，而三代户家庭的老年人选

---

① Toshiaki Aizawa, "Decomposition of Improvements in Infant Mortality in Asian Developing Countries Over Three Decades", *Demography*, 2021(1).
② 王广州：《中国人口机会窗口与人口红利再认识》，《中国人口科学》2021 年第 3 期。
③ Feehan, Dennis and Elizabeth Wrigley – Field, "How do populations aggregate?", *Demographic Research*, 2021(15).

择子女养老的概率较高；经济禀赋是影响老年人养老方式选择的核心因素，老年人收入越高、房产越多，对子女养老的期待越低，更可能选择自我养老和机构养老；分队列研究显示个人禀赋对老年人养老方式选择的影响在较晚出生队列老年群体中更加明显，而较早出生队列老年群体的敏感度相对较低。[1] 城市老年人的代际关系对其养老焦虑、养老方式（包括护理方式和护理人选择偏好）以及赡养预期均产生了显著影响。养老保险作为老年人的主要收入来源，对提高他们的自养能力和经济自主性、减轻对子女的依赖性、转变养老预期等方面起到了重要作用。[2]

在社会与家庭的转型发展中，女儿参与父母的养老已逐渐成为乡土社会的一大普遍现象，并被视为社会和家庭变迁与女性崛起的产物。女儿赡养行为背后的动机与需求，能展现女儿自身的意义世界和行动策略。研究表明，女儿养老是基于主观情感需要和性情倾向、家庭场域惯习模塑和照料性别优势下的主动全面参与，并形成"从女居"的新型女儿养老模式。[3] 另外，老年人的不同子女性别结构以及居住模式对老年男性和老年女性所获得的朋友网络支持的影响：没有儿子对老年男性的朋友网络支持有显著的负面影响，但对老年女性的影响并不显著。相比仅与配偶同住，若能同时与儿子居住对老年男性获得朋友网络支持有正面影响。[4]

随着城镇化进程加速，越来越多的农村青壮年人口进入城市，出现了农村留守老年人群体。受家庭养老资源的约束，农村留守老年人群体主要有自我养老、家庭养老和社会养老三种养老模式。从家庭结构上看，有配偶、子女中女儿占比高的农村留守老人更倾向自我养老，无配偶、子女数量多的倾向家庭养老；从代际关系角度看，子女的经济供养水平不会影响农村留守老人养老模式的选择，与子女共同居住的老人更倾向社会养老，平时与子女倾诉少或无事倾诉、平时看孙辈少或没有孙辈的更倾向自我养老，帮子女干农活少或子女无农活的、子女日常照顾多的老人更倾向家庭养老；从个体特征上看，女性老人更倾向社会养老，年长的、受教育程度低的、孤独状况高、身体健康的老人愿意选择家庭养老。[5]

互助养老。目前我国农村互助养老依然存在互助参与度不高、互助资源不具备可持续性、地方互助政策缺乏合理性等问题。[6] 就互助养老意愿的影响因素看，社区支持显著提高老年人的互助养老参与意愿，在社区支持影响参与意愿的总效应中，约42%由老年人对村干部的信任传导，约22%由邻里信任传导，社区支持对不了解互助养老、不关心村居事务、家庭养老满意度低和担忧将来养老的老年人的边际影响更大。[7] 由此可见，发展农村互助养老，必须发挥农村养老服务主体的内生动力作用，村庄本位是发展农村互助养老的根本之道；同时，从强化社区支持和培育社区信任等方面出发，建立完善社区支持的常态化机制，增进老年人对社区的信任和老年人互信，为农村互助养老推广和发展奠定群众基础。

---

[1] 彭希哲、王学辉：《家庭结构、个人禀赋与养老方式选择——基于队列视角的分析》，《人口学刊》2021年第1期。
[2] 郭瑜、张寅凯：《代际关系、养老保险与中国城镇养老新图景》，《社会学研究》2021年第2期。
[3] 成志刚、卢婷：《乡土社会中家庭养老格局的嬗变：女儿养老的"崛起"——基于场域理论视角的个案剖析》，《湖南社会科学》2021年第4期。
[4] 赵梦晗、杨凡：《老年人的子女性别结构与居住模式对其朋友网络支持的影响——男孩偏好下的"双重性别差异"》，《人口研究》2021年第5期。
[5] 宋凤轩、孙颖鹿、朱碧莹：《新古典家庭决策模型下的农村留守老人养老模式选择》，《东岳论丛》2021年第3期。
[6] 万颖杰：《村庄本位视角下农村互助养老的发展困境与应对策略》，《中州学刊》2021年第6期。
[7] 辛宝英、杨真：《社区支持对农村互助养老参与意愿的影响研究》，《中国人口科学》2021年第2期。

总体上，随着老年群体内部的不断更替及群体异质性的增加，新步入老年阶段的老年人在进行养老决策时会更为主动和理性，综合权衡后做出最优选择。老年群体的养老服务需求正处于转型升级过程中，老年人更为现代化的养老观念和消费理念将间接推动我国养老服务业的快速发展和养老服务供给模式的多元化。养老保险和个体现代化进一步对代际关系产生了交互作用，形塑了社会化养老与家庭支持并存且互为补充的养老预期，今后政府应不断优化职能定位，合理引入市场和社会力量，依靠政府、社会、市场、家庭与个人的合力来破解养老照料"不可能三角"。[①]

家庭代际关系。在网络家庭中，家庭代际关系呈现出完全团结型、双轴团结型、基本团结型、部分团结型和分化型等多种模式；家庭代际支持的内容多样化、方向多元化，不同类型资源的流向和流量不同；家庭代际关系网络的中心及代际间的联结方式存在差异。[②] 农村父母新农保参与行为显著增进了成年子女代际情感支持，父母参加新农保后，成年子女与父母日常联系的频率提高，农村父母新农保参与对中西部家庭、儿子、收入水平高和教育程度低的成年子女代际情感支持产生的影响效应更为显著；健在子女数少的农村父母新农保参与对成年子女代际情感支持产生相对较小的正向影响。[③] 不同出生队列、育儿类型、城乡家庭群组在"失能情况通过老人经济能力影响家庭发展"这条路径上表现出明显的差异。失能引起城市老人由"小家庭"向"大家庭"的聚合，农村则相反。[④]

隔代照料与子代行孝作为家庭保障的不同体现，同时承载家庭"育幼"和"养老"功能。研究表明，隔代照料会同时促进子代对老年人的经济支持和照料支持，一定程度上弥补隔代照料带给老年人的福祉损失，支持"二重反馈机制"，扩展家庭保障的内涵与功能。进一步进行异质性分析发现子代在不同生命周期对父母的代际支持存在差异。子代处于抚育期，隔代照料会同时促进子代对父母的经济支持和照料支持。子代处于抚育赡养期，隔代照料会促进子代对父母的经济支持，而不会促进照料支持。子代处于赡养期，隔代照料会促进子代对老年父母的照料支持，而不会增加经济支持。最后，进一步对已经发生隔代照料的群体进行子代多维支持的影响因素分析，发现见面次数、子代户籍类型、代际关系和子代教育程度均会影响子代提供支持的类型。[⑤] 农村留守老年人与其共同生活的孙子女构成了隔代家庭，祖辈与孙子女相互间的关系质量对主观幸福感具有显著影响，良好的祖孙关系有助于祖父母与孙子女主观幸福感的提高。[⑥]

在农民工这一人口流动群体，存在紧密型、传统型、接受型、亲近型和疏离型五种代际关系类型，传统农村家庭代际关系已经衍生发展出多种类型，其中，男性农民工更容易与父母产

[①] 郭瑜、张寅凯：《代际关系、养老保险与中国城镇养老新图景》，《社会学研究》2021年第2期。
[②] 吴帆、王琳：《中国家庭多代代际关系网络的图景与形态——基于6个典型家庭的分析》，《人口研究》2021年第4期。
[③] 王小增、杜兴艳、王林萍：《亲近还是疏远：新农保对中国农村家庭代际情感支持的影响研究》，《南京农业大学学报（社会科学版）》2021年第4期。
[④] 马健囡：《赡养上一辈对中年家庭发展能力的影响路径——基于CFPS家庭配对数据的分析》，《人口与发展》2021年第1期。
[⑤] 王海漪：《被照料的照料者：隔代照料与子代行孝互动研究》，《人口学刊》2021年第4期。
[⑥] Zhou, Y., Yu, N. X., Dong, P., et al., "Dyadic Associations Between Grandparent - Child Relationship Quality and Well - Being in Chinese Left - Behind Families: Mediating Role of Resilience", *Journal of Happiness Studies*, 2021(22).

生紧密型或接受型关系，女性农民工更可能与父母有亲近型、传统型、疏离型关系；新一代农民工更容易与父母产生紧密型、接受型、亲近型关系，老一代农民工更可能与父母有传统型或疏离型关系。同时，人口流动特征对农民工家庭代际关系的影响存在性别与代次差异，异地流动的男性农民工和新一代农民工与父母形成疏离型关系的可能性较低，但对女性农民工和老一代农民工的疏离型家庭代际关系具有显著正向影响。①

家庭内部的收入分配状况体现着老年人在家庭内部的收入不平等状况，是家庭代际关系的重要体现。Jia 和 Zhan② 分析了 2002—2018 年中国老年人家庭内部经济收入再分配状况发现，2013 年至 2018 年家庭内部收入分享降低老年人收入不公平的作用上升，其中子女对此做出的贡献最大；家庭成员的收入分享对老年人收入公平性的影响在农村老年人中也比较明显；16 岁以下的孙子女得到了祖父母的经济资助，老年男性对自己妻子的经济资助也很明显；家庭结构的变化缩小了 2002—2013 年、2013—2018 年老年人收入不公平的差距。

老年人的生活状况及其影响因素。研究发现，当前中国老年人生活方式可以划分为生存型、健康型、混合型和风险型，生存型生活方式在中国老年人中兼具独特性和广泛性；社会经济地位对老年人生活方式的影响主要体现为"地位束缚"，并且其影响随年龄增长而改变。特别是在弱势地位的老年群体中，社会经济地位因素的影响会随着年龄增长被削弱；在优势地位的老年群体中，社会经济地位因素会抵消年龄增长带来的不利影响。这一现象可以被概括为低水平的"收敛"与高水平的"发散"。③

就父母的生活满意度而言，研究发现女儿在提升父母生活满意度方面具有正向作用。在代际关系转换前，婚姻市场挤压使得彩礼、买房等导致男性竞争压力向家庭传导，婚姻支出降低了未婚儿子父母的生活满意度；成婚后子女经济支持差距缩小，子女通过向父母提供经济支持提升满意度的差异较小，尽管经济上儿子会损害父母的生活满意度，但儿子和女儿如果成婚较早都能改善父母的满意度。④ 城市空巢老年人的自尊、生活满意度明显低于非空巢老年人，经济状况、健康状况、婚姻状况对空巢老年人的生活满意度具有显著影响。⑤

代际居住安排对老年人的主观幸福感具有显著影响。利用中国健康长寿追踪调查 2002 年至 2014 年数据分析发现，相对于不与子女共同居住的老年人，与成年子女共同生活的老年人幸福感更强，且农村与子女共同生活的老年人的幸福感强于城市相应老年人。⑥

社会保障与家庭互动关系研究主要集中在代际经济支持层面，存在"挤入"与"挤出"两种效应。我国家庭代际关系在现代化浪潮下展现出韧性与弹性、团结与张力并存的新图景。养老保险逐渐成为中国城镇老年人经济独立的基石，协助达成当代老年人"分而不离、重心下

---

① 靳小怡、刘妍珺、杜巍：《城镇化背景下农民工家庭代际关系及影响因素：基于性别与代次的分析》，《当代经济科学》2021 年第 3 期。
② Jia, Hanrui, Peng Zhan, "Intra-family Income Redistribution and Its Dynamic Changes among the Elderly in China: 2002-2018", *China & World Economy*, 2021(5).
③ 张韵、梁宏：《社会经济地位与老年人生活方式：低水平的"收敛"与高水平的"发散"》，《人口研究》2021 年第 3 期。
④ 王畅：《子女性别、婚姻年龄与父母生活满意度——代际经济关系转换视角下的实证研究》，《人口与发展》2021 年第 1 期。
⑤ 黄文静、符国帅、谭莉娜等：《城市空巢老人自尊和生活满意度及其影响因素》，《中国老年学杂志》2021 年第 6 期。
⑥ Yuan, Z. Q., Zheng, X. & Hui, E. C. M., "Happiness Under One Roof? The Intergenerational Co-residence and Subjective Well-Being of Elders in China", *Journal of Happiness Studies*, 2021(22).

移"的"体谅式养老"方式。①"新农保"政策通过"财富效应"、"健康效应"和"劳动—闲暇替代效应"对农村老年人幸福感产生影响。② 因此，实施更加精准的家庭支持政策需综合考虑老人经济能力、衰老特征变化规律、失能情况以及子代家庭脆弱性；③ 应该进一步提高"新农保"筹资水平，加大对农村弱势老年人参保补贴力度，鼓励提高个人缴费档次，以提高农村老年人生活幸福感与获得感。

近年来，信息技术的迅速普及，尤其网络短视频等的应用和使用也对老年人的生活产生了影响。2021年中老年人短视频应用使用情况专项调查数据表明，在使用短视频App的中老年群体中，有84.5%的人观看平台推荐的短视频，57.0%的人观看亲戚朋友发布的短视频，39.3%的人观看直播，32.1%的人观看自己关注的博主或机构发布的视频，而自己参与制作和发布视频的比例相对较低，仅为19.6%。在观看的内容上，接近60%的被访者会看搞笑娱乐的内容；时事新闻和日常生活也是中老年人经常关注的内容，所占比例均超过50%；超过40%的人关注健康养生知识；超过1/3的人关注亲朋好友的动态。短视频应用软件的适当使用在一定程度上加强了中老年人与家人和朋友的联系及互动，扩大了中老年人的社会网络，也提高了中老年人的社会适应水平。但中老年人在数字时代面临诸多困难，如中老年人互联网使用技能水平较低；互联网素养较低，对信息真伪的辨识能力较弱，容易成为互联网中谣言、虚假信息、虚假广告等的受骗者和受害者，④ 如何充分利用互联网的积极效应，让老年人充分享受数字福利和更高质量的老年生活，是数字时代全社会应共同探讨解决的重要课题。

另外，社会参与是老年人生活不可或缺的内容。研究表明，中国老年人的社会参与模式可划分为平衡型、个人中心型、家庭中心型和低参与型。线性回归分析发现，低参与型老年人的社会适应状况最差，其次是家庭中心型老年人，个人中心型和平衡型老年人的社会适应状况最好且没有显著差异。社会参与模式与社会适应的关系存在显著城乡差异。研究结果表明，应保障老年人社会参与的权利，丰富社会参与的途径和内容，促进老年人在个人生活和家庭生活中参与的平衡，以增强其适应社会发展变化的能力。⑤

家庭养老负担与承载力。家庭养老是家庭关系和家庭功能的具体体现，当前子女仍是老年人家庭养老责任的主要承担者。相对而言，儿子倾向于提供经济支持，而女儿倾向于提供工具支持；相比女儿，儿子获得父母经济和工具支持的可能性更高，在社会养老资源相对较富足的省份，女儿更容易在老年照料方面负担过重。⑥ 在多子女家庭内部，养老责任的承担是个体之间出于不同的身份认同、利益需求和情感关系进行协商的结果，不同结构类型的家庭内部养老分工的模式不同。在子女数量较少或性别一致时，子女之间责任均摊；在子女数量较多且性别不一致时，老大、女儿会给予父母更多的经济支持，老小、儿子会给予父母更多的家务支持。多子女家庭中个体间利益、情感、责任的冲突碰撞表现得更为复杂，呈现出传统性与现代性并

---

① 郭瑜、张寅凯：《代际关系、养老保险与中国城镇养老新图景》，《社会学研究》2021年第2期。
② 刘光辉、孙明霞、李焱：《"新农保"政策对农村老年人幸福感的影响》，《统计与决策》2021年第19期。
③ 马健囡：《赡养上一辈对中年家庭发展能力的影响路径——基于CFPS家庭配对数据的分析》，《人口与发展》2021年第1期。
④ 靳永爱、刘雯莉、赵梦晗等：《短视频应用平台的使用与中老年人生活——基于专项调查的探索性研究》，《人口研究》2021年第3期。
⑤ 谢立黎、王飞、胡康：《中国老年人社会参与模式及其对社会适应的影响》，《人口研究》2021年第5期。
⑥ 陈佳：《我国家庭代际支持的子女性别差异——社会养老资源的调节作用》，《西北人口》2021年第2期。

存的代际关系伦理与代际团结模式。①

伍海霞、王广州②利用中国老年人健康长寿跟踪调查（CLHLS）2018年数据，设置老年人家庭照料负担水平指标和照料承载力指标，对比分析了独生子女与多子女老年人的家庭照料负担，发现日常活动受限后女性、高龄、丧偶或离异、农业户籍的独生子女老年人的家庭照料负担更重，独生子女家庭老年人的平均照料人数约为2.13人，仅为多子女老年人的44.65%；独生子女老年人照料人的实际照料强度远高于多子女老年人，家庭照料承载力处于劣势地位。

另外，家庭养老照料也给个体的就业等带来了重要影响。研究表明，高强度照料是使女性和男性劳动参与率显著下降的主要原因，随着照料强度等级提高，照料强度与劳动参与负相关关系也增大，照料强度效应在不同被照料者方面存在明显的异质性：无论是孙子女照料还是父母照料，高强度照料的显著负效应依然存在，但低强度照料却存在较大差异。对于孙子女照料来说，低强度照料使得女性和男性的非农就业率分别显著下降，对于父母照料，低强度照料与女性劳动就业呈正相关，在实施"渐进式延迟法定退休年龄政策"的同时，同步建设社会照料服务体系，特别是托幼服务体系；高强度照料者特别是女性应该是相关社会照料服务体系的首要关注对象，使承担家庭照料的劳动者更好地兼顾照料责任和工作。③

积极应对人口老龄化应倡导老年人亲子同住或毗邻居住，发展社区养老服务，扩大少子女家庭的居家养老照料资源，帮助和支持少子女家庭实现养老功能。

四 人口迁移与流动研究

2021年，国家统计局发布的第七次全国人口普查公报数据，为了解全国人口迁移流动新动态、回顾两次普查期间人口迁移流动的变化趋势提供了新的权威性信息。人口统计学界不少学者利用该数据对当前我国人口迁移流动的特点、趋势与规律进行了统计分析和深入解读，代表性的成果包括周皓④和王桂新⑤等。概括起来，这些研究发现，当前我国人口迁移流动既保持了相对稳定的迁移模式，也具有新的时代特征。其中，人口迁移流动的新特征表现在，与近年来关于流动人口规模增长趋势减缓甚至停滞的判断和预期不同，"七普"公报数据的分析结果表明，我国人口流动的规模庞大且仍然保持快速的增长。2020年，全国流动人口规模达3.76亿，比2010年增长近七成（69.73%）。与此同时，人户分离现象快速上升，成为现阶段与人口流动相关的重要社会现实。2020年第七次人口普查时，全国人口中人户分离的占比高达34.9%，也即，全国三分之一以上的人处于人户分离状态。除人口迁移流动的新特征外，这些研究通过回顾和对比分析过去二三十年间的人口迁移流动现象，强调了我国人口流动现象的历时稳定性。具体表现在：乡城流动持续占据重要地位；区域间人口流动的流向仍以向东部地区集中为主，

---

① 陶涛、刘雯莉、李婷：《长幼有序，男女有别——个体化进程中的中国家庭养老支持分工》，《社会学研究》2021年第5期。

② 伍海霞、王广州：《快速老龄化过程中中国独生子女家庭照料负担研究》，《中国软科学》2021年第7期。

③ 柴化敏、李晶、蔡娇丽等：《家庭照料强度与中年劳动人口非农就业的关系研究》，《人口学刊》2021年第3期。

④ 周皓：《中国人口流动模式的稳定性及启示——基于第七次全国人口普查公报数据的思考》，《中国人口科学》2021年第3期。

⑤ 王桂新：《中国人口流动与城镇化新动向的考察——基于第七次人口普查公布数据的初步解读》，《人口与经济》2021年第5期。

特别是向京津冀、珠三角和长三角三大城市群聚集；省内流动仍然是人口流动的主体，其规模约相当于跨省流动规模的2倍；区域经济发展差异是驱动人口流动的主要因素，经济发达地区在吸引人口流入方面持续表现出了竞争优势。人口迁移流动模式的稳定性，反映了人口流向引导机制、人口流动与经济发展匹配关系等系统的稳定性，同时也隐含了与人口迁移流动相关的人口及社会问题的长期性。[1]

基于最新的全国性人口迁移流动统计结果，人口统计研究针对迁移流动的发展趋势以及相关统计问题进行了探讨。例如，王桂新[2]基于新冠疫情和国际环境变化、我国人口及区域发展政策，以及人口城镇化的一般规律（如"诺瑟姆曲线"）分析指出，未来我国流动人口规模的增长速度将减缓，人口流动趋势预期将减弱。此外，针对"七普"公报中流动人口规模持续快速增加的统计发现，学者们探讨了数据采集方式、特别是"七普"使用的电子化数据采集对误差率及重登率可能产生的影响，这些研究探索为全面理解统计结果所展示的人口流动规模变化提供了思路与新的研究议题。

除上述基于普查公报的研究成果外，2021年，人口统计学界也有不少研究使用以往历次人口普查或抽样调查微观数据、不同来源的网络平台大数据对人口迁移流动的发展态势与规律进行分析。这些研究发现大多印证了我国人口迁移流动的区域模式。例如，古恒宇和沈体雁[3]利用人口普查和抽样调查的微观数据，对1995—2015年劳动力迁移的时空格局和网络演化进行了统计分析，研究指出，高技能劳动力和普通劳动力的省际迁移流动现象均呈现由中西部地区向东部地区流动的趋势、且以京沪粤为最主要的流入地。与普通劳动力相比，高技能劳动力的平均迁移距离更长，迁移网络相对较为稳定。随着时间的推移，两类劳动力的迁移流动距离均有所下降，其中高技能劳动力的迁移距离下降速度比普通劳动力更快。李建学等[4]考察了迁移流动现象中的时空路径依赖过程，以1985—2015年我国省际人口迁移流动数据为基础拟合模型，并对2015—2025年省际人口迁移的发展趋势进行预测。研究发现，1985年以来我国省际人口迁移不仅受迁入地和迁出地社会经济因素的影响，还与这些地区及其周边的迁移人口存量密切相关。预测结果显示，2015—2025年我国省际人口迁移总量将持续增加，且呈现更集聚的空间模式；珠三角、长三角和京津冀仍是人口迁移的主要目的地，河南、湖南、安徽及四川仍将为人口迁出大省。

类似地，胡亚萍和杨洋[5]基于腾讯位置大数据平台中2019年4月各城市人口流出和流入的路线数据，使用复杂网络分析方法对非节假日城市间人口流动网络特征进行了分析。研究发现，我国城市人口流动网络具有重要的层次结构特征，人口集散中心城市呈现"四大体系"（京津、长三角、珠三角、成渝）和"五小中心"（西安、郑州、长沙、武汉、昆明）的空间分布格局，

---

[1] 周皓：《中国人口流动模式的稳定性及启示——基于第七次全国人口普查公报数据的思考》，《中国人口科学》2021年第3期。
[2] 王桂新：《中国人口流动与城镇化新动向的考察——基于第七次人口普查公布数据的初步解读》，《人口与经济》2021年第5期。
[3] 古恒宇、沈体雁：《1995—2015年中国省际人口迁移网络的演化特征——基于异质性劳动力视角》，《地理研究》2021年第6期。
[4] 李建学、蒲英霞、刘大伟：《中国省际人口迁移短期预测分析》，《地理与地理信息科学》2021年第2期。
[5] 胡亚萍、杨洋：《城市间非节假日人口流动网络特征分析》，《统计与决策》2021年第18期。

北京是最热门的人口流动城市。张伟丽等[①]利用腾讯位置大数据平台2015—2018年人口迁移流动数据,使用网络分析技术分析了中国城市人口流动的空间格局演变趋势。研究指出,人口流动网络的空间格局表现为以北京、上海、广州、深圳、成都、重庆、西安、武汉和长沙等为顶点的十字骨架支撑的菱形结构;最具人口吸引力的地域集中在长三角、珠三角、京津冀、成渝、关中、中原、长江中游等城市群,黄河流域多数城市则处于人口流失阶段。此外,也有研究对特定区域、特定民族人口的迁移流动特征进行了统计分析。[②③]

简言之,这些研究不论是利用传统的人口普查、抽样调查数据还是基于网络平台的迁移流动大数据,大多印证了现阶段区域经济发展水平的差异仍是人口流动的重要导向性因素这一论断。与此同时,近年来我国人口流动现象开始呈现以提高舒适度为导向的演变趋势。[④⑤⑥⑦]

网络平台大数据的涌现为及时了解特定时期、特定区域人口迁移流动的态势提供了便利,成为近年来人口迁移流动统计的重要数据基础;[⑧] 在新冠疫情大规模扩散的时局下,相应数据也为及时把握和动态了解疫情扩散态势、科学设计和评估疫情防控措施提供了重要参考。[⑨⑩] 不过,需要注意的是,传统人口统计与网络平台大数据的产生方式不同,其统计结果的实际含义和应用存在系统的差异。对人口迁移流动而言,两类数据就人口迁移流动的界定存在根本区别,网络平台大数据往往对流动的时长不做限定,关于来源地和目的地的界定也相对随意,往往无法与户籍地、常住地等信息严格对应起来。因而,人口统计学应当在科学严谨的统计框架下对两类数据的优缺点、适用范围进行对比研判,避免简单臆断;使用两类数据得出的统计结论的可比性和推断基础,需要相关领域研究者和使用者高度重视。

从国外研究进展来看,2021年国外关于人口迁移流动的研究呈现类似的特征。一方面,不少研究基于传统的人口普查或抽样调查数据考察人口迁移或国际移民的特征、影响机制及未来发展趋势。[⑪⑫⑬] 这类研究关注了老龄化、教育发展等人口变动新态势对迁移趋势的影响,也探讨了互联网发展在信息供给和支持方面对迁移流动决策及过程的影响。[⑭] 研究指出,当前世界

---

① 张伟丽、晏晶晶、聂桂博:《中国城市人口流动格局演变及影响因素分析》,《中国人口科学》2021年第2期。
② 高德胜、季岩:《总体国家安全观视域下的东北地区人口迁移探析》,《经济问题》2021年第11期。
③ 王新贤、高向东:《中国穆斯林人口空间分布及演变特征》,《世界地理研究》2021年第6期。
④ 曹广忠、刘嘉杰、刘涛:《空气质量对中国人口迁移的影响》,《地理研究》2021年第1期。
⑤ 李卫兵、杨欢:《空气污染对人口迁移的影响——基于断点回归的估计》,《华中科技大学学报(社会科学版)》2021年第1期。
⑥ 邵子煜、王秀芝:《空气污染影响了城市间的人口流动吗?》,《统计与管理》2021年第11期。
⑦ 张胜利、霍杰、王旭明:《人口迁移行为的时空特征分析》,《宁夏大学学报(自然科学版)》2021年第2期。
⑧ 肖周燕、李慧慧:《中国主要城市群人口迁移倾向研究》,《人口与经济》2021年第4期。
⑨ 王璇、史佳璐:《基于百度迁徙数据的武汉市春运人口流动研究》,《亚热带资源与环境学报》2021年第3期。
⑩ 叶元庆等:《利用人口流动数据以及两阶段模型预测2019冠状病毒病流行趋势》,《浙江大学学报(医学版)》2021年第1期。
⑪ Husby, Trond and Hans Visser, "Short – to medium – run forecasting of mobility with dynamic linear models", *Demographic Research*, 2021(45).
⑫ Potančoková, Michaela, Marcin Stonawski, and Nicholas Gailey., "Migration and demographic disparities in macro – regions of the European Union, a view to 2060", *Demographic Research*, 2021(45).
⑬ Skjerpen, Terje, and Marianne Tonnessen., "Using future age profiles to improve immigration projections", *Population Studies*, 2021(2).
⑭ Pesando, Luca Maria, Valentina Rotondi, Manuela Stranges, et al.., "The internetization of international migration", *Population and Development Review*, 2021(1).

各国的人口结构发生快速变化，这对国际人口迁移态势以及区域人口格局变动具有深刻的影响。① 由于迁移行为具有鲜明的年龄差异，年轻人比老年人的迁移倾向更高；在人口迁移特别是国际移民预测研究中，考虑迁出地人口年龄结构的变动趋势对提高预测精度至关重要。这一点在当前越来越多的国家进入快速老龄化轨道的现实背景下，其重要性尤为突出。② 另一方面，随着网络平台大数据的日益丰富，国外也有不少研究借助多渠道、不同类型的网络平台大数据考察即时人口流动规模与状况。③④ 这些研究在强调大数据与传统调查数据的客观差异——特别是关于人口迁移的核心概念、统计口径等——的同时，综合利用两类数据建构了理论框架和数理模型。这些研究进展在方法和技术层面，为缓解传统迁移流动数据可得性的局限、促进两类数据配套应用提供了有益的思路。

五　婚姻和家庭统计研究

人口转变不仅带来了个体性别角色观念和婚姻家庭观念的转变，也使得婚姻形式发生变迁。2021年婚姻家庭研究主要关注婚姻观念、婚姻模式、婚姻匹配和婚姻满意度等方面。

婚姻家庭观念的变迁。青年群体对"男外女内"、女性是劣质劳动力观念持否定态度，男女平等、职场中男女平权的观念意识被越来越多的青年接受，性别角色趋于现代性；重视婚姻与家庭的稳定性，倾向于在家庭范围内构建亲密关系，愿意为家庭牺牲个人利益。⑤

婚姻形式。我国婚姻制度一直遵从着从父姓和从夫居的习惯，随着独生子女政策的实施，从入赘到"并家""两头婚"，中国部分区域出现了财富增长背景下婚姻模式的变迁。并家改变了男婚女嫁的传统婚姻形式，使得双方家庭和男女双方都保持各自财产和身份的独立性。⑥ 并婚家庭中代际交换不仅是代与代之间的日常互动，而且对家庭权力关系的形成具有重大影响，苏南并家婚姻是一种"并而不合"的双系婚姻模式，在此婚姻模式下形成多种互动关系。并家实现了家庭资源的双向输入，成为支持子代家庭完成城市化和家庭再生产任务的重要保障。但并家婚姻中单向度的财产继承、姓氏继替以及双方父母对家庭完整情感满足的诉求，都形塑出双系父权结构。父代在单系家庭内部通过代际交换的方式将资源让渡给单系子代，以获得子代家庭的参与权。双系父代家庭之间围绕子代家庭展开竞争与合作，在互动中建构出双系父权的权力关系，在双系父权的权力关系作用下，形成子代夫妻之间的相互制衡关系。⑦ 夫妻关系权责清晰、代与代之间清晰化的财产分配规则和姓氏继替的边界明确，导致并家所形成的家庭关系理性化。在纵向代际关系上，并家使得父代权力介入子代家庭的各个层面，造成子代对父代

---

① Potančoková, Michaela, Marcin Stonawski, and Nicholas Gailey., "Migration and demographic disparities in macro-regions of the European Union, a view to 2060", *Demographic Research*, 2021(45).
② Skjerpen, Terje, and Marianne Tonnessen., "Using future age profiles to improve immigration projections", *Population Studies*, 2021(2).
③ Fiorio, Lee, Emilio Zagheni, Guy Abel, et al., "Analyzing the effect of time in migration measurement using Georeferenced Digital Trace Data", *Demography*, 2021(1).
④ Rampazzo, Francesco, Jakub Bijak, Agnese Vitali, Ingmar Weber, and Emilio Zagheni, "A framework for estimating migrant stocks using digital traces and survey data: An application in the United Kingdom", *Demography*, 2021(6).
⑤ 胡益頔：《被"压缩"的青年：个体化和主妇化背后家庭主义观念的一致性》，《中国青年研究》2021年第9期。
⑥ 郭亮：《保护财产还是保护家庭？——富裕农村地区的婚姻家庭新模式》，《文化纵横》2021年第3期。
⑦ 黄佳琦：《代际交换下家庭权力关系重构——基于苏南农村并家婚姻模式的田野调查》，《天府新论》2021年第2期。

的依附性强、独立性弱。这不仅会消解子代的发展动力，还造成核心小家庭关系更加脆弱和不稳定。①

婚姻匹配。个体的受教育程度、身高，以及市场房价等均会对其是否能成婚、婚配特征产生影响。随着教育获得性别差异的逆转，越来越多的年轻女性学历高于男性，婚姻匹配中的女高男低现象将不断增加，婚姻稳定性将会面临更大挑战。②

房子、房价、学历与婚姻匹配之间的内在逻辑。房子本身承载了家庭成员尤其是女性对于家的归属感和其所具有的价值属性，能够传递男方家庭经济等"质量"信号，使其成为了女方解决婚姻市场信息不对称而筛选"高质量"对象的主要信号媒介，而房价上涨可能会导致其信号传递功能失灵，继而促使女方寻找学历信号予以替代，房价上涨显著提升了女性择偶的学历偏好，特别是对原生中下层家庭、中西部或农村户籍等资源相对贫乏的女性，这一影响尤为显著。③

身高较高总体上有助于降低大龄未婚的可能性，但两者之间并非单调递减的关系，而是存在非线性，即身高过高也会削弱身高带来的好处，增加大龄未婚的概率；同时，身高的作用存在性别差异，身高对于男性更为重要，而身高过高会给女性带来更多的负面影响。身高较低对于男性大龄未婚的影响相对较大，身高较高对女性大龄未婚的影响相对较大。更高的妻子匹配到了教育程度更高的丈夫，妻子身高对丈夫受教育年限的影响为一个倒U形曲线，女性身高对其在婚姻市场上的教育匹配可能有负面作用。④

中国人的婚姻关系中并不存在明显的外貌—地位交换，即便是人们通常认为的"男才女貌"式的婚姻交换也很少发生。但教育、职业、收入和家庭背景这四个地位特征之间在婚姻中存在较为明显的交换，主要是因为这四个特征的同质性较强，而越同质的特征，其之间越可能发生交换。因此，"婚姻交换论"是否成立取决于特征之间的相似性或可替代性，全盘否定或全盘肯定该理论的做法都是不正确的。⑤

婚姻的稳定性与婚姻满意度。研究表明，受教育程度越高的同质婚姻，夫妻婚姻满意度越高；妻子比丈夫学历高会显著降低双方的婚姻满意度；夫妻的学历差距对各自婚姻满意度的影响存在差异，妻子受教育程度高于丈夫的幅度越大，婚姻满意度越低，而略低于丈夫则会显著增加妻子的婚姻满意度；丈夫受教育程度低于妻子2个等级及以上会显著降低其婚姻满意度。⑥

对于流动人群而言，单独迁移会通过降低农民工的婚姻满意度而导致其婚姻稳定性下降；婚姻满意度会调节跨省迁移、单独迁移对农民工婚姻稳定性的影响。⑦ 城城流动人口的离婚风险高于乡城流动人口；近距离的市内跨县流动人口的离婚风险更高；婚前流动的离婚风险低于婚后流动；父母的流动经历对流动人口婚姻稳定性有负向影响。流动过程中的家庭分离会增加离婚风险；流动过程中经济资源的增加会降低离婚风险；流动人口融入当地社会及与当地社会

---

① 袁明宝：《并家婚姻下的家庭权力变迁与家庭关系理性化——以苏南农村并家现象为例》，《兰州学刊》2021年第5期。
② 王杰、李姚军：《教育婚姻匹配与婚姻满意度》，《中国人口科学》2021年第2期。
③ 杨青、王诗勇、徐俊杰等：《房子还是学历？——房价上涨与女性择偶的学历偏好》，《财经研究》2021年第6期。
④ 张新辉、李建新：《个体外在特征对婚姻的影响——以身高为例》，《兰州学刊》2021年第9期。
⑤ 许琪、潘修明：《美貌与地位：中国人婚姻中的匹配与交换》，《社会》2021年第6期。
⑥ 王杰、李姚军：《教育婚姻匹配与婚姻满意度》，《中国人口科学》2021年第2期。
⑦ 李卫东：《原因还是机会：迁移模式对农民工婚姻稳定性的影响机制研究》，《南方人口》2021年第3期。

发生更多的交往和互动，使流动者更深地受到现代观念的影响，扩大婚姻市场的替代性，增加离婚风险。血缘和同乡的社会交往网络具有传统规范约束的作用会降低离婚的风险，① 在性别失衡和人口迁移的背景下，女性拥有更多的再婚机会，使女性农民工具有更高的离婚倾向，而男性农民工则倾向于维持当前婚姻。② 农民工婚姻稳定性的下降受到因果机制和调节机制的影响，一方面迁移经历会对农民工的婚姻稳定构成直接或间接的风险，另一方面迁移经历则为不幸福的婚姻提供了走向解体的机会。人口迁移对婚姻稳定性影响的不同作用机制也意味着政府在制订农民工的婚姻家庭发展计划时需要充分考虑婚姻稳定性下降的不同原因及机制。③

另外，有研究探讨了婚姻迁移对代际流动性的影响，并从婚姻匹配角度检验了其影响机制。实证结果发现：第一，父辈与子辈的社会经济地位具有较强的继承性，而婚姻迁移能够削弱这种继承性，促进代际流动性的提高，进而改善阶层固化；第二，相较于东部地区和城市的人口来说，西部地区与农村的人口更容易通过婚姻迁移实现自身阶层的跨越；第三，相较于"外来媳妇"，"上门女婿"更容易通过婚姻迁移实现代际流动；此外，70后的群体最容易通过婚姻迁移实现代际向上流动，但随着时代和政策的变迁，出生队列靠后的群体通过婚姻迁移实现代际流动的概率在降低；第四，婚姻迁移者主要是通过婚姻向上匹配来实现自身阶层的流动，具体说来主要是通过教育向上匹配和收入向上匹配，实现社会经济地位的跃升。④

---

① 任远、郝立：《人口流动过程中离婚风险差异及其影响机制分析》，《中国人口科学》2021年第2期。
② 李卫东：《配偶替代与农民工婚姻稳定性的关系》，《人口研究》2021年第4期。
③ 李卫东：《原因还是机会：迁移模式对农民工婚姻稳定性的影响机制研究》，《南方人口》2021年第3期。
④ 郝立、王志章：《婚姻迁移对代际流动性的影响——来自CGSS的经验证据》，《西北人口》2021年第3期。

2021年养老与保障相关问题研究综述

韩启民　夏翠翠　林　宝[*]

2021年发布的"七普"数据显示我国人口老龄化程度进一步加深，中国即将进入中度老龄化社会，老龄社会新形态的格局已不可逆转。为应对人口老龄化，学者们从积极应对人口老龄化战略研究、老龄化对宏观经济发展的影响、老年人力资源开发、养老和老年照料、老年健康的社会经济影响因素、老年社会参与及数字鸿沟治理等角度，做了大量宏观和微观、理论和实证方面的研究。

一　人口老龄化形势判断及应对

2021年恰逢中国共产党成立一百周年，外加第七次全国人口普查数据结果的公布，一些知名的刊物就这两方面做了相关专题。一方面是对中国共产党百年来的老龄工作做了总结；另一方面是对"七普"数据结果进行解读。并以此为基础，探讨了未来积极应对老龄化的战略方向和政策措施。

杜鹏等[①]对中国共产党一百年来的老龄工作的基本理念、精神内核、工作定位，以及老龄政策演进做了总结，认为积极应对人口老龄化的国家战略是中国共产党一百年来老龄工作思想的结晶。党的"积极老龄观"的基本理念和精神内核主要体现为党将老龄群体作为革命、建设和改革的积极力量。中国共产党对老龄工作的定位经历了从"老人问题"向"发展问题"再向"全局性问题"的认识转变，老龄政策经历了从特惠到普惠、从保基本到高质量发展的过程。

原新、金牛[②]从经济、政治、文化、社会、生态五个方面对如何贯彻落实积极应对人口老龄化战略提出了建议。研究认为在建党百年的关键节点，树立综合性和集成化的体系意识，贯彻落实积极应对人口老龄化国家战略，是适应"十四五"时期深度老龄社会形态定局的重要基础，以及迈向全面建设社会主义现代化国家新征程的必要前提。具体而言，需要遵循"五位一体"总体布局，夯实经济财富储备，增强政治治理能力，培育文化价值风尚，厚植社会民生沃土，推进生态文明建设，在国家战略体系中积极应对老龄社会问题。

---

[*] 作者简介：韩启民，中国社会科学院人口与劳动经济研究所，助理研究员，研究方向为人口学与养老保障，邮箱为hanqm@cass.org.cn；夏翠翠，中国社会科学院人口与劳动经济研究所，助理研究员，研究方向为老龄健康与老年收入，邮箱为xiacc@cass.org.cn；林宝，中国社会科学院人口与劳动经济研究所，研究员，博士生导师，研究方向为人口老龄化与养老保障，邮箱为linbao@cass.org.cn。

[①] 杜鹏、谢立黎、王煜霏：《中国共产党老龄工作的思想与政策演变——百年历程的回顾与思考》，《人口与经济》2021年第5期。

[②] 原新、金牛：《在国家战略体系中积极应对老龄社会问题》，《人口研究》2021年第2期。

陆杰华、刘芹[①]基于"七普"数据对老龄社会新形态下的人口老龄化新特征进行勾画，并讨论在此新形态下老龄化带来的多重影响及应对方略，认为人口老龄化给社会带来的机遇主要在于老年人口年龄结构低龄化所带来的二次人口红利，但也在宏观、中观和微观三个层次上带来了多重影响和挑战。未来应该从理念适老化、政策一体化、区域平衡化和治理多元化这四个方面入手，充分利用回旋空间，抓住多样红利，规避人口老龄化的风险并充分把握机遇。

林宝[②]分析了积极应对人口老龄化国家战略的政策内涵、战略目标和根本任务，认为积极应对老龄化的战略目标可以理解为一个由积极老龄化、促进人口长期均衡发展和实现可持续发展组成的多层次体系，现阶段表现为高质量发展。其战略任务是尽量创造有利于实现高质量发展的人口条件，以及形成与人口老龄化相适应的经济发展模式和社会环境。"十四五"时期应重点做好弹性机制设计，稳妥推进渐进式延迟退休年龄；尽快推进基础养老金全国统筹，增强应对人口老龄化能力；尽快建立城乡一体的长期护理保险制度，提供基本护理保障。

二 人口老龄化对经济发展的影响

人口老龄化对经济发展与产业转型有着直接和深远的影响。学者们分别对老龄化对经济增长、需求与消费、制造业转型、服务业升级、技术创新等方面的影响做了研究。总体来看，人口老龄化对经济增长和产业转型带来了一定的挑战，如何应对这些挑战是学者们十分关注的问题。

首先是老龄化对宏观经济整体的影响。蔡昉[③]从供给侧和需求侧的视角分析了老龄化对经济增长带来的挑战。研究指出随着人口峰值的临近，中国的老龄化将以总量效应、结构效应和分配效应对社会总需求特别是消费需求产生不利影响。有效应对这一挑战并化危为机，要从供需两侧推进改革。蔡昉、王美艳[④]还对人口老龄化对国民消费的影响进行分析。文章认为总人口到达峰值的转折点冲击主要在需求侧，主要通过人口总量效应、年龄结构效应和收入分配效应对消费需求的扩大产生不利影响。扩大居民消费以保持总需求水平与供给侧潜在增长能力相适应，要求提高居民收入、改善收入分配、加大再分配力度，以及提高基本养老保险制度的普惠性和保障水平。都阳、封永刚[⑤]分析了不同的老龄化速度对经济增长的影响。研究发现仅仅由于人口快速老龄化，中国 2020 年至 2025 年的经济增长速度平均每年将会放缓 1.07 个百分点。抑制劳动力市场规模扩张和减缓全要素生产率增长是老龄化影响经济增长的两个最重要的机制。虽然未来改变人口结构的可能性非常有限，但可以根据快速老龄化影响经济增长的上述途径制定相关的应对策略。

其次是人口老龄化对二三产业转型的影响。方雯[⑥]考察了人口老龄化对东莞制造业的影响，发现人口年龄结构的老化导致劳动力禀赋发生改变，相较于先发国家或地区的产业外移行为，

[①] 陆杰华、刘芹：《中国老龄社会新形态的特征、影响及其应对策略——基于"七普"数据的解读》，《人口与经济》2021 年第 5 期。
[②] 林宝：《积极应对人口老龄化：内涵、目标和任务》，《中国人口科学》2021 年第 3 期。
[③] 蔡昉：《中国老龄化挑战的供给侧和需求侧视角》，《经济学动态》2021 年第 1 期。
[④] 蔡昉、王美艳：《如何解除人口老龄化对消费需求的束缚》，《财贸经济》2021 年第 5 期。
[⑤] 都阳、封永刚：《人口快速老龄化对经济增长的冲击》，《经济研究》2021 年第 2 期。
[⑥] 方雯：《人口老龄化对东莞制造业发展的影响——从"世界工厂"到"智造东莞"》，《人口研究》2021 年第 5 期。

产业就地转型升级更符合当前中国国情。张桂文等[①]分析了人口老龄化对制造业转型升级影响机理，发现：人口老龄化通过减少劳动力供给，迫使企业用资本和技术替代劳动；人均寿命延长引发的"预防动机"和老年人的"遗赠动机"促进资本积累；预期寿命增加、子女减少、老年劳动力知识和经验积累，以及工资议价能力提高，会加强人力资本投资；老龄化带来的要素禀赋改变和人力资本投资效应有利于技术创新。从长期动态看，劳动力供给减少、资本积累、人力资本投资和技术创新均会促进制造业转型升级。总体上中国人口老龄化促进制造业转型升级。宋晓莹等[②]从结构与效率的双重视角考察了人口老龄化对服务业优化升级的影响。发现人口老龄化对服务业的优化升级具有显著正向影响及区域异质性，结构优化效应由东往西逐渐弱化，效率提升效应仅在东部和中部地区显现。老龄化对服务业优化升级的影响具有鲜明的基于经济发展水平及人力资本水平的门槛特征，突破门槛后，老龄化的促进作用明显跃升，且结构优化的门槛更高，突破门槛后老龄化的边际效率更大。

最后是人口老龄化对技术创新的影响。沈可、李雅凝[③]探讨了老龄化与技术创新的关系，发现人口老龄化与科技创新、根本性创新及渐进性创新之间均呈驼峰型关系，即老龄化先促进后抑制创新水平；相较于渐进性创新，人口老龄化对根本性创新的负面效应将更早显现。同时研究还揭示了人口老龄化与科技创新之间的关系存在城镇化率门槛效应，城镇化率的门槛值约为86%，即当城镇化率低于该门槛值时，人口老龄化将抑制创新，而当城镇化率高于门槛值时，老龄化转而有利于促进创新。

三 老年劳动力供给和人力资源开发

老年人力资源的开发在国家层面，是积极应对人口老龄化、促进经济社会发展的举措；在个人层面，是度过健康老年生活、实现老有所为的现实需求。随着人口老龄化加速与劳动年龄人口的减少，老年劳动力供给与老年人力资本开发逐渐成为最近几年研究的热门。

汪伟、王文鹏[④]考察了预期寿命、养老保险降费对老年劳动供给的影响。研究发现由于体制外劳动者的老年劳动供给具有灵活性，降低养老保险费率能促使他们延迟退休，有利于提高社会老年劳动供给。如果体制内劳动者也能灵活选择老年劳动时间或法定退休年龄延迟，降低养老保险费率可以更多地增加社会老年劳动供给。预期寿命延长对社会老年劳动供给的影响不确定，取决于缴费率的下调幅度。该研究还证实了养老保险降费改革能否实现社会福利的帕累托改进和有效利用老年劳动力资源的双重目标，不仅取决于缴费率的下调幅度，而且依赖于退休年龄的调整。

杨菊华、史冬梅[⑤]探讨了在积极老龄化背景下老年人力资源的开发利用。研究发现目前中国十分充裕且稳定的老年人力资源被大量闲置忽视，开发结构不均，开发维度单薄。文章建议，

---

① 张桂文、邓晶晶、张帆：《中国人口老龄化对制造业转型升级的影响》，《中国人口科学》2021年第4期。
② 宋晓莹、罗淳、赵春燕：《人口老龄化对服务业优化升级的影响——基于结构与效率的双重视角》，《中国人口科学》2021年第2期。
③ 沈可、李雅凝：《中国的人口老龄化如何影响科技创新？——基于系统GMM方法与动态面板门槛模型的经验证据》，《人口研究》2021年第4期。
④ 汪伟、王文鹏：《预期寿命、养老保险降费与老年劳动供给：兼论中国退休政策改革》，《管理世界》2021年第9期。
⑤ 杨菊华、史冬梅：《积极老龄化背景下老年人生产性资源开发利用研究》，《中国特色社会主义研究》2021年第5期。

在人口年龄结构巨变的时代背景下,突出"健康—参与—保障"三大支柱,真正消除"老年歧视",构建年龄友好的社会环境;有效健全法律法规,构建年龄包容的政策环境;系统联动多元主体,提供契合长者需求的服务环境;充分关照全体人群,构建城乡—性别平等的实践环境,激发老年人的生产潜能,释放"年龄平等红利"和"长寿红利"。

四 养老与照料

人口老龄化加剧了家庭及社会的养老和照料负担。学者们使用人口学分析技术,对当前养老金缺口和照料负担进行了测算,对老年人养老方式选择、家庭照料及分工、社区和机构养老的困境、老年人可接受的照料费用等展开实证分析,从经济到服务,全方位探讨了老年人养老和照料的特征、问题和未来发展方向,为保障老年人的经济需求和服务需求提供了研究基础。

在养老金缺口测算方面。穆怀中等[1]研究了预期寿命延长对养老金的影响。研究发现:预期寿命延长会导致养老金社会平均工资替代率下降程度加大,增加退休后期养老金保障风险;提高高龄退休人口养老金调整指数会加剧养老保险生命周期精算失衡风险;提高最低缴费年限标准难以破解提高保障水平和保持精算平衡的"两难"困境。郑秉文[2]的研究认为"十四五"到2035年具备从负债型向资产型逐渐过渡的条件,应做好顶层设计,资产型制度初步建成;2035—2050年,养老金资产占GDP比重应达到世界平均水平,扭转GDP大国与养老金小国的失衡状态。

在照料负担测算方面。廖少宏、王广州[3]使用2013年、2015年、2018年的CHARLS数据,结合老年人口总量和结构进行预测,估计失能老年人口总量将从2020年的2485万人增长到2050年的5472万人。这种增长是分阶段的,受年龄别失能风险下降与年龄结构老化的共同影响,总失能率在2020—2031年缓慢下降、2032—2041年缓慢上升、2042—2050年快速上升。在独生子女家庭,照料负担尤为严重。伍海霞、王广州[4]使用2018年CLHLS数据对独生子女照料负担进行研究,发现独生子女老年人照料者的实际照料强度远高于多子女老年人,家庭照料承载力处于劣势地位。独生子女家庭老年人的平均照料人数约为2.13人,仅为多子女老年人的44.65%。女性、高龄、丧偶或离异、农业户籍的独生子女老年人的家庭照料负担更重。Zimmer和Chiu[5]的研究使用2002—2014年CLHLS数据和多状态生命表,测算了独立生活预期寿命(ILLE),发现大多数中国老年人的ILLE在扩大,在一定程度可减轻子女照料负担。研究发现,男性、低龄女性和残疾老人相对高龄女性、高龄残疾人,更有可能在独立生活的情况下存活较长时间,因此在照料资源极度贫乏的情况下,更应该把照料资源分配给后者。

在养老方式选择方面。彭希哲、王雪辉[6]通过使用2016年CLASS数据和Logistic模型进行研究,发现家庭户规模和个人社会经济地位对老年人养老方式选择影响显著:一代户家庭比其

---

[1] 穆怀中、范璐璐、陈曦:《人口预期寿命延长、养老金保障风险与政策回应》,《人口研究》2021年第1期。
[2] 郑秉文:《财富储备与"资产型"养老金体系转型研究》,《中国人口科学》2021年第1期。
[3] 廖少宏、王广州:《中国老年人口失能状况与变动趋势》,《中国人口科学》2021年第1期。
[4] 伍海霞、王广州:《快速老龄化过程中中国独生子女家庭照料负担研究》,《中国软科学》2021年第7期。
[5] Zimmer Z., Chiu C. T., "Are Older Persons in China Living More Years in an Independent Living Arrangement? Estimates Using Multistate Life Tables", *Demography*, 2021(2).
[6] 彭希哲、王雪辉:《家庭结构、个人禀赋与养老方式选择——基于队列视角的分析》,《人口学刊》2021年第1期。

他家庭结构的老年人选择自我养老和机构养老的可能性高，而三代户家庭的老年人选择子女养老的概率较高；老年人收入越高、房产越多，对子女养老的期待越低，更可能选择自我养老和机构养老。郑研辉、郝晓宁[1]通过北京市抽样调查数据和 Logistic 模型的分析显示，医疗护理服务的便捷性、可支付性与老年人照料服务的选择显著相关。住所附近有医疗卫生机构、提供上门护理服务的机构或者家庭签约医生的老年人，更倾向于选择社会照料服务。家庭支付能力较强或者支付能力不足的老年人更倾向于选择社会照料服务。

在家庭照料及分工方面。陶涛等[2]通过使用 2018 年 CLASS 数据，发现不同结构类型的家庭内部养老分工的模式不同。在子女数量较少或性别一致时，子女之间责任均摊；在子女数量较多且性别不一致时，老大、女儿会给予父母更多的经济支持，老小、儿子会给予父母更多的家务支持。张文娟、付敏[3]使用 1998—2018 年的 CLHLS 数据分析了老年临终照料模式，发现高龄老年人的临终照料模式呈现更加多元化的趋势，孙子女以及其他亲属将承担更多的临终照料责任。此外，王海漪[4]的研究显示，子女对老年人的照料具有一定程度的代际交换性。老年人为孙子女提供隔代照料将会促进子代对老年人的经济支持和照料支持，一定程度上弥补隔代照料带给老年人的福祉损失。

在社区和机构养老的困境方面。韩烨等[5]运用吉林省养老机构微观调查数据和 Logistic 模型的研究，对民办养老机构的发展困境和可持续发展的途径进行了探索。研究显示财政补贴、持证比率、长期照护报销、功能分类、比较优势、医养结合、智能服务指标从理论上显著影响养老机构可持续发展。但现实中各影响因素无法充分发挥正向效应，其面临机构定位不清、服务内容缺乏精细化、医养结合程度低、结合推进难度大、智慧养老发展有限、创新动力不足，机构资金来源有限、政府激励不足"四重"困境。辛宝英、杨真[6]使用山东省农村互助养老专项调查数据的研究发现：社区支持显著提高老年人的互助养老参与意愿；在社区支持影响参与意愿的总效应中，约 42% 由老年人对村干部的信任传导，约 22% 由邻里信任传导；社区支持对不了解互助养老、不关心村居事务、家庭养老满意度低和担忧将来养老的老年人的边际影响更大。

在老年人可承担的机构照料费用方面。陈璐等[7]使用家庭老年照料经济价值问卷调查数据，采用意愿调查方法（CVM）评估了老年家庭照料的经济价值。研究显示老年人支付意愿为平均每小时 31.73 元，收入水平和健康状况对支付意愿产生显著影响，年龄较大、患有慢性病、无配偶、初中学历、不住自己房子的受访者不愿意为家庭老年照料付费也不愿意接受补贴的概率更大。陶涛等[8]通过使用 2018 年 CLASS 调查数据和安德森模型的研究显示，除个人社会经济地

---

[1] 郑研辉、郝晓宁：《医疗护理服务可及性对居家老人照料服务选择的影响研究——基于北京市的实证研究》，《人口与发展》2021 年第 1 期。
[2] 陶涛、刘雯莉、李婷：《长幼有序，男女有别——个体化进程中的中国家庭养老支持分工》，《社会学研究》2021 年第 5 期。
[3] 张文娟、付敏：《长寿的挑战——对中国高龄老年人临终照料者的分析》，《人口学刊》2021 年第 5 期。
[4] 王海漪：《被照料的照料者：隔代照料与子代行孝互动研究》，《人口学刊》2021 年第 4 期。
[5] 韩烨、冀然、付佳平：《民办养老机构可持续发展的困境及对策研究》，《人口学刊》2021 年第 4 期。
[6] 辛宝英、杨真：《社区支持对农村互助养老参与意愿的影响研究》，《中国人口科学》2021 年第 2 期。
[7] 陈璐、文琬、刘鸿雁等：《家庭老年照料经济价值及其影响因素——基于意愿调查法的研究》，《人口与经济》2021 年第 1 期。
[8] 陶涛、袁典琪、刘雯莉：《子女支持对城乡老年人养老服务购买意愿的影响——基于 2018 年中国老年社会追踪调查的分析》，《人口学刊》2021 年第 1 期。

位之外，子女支持也会提高老年人购买照料服务的意愿。研究发现获得子女照料支持、子女受教育程度更高的老年人更愿意购买养老服务。获得子女日常经济支持不对老年人购买服务意愿产生直接影响，更可能是通过子女展现的经济实力增强老年人消费信心而产生间接影响。

五　老年健康及死亡风险

老年健康及死亡风险的社会经济影响因素，一直是老龄研究的重要方面。发现影响老年健康的社会和经济因素，有利于制定相关政策，促进老年人健康长寿，减轻老年照料负担和医疗负担。2021年，学者们较多从家庭因素（包括婚姻状态、子女支持等）对老年人的生活方式、健康状态、死亡风险的影响因素及中介效应进行了研究。此外，还从社会经济地位、社会参与、社区卫生服务水平等方面，探索了其对老年健康及死亡风险的影响。

在婚姻影响老年健康方面。周晓光[1]使用2015年第四次中国城乡老年人生活状况调查数据和Logistic模型的研究显示，未婚老年人在自评健康、自理状态、生活习惯、居住条件、收入状况、社会参与、心理健康状况等方面均处于劣势。受教育程度越低、年龄越小、健康和自理状态越差、收入越低，独居的农村未婚老年人幸福感就越低。婚姻质量也对老年健康有显著影响。夏翠翠、李建新[2]使用CLHLS2008—2018年数据和内在时间依存Cox模型的研究发现，配偶不健康的老年人面临更高的死亡风险，且在男性老年人群体中更为明显。从作用机制的角度来看，配偶不健康对老年人死亡风险的影响主要通过损伤老年人认知能力、提高抑郁水平、降低生活满意度的方式提高老年人死亡风险。

在子女支持影响老年健康方面。侯建明等[3]使用2018年CLHLS数据和多元线性回归模型的研究显示，子女经济支持对数和子女生活照料对数均对老年人口心理健康状况影响显著。子女提供的代际支持水平越高，老年人口心理健康状况越好，但是子女精神慰藉对老年人口心理健康状况无显著影响。在城乡差异方面，子女经济支持对城镇老年人口心理健康状况影响显著，而子女生活照料对农村老年人口心理健康状况影响显著。贾仓仓、何微微[4]使用2018年CLHLS数据，运用倾向得分匹配方法检验了代际支持对老年人健康的影响，发现代际情感支持和日常对老年人的健康状况具有显著的提升效应，且日常照料的健康促进效应明显高于情感支持。子女代际支持可有效提升高龄老人和农村老人的健康水平；代际情感支持对独居老人和家庭居住老人的健康具有积极作用，日常照料可改善家庭居住老人的健康。

学者们还研究了社会经济地位、社会参与、社区卫生服务水平等方面对老年健康的影响。在社会经济地位方面，张韵、梁宏[5]的研究显示，社会经济地位对老年人生活方式有显著影响，在弱势地位的老年群体中，社会经济地位因素的影响会随着年龄增长被削弱；在优势地位的老

---

[1] 周晓光：《农村未婚老人的生活质量及提升对策研究》，《中国软科学》2021年第1期。
[2] 夏翠翠、李建新：《配偶综合症？配偶健康对老年人死亡风险的影响及中介效应研究》，《人口与发展》2021年第2期。
[3] 侯建明、张培东、周文剑：《代际支持对中国老年人口心理健康状况的影响》，《人口学刊》2021年第5期。
[4] 贾仓仓、何微微：《子女代际支持对老年人健康的影响——基于内生性视角的再检验》，《人口与经济》2021年第3期。
[5] 张韵、梁宏：《社会经济地位与老年人生活方式：低水平的"收敛"与高水平的"发散"》，《人口研究》2021年第3期。

年群体中，社会经济地位因素会抵消年龄增长带来的不利影响。在社区卫生服务水平方面，吴炳义等[①]的研究发现社区卫生服务水平对老年人自评健康状况有重要影响，社区环境差异能够解释老年人自评健康差异的 15.92%。在社会参与方面，池上新、吕师佳[②]的研究发现，文化适应对随迁老人身心健康有重要影响，表现为态度文化适应影响心理健康；行为文化适应则与生理健康紧密相关。运动参与和社会资本是文化适应影响随迁老人身心健康的两条路径。

六 老年社会参与及数字鸿沟应对

老年人社会参与对实现积极老龄化有重要的作用，也是 2021 年老龄研究的重点。老年人的社会参与分四个部分：一是研究老年人的社会参与模式及影响因素；二是探讨老年人口流动的背景下，老年人的社会适应、文化融入问题；三是研究老年人的互联网参与、数字适应能力等问题及影响因素；四是从理论上探讨促进老年数字融入、缩小数字鸿沟的策略。

在老年人社会参与方面。谢立黎等[③]使用 CLASS 数据，利用潜在类别模型，从个人和家庭两个角度，探索了中国老年人的社会参与模式。研究显示，中国老年人的社会参与模式可划分为平衡型、个人中心型、家庭中心型和低参与型。低参与型老年人的社会适应状况最差，其次是家庭中心型老年人，个人中心型和平衡型老年人的社会适应状况最好且没有显著差异。赵梦晗、杨凡[④]使用 2016 年 CLASS 数据和一般线性回归模型，从老年人性别和子女性别的双视角，探讨了老年人的不同子女性别结构以及居住模式对老年男性和老年女性所获得的朋友网络支持的影响。研究显示老年人的子女性别结构与居住模式对老年人的社会参与产生显著影响，没有儿子对老年男性的朋友网络支持有显著的负面影响，但对老年女性的影响并不显著。相比仅与配偶同住，若能同时与儿子居住对老年男性获得朋友网络支持有正面影响。

在老年流动人口的社会融入方面。杨菊华[⑤]从社会学空间理论出发，检验了老年流动人口的社会适应能力。研究显示，老年流动人口的社会适应呈现"高心理—中行为—低文化"模式：对流入地的认同与归属感强，但行为适应不足，文化适应更难。尽管老年人的地域流动打破了物理边界，但制度边界与社会边界却未得到重构，故而造成其适应理念与客观现实之间存在巨大张力。模糊制度和社会边界、增强心理和精神空间的可达性是有效推动老年流动人口社会适应的重要着力点。池上新、吕师佳[⑥]基于 2019 年广东省深圳市的调查数据，研究了老年人文化适应情况。研究显示，随迁老人的文化适应性较好，态度文化适应水平较高，行为文化适应则具有一定的滞后性。

---

① 吴炳义、董惠玲、武继磊等：《社区卫生服务水平对老年人健康的影响》，《中国人口科学》2021 年第 4 期。
② 池上新、吕师佳：《社会融入与随迁老人的身心健康——基于深圳市调查数据的分析》，《深圳社会科学》2021 年第 5 期。
③ 谢立黎、王飞、胡康：《中国老年人社会参与模式及其对社会适应的影响》，《人口研究》2021 年第 5 期。
④ 赵梦晗、杨凡：《老年人的子女性别结构与居住模式对其朋友网络支持的影响——男孩偏好下的"双重性别差异"》，《人口研究》2021 年第 5 期。
⑤ 杨菊华：《空间理论视角下老年流动人口的社会适应》，《社会学研究》2021 年第 3 期。
⑥ 池上新、吕师佳：《社会融入与随迁老人的身心健康——基于深圳市调查数据的分析》，《深圳社会科学》2021 年第 5 期。

在老年人互联网参与方面。丁志宏、张现苓[1]使用2018年CLASS数据，对中国城镇老年人上网状况及其影响因素展开分析。研究显示，城镇老年人在网络接入、网络使用、学习上网途径、上网设备等方面存在性别、年龄、受教育程度上的显著差异。城镇老年网民对网络依赖程度高，但使用单一，主要集中在网络社交和信息搜索上，利用网络进行商业消费的比例低；城镇老年网民主要用手机上网，学习网络主要依靠自己或家人，很少依赖家庭以外的资源。靳永爱等[2]使用2021年中老年人短视频使用情况专项调查数据和Logistic模型的研究显示，短视频的适当使用在一定程度上加强了中老年人与家人和朋友的联系及互动，扩大了中老年人的社会网络，也提高了中老年人的社会适应水平。

在数字鸿沟治理方面。杜鹏、韩文婷[3]认为中国老年人使用互联网的比例在迅速提升，但仍存在"数字融入"困难。构建老年数字包容的互联网环境和数字生活需要秉持"以人为本"的思想，从客观技术、包容的社会环境以及发挥老年人主体能动性三个角度切入，通过政府引导、市场主动、社会联动、家庭支持、老年人参与的五个主体联动共同实现。陆杰华、韦晓丹[4]认为老年数字鸿沟治理应坚持以人为本和技术效率、社会效益相结合的基本原则，以参与式治理、包容性治理、全方位治理、可持续治理为主要理念，将数字鸿沟治理的主要目标设立为普遍消除信息技术门槛、实现全体老年人公平发展、老年人数字化社会融合程度全面提升。

七　国外相关研究综述

2021年，国外关于老龄的研究主要集中在两个方面：一是计算各种形式的预期寿命，包括独立生活预期寿命（ILLE）、自理预期寿命（ALE）、无认知障碍预期寿命（CIFLE）等，为判断老年照料负担提供数据基础；二是研究影响老年健康的社会经济因素，包括债务水平、婚姻状况、代际传递、家庭结构、童年困境等因素对老年健康和疼痛的影响，为促进健康老龄化提供实证依据。

在预期寿命测算方面，国外的研究更加详细地测算了各种形式的健康预期寿命。Zimmer和Chiu[5]使用2002—2014年CLHLS数据和多状态生命表方法，测算了中国高龄老年人独立生活安排（独居或与配偶居住）的预期寿命，即独立生活预期寿命（ILLE），发现大多数中国老年人的ILLE在扩大。并通过研究不同群体老年人在独立生活状态下的死亡风险，提出在照料资源匮乏的情况下照料需求的梯次。Huang等[6]利用CHARLS数据测算了中国老年人在60岁时的无活动障碍预期寿命（ALE）、无认知障碍预期寿命（CIFLE）、无活动和认知障碍预期寿命（ACI-

---

[1] 丁志宏、张现苓：《中国城镇老年人上网状况及其影响因素》，《人口研究》2021年第2期。
[2] 靳永爱、刘雯莉、赵梦晗等：《短视频应用平台的使用与中老年人生活——基于专项调查的探索性研究》，《人口研究》2021年第3期。
[3] 杜鹏、韩文婷：《互联网与老年生活：挑战与机遇》，《人口研究》2021年第3期。
[4] 陆杰华、韦晓丹：《老年数字鸿沟治理的分析框架、理念及其路径选择——基于数字鸿沟与知沟理论视角》，《人口研究》2021年第3期。
[5] Zimmer, Z., Chiu, C. T., "Are Older Persons in China Living More Years in an Independent Living Arrangement? Estimates Using Multistate Life Tables", *Demography*, 2021(2).
[6] Huang Guogui, GuoFei, Chen Gong, "Multidimensional healthy life expectancy of the older population in China", *Population Studies*, 2021(3).

FLE）分别为19.4岁、9.5岁和8.8岁。在60岁时，健康预期寿命（HLE）在性别、城乡、教育水平、婚姻状况和健康状况方面存在显著差异。在中国老年人中，男性和生活在城市地区的老年人的CIFLE较高，而根据所有三项HLE指标，那些与配偶一起生活、受教育程度较高、60岁时身体健康的老年人的健康预期寿命更长。

在社会变迁与老年健康方面，不同的研究均体现了对时期、队列因素的关注。国际上的研究更加关注国家的社会经济波动、不同队列经历的社会事件对健康的影响和损耗。O'Rand和Hamil-Luker[1]使用1992年到2014年的健康和退休数据（HRS）和脆弱性风险模型，分析了债务水平和心脏病发作风险的关系，研究显示：在不同生命历程中的经济状况发生较大变化或者面临经济危机、住房债务，对心脏病发作风险产生影响；美国房地产市场的波动影响了一代人的健康状态。这一研究体现了国家社会经济变动对不同队列的人具有持续的健康影响。

在家庭因素与老年健康方面。Filip[2]的研究认为，丧偶对不同性别老年人的影响，往往与其所处的社会经济地位相关。研究显示社会经济地位较高的男性在丧偶后更容易受到伤害，这可能是因为他们以前的相对特权地位。社会经济地位较低类别的丧偶女性的不利处境可能反映出她们在失去配偶后面临的经济压力。

八 总结与评价

2021年是中国共产党成立一百周年，又逢第七次全国人口普查数据发布。在这个特殊的时间节点上，有关养老与保障的研究，首先是对人口老龄化的总体形势做出了判断与展望。在具体的研究内容方面，包括老龄化对经济的影响、老年人力资源开发、养老与照料、健康与死亡风险、老年人社会参与等主题。此外，国外也有一些影响健康的经济社会因素以及预期寿命测算的相关研究。

2021年是一个特殊的时间节点，一些知名刊物邀请了相关专家，对中国共产党百年来的老龄工作进行了总结，同时探讨了下一步如何贯彻落实积极应对人口老龄化战略的问题。在总体层面解答了人口老龄化形势及应对的问题。

2021年宏观研究主题集中在老龄化对经济发展的影响、老龄化对产业转型的影响、老龄化对技术创新的影响、老年劳动力供给、老年人力资本开发等方面；微观研究主题集中在照料方式的选择、养老负担的测算、老年健康的社会经济影响因素、老年社会参与的形式和内容、老年数字鸿沟应对等热点问题。主要的特征如下：其一，研究更加注重用微观数据分析宏观问题，将政策、理论和数据分析相结合，以热点重点问题为导向，研究更加具有理论性和实用性；其二，研究方法更加注重中介效应的分析、稳健性检验及异质性分析，而非进行简单的回归分析，其结论可信度更高，解释力度更强；其三，研究数据的使用更加多元化，不仅仅局限于几类常用的大型抽样调查数据，越来越多的针对某一领域的小型社会调查数据被广泛应用到论文和研究中，呈现百花齐放的状态，为当前构建居家社区机构相协调的养老服务体系、发展康养医养相结合的健康产业和事业、促进老年数字融入和社会融入等重大问题提供了数据支撑。

---

[1] O'Rand A. M., Hamil-Luker J., "Landfall After the Perfect Storm: Cohort Differences in the Relationship Between Debt and Risk of Heart Attack", *Demography*, 2021.

[2] Dabergott Filip, "The gendered widowhood effect and social mortality gap", *Population Studies*, 2021.

此外，国外学者对中国养老问题也越来越关注。其研究的主题较为集中，主要是计算各种形式的预期寿命，以及影响老年健康的社会经济因素。这一方面是因为近年来国内的老龄相关数据越来越丰富，另一方面国外学者在这两个主题的研究上也较有经验。国外研究为认识中国养老问题提供了有价值的参考。

2021年劳动经济学研究综述

李冰冰　张　琛　马太超　刘金凤　曲　玥*

劳动经济学学科涉及劳动力供给、就业、收入、教育等与人们日常生活息息相关的问题，一直以来都是经济学研究的热点领域之一。结合近年来国际经济形势的变化、技术革命、疫情冲击、老龄化加剧及相关的政策变革背景，2021年国内外学者对劳动力供求、收入差距、教育和人力资本、劳动力流动等问题进行了深入讨论。

一　劳动力供求

当前中国劳动力市场上出现劳动力供给短缺、人口红利因素消失、人口老龄化加速，经济增长面临动能转换问题。程杰、朱钰凤[1]通过劳动供给弹性分析我国的经济发展和劳动力市场转变。研究通过对2011—2018年全国流动人口监测调查数据和2005年1%人口抽样调查微观数据的分析，发现2010年以来流动人口总体劳动参与弹性明显下降，劳动供给弹性的下降反映出中国经济需要更加依靠劳动生产率的提高和全要素生产率的提高，而不是劳动供给的增加。与中国相反，印度劳动力市场上仍然存在过剩劳动供给问题，Breza等[2]通过在印度做实验的方法来识别劳动配给问题。作者通过提供占当地劳动力数量24%的外部雇佣工作机会，分析引入外部雇佣冲击如何影响本地劳动力市场的就业率和工资，证实了过度劳动供给的存在。

劳动力短缺背景下，如何充分利用劳动力资源是重要的议题，而其中尤其需要关注的就是女性、老年、青年劳动力和失业群体。大量研究分析了女性的就业和劳动供给问题，女性劳动供给受到多方面因素的影响。詹鹏等[3]利用1995—2018年中国家庭收入调查数据分析了我国城镇女性劳动供给的长期趋势，指出城镇地区20—35岁女性劳动参与率在2002年后下降明显。作者从教育扩张和生育行为两方面对劳动参与率下降进行解释，发现2002年之前，劳动参与率的变化主要由教育扩张解释，2002年后生育行为对女性劳动参与率的影响显著。鄢伟波、安

---

* 作者简介：李冰冰，中国社会科学院人口与劳动经济研究所，助理研究员，研究方向为劳动经济，邮箱为libb@cass.org.cn；张琛，中国社会科学院人口与劳动经济研究所，助理研究员，研究方向为劳动经济、农业经济，邮箱为zhangchen2020@cass.org.cn；马太超，中国社会科学院人口与劳动经济研究所，博士后，研究方向为劳动经济，邮箱为taichaomadfdx@foxmail.com；刘金凤，中国社会科学院人口与劳动经济研究所，博士后，研究方向为劳动经济，邮箱为liujinfeng@ucass.edu.cn；曲玥，中国社会科学院人口与劳动经济研究所，研究员，研究方向为劳动经济、产业经济，邮箱为quyue@cass.org.cn。

[1] 程杰、朱钰凤：《劳动供给弹性估计：理解新时期中国劳动力市场转变》，《世界经济》2021年第8期。
[2] Breza, Emily, Supreet Kaur, and Yogita Shamdasani, "Labor Rationing", *American Economic Review*, 2021(10).
[3] 詹鹏、毛逸波、李实：《城镇女性劳动供给长期趋势研究：来自教育扩张和生育行为的解释》，《中国工业经济》2021年第8期。

磊[1]利用2011—2017年流动人口数据分析也发现孩子出生与女性劳动参与率下降有关。方颖等[2]从性别身份认同角度分析了女性劳动参与率的下降。研究利用"丈夫收入应超过其妻子"衡量性别身份认同，采用2005年1%人口抽样调查和2010—2016年中国家庭追踪调查数据，发现妻子潜在收入超过丈夫的概率越高，妻子劳动参与概率越低。已有研究分析了生育、对弹性时间的偏好等因素的影响，Le Barbanchon 等[3]则讨论了通勤时间偏好的影响，发现在工作搜寻上女性更偏好短距离通勤，愿意以更低的工资换取短距离通勤。女性就业会对经济产生积极影响，如陈梅、李磊[4]利用2004—2007年规模以上制造业企业数据分析了女性就业增加带来的积极作用，发现女性就业提高有助于增加企业出口。在发展中国家，女性就业与女性地位密切相关。在印度，女性劳动参与率在逐步下降。Field 等[5]采用实验方法分析了收入控制权与女性参与工作的关系。印度女性的工作收入需要被存入家庭男性户主的银行账户中。作者通过开设妇女个人银行账户、培训女性如何使用账户、工资直接进入账户的付薪方法等实验，发现增加女性对收入的控制有助于提高女性在家庭中的谈判地位，增加女性劳动供给，同时还可能改变女性的性别与工作观念。

另有研究分析了老年、青年和失业群体的就业问题。提高老年人口劳动供给的重要政策工具是延迟退休年龄，汪伟、王文鹏[6]研究发现降低养老保险费率能够促使体制外老年劳动供给增加。如果进一步制定延迟退休政策，那么降低养老保险费率将会进一步增加体制内的老年劳动供给。年轻群体往往在劳动力市场中处于弱势地位，工资较少，不稳定性较高。搜寻匹配成本是影响年轻群体就业的重要因素。Abebe 等[7]采用田野实验方法，分析了对工作搜寻成本和展示自身技能的能力进行干预带来的效果，发现通过交通补贴降低工作搜寻成本有助于提高在短期内获得正式工作的概率，但是长期来看这一干预对于找到稳定工作的帮助不大，而通过给予年轻人求职培训和技能认证，则有助于其更有效地向雇主展示技能，不仅有助于短期内获得正式工作，同时长期来看也有助于获得更高收入的工作。大量的、长时期的失业是欧洲国家面临的普遍现象，而这在经济下行期尤其是新冠疫情冲击下更加显著。已有研究发现失业周期越长，找到工作的概率越低。Mueller 等[8]的研究表明，失业者对未来找到工作的信念与实际找到工作的概率正相关，但随着失业周期加长，失业者对于未来找到工作的信念并没有下降，仍然保持积极的信念，并且不会随失业时间的增长而下调，这种信念偏差会影响失业者的保留工资进而影响到其退出失业的概率。

---

① 鄢伟波、安磊：《中国女性劳动供给为何降低：来自流动人口的证据》，《世界经济》2021年第12期。
② 方颖、蓝嘉俊、杨阳：《性别身份认同对女性劳动供给和家庭收入结构的影响——教育与城乡差异的视角》，《经济学（季刊）》2021年第5期。
③ Le Barbanchon, T., Rathelot, R., & Roulet, A., "Gender differences in job search: Trading off commute against wage", *The Quarterly Journal of Economics*, 2021(1).
④ 陈梅、李磊：《从人口红利到性别红利：女性就业与企业出口》，《世界经济》2021年第1期。
⑤ Field, E., Pande, R., Rigol, N., Schaner, S., & Troyer Moore, C., "On Her Own Account: How Strengthening Women's Financial Control Impacts Labor Supply and Gender Norms", *American Economic Review*, 2021(7).
⑥ 汪伟、王文鹏：《预期寿命、养老保险费与老年劳动供给：兼论中国退休政策改革》，《管理世界》2021年第9期。
⑦ Abebe, G., Caria, A. S., Fafchamps, M., Falco, P., Franklin, S., & Quinn, S., "Anonymity or distance? Job search and labour market exclusion in a growing African city", *The Review of Economic Studies*, 2021(3).
⑧ Mueller, A. I., Spinnewijn, J., & Topa, G., "Job Seekers Perceptions and Employment Prospects: Heterogeneity, Duration Dependence, and Bias", *American Economic Review*, 2021(1).

在劳动力需求方面，研究聚焦机器替代劳动问题。用工成本是企业对劳动力需求的重要影响因素。有别于传统研究从工资成本等直接用工成本角度分析企业用机器替代劳动，宁光杰、张雪凯[1]利用劳动力流转率来分析企业用工成本以及对机器替代劳动的影响。文章以临时工比例度量劳动力流转率，发现劳动力流转率提高会增加企业的间接用工成本，导致企业为了降低成本采用机器替代劳动策略。文章认为户籍改革滞后、劳动力市场不当管制和市场信息阻碍等是导致劳动力流转率过高的因素。李磊等[2]发现，机器人的使用总体上会显著增加企业劳动力需求，这一就业促进作用主要由产出规模扩张效应带来，但是在传统劳动密集型企业中，劳动力及低技能劳动力的就业会受到抑制。

还有研究分析了基础设施建设对劳动力需求的影响。孙伟增、郭冬梅[3]利用城市移动通信基站数据和上市公司数据，分析了信息基础设施建设对企业劳动力需求的影响，发现移动通信基站的增加将会显著提高企业劳动力需求，信息基础设施建设提高了企业信息化水平，推动企业生产规模扩大、生产效率提高和经营范围扩大，这将提高企业劳动力需求。劳动力流动受到行业间相对需求的影响。王文春等[4]利用2000—2007年中国工业企业数据、城市数据和农村家庭固定点调查数据，分析了房地产扩张对制造业工资的挤出效应，认为在劳动力短缺的背景下，房地产扩张导致劳动力流向房地产相关行业，挤出制造业的劳动力，导致制造业劳动力短缺和工资上涨。

此外，一些研究聚焦税收和财政政策对劳动供求的影响。Martinez 等[5]利用瑞士的税收制度改革来分析短期收入增加对劳动供给的影响，发现这一效应很小。Kostøl 和 Myhre[6]利用挪威的数据分析了对于税收信息的掌握理解程度与劳动供给的关系。很多研究分析了中国社保缴费政策变化带来的就业促进效应。刘贯春等[7]以2011年《社会保险法》出台为准自然实验，利用2007—2016年上市公司数据，采用双重差分方法考察了社保缴费对企业劳动力需求的影响，发现社保缴费增加降低了企业对劳动力的需求。尹恒等[8]利用全国税收调查中10个服务业行业数据，在考虑了成本端和需求端企业异质性的框架下，模拟了社保降费对服务业企业劳动需求的影响，发现降费4个百分点，企业劳动需求量增长6.36个百分点。

---

[1] 宁光杰、张雪凯：《劳动力流转与资本深化——当前中国企业机器替代劳动的新解释》，《中国工业经济》2021年第6期。

[2] 李磊、王小霞、包群：《机器人的就业效应：机制与中国经验》，《管理世界》2021年第9期。

[3] 孙伟增、郭冬梅：《信息基础设施建设对企业劳动力需求的影响：需求规模、结构变化及影响路径》，《中国工业经济》2021年第11期。

[4] 王文春、宫汝凯、荣昭、杨汝岱：《房地产扩张对中国制造业工资的影响研究——基于劳动力再配置的视角》，《经济学（季刊）》2021年第3期。

[5] Martinez, I. Z., Saez, E., & Siegenthaler, M., "Intertemporal labor supply substitution? evidence from the Swiss income tax holidays", *American Economic Review*, 2021(2).

[6] Kostøl, A. R., & Myhre, A. S., "Labor supply responses to learning the tax and benefit schedule", *American Economic Review*, 2021(11).

[7] 刘贯春、叶永卫、张军：《社会保险缴费、企业流动性约束与稳就业——基于〈社会保险法〉实施的准自然实验》，《中国工业经济》2021年第5期。

[8] 尹恒、张子尧、曹斯蔚：《社会保险降费的就业促进效应——基于服务业的政策模拟》，《中国工业经济》2021年第5期。

二 收入分配及不平等

针对收入不平等的研究，一部分学者仍致力于分析中国收入不平等的现状。Li 等[1]将 2013 年 CHIP 数据与高收入数据结合研究后，发现基尼系数上升 12.84%，达到 0.492，高于 2013 年 CHIP 数据的 0.436 和国家统计局在 2013 年报告的 0.473。Schettino 等[2]采用不同数据集研究了中国收入极化问题，研究表明 2000—2015 年，退出中产阶级的中国家庭数量高于 2000 年的富人或穷人数量。Wan 和 Clementi[3]采用中国家庭收入项目（CHIP）的数据和相对分布法研究了 1995 年至 2018 年中国收入极化的长期演变，结果表明尽管中国的收入不平等从 1995 年到 2018 年继续扩大，但收入极化经历了历史性逆转，2013 年到 2018 年收入极化显著下降。城市化和教育程度提高、顶部人群教育和就业回报下降以及城市和农村地区之间的极化显著减少等因素导致了总体的收入极化程度下降。也有一部分学者探究了社会保障、教育、迁移、碳排放等因素对收入不平等的影响。基于 1978—2018 年中国社会保险、社会救助和社会福利的国家统计数据，Yu 和 Li[4]的研究表明社会保障支出有助于减少农村绝对贫困，削弱不平等程度。陈晓东[5]的研究表明我国居民由教育因素引致的收入不平等占总收入不平等的比重为 50.87%，且该比重系数存在显著的年龄异质性。Zhan 等[6]研究表明，迁徙有助于减少城市地区的收入不平等，同时扩大农村地区的收入不平等，迁徙对收入不平等的影响大于出生、死亡和自然老龄化对收入不平等的影响。Yu 等[7]基于 2010 年至 2018 年中国 273 个城市的面板数据，采用多期双重差分模型研究发现碳排放交易能够显著降低中国城乡收入不平等（8.11%）。还有一部分学者致力于探讨机会不平等对收入不平等的影响。Yang 等[8]采用 2002 年、2013 年和 2018 年的数据研究工作年龄人群的机会不平等对收入不平等影响，结果表明农村出生人口的机会不平等程度大于城市出生人口，并有所下降，特别是从 2013 年到 2018 年表现明显。刘林、李猛[9]基于中国流动人口动态监测调查数据进行了分析，结果表明 2010 年到 2017 年流动人口的收入不平等指数和机会不平等指数均呈上升趋势，流动人口机会不平等的相对值

---

[1] Li, C., Yu, Y., and Li, Q., "Top–Income Data and Income Inequality Correction in China", *Economic Modelling*, 2021(97).

[2] Schettino, F., Gabriele, A., & Khan, H. A., "Polarization and the middle class in China: A non-parametric evaluation using CHNS and CHIP data", *Structural Change and Economic Dynamics*, 2021(57).

[3] Wan, H. & Clementi, F., "The Long–Term Evolution of Income Polarisation in China, 1995–2018", *The Journal of Development Studies*, 2021.

[4] Yu, L., and Li, X., "The effects of social security expenditure on reducing income inequality and rural poverty in China", *Journal of Integrative Agriculture*, 2021(4).

[5] 陈晓东：《教育对我国收入不平等的影响：测度与分解》，《上海财经大学学报》2021 年第 6 期。

[6] Zhan, P., Ma, X., and Li, S., "Migration, population aging, and income inequality in China", *Journal of Asian Economics*, 2021(76).

[7] Yu, F., Xiao, D., and Chang, M., "The impact of carbon emission trading schemes on urban-rural income inequality in China: A multi-period difference-in-differences method", *Energy Policy*, 2021(159).

[8] Yang, X., Gustafsson, B., and Sicular, T., "Inequality of opportunity in household income, China 2002–2018", *China Economic Review*, 2021(69).

[9] 刘林、李猛：《中国流动人口收入不平等中的机会不平等测度——基于事前估计视角》，《劳动经济研究》2021 年第 6 期。

在22.38%—24.61%之间，农村户籍和高年龄组群体的机会不平等更为严重，而性别是造成机会不平等的最主要因素。

针对工资不平等的研究。Wang等[①]发展了一个具有中间贸易和两种技能投入的异质企业模型，基于2000年至2006年中国企业层面的数据和Mincer型实证模型研究工资溢价与出口附加值二者之间的关系，研究发现中国工资不平等的加剧主要源于向上游转移而不是改变全球价值链的参与。Wang等[②]采用空间杜宾模型研究了外商直接投资在短期和长期对城乡工资不平等的空间效应，结果表明外商直接投资不会增加城乡收入工资不平等程度。Borrs和Knauth[③]使用德国工人样本数据分析了中国和东欧的低工资竞争对德国制造业工资结构的影响，研究表明东部市场准入和竞争力的提高通过工人工资构成对不平等产生了影响，贸易解释了15%左右的工资不平等。Magda等[④]使用大型关联雇主—雇员数据分析了2002年至2014年中欧和东欧国家工资不平等模式，研究结果表明几乎所有中东欧国家的工资不平等水平都有所下降，主要原因是工资分配底部工资的大幅增加，以及企业间工资不平等性的减少。Wang和Cheng[⑤]研究男女工资差距对中国家庭子女教育支出的影响，结论表明男女工资比率的增加与个体家庭对单个儿童的教育投资，特别是失学支出呈正相关，教育投资对劳动力市场教育经济回报的性别差异并不敏感。Tang和Wang[⑥]研究表明，对于职业和大学专业的工人，教育不匹配对工资产生负面影响，但与工资不平等正相关，提高教育匹配率和教育信号以及减少市场摩擦的政策可以减少工资不平等。Pi和Fan[⑦]认为如果技术部门的盈余比例足够低（或足够高），制度变迁将缩小（或扩大）工资不平等。

三 教育与人力资本

在经济全球化的背景下，人力资本投资和人力资本质量提升已成为一国经济实现潜在发展能力和高质量发展的关键。教育改革是促进人力资本提升、推动国家经济发展的重要途径。有学者评估了这些教育改革的政策效果。方森辉和毛其淋[⑧]以1999年实施的"高校扩招"为准自然实验，研究人力资本扩张对中国制造业企业出口质量的影响。研究发现，人力资本扩张有效推动了企业出口质量升级，尤其对进口中间品、从事加工贸易以及面临低融资约束的企业更为明显。张明昂等[⑨]发现，大学扩招带来的高技能劳动者供给增加显著降低了企业劳动收入份额。

---

① Wang, W., Thangavelu, S., Lin, F., "Global value chains, firms, and wage inequality: Evidence from China", *China Economic Review*, 2021(3).
② Wang, H., Fidrmuc, J., Luo, Q., "A spatial analysis of inward FDI and urban-rural wage inequality in China", *Economic Systems*, 2021(1).
③ Borrs, L., Knauth, F., "Trade, technology, and the channels of wage inequality", *European Economic Review*, 2021(131).
④ Magda, I., Gromadzki, J., Moriconi, S., "Firms and wage inequality in Central and Eastern Europe", *European Economic Review*, 2021(2).
⑤ Wang, H., Cheng, Z. Mama, "Loves You: The Gender Wage Gap and Expenditure on Children's Education in China", *Journal of Economic Behavior & Organization*, 2021(188).
⑥ Tang, R., Wang, G., "Educational mismatch and income inequality", *Economic Modelling*, 2021.
⑦ Pi, J., Fan, Y., "Institutional change and wage inequality", *International Review of Economics & Finance*, 2021(71).
⑧ 方森辉、毛其淋：《高校扩招、人力资本与企业出口质量》，《中国工业经济》2021年第11期。
⑨ 张明昂、施新政、纪珽：《人力资本积累与劳动收入份额：来自中国大学扩招的证据》，《世界经济》2021年第2期。

大学扩招通过促进企业固定资产投资和资本品进口的增加，造成资本对劳动的替代，降低了技能溢价。刘瑞明等[①]评估2008年教育部"均等化"政策对高校生源质量的影响，发现"均等化"使得"部属高校"的招生分数大幅提升，有力地推动了所在高校的生源质量，并且这种生源质量提升效应在本省和外省均显著存在。

除了教育改革，其他方面的改革对人力资本提升也有重要影响。张妍等[②]基于19世纪晚清开埠通商这一重要历史事件，检验了近代科学传播对地方人力资本积累的长期影响。研究发现，开埠通商促进了中国近代科学思想的启蒙，而且这种科学文化的早期传播能够显著促进当地的长期人力资本积累。高跃光等[③]基于户籍制度改革，考察城乡户籍差异对人力资本积累的影响。研究发现，符合"农转非"条件且实现了"农转非"的个体，其受教育年限普遍增长。此外，吴超鹏等[④]以大气逆温自然现象为工具变量，以秦岭—淮河分界线南北在冬季供暖制度上的差异作为断点，研究了空气污染对公司管理层人力资本质量的影响。研究发现，上市公司总部所在城市的空气污染越严重，公司管理层人力资本质量越低。当公司及公司所在城市可以给管理层提供良好的薪资待遇或较完备的工作生活条件时，空气污染对管理层人力资本质量的负面影响较不显著。

人力资本投资对于个人和社会的发展均有重要影响，但在生命周期的不同阶段，人力资本投资具有不同的投资收益率。吴贾等[⑤]研究儿童胚胎和婴儿时期（儿童早期）的健康投入对儿童长期人力资本发展的影响。研究发现，在胚胎以及婴儿阶段获得更多健康资源的10—16岁儿童，平均成绩高于没有获得健康资源的儿童。Martha等[⑥]发现学前教育项目具有可观的长期回报率，学前教育项目Head Start显著增加了学生成年后的人力资本，提高了他们的受教育年限、高中毕业率、大学入学率、大学毕业率。Aucejo和James[⑦]研究了义务教育阶段的数学和语言技能形成对学生学业成就的影响，发现数学技能与语言技能在教育生产函数中的作用不同，与数学技能相比，语言技能对学生升入大学的影响更大。Carneiro等[⑧]发现儿童的人力资本在儿童早期和儿童晚期之间收入平衡的家庭中高于收入不平衡的家庭，与儿童早期和晚期相比，中期的收入具有相对较低的生产力。

一些学者还研究了同伴效应、家庭经济地位、人力资本投资预期回报、警察暴力等对学生学业或者性格的影响。陈媛媛等[⑨]考察本地儿童和流动儿童在班级内部的同伴效应，发现在班级内部本地儿童的同伴效应占主导作用，而本地儿童受流动儿童同伴的影响较小，以及流动儿

[①] 刘瑞明、焦豪、石阳等：《高校招生均等化政策改革与生源质量提升》，《经济研究》2021年第7期。
[②] 张妍、冯晨、白彩全：《开放、知识传播与长期人力资本积累》，《世界经济》2021年第2期。
[③] 高跃光、冯晨、唐雅：《户籍的代际关联、"农转非"与长期人力资本》，《世界经济》2021年第11期。
[④] 吴超鹏、李奥、张琦：《空气污染是否影响公司管理层人力资本质量》，《世界经济》2021年第2期。
[⑤] 吴贾、吴莞生、李标：《早期健康投入是否有助于儿童长期认知能力提升？》，《经济学（季刊）》2021年第1期。
[⑥] Martha, B., Sun, S., and Timpe, B., "Prep School for Poor Kids: The Long-Run Impacts of Head Start on Human Capital and Economic Self-Sufficiency", *American Economic Review*, 2021(12).
[⑦] Aucejo, E., and James, J., "The Path to College Education: The Role of Math and Verbal Skills", *Journal of Political Economy*, 2021(10).
[⑧] Carneiro, P., García, I. L., Salvanes, K. S. and Tominey, E., "Intergenerational Mobility and the Timing of Parental Income", *Journal of Political Economy*, 2021(3).
[⑨] 陈媛媛、董彩婷、朱彬妍：《流动儿童和本地儿童之间的同伴效应：孰轻孰重？》，《经济学（季刊）》2021年第2期。

童受流动儿童同伴的影响不显著。Huber 等①探讨了高社会经济地位家庭和低社会经济地位家庭的孩子在智商和经济偏好上的不平等，发现来自高社会经济地位家庭的孩子更聪明、更有耐心、更无私，也更少寻求风险。Wiswall 和 Zafar②发现，学生预期人力资本的巨大"回报"不仅体现在他们自己未来的收入上，还体现在其他方面（如潜在配偶的收入和生育能力）。学生根据这些预期回报选择专业，家庭期望对于女学生的专业选择尤为重要。Ang③研究警察暴力对学生的影响，发现接触警察暴力会导致学生 GPA 持续下降，情绪障碍发生率增加，高中毕业率和大学入学率降低。

四 其他

在 2021 年的顶级期刊发表的文献中，劳动经济学方面的其他研究主要集中在探讨非制度因素对劳动力跨地域流动的影响上，具体表现在考察文化差异、气候条件变迁和就业歧视等因素对劳动力市场的影响方面。

劳动力自由流动及其高效配置是经济增长的重要驱动力。随着中国经济进入新常态以及新生人口数量的逐渐递减，劳动力数量意义上的"人口红利"对经济增长的拉动作用趋于放缓。在未来劳动力供给结构可能面临重大转变的现实条件下，现有劳动力存量的高效配置和充分利用显得尤为重要。因此，任何有利于促进劳动力自由流动的政策规定和制度安排均能够推动中国经济的持续发展。除了学术界广泛认可的户籍制度等正式制度的影响外，文化差异对劳动力流动的影响效果开始受到学者的高度关注。李仲达等④的研究证实了区域间文化差异对省际间移民的阻碍作用。利用个体基因、姓氏以及方言等表示某一地区特定群体特征的数据，采用主成分分析法，作者构建了衡量省际文化差异的综合性指标——文化距离。在控制了地理和经济因素对劳动力跨区域流动的可能影响后，研究表明文化差异对 2000—2010 年中国的省级移民具有显著的阻碍效应，而阻碍作用的产生主要源于信息沟通和身份认同两个作用机制。为降低移民中的文化壁垒，可通过教育、推广普通话来减少沟通障碍，并举办对外开放等文化交流活动来提高身份认同感，以此畅通劳动力的自由流动通道。

在文化差异之外，近年来大气污染等自然因素对劳动力跨区域流动的影响不仅成为大众口中讨论的热门话题，也引起部分研究人员的注意。与已有研究普遍采用混合截面数据和流动人口样本的分析不同，李丁等⑤以 2013—2015 年中国家庭金融调查的面板数据为基础，探讨了大气污染所引发的劳动力区域再配置效应和存量效应。他们的研究证实，空气污染的确引发了劳动力的跨区县流出。但与此相比，空气污染引发的劳动力跨国流出效果更加明显，从而降低了空气污染国的劳动力存量。这一研究从侧面证明了"绿水青山就是金山银山"这句话的可信

---

① Huber, K., Lindenthal, V., and Waldinger, F., "Socioeconomic Status and Inequalities in Children's IQ and Economic Preferences", *Journal of Political Economy*, 2021(9).
② Wiswall, M., and Zafar, B., "Human Capital Investments and Expectations about Career and Family", *Journal of Political Economy*, 2021(5).
③ Ang D., "The Effects of Police Violence on Inner-City Students", *The Quarterly Journal of Economics*, 2021(1).
④ 李仲达、林建浩、邓虹：《跨越省际移民中的文化壁垒：信息沟通与身份认同》，《经济学（季刊）》2021 年第 5 期。
⑤ 李丁、张艳、马双等：《大气污染的劳动力区域再配置效应和存量效应》，《经济研究》2021 年第 5 期。

性，即良好的生态环境不仅具有生态意义，还具有重要的经济含义。王兆华等[1]也讨论了相似的问题。作者利用200多万户城区家庭的约1亿条智能电表月度数据，构建了区县级城镇人口迁移指数，发现空气污染会挤出当地人口。在冬季和春季空气污染严重的时段，人口迁出效应更加明显。除了气候条件，房价也是影响劳动力流动的重要因素。例如，黄文彬、王曦[2]利用2000—2015年272个城市的数据，分析了土地管制如何影响房价进而影响劳动力流动。研究表明，一线城市土地管制强度的放松有助于改善劳动力配置效率。

此外，还有研究关注劳动力市场管制的经济效果。熊瑞祥等[3]对外资企业退出中国市场现象的研究表明，最低工资水平的提高显著提升了外资企业的退出概率，而且这种影响对"成本导向型"外资企业的影响更大。这一研究证明了劳动力市场管制对经济增长的负面影响，也从侧面暗示了自由而充分发展的劳动力市场对经济增长的巨大作用。与该文形成强烈互补，Beerli等[4]以移民管制为例，考察了劳动力市场管制的消除与经济增长之间的逻辑关系。自允许欧洲跨境工人自由进入瑞士劳动力市场以来，瑞士边境地区劳动力的就业水平不断提高。一方面，高技能劳动力供给的增加推动了企业劳动生产率的提高；另一方面，作为劳动生产率提高的结果的工资水平也不断提升。两方面效果共同引发了当地经济发展的一系列正向连锁反应。

影响劳动力市场自由运行的因素除了劳动力市场管制外，还有劳动力市场上各种各样的歧视。不同于聚焦性别歧视、地域歧视等的研究思路，也有别于以往针对普通劳动者尤其是低技能劳动者的歧视的相关研究，Huber等[5]考察了针对犹太裔经理人的歧视及其所引发的经济后果。研究表明，大规模歧视致使犹太经理人被大量解雇，而解雇犹太裔经理人后的公司普遍表现不佳，具体体现在股价、股息和资产回报率的明显下降等方面。

尽管2021年顶级期刊文献主要探讨的是非正式制度对劳动力市场的影响，然而仍有部分文献考察了正式制度在劳动力市场上引发的反应。在劳动力异质性的假定下，Piyapromdee[6]估计了不同的移民政策对劳动力的工资和福利水平的影响。结果表明，技术选择性移民政策引发了低技能工人的福利增加和高技能工人的福利损失，而且这种损失在不同特点（生产率水平、房价、基础设施等）的城市间具有明显的异质性。因此，劳动力市场的政策制定需要将政策可能引发的福利再分配纳入考虑范围。

---

[1] 王兆华、马俊华、张斌等：《空气污染与城镇人口迁移：来自家庭智能电表大数据的证据》，《管理世界》2021年第3期。

[2] 黄文彬、王曦：《政府土地管制、城市间劳动力配置效率与经济增长》，《世界经济》2021年第8期。

[3] 熊瑞祥、万倩、梁文泉：《外资企业的退出市场行为——经济发展还是劳动力市场价格管制？》，《经济学（季刊）》2021年第4期。

[4] Beerli, A., Ruffner, J., Siegenthaler, M. and Peri, G., "The Abolition of Immigration Restrictions and the Performance of Firms and Workers: Evidence from Switzerland", *American Economic Review*, 2021(111).

[5] Huber, K., Volker, L. and Fabian, W., "Discrimination, Managers, and Firm Performance: Evidence from 'Aryanizations' in Nazi Germany", *Journal of Political Economy*, 2021(9).

[6] Piyapromdee, S., "The Impact of Immigration on Wages, Internal Migration, and Welfare", *The Review of Economic Studies*, 2021(1).

2021年劳动关系相关问题研究综述

张 翕[*]

2021年是中国共产党建党一百周年。中国实现了第一个百年奋斗目标，全面建成小康社会，历史性地解决了绝对贫困问题，正向全面建成社会主义现代化强国的第二个百年奋斗目标迈进。在脱贫攻坚战取得全面胜利和"让一部分人先富起来"后，中国进入了扎实推动共同富裕的历史阶段，共同富裕原则正在成为劳动经济学各学科发展建设的指引。在2021年，第七次全国人口普查数据公布，人口老龄化、少子化和大规模人口迁移成为中国人口变迁的最主要特征，新的人口形势对劳动参与、就业、社会保障和劳动力配置效率等方面的研究提出了新的需求。同时，新冠疫情仍在各国反复，劳动力市场受到严重影响，各种长短期效应仍待辨析与测量。在机遇与挑战并存的特殊背景下，国内劳动关系领域出现一系列具有理论和实践价值的文献，其围绕新冠疫情的影响、社保缴费与劳动力雇佣、企业员工的招聘与管理等问题展开研究，对构建灵活、有效、稳健的新型劳动关系提供了借鉴。2021年国外的劳动关系研究注重以更精确的方法和更丰富的数据回顾劳动关系领域的经典问题，有关失业保险、求职机制、劳资谈判等问题的研究值得我们参考。

一 国内学科发展动态及重要观点

（一）新冠疫情对劳动力市场的影响

新冠疫情自2020年年初暴发以来，对劳动力市场造成了短期和长期影响。在2021年，相关的研究陆续见刊。蔡昉等[①]利用2020年3月初到11月底从业者个体追踪数据，分析了疫情暴发期间中国劳动力市场遭受的冲击，发现2020年11月底从业者复工率已达到89.7%，失业率下降到4.4%，说明中国劳动力市场活力平稳恢复，就业趋势整体向好。文章强调应在常态化疫情防控下做好稳就业工作，尽量减弱对经济的负面影响，同时需尽快制定针对失业群体的帮扶政策，保基本民生，避免贫困的发生。刘学良和宋炳妮[②]认为，由于疫情中劳动参与率下滑且附加性劳动力效应减弱，各国的失业率统计严重低估了失业的真实程度；政府的保就业政策、企业的社会责任以及积极的防疫策略是中国就业情况总体保持平稳的主要原因；从中长期看，保就业仍是首要任务，需加强对失业的监测统计，完善社会保障体系，加强非正规就业、灵活

---

[*] 作者简介：张翕，中国社会科学院人口与劳动经济研究所，助理研究员，研究方向为劳动经济学和公共经济学，邮箱为zhangxi@cass.org.cn。

① 蔡昉、张丹丹、刘雅玄：《新冠肺炎疫情对中国劳动力市场的影响——基于个体追踪调查的全面分析》，《经济研究》2021年第2期。

② 刘学良、宋炳妮：《新冠肺炎疫情下的失业情况、失业率修正及就业保障》，《中国劳动关系学院学报》2021年第4期。

就业模式的劳动保障。文菲斐和杨永贵[①]指出,"慢就业"是近年来大学生就业多元化的一种表现,新冠疫情对"慢就业"的影响值得关注。研究发现,疫情在一定程度上减少了大学生"慢就业"选择,原因可能在于劳动力市场不确定性增加。文章认为,建立权威的实时信息发布平台,强化政策引导,优化职业规划教育与就业指导,是疫情下合理引导"慢就业"的应有之策。

(二) 社保缴费与劳动力雇佣

随着第七次全国人口普查数据公布,以及近年社保降费效应逐渐显现,2021年出现了一系列有关人口老龄化、社保缴费和劳动力雇佣的研究。汪伟和王文鹏[②]构建了包含劳动者退休决策异质性的世代交叠模型,考察了预期寿命延长和养老保险降费对老年劳动供给的影响。研究发现,降低养老保险费率能促使体制外劳动者延迟退休,有利于提高社会老年劳动供给。在一定缴费率区间内,预期寿命延长也会引致社会老年劳动供给上升。因此,随着预期寿命的延长,政府应积极探索缴费率与退休年龄的联动调整机制。

社保缴费率下调已经成为减轻企业负担、推动经济增长的重要政策手段,其对企业行为的具体影响有待探究。宋弘等[③]以浙江省各地区2012年的社保缴费率下调统筹为切入点,发现养老保险缴费率下降显著提高了企业的社保总缴费支出,并且显著增加了企业劳动力雇佣,实现了多赢。尹恒等[④]也在服务业企业中验证了社保降费的就业促进效应,并发现社保降费能够改善服务业资源配置效率,提升行业全要素生产率;然而,服务业社会保险收入对费率的变化相当敏感,在将社保降费作为宏观政策工具的同时,应考虑其对社会保险收入的冲击。

在社保降费的同时,社保征收强度却在加大。既然社保降费能够促进就业,那么征收加强是否会减少就业或职工收入?鄢伟波和安磊[⑤]将《社会保险法》的颁布视为政策冲击,研究社保缴费在企业和职工间的转嫁,发现企业并未通过减少就业、降低其他类型薪酬或提升职工学历结构的形式将增加的社保缴费转嫁给职工;相比于工资刚性,效率工资假说更可能是未发生转嫁的主要原因。

(三) 企业员工的招聘与管理

企业对员工的招聘与管理方式是劳动关系的重要内容。随着中国经济进入新的发展阶段,企业创新日益成为决定经济增长可持续性和国际竞争力的关键。近年来各地出台人才政策,为的是鼓励当地企业招聘研发人员,促进企业创新,而实际的政策效果有待评估。孙鲲鹏等[⑥]利用上市公司互联网招聘数据发现,受到人才政策影响的公司,研发人员招聘数量显著上升。这一效果对于高新技术企业、公司治理更好的企业以及非国有企业更加显著;经济发展状况越好、

---

① 文菲斐、杨永贵:《疫情会让大学生更愿意选择"慢就业"吗?——基于广州5所应用型高校调查数据的实证检验》,《中国劳动关系学院学报》2021年第5期。
② 汪伟、王文鹏:《预期寿命、养老保险降费与老年劳动供给:兼论中国退休政策改革》,《管理世界》2021年第9期。
③ 宋弘、封进、杨婉彧:《社保缴费率下降对企业社保缴费与劳动力雇佣的影响》,《经济研究》2021年第1期。
④ 尹恒、张子尧、曹斯蔚:《社会保险降费的就业促进效应——基于服务业的政策模拟》,《中国工业经济》2021年第5期。
⑤ 鄢伟波、安磊:《社会保险缴费与转嫁效应》,《经济研究》2021年第9期。
⑥ 孙鲲鹏、罗婷、肖星:《人才政策、研发人员招聘与企业创新》,《经济研究》2021年第8期。

行政级别越高、科研配套环境越好的城市，当地人才政策的效果也越显著。企业内部领导和员工的互动也是制约创新的重要因素，刘智强等[1]发现，领导的创新期望通过探索式—利用式学习张力间接影响员工突破性创新投入，而员工灵活度越高，这一效应越强。可见，激发创新不仅需要政府投入，也需要企业内部管理的优化。

随着经济结构和内涵的演化，劳动关系早已不限于简单的劳资关系。员工持股就是对传统劳动关系的一种突破。郑志刚等[2]尝试辨析上市公司实施员工持股计划的动机。研究发现，当大股东持股比例低、面临被收购风险时，上市公司更有可能实施员工持股计划，员工激励的背后隐藏着大股东防范"野蛮人"收购入侵的动机。管理层在这类复杂动机下实施的员工持股计划可能导致激励扭曲。创业团队内部关系也是一种独特而重要的劳动关系，决定着创业的成功率乃至整个经济的活力。许楠等[3]利用创业板上市公司团队创始人个人层面的数据，研究了薪酬差距和团队稳定性的关系。研究发现，较小的薪酬差设置显著提高了创业团队的稳定性；在协作需求更强、业务复杂度更高的团队中，上述关系被显著加强。这一研究说明对于不平等的感知会在团队内部影响协作的效率。

（四）工作时间与过度劳动问题

工作时间和过度劳动是劳动关系领域的经典问题。2021年发表的一些论文进一步丰富了这方面研究。徐海东和周皓[4]探究了过度劳动与自评健康的关系，并检验了工资收入对健康损耗的补偿效应。研究结果表明：加班时长与健康之间呈"倒U形"曲线关系，加班超过一定限度会对劳动者的健康产生损耗作用；工资收入对健康损耗具有补偿效应，但绝大多数劳动者并未得到应有的加班工资；相较于男性，过劳时长对女性的健康损耗作用更大。王广慧和苏彦昭[5]则发现：过度劳动对劳动者健康的影响存在阈值，当脑力劳动者周工作时间超过40个小时，体力劳动者达到或超过50个小时，劳动者身体健康状况明显下降；工作时间达到或超过70个小时，无论是脑力劳动者还是体力劳动者，其身体健康和心理健康状况都进一步显著恶化。李中[6]拓展出工作时间质量的3个评价维度，即工作时长、工作时点和工作时间自主性，进而利用模型和数据证明，工作时长、工作时点和工作时间自主性对员工产生影响时，三者存在相互加强的调节作用。在工作时间影响劳动者健康的诸多机制中，劳动者体育锻炼不足可能是一条重要渠道。王磊[7]基于微观数据发现：中国就业人口尚未养成经常参加体育锻炼的健康生活方式，他们之中也只有少数人在收费场所进行体育锻炼；工作时间特征和单位岗位特征对体育锻炼的频度和场所有显著影响。以上研究充分说明，应该大力推进劳动法规真正落实，加强劳动力市场监管，倡导良好的工作和生活方式，以保障劳动者的身心健康。

---

[1] 刘智强、严荣笑、唐双双：《领导创新期望与员工突破性创新投入：基于悖论理论的研究》，《管理世界》2021年第10期。
[2] 郑志刚、雍红艳、黄继承：《员工持股计划的实施动机：激励还是防御》，《中国工业经济》2021年第3期。
[3] 许楠、田涵艺、刘浩：《创业团队的内部治理：协作需求、薪酬差距与团队稳定性》，《管理世界》2021年第4期。
[4] 徐海东、周皓：《过度劳动、健康损耗与收入补偿》，《劳动经济研究》2021年第3期。
[5] 王广慧、苏彦昭：《工作时间对劳动者健康影响的阈值效应分析》，《劳动经济研究》2021年第4期。
[6] 李中：《工作时间质量对员工的影响：理论路径与实证检验》，《中国劳动关系学院学报》2021年第3期。
[7] 王磊：《工作时间对体育锻炼行为的影响——基于第三期中国妇女社会地位调查数据的研究》，《中国劳动关系学院学报》2021年第6期。

(五) 国有企业的雇员效率

在中国，国有企业是重要的劳动力雇佣方。国有企业的雇员效率一方面决定了企业自身的绩效，另一方面也影响着劳动力市场的运行。国有企业的冗员问题一直备受关注，此问题在中国经济经受内外风险挑战的背景下更加凸显。张训常和苏巧玲[1]构建理论模型分析了政府与国有企业间的利润分配影响企业超额雇员的作用机理，并利用上市公司数据检验2007年开始实施的央企利润上缴政策对央企上市公司超额雇员的影响。研究发现，提高央企利润上缴比例降低了央企上市公司的超额雇员；随着央企利润上缴比例的提高和超额雇员的减少，央企上市公司的人均销售收入水平和全要素生产率也有所提升。易阳等[2]基于国有上市公司股权转让数据，综合考察国企混改的成因、效果及作用机理。研究发现，国企通过混改可以提高企业员工效率，降低冗员程度，进而提升企业绩效；当政府放权程度较高，或混改采用渐进式或分散式时，国企混改的效果更强。以上研究表明，加强自上而下的财务监督以及引入更多元的持股人，是提高国企效率、减少冗余雇员的有效方式。

(六) 新经济与劳动者权益保障

近年来，数字经济和平台经济崛起对劳动者权益的挑战成为劳动关系领域的研究热点。2021年也出现了不少有理论和应用价值的研究。数字信息技术的发展可能替代中低技能劳动，但随着人口老龄化，中低技能劳动力也会更加稀缺，两种影响的净效应成为有意义的问题。柏培文和张云[3]发现，数字经济发展挤占了中低技能劳动者相对收入权，但改善了中低技能劳动者的社会保障参与，数字经济发展引致的低技能劳动力替代效应远高于人口红利下降带来的低技能劳动力短缺效应。

随着数字经济的飞速发展，网约用工模式越来越普遍，涉网约工劳动争议也日益增加。汪雁和丁玲[4]指出，与传统劳动争议相比，涉网约工劳动争议具有争议焦点新、涉案主体多、争议解决难、社会影响大等典型特征；为促进劳动关系和谐稳定和数字经济持续健康发展，应实现各级党政、互联网平台、关联用工企业、相关行业协会、网约工及工会组织共同参与，高效化解相关劳动争议。杨欣[5]认为，平台经济颠覆了企业传统用工方式，网约工面临"劳动者"身份认定困境，既难以加入企业工会，又难以通过基层行业工会同跨区域经营的平台企业进行集体协商，对网约工集体劳动权的行使提出了挑战；因此，应为其组建或批准跨区域的高层级行业工会，探索与平台企业开展集体协商的方式。

二 国外学科发展动态及重要观点

在新冠疫情时代，失业现象明显增多，失业保险的重要性凸显。理论上，失业保险会减少

---

[1] 张训常、苏巧玲：《政府与国有企业间的利润分配对企业超额雇员的影响》，《世界经济》2021年第11期。
[2] 易阳、蒋艳、刘庄等：《政府放权意愿、混合所有制改革与企业雇员效率》，《世界经济》2021年第5期。
[3] 柏培文、张云：《数字经济、人口红利下降与中低技能劳动者权益》，《经济研究》2021年第5期。
[4] 汪雁、丁玲：《我国涉网约工类新就业形态劳动争议问题研究》，《中国劳动关系学院学报》2021年第4期。
[5] 杨欣：《平台经济下网约工集体劳动权行使机制革新探讨》，《中国劳动关系学院学报》2021年第3期。

失业者的求职努力并提高其保留工资水平，直至失业保险金耗尽为止。Marinescu 和 Skandalis[①]将法国失业保险管理部门的数据与某大型求职网站的数据结合起来，追踪了超过40万人的求职行为。结果表明：在失业保险金耗尽的前一年，失业者的工作申请数量上升了50%，之后保持在高水平；其目标薪酬下降2.4%，之后保持在低水平。对于中国而言，这一发现意味着失业保险的设计要避免"奖懒罚勤"，在保障失业者基本生活需要的基础上，更多调动其求职积极性。

根据信号理论，求职者通过学历和证书等发出关于自己技能的信号，从而缓解信息不对称，促进雇佣双方的匹配。然而，年轻劳动力可能缺乏发送技能信号的能力。Abebe 等[②]对年轻劳动力样本进行实验干预，组织工作申请讨论会，帮助年轻人更好地向雇主展示自己的能力。结果表明，这项干预在短期提高了年轻劳动力获得无固定期限合同的概率，长期则提高了其收入、工作满意度和就业时长；相比之下，提供求职交通补贴的干预短期效果显著，而长期效果逐渐衰减。该研究说明，信息问题是青年失业率高的重要原因，通过一些低成本的干预就可以有效促进年轻人就业。

员工的工资谈判势力一直是国外劳动关系领域的核心问题。让员工代表加入董事会似乎是提高其待遇的有效方式。Jäger 等[③]利用德国对员工加入董事会相关规定的更改，研究了员工共享公司治理对工资的影响。结果表明，员工共享治理并没有提高职工的工资水平和工资结构，公司的劳动力份额也没有变化。可见员工雇佣和工资决定机制是复杂的，单一措施并不足以提高员工待遇。从资方的角度来看，更大的市场占有率应该会提高其谈判势力，从而降低劳方的工资待遇。Prager 和 Schmitt[④]利用医院的合并检验了这一假说。作者发现，当医院合并导致市场份额变化较大且员工的技能具有产业特异性时，员工的工资增长会放缓，而强大的工会可以降低这一效应。

从加总的时序数据来看，过去一百年间美国收入不平等上升，工会密度下降，而对二者因果关系的检验受到数据的限制。Farber 等[⑤]建立了一套微观数据集，可以将工会成员信息追溯到1936年。基于时序回归、州层面面板回归和工具变量法，研究确认工会确实能降低收入不平等，工会因素在很大程度上解释了20世纪30年代中期到40年代末不平等程度的大幅下降。这一研究有助于我们理解美国收入不平等的制度根源。

[①] Marinescu, Ioana & Daphné Skandalis, "Unemployment Insurance and Job Search Behavior", *The Quarterly Journal of Economics*, 2021(2).

[②] Abebe, Girum, Stefano Caria, Marcel Fafchamps, Paolo Falco, Simon Franklin & Simon Quinn, "Anonymity or Distance? Job Search and Labour Market Exclusion in a Growing African City", *The Review of Economic Studies*, 2021(3).

[③] Jäger, Simon, Benjamin Schoefer & Jörg Heining, "Labor in the Boardroom", *The Quarterly Journal of Economics*, 2021(2).

[④] Prager, Elena & Matt Schmitt, "Employer Consolidation and Wages: Evidence from Hospitals", *American Economic Review*, 2021(2).

[⑤] Farber, Henry, Daniel Herbst, Ilyana Kuziemko & Suresh Naidu, "Unions and Inequality over the Twentieth Century: New Evidence from Survey Data", *The Quarterly Journal of Economics*, 2021(3).

2021 年人力资源学科年度新进展综述

蔡翼飞　董庆前[*]

2021 年，国内外人力资源研究领域涌现出了一些新的成果。本文从劳动力迁移流动、人力资源与组织建设、人力资源与教育投入、人力资源与就业、人力资源与经济增长、人力资源与数字经济等方面，综述 2021 年人力资源的研究状况，并阐述年度人力资源领域的重要事件。

一　劳动力迁移流动

姚先国等[①]通过梳理中国 21 世纪以来劳动力迁移新特征和政策演变，综述影响劳动力迁移决策的因素。结果显示，尽管决定微观个体劳动力迁移决策的因素较多且各不相同，现有研究主要关注迁出地土地要素的制约作用、迁入地收入因素的吸引作用，以及迁入迁出地间移民网络的桥梁作用。但近 10 年，城乡融合和区域平衡的包容性发展弱化了迁出迁入地的"推拉"作用，经济高质量发展阶段则要求迁移和流动方式从低技能劳动力的单向迁移向高素质人才的双向流动转变。因此，劳动力迁移政策已从是否允许劳动力迁移转向如何促进劳动力、人才畅通有序流动。这对未来劳动力迁移和流动提出了新挑战。林灵等[②]利用全国 287 个地级以上城市样本，分析人口流动引致地区养老成本不平衡的传导机制。研究发现，改革开放以来中国劳动力持续大规模流动引起城市人口年龄结构变动，外来人口比重变动可以解释地区老年人比重变动的 26%，外来人口比重上升显著降低地区老年人比重，人口的流出显著提升了地区老龄化程度。人口流动引致的地区老龄化程度差异带来不同的地区财政压力，人口流出地政府倾向于采用或维持较高的养老保险费率和缴费基数，人口流入地则相反。戚聿东、刘翠花[③]基于中国劳动力动态调查数据，分析工作时间对流动人口健康状况的影响并对工时健康差异进行分解，采用中介机制分析其影响机理。研究发现，与正常工时者不同，超时工作者工作时间显著降低了其健康水平。工作时间明显扩大了正常工时者与超时工作者自评健康差异、心理健康差异和 BMI 指数差异。除 BMI 指数差异外，女性工时自评健康差异和心理健康差异高于男性。与其他维度相比，男性工时 BMI 指数差异、女性工时自评健康差异更多由可观测因素造成。流动人口工时自评健康差异和心理健康差异最大的是西部，而工时 BMI 指数差异最大的是东部。随年份推进，流动人口工时健康总差异呈扩大趋势，且可观测因素对工时心理健康差异和 BMI 指数差

---

[*] 作者简介：蔡翼飞，中国社会科学院人口与劳动经济研究所，副研究员，研究方向为人口经济学，邮箱为 caiyf@ cass. org. cn；董庆前，博士，中国诚通人力资源有限公司战略投资部，研究员，研究方向为人力资源管理，邮箱为 dongqingqian@ cctthr. com。
① 姚先国、冯履冰、周明海：《中国劳动力迁移决定因素研究综述》，《中国人口科学》2021 年第 1 期。
② 林灵、曾海舰、庞芳莹：《人口流动如何引起地区养老保险成本不平衡》，《劳动经济研究》2021 年第 2 期。
③ 戚聿东、刘翠花：《数字经济背景下流动人口工时健康差异问题研究》，《中国人口科学》2021 年第 1 期。

异的解释能力逐渐减弱。曹晖、罗楚亮[1]根据 2005 年中国 1% 人口抽样调查、中国流动人口动态监测调查以及城市层面的数据，探讨了代际收入弹性如何影响流动人口在不同城市之间的选择。研究发现，代际收入弹性越高的城市，劳动力选择其作为流入目的地城市的可能性越小。进一步分析表明，这一结论不会因为流动选择的内生性、暂时收入偏差和同住偏差等而改变。此外，作者还发现，代际收入弹性对于人口流入的阻碍作用，突出体现在落户门槛高的城市和受教育水平较高的个体。

二 人力资源与组织建设

杨光、周眙[2]基于社会认知理论，考察了自我牺牲型领导对员工主动变革行为的作用机制及边界条件。通过对收集到的多时点—多来源的 328 份样本进行分析，研究发现：自我牺牲型领导对员工的主动变革行为存在显著的正向影响，员工的心理安全感在自我牺牲型领导与主动变革行为之间起中介作用，感知组织目标清晰度不仅调节了自我牺牲型领导与员工心理安全感之间的正相关关系，也调节了自我牺牲型领导通过员工心理安全感对员工主动变革行为的间接影响。张健东等[3]基于创造力成分理论，采用来自 8 家企业的 216 份上司—下属配对数据，结合二次多项式回归与响应曲面建模技术，探讨了上司—下属绩效目标导向匹配对下属创新行为的影响机制。结果表明：与绩效趋近目标导向不匹配相比，在绩效趋近目标导向匹配的情况下，下属创新性过程投入水平更高，然而，上述关系规律并不适用于绩效回避目标导向。此外，当绩效趋近目标导向匹配时，与"低—低"匹配相比，在"高—高"匹配的情况下，下属创新性过程投入水平更高；当绩效趋近目标导向不匹配时，与"高—低"不匹配相比，在"低—高"不匹配的情况下，下属创新性过程投入水平更高；绩效回避目标导向的作用效果则相反。下属创新性过程投入在绩效趋近、回避目标导向匹配对创新行为的影响中起中介作用。何浩然、卢柯霖[4]基于两类分配博弈实验来研究团队内的成员互动，结果表明，在团队成员互动之前，个人偏好对形成成员的初始提议具有重要作用，但其他因素也可能使初始提议偏向不同的方向。在团队互动过程中，研究发现支持中间选民理论和说服论据理论的证据，即上一轮的中位提议和自私提议会影响本轮的提议。亲社会信息对提议没有影响，且提议行为也不随决策轮次增加而向更亲社会方向变化，故社会比较理论未被证实。中位提议和自私提议的影响会随团队内的互动程度而改变，互动程度高的团队所形成的最终决策的随机性更大。

---

[1] 曹晖、罗楚亮：《为了机会公平而流动——收入代际传递对劳动力流入的影响》，《劳动经济研究》2021 年第 1 期。
[2] 杨光、周眙：《自我牺牲型领导对员工主动变革行为的影响：心理安全感和感知组织目标清晰度的作用》，《中国人力资源开发》2021 年第 6 期。
[3] 张健东、张鑫、国伟：《道不同，不相为谋？上司—下属绩效目标导向匹配对下属创新行为的影响》，《中国人力资源开发》2021 年第 6 期。
[4] 何浩然、卢柯霖：《为什么团队与个人决策存在差异？——基于团队内成员互动的解释》，《经济学（季刊）》2021 年第 4 期。

三　人力资源与教育投入

张国胜、吴晶[①]使用 2018 年中国家庭追踪调查（CFPS）数据，分析数字赋能是否能够促使高学历劳动者获得更高的工资溢价，并尝试揭示其作用机制。研究发现，数字赋能与劳动者的工资溢价呈显著的正向关系，且受教育程度越高，数字赋能的工资溢价效应越明显，劳动者的受教育程度每增加 1 年，数字赋能带来的工资回报随之提高 2.62%。余靖雯等[②]利用中国家庭追踪调查（CFPS）数据，考察了内外控人格特征与人力资本投资之间的关系。结果表明，与外控型相比，内控型的青少年家庭教育总支出更高，更有可能参加课外辅导，用于课外辅导的支出也更多。通过异质性分析，进一步研究发现内控对私人教育支出的正向影响在高收入家庭、父母高教育程度、鼓励积极和努力的家庭氛围中体现得更为明显。何凡、张克中[③]探讨了个人禀赋外在特征对学生学业表现的影响。结果显示，个人禀赋更好的学生获得了更高的成绩回报。教师态度是影响二者关系的重要机制，相比禀赋较差的学生，个人禀赋更好的学生受到更多的教师关注与表扬，导致教育资源分配不平等。进一步研究发现，女生和家庭经济条件较差学生受到的影响更大，但公共教育资源投入的增加能够缓解个人禀赋带来的影响。流动人口与本地劳动力高等教育回报率差异研究。黄静、祝梦迪[④]利用中国劳动力动态调查数据，研究流动人口与本地劳动力高等教育回报率的差异及在不同等级城市中的异质性。研究结果表明，流动人口的高等教育回报率高于本地劳动力，高等教育对流动人口的工资收入具有较强的提升作用，对流入一线和新一线城市、跨省流动及乡—城型流动人口的工资提升作用更强。接受过高等教育的流动人口具有明显的自我选择效应，有能力的个体流动到生产效率更高的一线和新一线城市的意愿更强，从而获得更高的教育回报率。

四　人力资源与就业

刘诗濛等[⑤]使用 2002—2007 年的中国城镇住户调查数据，以高校扩招强度为工具变量，研究了城市层面人力资本集聚对个体工资和城市就业增长的影响。研究发现：人力资本集聚对个体工资有显著正向影响，城市本科及以上劳动力占比每增加 1 个百分点，月平均工资增加约 1.97%，且工资增长效应主要体现在对高技能劳动力和高等服务业劳动力的影响；人力资本集聚促进了城市层面的就业增长，本科及以上劳动力占比每增加 1 个百分点，城市就业增长率提高 1.45%，且就业增长效应主要体现在对高等服务业劳动力的影响。汪伟、王文鹏[⑥]通过构建

[①] 张国胜、吴晶：《数字赋能下高学历为什么带来了更高的工资溢价——基于 CFPS 数据的实证研究》，《劳动经济研究》2021 年第 3 期。
[②] 余靖雯、王敏、龚六堂：《主宰命运还是顺天由命？——内外控人格特征与人力资本投资》，《经济学（季刊）》2021 年第 6 期。
[③] 何凡、张克中：《个人禀赋、学业表现与教育不平等》，《经济学（季刊）》2021 年第 5 期。
[④] 黄静、祝梦迪：《流动人口与本地劳动力高等教育回报率差异研究》，《中国人口科学》2021 年第 5 期。
[⑤] 刘诗濛、王逸飞、卢晶亮：《人力资本集聚对城市工资与就业增长的影响——来自中国主要城市的证据》，《劳动经济研究》2021 年第 1 期。
[⑥] 汪伟、王文鹏：《预期寿命、人力资本与提前退休行为》，《经济研究》2021 年第 9 期。

一个动态一般均衡世代交叠（OLG）模型，考察预期寿命延长对劳动者的人力资本投资、退休年龄选择的影响机制，并结合中国的现实经济进行数值模拟。研究表明：当预期寿命提高时，人力资本投资能够在生命周期中获得更高的工资率回报，劳动者在少年期倾向于进行更多的人力资本投资，提高受教育年限；人力资本积累、有效工资率上升和利率下降引起的收入效应超过了替代效应，使得劳动者在老年期增加对闲暇的需求，有能力和意愿提前退休，减少终生劳动供给时间。同时，作者发现，放松生育控制政策也会使劳动者享受更多闲暇时间的意愿增强，选择提前退休。作者还考察了个体退休行为的异质性，发现随着预期寿命的延长，相对穷人而言，富人的退休年龄和终生劳动供给更低。赖德胜[1]认为，"十四五"在构建新发展格局进程中，就业将处于更加重要的地位，既面临新的机遇，也面临一定的冲击，主要表现为就业压力加大、就业结构性失衡加剧、就业质量出现分化。为实现更加充分、更高质量就业，必须强化就业优先政策，坚持经济发展的就业导向，提升劳动者素质和技能，深化劳动力市场化配置体制机制改革，加强对重点群体的就业支持，健全充分就业和高质量就业统计指标体系等。李世刚等[2]利用受教育年限作为个体人力资本水平的代理变量，结合2005年1%人口抽样调查数据和城市层面数据，发现贸易开放程度的提高可以显著降低个体进入公共部门就业的概率，且受教育程度越高的个体降低得越多。

五 人力资源与经济增长

高琳[3]考察了财政支出分权对全要素生产率增长的影响。基于中国省级以下分权体制，该研究发现：（1）分权一方面通过地区竞争等有益机制促进了地区生产率增长，但另一方面又通过抑制劳动力人力资本水平阻碍了生产率增长；（2）分权促进生产率增长的正面效应在市级分权和县级分权层面均有体现，但负面效应主要由县级分权驱动，并且，县级分权的负面效应与正面效应几乎完全抵消；（3）对人力资本技能构成的分解发现，分权（主要是县级分权）对不同的劳动力技能存在异质性影响，即增加了低技能劳动力占比、减少了高技能劳动力占比；（4）机制分析表明，县级分权显著降低人力资本水平并不能由县级政府不重视公共教育投入的支出结构偏向行为解释，其主要是因为分权促使县级政府大力推动制造业发展，由此吸纳相对更多的低技能劳动力和更少的高技能劳动力，进而拉低劳动力平均人力资本水平。孙文浩[4]运用广义分位数（GQR）与面板门限模型，并结合较为有效的工具变量，研究了科研人才集聚与地区新旧动能转换的非线性互动影响效应，主要研究发现为：（1）科研人才集聚与地区新旧动能转换之间存在非线性互动关系，并且存在一个"临界阈值"，超过这个"临界阈值"有利于两者构建"良性互促体"的集聚形态；（2）中国大部分省份科研人才集聚与地区新旧动能转换尚未形成"良性互促体"的集聚形态，尤其是西部地区，科研人才集聚与地区新旧动能转换构建"良性互促体"集聚形态存在较大的不确定性；（3）东部地区新旧动能转换与科研人才集聚

---

① 赖德胜：《构建新发展格局更好地促进就业》，《中国人口科学》2021年第1期。
② 李世刚、周泽峰、吴驰：《贸易开放与人力资本配置——基于公共部门与私人部门就业选择的视角》，《经济学（季刊）》2021年第4期。
③ 高琳：《分权的生产率增长效应：人力资本的作用》，《管理世界》2021年第3期。
④ 孙文浩：《科研人才集聚与地区新旧动能转换》，《中国人力资源开发》2021年第1期。

明显偏离了构建"良性互促体"的最佳互动区间,科研人才集聚的速度快于地区新旧动能转换进程,而中部地区科研人才集聚与地区新旧动能转换的"临界阈值"水平较低,分别约为0.27、0.26,两者存在构建"良性互促体"集聚形态的良好基础。李朴民[1]指出,2020年下半年以来,中央先后召开了党的十九届五中全会、中央经济工作会议,在科学判断形势的基础上,提出了"十四五"时期的主题主线、主要目标和大政方针,明确要求,要更好地把握新发展阶段、贯彻新发展理念、构建新发展格局,实现更高质量、更有效率、更加公平、更可持续、更为安全的发展,突出强调,要加快构建以国内大循环为主体、国内国际双循环相互促进的新发展格局需要人才的支撑。叶振宇[2]基于2004年和2008年全国经济普查企业层面数据和中国工业企业数据库,研究了劳动力成本上涨对制造业企业退出风险的影响。结果表明,劳动力成本上涨将导致制造业企业退出风险增加,在考虑劳动力成本计算方式、企业生命周期和借助最低工资上升的"准实验"进行因果关系识别后,上述结论仍然成立。同时作者利用企业人力资本水平、劳动生产率和要素投入结构分别表征劳动力的质量变革、效率变革和动力变革,进一步检验发现,劳动力"三大变革"能够有效抑制劳动力成本上涨引致的企业退出风险增加。

六 人力资源与数字经济

柏培文、张云[3]分别进行理论与实证研究:理论方面,尝试构建多部门一般均衡模型对其进行分析;实证方面,利用2002年、2007年、2008年和2013年CHIP的截面数据,运用双重固定效应模型进行检验。研究发现:其一,数字经济发展挤占了中低技能劳动者相对收入权,但改善了中低技能劳动者相对福利效应;其二,数字经济通过要素重组升级、再配置引致的效率变革与产业智能化削弱了中低技能劳动者的相对收入权,但通过数字化治理模式改善了中低技能劳动者的相对福利效应;其三,人口红利下降的劳动力短缺效应来源于中低技能劳动者,尤其是低技能劳动者的供给陷阱;其四,在人口红利下降背景下,数字经济发展仅削弱了低技能劳动者权益。魏下海等[4]利用广东省企业抽样调查数据,从理论和实证上考察数字技术应用如何影响企业搬迁选择。研究发现:(1)企业考虑搬迁的可能性随工资涨幅的上升显著增加,反映出用工成本是企业搬迁决策的重要考虑因素;(2)企业应用数字技术普及智能化生产,主要通过替代传统生产方式减少劳动雇佣和提高劳动力市场的供求匹配效率来缓解工资上涨对企业成本的影响,降低企业搬迁意愿,从而形成推动企业升级的"数字红利";(3)在私营和出口型企业中,数字技术应用对高用工成本企业搬迁意愿的缓解效应尤为显著。陈梦根、周元任[5]利用2013—2019年分行业的企业数字化指标和与之匹配的人工成本指标,从"增长"和"分配"双重视角考察数字化对企业人工成本及其份额的影响。结果显示:(1)企业数字化进程降低了人工成本总规模及其所占份额,但显著提升了平均人工成本;(2)对于劳动密集型企业、私有制企业和城镇地区企业,数字化水平对企业人工成本的影响程度相对更大。分维度看,

---

[1] 李朴民:《持续强化创新引领高质量发展的人才支撑》,《中国人力资源开发》2021年第5期。
[2] 叶振宇:《劳动力成本上涨、劳动力"三大变革"与中国制造业企业退出》,《经济学动态》2021年第4期。
[3] 柏培文、张云:《数字经济、人口红利下降与中低技能劳动者权益》,《经济研究》2021年第5期。
[4] 魏下海、郭凯明、吴春秀:《数字技术、用工成本与企业搬迁选择》,《中国人口科学》2021年第1期。
[5] 陈梦根、周元任:《数字化对企业人工成本的影响》,《中国人口科学》2021年第4期。

要素数字化和经营数字化对企业人工成本的影响存在一定差异。机制分析表明，生产率效应及互补机制、技术替代性和技能偏向性是数字化影响人工成本的内在机制，其中技术替代性机制起主导作用。王学义、何泰屹[①]使用中国 282 家人工智能企业 2010—2019 年的数据，实证分析了人力资本对人工智能企业绩效的影响。研究发现：（1）人工智能企业绩效增长对高级管理人才和技术人力资本具有高度依赖性；（2）人力资本的稀缺性决定了高管薪酬应维系在一个较高的水平，在遵循效率工资和报酬契约的条件下，提升高管薪酬水平可以通过提高企业组织绩效、管理绩效和执行绩效等增强人工智能企业盈利能力，但高管薪酬水平不是越高越能创造企业绩效，其影响往往受制于企业人力资源制度建设状况、管理水平和现代企业治理体系状况；（3）人工智能企业一定的研发人员规模可以产生规模优势，促进企业技术创新，增强企业技术成果产出及其市场转化效率；（4）人工智能企业中研发投入与人力资本的联动交互效应更加显著，提高研发强度可以塑造企业战略优势、人才优势、技术优势和核心竞争力，进而拓展市场份额和利润空间；（5）人力资本对人工智能企业绩效的影响存在明显的行业异质性与区域异质性，这与人工智能企业、产业布局、行业特点和区域经济社会发展水平差异密切相关。

七　年度人力资源大事记

2021 年 1 月 26 日，人力资源社会保障部办公厅印发《技能人才薪酬分配指引》，旨在健全技能人才培养、使用、评价、激励制度，推动企业建立多职级的技能人才职业发展通道，建立以体现技能价值为导向的技能人才薪酬分配制度，大力提高技能人才职业荣誉感和经济待遇，不断发展壮大技能人才队伍，为中国制造和中国创造提供重要人才支撑。

2021 年 5 月 4 日，人力资源社会保障部、发展改革委、财政部、农业农村部和乡村振兴局印发了《关于切实加强就业帮扶巩固拓展脱贫攻坚成果助力乡村振兴的指导意见》，意见强调就业是巩固脱贫攻坚成果的基本措施，要持续做好脱贫人口、农村低收入人口就业帮扶，巩固拓展脱贫攻坚成果，助力全面推进乡村振兴。

2021 年 5 月 21 日，中共中央总书记、国家主席、中央军委主席、中央全面深化改革委员会主任习近平主持召开中央全面深化改革委员会第十九次会议，审议通过了《关于完善科技成果评价机制的指导意见》。会议强调，完善科技成果评价机制，关键要解决好"评什么""谁来评""怎么评""怎么用"的问题。要坚持以质量、绩效、贡献为核心的评价导向，健全科技成果分类评价体系，针对基础研究、应用研究、技术开发等不同种类成果形成细化的评价标准，全面准确评价科技成果的科学、技术、经济、社会、文化价值。要加快构建政府、社会组织、企业、投融资机构等共同参与的多元评价体系，积极发展市场化评价，突出企业创新主体地位，规范第三方评价，充分调动各类评价主体的积极性。要把握科研渐进性和成果阶段性特点，加强中长期评价、后期评价和成果回溯，推进国家科技项目成果评价改革，健全重大项目知识产权管理流程，加强科技成果评价的理论和方法研究，引导科技人员潜心研究、探索创新，杜绝科技成果评价中急功近利、盲目跟风现象。要加快推动科技成果转化应用，加快建设高水平技

---

① 王学义、何泰屹：《人力资本对人工智能企业绩效的影响——基于中国 282 家人工智能上市企业的分析》，《中国人口科学》2021 年第 5 期。

术交易市场，加大金融投资对科技成果转化和产业化的支持，把科技成果转化绩效纳入高校、科研机构、国有企业创新能力评价，细化完善有利于转化的职务科技成果评估政策，鼓励广大科技工作者把论文写在祖国大地上。要改革完善科技成果奖励体系，重在奖励真正作出创造性贡献的科学家和一线科技人员，控制奖励数量，提升奖励质量。

2021年5月21日，中共中央总书记、国家主席、中央军委主席、中央全面深化改革委员会主任习近平主持召开中央全面深化改革委员会第十九次会议，审议通过了《关于进一步减轻义务教育阶段学生作业负担和校外培训负担的意见》。会议强调，要全面规范管理校外培训机构，坚持从严治理，对存在不符合资质、管理混乱、借机敛财、虚假宣传、与学校勾连牟利等问题的机构，要严肃查处。要明确培训机构收费标准，加强预收费监管，严禁随意资本化运作，不能让良心的行业变成逐利的产业。要完善相关法律，依法管理校外培训机构。各级党委和政府要强化主体责任，做实做细落实方案，科学组织、务求实效，依法规范教学培训秩序，加强权益保护，确保改革稳妥实施。

2021年6月8日，人力资源社会保障部、财政部、国资委、全国总工会和全国工商联印发了《关于全面推行中国特色企业新型学徒制 加强技能人才培养的指导意见》（以下简称《指导意见》），《指导意见》明确指出要深入贯彻落实《新时期产业工人队伍建设改革方案》，以高质量发展为引领，以深化企业改革、加大技能人才培养为宗旨，以满足培育壮大发展新动能、促进产业转型升级和提高企业竞争力为根本，以产教融合、校企合作作为重要手段，持续实施职业技能提升行动，面向企业全面推行新型学徒制培训，创新中国特色技能人才培养模式，进一步扩大技能人才培养规模，为实现高质量发展提供有力的人才和技能支撑。

2021年9月27日至28日，中央人才工作会议在北京召开。中共中央总书记、国家主席、中央军委主席习近平出席会议并发表重要讲话，强调要坚持党管人才，坚持面向世界科技前沿、面向经济主战场、面向国家重大需求、面向人民生命健康，深入实施新时代人才强国战略，全方位培养、引进、用好人才，加快建设世界重要人才中心和创新高地，为2035年基本实现社会主义现代化提供人才支撑，为2050年全面建成社会主义现代化强国打好人才基础。

2021年11月8日，人力资源社会保障部、发展改革委、财政部、商务部和市场监管总局印发《关于推进新时代人力资源服务业高质量发展的意见》（以下简称《意见》）。《意见》指出要立足新发展阶段，贯彻新发展理念，服务构建新发展格局，围绕实施就业优先战略、人才强国战略、乡村振兴战略，以促进就业为根本，进一步提高人力资源服务水平；以提高人力资源要素配置效率为导向，推动行业向专业化和价值链高端延伸；以培育壮大人力资源服务力量为抓手，进一步形成发展新动能；以建设高标准人力资源市场体系为目标，打造多层次、多元化的人力资源市场格局。加快构建中国特色的人力资源服务产业体系，为提高我国经济综合竞争力、持续改善民生、促进高质量发展提供有力支撑。

2021年11月18日，国务院学位委员会办公室印发了《关于做好本科层次职业学校学士学位授权与授予工作意见》（以下简称《意见》）。《意见》将职业本科纳入现有学士学位工作体系，按学科门类授予学士学位，学士学位证书格式一致，但在学士学位授权、学位授予标准等方面突出职业教育特色，突出职业能力和素养，确保本科层次职业教育授予学士学位质量。

2021年人口经济学研究综述

王智勇 *

随着第七次全国人口普查相关信息及数据的公布，人口老龄化、少子化和劳动力不足等相关话题引发越来越多的关注，碳达峰和碳中和理念的提出也引起人们的关注，相关的研究陆续展开。2021年人口资源环境经济学学科研究进展主要围绕着人口经济学、资源环境相关问题以及碳达峰和碳中和等主题展开。

一 人口经济学

王广州和王军[1]基于历年人口普查以及各类大型抽样调查原始数据，采用总和生育率间接估计法、孩次递进人口预测方法对中国当前人口形势和未来趋势进行量化估计，结果表明，中国处于较低甚至极低生育水平，近30年的持续低生育率导致了中国人口老龄化形势的日趋严峻。到2024年前后，中国人口总规模将达到14.07亿的峰值，此后进入人口负增长时期且下降速度逐年加快，由于人口少子化以及老龄化趋势日趋严重，中国的教育、劳动就业和养老等领域将面临空前挑战。近年来，有关二次人口红利的研究日渐增多。诸多研究忽视人口红利中暗含的性别结构视角，未能从社会性别角度拓展对人口与经济发展规律的深刻理解，较少考虑到促进性别平等和女性劳动力赋权有可能产生的直接或间接的社会经济收益。[2] 据《2019年女性就业指数》的测算，中国通过性别平等实现的性别红利（Gender Dividend）将创造数万亿美元的额外经济收益。性别红利的经济效应体现在释放女性的经济潜力，让女性全面参与经济生产，扩大女性就业比例，以妇女优质就业创造更大经济价值。适度的老龄化有助于"人口预期红利"的形成，适度的低生育率同样有利于"人口质量红利"的延续；由"人口预期红利"和"人口质量红利"所引发的双重资本深化效应将会对经济增长产生强有力的推动作用，而过度的老龄化和过低的生育率都会削弱这样的促进作用。[3] 吕有吉等[4]构建一个包含财政支出和公共债务的世代交叠模型，以养老保险基金缺口弥补为核心内容，考察人口老龄化对经济增长的影响，并探讨采用何种基金缺口弥补方式更有利于促进经济增长。结果发现，若采用财政补贴方式弥补基金缺口，生存概率上升和生育率下降均提高经济增速；基金缺口弥补方式是影响经济增长的重要制度因素，人力资本产出弹性较小时发行公债方式下的经济增速最高。

---

* 作者简介：王智勇，中国社会科学院人口与劳动经济研究所，研究员，博士生导师，研究方向为区域经济学。
[1] 王广州、王军：《中国人口老龄化趋势的经济社会影响及公共政策应对》，*China Economist*，2021(1)。
[2] 朱荟、陆杰华：《从人口红利到性别红利——性别平等视角下广义社会经济效应的理论思考》，《南开学报》（哲学社会科学版）2021年第2期。
[3] 王树：《"第二次人口红利"与经济增长：理论渊源、作用机制与数值模拟》，《人口研究》2021年第1期。
[4] 吕有吉、景鹏、郑伟：《人口老龄化、养老保险基金缺口弥补与经济增长》，《金融研究》2021年第1期。

老年人口结构差异的消除有助于促进城乡经济一体化，而少儿人口结构差异的消除将抑制城乡经济一体化进程。[1] 基于近几次人口普查数据和社会经济数据的分析，可以看到，我国人口空间分布的格局呈现新变化，"北人南移"的现象及其影响需要引起高度重视。我国人口分布变化与区域经济增长之间既有正向耦合，也有反向耦合；要顺应人口迁移流动客观趋势，进一步推动人口与经济社会的区域均衡协调发展。[2] 汪伟和咸金坤[3]从人口转变的视角解释中国20世纪90年代中期教育融资模式转轨所产生的人力资本积累和经济增长效应，结果发现，在市场教育融资模式下，预期寿命延长会提高人均受教育时间，但同时会降低家庭教育投资率，对经济增长的影响呈现出倒"U"形关系；在公共教育融资模式下，预期寿命延长主要通过提高人均受教育时间促进了人力资本积累与经济增长。

产业集聚是新经济地理研究的经典问题，集聚与创新的关系同样在产业集聚研究中占据重要地位。研究关注不同企业与机构如何因地理临近而提升互动能力，促进信息交流与知识溢出，进而推动创新。[4] 在世界经济低迷和人口老龄化的背景下，中国经济的发展需要依靠高质量的人力资本和技术创新，推动经济实现高质量增长。基于2001—2016年地级市面板数据，王智勇和李瑞[5]采用系统GMM回归方法和中介效应模型，实证了高质量人力资本对地区经济增长具有显著的促进作用，自2008年国际金融危机以来，这种促进作用日益明显。高质量人力资本不仅作为生产要素参与生产，更是通过促进产业集聚推动技术创新来促进地区实现高质量经济增长。

祝伟和张旭东[6]选取了2005—2016年中国274个地级及以上城市的面板数据，构建空间杜宾模型实证检验了人口集聚、经济增长与城市空气质量之间的非线性空间关系。研究结果表明：雾霾污染具有显著的空间溢出效应，人口与雾霾污染的空间耦合性较强，东部地区呈扩大趋势，中部呈收缩趋势。人口集聚与雾霾污染存在倒"U"形空间关系，目前大部分城市处于倒"U"形曲线左侧。当前，东北地区出生人口持续减少，青壮年劳动力不断外流，导致人口总量衰减，经济发展面临严峻挑战。研究发现：经济增长水平、对外开放度和人均固定资产投资三个变量对东北地区人口流动决策具有显著影响，尤其对域外流出促进效应最大且随年龄的增加影响程度也不断增强，随着受教育水平的提升先降低再增强，呈"U"形变化趋势。[7]

二 资源与环境

资源与环境相关问题的研究一直是人口资源环境经济学的重要内容。基于文献计量法和知

---

[1] 孙永强、陈红姣：《城乡人口结构差异是否阻碍城乡经济一体化》，《上海经济研究》2021年第8期。
[2] 吴瑞君：《从"五普"到"七普"：中国人口分布与经济增长的时空耦合和区域均衡发展》，《华东师范大学学报》（哲学社会科学版）2021年第5期。
[3] 汪伟、咸金坤：《人口老龄化、教育融资模式与中国经济增长》，《经济研究》2020年第12期。
[4] 贺灿飞、毛熙彦：《中国环境经济地理的研究主题展望》，《地理科学》2021年第9期。
[5] 王智勇、李瑞：《人力资本、技术创新与地区经济增长》，《上海经济研究》2021年第7期。
[6] 祝伟、张旭东：《人口集聚、经济增长与城市空气质量——基于274个地级市数据的空间计量分析》，《西北人口》2021年第2期。
[7] 宋丽敏、田佳蔚：《东北地区人口流动决策的影响因素研究——基于个体特征与经济因素的交互分析》，《人口学刊》2021年第4期。

识图谱分析，刘琨和刘学敏[1]对1991—2021年《中国人口·资源与环境》期刊30年间以"自然资源"为主题发表的论文进行了梳理与解析，发现"资源与可持续发展""自然资源利用与保护""资源诅咒""资源型城市""能源资源与碳排放"等曾经是（有的现在仍然是）自然资源主题的研究热点，而当前的研究热点主要分布于水资源、土地资源、能源资源与碳排放等主题层面。《中国人口·资源与环境》期刊30年间以生态环境为主题的论文，相关研究覆盖面广、信息捕捉迅速，体现了生态保护问题的时代前沿和热点话题，呈现出可持续发展、环境规制、环境污染、生态补偿、生态环境等高频关键词，[2]聚焦于可持续发展、环境保护、生态文明等研究领域；研究内容呈现学术性与前沿性相结合、理论性与实践性相结合、多元化与融合性相结合、全球性与区域性相结合等特点。资源环境压力和经济增长关系一直是经济学等学科探讨的重要问题。基于2000—2017年长三角城市综合福利、资源环境压力与经济增长的面板数据，胡美娟等[3]发现，长三角地区资源环境压力和经济增长、资源环境压力和综合福利及经济增长和综合福利的时序关联强度呈现不断下降趋势。基于水资源生态足迹模型，卢亚丽等[4]对长江经济带2010—2018年131个地区水资源生态足迹与生态承载力进行研究。结果表明，胡焕庸线假说在长江经济带区域成立，印证了中国人口密度分布状况，从侧面反映胡焕庸线短时间内比较难破。长江经济带被胡焕庸线、胡焕庸亚线划分的三个区域的水资源情况存在的时空特征，是区域间水资源与人口密度、经济发展水平匹配情况的综合反映。构建资源环境承载力预警评价体系是资源环境经济学在中国国情下具体应用的一种表现。李昭楠等[5]以宁夏为例，从资源承载力（RC）、环境承载力（EC）和经济社会支持力（ESS）三个维度构建内陆干旱区资源环境承载力预警指标体系。结果表明，宁夏资源环境承载力整体提升明显，制约宁夏资源环境承载力的障碍因素主要来自RC与EC系统。刘国锋等[6]以丝绸之路经济带沿线15个省份为例，构建资源利用—生态环境—经济增长系统（REE系统）耦合协调度评价指标体系，结果表明：资源利用子系统发展水平近年来增速较快，生态环境子系统经历了先下降后增长的趋势，经济增长子系统的时间阶段性明显。

明确资源环境与经济增长间的协调关系是实现区域可持续发展的基础。唐晓灵和康铭敏[7]对2008—2019年关中平原城市群区域资源环境和经济增长综合水平进行测度，并运用耦合协调度模型和耦合协调引力模型探究两者耦合协调发展关系及其空间联系。结果表明，关中平原城

---

[1] 刘琨、刘学敏：《〈中国人口·资源与环境〉30年来"自然资源"主题的研究脉络——基于文献计量法和知识图谱的分析》，《中国人口·资源与环境》2021年第9期。
[2] 程钰、王晶晶、张悦等：《〈中国人口·资源与环境〉30年来"生态环境"主题的研究进展——主题脉络、知识演进与内容述评》，《中国人口·资源与环境》2021年第9期。
[3] 胡美娟、李在军、余凤龙：《长三角城市综合福利、资源环境压力与经济增长的时空响应关系》，《长江流域资源与环境》2021年第10期。
[4] 卢亚丽、徐帅帅、沈镭：《基于胡焕庸线波动的长江经济带水资源环境承载力动态演变特征》，《自然资源学报》2021年第11期。
[5] 李昭楠、胡垚坤、刘七军等：《内陆干旱区资源环境承载力预警评价与模拟分析——来自宁夏的实证分析》，《生态经济》2021年第11期。
[6] 刘国锋、琚望静、冶建明等：《资源利用—生态环境—经济增长耦合协调发展分析与预测——以丝绸之路经济带沿线省份为例》，《生态经济》2021年第11期。
[7] 唐晓灵、康铭敏：《区域资源环境与经济增长协调发展研究——以关中平原城市群为例》，《价格理论与实践》2021年第6期。

市群各城市资源环境与经济增长耦合协调度基本呈现不断改善趋势，城市间耦合协调度分级明显，资源环境与经济增长耦合协调度有较大提升空间。

三 碳达峰和碳中和研究

2020年9月22日，中国政府向世界庄严宣告，力争2030年前实现碳达峰，2060年前实现碳中和。中国提出碳达峰碳中和（简称"双碳"）目标既是积极应对全球气候变化、作为负责任大国的使命担当所在，也是实现高质量发展的内在要求。低碳消费是"双碳"目标进程中的重要内容，对减少碳排放总量、提高碳汇吸收能力起到驱动作用。在具体实现方面，低碳消费活动围绕公众衣、食、住、行、用等生活领域展开，覆盖家庭、企业、社区等单位。[①]

2020年12月，国务院新闻办公室发布的《新时代的中国能源发展白皮书》明确指出"在全社会倡导勤俭节约的消费观，培育节约能源和使用绿色能源的生产生活方式"，大力推动能源消费革命，加强能源需求侧管理；2021年7月，全国碳市场上线交易启动，未来居民低碳行为有望更多纳入碳市场，以市场机制培育绿色低碳消费习惯。然而，尽管中国消费者对低碳消费的认知不断提高，但从认知转化为行为依然存在差距，低碳消费实践中依然存在困境。[②]

党的十九届五中全会公报及《中共中央关于制定国民经济和社会发展第十四个五年规划和二〇三五年远景目标的建议》首次提出"构建生态文明体系，促进经济社会发展全面绿色转型，建设人与自然和谐共生的现代化"，将过去中国发展的生态变革与绿色转型升华为新时代新阶段经济社会发展全面绿色转型。我国"十四五"时期及今后较长时期内，不仅要坚持以经济社会高质量发展为主题，而且要实现经济社会发展与能源消费脱碳，必须构建绿色发展政策体系，而采取务实的气候政策与能源政策是重中之重。[③] 研究表明，发达经济体与中国征收差异化碳税，会使全球碳排放量大幅下降，且中国实际GDP、居民福利下降幅度得到有效控制，因此是应对发达经济体碳关税威胁的有效政策。[④] 由此，中国可以基于"成本公平性原则"实施差异化碳税政策，在国内主动实施碳税进行减排，以有效应对发达经济体碳关税威胁。低碳城市试点已积累了十余年的工作经验，因而城市在减碳降污、绿色转型中有重要的主体地位，城市引领机制需要完成从外部规制主导的他组织向内部有序的自组织转换的过程，其主要推动力包括优化快变量的作用机制，培育适合慢变量发展的政策环境，发挥慢变量的决定性作用；发挥竞争—合作机制的推动作用，鼓励良性竞争，加强城市间合作；发挥有序协同带来的功能倍增作用，功能互补，降低内耗。[⑤]

[①] 薄凡、庄贵阳：《"双碳"目标下低碳消费的作用机制和推进政策》，《北京工业大学学报》（社会科学版）2022年第1期。

[②] 薄凡、庄贵阳：《"双碳"目标下低碳消费的作用机制和推进政策》，《北京工业大学学报》（社会科学版）2022年第1期。

[③] 方时姣、朱云峰：《"碳达峰""碳中和"视域下能源经济发展论析》，《新疆师范大学学报》（哲学社会科学版）2022年第3期。

[④] 尹伟华：《不同减排政策下碳税征收的影响及政策选择——基于碳达峰、碳中和目标的分析》，《广东财经大学学报》2021年第5期。

[⑤] 庄贵阳、魏鸣昕：《城市引领碳达峰、碳中和的理论和路径》，《中国人口·资源与环境》2021年第9期。

2021 年健康经济学研究综述

赵 文[*]

一 2021 年国内外学科发展最新动态

《"健康中国 2030"规划纲要》出台以来,健康产业增加值核算备受关注。为此,蒋志华等(2021)[①]提出了一种基于行业分类核算的健康产业增加值测算方法。该方法以《健康产业统计分类(2019)》为依据,在设计健康产业关键词库的基础上,利用第四次经济普查数据,按照 252 个行业小类,设计了收入法、增加值率法、系数分劈法和相关指标比例推算法四种健康产业增加值测算方法。

2021 年 4 月,健康中国行动推进委员会办公室印发《健康中国行动 2021 年工作要点》(以下简称《工作要点》),进一步推动健康中国行动有关工作落实落地,其中,国家中医药管理局分工负责多项中医药相关工作。《工作要点》明确,国家卫生健康委与国家中医药局按职责分工负责研究制订《推进妇幼健康领域中医药工作实施方案(2021—2025 年)》和肺癌、乳腺癌筛查与早诊早治指南。国家中医药局负责研究制订心脑血管疾病、癌症、慢性呼吸系统疾病、糖尿病中西医结合诊疗指南或专家共识并开展试点试用。

博鳌亚洲论坛全球健康论坛第二届大会第二场分论坛 2021 联合国可持续发展高峰论坛举行,主题为"健康融入所有政策"。联合国 17 项可持续发展目标重视多重目标之间的相互影响,强调减贫对生命健康发展的重要意义。2021 联合国可持续发展高峰论坛以确保全球健康的生活方式、促进人类福祉为宗旨,聚焦生命健康与全球伙伴关系,研讨创新型金融合作机制,分享联合国可持续发展项目的成功实践,通过包容和有效的多边主义网络,共建互联互通的全球伙伴关系。

GWI 与 VTN 母公司 ACCESS 集团联合发布《2021 全球健康经济报告》("2021 Global Wellness Economy: Looking Beyond Covid")显示,全球健康经济规模已达到 4.9 万亿美元,预计到 2025 年将以每年 10% 的速度增长,达到 7 万亿美元,健康经济蓝海已粗具规模。

"后疫情时代""健康经济"等都是近些年的研究热点。但缺少有质量的重要成果。健康经济是以保障和促进经济发展健康为目标,以维护生命健康为导向,进行资源配置的一种新型发展模式。健康经济的到来在一定程度上也反映着消费者的消费改变。在经济全面发展的当下,健康已不仅是我们每个人越来越关注的生活习惯,也是列入民生工程的重要领域,更是上升到国家战略要求。如能得到有效推进,它或将成为助推中国发展的决定性力量。在健康消费新趋势下,健康产业也迎来了新的机遇。推动健康经济中非医疗产业的发展,建立非医疗健康产业

---

[*] 作者简介:赵文,中国社会科学院人口与劳动经济研究所,副研究员,健康经济研究室副主任,研究方向为人口与劳动经济学,邮箱为 zhaowen@ cass. org. cn。

[①] 蒋志华、丛日玉、邹永红:《基于行业分类核算的健康产业增加值测算方法》,《统计与决策》2021 年第 17 期。

链，打造覆盖全生命周期的健康经济发展，既能够满足人们的健康需求，同时也将成为中国消费的新增长点。

二 重要理论观点与方法

贾丰等[①]认为，"十四五"规划纲要明确提出，把保障人民健康放在优先发展的战略位置，坚持预防为主的方针，深入实施健康中国行动，为人民提供全方位全生命期健康服务。2021年4月，人民论坛专题调研组两次赴英科医疗科技股份有限公司调研。在总结其实践成果的同时，专家组也对民营企业的健康担当、创新探索，以及如何发挥民营企业作用壮大健康友好型产业进行了重新审视。

宫建霞等[②]从创新要素、创新开发、创新扩散、医疗环境和社会环境等方面构建了国家健康创新能力的评价指标体系，以2017年统计数据为样本，应用主成分分析法对38个国家的健康创新能力进行了评价，并从国际比较视角对健康创新能力的格局进行了聚类分析。结果显示：(1) 中国健康创新能力整体处于前列，但与部分发达国家仍然存在一定差距；(2) 创新要素、创新扩散、医疗环境成为影响中国健康创新能力的重要因素；(3) 健康创新能力的持续改善有赖于国家经济总体水平和人均公共卫生投入，国家健康创新能力排名较高的国家通常经济发展水平也较高。

三 热点问题

2021年11月20日，中国卫生经济学会老年健康经济专业委员会学术年会暨第六届"医养结合与老龄事业和产业发展"学术论坛在北京召开，主题是"积极应对人口老龄化国家战略：理论与实践·当下与未来"。[③] 老年健康经济专业委员会在健康老龄化事业中的实践工作，与韩启德院士和高强总顾问的指导紧密结合。高强总顾问强调要关注老年人的所想、所做、所求、所为；强调老年健康问题要组织和动员老年人参与其中；要加强对基层，特别是农村老年人群的研究。韩启德院士指出，在健康老龄化中要依靠科技的力量，大力发展老年医学；要发展老龄健康产业；要建立和完善适合国情的老年照护体系；要维护老年人的社会地位，充分利用老年人的人力资源；要加强死亡宣传教育。

突如其来的新冠疫情对旅游业影响空前，旅游经济下滑严重，旅游企业步履维艰。为快速对冲疫情影响，旅游业亟须深化改革，寻求可持续高质量稳定发展模式。柴寿升等[④]认为，常态化疫情防控倒逼旅游业加快融入健康中国战略，旅游产业价值与健康中国战略目标高度匹配。后疫情时代传统旅游业态复苏乏力，健康游憩需求爆发性跃升，国土空间规划改革期待健康中

---

① 贾丰、董克用、李蔚东等：《壮大健康友好型产业的民企作为》，《人民论坛》2021年第15期。
② 宫建霞、李廉水、赵林度：《国家健康创新能力评价及国际比较研究》，《科学管理研究》2021年第5期。
③ 《卫生软科学》编辑部：《诠释老年健康新概念 共建中国康寿新时代——中国卫生经济学会老年健康经济专业委员会召开2021年学术年会暨第六届学术论坛》，《卫生软科学》2021年第12期。
④ 柴寿升、魏长晶、单军：《健康中国、国土空间游憩与旅游发展新动能培育——基于战略融合的视角》，《山东社会科学》2021年第8期。

国与游憩战略的深度嵌入。国土空间游憩战略与健康中国战略一脉相承，是长远谋划国土空间规划、缓解社会供需矛盾、实现旅游业绿色共享协调发展的宏观思考和顶层设计。加速推动健康中国战略、国土空间游憩战略与旅游产业发展的战略融合，是为当前我国旅游产业创新发展赋能增效的科学途径。

中医药健康产业要实现高质量发展，提高企业的经营绩效是重要的环节。张文龙等[①]通过数据包络分析方法和全要素生产率指数模型，对16家中医药健康产业上市企业2012—2020年的经营绩效予以测度与分析。研究结果发现：中医药健康产业上市企业经营绩效整体水平相对较高；中医药健康产业上市企业经营绩效年度间有波动，且大体呈现出轻微下降的态势；技术进步是中医药健康产业上市企业经营绩效的主要动力，但技术效率的提升还不够充分。并据此提出建议：加强中医药健康产业的成本控制，提高企业经营管理效率；加大投入力度，扩大规模，充分释放规模经济效应；实现产业数字化，提升中医药健康产业技术进步与技术效率。

刘玉杰等[②]收集各省环境和经济、人口、医疗数据，运用熵权法对30个省废气排放主要污染物指标进行降维，利用疾病成本法和修正人力资本法对人群健康经济损失进行测算，采用多重线性回归对影响健康经济的因素进行探究。结果发现，区域大气污染程度与健康经济损失呈高度正相关，此外人均国民生产总值、城市人口数和死亡率均会导致大气污染健康经济损失的增加。结论指出，不同经济发展程度、大气污染程度、人口密集程度地区的居民在健康经济方面的支出是有差别的，相关部门应从多方面入手加大控污力度，切实减轻人群健康经济负担，有效提升人群健康水平。

实施$PM_{2.5}$污染控制后所带来的居民健康经济效益评估，对推进区域环境空气质量监管、健康预警以及防治等工作具有重要意义。杜沛、王建州[③]采用泊松回归相对危险模型和环境价值评估方法，对2016—2019年北京16个辖区年$PM_{2.5}$污染控制到二级标准限值$35\mu g \cdot m^{-3}$后所带来的健康风险及经济效益进行评估。结果显示，2016—2019年北京及其16个辖区$PM_{2.5}$浓度、各健康终端效应、经济效益以及人均经济健康效益等均呈现出下降趋势。其中，北京$PM_{2.5}$浓度值从2016年的$73\mu g \cdot m^{-3}$下降至2019年的$42\mu g \cdot m^{-3}$，年均下降率为16.75%，控制$PM_{2.5}$污染的健康总受益人数从2016年的439985例（95%置信区间：183987，653476）下降到2019年的77288例（95%置信区间：30483，120905），年平均下降率约为42.67%。健康经济效益占GDP的比重从3.16%（95%置信区间：1.10%，4.73%）下降到0.55%（95%置信区间：0.18%，0.88%），人均健康经济效益从3727.61元（95%置信区间：1303.24，5592.18）下降到906.58元（95%置信区间：295.14，1438.27）。此外，由于$PM_{2.5}$浓度、人口数量和密度以及单位健康终端经济价值的差异使得北京16个辖区的健康经济效益、占GDP比重以及人均效益估算结果各有差异，其中丰台、通州和大兴等远高于其他辖区，健康风险与经济效益问题相对突出。

徐靖雅等[④]的研究目的是了解大气细颗粒物（fine particulate matter，$PM_{2.5}$）污染对京津冀

---

① 张文龙、梁文珠、余锦龙：《中医药健康产业经营绩效提升研究》，《江淮论坛》2021年第5期。
② 刘玉杰、谷槐英、陈煜：《中国省际大气污染与健康经济损失相关分析》，《中国医药导报》2021年第24期。
③ 杜沛、王建州：《北京市控制$PM_{2.5}$污染的健康效益评估》，《环境科学》2021年第3期。
④ 徐靖雅、么艳鑫、王颖等：《2013—2018年京津冀地区大气细颗粒物污染致居民健康危害的经济学评价》，《卫生研究》2021年第6期。

地区常住人口造成的健康经济损失。研究收集京津冀地区2013—2018年大气$PM_{2.5}$浓度与基本社会人口资料，选择循环系统疾病住院、呼吸系统疾病住院、内科门诊和早逝为健康效应终点，应用适当的暴露—反应关系，采取疾病成本法与人力资本法相结合的方法，评估$PM_{2.5}$污染造成健康危害的健康经济损失。结果发现，2013—2018年京津冀$PM_{2.5}$污染造成的健康经济损失均呈现逐年下降的趋势，分别为北京：38.15亿元、41.77亿元、40.90亿元、38.18亿元、25.67亿元、20.31亿元；天津：30.46亿元、26.25亿元、18.82亿元、19.14亿元、14.48亿元、10.00亿元；河北：137.19亿元、118.50亿元、74.23亿元、72.16亿元、69.49亿元、41.24亿元，其中2013年河北省的经济损失最高，为137.19亿元，占当年国内生产总值的0.51%，2018年天津市最低，为10.00亿元，占当年国内生产总值的0.05%。结论为京津冀地区$PM_{2.5}$污染造成的健康经济损失呈现逐年下降的趋势，但数字仍然非常可观，需要进一步加强对$PM_{2.5}$污染的监控与治理。

四 代表性学者及代表作

西华大学经济学院何秋洁的著作《大健康新时代居家养老破局立势》由中国经济出版社出版。作者认为，中国人口老龄化呈持续加剧之势，国家和个人都面临种种养老问题。基于中国及全球老年人口数量激增、居家养老和大健康产业处于发展转型时期的研究背景，针对人口老龄化带来的有关养老、经济发展等问题，作者强调研究大健康产业和居家养老的必要性，提出改变传统居家养老模式的建议措施，从而减小国家和家庭养老压力并促进养老产业优化发展。在导论中作者提出了研究背景和意义，梳理了国内外关于居家养老和大健康产业的研究文献。根据中国和大健康产业和居家养老的发展现状，以美国和日本的养老模式为例进行分析，总结出大健康产业和居家养老发展值得借鉴的成功经验。同时构建了大健康产业和居家养老耦合评价体系，利用灰色关联分析模型对大健康产业和居家养老的关系进行了分析，认为大健康产业与居家养老的发展是相对同步进行、相辅相成的。构建了中国居家养老服务绩效评价体系，主要以社区养老为例，对其服务绩效评价以及影响因素进行了实证分析。最后，对居家养老创新模式进行了分析，提出了大健康视野下的居家养老发展路径。根据养老服务需求与供给状况、服务需求的影响因素，提出了提升养老服务质量的路径。分析了养老服务提供者、政府与第三方监管机构的利益关系，运用博弈论工具，针对养老服务质量的监管提出了一系列改进举措。

熊回香等[1]指出应维续省级健康政策的制定实践同所辖区域经济、社会发展的步调协同以及同居民个体健康需求满足的动态耦合，实现社会"共建共享，全民健康"的整体健康目标，推进国家"健康中国2030"的建设与发展。文章梳理相关研究，结合内容分析与量化研究方法，利用15项基本政策工具融合"大健康"实现路径和"健康权"核心要素，以构建起三维政策文本分析框架，基于此对遴选出的72份省级健康政策予以编码，获取1013项单元项，进而开展基于"工具—大健康—健康权"的编码结果单一和多维交叉分析。研究发现，目前省级健康政策的基本政策工具存在明显的分布均衡缺位，"大健康"和"健康权"的领域建设倾向

---

[1] 熊回香、代沁泉、陈琦等：《面向"健康中国2030"的我国省级健康政策研究及启示——基于"工具—大健康—健康权"的探索》，《情报理论与实践》2021年第6期。

性失衡，且同政策工具细分款目的融合程度有待提升。研究建议：统筹三类基本政策工具使用的均衡性，谋求遵循中国特色社会主义发展规律的健康政策工具体系优化；兼顾"大健康"实现路径和"健康权"核心要素的协同性，完成面向包括个体和家庭、社会、政府在内的多元主体的健康命运共同体构筑；深化政策工具细分款目同"大健康"及"健康权"的融通性，实现兼具继承性和可持续性的"健康中国2030"的建设与发展。

陶春海等[1]基于耦合协调度模型，通过构建耦合协调度评价指标体系，测度我国除港澳台地区以外的31个省（自治区、直辖市）医疗服务业与医药制造业发展耦合协调度，并在对比分析医疗服务业和医药制造业发展水平对耦合协调度影响的基础上，采用分别纳入地理矩阵与嵌套矩阵的空间杜宾模型，探究医疗服务业与医药制造业发展耦合协调度的影响因素及其空间溢出效应。研究结果表明：自新医改以来，我国政府卫生投入的增加推动了医疗服务业迅猛发展，而医药制造业发展水平相对缓慢，从而导致我国医疗服务业与医药制造业耦合协调发展为初级耦合协调。固定资本投入、知识创新对本地区医疗服务业与医药制造业发展耦合协调度具有正向影响，而协同集聚、政府扶持、外商投资具有负向影响，以上各因素对邻近地区医疗服务业与医药制造业发展耦合协调度均具有正向影响。

龙国仁[2]认为，构建中国—中亚"卫生健康共同体"，有利于夯实"一带一路"合作基础，有利于拓展合作新空间和增添合作新动力。中国与中亚国家的卫生健康合作基础良好，且中亚国家对卫生健康合作存在内驱动力，双边互信关系也稳定持久。在新冠疫情与世界百年未有之大变局共振叠加下，构建中国—中亚"卫生健康共同体"已迎来历史机遇。同时中亚地区普遍存在医疗硬件设施老旧、医疗卫生体系不健全和专业人才的短缺，以及地缘政治争夺和地区安全风险等复杂社情，这是双方合作面临的现实挑战。中国中亚可从医疗物资生产合作和标准化对接、推动中医走向中亚、健康素质养成和健康专业人员培养等路径来展开合作，共同推进"卫生健康共同体"建设。

潘为华等[3]认为，当前中国的大健康产业呈现出产业基础不断完善、产业需求持续拉动、产业供给深度优化、产业技术深化发展等发展现状及趋势，同时，该产业也存在着产业布局同质化、产品服务低端化、产业融合初级化、产业数据要素配置不足等问题。满足消费者各类健康需求以及由多层次产业组成的大健康产业，要按照产业链和产业体系发展规律进行发展，为此通过"动力系统、核心链条、多层次产业、支撑系统"这4个要素，对大健康产业链和产业体系进行构建。在所要构建的大健康产业链和产业体系当中，核心动力来自大健康产业发展创新，核心链条由企业链、价值链、技术链、产品链、空间链构成，多层次产业表现在大健康产业分为基础保障层、中间衔接层、融合拓展层三个层次的产业构成，支撑系统由政策、资金、人才、数据等要素构成。针对产业链条长、业态丰富的大健康产业体系，文章提出了发展对策和建议。

---

[1] 陶春海、胡萌、史言信：《医疗服务业与医药制造业发展耦合协调度的测度及影响因素》，《当代财经》2021年第2期。

[2] 龙国仁：《构建中国—中亚"卫生健康共同体"面临的机遇、挑战与路径选择》，《陕西师范大学学报》（哲学社会科学版）2021年第2期。

[3] 潘为华、贺正楚、潘红玉等：《大健康产业的发展：产业链和产业体系构建的视角》，《科学决策》2021年第3期。

年度论文

说明[*]

2021年候选论文仅包括公开发表在学术期刊中的中文论文，不包括工作论文和研究报告等。论文选自中国社会科学评价研究院《中国人文社会科学期刊AMI综合评价报告（2018年）》顶级期刊和权威期刊，研究主题限于人口学和劳动经济学范围；以及2021年人口学专业期刊《人口研究》《中国人口科学》和劳动经济学专业期刊《劳动经济学》中的全部学术论文。

表1 相关中文期刊2021年度复合影响因子

期刊	复合影响因子	排序	期刊	复合影响因子	排序
中国工业经济	21.679	1	财政研究	6.279	21
管理世界	21.328	2	统计研究	6.167	22
经济研究	20.579	3	中国人口科学	6.043	23
中国农村经济	14.046	4	旅游学刊	5.282	24
法学研究	13.947	5	经济学动态	4.860	25
金融研究	12.447	6	当代亚太	4.313	26
中国社会科学	12.368	7	中共中央党校（国家行政学院）学报	4.258	27
求是	9.360	8	中国特色社会主义研究	4.132	28
数量经济技术经济研究	9.318	9	中国人民大学学报	3.867	29
经济管理	9.071	10	马克思主义研究	3.456	30
财贸经济	8.954	11	北京大学教育评论	3.408	31
南开管理评论	8.882	12	高等教育研究	3.330	32
世界经济	8.479	13	学术月刊	2.850	33
经济学（季刊）	8.173	14	北京大学学报（哲学社会科学版）	2.648	34
社会学研究	7.960	15	北京师范大学学报	2.432	35
中国人口·资源与环境	7.598	16	劳动经济研究（社会科学版）	2.361	36
中国软科学	7.316	17	清华大学学报（哲学社会科学版）	1.887	37

---

[*] 陆旸，中国社会科学院人口与劳动经济研究所《中国人口年鉴》编辑部主任，研究员、博士生导师，研究方向为劳动经济学和环境经济学，邮箱为luyang2002@cass.org.cn。2021年人口学和劳动经济学年度论文由陆旸整理汇总，中国社会科学院大学博士研究生孟繁成、王赛亚、郭艺扬等协助资料收集。

续表

期刊	复合影响因子	排序	期刊	复合影响因子	排序
人口研究	6.802	18	历史研究	1.690	38
教育研究	6.797	19	近代史研究	1.678	39
世界经济与政治	6.439	20	民族研究	1.669	40

资料来源：中国知网。

发表在入选期刊中的人口学相关论文共143篇，我们将其分为人口学和人口经济学两类，其中人口学论文95篇，人口经济方向论文48篇；入选期刊中劳动经济学论文共417篇。根据发表期刊的影响因子、关键词出现频率、论文主题的重要性和新颖性几个因素，选取其中100篇论文进行观点摘编。

2021年人口学年度论文

表2　2021年人口学年度论文一览

作者	论文	期刊	期号	期刊影响因子
于也雯、龚六堂	生育政策、生育率与家庭养老	中国工业经济	第5期	21.679
邹一南	农民工落户悖论与市民化政策转型	中国农村经济	第6期	14.046
祝仲坤	公共卫生服务如何影响农民工留城意愿——基于中国流动人口动态监测调查的分析	中国农村经济	第10期	14.046
郝煜	中国的姓氏、籍贯和长期代际流动性（1645—2012）	经济学（季刊）	第3期	8.173
范梓腾、宁晶	技术变革中的福利态度转变——自动化替代对个体养老责任偏好的影响	社会学研究	第1期	7.960
程诚	求同还是存异？——同质性视角下的学业成就研究	社会学研究	第1期	7.960
杨菊华	空间理论视角下老年流动人口的社会适应	社会学研究	第3期	7.960
谢桂华、刘昕毓	数学的性别——性别观念对初中生数学水平的影响	社会学研究	第4期	7.960
尉建文、陆凝峰、韩杨	差序格局、圈子现象与社群社会资本	社会学研究	第4期	7.960
刘欣	英才之路：通往转型社会二元精英地位的双重路径	社会学研究	第4期	7.960
陶涛、刘雯莉、李婷	长幼有序，男女有别——个体化进程中的中国家庭养老支持分工	社会学研究	第5期	7.960
董昕、张朝辉、周卫华	为什么收缩城市的流动人口定居意愿更强？	中国人口·资源与环境	第3期	7.598
周晓光	农村未婚老人的生活质量及提升对策研究	中国软科学	第1期	7.316
伍海霞、王广州	快速老龄化过程中中国独生子女家庭照料负担研究	中国软科学	第7期	7.316
杨雪燕、高琛卓、井文	低生育率时代儿童照顾政策的需求层次与结构——基于西安市育龄人群调查数据的实证分析	人口研究	第1期	6.802

续表

作者	论文	期刊	期号	期刊影响因子
张震、李强	不确定性对人口趋势研判及决策的影响——以中国人口为例	人口研究	第1期	6.802
于潇、徐英东	流入城市对流动人口居留意愿的影响——基于家庭生命周期理论的分解	人口研究	第1期	6.802
庄亚儿、姜玉、李伯华	全面两孩政策背景下中国妇女生育意愿及其影响因素——基于2017年全国生育状况抽样调查	人口研究	第1期	6.802
郭静、陈诗璐、周庆誉	家庭陷入困境对儿童心理健康的影响——以父/母服刑儿童为例	人口研究	第1期	6.802
原新、金牛	在国家战略体系中积极应对老龄社会问题	人口研究	第2期	6.802
石智雷、吕婕	全面二孩政策与流动人口生育水平变动	人口研究	第2期	6.802
谭远发、王乐、黄建忠	新冠肺炎死亡率的国际差异及其影响因素——基于年龄结构和检测率的双重视角	人口研究	第2期	6.802
杨华磊、吴远洋、张思清、张硕	生育数量对老年人抑郁的影响	人口研究	第2期	6.802
丁志宏、张现苓	中国城镇老年人上网状况及其影响因素	人口研究	第2期	6.802
任杰慧	空间理论下老年护理专业化队伍稳定性建设	人口研究	第2期	6.802
杜鹏、韩文婷	互联网与老年生活：挑战与机遇	人口研究	第3期	6.802
陆杰华、韦晓丹	老年数字鸿沟治理的分析框架、理念及其路径选择——基于数字鸿沟与知沟理论视角	人口研究	第3期	6.802
靳永爱、刘雯莉、赵梦晗、王东晖、胡文波	短视频应用平台的使用与中老年人生活——基于专项调查的探索性研究	人口研究	第3期	6.802
翟振武、刘雯莉	七普数据质量与中国人口新"变化"	人口研究	第3期	6.802
陈卫、刘金菊	近年来中国出生人数下降及其影响因素	人口研究	第3期	6.802
童玉芬、刘志丽、宫倩楠	从七普数据看中国劳动力人口的变动	人口研究	第3期	6.802
程梦瑶、段成荣	迁徙中国形态得到进一步确认	人口研究	第3期	6.802

续表

作者	论文	期刊	期号	期刊影响因子
徐世英	中国少数民族人口发展新态势	人口研究	第3期	6.802
张翠玲、李月、杨文庄、张许颖	新冠肺炎疫情对中国出生人口变动的影响	人口研究	第3期	6.802
杨凡、黄映娇、王富百慧	中国老年人的体育锻炼和社会参与：健康促进与网络拓展	人口研究	第3期	6.802
张韵、梁宏	社会经济地位与老年人生活方式：低水平的"收敛"与高水平的"发散"	人口研究	第3期	6.802
胡湛、彭希哲	治理转型背景下的中国人口治理格局	人口研究	第4期	6.802
宋健、阿里米热·阿里木	育龄女性生育意愿与行为的偏离及家庭生育支持的作用	人口研究	第4期	6.802
吴帆、王琳	中国家庭多代代际关系网络的图景与形态——基于6个典型家庭的分析	人口研究	第4期	6.802
李卫东	配偶替代与农民工婚姻稳定性的关系	人口研究	第4期	6.802
扈新强、赵玉峰	从离散到聚合：中国流动人口家庭化分析	人口研究	第4期	6.802
王培安	中国共产党对人口发展的探索与实践	人口研究	第5期	6.802
王钦池、贺丹、张许颖、张莉	中国共产党百年人口思想：回顾、总结与展望	人口研究	第5期	6.802
王谦	七普"意料之外"的数据对做好流动人口调查的启示	人口研究	第5期	6.802
李睿、刘慧、张强、权少伟、李姝	七普实践与经验：普查数据质量是如何保障和提高的？	人口研究	第5期	6.802
谢立黎、王飞、胡康	中国老年人社会参与模式及其对社会适应的影响	人口研究	第5期	6.802
李婉鑫、杨小军、杨雪燕	儿童照料支持与二孩生育意愿——基于2017年全国生育状况抽样调查数据的实证分析	人口研究	第5期	6.802
赵梦晗、杨凡	老年人的子女性别结构与居住模式对其朋友网络支持的影响——男孩偏好下的"双重性别差异"	人口研究	第5期	6.802
杨成钢、杨紫帆	中国共产党百年人口思想与马克思主义人口理论的现代化和中国化	人口研究	第6期	6.802

续表

作者	论文	期刊	期号	期刊影响因子
盛亦男、杨旭宇	自然灾害冲击、政府赈灾重建与农村劳动力流动	人口研究	第6期	6.802
於嘉、周扬、谢宇	中国居民理想子女数量的宏观影响因素	人口研究	第6期	6.802
陈佳鞠	后生育转变阶段的生育水平差异及其原因	人口研究	第6期	6.802
郭云蔚	受教育水平对离婚风险的影响及其时代变化	人口研究	第6期	6.802
张园、王伟	失能老年人口规模及其照护时间需求预测	人口研究	第6期	6.802
赖德胜、朱敏、黄金玲	理工科专业毕业生占比为何下降	教育研究	第4期	6.797
王洪川、胡鞍钢	建设教育强国的战略趋势与路径选择——基于第七次全国人口普查数据的分析	教育研究	第11期	6.797
熊春文、陈辉	人口变迁与教育变革——基于第七次全国人口普查公报的社会学思考	教育研究	第11期	6.797
牛建林	中国人口教育发展的特征、结构性矛盾与下一步思路——基于第七次全国人口普查公报和相关人口教育统计的发现	教育研究	第11期	6.797
武汉大学国家发展战略研究院中国人口发展研究课题组	实现适度生育水平 积极应对人口老龄化	财政研究	第5期	6.279
顾嘉、陈松蹊、董倩、邱宇谋	基于vSEIdRm模型的人口迁移以及离汉交通管控对新冠肺炎疫情发展的影响分析	统计研究	第9期	6.167
李仲武、冯学良	女性家庭地位越高就越幸福吗？	统计研究	第10期	6.167
王晓军、陈惠民、赵晓月	我国男女两性老龄人口死亡率联合建模与预测	统计研究	第10期	6.167
廖少宏、王广州	中国老年人口失能状况与变动趋势	中国人口科学	第1期	6.043
肖挺	地铁发展对城市人口规模和空间分布的影响	中国人口科学	第1期	6.043
王杰、李姚军	教育婚姻匹配与婚姻满意度	中国人口科学	第2期	6.043
任远、郝立	人口流动过程中离婚风险差异及其影响机制分析	中国人口科学	第2期	6.043
张伟丽、晏晶晶、聂桂博	中国城市人口流动格局演变及影响因素分析	中国人口科学	第2期	6.043

续表

作者	论文	期刊	期号	期刊影响因子
周皓	中国人口流动模式的稳定性及启示——基于第七次全国人口普查公报数据的思考	中国人口科学	第3期	6.043
林宝	积极应对人口老龄化：内涵、目标和任务	中国人口科学	第3期	6.043
陈卫民、万佳乐、李超伟	互联网使用对离婚风险的影响	中国人口科学	第4期	6.043
吴炳义、董惠玲、武继磊、乔晓春	社区卫生服务水平对老年人健康的影响	中国人口科学	第4期	6.043
宋健、郑航	中国生育研究现状与问题——基于方法视角的观察	中国人口科学	第5期	6.043
梁增贤、陈颖欢	退休移民的流动模式与社会融入研究——以珠海为例	旅游学刊	第2期	5.282
黄鹂、陈雅坚、郑青彦、罗明志、杨洋	老年人旅游时间分配影响研究——文化差异视角	旅游学刊	第2期	5.282
潘丽群、李静、张少华	流动经历、流入城市与流动人口的婚姻推迟	经济学动态	第8期	4.860
刘靖、毛学峰	信任的代际传递与青少年社会信任	经济学动态	第9期	4.860
孙兆阳、戈艳霞、张博	居家养老服务供给对老年人养老满意度影响研究——基于8省市调查数据的分析	中共中央党校（国家行政学院）学报	第1期	4.258
林宝	党的十八大以来我国养老服务政策新进展	中共中央党校（国家行政学院）学报	第1期	4.258
杨靖旼、杨雪冬	新时代中国跨边界人口流动与国际移民治理的逻辑与展望	中共中央党校（国家行政学院）学报	第3期	4.258
鲁全	中国的家庭结构变迁与家庭生育支持政策研究	中共中央党校（国家行政学院）学报	第5期	4.258
翟绍果	全生命周期下生育制度协同改革的政策意蕴、全球图景与中国画像	中共中央党校（国家行政学院）学报	第5期	4.258
郭林、董玉莲	0—3岁婴幼儿托育服务：国际比较与中国选择	中共中央党校（国家行政学院）学报	第5期	4.258
李晓壮、李升	流动人口的社区融合概念、维度及测量研究——以北上广深超大城市为实例	中共中央党校（国家行政学院）学报	第6期	4.258
朱荟、陆杰华	积极应对老龄化国家战略的理念突破、脉络演进与体制再构	中国特色社会主义研究	第2期	4.132
陆杰华、林嘉琪	中国人口新国情的特征、影响及应对方略——基于"七普"数据分析	中国特色社会主义研究	第3期	4.132

续表

作者	论文	期刊	期号	期刊影响因子
张翼	"三孩生育"政策与未来生育率变化趋势	中国特色社会主义研究	第4期	4.132
杨菊华、史冬梅	积极老龄化背景下老年人生产性资源开发利用研究	中国特色社会主义研究	第5期	4.132
杜鹏、李龙	新时代中国人口老龄化长期趋势预测	中国人民大学学报	第1期	3.867
金红昊、杨钋	青少年恋爱行为的同伴效应研究	北京大学教育评论	第2期	3.408
吴莹、周飞舟	空间身份权利：转居农民的市民化实践	学术月刊	第10期	2.850
张文宏、刘飞、项军	相对收入与中国夫妻地位认同——基于"社会比较—性别规范"框架的分析	学术月刊	第9期	2.850
王卫东、王术坤、刘晓红、张林秀	互联网使用与农村居民的性别角色观念	劳动经济研究	第3期	2.361
梁晨、任韵竹、李中清	民国大学生地理来源量化考析	近代史研究	第3期	1.678
段成荣、黄凡、毕忠鹏、巫锡炜	中国大陆1982—2010年各民族人口转变研究	民族研究	第2期	1.669
徐平	在深化交往交流交融中铸牢中华民族共同体意识——以北仑少数民族流动人口城市融入为例	民族研究	第2期	1.669

人口学年度论文摘编

【生育政策、生育率与家庭养老】

于也雯 龚六堂 《中国工业经济》2021年第5期

近年来中国正加速进入老龄化社会，生育率下降、社会劳动供给不足和家庭养老压力增加的问题受到政府部门和学术界的广泛关注。该文在内生化生育率的模型中引入隔代抚养和老年赡养来分析隔代抚养在老龄化社会中的作用，同时讨论生育补贴政策和社会养老政策对生育率和家庭养老的影响。研究发现如下。（1）隔代抚养对生育率和人力资本提升有一定作用，更为重要的是，隔代抚养能够增加社会总劳动供给，可以缓解人口老龄化；但是在人口老龄化严重的情况下，隔代抚养只能在一定程度上减缓但无法根本扭转生育率下降的趋势。（2）生育补贴政策可以有效提高生育率和人力资本水平，但对社会总劳动供给的作用不确定；在人口老龄化严重的情况下，隔代抚养和生育补贴政策可以有效解决生育率低下和劳动供给不足的问题，但会增加家庭养老压力。（3）社会养老政策可以有效降低家庭养老压力；在人口老龄化社会，鼓励隔代抚养、实施生育补贴政策和社会养老政策可以增加劳动供给、提高生育率，并减轻家庭养老压力。该文认为，重视中国传统家庭文化，如隔代抚养的作用，对于改善人口结构具有重要的现实意义；单一的政策难以有效解决人口老龄化的问题，要想提高生育率，增加劳动供给并降低家庭养老压力，需要结合中国家庭现实并实行一系列相关政策。该文的研究启示在于，加快完善托育服务，包括鼓励隔代抚养和发展正式的育儿照料市场，同时降低生育直接成本，并制定合理的生育补贴政策以及完善社会养老政策，以帮助中国积极应对人口老龄化。

【农民工落户悖论与市民化政策转型】

邹一南 《中国农村经济》2021年第6期

长期以来，户籍制度被认为是阻碍农民工市民化的关键制度安排，而推动农民工在流入城市落户并构建起以能力为导向的落户优先序，就成了新一轮户籍制度改革的主要举措。然而，从政策效果看，农民工落户数量十分有限，市民化的进展比较缓慢。该文通过分析与"农民工须市民化、市民化须落户、农民工未能落户"这一悖论相关的三个认识误区，提出了准确认识农民工落户和市民化问题的新视角，并据此得出应通过一系列政策转型来推进农民工市民化的结论，包括：将推进农民工市民化的重点由异地市民化向就地市民化转变，将落户政策由有能力者优先向有意愿者转变，将市民化目标由户籍市民化向常住市民化转变。

【公共卫生服务如何影响农民工留城意愿——基于中国流动人口动态监测调查的分析】

祝仲坤 《中国农村经济》2021年第10期

完善公共卫生服务体系是深化医疗体制改革、推进健康中国战略的重要举措。该文基于2014年和2017年中国流动人口动态监测调查数据，系统考察了公共卫生服务对农民工留城意愿的影响。研究表明，公共健康教育、健康档案管理等公共卫生服务均能显著提升农民工的留城意愿，在利用工具变量缓解内生性问题，并进行遗漏变量检验后，结论依然成立。进一步分析表明，公共卫生服务对老一代及跨省流动农民工留城意愿的提升作用更大。机制分析表明，公共卫生服务可以通过提升健康水平、增强城市归属感间接提高农民工留城意愿，其中城市归属感发挥的间接效应更大。该文的研究有助于审视并厘清公共卫生服务在推动农民工市民化进程中的政策效应，为以公共卫生服务为抓手，铺就农民工市民化道路提供证据支撑。

【长幼有序，男女有别——个体化进程中的中国家庭养老支持分工】

陶涛　刘雯莉　李婷　《社会学研究》2021年第5期

家庭养老是家庭关系和家庭功能的具体体现。在多子女家庭内部，同胞之间的养老责任分工是在外部环境制约下，家庭内部个体之间出于不同的身份认同、利益需求和情感关系进行协商的结果。该研究基于2018年中国老年社会追踪调查数据，讨论了多子女家庭中子女养老支持的性别和排行分工，以此展现当前我国家庭多元复杂的代际关系模式。研究表明，不同结构类型的家庭内部养老分工的模式不同。在子女数量较少或性别一致时，子女之间责任均摊；在子女数量较多且性别不一致时，老大、女儿会给予父母更多的经济支持，老小、儿子会给予父母更多的家务支持。多子女家庭中个体间利益、情感、责任的冲突碰撞表现得更为复杂，呈现出传统性与现代性并存的代际关系伦理与代际团结模式。

【为什么收缩城市的流动人口定居意愿更强？】

董昕　张朝辉　周卫华　《中国人口·资源与环境》2021年第3期

我国的流动人口总量超过2亿人，让流动人口中能定居的人定居下来，对于城市治理、城镇化质量的提升都有所裨益。基于此，利用中国流动人口动态监测调查（CMDS）和《中国城市统计年鉴》数据，对270个城市的流动人口定居意愿进行分析，发现收缩城市的流动人口定居意愿明显高于非收缩城市。为什么在净流入人口数连续为负、人口规模不断缩减的收缩城市中，流动人口的定居意愿却明显高于非收缩城市？通过构建Logit模型、空间杜宾模型（SDM）和空间杜宾误差模型（SDEM）等分别对个体层面和城市层面的流动人口定居意愿影响因素进行分析。结果发现收缩城市中流动人口的定居意愿比非收缩城市更强的原因主要如下。（1）收缩城市中流动人口家庭成员同在流入地的比例较高，家庭团聚、人际关系网络集中等是收缩城市流动人口定居意愿较强的原因之一。（2）收缩城市的流动人口中女性比例较高是收缩城市流动人口定居意愿较高的另一个原因。同时，农业户籍、受教育程度较低等个体条件则限制了部分收缩城市的流动人口向非收缩城市流动。（3）收缩城市的住房等定居成本相对较低，流动人口容易跨越定居门槛，实现在流入城市的定居，从而使收缩城市流动人口的定居意愿高于非收缩城市。（4）周边城市的房价收入比、农业户籍流动人口比例、流动人口受教育年限等对本地流动人口的定居意愿影响显著。鉴于此，相关政策建议包括：随着我国城镇化的发展，收缩城市的数量有所增加，但收缩城市的流动人口定居意愿较强，使城市收缩会在一种相对稳定的状态中进行，不必进行过多的政策干预；进一步破除户籍等相关体制机制的阻碍，提高流动人口的受教育水平，对住房市场进行适度调控，保障合理的房价收入比，都有助于促进劳动力要素的自由流动，提高流动人口在城市的定居意愿。

【快速老龄化过程中中国独生子女家庭照料负担研究】

伍海霞　王广州　《中国软科学》2021年第7期

进入21世纪，随着中国快速老龄化，老年人口总量及其占人口总量的比重持续上升，独生子女的家庭照料负担明显加重。该文利用中国老年人健康长寿跟踪调查（CLHLS）2018年的数据，设置老年人家庭照料负担水平指标和照料承载力指标，对比分析了独生子女与多子女老年人的家庭照料负担，发现日常活动受限后，女性、高龄、丧偶或离异、农业户籍的独生子女老年人的家庭照料负担更重，独生子女家庭老年人的平均照料人数约为2.13人，仅为多子女老年人的44.65%；独生子女老年人照料人的实际照料强度远高于多子女老年人，家庭照料承载力处于劣势地位。积极应对人口老龄化应倡导老年人亲子同住或毗邻居住，发展社区养老服务，扩大少子女家庭的居家养老照料资源，帮助和支持少子女家庭实现养老功能。

【流入城市对流动人口居留意愿的影响——基于家庭生命周期理论的分解】

于潇　徐英东　《人口研究》2021年第1期

流入城市对流动人口居留意愿有着重要影响。该文通过引入家庭生命周期理论对流动人口进行家庭异质性分解，检验家庭生命周期变量在流入城市对流动人口居留意愿影响中的调节作用。研究发现：住房可负担性对家庭形成期流动人口居留意愿的挤出效应更强；公共服务水平对家庭扩张期流动人口居留意愿的引力效应更强；社会融入度对家庭萎缩期流动人口居留意愿的引力效应更强。在家庭形成期，住房可负担性挤出效应对低学历、低收入流动人口的影响更大；在家庭扩张期，公共服务水平引力效应对高、低学历和高、低收入流动人口的影响没有显著差别；在家庭萎缩期，社会融入度引力效应对低学历、低收入流动人口的影响更大。使用家庭生命周期理论研究流入城市对流动人口居留意愿影响的群体异质性，有助于实施"以人为核心"的新型城镇化战略。

【在国家战略体系中积极应对老龄社会问题】

原新　金牛　《人口研究》2021年第2期

快速人口老龄化是百年未有之大变局在人口发展大势上的体现，是中国当下和未来不可逆转的基本人口国情，决定了风险挑战的长期性和应对任务的艰巨性。21世纪以来，尤其是党的十九大以来，中国共产党关于积极应对人口老龄化的伟大构想在实践中日臻完善，夯实了决胜全面建成小康社会的人口支撑。当前，在建党百年的关键节点，树立综合性和集成化的体系意识，贯彻落实积极应对人口老龄化国家战略，是适应"十四五"时期深度老龄社会形态定局的重要基础，以及迈向全面建设社会主义现代化国家新征程的必要前提。具体而言，需要遵循"五位一体"总体布局，夯实经济财富储备，增强政治治理能力，培育文化价值风尚，厚植社会民生沃土，推进生态文明建设，在国家战略体系中积极应对老龄社会问题。

【生育数量对老年人抑郁的影响】

杨华磊　吴远洋　张思清　张硕　《人口研究》2021年第2期

抑郁作为常见的心理疾病严重影响了老年人的晚年生活质量，生育作为重要的生命事件会对个体老年期的健康状况产生累积影响。中国当前生育政策的放开将改变人们的生育模式，其中，最直接的就是生育数量的改变。为科学地回答生育数量如何影响老年人心理健康这一关乎晚年福祉的现实问题，基于2013年中国健康与养老追踪调查数据，采用OLS和Probit模型考察了中国老年人的生育数量对其晚年抑郁的影响。经验求证后发现，生育数量增加对老年人的抑郁程度存在显著的恶化影响，在生育3个及以上孩子的老年人中尤其明显。中介分析发现，生育数量通过改变个体生理健康和子女的家庭支持影响老年人的心理健康。进一步分析发现，在中国农村60—70岁以及女性老年人中这种恶化作用更加突出，较晚的初育年龄、较长的生育期也对老年群体的心理健康产生不利影响。

【从七普数据看中国劳动力人口的变动】

童玉芬　刘志丽　宫倩楠　《人口研究》2021年第3期

2021年5月11日，国家统计局正式发布第七次全国人口普查主要数据情况。该文根据"七普"数据，结合历年统计数据，对中国劳动力人口的规模和比重变化、年龄结构老化状况、空间集聚趋势以及劳动力人口素质变化等新形势和新特征进行了研究，发现：劳动力人口规模和比重持续下降，但规模依然比较庞大；年龄结构进一步老化；继续向我国东部地区集聚的趋势未变；素质大幅提升，为社会经济发展奠定良好条件等新特征、新形势。该文分析了未来中国劳动力市场面临的挑战有：传统人口红利逐渐消失，劳动力供给面临短缺的潜在风险；劳动力人口老化给社会经济发展活力带来挑战；流动劳动力人口的社会融合与发展问题；劳动力人口素质亟待进一步提升。最后该文提出三方面应对策略：通过进一步调整劳动力需求来避免可能出现的劳动力规模绝对短缺；通过加强人力资本投资提高劳动者的综合素质和职业技能，缓解结构性失业和局部劳动力短缺现象；进一步优化劳动力的空间结构，减少地区性劳动力供需失衡。

【社会经济地位与老年人生活方式：低水平的"收敛"与高水平的"发散"】

张韵　梁宏　《人口研究》2021年第3期

该文基于2018年中国老年健康影响因素跟踪调查数据，运用潜类别模型分析中国老年人生活方式的类型、特征、社会经济地位对生活方式的影响及其变化机制。研究发现，中国老年人生活方式可以划分为生存型、健康型、混合型和风险型，生存型生活方式在中国老年人中兼具独特性和广泛性。社会经济地位对老年人生活方式的影响主要体现为"地位束缚"，并且其影响随年龄增长而改变。在弱势地位的老年群体中，社会经济地位因素的影响会随着年龄增长被削弱；在优势地位的老年群体中，社会经济地位因素会抵消年龄增长带来的不利影响。这一现象可以被概括为低水平的"收敛"与高水平的"发散"。基于研究发现对现实层面促进中国老年人形成健康生活方式提出政策建议。

【女性家庭地位越高就越幸福吗？】

李仲武　冯学良　《统计研究》2021年第10期

人们普遍认为，女性家庭地位越高就会越幸福。然而，该文使用中国家庭追踪调查数据，基于有序响应模型和条件混合过程法，研究发现女性拥有更多家庭事务决策权未必能改善其幸福感。分样本回归显示，对于受教育少以及受强外部传统文化规范约束的女性群体，家庭决策权对其幸福感的负向影响尤为显著。这一发现，对将来关于个体幸福感的研究具有重要启示，即只有把外部文化规范等社会背景考虑进来，家庭决策者身份的幸福效应方向才能最终确认。此外，该文关于传统文化规范力量仍然主导着女性幸福感的发现，也为政府部门制定致力于赋权女性的政策提供了论证基点。

【中国生育研究现状与问题——基于方法视角的观察】

宋健 郑航 《中国人口科学》2021年第5期

该文基于2016—2021年生育相关的经验研究文献，从方法视角总结和梳理中国生育研究的现状与问题，并提出未来研究的建议。当前生育研究围绕中国的生育水平、低生育水平的影响机制、如何提升中国的生育水平三个核心问题既产生了诸多富有启发性的结论，也存在许多争议和困惑。从方法视角观察，问题的一个重要表现是定量和定性研究方法缺乏有效互补。定量研究主要聚焦低生育率的描述、解释、应对策略等，注重数据估计、因素分析和政策评估，对主观态度类问题探讨不足、理论创新不够、政策建议较笼统；定性研究聚焦生育文化、生育过程、特殊人群的生育困境等，注重文化理解和实地调查，对低生育问题关注不够、理论视角单一、研究主题边缘化。在持续低生育水平和生育政策宽松化背景下，进行方法融合，取长补短，有助于生育研究的拓展与深入。

【流动经历、流入城市与流动人口的婚姻推迟】

潘丽群 李静 张少华 《经济学动态》2021年第8期

晚婚现象向城市新增流动人口的蔓延，引发了我们重新思考人口流动对初婚年龄的影响。该文基于2016年全国流动人口动态监测调查数据，系统考察流动经历和流入地属性对流动人口初婚年龄的影响。研究发现：（1）流动经历会显著推迟流动人口的初婚年龄，婚前具有流动经历的个体比婚前没有流动经历的个体晚婚1.893年，且以流动时间和流动范围衡量的流动性越大，流动经历的婚姻推迟效应越强；（2）流入城市的规模越大，则流动人口的初婚年龄也将越大；（3）将流动对婚姻决策的影响过程显性化，分析流入城市规模推迟初婚年龄的影响路径，流入城市会通过改变流动人口的经济地位、婚姻观念和婚配概率这三类婚姻的重要决策因素来推迟其初婚年龄。上述研究结论在运用倾向得分匹配法、工具变量法、更换数据库和变量等检验后依然稳健。

【新时代中国人口老龄化长期趋势预测】

杜鹏 李龙 《中国人民大学学报》2021年第1期

目前，积极应对人口老龄化已成为国家战略。中国正处在"健康中国"战略实施给预期寿命带来变化、"全面二孩"政策推行后生育水平发生波动等新时代人口发展新环境下，基于2015年全国1%人口抽样调查数据，依托队列要素方法，对21世纪中国人口老龄化关键演进期的老年人口总体规模、所占比例及性别分布、年龄结构等进行长期趋势预测的结果表明：中国老年人口规模及比例将在21世纪中叶前不断增长，在21世纪中叶后达到峰值水平，随后规模转向负增长，比例则趋于基本稳定；中国人口老龄化以快慢速相间的分阶段、波浪式特征演进，基本实现现代化的2035年和建成现代化强国的2050年都将是人口老龄化的关键节点，届时老年人口的总体规模、所占比例及性别分布、年龄结构等将出现数量级的标志性变动，尤其值得关注。

【中国的姓氏、籍贯和长期代际流动性（1645—2012）】

郝煜 《经济学（季刊）》2021年第3期

该文拓展了Clark等（2015）提出的用姓氏测算社会流动性的方法，以姓氏和籍贯的组合来识别精英，测算了中国核心区域不同时期的社会流动性。该文的发现如下。第一，清代大部分时期的代际相关性较高（0.73—0.85），即社会流动性较低。第二，民国和新中国时期，代际相关性有所下降，但是幅度有限（0.65—0.75）。第三，现代中国的代际相关性，显著高于常规方法基于个人和家庭水平数据测算的代际相关性（0.3—0.6）。

【七普数据质量与中国人口新"变化"】

翟振武　刘雯莉　《人口研究》2021年第3期

第七次全国人口普查漏报率达到历史最低水平，是一次高质量的普查。"七普"质量的提高既得益于中国政府巨大的社会组织和动员能力，也与此次普查采用电子化方式采集数据、增设普查对象互联网自主填报通道、加强多部门行政记录数据比对、增加身份证号码采集等新措施密切相关。"七普"数据体现了中国人口的新"变化"，有助于形成对中国人口客观事实的新认识，即当前中国人口呈现出"总量增多、两头上翘、中间塌陷"的状况。

【空间理论视角下老年流动人口的社会适应】

杨菊华　《社会学研究》2021年第3期

该文从社会学空间理论出发，突出"流动""老年"的交叠属性，检视老年流动人口的社会适应。数据分析结果发现，该群体的社会适应呈现"高心理—中行为—低文化"模式：对流入地的认同与归属感强，但行为适应不足，文化适应更难。尽管老年人的地域流动打破了物理边界，但制度边界与社会边界却未得到重构，故而造成其适应理念与客观现实之间存在巨大张力。模糊制度和社会边界、增强心理和精神空间的可达性是有效推动老年流动人口社会适应的重要着力点。

【儿童照料支持与二孩生育意愿——基于2017年全国生育状况抽样调查数据的实证分析】

李婉鑫　杨小军　杨雪燕　《人口研究》2021年第5期

在全面二孩政策的背景下，利用2017年全国生育状况抽样调查数据，采用回归分析、倾向得分匹配等计量方法，探讨祖辈照料、正式照料两类儿童照料安排对中国女性生育意愿的影响。研究发现，两类儿童照料方式均对生育意愿产生显著影响但发生作用的方向不同：祖辈照料可以显著提升女性的二孩生育意愿，而正式照料则对生育意愿产生显著的抑制作用；进一步研究发现，地级市人均幼儿园数量发挥了正向调节作用，削弱了正式照料对女性生育意愿的抑制效应，而地级市平均托育费用则发挥了负向调节作用，增强了正式照料对女性生育意愿的抑制作用。基于此，认为加大托育服务供给，降低托育服务费用，为育龄女性提供普惠可及的婴幼儿照料支持是提升二孩生育意愿的有效政策。

【地铁发展对城市人口规模和空间分布的影响】

肖挺　《中国人口科学》2021年第1期

该文选用中国2018年底前开通运营地铁的26个城市的非平衡面板数据，分析了地铁开通运营对中国城市人口规模和空间分布的影响。通过构建人口空间区位分布指标并控制内生性问题，研究发现：（1）地铁规模的扩张对城市人口增长影响不大，不能视为城市人口规模扩张的诱因；（2）地铁使城市人口更趋分散，地铁的延伸使城市的建成区得到扩张；（3）地铁的延伸使地铁客流量出现显著增长，但地铁没有显著促进城市人口的增长，客流量的新增主要来自地铁对其他交通方式的替代。文章认为，城市是否修建地铁应考虑交通需求和运营收入，而不是为了吸引更多外来人口，进而扩大城市规模。地铁虽然无助于扩大城市规模，但对于缓解中国大城市的城市病，提升城市的总体运营效率，乃至高质量的经济发展具有重要意义。

【中国城市人口流动格局演变及影响因素分析】

张伟丽 晏晶晶 聂桂博 《中国人口科学》2021年第2期

该文根据腾讯位置大数据推算的城市间人口流动总人次数据，运用网络分析技术，研究中国城市人口流动的空间格局演变及其影响因素。结果发现如下。（1）人口流动网络的空间格局表现为以北京、上海、广州、深圳、成都、重庆、西安、武汉和长沙等为顶点的十字骨架支撑的菱形结构。最具有人口吸引力的地域集中在长三角、珠三角、京津冀、成渝、关中、中原、长江中游等城市群，而黄河流域多数城市处于人口流失阶段。（2）人口流动网络形成了相对稳定的子群，并且子群的成员多来自同一省份。（3）经济差距、距离及舒适度差异等因素在人口流动网络的形成及演变中发挥了关键作用，人口的流动更趋向于提高舒适程度，而不是单纯追求高收入。

【不确定性对人口趋势研判及决策的影响——以中国人口为例】

张震 李强 《人口研究》2021年第1期

不确定性是人口动态过程的基本特征，受到社会经济、文化技术等诸多因素的影响，并伴随着人类社会的演化而不断变化。科学处理人口不确定性是进行知情决策的关键。在梳理人口不确定性的来源、形成机制和特点，以及对确定性预测和随机人口预测的优缺点进行总结和评析的基础上，实证剖析了近年来中国出生人口数、总人口规模以及区域人口规划的不确定性，阐释忽视不确定性可能造成的对人口形势的误判，讨论如何正确解读随机人口预测结果和人口不确定性的政策含义。中国亟须深化人口不确定性理论和方法领域的研究，加强随机预测方法的应用与推广，为应对不断增长的人口不确定性和提高人口知情决策的科学性和实用性提供坚实的基础。

【0—3岁婴幼儿托育服务：国际比较与中国选择】

郭林 董玉莲 《中共中央党校（国家行政学院）学报》2021年第5期

0—3岁婴幼儿托育服务是儿童福利体系的重要内容和提升人力资源禀赋的关键机制。结构功能理论与家庭生命周期理论强调有针对性地满足不同阶段家庭的婴幼儿照护服务需求，发挥家庭正向社会功能。该文从内容构成与实施效果两方面对美国、英国、德国、瑞典和日本的0—3岁婴幼儿托育服务政策进行比较分析，并基于其有益经验，结合我国具体国情，提出我国0—3岁婴幼儿托育服务发展的建议。这包括，在核心理念上，重视托育服务社会价值，坚持生命全周期服务管理；在筹资机制上，强化财政支持，拓宽筹资渠道；在服务体系上，构建多方参与、功能整合的服务机制。

【全面二孩政策与流动人口生育水平变动】

石智雷 吕婕 《人口研究》2021年第2期

该文基于2011—2018年全国流动人口动态监测调查数据，测算流动人口生育水平及其变化趋势,并重点研究全面二孩政策对流动人口生育水平的影响效应及内在机理。结果表明,2010年以来中国流动人口生育水平总体呈现波动上升趋势,全面二孩政策对流动妇女二孩生育水平影响较明显,但政策调整所形成的生育堆积效应释放较快。2017年中国流动人口生育水平达到峰值,孩次递进总和生育率为1.862,此后,流动人口生育水平由升转降。随着二孩政策的逐步实施,不同社会经济地位流动人口的二孩生育水平发生了逆转,高社会经济地位流动人口的二孩生育水平先是低于,随后开始接近甚至反超低社会经济地位流动人口。深入研究全面二孩政策带来的不同群体间生育格局的变化,有助于把握中国人口长期发展趋势。

【中国人口新国情的特征、影响及应对方略——基于"七普"数据分析】

陆杰华　林嘉琪　《中国特色社会主义研究》2021年第3期

第七次全国人口普查数据显示,我国人口发展正在经历重大的历史性转向。当下中国人口新国情的最突出特征是人口发展的主要矛盾从数量性压力向结构性压力转化,呈现出老龄社会形态深度演化、人口红利加速下行、家庭功能不断弱化、城镇化进程高速发展、人力资本存量持续增加、人口流动高度活跃等新特征,将对社会、经济、文化、技术、治理等各个层面产生多重影响,成为制约新时代高质量发展的中长期的基础局面,这既带来了新挑战,也孕育着新机遇。面向人口发展转向的新阶段,明确人口新国情定位、顺应人口新国情要求、普及人口新国情教育、深化体制机制改革、创新社会治理新格局,是积极应对、及时应对、科学应对的重要方略。

【"三孩生育"政策与未来生育率变化趋势】

张翼　《中国特色社会主义研究》2021年第4期

第七次全国人口普查数据显示了中国人口的快速老化趋势。为调整人口结构,政府不断改革计划生育政策,从"单独二孩"到"全面二孩"再到"三孩生育",这些政策的密集出台基本顺应了绝大多数夫妇的生育需求。但在社会转型带动人口转型的大背景下,当前中国的政策生育率已大大高于实际生育率。为此,2021年7月正式颁布了《中共中央、国务院关于优化生育政策促进人口长期均衡发展的决定》,力图通过逐步强化的激励措施,全方位降低生育、养育和教育成本,提升人口生育率,缓解老龄化趋势,改善人口结构。当前的制度配置,可能会改善生育环境,但却很难迅速提升生育水平。正因为如此,需要设计制度红利的释放目标:第一,短期防止生育率继续下滑;第二,中期维持并波动提升生育率;第三,长期旨在建构生育友好型社会。

【实现适度生育水平 积极应对人口老龄化】

武汉大学国家发展战略研究院中国人口发展研究课题组　《财政研究》2021年第5期

人口是国家最重要的国情,人口均衡发展是中国中长期经济社会行稳致远的"基本盘"。在对"十四五"规划纲要"实施积极应对人口老龄化国家战略"进行全面解读的基础上,文章认为生育相关政策将从限制性、处罚性、管制导向的政策体系转向激励生育、便利生育、服务生育、更具包容性的全面生育支持导向。对完善生育支持体系提出建议:放开生育限制,营造良好的包容性生育养育环境;降低生养子女相关的医疗、住房和教育成本,减轻家庭生育养育教育负担;帮助育龄人群平衡工作与家庭,积极构建生育友好型社会；探索创新老幼同乐的代际互助模式，实现代际和谐共赢；重视迁移人口的婚姻生育，有效缓解家庭分离导致的婚姻家庭生活困境。

【后生育转变阶段的生育水平差异及其原因】

陈佳鞠 《人口研究》2021年第6期

步入后生育转变阶段的国家（地区）的总和生育率虽然都稳定在更替水平之下，但高低不一，最低者徘徊在1.0左右，最高者维持在更替水平附近，现阶段有近70%的国家（地区）总和生育率在1.5及以上，有8个国家（地区）总和生育率在1.3以下。当前的经济社会发展水平无法完全解释后生育转变阶段的生育水平差异，需要从更长远的社会变迁历程中找寻答案。借助奥格本的文化滞后理论分析发现，性别平等领域和婚育文化观念中的两种"文化堕距"——"性别平等困境"和"婚育文化冲突困境"能够在很大程度上解释后生育转变阶段的生育水平差异。中国目前也已面临这两种"困境"，为应对生育水平低迷的风险，亟须在各项公共政策设计中纳入性别平等理念，并全方位、多层次地实现生育政策的包容性。

【近年来中国出生人数下降及其影响因素】

陈卫 刘金菊 《人口研究》2021年第3期

近年来中国人口的婚姻生育行为发生了明显变化，对出生人数变动产生重大影响。该文对中国近年来出生人数下降的分解表明，各种人口学因素都在促使出生人数下降。育龄妇女规模下降是出生人数下降的主导因素，而婚育年龄的加速推迟强化了出生人数的下降。第七次全国人口普查数据表明，中国的出生人数进入了更迅速的下降通道。

【新冠肺炎疫情对中国出生人口变动的影响】

张翠玲 李月 杨文庄 张许颖 《人口研究》2021年第3期

基于国家互联互通出生人口监测数据的分析结果显示，中国近年来出生人口下降主要由30岁以下人群生育数量减少、一孩出生数量逐年下降及二孩增长趋缓共同驱动。新冠疫情在中国近年来出生数量持续走低的背景下，进一步压低中国的生育水平，加速了中国出生人口数量下行。

2021 年人口经济学年度论文

表3　2021 年人口经济学年度论文一览

作者	论文	期刊	期号	期刊影响因子
王兆华、马俊华、张斌、王博	空气污染与城镇人口迁移：来自家庭智能电表大数据的证据	管理世界	第3期	21.328
都阳、封永刚	人口快速老龄化对经济增长的冲击	经济研究	第2期	20.579
袁扬舟	生育政策与家庭微观决策及宏观经济结构	经济研究	第4期	20.579
贾俊雪、龙学文、孙伟	人口红利还是人力资本红利：生育政策经济影响的理论分析	经济研究	第12期	20.579
颜色、郭凯明、段雪琴	老龄化、消费结构与服务业发展	金融研究	第2期	12.447
蔡昉、王美艳	如何解除人口老龄化对消费需求的束缚	财贸经济	第5期	8.954
王博、陈开璞	人口结构变化对自然利率的影响	财贸经济	第12期	8.954
郭凯明、颜色、李双潞	结构转型、生育率选择与人口转变	世界经济	第1期	8.479
汪小芹、邵宜航	我们是否比父辈过得更好：中国代际收入向上流动研究	世界经济	第3期	8.479
陈媛媛、董彩婷、朱彬妍	流动儿童和本地儿童之间的同伴效应：孰轻孰重？	经济学（季刊）	第2期	8.173
谭娅、封世蓝、张庆华、龚六堂	同群压力还是同群激励？——高中合作小组的同群效应研究	经济学（季刊）	第2期	8.173
李骏	从收入到资产：中国城市居民的阶层认同及其变迁——以1991—2013 年的上海为例	社会学研究	第3期	7.960
于淼、高宇宁、胡鞍钢	中国家庭储蓄率反生命周期之谜——基于竞争性储蓄视角的分析	中国人口·资源与环境	第3期	7.598
张涛、李奥、冯冬发、侯宇恒	人流动向、规模与结构变迁能解释国内大循环吗？——基于网络搜索大数据的研究	中国软科学	第9期	7.316
王树	"第二次人口红利"与经济增长：理论渊源、作用机制与数值模拟	人口研究	第1期	6.802

续表

作者	论文	期刊	期号	期刊影响因子
傅崇辉、傅愈、伍丽群、魏倩、焦桂花	中国家庭户规模结构变动及其对居民消费的影响	人口研究	第1期	6.802
沈可、李雅凝	中国的人口老龄化如何影响科技创新？——基于系统GMM方法与动态面板门槛模型的经验证据	人口研究	第4期	6.802
陆旸	城市规模分布和经济发展：存在一种特定模式吗？	人口研究	第4期	6.802
乐章、秦习岗	人口老龄化与医疗费用增长——基于医疗费用集中度和持续性的视角	人口研究	第5期	6.802
方雯	人口老龄化对东莞制造业发展的影响——从"世界工厂"到"智造东莞"	人口研究	第5期	6.802
陶涛、金光照、郭亚隆	两种人口负增长的比较：内涵界定、人口学意义和经济影响	人口研究	第6期	6.802
朱德云、王素芬	人口老龄化对地方政府债务可持续性影响研究	财政研究	第4期	6.279
刘春阳、马洪范	人口红利有条件可持续增长	财政研究	第6期	6.279
程欣炜、龚璐、岳中刚	个税专项附加扣除政策的赡养激励效应研究——基于城镇家庭的模糊断点回归设计	财政研究	第10期	6.279
易祯、朱超、朱传奇	人口结构、实际利率与财政空间	财政研究	第11期	6.279
李芳芝、张焕明	代际流动影响主观幸福感吗？——基于CGSS2015的经验证据	统计研究	第3期	6.167
盛来运、方晓丹、冯怡琳、刘洪波	家庭人口结构变动对居民消费的影响研究——基于微观家庭面板数据的分析	统计研究	第11期	6.167
张建武、高聪、赵菁	中国人口、经济、产业重心空间分布演变轨迹——基于1978—2019年省级数据的分析	中国人口科学	第1期	6.043
宋晓莹、罗淳、赵春燕	人口老龄化对服务业优化升级的影响——基于结构与效率的双重视角	中国人口科学	第2期	6.043
王广州	中国人口机会窗口与人口红利再认识	中国人口科学	第3期	6.043
原新、金牛、刘旭阳	中国人口红利的理论建构、机制重构与未来结构	中国人口科学	第3期	6.043

续表

作者	论文	期刊	期号	期刊影响因子
焦娜、郭其友	多维剥夺视角下中国农村老年贫困的识别与治理	中国人口科学	第3期	6.043
胡宏伟、李延宇	中国农村失能老年人照护需求与成本压力研究	中国人口科学	第3期	6.043
张桂文、邓晶晶、张帆	中国人口老龄化对制造业转型升级的影响	中国人口科学	第4期	6.043
黄赜琳、秦淑悦	市场一体化对消费升级的影响——基于"量"与"质"的双重考察	中国人口科学	第5期	6.043
柳如眉、刘淑娜、柳清瑞	人口变动对东北地区经济增长的影响研究	中国人口科学	第5期	6.043
齐明珠、王亚	中国流动人口社会经济结构分层研究	中国人口科学	第6期	6.043
魏翔、王鹏飞、胥英伟	出生率与假日率——跨国经验研究对中国假日调整的启示	旅游学刊	第12期	5.282
蔡昉	中国老龄化挑战的供给侧和需求侧视角	经济学动态	第1期	4.860
景鹏、周佩、胡秋明	预期寿命、老年照料与经济增长	经济学动态	第2期	4.860
张苏、李泊宁	人口老龄化与养老金可持续性研究进展	经济学动态	第2期	4.860
陈小亮、王兆瑞、郭俊杰	老龄化是否削弱了中国货币政策的"稳增长"效果？	经济学动态	第5期	4.860
杨继生、邹建文	人口老龄化、老年人消费及其结构异质性——基于时变消费效用的分析	经济学动态	第11期	4.860
邓仲良、张可云	"十四五"时期中国区域发展格局变化趋势及政策展望	中共中央党校（国家行政学院）学报	第2期	4.258
王峰明	物质生产、人口生产与历史发展——对恩格斯"两种生产"理论的互文性解读	马克思主义研究	第10期	3.456
张翕	人口老龄化与财政可持续性建设：基于国际比较视角	劳动经济研究	第2期	2.361
罗楚亮、袁璐璐	代际居住方式选择与农村老年贫困	劳动经济研究	第4期	2.361
唐琦、陈燕凤、夏庆杰	中国城镇家庭相对贫困状况及影响因素分析——基于消费的视角	劳动经济研究	第5期	2.361

人口经济学年度论文摘编

【人口红利还是人力资本红利：生育政策经济影响的理论分析】

贾俊雪　龙学文　孙伟　《经济研究》2021年第12期

为更好地认识与理解生育政策调整可能带来的人口红利和人力资本红利及其经济影响，该文基于中国生育政策和经济社会发展实践，构建一个异质性居民代际交叠模型，深入考察生育政策（包括最大生育数量限定和超生罚款政策）对经济增长、收入分配和社会养老保障负担的影响及其机理。研究表明，生育政策对不同人力资本居民的生育和子女教育投资决策具有明显的异质性效应，且生育数量限定和超生罚款政策的影响不同。生育数量限定政策放松对经济增长具有倒"U"形影响，对居民收入基尼系数则具有"U"形效应，有利于减轻社会养老保障负担。超生罚款政策放松亦能减轻社会养老保障负担，但会抑制经济增长、加大收入差距。加大公共教育投入总体有助于生育政策放松取得较好效果；降低代际传导性有利于生育数量限定政策放松积极作用的发挥，超生罚款政策放松则具有相反影响。上述发现对于持续优化完善我国生育政策及配套支持措施具有良好启示。

【人口快速老龄化对经济增长的冲击】

都阳　封永刚　《经济研究》2021年第2期

中国即将进入人口老龄化加速的时期，其速度在中等收入和高收入国家中位于前列。利用122个国家跨越25年的面板数据，该文实证分析了不同的老龄化速度对经济增长的影响。结果表明，人口老龄化速度只有在达到一定阈值时，才会对经济增长产生显著的影响。中国未来的人口老龄化进程显然符合快速老龄化组的特征，基于该文的估计参数和人口预测数据估算，仅仅由于人口快速老龄化，中国2020年至2025年的经济增长速度平均每年将会放缓1.07个百分点。抑制劳动力市场规模扩张和减缓全要素生产率增长是老龄化影响经济增长的两个最重要的机制。虽然未来改变人口结构的可能性非常有限，但可以根据快速老龄化影响经济增长的上述途径制定相关的应对策略。

【如何解除人口老龄化对消费需求的束缚】

蔡昉　王美艳　《财贸经济》2021年第5期

中国的人口老龄化过程在经历两个重要转折点时，经济增长会受到结构性冲击。劳动年龄人口到达峰值的转折点冲击主要在供给侧，导致供给侧潜在增长率降低；总人口到达峰值的转折点冲击主要在需求侧，可能导致需求侧潜在增长率降低。后一转折点主要通过人口总量效应、年龄结构效应和收入分配效应对消费需求的扩大产生不利影响。调查数据分析表明，由于老年人口的劳动参与率低，其获得的劳动收入下降十分迅速，因此，消费水平将随年龄增长而趋于萎缩。而且，由于中国的社会养老保险和家庭养老均具有现收现付的性质，劳动年龄人口社保缴费负担重，消费有后顾之忧，在退休之前的年龄段上就出现消费减少的现象。扩大居民消费以保持总需求水平与供给侧潜在增长能力相适应，要求提高居民收入、改善收入分配、加大再分配力度，以及提高基本养老保险制度的普惠性和保障水平。

【我们是否比父辈过得更好：中国代际收入向上流动研究】

汪小芹　邵宜航　《世界经济》2021年第3期

该文通过挖掘中国家庭收入调查（CHIP）和中国综合社会调查（CGSS）等1988年以来的数据，多角度刻画了中国出生于1964—1985年子代的父子收入边缘分布，测算出父子收入位次联合分布，从而推算出代际收入向上流动率。分析显示：数据期间各期子代的持久收入超过父代的比例均不低于64%，且总体向上流动率未呈现下降趋势；同时期中国向上流动率高于美国；但也存在波动，20世纪60年代初出生子代的向上流动率较高，70年代出生的则有所下降，但阶层间收入不平等趋缓，80年代初出生的向上流动率再次上升。反事实分析显示，70年代初出生子代的流动率下降可能主要来自"分配效应"，而80年代初子代的流动率上升则主要来自"增长效应"。

【城市规模分布和经济发展：存在一种特定模式吗？】

陆旸　《人口研究》2021年第4期

基于Thomas Brinkhoff的城市人口数据库，采用了118个国家相距10年的两期数据，检验了国家首位值与经济发展之间的关系。研究发现，由人均GNI代表的经济发展水平与首位值之间存在倒"U"形关系，即在较低的经济发展水平上，经济发展与首位值之间的关系为正；而在较高的经济发展水平上，两者之间的关系为负。同时，经验分析结果也发现了"中心区位理论"在解释城市规模分布中的作用。其中，由经济活动强度和制造业占比代表的规模经济和集聚经济促进人口集中，由人口密度和土地面积代表的地租和运输成本促进人口分散。研究结论对中国的启示是，随着中国经济发展水平的提高，特大城市的人口规模并不会无限膨胀，因为"发展"会自动疏散人口。

【中国人口机会窗口与人口红利再认识】

王广州　《中国人口科学》2021年第3期

文章在明确人口机会窗口和人口红利两个基本概念的基础上，提出以静止人口年龄结构为标准，以临界劳动年龄人口和临界就业人口为依据，定量分析"额外"就业劳动年龄人口所形成的人口红利。研究结果表明，中国人口机会窗口在1982—1990年开启。与临界劳动年龄人口规模相比，2015年前后16—64岁"额外"劳动年龄人口达到19077.78万人的峰值。在人口机会窗口开启的条件下，中国劳动就业人口产生红利。与临界劳动就业人口规模相比，2010年前后16—64岁"额外"劳动就业人口达到14346.66万人的峰值。2010—2015年人口红利开始下降，但2015年仍然有高达1.1亿人以上的"额外"就业人口红利，占实际就业人口的18.17%。在不同临界劳动年龄人口比重条件下，不同平均预期就业时间直接影响临界就业人口的总量和结构，由此产生16—64岁"额外"劳动年龄人口与"额外"劳动就业人口之间的差距。除了劳动年龄人口因受教育年限提高而推迟进入劳动力市场外，年龄别就业率下降、提前退休或退出劳动力市场都会影响人口红利的获得。

【空气污染与城镇人口迁移：来自家庭智能电表大数据的证据】

王兆华　马俊华　张斌　王博　《管理世界》2021年第3期

人口迁移近年来越来越受到国内外学者

的关注，主流观点认为人口迁移主要动力来自对经济收入和发展机会的追求等；但空气污染是否会导致城镇人口迁移，并且是否会因经济发展水平差异而存在异质性，目前缺乏可靠的实证证据。为此，该文基于200多万户城区家庭约1亿条智能电表月度数据，构建了区县级的城镇人口迁移指数，采用面板固定效应模型和两阶段最小二乘法分析了空气污染对城镇人口迁移指数的影响，在此基础上，引入门限回归模型探讨了该影响效果在不同经济发展水平下的异质性。研究发现，空气污染会对当地人口产生挤出效应，在冬季和春季等空气污染严重的时段人口迁出效应更加明显；进一步研究发现，空气污染对城镇人口迁移的影响存在短期累积效应，居民以往的城市空气污染经历会持续作用到当前的迁移行为；经济发展水平的差异会使空气污染对城镇人口迁移的影响产生门槛效应，在经济发展水平相对较低的地区，空气污染对城镇人口迁移的影响效果更加明显。这在一定程度上表明，经济发展水平较低地区的居民对所在地的工作岗位黏性和医疗条件黏性较弱，更容易受空气污染的影响而迁移。该文揭示了空气污染与城镇人口迁移的内在联系，对城市空气污染可持续应对具有一定的借鉴意义。

【生育政策与家庭微观决策及宏观经济结构】

袁扬舟 《经济研究》2021年第4期

该文根据中国传统文化和家庭行为的特征事实，构建了新的家庭效用与决策函数模型，融合了"养儿防老"等传统情结，将生育决策、子辈人力资本投资和代际收入转移同时内生化。该文模型兼顾了父辈对子辈的"利他动机"和"交换动机"，考虑了子辈对父辈来讲兼具的"消费"和"投资"的双重效应。在这些关键设定之下，模型的理论推导与数值模拟发现：第一，生育政策会通过人力资本投资和代际收入转移渠道影响代际流动性；第二，虽然生育政策可提高人均产量，但子辈数量受限影响其"消费效应"和"投资效应"的功能充分发挥，造成资源错配，导致父辈期望效用反而下降；第三，金融市场的完善与开放可以部分抵消生育政策对代际流动性、父辈效用和宏观经济结构的负面影响。该文模型有助于解释2000年以来中国的低利率和技能溢价增长放缓等现象，为全面分析生育政策对社会公平和效率带来的影响提供了理论框架。

【老龄化、消费结构与服务业发展】

颜色 郭凯明 段雪琴 《金融研究》2021年第2期

老龄化程度加深和产业结构变迁是经济发展过程中的普遍现象。该文研究了老龄化对服务业发展的影响，发现随着人均收入提高，一个经济体老年抚养比与服务业比重的关系由负相关转为正相关。该文在多部门一般均衡模型中引入人口年龄结构，提出由于不同年龄群体消费偏好的需求收入弹性和替代弹性存在差异，老龄化通过收入效应和价格效应两个渠道影响消费需求结构，进而影响服务业发展。当老龄化在收入效应渠道上的影响为负、在价格效应渠道上的影响为正时，模型可以解释跨国特征事实。该文结合跨国数据校准了模型参数，之后定量评估了不同环境下老龄化对服务业比重的影响，发现这一影响还取决于老龄化程度和产业间相对生产率。改变产业部门消费率和劳动力转移成本等因素后，定量结果仍保持了较高的稳健性。该文从人口年龄结构视角发展了产业结构转型研究，发现"未富先老"不利于服务业发展，并以此就我国应对老龄化和发展服务业进行了政策讨论。

【结构转型、生育率选择与人口转变】

郭凯明　颜色　李双潞　《世界经济》2021年第1期

结构转型和人口转变是一个经济体跨越中等收入陷阱时普遍发生的现象，也是新时代中国经济高质量发展所面临的基本特征。该文建立一个内生结构转型和人口增长的代际交叠模型，提出一方面劳动生产率提高抬升了实际工资，这一总量效应促使家庭提高生育率；另一方面工农业劳动生产率相对服务业更快提高抬升了服务相对价格和养育相对成本，这一结构效应促使家庭降低生育率。随着结构效应取代总量效应发挥主导作用，经济将发生服务业比重提高的结构转型和生育率下降的人口转变，同时劳动力质量增长逐渐放缓。因此在进行供给侧结构性改革时，补民生短板的政策应同时到位，通过降低家庭在子女教育和卫生上的支出成本，缓冲结构转型对劳动力增长的不利影响。

【中国家庭储蓄率反生命周期之谜——基于竞争性储蓄视角的分析】

于淼　高宇宁　胡鞍钢　《中国人口·资源与环境》2021年第3期

我国居民高水平的储蓄率和快速的人口老龄化进程都是当前重要的基本国情，因此我国人口年龄转变对储蓄率的影响是值得深入探讨的重要命题。通过运用中国家庭追踪调查数据进行分析，发现我国城镇地区户主年龄同家庭储蓄率表现出与现有文献中发达国家不同的反生命周期现象，即随着户主年龄增加，家庭储蓄率经历先下降后上升的过程，呈现"U"形曲线关系。回归结果表明，竞争性储蓄行为提高了我国城镇居民特别是老年城镇居民家庭的储蓄率。因此，竞争性储蓄理论可以有效地解释我国家庭储蓄率的反生命周期现象。有成年未婚男性成员的家庭，会增加家庭储蓄率，并且未婚男性成员年龄越大，家庭储蓄率越高。然而有成年未婚女性成员的家庭并未表现出这一现象。相反，当成年未婚女性成员年龄较小时，其家庭储蓄率反而下降。为未婚家庭成员购买婚房，是竞争性储蓄行为的关键目标。对于拥有两套或多套住房的家庭，并不会表现出竞争性储蓄行为；相反，对于只拥有一套房产或无房产的家庭则表现出了竞争性储蓄行为。房屋价格是影响竞争性储蓄行为的重要因素，房屋价格的升高会显著提高老年家庭的储蓄率。上述研究结论的政策含义：为缓解竞争性储蓄压力，促进总体消费水平提高，政府应当从购买住房这一竞争性储蓄的主要目标入手解决，一方面继续坚决打击囤积房源、恶意炒房等行为，另一方面采取加快多渠道住房供应、完善城镇住房保障体系等措施，抑制房价的过快上升。

【人流动向、规模与结构变迁能解释国内大循环吗？——基于网络搜索大数据的研究】

张涛　李奥　冯冬发　侯宇恒　《中国软科学》2021年第9期

构建新发展格局将以国内大循环为主体，是我国在全面建设社会主义现代化国家新的历史起点上作出的重大战略部署。该文利用2012—2019年网络搜索大数据测度全国范围内人流动向与规模，使用社会网络分析法解析国内大循环在演进过程中的整体性与结构性演化特征。研究表明，国内大循环在规模与密度上经历了由快速上涨到温和上涨阶段，已迈入相对高平台期，其网络重心正向内陆地区迁移，当前已呈现显著的多中心化、整体散化与局部聚化特征。城市群成为聚合区域内要素和参与国内大循环的主导引擎，但各城市群在参与国内大循环的深度上分化严重，且已产生单中心、双中心和多中心等多种形态。具有高辐射能级中心的城市群在子循环中已显现出区域差距缩小与均衡化发展趋势。研究结论对于进一步解释国内大循环科学内涵、识别循环结构中的短板和探求不同城市融入国内大循环的异质性路径具有一定参考价值。

【"第二次人口红利"与经济增长：理论渊源、作用机制与数值模拟】

王树 《人口研究》2021 年第 1 期

在系统梳理"第二次人口红利"理论渊源的基础上，剖析其内在作用机制，基于双重资本深化的视角对中国的"第二次人口红利"进行重新审视和预判，运用理论模型和数值方法进行模拟分析。研究发现："第二次人口红利"的内在驱动机制主要源自"人口预期红利"和"人口质量红利"的持续作用；适度的老龄化有助于"人口预期红利"的形成，适度的低生育率同样有利于"人口质量红利"的延续；由"人口预期红利"和"人口质量红利"所引发的双重资本深化效应将会对经济增长产生强有力的推动作用，而过度的老龄化和过低的生育率都会削弱这样的促进作用。因此，现阶段需要实施相应的人口经济政策来保障中国能够成功收获"第二次人口红利"。

【中国家庭户规模结构变动及其对居民消费的影响】

傅崇辉 傅愈 伍丽群 魏倩 焦桂花 《人口研究》2021 年第 1 期

对中国的平均家庭户规模和家庭户规模结构的变动趋势进行预测，并将预测结果用于居民消费变动的因素分解。研究发现，平均家庭户规模在 2.5 人/户左右波动，形成了以 1 人、2 人户占比上升，3 人、4 人户为主，5—7 人及以上户占比下降的家庭户规模结构变化特征；1 人户和 2 人户占比的上升是居民消费增长的主要家庭因素，家庭户规模结构变动对消费的影响强度超过了消费水平；人口因素和家庭因素的变化有其自身的惯性，对于居民消费的增长具有刚性作用，在趋势情境下，人口因素的消费拉动作用下降、家庭因素的消费促进作用上升。家庭户规模结构变化对社会、经济和环境产生深刻影响，政策制定应该充分考虑家庭户规模结构变化的潜在影响。

【中国人口红利的理论建构、机制重构与未来结构】

原新 金牛 刘旭阳 《中国人口科学》2021 年第 3 期

国内研究领域普遍存在对人口红利的误用和误判问题，主要是由于现有的人口红利概念过于模糊，判断标准相对静态。文章根据人口机会、国情现实和主导作用，廓清了基于人口机会的人口红利概念，并将人口红利划分为由劳动力的经济增长效应主导的数量型、由人力资本的经济增长效应主导的质量型，以及由全要素生产率的经济增长效应体现的配置型 3 种类型，初步建构了具有中国特色的人口红利理论。基于理论建构，文章从人口机会和政策环境的转型过程重构了人口红利的动态机制，由此提出中国人口红利未消失和正处于转型期的判断，并认为其未来结构将以质量型人口红利为主导，数量型人口红利尚存但收获难度加大，配置型人口红利正在转型升级。

【人口结构变化对自然利率的影响】

王博 陈开璞 《财贸经济》2021 年第 12 期

人口结构变化对自然利率有着长期重

要的影响。该文基于联合国发布的1978—2100年世界人口展望数据,参考Papetti（2019）的框架,通过内生化劳动变量与中国统账结合的养老金制度相结合,构建了包含家庭、厂商、政府三部门的两期和多期OLG模型,研究中国人口结构变化对自然利率的影响。研究发现,中国已经步入人口老龄化时期,人口结构变化对自然利率产生了长期的下行影响。通过对影响渠道的分解发现,人口老龄化对自然利率的影响是有效劳动增长率、总人口增长率、养老金以及人口政策调整四个渠道综合作用的结果。当前我国处于人口老龄化程度不断加深时期,有效劳动增长率的下降速度快于总人口增长率的下降速度,对自然利率产生了较大的负向影响,储蓄率的下降对自然利率产生了较小的正向影响,人口结构变化对自然利率总体呈负向影响,并且将持续到2035年。之后,随着全面二孩政策的实施,人口因素造成的自然利率的下行压力将得到一定的缓解。需要进一步放开生育政策,并提高劳动者劳动效率,以缓解有效劳动不足的影响,同时降低社会统筹账户养老金替代率、提高个人账户养老金替代率或出台政策鼓励家庭购买商业养老保险等方式,能够有效缓解自然利率的下行趋势。

【流动儿童和本地儿童之间的同伴效应:孰轻孰重?】

陈媛媛　董彩婷　朱彬妍　《经济学（季刊）》2021年第2期

该文运用"中国教育追踪调查"数据,考察本地儿童和流动儿童在班级内部的同伴效应。研究发现:在班级内部本地儿童的同伴效应占主导作用,当本地同伴的平均成绩增加一个标准差时,本地儿童的成绩增加0.54个标准差,流动儿童的成绩增加0.65个标准差;而本地儿童受流动儿童同伴成绩的影响仅为0.15个标准差,流动儿童受流动儿童同伴的影响不显著。同伴效应的影响主要与班级内流动儿童的比例、学生的交流频率以及任课老师的教学方式有关。

【两种人口负增长的比较:内涵界定、人口学意义和经济影响】

陶涛　金光照　郭亚隆　《人口研究》2021年第6期

与以往由外生事件催生的人口负增长不同,受长期低生育率和预期寿命延长驱动的内生性人口负增长将成为未来新的重要人口现象。从人口学意义来看,与外生性人口负增长相比,内生性人口负增长出现之前往往已经积累了较长时间的负增长惯性,而且一旦发生,持续时间较长,并且伴随着人口结构老化,回到正增长域的难度和挑战更大,实现回归后人口正增长的可持续性较低。从经济影响来看,两种人口负增长均存在总量效应,但内生性人口负增长有明确的结构效应和相对稳定的预期效应,并且两者在长波效应上存在差异。未来内生性人口负增长所带来的影响并不都是消极的,也存在积极效应,重点是如何抓住应对窗口期,在消解内生性人口负增长负效应的基础上充分发挥其正效应。

【人口结构、实际利率与财政空间】

易祯　朱超　朱传奇　《财政研究》2021年第11期

该文建立了一个生命周期模型解释并模拟人口结构对于财政空间的影响,人口结构通过改变劳均资本和边际储蓄倾向,从资本回报率和资本供给两个角度决定实际利率,进而影响财政空间。经验证据表明:少年人口（0—24岁）占比上升会引起财政支出下降,但伴随着实际利率的上升,压缩了财政空间;而中老年人口(45岁及以上)占比上升,对应财政支出上升,但由于实际利率的下降释放了一定的财政空间。基于模型的模拟表明:人口结构因素可能将使2050年、2100年中国实际利率比2015年下降1.35个和1.98个百分点;中国政府债务占GDP比重最大可以达到2050年的128.43%及2100年的129.85%。该文明晰了一种人口结构老龄化可通过实际利率下降来缓解财政负担的自动调节机制,政策含义在于:老龄化带来的利率下降会减缓自身带来的财政负担,这一发现也为未来中国"以债养老"提供了理论借鉴。

【人口红利有条件可持续增长】

刘春阳　马洪范　《财政研究》2021年第6期

人口红利有条件可持续增长是我国人口发展新形势下的必然结论,对于加快构建以国内大循环为主体、国内国际双循环相互促进的新发展格局具有重要的理论价值和现实意义。面对人口红利与经济发展相关关系的时代之问,为实现我国人口红利的可持续增长,进而支撑经济在战略机遇期内实现高质量发展,关键应把握好四大关系:人口红利与教育结构的关系、人才供给与产业升级的关系、老龄人口与长寿经济的关系、人力资本投入与产出的关系。在此基础上,应制定和实施八项政策对策,即人口政策解决总量问题、教育政策解决结构问题、老年政策解决存量问题、消费政策解决增量问题、投入政策解决质量问题、就业政策解决红利问题、科技政策解决动力问题和财政政策解决潜力问题。通过多个方面综合发力,实现我国人口红利有条件可持续增长。

2021 年劳动经济学年度论文

表4 2021年劳动经济学年度论文一览

作者	论文	期刊	期号	期刊影响因子
于新亮、张文瑞、郭文光、于文广	养老保险制度统一与劳动要素市场化配置——基于公私部门养老金并轨改革的实证研究	中国工业经济	第1期	21.679
刘维林	劳动要素的全球价值链分工地位变迁——基于报酬份额与嵌入深度的考察	中国工业经济	第1期	21.679
郭凯明、罗敏	有偏技术进步、产业结构转型与工资收入差距	中国工业经济	第3期	21.679
刘春林、田玲	人才政策"背书"能否促进企业创新	中国工业经济	第3期	21.679
马超、李植乐、孙转兰、唐润宇	养老金对缓解农村居民医疗负担的作用——为何补贴收入的效果好于补贴医保	中国工业经济	第4期	21.679
尹恒、张子尧、曹斯蔚	社会保险降费的就业促进效应——基于服务业的政策模拟	中国工业经济	第5期	21.679
刘贯春、叶永卫、张军	社会保险缴费、企业流动性约束与稳就业——基于《社会保险法》实施的准自然实验	中国工业经济	第5期	21.679
宁光杰、张雪凯	劳动力流转与资本深化——当前中国企业机器替代劳动的新解释	中国工业经济	第6期	21.679
詹鹏、毛逸波、李实	城镇女性劳动供给长期趋势研究：来自教育扩张和生育行为的解释	中国工业经济	第8期	21.679
王中华、岳希明	收入增长、收入差距与农村减贫	中国工业经济	第9期	21.679
袁劲、马双	最低工资与中国多产品企业出口：成本效应抑或激励效应	中国工业经济	第9期	21.679
岳崴、王雄、张强	健康风险、医疗保险与家庭财务脆弱性	中国工业经济	第10期	21.679
方森辉、毛其淋	高校扩招、人力资本与企业出口质量	中国工业经济	第11期	21.679
孙伟增、郭冬梅	信息基础设施建设对企业劳动力需求的影响：需求规模、结构变化及影响路径	中国工业经济	第11期	21.679

续表

作者	论文	期刊	期号	期刊影响因子
蔡庆丰、王瀚佑、李东旭	互联网贷款、劳动生产率与企业转型——基于劳动力流动性的视角	中国工业经济	第12期	21.679
陈飞、苏章杰	城市规模的工资溢价：来源与经济机制	管理世界	第1期	21.328
余玲铮、魏下海、孙中伟、吴春秀	工业机器人、工作任务与非常规能力溢价——来自制造业"企业—工人"匹配调查的证据	管理世界	第1期	21.328
刘刚、张泠然、梁晗、王泽宇	互联网创业的信息分享机制研究——一个整合网络众筹与社交数据的双阶段模型	管理世界	第2期	21.328
高琳	分权的生产率增长效应：人力资本的作用	管理世界	第3期	21.328
王俊	经济集聚、技能匹配与大城市工资溢价	管理世界	第4期	21.328
雍旻、刘伟、邓睿	跨越非正式与正式市场间的制度鸿沟——创业支持系统对农民创业正规化的作用机制研究	管理世界	第4期	21.328
叶初升、倪夏、赵锐	收入不平等、正向选择与医疗市场中的资源错配	管理世界	第5期	21.328
周怀康、姜军辉、葛淳棉、王砚羽、刘善仕	创业归来再出发：创业烙印如何影响工作绩效？	管理世界	第7期	21.328
平卫英、罗良清、张波	我国就业扶贫的现实基础、理论逻辑与实践经验	管理世界	第7期	21.328
杜鹏程、王姝勋、徐舒	税收征管、企业避税与劳动收入份额——来自所得税征管范围改革的证据	管理世界	第7期	21.328
李磊、王小霞、包群	机器人的就业效应：机制与中国经验	管理世界	第9期	21.328
汪伟、王文鹏	预期寿命、养老保险降费与老年劳动供给：兼论中国退休政策改革	管理世界	第9期	21.328
顾海、吴迪	"十四五"时期基本医疗保障制度高质量发展的基本内涵与战略构想	管理世界	第9期	21.328
呼倩、夏晓华、黄桂田	中国产业发展的流动劳动力工资增长效应——来自流动人口动态监测的微观证据	管理世界	第10期	21.328
杨成荣、张屹山、张鹤	基础教育公平与经济社会发展	管理世界	第10期	21.328

续表

作者	论文	期刊	期号	期刊影响因子
李培鑫、张学良	城市群集聚空间外部性与劳动力工资溢价	管理世界	第11期	21.328
刘蓝予、周黎安、吴琦	传统商业文化的长期经济影响——基于明清商帮的实证研究	管理世界	第11期	21.328
吴育辉、张欢、于小偶	机会之地：社会流动性与企业生产效率	管理世界	第12期	21.328
宋弘、封进、杨婉彧	社保缴费率下降对企业社保缴费与劳动力雇佣的影响	经济研究	第1期	20.579
黎蔺娴、边恕	经济增长、收入分配与贫困：包容性增长的识别与分解	经济研究	第2期	20.579
蔡昉、张丹丹、刘雅玄	新冠肺炎疫情对中国劳动力市场的影响——基于个体追踪调查的全面分析	经济研究	第2期	20.579
胡雯、张锦华	密度、距离与农民工工资：溢价还是折价？	经济研究	第3期	20.579
覃家琦、杨玉晨、王力军、杨雪	企业家控制权、创业资本与资本配置效率——来自中国民营上市公司的证据	经济研究	第3期	20.579
陈梦根、侯园园	中国行业劳动投入和劳动生产率：2000—2018	经济研究	第5期	20.579
柏培文、张云	数字经济、人口红利下降与中低技能劳动者权益	经济研究	第5期	20.579
李丁、张艳、马双、邵帅	大气污染的劳动力区域再配置效应和存量效应	经济研究	第5期	20.579
郭凯明、余靖雯、龚六堂	家庭隔代抚养文化、延迟退休年龄与劳动力供给	经济研究	第6期	20.579
杜鹏程、徐舒、张冰	社会保险缴费基数改革的经济效应	经济研究	第6期	20.579
张征宇、孙广亚、杨超、周亚虹	异质性政策效应分析——一种新的因变量条件分位数回归方法及应用	经济研究	第6期	20.579
王春超、叶蓓	城市如何吸引高技能人才？——基于教育制度改革的视角	经济研究	第6期	20.579
张克中、何凡、黄永颖、崔小勇	税收优惠、租金分享与公司内部收入不平等	经济研究	第6期	20.579
刘瑞明、焦豪、石阳、毛宇	高校招生均等化政策改革与生源质量提升	经济研究	第7期	20.579

续表

作者	论文	期刊	期号	期刊影响因子
高明、艾美彤、贾若	家庭金融参与中的信任重建——来自农村社会养老保险的证据	经济研究	第8期	20.579
王伟同、周洪成、张妍彦	看不见的家庭教育投资：子女升学压力与母亲收入损失	经济研究	第9期	20.579
汪伟、王文鹏	预期寿命、人力资本与提前退休行为	经济研究	第9期	20.579
鄢伟波、安磊	社会保险缴费与转嫁效应	经济研究	第9期	20.579
钟宁桦、解咪、钱一蕾、邓雅琳	全球经济危机后中国的信贷配置与稳就业成效	经济研究	第9期	20.579
万海远	城市社区基础设施投资的创业带动作用	经济研究	第9期	20.579
周烁、张文韬	互联网使用的主观福利效应分析	经济研究	第9期	20.579
程文	人工智能、索洛悖论与高质量发展：通用目的技术扩散的视角	经济研究	第10期	20.579
李实	共同富裕的目标和实现路径选择	经济研究	第11期	20.579
陈德球、孙颖、王丹	关系网络嵌入、联合创业投资与企业创新效率	经济研究	第11期	20.579
朱恒鹏、岳阳、续继	政府财政投入模式对医疗费用的影响	经济研究	第12期	20.579
魏东霞、陆铭	早进城的回报：农村移民的城市经历和就业表现	经济研究	第12期	20.579
谢秋山、陈世香	中国农民公共就业服务政策演变的逻辑、趋势与展望	中国农村经济	第2期	14.046
汪三贵、孙俊娜	全面建成小康社会后中国的相对贫困标准、测量与瞄准——基于2018年中国住户调查数据的分析	中国农村经济	第3期	14.046
林万龙、刘竹君	变"悬崖效应"为"缓坡效应"？——2020年后医疗保障扶贫政策的调整探讨	中国农村经济	第4期	14.046
范红丽、王英成、亓锐	城乡统筹医保与健康实质公平——跨越农村"健康贫困"陷阱	中国农村经济	第4期	14.046
谢晨、张坤、王佳男、聂杨	退耕还林动态减贫：收入贫困和多维贫困的共同分析	中国农村经济	第5期	14.046

续表

作者	论文	期刊	期号	期刊影响因子
周强	精准扶贫政策的减贫绩效与收入分配效应研究	中国农村经济	第5期	14.046
李玉山、卢敏、朱冰洁	多元精准扶贫政策实施与脱贫农户生计脆弱性——基于湘鄂渝黔毗邻民族地区的经验分析	中国农村经济	第5期	14.046
张丽娟	非农就业对农户是否选择购买地下水灌溉服务的影响——基于跨度16年5轮实地追踪调查数据的实证分析	中国农村经济	第5期	14.046
张军、李睿、于鸿宝	交通设施改善、农业劳动力转移与结构转型	中国农村经济	第6期	14.046
孙治一、孙大鹏、于滨铜、王志刚	兼业如何影响农户"一家两制"生产行为？——来自全国5省1458个农户样本的经验证据	中国农村经济	第6期	14.046
谢莉娟、万长松、武子歆	流通业发展对城乡收入差距的影响——基于公有制经济调节效应的分析	中国农村经济	第6期	14.046
洪灏琪、宁满秀、罗叶	城乡居民医保整合是否抑制了农村中老年人健康损耗？	中国农村经济	第6期	14.046
尹志超、刘泰星、严雨	劳动力流动能否缓解农户流动性约束——基于社会网络视角的实证分析	中国农村经济	第7期	14.046
杜鑫	当前中国农村居民收入及收入分配状况——兼论各粮食功能区域农村居民收入水平及收入差距	中国农村经济	第7期	14.046
苗海民、张顺莉、朱俊峰	农民工家属选择性迁移对土地流转的影响——基于中国流动人口动态监测调查数据的经验分析	中国农村经济	第8期	14.046
张可云、王洋志	农业转移人口市民化方式及其对收入分化的影响——基于CGSS数据的观察	中国农村经济	第8期	14.046
郝晶辉、王菲、黄佳琦	男性外出务工、女性赋权与家庭成员蛋白质摄入——来自欠发达地区农村的证据	中国农村经济	第8期	14.046
杨穗、赵小漫、高琴	新时代中国农村社会政策与收入差距	中国农村经济	第9期	14.046
曹翔、高瑀、刘子琪	农村人口城镇化对居民生活能源消费碳排放的影响分析	中国农村经济	第10期	14.046

续表

作者	论文	期刊	期号	期刊影响因子
畅倩、张聪颖、王林蔚、金博宇、赵敏娟	非农就业对黄河流域中上游地区农户种植结构的影响	中国农村经济	第11期	14.046
于新亮、黄俊铭、康琢、于文广	老年照护保障与女性劳动参与——基于中国农村长期护理保险试点的政策效果评估	中国农村经济	第11期	14.046
吕有吉、景鹏、郑伟	人口老龄化、养老保险基金缺口弥补与经济增长	金融研究	第1期	12.447
张会丽、赵健宇、陆正飞	员工薪酬竞争力与上市公司员工持股	金融研究	第1期	12.447
李明、郑礼明	回不去的家乡？——教育公共品供给与人口回流的实证研究	金融研究	第4期	12.447
钟腾、罗吉罡、汪昌云	地方政府人才引进政策促进了区域创新吗？——来自准自然实验的证据	金融研究	第5期	12.447
周广肃、李力行、孟岭生	智能化对中国劳动力市场的影响——基于就业广度和强度的分析	金融研究	第6期	12.447
陈斌开、张淑娟、申广军	义务教育能提高代际流动性吗？	金融研究	第6期	12.447
郑路、徐旻霞	传统家庭观念抑制了城镇居民商业养老保险参与吗？——基于金融信任与金融素养视角的实证分析	金融研究	第6期	12.447
罗明津、铁瑛	企业金融化与劳动收入份额变动	金融研究	第8期	12.447
彭章、施新政、陆瑶、王浩	失业保险与公司财务杠杆	金融研究	第8期	12.447
张文武、余泳泽	城市服务多样性与劳动力流动——基于"美团网"大数据和流动人口微观调查的分析	金融研究	第9期	12.447
张川川、朱涵宇	新型农村社会养老保险参与决策中的同群效应	金融研究	第9期	12.447
毛其淋、盛斌	劳动力成本对中国加工贸易规模及转型升级的影响	金融研究	第10期	12.447
刘贯春、司登奎、刘芳	人力资本偏向金融部门如何影响实体经济增长？	金融研究	第10期	12.447
陈金至、温兴春、宋鹭	收入差距、信贷约束与房价变动	金融研究	第11期	12.447

续表

作者	论文	期刊	期号	期刊影响因子
张勋、寇晶涵、张欣、吕光明	学区房溢价的影响因素：教育质量的视角	金融研究	第11期	12.447
彭浩然、程春丽	风险分散与中国混合型基本养老保险制度改革研究	金融研究	第11期	12.447
王君斌、刘河北	提高出口退税能够"稳就业"和"稳外贸"吗？	金融研究	第12期	12.447
罗楚亮、李实、岳希明	中国居民收入差距变动分析（2013—2018）	中国社会科学	第1期	12.368
侯建国	建设高水平科技人才队伍	求是	第24期	9.360
陈旭、邱勇	高校要成为人才高地和创新高地	求是	第24期	9.360
徐佳、韦欣	中国城镇创业与非创业家庭消费差异分析——基于微观调查数据的实证	数量经济技术经济研究	第1期	9.318
李宜航	劳动力技能分布与地区出口比较优势——基于中国省份细分产业数据的研究	数量经济技术经济研究	第2期	9.318
娄峰、段梦	中国居民房产税影响：宏观效应和收入差距	数量经济技术经济研究	第2期	9.318
胡联、缪宁、姚绍群、汪三贵	中国农村相对贫困变动和分解：2002—2018	数量经济技术经济研究	第2期	9.318
李杨、车丽波	对外直接投资对企业就业技能结构的影响效应	数量经济技术经济研究	第3期	9.318
刘生龙、张晓明、杨竺松	互联网使用对农村居民收入的影响	数量经济技术经济研究	第4期	9.318
秦聪、郭婧	中国新农保制度的实践与问题分析	数量经济技术经济研究	第5期	9.318
贾洪波	降低单位缴费率对城镇人口养老金替代率的一般均衡效应	数量经济技术经济研究	第11期	9.318
奚国茜、贺小刚	出生排行与创业选择——来自千村调查的证据	经济管理	第1期	9.071
李青、李唐、宁璐	中国企业的创新收益率测算——基于"中国企业—劳动力匹配调查"的经验证据	经济管理	第3期	9.071
宋皓杰、程延园	强制性组织公民行为与新生代员工离职意向	经济管理	第4期	9.071
李正东、贾利军	雇佣关系、工作压力对组织犬儒主义的影响——基于企业文化视角的研究	经济管理	第4期	9.071

续表

作者	论文	期刊	期号	期刊影响因子
王佳莹、张辉	国际旅游能缩小地区收入差距吗？	经济管理	第5期	9.071
陈晓辉、刘志远、隋敏、官小燕	最低工资与企业投融资期限错配	经济管理	第6期	9.071
解垩、宋颜群	收入的社区邻里效应研究	经济管理	第6期	9.071
易巍、龙小宁	高校知识溢出对异质性企业创新的影响	经济管理	第7期	9.071
田立法、苏中兴	双元性HRM系统、人力资本榫卯与制造业企业突破式创新	经济管理	第7期	9.071
刘亚琴	女性基金经理业绩为何优秀——金融业中的性别偏见与幸存者偏差	经济管理	第9期	9.071
郭丽虹、汪制邦	CEO继任来源、多元化职业经历与僵尸企业治理	经济管理	第9期	9.071
邓彤博、李敏	非正规就业人员工作自主性与体面劳动感知——情绪耗竭和超时劳动的视角	经济管理	第11期	9.071
乐菡、黄明、李元旭	地区"人才新政"能否提升创新绩效？——基于出台新政城市的准自然实验	经济管理	第12期	9.071
李小荣、韩琳、马海涛	内部控制与劳动力投资效率	财贸经济	第1期	8.954
尹志超、李青蔚、张诚	收入不平等对家庭杠杆率的影响	财贸经济	第1期	8.954
苏梽芳、陈昌楠、蓝嘉俊	"营改增"与劳动收入份额：来自中国上市公司的证据	财贸经济	第1期	8.954
苏丹妮、邵朝对	服务业开放、生产率异质性与制造业就业动态	财贸经济	第1期	8.954
张楠、高梦媛、寇璇	卫生公平的文化壁垒——跨方言区流动降低了公共卫生服务可及性吗	财贸经济	第2期	8.954
陈利锋、钟春平、李良艳	机器人、劳动收入份额与货币政策	财贸经济	第2期	8.954
刘廷宇、张世伟、刘达禹	承接离岸外包、常规任务偏向型技术进步与工资极化	财贸经济	第2期	8.954
刘金凤、魏后凯	城市高房价如何影响农民工的定居意愿	财贸经济	第2期	8.954
寇恩惠、刘柏惠	最低工资与城镇减贫：基于一般均衡的视角	财贸经济	第3期	8.954

续表

作者	论文	期刊	期号	期刊影响因子
龚锋、李博峰、雷欣	大学扩招提升了社会公平感吗——基于主观公平感的断点回归分析	财贸经济	第3期	8.954
戚聿东、褚席	数字生活的就业效应：内在机制与微观证据	财贸经济	第4期	8.954
郑联盛、范云朋、胡滨、崔琦	公共卫生危机对就业和工资的总量与结构影响	财贸经济	第4期	8.954
刘灿雷、高超	教育、人力资本与创新——基于"量"与"质"的双重考察	财贸经济	第5期	8.954
张博、范辰辰	稻作与创业：中国企业家精神南北差异的文化起源	财贸经济	第6期	8.954
张婷、高德婷、蔡熙乾、谢申祥	以"稳外资"助推"稳就业"	财贸经济	第6期	8.954
刘诚、夏杰长	商事制度改革、人力资本与创业选择	财贸经济	第8期	8.954
刘骏、刘涛雄、谢康	机器人可以缓解老龄化带来的中国劳动力短缺问题吗	财贸经济	第8期	8.954
高跃光、范子英	财政转移支付、教育投入与长期受教育水平	财贸经济	第9期	8.954
刘亚南、汤玉刚	分离小学和初中对房价的影响：测度教育均等化的一个新方案	财贸经济	第12期	8.954
高春亮、李善同	人力资本流动、公共服务需求与公共服务均等化	南开管理评论	第2期	8.882
陈良银、黄俊、陈信元	混合所有制改革提高了国有企业内部薪酬差距吗	南开管理评论	第5期	8.882
唐小飞、孙炳、张恩忠、梅发贵	类人智能机器人社会价值替代与风险态度研究	南开管理评论	第6期	8.882
刘一鸣、王艺明	劳动力质量与民营企业劳动生产率：马克思主义视角的研究	世界经济	第1期	8.479
陈梅、李磊	从人口红利到性别红利：女性就业与企业出口	世界经济	第1期	8.479
张妍、冯晨、白彩全	开放、知识传播与长期人力资本积累	世界经济	第2期	8.479
张明昂、施新政、纪珽	人力资本积累与劳动收入份额：来自中国大学扩招的证据	世界经济	第2期	8.479
吴超鹏、李奥、张琦	空气污染是否影响公司管理层人力资本质量	世界经济	第2期	8.479
王天宇、高秋明、赵丽秋	医药分开改革中的供方行为：基于医保住院赔付记录的分析	世界经济	第3期	8.479
赵建国、周德水	自我雇佣对农民工健康的影响	世界经济	第3期	8.479

续表

作者	论文	期刊	期号	期刊影响因子
纪珽、张国峰	代际间职业流动、劳动力配置与中国的劳动生产率	世界经济	第5期	8.479
行伟波、田坤、石光	饮酒消费、致病风险与健康成本	世界经济	第5期	8.479
王霞、连立帅、周萍	高管后代性别与民营企业资本配置效率	世界经济	第6期	8.479
周敏丹	人力资本供给、工作技能需求与过度教育	世界经济	第7期	8.479
程杰、朱钰凤	劳动供给弹性估计：理解新时期中国劳动力市场转变	世界经济	第8期	8.479
黄文彬、王曦	政府土地管制、城市间劳动力配置效率与经济增长	世界经济	第8期	8.479
李琴、赵锐、张同龙	养老保险制度是否缓解了丧偶对老年健康的不利冲击	世界经济	第9期	8.479
黄家林、傅虹桥	补充医疗保险对老年人死亡率的影响：以大病保险为例	世界经济	第10期	8.479
高跃光、冯晨、唐雅	户籍的代际关联、"农转非"与长期人力资本	世界经济	第11期	8.479
鄢伟波、安磊	中国女性劳动供给为何降低：来自流动人口的证据	世界经济	第12期	8.479
尹志超、刘泰星、张逸兴	劳动力流动如何影响农户借贷：基于社会网络的分析	世界经济	第12期	8.479
何庆红、赵绍阳、刘国恩	医药分开改革对医疗费用和医疗质量的影响	世界经济	第12期	8.479
吴贾、吴莞生、李标	早期健康投入是否有助于儿童长期认知能力提升？	经济学（季刊）	第1期	8.173
李磊、徐长生、刘常青	性别偏好、人力资本积累与企业信息化	经济学（季刊）	第1期	8.173
潘士远、朱丹丹、徐恺	人才配置、科学研究与中国经济增长	经济学（季刊）	第2期	8.173
郭凯明、余靖雯、龚六堂	退休年龄、隔代抚养与经济增长	经济学（季刊）	第2期	8.173
王贞、封进	长期护理保险对医疗费用的替代效应及不同补偿模式的比较	经济学（季刊）	第2期	8.173
关楠、黄新飞、李腾	空气质量与医疗费用支出——基于中国中老年人的微观证据	经济学（季刊）	第3期	8.173
王春超、林芊芊	恶劣天气如何影响劳动生产率？——基于快递业劳动者的适应行为研究	经济学（季刊）	第3期	8.173

续表

作者	论文	期刊	期号	期刊影响因子
张明昂	贸易自由化如何影响居民健康？——基于中国加入WTO的证据	经济学（季刊）	第3期	8.173
林友宏	"瘴气"的退却：我国疟疾防治对母婴健康影响的实证研究	经济学（季刊）	第3期	8.173
王文春、宫汝凯、荣昭、杨汝岱	房地产扩张对中国制造业工资的影响研究——基于劳动力再配置的视角	经济学（季刊）	第3期	8.173
李世刚、周泽峰、吴驰	贸易开放与人力资本配置——基于公共部门与私人部门就业选择的视角	经济学（季刊）	第4期	8.173
张文武、梁琦、张为付	房价、户籍制度与城市生产率	经济学（季刊）	第4期	8.173
熊瑞祥、万倩、梁文泉	外资企业的退出市场行为——经济发展还是劳动力市场价格管制？	经济学（季刊）	第4期	8.173
方颖、蓝嘉俊、杨阳	性别身份认同对女性劳动供给和家庭收入结构的影响——教育与城乡差异的视角	经济学（季刊）	第5期	8.173
何凡、张克中	个人禀赋、学业表现与教育不平等	经济学（季刊）	第5期	8.173
李仲达、林建浩、邓虹	跨越省际移民中的文化壁垒：信息沟通与身份认同	经济学（季刊）	第5期	8.173
宋弘、罗长远	高房价会扭曲公众的价值观吗？——基于中国家庭追踪调查（CFPS）的实证分析	经济学（季刊）	第5期	8.173
方森辉、毛其淋	人力资本扩张与企业产能利用率——来自中国"大学扩招"的证据	经济学（季刊）	第6期	8.173
余靖雯、王敏、龚六堂	主宰命运还是顺天由命？——内外控人格特征与人力资本投资	经济学（季刊）	第6期	8.173
丁延庆、杜立珍、李伟、伍银多、杨晋、叶晓阳	信息干预对高考志愿专业选择的影响——来自大规模随机实验的证据	经济学（季刊）	第6期	8.173
王文彬、肖阳、边燕杰	自雇群体跨体制社会资本的收入效应与作用机制	社会学研究	第1期	7.960
李洁	重新发现"再生产"：从劳动到社会理论	社会学研究	第1期	7.960

续表

作者	论文	期刊	期号	期刊影响因子
郭瑜、张寅凯	代际关系、养老保险与中国城镇养老新图景	社会学研究	第2期	7.960
李春玲、郭亚平	大学校园里的竞争还要靠"拼爹"吗？——家庭背景在大学生人力资本形成中的作用	社会学研究	第2期	7.960
李佳丽、胡咏梅	"望子成龙"何以实现？——基于父母与子女教育期望异同的分析	社会学研究	第3期	7.960
许琪	从父职工资溢价到母职工资惩罚——生育对我国男女工资收入的影响及其变动趋势研究（1989—2015）	社会学研究	第5期	7.960
何晓斌、董寅茜	工作权威、工作自主性与主观阶层认同形成——基于创业者劳动过程的实证研究	社会学研究	第5期	7.960
魏万青	居住模式与"用工荒"：兼论城市住房政策的调整	社会学研究	第5期	7.960
汪三贵、孙俊娜	互助资金政策对贫困村劳动力流动的影响	中国人口资源与环境	第2期	7.598
闫东升、孙伟、陈东、仝文涛	长江三角洲城镇化率与城乡收入差距的关系研究	中国人口资源与环境	第5期	7.598
孙金山、李钢、汪勇	中国潜在增长率的估算：人力资本变化的视角	中国人口资源与环境	第7期	7.598
李聪、高梦、李树茁、雷昊博	农户生计恢复力对多维贫困的影响——来自陕西易地扶贫搬迁地区的证据	中国人口资源与环境	第7期	7.598
井波、倪子怡、赵丽瑶、刘凯	城乡收入差距加剧还是抑制了大气污染？	中国人口资源与环境	第10期	7.598
杜三峡、罗小锋、黄炎忠、唐林	外出务工促进了农户采纳绿色防控技术吗？	中国人口资源与环境	第10期	7.598
杨艳、刘子菁	空气污染对劳动供给与人力资本效能发挥的影响及路径	中国人口资源与环境	第11期	7.598
崔广慧、姜英兵	政府环保处罚影响企业劳动力需求吗？——基于制造业上市公司的经验证据	中国人口资源与环境	第11期	7.598
李程宇、严祥武	为什么"绿色工作"偏向成为非正式工作？——来自中国环保行业的经验	中国人口资源与环境	第12期	7.598
刘军、曹雅茹、鲍怡发、招玉辉	制造业智能化对收入差距的影响研究	中国软科学	第3期	7.316

续表

作者	论文	期刊	期号	期刊影响因子
王军、詹韵秋、王金哲	谁更担心在人工智能时代失业？——基于就业者和消费者双重视角的实证分析	中国软科学	第3期	7.316
于文广、任文昌、王琦、黄玉娟、崔超然	职工视角下基于养老金财富衡量标准的我国最优退休年龄	中国软科学	第3期	7.316
周小兰、赵鹏、李欢欢	我国医护人才流失隐患及其动机干预启示——基于后代从医意愿的调查研究	中国软科学	第4期	7.316
周文斌、王才	机器人使用对工作绩效的影响及其作用机制——以中低端技能岗位员工为例的研究	中国软科学	第4期	7.316
蹇滨徽、杨亮、林义	多层次养老保险制度下家庭商业养老保险需求与养老金替代率研究	中国软科学	第5期	7.316
徐芳、高中华、周锦来、赵晨	人才国际化研究的演化历程及未来展望	中国软科学	第5期	7.316
周丽群、连慧君、袁然	国际劳动力流入对美国创新影响的实证分析——兼论对中国吸引国际人才的启示	中国软科学	第6期	7.316
王宇晨	性别工资差距缘何存在地区差异？——基于性别行业隔离的解释	中国软科学	第7期	7.316
刘荣增、何春	环境规制对城镇居民收入不平等的门槛效应研究	中国软科学	第8期	7.316
薄文广、张宏洲、吴承坤、王群勇	人随产动还是产随人走？——基于中国数据的实证分析与检验	中国软科学	第9期	7.316
杨帆、杜云晗	创新与高端服务业人才集聚对经济增长影响的共轭效应研究——基于西部地区城市面板数据的分析	中国软科学	第10期	7.316
袁冬梅、金京、魏后凯	人力资本积累如何提高农业转移人口的收入？——基于农业转移人口收入相对剥夺的视角	中国软科学	第11期	7.316
陶克涛、刘培、孙娜	经济增长、人力资本与逆周期政策选择的动态效应	中国软科学	第11期	7.316
刘恩猛、汪溢博、刘家鹏	惠民医疗保险的作用、购买与满意度——基于浙江农村的调查	中国软科学	第12期	7.316

续表

作者	论文	期刊	期号	期刊影响因子
穆怀中、范璐璐、陈曦	人口预期寿命延长、养老金保障风险与政策回应	人口研究	第1期	6.802
杨伟国、李晓曼、吴清军、罗祥艳	零工就业中的异质性工作经历与保留工资——来自网约车司机的证据	人口研究	第2期	6.802
陈云、霍青青、张婉	生育政策变化视角下的二孩家庭收入流动性	人口研究	第2期	6.802
刘涛、王德政	教育水平、工作经验与流动人口就业质量	人口研究	第4期	6.802
戴琼瑶、刘家强、唐代盛	中国人力资本红利及空间效应研究	人口研究	第5期	6.802
王武林、冯浩铭、纪庚	易地扶贫搬迁安置区老年人养老保障水平及供给框架研究	人口研究	第5期	6.802
宋月萍、赵仪	儿童早期健康投入与教育表现：以母乳喂养为例	人口研究	第6期	6.802
王春超、林俊杰	父母陪伴与儿童的人力资本发展	教育研究	第1期	6.797
祁占勇、谢金辰	投资职业教育能否促进农村劳动力增收——基于倾向得分匹配（PSM）的反事实估计	教育研究	第2期	6.797
邓峰、岳昌君	大学生就业市场景气指数的建构与分析	教育研究	第2期	6.797
陈纯槿、郅庭瑾	教育能缓解城市流动人口相对贫困吗——基于中国五大城市群的经验证据	教育研究	第4期	6.797
闵维方、余继、吴嘉琦	教育在扩大内需拉动经济增长中的作用	教育研究	第5期	6.797
李锋亮、王瑜琪	研究生教育在创新驱动经济增长中的作用	教育研究	第5期	6.797
薛海平、高翔、杨路波	"双循环"背景下教育对外开放推动经济增长作用分析	教育研究	第5期	6.797
李玲、张馨元、刘一波	2020年后义务教育相对贫困识别与长效治理机制	教育研究	第5期	6.797
朱德全、杨磊	职业教育服务乡村振兴的贡献测度——基于柯布-道格拉斯生产函数的测算分析	教育研究	第6期	6.797
胡仲勋、沈红	本科生群体类型：基于学习成果的判别与特征	教育研究	第8期	6.797
蔺海沣、张智慧、赵敏	学校组织文化如何影响乡村青年教师留岗意愿——组织承诺的中介效应分析	教育研究	第8期	6.797

续表

作者	论文	期刊	期号	期刊影响因子
邢春冰、陈超凡、曹欣悦	城乡教育回报率差异及区域分布特征——以1995—2018年中国家庭收入调查数据为证	教育研究	第9期	6.797
胡钦太、林晓凡、张彦	信息化何以促进基础教育的结果公平——基于中国教育追踪调查数据的分析	教育研究	第9期	6.797
吴开俊、周丽萍	进城务工人员随迁子女义务教育财政责任划分——基于中央与地方支出的实证分析	教育研究	第10期	6.797
陈武元、程章继、蔡庆丰	家庭教育期望视角下的教育公平——数字普惠金融对非自致性家庭因素的缓解效应	教育研究	第10期	6.797
徐金海	从历史走向未来：城镇化进程中的乡村教育发展	教育研究	第10期	6.797
苏红键	教育城镇化演进与城乡义务教育公平之路	教育研究	第10期	6.797
孙志军、郑磊	"撤点并校"是否减少了教育资源投入	教育研究	第11期	6.797
赵红霞、朱惠	教育人力资本结构高级化促进经济增长了吗——基于产业结构升级的门槛效应分析	教育研究	第11期	6.797
乔锦忠、孙娜	"双培养"路径对我国科技学术产出的影响——以"C9大学"国家杰出青年科学基金获得者为例	教育研究	第12期	6.797
韩冬临、杜钧天	经济危机如何改变立法机关中的性别配额制度——基于149个国家的事件史分析	世界经济与政治	第2期	6.439
程煜、汪润泉、杨翠迎	社会保险"阶段性降费"能否实现稳就业？——基于劳动供给的分析	财政研究	第2期	6.279
周心怡、蒋云赟	基本养老保险全国统筹、人口流动与地区不平衡	财政研究	第3期	6.279
贾晗睿、詹鹏、李实	"多轨制"养老金体系的收入差距——基于中国家庭收入调查数据的发现	财政研究	第3期	6.279
李晓嘉、蒋承、胡涟漪	财政教育支出对中国家庭多维贫困代际传递的影响研究	财政研究	第4期	6.279
郑秉文、陈功	养老保险中的税收楔子与激励相容机制设计	财政研究	第4期	6.279

续表

作者	论文	期刊	期号	期刊影响因子
曾益、张冉、李姝	渐进式延迟退休年龄："小步前行"抑或"大步迈进"？——基于养老保险基金可持续性与财政责任的视角	财政研究	第4期	6.279
王增文、管理定、胡国恒	经济增长效率机制与社会福利共享机制均衡的结构性分析——资本课税与劳动课税的最优税制结构	财政研究	第6期	6.279
孙文浩、张杰	减税有利于何种高新技术企业创新——基于人才结构的视角	财政研究	第8期	6.279
郭平、曾卓尔、徐丽	教育支出改革与财政压力分析——基于断点回归方法的估计	财政研究	第10期	6.279
王艺明、赵焱	混合所有制改革对国有企业劳动生产率的影响研究	财政研究	第10期	6.279
李家山、易行健、何启志	中国居民财富不平等的测算修正、异质性与驱动机制	财政研究	第12期	6.279
范燕丽、丛树海、郗曼	从"争穷保帽"到"主动摘帽"：正向激励与农民持续增收	财政研究	第12期	6.279
黄晶、王琦	技能和无技能劳动力工资扭曲、利率扭曲与效率损失	统计研究	第1期	6.167
周国富、陈菡彬	产业结构升级对城乡收入差距的门槛效应分析	统计研究	第2期	6.167
张军涛、翟婧彤、贾宾	城市规模与人力资本技能溢价：集聚效应和选择效应	统计研究	第2期	6.167
刘波	中国非正规经济的就业效应研究——基于投入产出模型	统计研究	第2期	6.167
潘哲文、张一帆	样本选择模型截距项的半参数估计及应用——户籍工资差异分解研究	统计研究	第3期	6.167
刘渝琳、司绪、宋琳璇	中等收入群体的持续期与退出风险估计——基于EM算法的收入群体划分	统计研究	第5期	6.167
孙武军、徐乐、王轶	外出创业经历能提升返乡创业企业的经营绩效吗？——基于2139家返乡创业企业的调查数据	统计研究	第6期	6.167
张晶、陈志龙	劳动力成本上升与中国制造业转移	统计研究	第6期	6.167
潘凌云、董竹	税收激励与企业劳动雇佣——来自薪酬抵税政策的"准自然实验"	统计研究	第7期	6.167

续表

作者	论文	期刊	期号	期刊影响因子
邹铁钉	养老保险可携带性、农村劳动力流动与农村反贫困	统计研究	第8期	6.167
栾江、张玉庆、李登旺、郭军	土地经营权流转的农村居民收入分配效应研究——基于分位数处理效应的异质性估计	统计研究	第8期	6.167
张征宇、曹思力	"新农保"促进还是抑制了劳动供给?——从政策受益比例的角度	统计研究	第9期	6.167
李博文、刘汉辉、展望、魏下海	工会会员身份对农民工工资率的影响——基于代际差异的视角	统计研究	第10期	6.167
张琼、张钟文	我国人力资本变迁70年：人口转型与教育提升的双重视角	统计研究	第11期	6.167
李建成、陈建隆、邓敏	地理约束、合作与劳动力知识分配空间偏好	统计研究	第11期	6.167
黄冠华、郑重、杨雨成、杨路、孔京、承孝敏、杨周旺	基于行政大数据的失业率估计：以某四百万人口城市为例	统计研究	第12期	6.167
王亚菲、贾雪梅、王春云	中国行业层面就业核算研究	统计研究	第12期	6.167
赖德胜	构建新发展格局更好地促进就业	中国人口科学	第1期	6.043
黄燕芬、张超	"十四五"期间健全城乡融合发展机制研究	中国人口科学	第1期	6.043
郑秉文	财富储备与"资产型"养老金体系转型研究	中国人口科学	第1期	6.043
戚聿东、刘翠花	数字经济背景下流动人口工时健康差异问题研究	中国人口科学	第1期	6.043
贾晗睿、詹鹏、李实	收入再分配与老年人收入差距	中国人口科学	第1期	6.043
魏下海、郭凯明、吴春秀	数字技术、用工成本与企业搬迁选择	中国人口科学	第1期	6.043
姚先国、冯履冰、周明海	中国劳动力迁移决定因素研究综述	中国人口科学	第1期	6.043
辛宝英、杨真	社区支持对农村互助养老参与意愿的影响研究	中国人口科学	第2期	6.043
武汉大学乡村振兴研究课题组	脱贫攻坚与乡村振兴战略的有效衔接——来自贵州省的调研	中国人口科学	第2期	6.043
张会萍、罗媛月	易地扶贫搬迁的促就业效果研究——基于劳动力非农转移和就业质量的双重视角	中国人口科学	第2期	6.043

续表

作者	论文	期刊	期号	期刊影响因子
杨宜勇、王伶鑫	流动人口教育回报率变动趋势研究	中国人口科学	第2期	6.043
刘泽云、袁青青	家庭背景对个人教育回报率的影响	中国人口科学	第2期	6.043
宁光杰、杨馥萍	互联网使用与劳动力产业流动——对低技能劳动者的考察	中国人口科学	第2期	6.043
边恕、张铭志	扶贫转移支付对城乡消费差异的影响研究	中国人口科学	第3期	6.043
裴劲松、矫萌	劳动供给与农村家庭多维相对贫困减贫	中国人口科学	第3期	6.043
万海远、陈基平、王盈斐	中国南北工资差距的新变化及市场化成因	中国人口科学	第4期	6.043
陈梦根、周元任	数字化对企业人工成本的影响	中国人口科学	第4期	6.043
逯进、李婷婷	产业结构升级、技术创新与绿色全要素生产率——基于异质性视角的研究	中国人口科学	第4期	6.043
樊士德、金童谣	中国劳动力流动对城乡贫困影响的异质性研究	中国人口科学	第4期	6.043
柏培文、李相霖	中国行业工资合理性研究	中国人口科学	第5期	6.043
陈建伟、苏丽锋	通用型技术对就业结构的影响——基于"宽带中国"示范城市政策的研究	中国人口科学	第5期	6.043
胡晟明、王林辉、赵贺	人工智能应用、人机协作与劳动生产率	中国人口科学	第5期	6.043
黄静、祝梦迪	流动人口与本地劳动力高等教育回报率差异研究	中国人口科学	第5期	6.043
王学义、何泰屹	人力资本对人工智能企业绩效的影响——基于中国282家人工智能上市企业的分析	中国人口科学	第5期	6.043
丁述磊、张抗私	数字经济时代新职业与经济循环	中国人口科学	第5期	6.043
黄祖辉、叶海键、胡伟斌	推进共同富裕：重点、难题与破解	中国人口科学	第6期	6.043
易成栋、樊正德、刘小奇、高波阳	全球减贫成效的变化趋势与影响因素研究	中国人口科学	第6期	6.043
王金营、贾娜	大城市群收入溢价的劳动力吸引效应——基于中国三大城市群与美国波士华城市群的分析	中国人口科学	第6期	6.043
穆怀中	就业人口变动对财政养老水平的影响	中国人口科学	第6期	6.043

续表

作者	论文	期刊	期号	期刊影响因子
陈璐、时晓爽	中国长期护理保险基金需求规模预测	中国人口科学	第6期	6.043
李长安、杨智姣、薛畅	健康代际传递与机制分析	中国人口科学	第6期	6.043
袁冬梅、周磊、袁礼	技术创新模式转变对劳动力就业结构的影响——基于制造业上市公司数据的分析	中国人口科学	第6期	6.043
夏海波、刘耀彬、沈正兰	网络基础设施建设对劳动力就业的影响——基于"本地—邻地"的视角	中国人口科学	第6期	6.043
袁超、孔翔、陈品宇、吴栋	乡村旅游中非正规导游的呈现：主动选择还是外部促动	旅游学刊	第1期	5.282
王心蕊、孙九霞	旅游发展背景下农村劳动力回流迁移研究——影响因素与代际差异	旅游学刊	第4期	5.282
赵新元、王甲乐、范欣平	旅游业一线员工工作—家庭冲突的前因后果模型——基于荟萃分析的结构方程模型	旅游学刊	第9期	5.282
王明康、刘彦平	收入及其不确定性对城镇居民旅游消费的影响研究——基于CFPS数据的实证检验	旅游学刊	第11期	5.282
李成友、孙涛、王硕	人口结构红利、财政支出偏向与中国城乡收入差距	经济学动态	第1期	4.860
何伟	经济发展、劳动力市场转型与农民工分化	经济学动态	第3期	4.860
叶振宇	劳动力成本上涨、劳动力"三大变革"与中国制造业企业退出	经济学动态	第4期	4.860
邢春冰、屈小博、杨鹏	农民工与城镇职工工资差距演变及原因分析	经济学动态	第5期	4.860
杜丽群、王欢	家庭经济学视角下人力资本理论研究进展	经济学动态	第5期	4.860
李勇、焦晶、马芬芬	行业垄断、资本错配与过度教育	经济学动态	第6期	4.860
张少辉、李经、余泳泽	地方财政收入目标制定对企业劳动收入份额的影响	经济学动态	第6期	4.860
朱梦冰、邓曲恒	城镇地区家庭结构变动与居民财产分布	经济学动态	第7期	4.860
李波、杨先明	劳动保护与企业出口产品质量——基于《劳动合同法》实施的准自然实验	经济学动态	第7期	4.860

续表

作者	论文	期刊	期号	期刊影响因子
赵文	人口转变后劳动生产率如何提高？	经济学动态	第8期	4.860
杜凤莲、杨鑫尚	子女升学对父母时间配置的影响	经济学动态	第8期	4.860
王军、常红	人工智能对劳动力市场影响研究进展	经济学动态	第8期	4.860
蔡伟贤、吕函枰、沈小源	长期护理保险、居民照护选择与代际支持——基于长护险首批试点城市的政策评估	经济学动态	第10期	4.860
谢申祥、王晖	固定资产加速折旧政策的就业效应	经济学动态	第10期	4.860
刘华、胡文馨	非正式渠道与青年工作稳定性	经济学动态	第10期	4.860
赵红军、刘晓敏、陶欣洁	空气污染对劳动供给时间的时空影响——基于全国劳动力动态调查数据的经验证据	经济学动态	第11期	4.860
席艳乐、张一诺、吴承骏	最低工资问题研究新进展	经济学动态	第11期	4.860
赵峰、谭璇	收入分配、政府支出结构和增长体制的政治经济学分析	经济学动态	第11期	4.860
邓忠奇、程翔、张宇	中国新职业发展现状及从业者工作满意度研究——基于双维度微观调查数据	经济学动态	第12期	4.860
陆万军、张彬斌	大学扩招、就业挤压与中等职业教育收益变迁	经济学动态	第12期	4.860
苏红键	构建新型工农城乡关系的基础与方略	中国特色社会主义研究	第2期	4.132
江立华、曾铎	易地扶贫搬迁人口的空间变动与身体适应	中国特色社会主义研究	第4期	4.132
李冬梅、李庆海	平均受教育年限、城镇化率与生产率红利	中国特色社会主义研究	第5期	4.132
曾湘泉、李智、王辉	官员任期对地区经济增长效应研究	中国人民大学学报	第1期	3.867
刘相波、马超、赵忠	降低养老保险缴费率和延迟退休政策组合的双重红利	中国人民大学学报	第6期	3.867
余斌	"数字劳动"与"数字资本"的政治经济学分析	马克思主义研究	第5期	3.456
王水兴	人工智能的马克思劳动价值论审思	马克思主义研究	第5期	3.456
刘海军	人工智能的文明作用及其发展悖论——基于马克思《资本论》及其手稿的阐释	马克思主义研究	第8期	3.456

续表

作者	论文	期刊	期号	期刊影响因子
周金燕	中小学生非认知技能的测量及实证表现：以中国六省市数据为基础	北京大学教育评论	第1期	3.408
姚东旻、许艺煊、李昊洋、郭鸿昌	教师的表扬或批评如何影响学生成绩——基于CEPS数据的中介效应分析	北京大学教育评论	第1期	3.408
郭玉鹤、李绍平、杨婉妮、刘承芳	班级女孩占比对学生心理健康的影响——基于中国教育追踪调查（CEPS）数据	北京大学教育评论	第2期	3.408
马莉萍、黄依梵	"近朱者赤"还是"排他性竞争"——精英大学学生学业发展的室友同伴效应研究	北京大学教育评论	第2期	3.408
马汴京、陆雪琴、郭伟男	经济全球化与教育回报率的地区差异	北京大学教育评论	第2期	3.408
鲍威、谢晓亮、王维民	玻璃大厦：高校教师职业负荷对健康的影响	北京大学教育评论	第3期	3.408
胡咏梅、元静	我国高校普通青年教师与"帽子"人才工资差距有多大	北京大学教育评论	第3期	3.408
林上洪、刘海峰	寒门子弟何以考取科举功名——基于清代浙江科举人物朱卷履历的定量分析	北京大学教育评论	第3期	3.408
张心悦、闵维方	教育在提高全要素生产率中的作用研究——基于线性与非线性视角	北京大学教育评论	第3期	3.408
陈东阳、哈巍、叶晓阳	高校与区县经济增长——基于主要城市新建校区的实证分析	北京大学教育评论	第3期	3.408
方超、黄斌	义务教育改革与农村劳动力的教育回报率——基于CHIP数据的准实验研究	北京大学教育评论	第4期	3.408
曹妍、唐珊珊	普职分流与阶层间的高等教育入学机会公平——各地区分阶层入学机会指标的再构建及其实证研究	北京大学教育评论	第4期	3.408
杨立军、徐隽	区域背景如何影响大学生发展——基于CCSS调查的大学生发展指数GTWR模型分析	高等教育研究	第2期	3.330
鲍威、田明周、陈得春	新形势下海外高端人才的归国意愿及其影响因素	高等教育研究	第2期	3.330
张艳、李子联、金炜皓	高等教育质量影响产业结构升级的机理与证据	高等教育研究	第2期	3.330

续表

作者	论文	期刊	期号	期刊影响因子
李澄锋、陈洪捷	主动选择导师何以重要——选择导师的主动性对博士生指导效果的调节效应	高等教育研究	第4期	3.330
陈晓宇、张存禄	"双一流"建设A类高校的学术声望及其在学术劳动力市场的影响——基于35所高校输出与聘用博士学位教师的学缘关系分析	高等教育研究	第5期	3.330
郭丛斌、夏宇锋	超级中学对农村学生精英大学入学机会的影响	高等教育研究	第7期	3.330
徐伟琴、岑逾豪	"读博"还是"工作"——基于扎根理论的硕士生读博意愿影响机制研究	高等教育研究	第7期	3.330
付鸿飞、周文辉、贺随波	冲突还是促进：学术型博士生跨学科行为与科研绩效的关系	高等教育研究	第8期	3.330
彭湃胡、静雯	控制型指导与研究生能力增长——基于2021年"全国硕士研究生学习和发展"调查数据的分析	高等教育研究	第9期	3.330
李澄锋	论文发表与博士生科研能力增值的倒U形关系——基于"全国博士毕业生调查"数据的分析	高等教育研究	第10期	3.330
李骏、张陈陈	中国城市家庭教养方式的阶层差异：基于不同数据和测量的交叉验证	学术月刊	第2期	2.850
余玲铮、魏下海、万江滔	信息技术、性别红利与要素收入分配	学术月刊	第3期	2.850
袁晓燕、石磊	代际流动性的地区差异及影响因素——来自中国的微观证据	学术月刊	第4期	2.850
郑礼明、李明、李德刚	创新导向减税与就业结构升级——基于研发费用加计扣除的检验	学术月刊	第6期	2.850
王星	技能形成、技能形成体制及其经济社会学的研究展望	学术月刊	第7期	2.850
张传勇、蔡琪梦	中国城市职业多样性：事实、演进与政策含义	学术月刊	第8期	2.850
梁玉成、殷佳	主动调整与被动适应：对中国技术移民政策的研究	学术月刊	第8期	2.850

续表

作者	论文	期刊	期号	期刊影响因子
封世蓝、程宇丹、龚六堂	公共人力资本投资与长期经济增长——基于新中国"扫盲运动"的研究	北京大学学报（哲学社会科学版）	第3期	2.648
刘宝存、康云菲	义务教育阶段学生的性别差距：表现·影响因素·弥合对策	北京师范大学学报（社会科学版）	第2期	2.432
赵德成、柳斯邈	家庭社会经济地位对学生学业成就的影响——基于PISA 2018中国样本数据的分析	北京师范大学学报（社会科学版）	第2期	2.432
朱海龙、陈宜	社会主要矛盾转化下的社会保障制度发展——理论深化与制度优化	北京师范大学学报（社会科学版）	第2期	2.432
邓悦、郅若平、王俊苏	隔代抚养对于劳动力收入的影响效应——基于"中国企业—劳动力匹配调查"（CEES）的经验证据	北京师范大学学报（社会科学版）	第2期	2.432
王泉泉、刘霞、陈子循、王晖、刘金梦、李金文	核心素养视域下劳动素养的内涵与结构	北京师范大学学报（社会科学版）	第2期	2.432
戚聿东、丁述磊、刘翠花	数字经济时代新职业促进专业化发展和经济增长的机理研究——基于社会分工视角	北京师范大学学报（社会科学版）	第3期	2.432
谢倩芸	中国劳动年龄人口的人力资本变动研究——基于教育型和技能型人力资本双重维度的考察	北京师范大学学报（社会科学版）	第3期	2.432
孙志军、管振	教育扩张、劳动参与率与经济增长	北京师范大学学报（社会科学版）	第5期	2.432
易定红、赵一凡、宁静	新时期技术进步的性质及其对技能工资差距的影响	北京师范大学学报（社会科学版）	第5期	2.432
胡咏梅、元静	中国高校教师工资差距的实证研究	北京师范大学学报（社会科学版）	第6期	2.432
景安磊、周海涛	推动高等职业教育高质量发展的基础、问题与趋向	北京师范大学学报（社会科学版）	第6期	2.432
李兴洲	论职业教育的现代属性和功能	北京师范大学学报（社会科学版）	第6期	2.432
曹晖、罗楚亮	为了机会公平而流动——收入代际传递对劳动力流入的影响	劳动经济研究	第1期	2.361
刘诗濛、王逸飞、卢晶亮	人力资本集聚对城市工资与就业增长的影响——来自中国主要城市的证据	劳动经济研究	第1期	2.361

续表

作者	论文	期刊	期号	期刊影响因子
杨超、李洁、马双、李阳	最低工资如何影响小微企业投资？——基于CMES的实证研究	劳动经济研究	第1期	2.361
张晓涛、王寅	最低工资标准提升对企业对外直接投资的影响——基于中国A股上市企业的证据	劳动经济研究	第1期	2.361
刘林、李猛	中国流动人口收入不平等中的机会不平等测度——基于事前估计视角	劳动经济研究	第1期	2.361
周晓光、廖梦婷	社保缴费负担对企业投资的影响	劳动经济研究	第1期	2.361
李珊珊、岳爱、刘国恩、孙宇	母亲外出务工对儿童早期发展的影响研究——基于养育未来随机干预调查的证据	劳动经济研究	第2期	2.361
林灵、曾海舰、庞芳莹	人口流动如何引起地区养老保险成本不平衡	劳动经济研究	第2期	2.361
万相昱、张晨、唐亮	人口特征、等价规模与收入分配	劳动经济研究	第2期	2.361
顾天竹、陆玉梅、纪月清	中国劳动力市场的美貌溢价	劳动经济研究	第2期	2.361
张黎阳、宋扬	农村地区彩礼价格上升对子女教育投资的影响分析——基于性别的研究视角	劳动经济研究	第2期	2.361
徐海东、周皓	过度劳动、健康损耗与收入补偿	劳动经济研究	第3期	2.361
张国胜、吴晶	数字赋能下高学历为什么带来了更高的工资溢价——基于CFPS数据的实证研究	劳动经济研究	第3期	2.361
杨继东、邹宏威	"中年危机"的经济学分析——基于幸福感数据的证据	劳动经济研究	第3期	2.361
柳松、魏滨辉、苏柯雨	互联网使用与农户农业机械化选择——基于非农就业的中介效应视角	劳动经济研究	第3期	2.361
谢倩芸、钱晓烨	中国工会对技术创新的影响	劳动经济研究	第3期	2.361
卢晶亮、陈技伟、冯帅章	人的城镇化：农民工的城市劳动力市场融入	劳动经济研究	第4期	2.361
高文静、施新政	资本积累、偏向型技术进步与异质性劳动力需求	劳动经济研究	第4期	2.361
王广慧、苏彦昭	工作时间对劳动者健康影响的阈值效应分析	劳动经济研究	第4期	2.361

续表

作者	论文	期刊	期号	期刊影响因子
吴彬彬、沈扬扬、卢云鹤、滕阳川	互联网使用与用途如何影响农村居民工资性收入差距	劳动经济研究	第4期	2.361
吴要武、陈梦玫	中国劳动参与率变化：继续下降还是已经反弹	劳动经济研究	第4期	2.361
杨一纯、李汪洋、谢宇	农民转型与中国工业化："工业化转型职业"的特征、成因与后果	劳动经济研究	第5期	2.361
赵传敏、瞿茜	社会互动与农户金融行为——来自"新农保"的证据	劳动经济研究	第5期	2.361
翁凝、王震	疾病冲击降低了农村家庭非患病成员的劳动力供给吗？——基于中国劳动力动态调查追踪数据的经验分析	劳动经济研究	第5期	2.361
周敏丹	教育—工作错配对劳动力收入的影响——基于中国城市劳动力调查的实证研究	劳动经济研究	第5期	2.361
莫玮俏、叶兵	"适度"信任水平与经济收入增长	劳动经济研究	第5期	2.361
蔡昉	三个分配领域的改革红利	劳动经济研究	第6期	2.361
陈爱丽、王小林	中国城乡居民多维就业脆弱性测度与分析	劳动经济研究	第6期	2.361
王建英、何冰、沈璐越、陈志钢	隔代抚养对农村中老年人劳动供给的影响——基于CHARLS面板数据的实证研究	劳动经济研究	第6期	2.361
陈瑛、梁雅爽、向晶	互联网接入与劳动者多重就业——基于CFPS数据的实证研究	劳动经济研究	第6期	2.361
蒋帆、于大川	解雇规制对就业稳定性的影响——基于《劳动合同法》实施效果的实证研究	劳动经济研究	第6期	2.361
马晔风、蔡跃洲	数字经济新就业形态的规模估算与疫情影响研究	劳动经济研究	第6期	2.361
王亚华、舒全峰	中国精准扶贫的政策过程与实践经验	清华大学学报（哲学社会科学版）	第1期	1.887
刘红岩	中国产业扶贫的减贫逻辑和实践路径	清华大学学报（哲学社会科学版）	第1期	1.887
胡振通、王亚华	中国生态扶贫的理论创新和实现机制	清华大学学报（哲学社会科学版）	第1期	1.887
胡英泽	近代中国地权分配基尼系数研究中若干问题的讨论	近代史研究	第1期	1.678

续表

作者	论文	期刊	期号	期刊影响因子
丁赛、阎竣	国家通用语言能力对民族地区农村劳动力非农就业的影响研究	民族研究	第1期	1.669
王铁、赵元星	乡村振兴战略下民族地区返乡创业企业扩就业效应研究	民族研究	第4期	1.669
于涛	俄罗斯华人新移民跨国经营与适应方式——以莫斯科华商新移民为中心	民族研究	第6期	1.669

劳动经济学年度论文摘编

【人工智能、索洛悖论与高质量发展：通用目的技术扩散的视角】

程文 《经济研究》2021年第10期

在生产网络中对新一代通用目的技术——人工智能的采用和扩散是实现中国技术进步和高质量发展的关键所在。但在通用目的技术扩散初期，劳动生产率增长将经历较长时间的低迷阶段，这被称为"索洛悖论"。该文在对比信息时代和人工智能时代典型事实的基础上，将人工智能在生产网络中采用和扩散的过程内生化，构建了一个通用目的技术扩散影响劳动生产率增长的动态模型，揭示了"索洛悖论"形成及其演化背后的经济机制，并进行了参数校准与仿真模拟。模型模拟结合基于中国产业面板数据的实证研究发现：无论是用研发投入与SG&A费用，还是以上市公司股票估值溢价所衡量的无形资本对生产率增长的影响都呈现出短期抑制作用，但在长期将有效提升生产率。此外，由于生产网络中的上游产业传导效应并不显著，提高下游产业传导效应和激发企业家精神是提高短期和长期劳动生产率，实现高质量发展的重要途径。

【数字经济、人口红利下降与中低技能劳动者权益】

柏培文 张云 《经济研究》2021年第5期

数字经济、人口红利下降的双重背景下，中低技能劳动者权益如何变动？该文分别进行理论与实证研究：理论方面，尝试构建多部门一般均衡模型对其进行分析；实证方面，利用2002年、2007年、2008年和2013年CHIP的截面数据，运用双重固定效应模型进行检验。研究发现：其一，数字经济发展挤占了中低技能劳动者相对收入权，但改善了中低技能劳动者相对福利效应；其二，数字经济通过要素重组升级、再配置引致的效率变革与产业智能化削弱了中低技能劳动者的相对收入权，但通过数字化治理模式改善了中低技能劳动者的相对福利效应；其三，人口红利下降的劳动力短缺效应来源于中低技能劳动者，尤其是低技能劳动者的供给陷阱；其四，在人口红利下降背景下，数字经济发展仅仅削弱了低技能劳动者权益。这意味着，数字经济发展引致的低技能劳动力替代效应远甚于人口红利下降的低技能劳动力短缺效应，且微观个体禀赋、宏观经济环境与政府治理水平对低技能劳动者权益的影响具有明显差异性。

【家庭隔代抚养文化、延迟退休年龄与劳动力供给】

郭凯明 余靖雯 龚六堂 《经济研究》2021年第6期

实施渐进式延迟法定退休年龄会如何改变新发展阶段中国劳动力供给的长期趋势？该文实证发现中国家庭隔代抚养提高了家庭生育率和女性劳动供给，这意味着延迟退休年龄可能通过家庭隔代抚养渠道影响劳动力供给。该文在内生人口和经济增长的动态一般均衡模型中引入了家庭隔代抚养文化，发现延迟退休年龄后，家庭隔代抚养程度和年轻人劳动供给下降。劳动力数量增长速度的变化方向取决于生育成本的家庭隔代抚养弹性。如果生育成本的家庭隔代抚养弹性较高，那么劳动力数量增长速度将降低，反之亦然。劳动力质量增长速度的变化方向取决于生育时间成本。延迟退休年龄提高了年轻人的生育时间成本，在生育数量和质量替代关系的作用下，劳动力质量增长速度将提高。该文创新之处是将研究前沿的统一增长理论与中国特色的家庭隔代抚养文化结合，突出了中国传统文化的经济影响，从新的视角拓展了内生人口和经济增长理论研究，对研判中国延迟退休年龄政策效应有重要参考意义。

【健康风险、医疗保险与家庭财务脆弱性】

岳崴　王雄　张强　《中国工业经济》2021 年第 10 期

"因病致贫，因病返贫"是当前脱贫攻坚和巩固脱贫成果重点关注的问题。虽然中国脱贫攻坚取得了全面胜利，但是仍存在一定数量的贫困边缘人群。该部分群体处于非贫困状态，但是因其应对经济不确定性能力较差而呈现出脆弱性特征。健康风险作为重要的背景风险，对家庭经济状况变化存在不可忽视的影响，是贫困边缘家庭致贫返贫的重要风险来源。该文利用中国家庭金融调查（CHFS）数据，从流动性视角研究了健康风险和医疗保险对家庭财务脆弱性的影响。研究结果表明：健康风险会显著增加家庭财务脆弱性，同时商业医疗保险对家庭财务脆弱性有显著的改善作用，并且会降低健康风险对家庭财务脆弱性的边际影响；从净效应看，当前居民医疗保险无法改善家庭财务脆弱性，但居民医疗保险会通过改善家庭健康状况对家庭财务产生一定的积极影响。对非脆弱财务状态进行分解，进一步研究健康风险和医疗保险对家庭其他财务状态的影响，研究发现：健康风险会制约家庭的财务自由，同时也降低家庭处于过度消费且具有流动性状态的可能性，而医疗保险对家庭财务自由具有积极的影响。该文的研究结论为理解健康风险与家庭财务脆弱性的关系以及医疗保险的经济作用提供了新的视角和经验证据，为防范贫困边缘家庭致贫返贫和完善医疗保险制度扶贫功能提供了参考。

【劳动要素的全球价值链分工地位变迁——基于报酬份额与嵌入深度的考察】

刘维林　《中国工业经济》2021 年第 1 期

通过对贸易增加值分解模型进行要素报酬层面的扩展，该文基于上下游视角构建了国内劳动报酬份额和劳动嵌入深度的测算模型，利用世界投入产出数据库（WIOD）的国际投入产出表对 2000—2014 年各国劳动要素在全球价值链中的分工地位进行了综合考察。研究发现，15 年间出口中的国内劳动报酬份额出现全球性下降，而中国以金融危机为拐点呈现先下降后上升的独特 U 形轨迹，国内劳动报酬份额从 2000 年的 35.58% 降低至 2007 年的 30.12%，下降的主要原因来自进口中间品和国际资本的双重挤压，在金融危机以后又迅速回升至 40.68%，其中，电子及光学设备制造业的提升幅度最大，相关产业"微笑曲线"形态的变化体现了中国劳动要素分工地位的改善。发达国家在劳动嵌入深度上优势明显，且在研究期间保持不断上升态势，体现了资本与劳动要素对价值链高端环节掌控能力的进一步强化，中国劳动要素的嵌入深度从 7.19% 上升到 9.78%，但与发达国家 14%—16% 的水平相比尚有较大差距，而印度和墨西哥的主要指标在整个研究期间保持不变或有所下降，呈现出低端环节锁定特征。劳动报酬视角的考察体现了中国劳动要素在全球价值链分工中地位的变迁以及与发达国家存在的差距，凸显了强化劳动要素支撑对于提升中国产业链供应链现代化水平所具有的重要意义。

【劳动力流转与资本深化——当前中国企业机器替代劳动的新解释】

宁光杰　张雪凯　《中国工业经济》2021年第6期

劳动力成本上升和部分企业倾向运用机器替代劳动是当前中国经济中出现的重要现象。与主要从工资成本等直接用工成本研究机器换人的传统视角不同，该文认为，企业层面较频繁的劳动力流转（较高的员工变动率、离职率以及临时工比例）带来雇佣成本上升，这一路径同样会促使企业更多地使用机器替代劳动和资本深化。利用世界银行中国企业调查、中国家庭收入调查等微观数据，该文验证了以临时工比例度量的劳动力流转率与资本深化之间的正向关系。具体来说，劳动力流转率升高会导致企业人均机器设备投资和人均研发投入提高，经过一系列内生性处理和稳健性检验后这一结论依然成立。进一步检验发现，劳动力流转率升高会间接增加企业成本并导致企业采取降成本措施。拓展研究发现，户籍改革滞后、劳动力市场不当管制以及企业和员工之间的信息阻碍等都会导致企业层面过高的劳动力流转率。该文的研究为当前中国企业出现的机器替代劳动等资本深化现象提供了一个新的解释，并强调深化体制改革、完善劳动力要素市场化配置体制机制可以降低企业层面不必要的劳动力流转，缓解劳动力成本过快上升，提升企业要素使用效率和竞争力。

【城镇女性劳动供给长期趋势研究：来自教育扩张和生育行为的解释】

詹鹏　毛逸波　李实　《中国工业经济》2021年第8期

中国女性劳动参与率持续几十年下降，在当前人口老龄化日益严峻的形势下，有必要深入剖析这一趋势背后的原因和机制。该文使用1995—2018年中国家庭收入调查数据、县域统计年鉴数据和来自百度地图的幼儿园分布数据，构造两层分解模型，重点研究了教育扩张和生育行为的影响。研究发现，教育扩张能够解释1995—2002年城镇年轻女性劳动参与率变化的68%，是2002年之前趋势的主要原因。2002—2013年，生育行为对女性劳动供给的影响由不显著转为负向显著，使得城镇已婚女性劳动参与率下降7.00个百分点（即"系数效应"），占全部下降幅度的83.95%；不过，由于生育子女的女性比例下降，城镇已婚女性劳动参与率上升2.19个百分点（即"禀赋效应"）。进一步研究发现，生育行为在2013年和2018年对女性劳动参与率的影响主要发生在幼儿年龄为0—5岁期间；2018年，0—5岁幼儿若接受学前教育，会提高女性劳动参与率；学前教育的影响机制是，高昂经济成本迫使女性进入劳动力市场，同时增加隔代照料的概率。该文的研究结果有助于理解教育扩张和生育行为在不同时期对女性劳动供给的影响特征，据此，从经济上缓解生育负担对于提高人口生育率和缓解女性劳动供给下降具有重要意义。

【工业机器人、工作任务与非常规能力溢价——来自制造业"企业—工人"匹配调查的证据】

余玲铮　魏下海　孙中伟　吴春秀　《管理世界》2021年第1期

当前，以工业机器人为载体的新技术日益接手以往由人工执行的任务，将改变劳动力市场的技能需求和工资分配方式。该文通过理论模型表明，由于工业机器人与不同工作任务具有不同程度的替代弹性，其中，对可编码和重复性的常规任务存在替代性，对高级认知和社会互动的非常规任务具有互补性，工业机器人的引入促使非常规任务相对工资增长,从而非常规/常规任务工资差距扩大。利用制造业"企业—工人"匹配数据的经验证据证明了这一点,工业机器人使非常规任务工资大幅增益,工业机器人所体现的技术进步是任务偏向型(TBTC),而非传统意义的教育技能偏向型(SBTC)。此外发现,在私营、外资企业以及出口贸易企业中,工业机器人对任务工资差距影响尤为明显。工资差距更多来自非常规能力的价格效应而不是禀赋效应。该文有助于理解当前我国沿海地区如火如荼的"机器换人"现象及所产生的劳动力市场影响,并提供相应的政策启示。

【机器人的就业效应:机制与中国经验】

李磊 王小霞 包群 《管理世界》2021年第9期

伴随机器人和人工智能等劳动节约型新技术的使用,机器人对就业岗位的冲击作用日益受到关注。该文基于中国微观企业数据检验机器人使用对中国工业企业就业的影响。研究发现,首先,与普遍担忧不同,企业的劳动力需求反而因机器人使用显著上升;其次,并非所有行业与工人都从机器人使用中获益,家具、造纸、制鞋等传统劳动密集型企业中的劳动力以及低技能劳动力的就业受到抑制;再次,机器人使用的就业促进效应主要源于企业产出规模的扩张,部分受到生产效率提高和产品市场份额提升的影响;最后,采用配对—倍差法、工具变量法等识别策略,以及控制可能的外生干扰后,机器人对中国企业就业的促进效应依然稳健存在。该文研究对客观评估机器人与人之间的关系具有一定的指导意义。

【早进城的回报:农村移民的城市经历和就业表现】

魏东霞 陆铭 《经济研究》2021年第12期

移民通过尽早进城,在青少年时期获得城市生活经历,可以提升其非认知能力,增加进入现代服务业就业的概率,改善其劳动力市场收入。基于流动人口监测数据的实证研究表明,农村移民首次进城年龄越小,其小时工资越高。以农村移民进城当年户籍地春季旱涝等级作为首次进城年龄的工具变量,两阶段最小二乘法估计表明,户籍地当年春季降水量越多,农民越早进城,其日后的劳动力市场表现越好。机制分析表明,农村移民早进城能提高其非认知能力,提升其进入收入较高的现代服务业的概率。该文的政策含义是,破除体制障碍让更多农村人口尽早进城,以改善其日后的就业和收入。

【新冠肺炎疫情对中国劳动力市场的影响——基于个体追踪调查的全面分析】

蔡昉 张丹丹 刘雅玄 《经济研究》2021年第2期

中国的新冠疫情防控取得了重大战略成果,为世界各国提供了宝贵经验。其中疫情防控对劳动力市场的影响及其复苏,特别值得深入讨论。该文利用2020年3月初到11月底对5600多名从业者的个体追踪数据,分析了疫情暴发期间中国劳动力市场遭受的冲击。研究发现,从业者复工率从3月初的63.1%提高到6月中旬的84.2%,截至11月底恢复到89.7%;从业者的失业率从6月中旬到11月底降低了60%,达到4.4%。疫情冲击下的就业趋势呈现"V"型特征,即尽管中国就业形势一度受到疫情的猛烈冲击,但随着疫情防控的有力开展,中国劳动力市场活力平稳恢复,就业趋势整体向好。此外,该文利用回归技术分析了"封城"等防控措施对复工进度的因果影响,进而对从业者心理健康的影响。分析发现,地区层面的疫情防控措施显著降低了从业者个体复工的可能性,复工不足会对从业者的心理健康产生显著的负向影响,而这一影响倾向于短期。该文的结论强调了应对短期的就业冲击，常态化疫情防控下应做好"稳就业"工作，尽量减弱对经济的负面影响；同时需尽快制定针对失业群体的帮扶政策，"保基本民生"，减少贫困的发生。

【密度、距离与农民工工资：溢价还是折价？】

胡雯　张锦华　《经济研究》2021年第3期

大城市的密度、距离带来的是工资溢价还是工资折价？该文匹配了4460个农民工数据与184个迁入地城市数据，采用两阶段工具变量法进行了实证分析。研究发现，反映城市集聚的密度有正外部性，在控制劳动力特征后工资溢价仍然存在。控制城市特征后，发现密度过高导致工资折价。距离对集聚经济有离散作用，农民工工资与迁移距离呈现"N"型关系，与到中心城市距离存在"∽"型关系，证实了"中心—外围"理论。密度、距离对工资存在交互作用，内含集聚效应与拥挤效应的博弈。工资溢价存在于大城市和特大城市，而超大城市和中小城市表现为工资折价。该文印证了适度的城市规模才能发挥集聚经济的工资溢价，合理规划城市形态，缩短距离、减少分割，重塑中国经济地理和农民工迁移版图，在集聚中走向平衡。

【看不见的家庭教育投资：子女升学压力与母亲收入损失】

王伟同　周洪成　张妍彦　《经济研究》2021年第9期

在家庭教育投资中，除现金性的显性教育支出外，家庭也会通过放弃潜在收入并增加子女陪护时间的方式进行隐性教育投资。这种看不见的家庭教育投资行为尚未得到学术界的广泛关注，但其对理解中国家庭的教育行为具有重要现实意义。该文利用子女升学压力对家庭教育重视程度的外生冲击作为识别框架，估计了母亲由于子女教育压力而放弃的潜在收入，为识别家庭隐性教育投资行为提供了微观证据。该文实证结果表明，子女升学压力会使母亲月收入显著下降19%，同时父亲收入没有显著变化。异质性分析发现，高学历、非国有行业、育有男孩或独生子女的母亲收入更容易受到子女升学压力的影响。机制分析表明，在子女升学压力下母亲会通过降低劳动参与率、降低工作时长以及增加家庭照料时间等方式进行隐性教育投资。进一步利用地区重点高校录取率反映地区升学压力，发现子女升学压力越大的地区，母亲收入下降幅度越大。该文研究识别了子女升学压力下的家庭隐性教育投资行为，为更好理解中国人力资本积累和家庭劳动供给决策提供了新的观察视角。

【预期寿命、人力资本与提前退休行为】

汪伟　王文鹏　《经济研究》2021年第9期

随着人均预期寿命的延长和受教育年限的提高，包括中国在内的世界各国劳动者的实际退休年龄却普遍低于法定退休年龄，呈现提前退休趋势。该文试图在生育受到约束的制度环境下对上述反常现象进行理论解释，通过构建一个动态一般均衡世代交叠（OLG）模型，考察预期寿命延长对劳动者的人力资本投资、退休年龄选择的影响机制，并结合中国的现实经济进行数值模拟。研究表明：当预期寿命提高时，人力资本投资能够在生命周期中获得更高的工资率回报，劳动者在少年期倾向于进行更多的人力资本投资，提高受教育年限；人力资本积累、有效工资率上升和利率下降引起的收入效应超过了替代效应，使得劳动者在老年期增加对闲暇的需求，有能力和意愿提早退休，减少终生劳动供给时间；该文进一步发现，放松生育控制政策也会使劳动者享受更多闲暇时间的意愿增强，选择提前退休。该文还考察了个体退休行为的异质性，发现随着预期寿命的延长，相对穷人而言，富人的退休年龄和终生劳动供给更低。该文的结论有益于厘清劳动者在老年期的退休决策机理，为如何推进退休制度改革提供理论依据。

【人口老龄化、养老保险基金缺口弥补与经济增长】

吕有吉　景鹏　郑伟　《金融研究》2021年第1期

该文构建一个包含财政支出和公共债务的世代交叠模型，以养老保险基金缺口弥补为核心内容，考察人口老龄化对经济增长的影响，并探讨采用何种基金缺口弥补方式更有利于促进经济增长。研究发现，若采用财政补贴方式弥补基金缺口，生存概率上升和生育率下降均可提高经济增速；若采用发行公债方式或两者兼用方式弥补基金缺口，当人力资本产出弹性较小时相应结论不变，反之则经济增速随生存概率上升呈倒U形变化趋势，随生育率下降而提高。基金缺口弥补方式是影响经济增长的重要制度因素，人力资本产出弹性较小时发行公债方式下的经济增速最高，反之则为财政补贴方式。结合我国现实，该文认为政府应探索包括发行公债在内的多种基金缺口弥补方式以更好地应对人口老龄化，实现经济长期较快增长。

【回不去的家乡？——教育公共品供给与人口回流的实证研究】

李明　郑礼明　《金融研究》2021年第4期

随着我国流动人口回流趋势显现以及户籍制度改革深化，如何促进合理、公正、畅通、有序的社会性流动，成为众多城市思考的重要问题。该文基于2001年起在全国范围内实施的"撤点并校"政策外生冲击，结合2005年全国1%人口抽样调查数据和295个地级市层面特征数据，实证研究了户籍地教育公共品供给状况对流动人口回流决策的影响。研究发现，户籍地教育公共品减少显著阻碍了流动人口回流，减少幅度越大，阻碍越严重。异质性分析结果表明，这种阻碍倾向不分户口类型，但对家中有男孩、家庭规模较小的流动人口更加明显。引入代际视角后的研究结果显示，教育公共品减少增加了流动人口家庭中适龄入学儿童迁出户籍地的概率，教育公共品供给影响两代人的迁移。上述结果意味着，改进公共资源配置效率，提高供给体系质量、优化公共品供给布局，有助于破除劳动力流动障碍，应成为未来城市工作的重要方向。

【地区"人才新政"能否提升创新绩效？——基于出台新政城市的准自然实验】

乐菡　黄明　李元旭　《经济管理》2021年第12期

人才是创新驱动的第一资源，人才政策是政府提升区域创新绩效的有力工具之一。该文以2010—2018年全国280个城市为样本，利用双重差分法考察了"人才新政"对城市创新绩效的影响效应及作用机制，并进行了多维度、稳健的实证检验。实证研究发现，"人才新政"能够显著提升城市创新绩效，但不同政策工具的创新绩效存在差异，其中保障型政策的创新绩效最高，而奖励型政策的创新绩效最低；在政策贯彻落实方面，数字化平台应用、发文部门数量、人才新政传导层级对"人才新政"与创新绩效的关系具有显著正向调节作用；"人才新政"通过改变地区人力资本水平，调整人才结构的路径影响地区创新绩效。通过城市异质性分析发现，"人才新政"存在马太效应，即政府支出及人力资本存量越高的东部地区，"人才新政"对城市创新绩效的提升效果越显著，及时校正现行的"人才新政"有利于促进区域均衡发展。最后，通过政策工具的异质性分析给出优化方向，东部、中部、西部地区应分别着力于保障型、发展型及奖励型的人才政策导向；高政府支出的城市出台发展型政策的创新效果要优于奖励型和保障型；高人力资本存量的城市出台发展型政策的创新绩效要优于保障型政策、奖励型政策。

【机器人、劳动收入份额与货币政策】

陈利锋　钟春平　李良艳　《财贸经济》2021 年第 2 期

中国数据显示，货币政策冲击发生后劳动收入份额表现出逆周期特征，这一发现与基于基准新凯恩斯主义模型得出的结论相反，导致二者差异的原因在于机器人技术的发展改变了货币政策通过劳动力市场影响宏观经济的传导机制。基于此，该文通过建立多阶段新凯恩斯主义动态随机一般均衡模型，考察不同阶段货币政策对劳动收入份额的影响。结果显示，在机器人技术发展水平较低阶段，货币政策冲击发生后劳动收入份额表现出逆周期特征；在机器人技术发展水平较高阶段，货币政策冲击发生后劳动收入份额则表现出顺周期特征。在此基础上，该文基于社会福利分析法考察了机器人技术不同发展阶段货币政策机制设计。在机器人技术发展水平较低阶段，货币政策应该关注劳动力市场就业因素；在机器人技术发展水平较高阶段，货币政策应该以支持产出增长为目标。

【中国女性劳动供给为何降低：来自流动人口的证据】

鄢伟波　安磊　《世界经济》2021 年第 12 期

该文总结了中国女性劳动参与率和参与强度下降的典型事实，并从"延嗣惩罚"和性别失衡的视角进行了解释。以流动人口为例，该文研究发现母亲在孩子出生当年工作参与率降低约 60%，后随孩子年龄增长逐渐恢复到正常水平，孩子对该指标的负向影响在 2011—2017 年逐渐增加，孩子出生当年该指标受到的负向影响在 7 年间增加了 15%。同时，母亲在孩子出生后的工作强度会显著降低，且存在性别差异：若为女孩，强度会在女孩 2 岁时恢复正常水平；若为男孩，强度降低程度更大，一直到男孩 17 岁左右才恢复正常水平，但在男孩上小学后会提升 15%—22%。延嗣惩罚在不同所有制、就业类型和城乡户口中存在明显的异质性。该文从新的角度解释了中国女性劳动供给降低的原因，对提升女性劳动供给质量和效率、完善生育相关政策和缓解性别失衡具有重要的启示意义。

【从人口红利到性别红利：女性就业与企业出口】

陈梅　李磊　《世界经济》2021 年第 1 期

在中国人口红利因素逐渐消失和劳动力市场上就业性别差异逐年扩大的背景下，该文利用 2004—2007 年规模以上制造业企业数据研究性别红利因素对企业出口规模的影响，研究发现女性就业份额的增加对企业出口规模有正向影响。机制检验结果表明，劳动成本降低和生产率提升是女性就业份额影响企业出口规模的可能渠道。不同维度的异质性分析表明，女性就业份额提升对企业出口规模的促进作用，在外资企业、技能密集型企业、女性密集行业、高技术行业和女性受教育水平低地区的影响更大。该研究对实现劳动力市场性别平等和形成出口新推力具有重要参考价值。

【高校扩招、人力资本与企业出口质量】

方森辉　毛其淋　《中国工业经济》2021 年第 11 期

企业出口质量升级是中国实现质量强国

之路的重要前提。该文构建了一个异质性企业贸易理论框架，从理论上阐述了人力资本扩张影响企业出口质量选择的微观机制。在此基础上，该文以1999年实施的"高校扩招"为准自然实验，运用倍差法深入研究了人力资本扩张对中国制造业企业出口质量的因果效应及其影响机制。研究发现如下。（1）人力资本扩张有效推动了企业出口质量升级，其贡献度达到24.68%，并且存在行业人力资本强度的"适度区间"，当人力资本强度过低或过高时，均会削弱这一推动作用。（2）人力资本扩张对企业出口质量的提升作用对于进口中间品、从事加工贸易以及面临低融资约束的企业更为明显。（3）人力资本扩张在提升行业出口质量的同时，还倾向于促使行业出口质量趋同化。（4）机制分析显示，人力资本扩张主要通过"促研发效应"、"质量吸收能力"和"中间品质量效应"推动企业出口质量升级。该文结论意味着，人力资本扩张不仅有利于实现企业出口质量升级，还倾向于改善行业出口质量配置，这一发现有助于客观准确地评估人力资本扩张的经济效应，同时对发展中国家高等教育政策调整具有重要的政策启示。

【互联网贷款、劳动生产率与企业转型——基于劳动力流动性的视角】

蔡庆丰　王瀚佑　李东旭　《中国工业经济》2021年第12期

互联网贷款能够有效缓解中低收入劳动者的融资约束，进而对企业劳动生产率产生负面冲击。该文基于2011—2018年中国地级市层面数据，探究了互联网贷款发展对域内企业劳动生产率及投资决策的影响。研究发现：与预期的金融科技提升企业效率不同，地区互联网贷款的普及降低了域内企业劳动生产率，且该效应主要集中于人力资本水平低的劳动密集型企业；城市层面上，该效应在居民融资约束强、消费预算约束强、劳动力供给紧张、人力资本水平低的三线及以下城市更加显著。互联网贷款缓解了摩擦性失业者的消费预算约束，提升了劳动者的风险承受能力，导致企业低技能员工流动性上升，劳动生产率下降。劳动力生产率的下降倒逼企业增加研发与投资，促使其由劳动密集型生产方式向资本、技术密集型转型。该文从劳动力流动性的视角探究了金融科技如何影响企业劳动生产率，促进产业转型升级，为理解数字经济和实体经济深度融合及其带来的潜在冲击提供了有益的思考与补充。

【养老保险制度统一与劳动要素市场化配置——基于公私部门养老金并轨改革的实证研究】

于新亮　张文瑞　郭文光　于文广　《中国工业经济》2021年第1期

中国养老保险制度高度碎片化，造成劳动力市场多重分割，加剧劳动要素配置扭曲，这一问题在公私部门间表现得尤为突出。该文基于2015年中国养老金并轨改革，构造了包括公私部门、流动异质性员工和养老保险改革政策在内的世代交叠模型，系统推导了养老金并轨通过提高视同缴费指数增加公共部门员工跨部门流动的养老金净收益进而提高公共部门员工跨部门流动倾向性的政策效果。该文选取2010—2018年中国家庭追踪调查数据进行实证检验，结果表明：养老金并轨能够促进劳动力跨部门流动，相比于私人部门员工，养老金并轨使公共部门员工跨部门流动概率显著提高了1.38个百分点，且提升效果逐期增加；养老金并轨能够提高劳动要素市场配置效率，具体表现为对过渡期内"中人"、努力程度较高和处于公共部门工资较低地区的员工的流动更为显著；需要关注的是，职业年金的设置导致公共部门员工在跨部门流动时更倾向选择具有企业年金的私人部门，形成定向跨部门流动的企业年金偏好。该文结论为进一步推进中国养老保险制度统一和劳动要素市场化配置联动改革、最终实现以国内大循环为主体的新发展格局提供了重要理论依据。

【有偏技术进步、产业结构转型与工资收入差距】

郭凯明　罗敏　《中国工业经济》2021年第3期

中国经济发展道路中效率和公平、生产和分配的关系演化是与产业结构转型过程密不可分的，为此该文系统综合地考察了有偏技术进步对产业结构转型和工资收入差距的影响。该文指出：产业内部有偏技术进步导致不同技能的劳动相互替代和不同产业的产品相互替代，改变了产业内部的技能密集程度和产业之间的相对产出比重，进而影响整体经济的技能密集程度和工资收入差距；产业内部有偏技术进步还会通过产业结构转型渠道影响其他产业技能密集程度。该文从理论上给出了决定这些经济机制影响方向的前提条件，定量研究发现中国不同产业技术进步对整体经济技能密集程度或工资收入差距的影响方向相反，产业结构转型在其中起着主导作用。这意味着收入分配调节政策改变了劳动力市场需求侧定价，可能会抑制产业结构升级，更有效的政策是推动劳动力市场供给侧改革：采用优化劳动力质量结构释放人才红利、降低劳动力流动壁垒释放改革红利的政策组合，能有效实现产业结构升级和收入差距缩小的双重目标。党的十九届五中全会审议通过的《中共中央关于制定国民经济和社会发展第十四个五年规划和二〇三五年远景目标的建议》中不但提出人均国内生产总值达到中等发达国家水平，而且提出全体人民共同富裕取得更为明显的实质性进展，该文为实现这一效率和公平目标的平衡提供了政策参考。

【人才政策"背书"能否促进企业创新】

刘春林　田玲　《中国工业经济》2021年第3期

中国式创新政策面临微观企业策略性反应的现实挑战，以至于在多数情形下一些宏观政策并不能实质性地促进企业创新。这一现象启发了这样的思考：中国的人才政策是否面临同样的困境？该文运用信号理论并结合中国上市公司数据的实证研究发现，人才政策"背书"一方面有利于企业接近政府资源，获得政府的创新补贴；另一方面能够提升企业的商业信用，便于企业获取创新所需的市场资源，进而从总体上促进了企业创新。从企业创新质量看，人才政策提高了企业的发明专利，同时也增加了企业的非发明专利（实用新型和外观设计）数量，但人才政策并没有引发非发明专利数量更高比例的增加，这意味着人才政策并未导致企业的策略性反应行为。进一步分析显示，企业规模、市场化程度和高端人才供给能力显著弱化了人才政策对企业创新的积极作用。该文揭示了人才政策促进企业创新的内在机理，为"人才政策具有资源嫁接的信号功能"提供了实证依据。

【中国产业发展的流动劳动力工资增长效应——来自流动人口动态监测的微观证据】

呼倩　夏晓华　黄桂田　《管理世界》2021年第10期

面对产业转型、消费升级以及人口老龄化的挑战，地方政府如何在新一轮的城市竞争当中成功吸引人才，是亟须回答的重要现实问题。为此，文章采用2010—2015年中国流动人口动态监测数据和地市层面宏观数据的合并数据，考察城市产业发展和结构升级对于流动劳动力工资收入和福利效应的影响及其作用机制。结果发现如下。（1）一个城市产业结构存在明显的工资溢价作用，流动劳动力选择效应和城市集聚经济是其主要机制。（2）这种溢价作用对不同收入水平流动劳动力的影响呈现明显的L型曲线特征。（3）无论是名义工资、真实工资还是净效用，产业结构的工资溢价影响均显著为正。文章据此提出夯实产业发展基础、发掘城市集聚经济潜力和构建多元劳动力市场格局的政策建议。

【基础教育公平与经济社会发展】

杨成荣　张屹山　张鹤　《管理世界》2021年第10期

2020年我国已实现教育大国的历史性转变，九年义务教育普及率已高于高收入国家的平均水平。然而，教育公平，特别是基础教育阶段的公平问题日益凸显。该文针对我国基础教育阶段的优质教育资源垄断、市场化教育扩张和教育功利化倾向等现实问题进行分析，探究优质教育资源积聚和市场化教育相互强化产生的累积效应，以及基础教育不公平在社会稳定、人口结构和发展潜力等方面引发的经济社会后果，并从教育资源分配、影子教育约束和教育评价三个方面给出改善劣势累积效应，实现基础教育公平的可行途径和对策。

【城市群集聚空间外部性与劳动力工资溢价】

李培鑫　张学良　《管理世界》2021年第11期

在城市群日益崛起的背景下，该文重点关注集聚经济空间从城市向城市群的扩展。城市群的发展体现了生产从企业聚集到产业聚集再到城市聚集的延伸，能够实现要素在超越单一城市的城市体系内流动和整合，从而形成一种空间外部经济效应，经济主体不仅会受到本地集聚的影响，也会享受到由群内其他城市的共同集聚所带来的好处。通过构建一个考虑劳动力流动与产业上下游关联的新经济地理学模型框架，文章对此进行了解释。将城市群空间数据与劳动力微观调查数据相结合，该文从城市群工资溢价的视角进行了实证检验，结果发现，除了所在城市自身的规模，城市群内其他城市形成的集聚规模也能够产生显著的收入溢价，规模扩大一倍，劳动力收入会提高6.7%—8.0%，将城市群集聚规模在中心与非中心城市、不同地理空间分解并进行相关稳健性检验，这种影响仍都显著存在，另外分样本的估计结果显示不同技能、不同地区、不同类型城市的样本都能够从中受益。文章进一步的机制检验则表明，产业功能的跨城市分工及其相互关联、知识和技术的溢出、市场的一体发展以及由多中心带来的对拥挤效应的缓解是城市群集聚空间外部性的重要来源。从该文结论出发，我国区域发展要进一步发挥城市群的集聚优势，依托城市群的空间主体作用加强国内大循环，不断推动新发展格局的有效构建。

【分权的生产率增长效应：人力资本的作用】

高琳　《管理世界》2021年第3期

关于财政分权的增长效应迄今未形成广泛共识。该文考察财政支出分权对全要素生产率增长的影响。基于中国省级以下分权体制研究发现如下。（1）分权一方面通过地区竞争等有益机制促进了地区生产率增长，但另一方面又通过抑制劳动力人力资本水平阻碍了生产率增长。（2）分权促进生产率增长的正面效应在市级分权和县级分权层面均有体现，但负面效应主要由县级分权驱动；并且，县级分权的负面效应与正面效应几乎完全抵消。（3）对人力资本技能构成的分解发现，分权（主要是县级分权）对不同的劳动力技能存在异质性影响，即增加了低技能劳动力占比、减少了高技能劳动力占比。（4）机制分析表明，县级分权显著降低人力资本水平并不能由县级政府不重视公共教育投入的支出结构偏向行为解释,主要是因为分权促使县级政府大力推动制造业发展,由此吸纳相对更多的低技能劳动力和更少的高技能劳动力,进而拉低劳动力平均人力资本水平。该文为理解财政分权在中国经济增长中的角色提供了新证据,为分权增长效应的经验分歧贡献了一个"中国样本"诠释,亦丰富了分权如何影响人力资本的理论解释机制。

【经济集聚、技能匹配与大城市工资溢价】

王俊 《管理世界》2021年第4期

该文基于经济集聚的技能匹配效应视角剖析了大城市工资溢价的微观形成机制。文章以经典的搜寻与匹配模型为研究基点,引入劳动力匹配效率方程,在理论层面论证了经济集聚及匹配效率对工资水平的正面推动作用。将中国综合社会调查(CGSS)数据与地级市数据对接展开实证检验,考察经济集聚、技能匹配与大城市工资溢价之间关系。研究发现经济集聚促进了匹配效率的提升以及城市工资水平增长,并且经济集聚通过提升匹配效率而导致工资水平增长的传导机制也是存在的。经济集聚度高以及匹配效率高的直辖市和特大城市具有更加显著的工资溢价;在同等级别城市中,高技能劳动力相对于低技能劳动力具有更高的工资溢价,而且,在异质性城市和异质性劳动力中经济集聚影响工资水平的传导机制都是存在的。

【预期寿命、养老保险降费与老年劳动供给:兼论中国退休政策改革】

汪伟 王文鹏 《管理世界》2021年第9期

该文通过构建一个包含体制性结构与劳动者退休决策异质性的世代交叠模型,考察了预期寿命、养老保险降费对老年劳动供给的影响。研究发现:由于体制外劳动者的老年劳动供给具有灵活性,降低养老保险费率能促使他们延迟退休,有利于提高社会老年劳动供给。如果体制内劳动者也能灵活选择老年劳动时间或法定退休年龄延迟,降低养老保险费率可以更多地增加社会老年劳动供给。预期寿命延长对社会老年劳动供给的影响不确定,取决于缴费率的下调幅度。如果缴费率降至(12%,20%]区间内,预期寿命延长会引致社会老年劳动供给上升;若缴费率降至12%及以下,预期寿命与社会老年劳动供给之间呈倒U形关系,目前生存寿命已处于拐点的右边,这意味着养老保险降费存在政策目标上的"下限"。进一步的,该文证实了养老保险降费改革能否实现社会福利的帕累托改进和有效利用老年劳动力资源的双重目标,不仅取决于缴费率的下调幅度,而且依赖于退休年龄的调整。该文的政策启示是,随着预期寿命的延长,政府应顺势而为,积极探索缴费率与退休年龄的联动调整机制,以达到"珠联璧合"的实施效果。

【经济增长、收入分配与贫困:包容性增长的识别与分解】

黎蔺娴 边恕 《经济研究》2021年第2期

使人民平等地参与、公平地享受经济发展的成果,不仅要增加家庭货币收入,更需要改善家庭间福利分配的不平等,但是如何准确度量群体间福利变化程度的不均?为此,该文通过NIGIC曲线和FFL-OB分解技术,构建了包容性增长的识别和分解方法,并使用2012—2017年中国综合社会调查数据,测度了不同收入群体间福利增长的状况。研究发现如下。(1)虽然不同收入阶层间的货币收入增长差异扩大了社会的财富不平等,但是非货币福利在低收入群体中的快速增长却缩小了阶层间的福利差距,实现了中国经济的包容性增长。(2)城乡收入增长差距缩小,包容性增长水平和趋势一致,但城乡内部收入增长差距扩大，城市增长中分配不均状况更显著。（3）非货币福利对不同群体、不同年份收入增长的影响程度不同，这实际体现了政府公共政策实施效果的差异，因此包容性增长分析能够成为一种新的政策评估工具。

【中国行业劳动投入和劳动生产率：2000—2018】

陈梦根　侯园园　《经济研究》2021年第5期

该文在增长核算框架下引入劳动力的教育程度、年龄、性别和所属行业四个异质性特征，构建就业人员、劳动报酬和工作时间的特征交叉分类矩阵，测算了2000—2018年总量和19个行业的劳动投入（物量），并将其分解为数量和质量特征，分析劳动投入总量及行业的表现，进而测算劳动生产率。研究发现，考察期内中国劳动投入年均增长率为2.5%，且78.8%来自劳动投入质量的上升，教育程度提高和行业结构优化是总量层面劳动投入增长的主要原因。2018年三次产业劳动投入物量占比分别为13.76%、31.06%和55.18%，劳动投入向第二、第三产业转移速度快于数量结构变化，第三产业中的新经济及相关产业劳动投入有了较大程度的提升。部分生产性和生活性服务业的指数法劳动生产率相对较低，产出增长主要来自劳动投入的增加和行业规模的扩大。目前，中国就业人员增速减缓、人口老龄化趋势显现，提高劳动力整体教育程度和技术水平、进一步优化产业结构、提升第三产业ILP和产出水平是当务之急。

【城市如何吸引高技能人才？——基于教育制度改革的视角】

王春超　叶蓓　《经济研究》2021年第6期

该文探索中国各城市吸引高技能人才的有效制度安排。该文的理论分析认为，人口流入城市的行为以家庭为基本决策单元，同时取决于货币化经济收益和非货币化城市公共服务水平，父母对城市公共教育扩张和子女接受公共教育机会的考虑是流动人口，尤其是高技能人口迁入城市的关键决定因素。研究发现，十二年免费教育政策对各地区人才具有显著的吸引作用，也有助于改善政策实施地的劳动力技能结构。同时，城市教育政策改革对人口迁移决策的影响效应随人群受益程度的不同而有显著差异：随迁子女、学龄随迁子女数量越多，效应越强；因学龄随迁子女年龄差异而导致的当下、预期未来获益程度越强，效应越强。该项研究可为各地区制定吸引人才的有效政策提供参考。

【高校招生均等化政策改革与生源质量提升】

刘瑞明　焦豪　石阳　毛宇　《经济研究》2021年第7期

中国的高等院校招生长期以来一直存在着明显的"本地偏好"，为解决由此带来的一系列问题，教育部在2008年出台了一项强力的"均等化"政策，要求"部属高校"将本地招生比例逐步降低至30%以下。这为我们提供了一个难得的"准实验"来观察中国高校中存在的本地偏好及其后果。该文首次利用中国2005—2015年1189所高等院校的面板数据和双重差分方法，分析"均等化"对高校生源质量的政策效应。研究发现："均等化"使得"部属高校"的招生分数大幅提升，有力地推动了所在高校的生源质量，并且，这种生源质量提升效应在本省和外省均显著存在。进一步的机制检验表明，"均等化"政策实施后，部属高校调整了招生策略，将更多的招生指标分配给了外地省份，尤其是那些高分省份，从而产生了"双重结构优化效应"。在进行大量的稳健性检验后，上述结论依然成立。这意味着，"均等化"政策带来了明显的招生名额优化配置效应。根据该文的发现，中国的高等院校"均等化"是保障未来教育质量提升和教育机会公平的一个重要举措。

【人力资本偏向金融部门如何影响实体经济增长？】

刘贯春　司登奎　刘芳　《金融研究》2021年第10期

通过构建一个包含银行和生产性企业的两部门增长模型，该文系统考察了人力资本偏向金融部门如何影响实体经济增长，并利用2008年中国经济普查数据、2003—2015年地级市数据及2011—2013年中国工业企业数据开展实证检验。理论分析表明，人力资本在金融部门与实体部门之间的配置结构对实体经济增长存在两种效应，依次为资本"挤入"效应和创新"挤出"效应，进而导致人力资本配置情况与实体经济增长率之间呈现倒"U"形关系。随后，计量结果为上述理论推断提供了系列经验证据，且机制检验证实人力资本配置到金融部门有助于促进信贷规模扩张。特别的，反事实框架的测算结果显示，人力资本有效配置将提升实体经济增长率约0.45%，而且贡献率随经济发展更加凸显。该文结论表明，应理性看待人力资本向金融部门的不断聚集，不以简单线性关系进行判断，要综合权衡资本"挤入"效应和创新"挤出"效应的相对重要性。

【智能化对中国劳动力市场的影响——基于就业广度和强度的分析】

周广肃　李力行　孟岭生　《金融研究》2021年第6期

随着自动化、智能化技术的不断发展，越来越多的工作岗位可能被机器和人工智能所替代。该文将美国劳工部标准职业代码与中国职业代码相匹配，基于Frey和Osborne（2017）对美国各种职业被智能化替代概率的估计结果，估算了中国各职业被智能化替代的概率，并在此基础上计算了城市层面的被替代指标。接下来，利用多个年份的人口普查和家庭调查微观数据以及欧盟的机器人使用数据，该文在城市层面和个人层面估计了智能化对就业广度（就业人数）和就业强度（工作时长）的影响。研究发现，智能化对中国劳动就业产生了明显的替代作用，一方面减少了就业人数的增长，另一方面却增加了在职劳动力的工作时间，分样本分析发现女性、低教育劳动者、大龄劳动者、移民等劳动力市场中相对脆弱的群体所受的冲击更大。

【城市服务多样性与劳动力流动——基于"美团网"大数据和流动人口微观调查的分析】

张文武　余泳泽　《金融研究》2021年第9期

新时代背景下人们对美好生活的追求倾向愈加凸显，城市服务的多样性福利将成为吸引劳动力和优化人才结构的重要支撑。该文利用"美团网"生活服务分类和2017年中国流动人口动态监测调查（CMDS）数据，研究城市服务多样性对劳动力流动的影响。结果显示，城市服务多样性会显著降低流动人口的迁出意愿，服务品类多样性每增加1%，劳动力迁出的概率平均约降低3.23%；城市服务多样性的影响具有群体差异性，年轻化、高技能群体的敏感度更高，边际效应分别可达4.62%和4.03%。考虑调节效应和地区异质性的扩展分析进一步发现，城市信息化、市场化水平对服务品类多样性吸引留住人才具有正向放大作用，尤其是在东部地区和500万人口以上大城市中表现尤为突出。该研究为城市人才吸引和劳动力竞争提供了政策启示。

【中国居民收入差距变动分析（2013—2018）】

罗楚亮　李实　岳希明　《中国社会科学》2021年第1期

改革开放以来，我国居民收入差距总体

呈扩大趋势，但学界对近 10 年的中国收入差距变化状况存在不同看法。通过分析中国居民收入分配课题组（CHIP）2013 年和 2018 年住户调查数据发现，这一时期导致收入差距缩小与扩大的因素相互抵消，收入差距总体呈高位徘徊的相对稳定状态。城乡收入差距缩小，以及工资收入、养老金收入、自有住房估算租金和转移性收入的变化，有助于缩小收入差距；流动人口收入分布、非农经营收入和财产收入的变化，导致收入差距扩大。

【"营改增"与劳动收入份额：来自中国上市公司的证据】

苏梽芳　陈昌楠　蓝嘉俊　《财贸经济》2021 年第 1 期

"营改增"作为中国税制改革的重要举措，其对要素收入分配格局的影响尚有待研究。该文首先通过一个理论框架揭示了"营改增"影响劳动收入份额的经济逻辑，即"营改增"使企业购进固定资产可以进项抵扣，降低了资本要素相对价格，由于服务业的资本和劳动互补，这将提高企业劳动收入份额。其次采用 2009—2015 年中国服务业上市公司数据和双重差分模型进行经验研究，结果表明，"营改增"使企业劳动收入份额显著提高了 5.96%，并且在实施后第二年的影响最大。异质性分析表明，"营改增"显著提升了非国有、劳动密集型和出口企业劳动收入份额。进一步的影响机制分析表明，"营改增"提高了企业固定资产投资，由于服务业中资本和劳动互补，这将提高劳动需求，进而提高平均工资率，最终导致劳动收入份额的上升。

【大学扩招提升了社会公平感吗——基于主观公平感的断点回归分析】

龚锋　李博峰　雷欣　《财贸经济》2021 年第 3 期

该文利用中国综合社会调查的微观数据，采用模糊断点回归方法，选取总公平感、教育公平感、收入公平感和阶层流动公平感四个主观公平指标，全面考察高校扩招政策对社会公平的影响。实证结果显示：扩招显著提升了中国高等教育的入学机会，提高了因扩招而上大学个体的收入，使其对教育公平和收入公平产生更大的正向感知；与此同时，因扩招而上大学的个体对阶层流动的公平感知却明显降低，从而导致这一群体对社会总体公平的认同度显著降低。机制检验的结果表明，扩招是否让受益群体实现了向上的阶层流动，是影响高校扩招和社会公平感关系的关键机制。该文认为，大学扩招并不能有效解决中国当前的社会阶层固化问题并提升社会整体的公平状况；未来应致力于推动高质量教育资源的公平分配，弱化教育分成导致的阶层固化，促进高等教育扩张这一普惠性政策真正发挥提升社会公平感的作用。

【机器人可以缓解老龄化带来的中国劳动力短缺问题吗】

刘骏　刘涛雄　谢康　《财贸经济》2021 年第 8 期

该文基于机器人替代能力的视角，分别从理论和实证角度探讨了机器人能否缓解中国人口老龄化带来的劳动力短缺问题。该文提出衡量机器人替代能力的估计方法，使用 2000—2015 年 58 个国家的相关数据，将机器人对劳动力的替代能力进行了估计。估计结果表明，目前一台机器人平均每年可以替代 60000—83000 个小时的劳动工作量，工具变量模型和稳健性检验结果也进一步证明了这一结论。最后，通过使用技术创新扩散模型对机器人密度进行预测，结合该文估计出的机器人替代能力，解答了未来中国的机器人能在多大程度上缓解劳动力供给不足压力的问题。实证结果表明，机器人能够弥补的劳动力工作可以部分抵消由人口老龄化带来的劳动力短缺问题，这对更全面地理解中国人口老龄化问题及相关政策调整有十分重要的意义。

【代际间职业流动、劳动力配置与中国的劳动生产率】

纪珽　张国峰　《世界经济》2021年第5期

社会流动性不仅关乎公平，更关乎效率。该文从劳动力配置的角度，全面探讨代际间职业流动的效率含义。该文综合不同来源的多层次数据，分析了代际职业流动的相关特征事实，在此基础上设定多部门异质性个体的跨代职业选择模型，并通过数值模拟考察职业选择中的扭曲对劳动生产率的影响。研究发现：职业选择扭曲导致了人才禀赋错配，在造成职业流动固化的同时也抑制了劳动生产率增长；减少扭曲可以显著提高国家整体及落后省份的生产效率和收入；户籍制度改革、城市化进程对于提高劳动生产率的作用十分明显；农村儿童认知能力发展欠缺严重破坏了人才禀赋资源，不仅直接影响劳动生产率，也将长期制约中国经济发展的潜力。

【早期健康投入是否有助于儿童长期认知能力提升？】

吴贾　吴茏生　李标　《经济学（季刊）》2021年第1期

该文研究了胚胎和婴儿时期健康投入如何影响儿童长期认知能力发展。利用CFPS的调查数据，该文发现在胚胎和婴儿时期接受更多健康资源的儿童，10—16岁时的平均成绩比没有获得健康资源的儿童高0.19个标准差，且低收入家庭的儿童从早期健康投入中获益更大。我们还发现当早期健康投入外生增加时，低收入家庭儿童在10—16岁时健康水平显著提高，导致同期教育支出回报率提高7.6个百分点；高收入家庭则会多投入8.2%的资源用于子女的教育。

【人才配置、科学研究与中国经济增长】

潘士远　朱丹丹　徐恺　《经济学（季刊）》2021年第2期

该文构建了一个内生经济增长模型，研究公共部门和私有科研部门之间的人才配置如何影响中国的科研创新和经济增长。一方面，配置到公共部门的人才（公务员）为科研部门提供公共服务，促进经济增长。另一方面，公务员人数的增多会减少投入技术创新的人才数量，不利于科学研究和经济增长。因此，公务员人数与中国经济增长呈倒"U"形关系。为了追求效用最大化，政府可能会实施无效的公共部门扩张制度，从而妨碍中国跳出中等收入陷阱。

【高房价会扭曲公众的价值观吗？——基于中国家庭追踪调查（CFPS）的实证分析】

宋弘　罗长远　《经济学（季刊）》2021年第5期

高房价对经济社会的影响已得到充分的研究，而少有研究关注房价对个体价值观的扭曲。该文利用家庭追踪调查数据，考察房价对价值观的影响。研究发现，高房价对公众价值观具有显著的负面影响，公众倾向于认为努力工作无法获得回报，而社会关系比个人才智更重要，该负面影响对高学历群体尤为明显。此外，高房价也降低了公众对未来的预期。通过对价值观的关注，该文指出了高房价可能是影响长期经济社会发展的一个重要渠道。

【代际关系、养老保险与中国城镇养老新图景】

郭瑜　张寅凯　《社会学研究》2021年第2期

基于定量与定性的混合研究，该文揭示

了我国家庭代际关系在现代化浪潮下所展现出的韧性与弹性、团结与张力并存的新图景。养老保险逐渐成为中国城镇老年人经济独立的基石，协助达成当代老年人"分而不离、重心下移"的"体谅式养老"方式。研究表明，养老保险和个体现代化进一步对代际关系产生了交互作用，形塑了社会化养老与家庭支持并存且互为补充的养老预期。今后，政府应不断优化职能定位，合理引入市场和社会力量，依靠政府、社会、市场、家庭与个人的合力来破解养老照料"不可能三角"。

【从父职工资溢价到母职工资惩罚——生育对我国男女工资收入的影响及其变动趋势研究（1989—2015）】

许琪 《社会学研究》2021年第5期

研究生育对我国男女工资收入的影响及其变动趋势，对于理解和应对不断扩大的男女工资差距和持续下降的生育率都有重要意义。通过对1989—2015年CHNS数据的深入分析，该研究发现，在20世纪80年代末，生育对我国男性工资有显著的积极影响，而对女性工资的负面影响却并不显著。随着时间的推移，生育对男性的工资溢价效应不断减小，对女性的工资惩罚则以更快的速度加大，男女工资差距不断拉大。1992年深化改革以来市场部门的扩大是导致生育对女性的工资惩罚随时间快速加大的重要原因。

【中国潜在增长率的估算：人力资本变化的视角】

孙金山 李钢 汪勇 《中国人口·资源与环境》2021年第7期

中国经济从高速增长向高质量增长转换之际，增长动力也发生了变化，未来中国经济潜在增速如何演变是一个值得研究的话题。遵循内生经济增长理论中人力资本是长期经济增长的重要因素，文章构建了一个包含人力资本的增长核算方程，考虑了人力资本对潜在经济增长的影响，在生产函数中引入人力资本，运用生产函数法估算未来中国潜在经济增长率。文中考虑了三种数据来测算人力资本，除了传统的人力资本测算方法，考虑到人力资本投资的非线性和投入时间，采用大量调查问卷得来的公民科学素质作为人力资本的一个衡量指标。研究表明，在这三种情况下，C-D型生产函数中资本的产出弹性分别为0.63、0.59和0.57，这一结果与过去三十多年国民收入分配中资本的收入分配比例相近。在此基础上，结合长期经济增长潜力和短期经济波动，分别对人力资本、物质资本和技术进步进行了预测，并预测了2018—2035年中国经济的平均潜在增长率区间为5.02%—5.25%，其中2018—2025年为5.72%—5.91%，2026—2030年为4.69%—4.96%，2031—2035年为4.22%—4.50%。可以看出，随着物质资本投资增速和收益率不断下降，中国潜在经济增长率未来将不断下降，但由于人力资本积累的不断增加，将减缓这一下降趋势。在中国经济减速成为新常态的情形下，长期内政策考虑到对人力资本的长期持续投资，财政上加大对基础教育以及学前教育的投资力度，税收上鼓励对人力资本投资的税收减免；短期内政府继续实行积极的需求管理，重视投资结构的优化，加大政府对于经济周期的调节，防止经济剧烈波动，未来十五年中国还会平均保持5%以上的中速增长。

【人口转变后劳动生产率如何提高？】

赵文 《经济学动态》2021年第8期

该文引入人口抚养比和劳动就业率变量，在新增长理论的框架下，探讨中国人口转变后劳动生产率的提高路径，并通过另外11个经过了人口转变的经济体的经验加以佐证。

经验表明，人口抚养比的提高与二元结构的终结的确会降低劳动生产率的增速，但对于中国来说，由于劳动力配置仍然大有空间，劳动力市场的改善将为广义生产率带来配置效率，这一贡献远超物质资本和人力资本等传统要素的贡献。所以，人口转变后，尽管中国劳动年龄人口数量下降和人口抚养比提高同时发生，失去了人口红利和二元结构的光环，但劳动生产率仍将可以依靠其他经济体无可比拟的人口规模优势带来的要素重新配置的空间托高稳态增长率，缩小与世界前沿生产率的差距。

年度作者

说明*

候选作者仅包括发表了候选论文的全部作者。候选论文仅包括公开发表在学术期刊中的中文论文，不包括工作论文和研究报告等。论文选自中国社会科学评价研究院《中国人文社会科学期刊 AMI 综合评价报告（2018 年）》顶级期刊和权威期刊，研究主题限于人口学和劳动经济学范围；以及 2021 年人口学专业期刊《人口研究》《中国人口科学》和劳动经济学专业期刊《劳动经济学》中的全部学术论文。

年度作者按照客观指标进行排序，2021 年年度作者排序由论文综合得分和该作者发表论文数量两项指标决定。论文综合得分越高，则该作者这篇论文的影响力越强；作者发表论文数量越多，则该作者 2021 年的产出越高。其中，论文综合得分由论文所属期刊的影响因子和论文的作者构成决定。对于论文的不同作者构成，赋予不同的权重。入选论文最多由 7 位作者合著，因此具体进行如下设定，二人合著赋分原则为 6∶4，三人合著赋分原则为 5∶3∶2，四人合著赋分原则为 4∶3∶2∶1，五人合著赋分原则为 4∶2.5∶1.5∶1∶1，六人合著赋分原则为 3.5∶2.5∶1.5∶1∶1∶0.5，七人合著赋分原则为 3.5∶2.5∶1∶1∶1∶0.5∶0.5。当然，由于论文的综合得分会受到社会主题的热度和研究方向的影响，与论文质量并非完全相关；论文的发表也需要周期，2021 年发表论文的数量也并非与 2021 年作者的学术能力完全相关。因此，年度作者的排序结果与作者学术影响力并非绝对相关。作者综合得分计算公式如下。

$$Score_j = \sum Score_{ij}, i = 1, \cdots, N; j = 1, \cdots, K$$

其中，$Score_j$ 为作者 j 的综合得分；$Score_{ij}$ 为作者 j 发表的第 i 篇论文的综合得分；N 为所有候选论文总数；K 为所有候选作者总数。基于上述公式计算得出的综合得分求和值则为作者的综合得分。

数据来源：论文综合得分和作者发表文章数量来自年度论文的排序结果。

年度作者：首先将入选论文分为人口学、人口经济学、劳动经济学三个学科，将每位作者于 2021 年发表的不同科目全部入选论文的汇总得分进行排序。人口学和人口经济学分别选取排名前 20 位的作者，劳动经济学选取排名前 40 位的作者（因出现得分一致的情况，2021 年年度作者共收录 42 人）。需要注意的是，由于文章是分类之后进行的年度作者推荐，有些学者于 2021 年文章发表如涉及两类及以上学科，则可能入选为多个学科的年度作者。

---

* 陆旸，中国社会科学院人口与劳动经济研究所《中国人口年鉴》编辑部主任，研究员、博士生导师，研究方向为劳动经济学和环境经济学，邮箱为 luyang2002@cass.org.cn。2021 年人口学和劳动经济学年度论文由陆旸以及中国社会科学院大学博士研究生郭艺扬整理。

2021年人口学年度作者

表1 2021年人口学年度作者一览

序号	作者	汇总得分	论文	影响因子	权重	综合得分
1	邹一南	14.046	邹一南:《农民工落户悖论与市民化政策转型》,《中国农村经济》2021年第6期	14.046	1	14.046
2	祝仲坤	14.046	祝仲坤:《公共卫生服务如何影响农民工留城意愿——基于中国流动人口动态监测调查的分析》,《中国农村经济》2021年第10期	14.046	1	14.046
3	于也雯	13.007	于也雯、龚六堂:《生育政策、生育率与家庭养老》,《中国工业经济》2021年第5期	21.679	0.6	13.007
4	杨菊华	10.439	杨菊华:《空间理论视角下老年流动人口的社会适应》,《社会学研究》2021年第3期	7.960	1	7.960
			杨菊华、史冬梅:《积极老龄化背景下老年人生产性资源开发利用研究》,《中国特色社会主义研究》2021年第5期	4.132	0.6	2.479
5	林宝	10.301	林宝:《积极应对人口老龄化:内涵、目标和任务》,《中国人口科学》2021年第3期	6.043	1	6.043
			林宝:《党的十八大以来我国养老服务政策新进展》,《中共中央党校(国家行政学院)学报》2021年第1期	4.258	1	4.258
6	龚六堂	8.672	于也雯、龚六堂:《生育政策、生育率与家庭养老》,《中国工业经济》2021年第5期	21.679	0.4	8.672
7	陆杰华	8.213	陆杰华、韦晓丹:《老年数字鸿沟治理的分析框架、理念及其路径选择——基于数字鸿沟与知沟理论视角》,《人口研究》2021年第3期	6.802	0.6	4.081
			陆杰华、林嘉琪:《中国人口新国情的特征、影响及应对方略——基于"七普"数据分析》,《中国特色社会主义研究》2021年第3期	4.132	0.6	2.479
			朱荟、陆杰华:《积极应对老龄化国家战略的理念突破、脉络演进与体制再构》,《中国特色社会主义研究》2021年第2期	4.132	0.4	1.653

续表

序号	作者	汇总得分	论文	影响因子	权重	综合得分
8	郝煜	8.173	郝煜：《中国的姓氏、籍贯和长期代际流动性（1645—2012）》，《经济学（季刊）》2021年第3期	8.173	1	8.173
9	程诚	7.960	程诚：《求同还是存异？——同质性视角下的学业成就研究》，《社会学研究》2021年第1期	7.960	1	7.960
10	刘欣	7.960	刘欣：《英才之路：通往转型社会二元精英地位的双重路径》，《社会学研究》2021年第4期	7.960	1	7.960
11	宋健	7.707	宋健、郑航：《中国生育研究现状与问题——基于方法视角的观察》，《中国人口科学》2021年第5期	6.043	0.6	3.626
			宋健、阿里米热·阿里木：《育龄女性生育意愿与行为的偏离及家庭生育支持的作用》，《人口研究》2021年第4期	6.802	0.6	4.081
12	周晓光	7.316	周晓光：《农村未婚老人的生活质量及提升对策研究》，《中国软科学》2021年第1期	7.316	1	7.316
13	刘雯莉	6.809	陶涛、刘雯莉、李婷：《长幼有序，男女有别——个体化进程中的中国家庭养老支持分工》，《社会学研究》2021年第5期	7.960	0.3	2.388
			靳永爱、刘雯莉、赵梦晗、王东晖、胡文波：《短视频应用平台的使用与中老年人生活——基于专项调查的探索性研究》，《人口研究》2021年第3期	6.802	0.25	1.701
			翟振武、刘雯莉：《七普数据质量与中国人口新"变化"》，《人口研究》2021年第3期	6.802	0.4	2.721
14	任杰慧	6.802	任杰慧：《空间理论下老年护理专业化队伍稳定性建设》，《人口研究》2021年第2期	6.802	1	6.802
15	徐世英	6.802	徐世英：《中国少数民族人口发展新态势》，《人口研究》2021年第3期	6.802	1	6.802
16	李卫东	6.802	李卫东：《配偶替代与农民工婚姻稳定性的关系》，《人口研究》2021年第4期	6.802	1	6.802
17	王培安	6.802	王培安：《中国共产党对人口发展的探索与实践》，《人口研究》2021年第5期	6.802	1	6.802

续表

序号	作者	汇总得分	论文	影响因子	权重	综合得分
18	王谦	6.802	王谦：《七普"意料之外"的数据对做好流动人口调查的启示》，《人口研究》2021年第5期	6.802	1	6.802
19	陈佳鞠	6.802	陈佳鞠：《后生育转变阶段的生育水平差异及其原因》，《人口研究》2021年第6期	6.802	1	6.802
20	郭云蔚	6.802	郭云蔚：《受教育水平对离婚风险的影响及其时代变化》，《人口研究》2021年第6期	6.802	1	6.802

2021年人口经济学年度作者

表2 2021年人口经济学年度作者一览

排序	作者	汇总得分	论文	影响因子	权重	综合得分
1	袁扬舟	20.579	袁扬舟：《生育政策与家庭微观决策及宏观经济结构》，《经济研究》2021年第4期	20.579	1	20.579
2	都阳	12.347	都阳、封永刚：《人口快速老龄化对经济增长的冲击》，《经济研究》2021年第2期	20.579	0.6	12.347
3	贾俊雪	10.290	贾俊雪、龙学文、孙伟：《人口红利还是人力资本红利：生育政策经济影响的理论分析》，《经济研究》2021年第12期	20.579	0.5	10.290
4	蔡昉	10.232	蔡昉：《中国老龄化挑战的供给侧和需求侧视角》，《经济学动态》2021年第1期	4.860	1	4.860
			蔡昉、王美艳：《如何解除人口老龄化对消费需求的束缚》，《财贸经济》2021年第5期	8.954	0.6	5.372
5	颜色	8.767	郭凯明、颜色、李双潞：《结构转型、生育率选择与人口转变》，《世界经济》2021年第1期	8.479	0.3	2.544
			颜色、郭凯明、段雪琴：《老龄化、消费结构与服务业发展》，《金融研究》2021年第2期	12.447	0.5	6.224
6	王兆华	8.531	王兆华、马俊华、张斌、王博：《空气污染与城镇人口迁移：来自家庭智能电表大数据的证据》，《管理世界》2021年第3期	21.328	0.4	8.531
7	封永刚	8.232	都阳、封永刚：《人口快速老龄化对经济增长的冲击》，《经济研究》2021年第2期	20.579	0.4	8.232
8	郭凯明	7.974	郭凯明、颜色、李双潞：《结构转型、生育率选择与人口转变》，《世界经济》2021年第1期	8.479	0.5	4.240
			颜色、郭凯明、段雪琴：《老龄化、消费结构与服务业发展》，《金融研究》2021年第2期	12.447	0.3	3.734
9	李骏	7.960	李骏：《从收入到资产：中国城市居民的阶层认同及其变迁——以1991—2013年的上海为例》，《社会学研究》2021年第3期	7.960	1	7.960
10	王博	7.505	王兆华、马俊华、张斌、王博：《空气污染与城镇人口迁移：来自家庭智能电表大数据的证据》，《管理世界》2021年第3期	21.328	0.1	2.133
			王博、陈开璞：《人口结构变化对自然利率的影响》，《财贸经济》2021年第12期	8.954	0.6	5.372

续表

排序	作者	汇总得分	论文	影响因子	权重	综合得分
11	王树	6.802	王树：《"第二次人口红利"与经济增长：理论渊源、作用机制与数值模拟》，《人口研究》2021年第1期	6.802	1	6.802
12	陆旸	6.802	陆旸：《城市规模分布和经济发展：存在一种特定模式吗?》，《人口研究》2021年第4期	6.802	1	6.802
13	方雯	6.802	方雯：《人口老龄化对东莞制造业发展的影响——从"世界工厂"到"智造东莞"》，《人口研究》2021年第5期	6.802	1	6.802
14	马俊华	6.398	王兆华、马俊华、张斌、王博：《空气污染与城镇人口迁移：来自家庭智能电表大数据的证据》，《管理世界》2021年第3期	21.328	0.3	6.398
15	龙学文	6.174	贾俊雪、龙学文、孙伟：《人口红利还是人力资本红利：生育政策经济影响的理论分析》，《经济研究》2021年第12期	20.579	0.3	6.174
16	王广州	6.043	王广州：《中国人口机会窗口与人口红利再认识》，《中国人口科学》2021年第3期	6.043	1	6.043
17	汪小芹	5.087	汪小芹、邵宜航：《我们是否比父辈过得更好：中国代际收入向上流动研究》，《世界经济》2021年第3期	8.479	0.6	5.087
18	张斌	4.266	王兆华、马俊华、张斌、王博：《空气污染与城镇人口迁移：来自家庭智能电表大数据的证据》，《管理世界》2021年第3期	21.328	0.2	4.266
19	孙伟	4.116	贾俊雪、龙学文、孙伟：《人口红利还是人力资本红利：生育政策经济影响的理论分析》，《经济研究》2021年第12期	20.579	0.2	4.116
20	陈媛媛	4.087	陈媛媛、董彩婷、朱彬妍：《流动儿童和本地儿童之间的同伴效应：孰轻孰重?》，《经济学（季刊）》2021年第2期	8.173	0.5	4.087

2021 年劳动经济学年度作者

表3 2021 年劳动经济学年度作者一览

排序	作者	汇总得分	论文	影响因子	权重	综合得分
1	李实	31.090	罗楚亮、李实、岳希明：《中国居民收入差距变动分析（2013—2018）》，《中国社会科学》2021 年第 1 期	12.368	0.3	3.710
			李实：《共同富裕的目标和实现路径选择》，《经济研究》2021 年第 11 期	20.579	1	20.579
			詹鹏、毛逸波、李实：《城镇女性劳动供给长期趋势研究：来自教育扩张和生育行为的解释》，《中国工业经济》2021 年第 8 期	21.679	0.2	4.336
			贾晗睿、詹鹏、李实：《"多轨制"养老金体系的收入差距——基于中国家庭收入调查数据的发现》，《财政研究》2021 年第 3 期	6.279	0.2	1.256
			贾晗睿、詹鹏、李实：《收入再分配与老年人收入差距》，《中国人口科学》2021 年第 1 期	6.043	0.2	1.209
2	郭凯明	29.196	郭凯明、余靖雯、龚六堂：《家庭隔代抚养文化、延迟退休年龄与劳动力供给》，《经济研究》2021 年第 6 期	20.579	0.5	10.290
			郭凯明、罗敏：《有偏技术进步、产业结构转型与工资收入差距》，《中国工业经济》2021 年第 3 期	21.679	0.6	13.007
			郭凯明、余靖雯、龚六堂：《退休年龄、隔代抚养与经济增长》，《经济学（季刊）》2021 年第 2 期	8.173	0.5	4.087
			魏下海、郭凯明、吴春秀：《数字技术、用工成本与企业搬迁选择》，《中国人口科学》2021 年第 1 期	6.043	0.3	1.813
3	汪伟	25.144	汪伟、王文鹏：《预期寿命、人力资本与提前退休行为》，《经济研究》2021 年第 9 期	20.579	0.6	12.347
			汪伟、王文鹏：《预期寿命、养老保险降费与老年劳动供给：兼论中国退休政策改革》，《管理世界》2021 年第 9 期	21.328	0.6	12.797

续表

排序	作者	汇总得分	论文	影响因子	权重	综合得分
4	万海远	23.601	万海远：《城市社区基础设施投资的创业带动作用》，《经济研究》2021年第9期	20.579	1	20.579
			万海远、陈基平、王盈斐：《中国南北工资差距的新变化及市场化成因》，《中国人口科学》2021年第4期	6.043	0.5	3.022
5	刘维林	21.679	刘维林：《劳动要素的全球价值链分工地位变迁——基于报酬份额与嵌入深度的考察》，《中国工业经济》2021年第1期	21.679	1	21.679
6	王春超	21.329	王春超、叶蓓：《城市如何吸引高技能人才？——基于教育制度改革的视角》，《经济研究》2021年第6期	20.579	0.6	12.347
			王春超、林芊芊：《恶劣天气如何影响劳动生产率？——基于快递业劳动者的适应行为研究》，《经济学（季刊）》2021年第3期	8.173	0.6	4.904
			王春超、林俊杰：《父母陪伴与儿童的人力资本发展》，《教育研究》2021年第1期	6.797	0.6	4.078
7	高琳	21.328	高琳：《分权的生产率增长效应：人力资本的作用》，《管理世界》2021年第3期	21.328	1	21.328
8	王俊	21.328	王俊：《经济集聚、技能匹配与大城市工资溢价》，《管理世界》2021年第4期	21.328	1	21.328
9	杜鹏程	20.954	杜鹏程、徐舒、张冰：《社会保险缴费基数改革的经济效应》，《经济研究》2021年第6期	20.579	0.5	10.290
			杜鹏程、王姝勋、徐舒：《税收征管、企业避税与劳动收入份额——来自所得税征管范围改革的证据》，《管理世界》2021年第7期	21.328	0.5	10.664
10	程文	20.579	程文：《人工智能、索洛悖论与高质量发展：通用目的技术扩散的视角》，《经济研究》2021年第10期	20.579	1	20.579
11	毛其淋	19.409	方森辉、毛其淋：《高校扩招、人力资本与企业出口质量》，《中国工业经济》2021年第11期	21.679	0.4	8.672
			方森辉、毛其淋：《人力资本扩张与企业产能利用率——来自中国"大学扩招"的证据》，《经济学（季刊）》2021年第6期	8.173	0.4	3.269
			毛其淋、盛斌：《劳动力成本对中国加工贸易规模及转型升级的影响》，《金融研究》2021年第10期	12.447	0.6	7.468

续表

排序	作者	汇总得分	论文	影响因子	权重	综合得分
12	李磊	18.142	李磊、王小霞、包群：《机器人的就业效应：机制与中国经验》，《管理世界》2021年第9期	21.328	0.5	10.664
			李磊、徐长生、刘常青：《性别偏好、人力资本积累与企业信息化》，《经济学（季刊）》2021年第1期	8.173	0.5	4.087
			陈梅、李磊：《从人口红利到性别红利：女性就业与企业出口》，《世界经济》2021年第1期	8.479	0.4	3.392
13	方森辉	17.911	方森辉、毛其淋：《高校扩招、人力资本与企业出口质量》，《中国工业经济》2021年第11期	21.679	0.6	13.007
			方森辉、毛其淋：《人力资本扩张与企业产能利用率——来自中国"大学扩招"的证据》，《经济学（季刊）》2021年第6期	8.173	0.6	4.904
14	鄢伟波	17.435	鄢伟波、安磊：《社会保险缴费与转嫁效应》，《经济研究》2021年第9期	20.579	0.6	12.347
			鄢伟波、安磊：《中国女性劳动供给为何降低：来自流动人口的证据》，《世界经济》2021年第12期	8.479	0.6	5.087
15	刘贯春	17.063	刘贯春、叶永卫、张军：《社会保险缴费、企业流动性约束与稳就业——基于〈社会保险法〉实施的准自然实验》，《中国工业经济》2021年第5期	21.679	0.5	10.840
			刘贯春、司登奎、刘芳：《人力资本偏向金融部门如何影响实体经济增长？》，《金融研究》2021年第10期	12.447	0.5	6.224
16	王文鹏	16.763	汪伟、王文鹏：《预期寿命、人力资本与提前退休行为》，《经济研究》2021年第9期	20.579	0.4	8.232
			汪伟、王文鹏：《预期寿命、养老保险降费与老年劳动供给：兼论中国退休政策改革》，《管理世界》2021年第9期	21.328	0.4	8.531
17	宁光杰	16.633	宁光杰、张雪凯：《劳动力流转与资本深化——当前中国企业机器替代劳动的新解释》，《中国工业经济》2021年第6期	21.679	0.6	13.007
			宁光杰、杨馥萍：《互联网使用与劳动力产业流动——对低技能劳动者的考察》，《中国人口科学》2021年第2期	6.043	0.6	3.626

续表

排序	作者	汇总得分	论文	影响因子	权重	综合得分
18	陈梦根	15.973	陈梦根、侯园园：《中国行业劳动投入和劳动生产率：2000—2018》，《经济研究》2021年第5期	20.579	0.6	12.347
			陈梦根、周元任：《数字化对企业人工成本的影响》，《中国人口科学》2021年第4期	6.043	0.6	3.626
19	柏培文	15.973	柏培文、张云：《数字经济、人口红利下降与中低技能劳动者权益》，《经济研究》2021年第5期	20.579	0.6	12.347
			柏培文、李相霖：《中国行业工资合理性研究》，《中国人口科学》2021年第5期	6.043	0.6	3.626
20	尹志超	15.740	尹志超、刘泰星、张逸兴：《劳动力流动如何影响农户借贷：基于社会网络的分析》，《世界经济》2021年第12期	8.479	0.5	4.240
			尹志超、刘泰星、严雨：《劳动力流动能否缓解农户流动性约束——基于社会网络视角的实证分析》，《中国农村经济》2021年第7期	14.046	0.5	7.023
			尹志超、李青蔚、张诚：《收入不平等对家庭杠杆率的影响》，《财贸经济》2021年第1期	8.954	0.5	4.477
21	宋弘	15.193	宋弘、封进、宋婉彧：《社保缴费率下降对企业社保缴费与劳动力雇佣的影响》，《经济研究》2021年第1期	20.579	0.5	10.290
			宋弘、罗长远：《高房价会扭曲公众的价值观吗？——基于中国家庭追踪调查（CFPS）的实证分析》，《经济学（季刊）》2021年第5期	8.173	0.6	4.904
22	詹鹏	14.536	詹鹏、毛逸波、李实：《城镇女性劳动供给长期趋势研究：来自教育扩张和生育行为的解释》，《中国工业经济》2021年第8期	21.679	0.5	10.840
			贾晗睿、詹鹏、李实：《"多轨制"养老金体系的收入差距——基于中国家庭收入调查数据的发现》，《财政研究》2021年第3期	6.279	0.3	1.884
			贾晗睿、詹鹏、李实：《收入再分配与老年人收入差距》，《中国人口科学》2021年第1期	6.043	0.3	1.813
23	于新亮	14.290	于新亮、张文瑞、郭文光、于文广：《养老保险制度统一与劳动要素市场化配置——基于公私部门养老金并轨改革的实证研究》，《中国工业经济》2021年第1期	21.679	0.4	8.672
			于新亮、黄俊铭、康琢、于文广：《老年照护保障与女性劳动参与——基于中国农村长期护理保险试点的政策效果评估》，《中国农村经济》2021年第11期	14.046	0.4	5.618

续表

排序	作者	汇总得分	论文	影响因子	权重	综合得分
24	周强	14.046	周强：《精准扶贫政策的减贫绩效与收入分配效应研究》，《中国农村经济》2021年第5期	14.046	1	14.046
25	张丽娟	14.046	张丽娟：《非农就业对农户是否选择购买地下水灌溉服务的影响——基于跨度16年5轮实地追踪调查数据的实证分析》，《中国农村经济》2021年第5期	14.046	1	14.046
26	杜鑫	14.046	杜鑫：《当前中国农村居民收入及收入分配状况——兼论各粮食功能区域农村居民收入水平及收入差距》，《中国农村经济》2021年第7期	14.046	1	14.046
27	汪三贵	13.918	汪三贵、孙俊娜：《全面建成小康社会后中国的相对贫困标准、测量与瞄准——基于2018年中国住户调查数据的分析》，《中国农村经济》2021年第3期	14.046	0.6	8.428
			汪三贵、孙俊娜：《互助资金政策对贫困村劳动力流动的影响——基于5省10县准实验研究的DID分析》，《中国人口·资源与环境》2021年第2期	7.598	0.6	4.559
			胡联、缪宁、姚绍群、汪三贵：《中国农村相对贫困变动和分解：2002—2018》，《数量经济技术经济研究》2021年第2期	9.318	0.1	0.932
28	马双	13.260	袁劲、马双：《最低工资与中国多产品企业出口：成本效应抑或激励效应》，《中国工业经济》2021年第9期	21.679	0.4	8.672
			李丁、张艳、马双、邵帅：《大气污染的劳动力区域再配置效应和存量效应》，《经济研究》2021年第5期	20.579	0.2	4.116
			杨超、李洁、马双、李阳：《最低工资如何影响小微企业投资？——基于CMES的实证研究》，《劳动经济研究》2021年第1期	2.361	0.2	0.472
29	刘春林	13.007	刘春林、田玲：《人才政策"背书"能否促进企业创新》，《中国工业经济》2021年第3期	21.679	0.6	13.007
30	王中华	13.007	王中华、岳希明：《收入增长、收入差距与农村减贫》，《中国工业经济》2021年第9期	21.679	0.6	13.007
31	袁劲	13.007	袁劲、马双：《最低工资与中国多产品企业出口：成本效应抑或激励效应》，《中国工业经济》2021年第9期	21.679	0.6	13.007
32	孙伟增	13.007	孙伟增、郭冬梅：《信息基础设施建设对企业劳动力需求的影响：需求规模、结构变化及影响路径》，《中国工业经济》2021年第11期	21.679	0.6	13.007

续表

排序	作者	汇总得分	论文	影响因子	权重	综合得分
33	陈飞	12.797	陈飞、苏章杰:《城市规模的工资溢价:来源与经济机制》,《管理世界》2021年第1期	21.328	0.6	12.797
34	李培鑫	12.797	李培鑫、张学良:《城市群集聚空间外部性与劳动力工资溢价》,《管理世界》2021年第11期	21.328	0.6	12.797
35	顾海	12.797	顾海、吴迪:《"十四五"时期基本医疗保障制度高质量发展的基本内涵与战略构想》,《管理世界》2021年第9期	21.328	0.6	12.797
36	余靖雯	12.712	郭凯明、余靖雯、龚六堂:《家庭隔代抚养文化、延迟退休年龄与劳动力供给》,《经济研究》2021年第6期	20.579	0.3	6.174
			郭凯明、余靖雯、龚六堂:《退休年龄、隔代抚养与经济增长》,《经济学(季刊)》2021年第2期	8.173	0.3	2.452
			余靖雯、王敏、龚六堂:《主宰命运还是顺天由命?——内外控人格特征与人力资本投资》,《经济学(季刊)》2021年第6期	8.173	0.5	4.087
37	蔡昉	12.651	蔡昉:《三个分配领域的改革红利》,《劳动经济研究》2021年第6期	2.361	1	2.361
			蔡昉、张丹丹、刘雅玄:《新冠肺炎疫情对中国劳动力市场的影响——基于个体追踪调查的全面分析》,《经济研究》2021年第2期	20.579	0.5	10.290
38	张明昂	12.413	张明昂:《贸易自由化如何影响居民健康?——基于中国加入WTO的证据》,《经济学(季刊)》2021年第3期	8.173	1	8.173
			张明昂、施新政、纪珽:《人力资本积累与劳动收入份额:来自中国大学扩招的证据》,《世界经济》2021年第2期	8.479	0.5	4.240
39	黎蔺娴	12.347	黎蔺娴、边恕:《经济增长、收入分配与贫困:包容性增长的识别与分解》,《经济研究》2021年第2期	20.579	0.6	12.347
40	胡雯	12.347	胡雯、张锦华:《密度、距离与农民工工资:溢价还是折价?》,《经济研究》2021年第3期	20.579	0.6	12.347
41	魏东霞	12.347	魏东霞、陆铭:《早进城的回报:农村移民的城市经历和就业表现》,《经济研究》2021年第12期	20.579	0.6	12.347
42	周烁	12.347	周烁、张文韬:《互联网使用的主观福利效应分析》,《经济研究》2021年第9期	20.579	0.6	12.347

年度课题

说明[*]

1. 国家社会科学基金项目

数据信息来自全国哲学社会科学工作办公室官网（http：//www.nopss.gov.cn/GB/219469/index.html），为该页面能查询到的所有项目立项、结项情况。

2. 国家自然科学基金项目

（1）立项项目

因国家自然科学基金大数据知识管理服务门户（https：//kd.nsfc.gov.cn/fundingProjectInit）仅支持对已知名称的项目逐个查询，故无法在官网获取数据，经检索后在LetPub公司网站（https：//www.letpub.com.cn/index.php？page = grant）通过学科关键词检索下载整理。

（2）结项项目

来自国家自然科学基金大数据知识管理服务门户（https：//kd.nsfc.gov.cn/finalProjectInit?advanced = true），为该页面能查询到的所有项目结项情况。

---

[*] 陆旸，中国社会科学院人口与劳动经济研究所《中国人口年鉴》编辑部主任，研究员、博士生导师，研究方向为劳动经济学和环境经济学，邮箱为luyang2002@cass.org.cn。2021年度国家社会科学基金项目和国家自然科学基金项目由陆旸以及中国社会科学院大学博士研究生孟繁成整理。

表1 2021年度人口学国家社会科学基金项目立项一览

序号	批准号	课题名称	预期成果	负责人	工作单位	项目类型	所在学科
1	21&ZD187	人口老龄化背景下的残疾预防策略与应用研究	—	何平	北京大学	重大项目	—
2	21&ZD188	人口老龄化背景下的残疾预防策略与应用研究	—	周兰姝	海军军医大学	重大项目	—
3	21&ZD189	人口老龄化对科技创新的影响机制与战略协同研究	—	沈可	复旦大学	重大项目	—
4	21&ZD212	新中国成立后各民族人口流动与深度交融的动力机制研究	—	郝亚明	贵州民族大学	重大项目	—
5	21&ZD213	新中国成立后各民族人口流动与深度交融的动力机制研究	—	袁年兴	武汉科技大学	重大项目	—
6	21ARK001	中国人口转变新格局与人口治理创新研究	专著	王学义	西南财经大学	重点项目	人口学
7	21ARK002	失能老人长期照护社会支持网络及支持主体协同机制研究	研究报告	尹志勤	温州医科大学	重点项目	人口学
8	21ARK003	中国"东北人口现象"研究	专著	李辉	吉林大学	重点项目	人口学
9	21ARK004	积极应对人口老龄化视域下低龄老年人就业问题研究	研究报告	宋月萍	中国人民大学	重点项目	人口学
10	21ARK005	当代中国农村老年家庭代际和谐发展与支持政策研究	论文集研究报告	王萍	西安科技大学	重点项目	人口学
11	21ARK006	家庭养育成本及其对生育决策的影响研究	专著论文集	贾志科	河北大学	重点项目	人口学
12	21ASH006	生命历程视角下第一代外出农民工子女的婚姻样态研究	专著	许传新	成都理工大学	重点项目	社会学
13	21ASH014	积极应对人口老龄化国家战略中的家庭养老功能支持体系研究	研究报告	孙鹃娟	中国人民大学	重点项目	社会学
14	21BFX022	人口老龄化背景下养老服务合同的私法规制研究	专著	徐银波	西南政法大学	一般项目	法学
15	21BGL229	老龄化进程中的认知健康促进技术研究	论文集其他	吴超	北京大学	一般项目	管理学
16	21BGL235	面向失能老人的医养结合嵌入模式的建构及政策研究	论文集研究报告	李鲁	浙江树人学院	一般项目	管理学
17	21BGL242	积极老龄化视域下智能技术适老化的价值实现机理和路径研究	研究报告	许肇然	上海第二工业大学	一般项目	管理学
18	21BGL302	失能老人服务需求与照护资源的优化配置研究	论文集研究报告	郭晓君	南通大学	一般项目	管理学
19	21BJY011	丧偶对农村老年人健康的影响：作用机制与政策干预	论文集研究报告	李琴	华南农业大学	一般项目	应用经济

续表

序号	批准号	课题名称	预期成果	负责人	工作单位	项目类型	所在学科
20	21BRK001	大数据背景下生育水平与意愿追踪研究	论文集 研究报告	齐嘉楠	中国人口与发展研究中心	一般项目	人口学
21	21BRK002	东北地区人口新变动及其社会经济后果研究	研究报告	宋丽敏	辽宁大学	一般项目	人口学
22	21BRK003	基于经济价值评估视角的家庭老年照料支持政策研究	论文集 研究报告	陈璐	南开大学	一般项目	人口学
23	21BRK004	少数民族流动人口社会融入研究	研究报告	杨菊华	中央民族大学	一般项目	人口学
24	21BRK005	性别失衡背景下的城乡异向婚姻挤压问题研究	论文集 研究报告	石人炳	华中科技大学	一般项目	人口学
25	21BRK006	流动老年人社会支持与社会融合研究	专著 研究报告	李含伟	上海工程技术大学	一般项目	人口学
26	21BRK007	新时代人口长期均衡发展目标、指标及测度研究	专著 研究报告	张俊良	西南财经大学	一般项目	人口学
27	21BRK008	流动老人的社会融入特征、影响因素与干预研究	论文集	唐丹	中国人民大学	一般项目	人口学
28	21BRK009	基于社区的普惠性托育服务体系建构研究	专著 论文集 研究报告	吕苹	浙江外国语学院	一般项目	人口学
29	21BRK010	数字经济与社区居家养老服务深度融合模式、困境及支持政策研究	研究报告	高建丽	山东工商学院	一般项目	人口学
30	21BRK011	智慧健康养老视角下老年人数字鸿沟治理研究	研究报告	杨波	西北大学	一般项目	人口学
31	21BRK012	老龄友好型社区服务充分性保障与精细化管理研究	专著	林璐	浙江理工大学	一般项目	人口学
32	21BRK013	家庭生命周期视角下失能老人家庭差异化社会支持模式构建研究	研究报告	赵庆华	重庆医科大学	一般项目	人口学
33	21BRK014	老年人力资源开发赋能乡村振兴的路径与政策研究	研究报告	金绍荣	西南大学	一般项目	人口学
34	21BRK015	生殖技术应用的社会影响研究	专著	朱剑峰	复旦大学	一般项目	人口学
35	21BRK016	2010年以来中国人口死亡水平的分死因模式及其变化趋势研究	研究报告	张浩	哈尔滨工程大学	一般项目	人口学
36	21BRK017	我国农村老年人健康预期寿命的演变趋势及特征分析研究	论文集 研究报告 电脑软件	杨明旭	华南农业大学	一般项目	人口学

续表

序号	批准号	课题名称	预期成果	负责人	工作单位	项目类型	所在学科
37	21BRK018	城市低龄老人社会参与对健康促进的影响研究	论文集 研究报告	崔晓东	南京晓庄学院	一般项目	人口学
38	21BRK019	积极老龄化视角下老年人口移动健康服务适应性及对策研究	研究报告	杨璐	南京邮电大学	一般项目	人口学
39	21BRK020	积极老龄化视域下农村人居环境影响老年人健康的机制与对策研究	论文集	郑振华	上海理工大学	一般项目	人口学
40	21BRK021	健康中国背景下睡眠模式与健康老龄化关联性及其中介路径研究	研究报告	施红英	温州医科大学	一般项目	人口学
41	21BRK022	人口老龄化背景下老年外科病人迅速增多的应对策略研究	论文集	王志东	西安交通大学	一般项目	人口学
42	21BRK023	农村老年人精神养老的家庭与社会支持研究	研究报告	王浩林	安徽财经大学	一般项目	人口学
43	21BRK024	出生性别比转变对人口老龄化的影响研究	研究报告	张震	复旦大学	一般项目	人口学
44	21BRK025	社会生态系统视域下中国老年人社会参与提升策略研究	研究报告	崔红威	河北大学	一般项目	人口学
45	21BRK026	新发展阶段中老年农民工生计转型与养老保障研究	论文集 研究报告	赵锋	湖北经济学院	一般项目	人口学
46	21BRK027	需求溢出理论视角的失能老年人家庭照料支持政策研究	专著 研究报告	周艺梦	武汉科技大学	一般项目	人口学
47	21BRK028	代际关系变动中农村家庭养老支持力提升研究	研究报告	胡仕勇	武汉理工大学	一般项目	人口学
48	21BRK029	长三角人口消费流动的边界效应研究	研究报告	张伊娜	复旦大学	一般项目	人口学
49	21BRK030	新时代背景下中越边境跨国流动人口治理与边疆稳定研究	专著	黄伟生	广西民族大学	一般项目	人口学
50	21BRK031	流动家庭生计脆弱性与政策支持研究	论文集 研究报告	彭大松	南京邮电大学	一般项目	人口学
51	21BRK032	迁移背景下老年人虐待问题研究	研究报告	杨晔琴	温州医科大学	一般项目	人口学
52	21BRK033	数字技术驱动下的我国人口分布转型研究	专著	米瑞华	延安大学	一般项目	人口学
53	21BRK034	新时代不同队列农业转移人口市民化测量及差异化路径研究	研究报告	杨胜慧	中国人口与发展研究中心	一般项目	人口学
54	21BRK035	"三交"视角下民族地区人口流动的变迁及影响因素研究	研究报告	马胜春	中央民族大学	一般项目	人口学

续表

序号	批准号	课题名称	预期成果	负责人	工作单位	项目类型	所在学科
55	21BRK036	传承与反哺视野下的代际关系对农村随迁老人社会适应的影响研究	研究报告	郭秋菊	华中科技大学	一般项目	人口学
56	21BRK037	新生代农民工社会融合的难点与破解研究	研究报告	倪建伟	浙江财经大学	一般项目	人口学
57	21BRK038	家庭禀赋视角下生育困境与生育支持政策构建研究	专著	薛君	河南师范大学	一般项目	人口学
58	21BRK039	西北民族地区家庭生育成本及其对生育的影响研究	论文集研究报告	董晔	新疆师范大学	一般项目	人口学
59	21BRK040	边疆地区少数民族生育意愿与生育行为转变及其社会影响研究	研究报告	郭山	云南大学	一般项目	人口学
60	21BRK041	中国多元城镇化路径对生育意愿的影响及对策研究	论文集	王军	中山大学	一般项目	人口学
61	21BRK042	家庭社会资本对我国城市流动儿童人力资本的影响研究	研究报告	吴一超	东南大学	一般项目	人口学
62	21BRK043	我国失智老人家庭照护模式及其对照护者心理健康的影响研究	论文集研究报告	张莉	中国政法大学	一般项目	人口学
63	21BRK044	基于生命周期的夫妻生育意愿差异及其生育决策研究	研究报告	丁仁船	安徽建筑大学	一般项目	人口学
64	21BRK045	低生育率背景下家庭教育的社会支持体系研究	研究报告	何芳	上海社会科学院	一般项目	人口学
65	21BSH009	"后独生子女时代"中的独生子女问题研究	专著论文集	风笑天	广西师范大学	一般项目	社会学
66	21BSH010	生命历程视角下新生代农民工家庭发展风险与治理研究	研究报告	陈莉	温州医科大学	一般项目	社会学
67	21BSH018	老漂族积极老化心理促进及干预研究	研究报告	焦璨	深圳大学	一般项目	社会学
68	21BSH021	全生命周期视域下健康老龄化体系路径研究	专著	翟绍果	西北大学	一般项目	社会学
69	21BSH032	港澳青年在内地的社会融合研究：接触机制、结构条件和国家认同	研究报告	郑婉卿	中山大学	一般项目	社会学
70	21BSH035	农民工市民化的社会成本及其分担机制研究	论文集研究报告	熊景维	华中农业大学	一般项目	社会学
71	21BSH037	中国家庭结构变迁与社会流动研究	研究报告	谢桂华	中国人民大学	一般项目	社会学
72	21BSH065	老龄友好社会的文化支持体系研究	研究报告	马岚	江苏省社会科学院	一般项目	社会学

续表

序号	批准号	课题名称	预期成果	负责人	工作单位	项目类型	所在学科
73	21BSH077	延迟退休影响下生育政策效果的角色结构仿真研究	论文集 研究报告	陈雯	华中农业大学	一般项目	社会学
74	21BSH079	新时代农村女性日常生活实践中的家庭代际关系韧性研究	专著	乌静	内蒙古科技大学	一般项目	社会学
75	21BSH119	居家养老服务体系下城市社区邻里关系建设的行动研究	研究报告	魏爱棠	厦门大学	一般项目	社会学
76	21BSH120	养老机构照护不良事件社会风险管理及防范策略研究	论文集	张俊娥	中山大学	一般项目	社会学
77	21BSH121	失能老人机构照料的家庭参与优化研究	专著 论文集	罗艳	华中科技大学	一般项目	社会学
78	21BSH123	老龄化背景下我国安宁疗护社会工作本土实践模式的构建研究	专著 译著	程明明	上海大学	一般项目	社会学
79	21BSH124	人口老龄化背景下面向情绪调节的老龄友好型社区公共空间建设路径	研究报告	于冰沁	上海交通大学	一般项目	社会学
80	21BSH139	幸福老龄化导向下的老年照料供需联动机制与政策支持研究	研究报告	刘西国	济南大学	一般项目	社会学
81	21BSH140	后疫情时代社区养老服务体系韧性的建构逻辑及行动策略研究	研究报告	胡晓芳	重庆大学	一般项目	社会学
82	21BSH150	拉萨流动人口问题研究	论文集	张进福	厦门大学	一般项目	社会学
83	21BTJ005	复杂半参数空间自回归模型的理论研究及其在我国区域人口流动分析中的应用	专著 论文集	魏传华	中央民族大学	一般项目	统计学
84	21BTY078	积极老龄化战略下体育促进西部老年人健康福祉的实证研究	论文集 研究报告	郝莹	西北师范大学	一般项目	体育学
85	21BTY091	健康老龄化背景下我国体医融合的社会支持体系研究	研究报告	苏中军	温州大学	一般项目	体育学
86	21BZZ107	21世纪以来美国少数族裔人口变化及其政治影响研究	专著	何晓跃	南京师范大学	一般项目	政治学
87	21CGL057	城市用地结构视角下土地与人口增长互动机制及优化路径研究	论文集	许刚	武汉大学	青年项目	管理学
88	21CRK001	中国第二次人口转变的空间分布及产生机制研究	论文集	王东晖	中国人民大学	青年项目	人口学
89	21CRK002	失能老人家庭照料负担及社区支持研究	论文集 研究报告	孙金明	廊坊师范学院	青年项目	人口学
90	21CRK003	社区居家医养结合服务高质量运作模式研究	研究报告	曹杨	四川大学	青年项目	人口学

续表

序号	批准号	课题名称	预期成果	负责人	工作单位	项目类型	所在学科
91	21CRK004	数字技术促进老年健康的社区支持机制研究	论文集 研究报告	宁雯雯	武汉科技大学	青年项目	人口学
92	21CRK005	西南民族地区就近城镇化供需失配格局与匹配优化研究	论文集	赵美风	天津师范大学	青年项目	人口学
93	21CRK006	基于承载力匹配视角的都市圈人口空间格局演变和优化路径研究	专著	陈金英	浙江师范大学	青年项目	人口学
94	21CRK007	数字鸿沟中的"新型失能"老人问题及社会支持研究	论文集 研究报告	山娜	北京服装学院	青年项目	人口学
95	21CRK008	老年农民工的养老风险分析与应对政策研究	研究报告	谢娅婷	河南农业大学	青年项目	人口学
96	21CRK009	新业态下灵活就业人员适应性养老保险制度构建研究	专著	方群	江西财经大学	青年项目	人口学
97	21CRK010	新疆内地籍人口社会融入程度与模式差异化研究	研究报告	刘磊	石河子大学	青年项目	人口学
98	21CRK011	数字经济背景下农民工数字素养与社会融合研究	论文集 研究报告	朱明宝	中南财经政法大学	青年项目	人口学
99	21CRK012	家庭养育成本对生育的影响及生育支持政策构建研究	研究报告	周宇香	中国青少年研究中心	青年项目	人口学
100	21CRK013	获得感视角下的就业质量评价和提升路径研究	研究报告	凌珑	南京师范大学	青年项目	人口学
101	21CRK014	超大城市流动人口的精神健康风险评估与应对策略研究	论文集 研究报告	罗雅楠	北京大学	青年项目	人口学
102	21CRK015	乡村振兴背景下返乡流动儿童心理健康及其影响机制研究	研究报告	赵冠岚	浙江大学	青年项目	人口学
103	21CSH011	积极老龄化视角下农村老年人健康不平等消解机制及政策优化研究	论文集 研究报告	杨晶	湖南大学	青年项目	社会学
104	21CSH053	低生育率背景下企业家庭友好实践建设及政府扶持研究	论文集	来宪伟	河南师范大学	青年项目	社会学
105	21CSH056	二代流动儿童回流的发生机制、社会后果与干预政策研究	论文集	朱志胜	北京第二外国语学院	青年项目	社会学
106	21CSH062	基于健康生活方式理论的我国低龄老年人健康素养研究	论文集	柴向南	南京大学	青年项目	社会学
107	21CSH070	长期护理保险对失能老人家庭照护的影响及健康效应研究	研究报告	史薇	北京理工大学	青年项目	社会学
108	21CSH080	新时代我国家庭教育投入状况及对儿童发展的影响研究	研究报告	张振宇	济南大学	青年项目	社会学
109	21CTJ005	"行政记录人口普查"的数据质量评估框架研究	论文集 研究报告	史龙梅	安徽工程大学	青年项目	统计学

续表

序号	批准号	课题名称	预期成果	负责人	工作单位	项目类型	所在学科
110	21CXW027	智媒时代农村老年人媒介素养培育与积极老龄化推动研究	专著论文集	谢兴政	复旦大学	青年项目	新闻学与传播学
111	21XRK001	成渝地区双城经济圈人口长期均衡发展的实现路径研究	研究报告	赵智	中共重庆市委党校	西部项目	人口学
112	21XRK002	川黔渝地区新生代农民工返乡创业与乡村振兴的联动机制研究	研究报告	田书芹	重庆文理学院	西部项目	人口学
113	21XRK003	乡村振兴背景下农村养老服务供给的价值共识、场域重构与运行机制研究	研究报告	曾易	贵州民族大学	西部项目	人口学
114	21XRK004	地理通婚圈对家庭代际支持功能的影响研究	研究报告	梁海艳	曲靖师范学院	西部项目	人口学
115	21XRK005	国家安全视域下西南边疆民族地区生育转变研究	研究报告	杨晶	云南省社会科学院	西部项目	人口学
116	21XRK006	青藏地区生育文化变迁及政策支持研究	研究报告	宋洁	中共青海省委党校	西部项目	人口学
117	21XRK007	后计划生育时代新疆少数民族生育转变研究	研究报告	马晓钰	新疆大学	西部项目	人口学
118	BHA210140	乡村振兴背景下0-3岁留守儿童家庭环境干预机制研究	—	王玲艳	南京师范大学	教育学项目	—
119	—	流动人口住房问题研究	—	张思思	暨南大学	后期资助项目	应用经济
120	—	人口普查登记误差估计	—	胡桂华	重庆工商大学	后期资助项目	统计学
121	—	中国与"一带一路"沿线国家人口问题、经济增长比较研究	—	晏月平	云南大学	后期资助项目	人口学
122	—	农村流动人口的"双重"婚姻风险及化解研究	—	杨婷	华中科技大学	后期资助项目	人口学
123	—	生育与老年人福利问题研究	—	杨华磊	中南财经政法大学	后期资助项目	人口学
124	—	民办养老服务机构社会企业化改革路径研究	—	范西莹	陕西师范大学	后期资助项目	人口学
125	—	城市基层社会治理体系建设研究	—	刘妮娜	华北电力大学	后期资助项目	人口学
126	—	流动人口家庭发展三阶段论：家庭团聚的再造与家庭支持的重构	—	李龙	中国人民大学	优秀博士论文出版	—
127	—	新中国人口学研究70年	—	孙肇春	广东外语外贸大学	中华学术外译	—

续表

序号	批准号	课题名称	预期成果	负责人	工作单位	项目类型	所在学科
128	—	中国人口发展史	—	王庆勇	天津理工大学	中华学术外译	—
129	—	生育制度	—	陈民	南京大学	中华学术外译	—
130	—	大国之策——新中国人口政策回顾与展望	—	罗英梅	河南大学	中华学术外译	—
131	—	当代中国人口与发展	—	—	国家卫健委	中华学术外译	—
132	—	推进以农业转移人口市民化为首要任务的新型城镇化研究	—	张国胜	云南大学	重大项目-十九届五中全会	—
133	—	新时期我国健康老龄化服务体系优化研究	—	刘慧君	西安交通大学	重大项目-十九届五中全会	—
134	—	实施积极应对人口老龄化国家战略	—	杜鹏	中国人民大学	重大项目-十九届五中全会	—
135	—	以健康中国战略为基础实施积极应对人口老龄化国家战略	—	郑晓瑛	北京大学	重大项目-十九届五中全会	—
136	—	增强综合实力的中国人口长期发展战略研究	—	王金营	河北大学	重大项目-十九届五中全会	—

表2 2021年度人口学国家自然科学基金项目立项一览

序号	批准号	课题名称	负责人	工作单位	项目类型	所在学部
1	42101204	基于实际服务人口的多尺度人地耦合机制与优化调控研究	孟浩	南京财经大学	青年科学基金项目	地球科学部
2	42171182	新时代乡村规模优化过程及机理研究：一个人口粘性视角	朱纪广	河南财经政法大学	面上项目	地球科学部
3	42171204	新型城镇化与人口流动新格局下就近城镇化的模式及机制	陈明星	中国科学院地理科学与资源研究所	面上项目	地球科学部
4	42171229	城乡融合背景下广东农村留守儿童的日常生活实践与地方协商	陈淳	华南师范大学	面上项目	地球科学部
5	42171237	中国人口迁移的结构变迁及其时空演化机制研究	戚伟	中国科学院地理科学与资源研究所	面上项目	地球科学部
6	72103040	家庭人口结构和家庭养老：来自代际传递的证据	石雪竹	对外经济贸易大学	青年科学基金项目	管理科学部
7	72103119	基于人口结构失衡的延迟退休和刺激生育政策的最优化研究	李倩	上海财经大学	青年科学基金项目	管理科学部
8	72104004	我国2020—2050年养老机构需求研究——基于婚姻状态和家庭结构的预测	李曼	北京大学	青年科学基金项目	管理科学部
9	72104029	中国城镇化进程中气候变化环境治理与人口健康效益的协同性研究	张弛	北京理工大学	青年科学基金项目	管理科学部
10	72104046	适度人口视角下大型城市人口规模的超载识别与容量提升	王勇	东北财经大学	青年科学基金项目	管理科学部
11	72104088	流动人口居住状态、社会融合与幸福感机制研究	胡明志	暨南大学	青年科学基金项目	管理科学部
12	72104165	多源数据下面向人口迁移的应急避难所动态规建与智能疏散优化研究	甘露	四川农业大学	青年科学基金项目	管理科学部
13	72173098	户籍制度约束下的搬迁扶贫、人口迁移与代际流动	张吉鹏	西南财经大学	面上项目	管理科学部
14	72174165	社会融合视角下乡城人口流迁的模式、形成机制与政策研究	悦中山	西安交通大学	面上项目	管理科学部
15	72174173	基于一二三线城市的养老机构人居环境与老年人生活质量关联机制研究	梁美容	香港城市大学深圳研究院	面上项目	管理科学部

表3 2021年度人口学国家社会科学基金项目结项一览

序号	批准号	课题/成果名称	负责人	单位	结果	结项月份
1	18FSH006	空间迁移、文化认同与性别实践的妇女口述史：流动族群的个案研究	严静	福建师范大学	—	1—2月
2	15BJL004	农民工市民化：自主选择与社会秩序统一	解安	清华大学	良好	1月
3	15BFX089	"犯罪之镜"：中国人口老龄化与老年性犯罪	王志强	天津商业大学	良好	1月
4	15BSH061	我国农村隔代养育家庭祖辈"替代父母"问题及其社会支持研究	邓蓉	重庆工商大学	良好	1月
5	15BRK018	青少年流动人口社会适应的动态监测与促进研究	李彩娜	陕西师范大学	良好	1月
6	15XRK007	80、90后青年婚姻稳定性研究	李巾	陕西省社会科学院	良好	1月
7	15CKS044	城市特殊流动人群非制度化利益表达及其治理模式研究	李尚旗	广东技术师范大学	合格	1月
8	15CSH077	老龄人口异地养老生活质量及其社会保障的实证研究	张晶晶	东南大学	合格	1月
9	15BSH059	社会转型中的当代青年婚姻心理研究	李涛	西安石油大学	合格	1月
10	15BRK006	生育率与出生率关系研究	乔晓春	北京大学	合格	1月
11	16ARK001	提高户籍人口城镇化率的对策研究	冯虹	北京工业大学	合格	1月
12	15XRK001	二孩生育的家庭代际依赖研究	杜双燕	贵州省社会科学院	合格	1月
13	14XMZ110	城市少数民族流动人口社会稳定风险监测与评估指标体系研究	刘伟	四川省社会科学院	合格	1月
14	15BJL055	宅基地确权与人口城镇化的禀赋效应与路径选择研究	郑明亮	潍坊学院	合格	2月
15	16CJL025	新型城镇化过程中城乡户籍制度同步改革问题研究	唐琼	中共湖南省委党校	合格	2月
16	18BRK014	"一带一路"建设中的中缅跨境流动人口治理研究	刘寒雁	云南省教育科学研究院	免于鉴定	2月
17	16BRK009	新型城镇化进程中新生代农民工市民转化问题分析及对策研究	俞林	无锡职业技术学院	良好	3月
18	15CRK024	整体性治理视角下性别失衡社会治理体系与政策创新研究	尚子娟	长安大学	良好	3月
19	15CSH053	城市家庭祖辈—父辈共同养育的特征及其对婴幼儿适应的影响研究	李晓巍	北京师范大学	合格	3月
20	15BSH125	新型城镇化进程中农村家庭结构变迁与养老模式创新研究	杨桂宏	北京工业大学	合格	3月
21	16XSH013	来华阿拉伯人流动人口社会融入调查研究	徐如明	中共宁夏回族自治区委员会党校	合格	3月
22	15CSH007	新型城镇化进程中西北地区农村居民移居城镇的意愿及实现途径研究	姜羽	北方民族大学	合格	3月

续表

序号	批准号	课题/成果名称	负责人	单位	结果	结项月份
23	15CRK021	当代中国单亲、重组家庭分布状况及其对子女抚养的影响研究	张春泥	北京大学	合格	3月
24	17CRK005	中国农村留守儿童营养健康现状与影响干预机制研究	吴一超	东南大学	合格	3月
25	15BMZ024	武陵山片区少数民族贫困村家庭、社会关系结构及影响研究	刀波	中央民族大学	合格	3月
26	16BSH007	农民工市民化的制度障碍及对策研究	石宏伟	江苏大学	良好	4月
27	17BSH054	"全面两孩"政策下女性围产期心理健康状况的发展轨迹、预测模型及干预研究	曹枫林	山东大学	良好	4月
28	16BRK001	城市"80后"职业群体二孩生育意愿及影响因素研究	邱红燕	宁夏医科大学	合格	4月
29	18BGL243	中国老年长期照护服务体系协同治理研究	王中华	南京医科大学	合格	4月
30	16CSH041	四类集中连片特困地区农村人口空心化治理体系研究	王东强	重庆文理学院	免于鉴定	4月
31	16CJY045	空间异质性视角下人口城镇化与土地城镇化的互动机理与政策优化研究	陈昱	郑州轻工业大学	优秀	5月
32	18BRK006	新时代我国特大城市人口均衡发展机制构建研究	沙勇	南京邮电大学	优秀	5月
33	17BSH100	农村留守儿童品格发展及其社会适应的促进机制研究	张瑞平	郑州大学	良好	5月
34	15XRK002	西部地区农业转移人口就地就近城镇化动力机制研究	陈藻	中共成都市委党校	良好	5月
35	16BJL124	基于人口迁移网络的城市人口预测及城市化格局优化研究	劳昕	中国地质大学（北京）	合格	5月
36	17BZZ054	健康中国战略下流动人口卫生服务协同供给研究	于海燕	温州医科大学	合格	5月
37	15CRK011	农业转移人口市民化推进机制研究	陈志光	中共北京市委党校	合格	5月
38	16CGL068	社会力量参与社区老龄人口健康服务的机制研究	张强	上海工程技术大学	合格	5月
39	19CRK013	中国农村互助型社会养老模式与运行机制研究	刘妮娜	华北电力大学	免于鉴定	5月
40	16CRK022	性别失衡社会农村家庭风险、后果与应对研究	杨博	陕西师范大学	良好	6月
41	15AZS004	走马楼吴简所见孙吴人口问题研究	袁延胜	郑州大学	良好	6月
42	15XRK006	甘青特有民族人口变动研究	文斌兴	青海省社会科学院	合格	6月

续表

序号	批准号	课题/成果名称	负责人	单位	结果	结项月份
43	15CJY025	我国人口城镇化与土地城镇化的非协调性耦合识别及良性互动机制研究	梁振民	贵州大学	合格	7月
44	16BRK024	农村人口城镇化进程中环境基本公共服务供给机制研究	杨莉	南京邮电大学	良好	8月
45	16BRK035	需求分化视阈下中国老龄政策精准化发展研究	赵向红	江南大学	良好	8月
46	16CMZ029	基于循证的城市社区接纳少数民族流动人口能力建设研究	裴圣愚	中南民族大学	良好	8月
47	17XZS010	清代以降广西民族人口的户籍管理研究（1644—1957）	龙小峰	桂林电子科技大学	良好	8月
48	16BRK014	人口老龄化背景下农村留守老人生活质量研究	柯燕	武汉科技大学	合格	8月
49	15CSS020	全球化视野下的近代夏威夷外来人口研究	杨捷	江南大学	优秀	9月
50	16BSH063	新生代流动人口未婚同居的成因、趋势及社会效应研究	张亮	上海社会科学院	合格	9月
51	16CSH075	多元主体协同下的流动人口治理机理及推进机制研究	陈菊红	杭州电子科技大学	合格	9月
52	16BRK005	边境地区人口的结构变动及其流动特征研究	蔡果兰	中央民族大学	合格	9月
53	17BRK022	低生育水平国家人口相关政策的选择及效果研究	周云	北京大学	合格	9月
54	15ARK001	发达国家应对人口老龄化政策研究	陈卫民	南开大学	合格	9月
55	16BRK007	经济发达地区农业转移人口市民化质量提升研究	孙友然	南京邮电大学	合格	9月
56	16BRK021	老年长期照护服务体系创建及风险控制研究	张晖	浙江工业大学	合格	9月
57	17BRK004	社会决定因素对农民工子女健康的影响及作用机制研究	邢海燕	绍兴文理学院	合格	9月
58	16CRK009	基于公婆—儿媳代际互动的农村老年人家庭养老支持研究	刘利鸽	西北农林科技大学	合格	9月
59	18BRK029	居家养老、社区养老、机构养老一体化发展研究	崔树义	山东社会科学院	免于鉴定	9月
60	16BRK015	人口老龄化进程与社会养老服务供给水平互动机制研究	武萍	辽宁大学	合格	10月
61	16CRK005	我国出生人口性别失衡的空间扩散和治理对策研究	闫绍华	山东财经大学	合格	10月
62	16BTY025	城镇化进程中体育参与对流动儿童社会融合的影响研究	刘米娜	南京理工大学	合格	10月

续表

序号	批准号	课题/成果名称	负责人	单位	结果	结项月份
63	15XJL010	西南民族地区人口城镇化与土地城镇化协调发展研究	宁常郁	广西壮族自治区社会科学院	免于鉴定	10月
64	20AZD036	推动流动人口基本公共卫生服务均等化、可及性研究	王培刚	武汉大学	免于鉴定	10月
65	16BGL154	人口—土地—产业城镇化协调发展机制与优化路径研究	张光宏	中南财经政法大学	免于鉴定	10月
66	17CRK015	中国老年社会参与研究	李翌萱	西北大学	良好	11月
67	16CMZ030	交往交流交融视角下南阳聚居维吾尔族流动人口研究	孙嫱	中国社会科学院民族学与人类学研究所	良好	11月
68	16CJY022	中国"积极老龄化"驱动机制及差异化策略研究	王志宝	山东师范大学	合格	11月
69	16CMZ035	新疆籍少数民族流动人口城市融入的心理干预研究	李明	吉首大学	合格	11月
70	16CGL065	人口老龄化及"互联网+"时代背景下社区居家智慧养老服务研究	周文刚	大理大学	合格	11月
71	16CSH045	社会生态视角下流动人口动态社会融入的心理机制研究	陈咏媛	中国社会科学院社会发展战略研究院	合格	12月
72	16CRK006	新型城镇化背景下特大城市人口空间分异与结构优化研究	孟兆敏	上海工程技术大学	合格	12月
73	18BRK013	我国老年人口健康预期寿命影响因素及区域差异研究	吴炳义	潍坊医学院	合格	12月
74	16BRK020	健康中国视野下青藏高原地区人口健康问题研究	严维青	中共青海省委党校	合格	12月

表4 2021年度人口学国家自然科学基金项目结项一览

序号	批准号	课题名称	负责人	单位	项目类型	所在学科
1	41771158	环境变化、系统调整与家庭响应整合视角下乡城移民空间决策与机制研究	樊新生	河南财经政法大学	面上项目	D0110 人文地理
2	41771177	农村转移人口城市空间融入的测度、过程与机理——以合肥、南京为例	赵春雨	安徽师范大学	面上项目	D0109 城市地理和乡村地理
3	41771180	中国人口收缩区城镇化发展区域分异研究	刘盛和	中国科学院地理科学与资源研究所	面上项目	D0109 城市地理和乡村地理
4	41801146	我国流动人口的再流动及城镇化空间效应研究	刘涛	北京大学	青年科学基金项目	D0109 城市地理和乡村地理
5	41801154	社区建成环境对老年人口出行行为的影响及其机理研究——以合肥市为例	韩会然	安徽师范大学	青年科学基金项目	D0109 城市地理和乡村地理
6	41801156	新时代中国大城市居民迁居行为研究：格局、机制与对策	林赛南	武汉大学	青年科学基金项目	D0109 城市地理和乡村地理
7	41801162	大城市流动人口家庭的空间行为与社会融入研究	文萍	中山大学	青年科学基金项目	D0109 城市地理和乡村地理
8	51808426	西北大田农业区新型镇村体系模式与人口测算方法研究	屈雯	西安建筑科技大学	青年科学基金项目	E0802 城乡规划
9	71774034	基于健康公平视角的老年流动人口健康社会支持网络研究：理论模型、制度构建和路径选择	郝晓宁	国家卫生健康委卫生发展研究中心	面上项目	G0405 健康管理与政策
10	71774060	以社区为基础的老年痴呆合作式阶梯管理模式研究	钟宝亮	华中科技大学	面上项目	G0405 健康管理与政策
11	71774069	失能失智老人长期照护动态评估及政策选择	代宝珍	江苏大学	面上项目	G0405 健康管理与政策
12	71774119	整体健康管理视角下老年社区慢性病管理系统脆弱性分析及管理策略研究—以山东省为例	李伟	潍坊医学院	面上项目	G0405 健康管理与政策
13	71774138	留守经历的长期影响、作用机制与对策研究	刘志军	浙江大学	面上项目	G0401 公共管理与公共政策
14	71774147	基于复杂系统理论的老年健康服务多主体协同管理模式研究	郭清	浙江中医药大学	面上项目	G0405 健康管理与政策
15	71774157	老年社群组织参与和生活质量：基于网络—行为动力学的实证与干预研究	张镇	中国科学院心理研究所	面上项目	G0401 公共管理与公共政策
16	71803130	城市协调发展视域下农业转移人口流动偏好研究	赵海涛	上海师范大学	青年科学基金项目	G0313 人口劳动与健康经济

续表

序号	批准号	课题名称	负责人	单位	项目类型	所在学科
17	71804068	生育政策与生育行为对中国女性地位的影响研究：程度评估、机制分析和公共政策探讨	陆万军	南京农业大学	青年科学基金项目	G0401 公共管理与公共政策
18	71804138	流动人口家庭化迁移与社会融合：基于武汉城市圈的实证研究	李雅楠	上海理工大学	青年科学基金项目	G0401 公共管理与公共政策

表5 2021年度人口经济学国家社会科学基金项目立项一览

序号	批准号	课题名称	预期成果	负责人	工作单位	项目分类	所在学科
1	21AJL014	人口回流、内循环经济的增长效应与城乡区域平衡发展研究	研究报告	彭文慧	河南大学	重点项目	理论经济
2	21BGL192	基本医疗保险对老年人临终医疗费用的影响效应与机制研究	论文集研究报告	吕国营	中南财经政法大学	一般项目	管理学
3	21BGL225	乡村振兴背景下农村社区"医养结合"深度融合体系构建及培育路径研究	专著	唐健	西南医科大学	一般项目	管理学
4	21BJL013	住房财富变动对城镇居民消费行为影响机制、效应及政策研究	专著	王重润	河北经贸大学	一般项目	理论经济
5	21BJL014	阻断收入不平等代际传递机制研究	研究报告	郝春虹	内蒙古财经大学	一般项目	理论经济
6	21BJL037	老龄化背景下兼顾经济增长与代际公平目标的养老金制度研究	研究报告	张苏	中央财经大学	一般项目	理论经济
7	21BJL090	促进人口流动与城乡要素一体化协调的户籍制度改革研究	研究报告	邓仲良	中国社会科学院人口与劳动经济研究所	一般项目	理论经济
8	21BJL093	扩大中等收入群体与促进消费升级研究	研究报告	刘志忠	湖南大学	一般项目	理论经济
9	21BJL095	住房财富变动与居民经济行为关系研究	研究报告	朱天星	沈阳工业大学	一般项目	理论经济
10	21BJL096	中国居民代际收入流动对消费的影响机制及效应研究	研究报告	董长瑞	山东财经大学	一般项目	理论经济
11	21BJY092	新型城镇化背景下代际收入流动性研究	研究报告	徐晓红	安徽大学	一般项目	应用经济
12	21BSH019	老年人信息贫困多维识别及协同治理机制研究	专著	李静	河海大学	一般项目	社会学
13	21BSH141	乡村振兴视域下农村居民基本养老保险效果评估及优化研究	研究报告	海龙	河南师范大学	一般项目	社会学
14	21BSH145	后脱贫时期的农村低保动态管理优化机制研究	论文集研究报告	肖萌	天津师范大学	一般项目	社会学
15	21CJY023	多元制度视域下构建弹性退休制度应对老龄化的理论、机制与政策研究	研究报告	孙雅	华中科技大学	青年项目	应用经济
16	21CJY064	代际传递视角下"整村搬迁"富民效应动态评估及提升路径研究	研究报告	滕祥河	云南大学	青年项目	应用经济

续表

序号	批准号	课题名称	预期成果	负责人	工作单位	项目分类	所在学科
17	21CJY067	基本公共服务均等化促进农村流动人口消费的影响机制与对策研究	论文集	温兴祥	南京财经大学	青年项目	应用经济
18	21CTJ021	我国居民消费潜力的多维测度及消费政策优化研究	研究报告	陆地	吉林财经大学	青年项目	统计学
19	21XJY008	多层次养老保险与老龄金融市场联动发展的路径优化研究	专著、研究报告	陈加旭	西南石油大学	西部项目	应用经济
20	—	人口结构变动的经济增长效应分析	—	刘丰	上海社会科学院	优秀博士论文出版	—
21	—	人口与经济发展方式	—	郭书彩	河北大学	中华学术外译	—
22	—	二元经济转型视角下中国新型城乡关系的构建研究	—	张桂文	辽宁大学	重大项目-十九届五中全会	—

表6 2021年度人口经济学国家自然科学基金项目立项一览

序号	批准号	课题名称	负责人	工作单位	项目类型	所在学部
1	12171158	人口老龄化和长寿风险背景下新型年金产品机制创新和最优投资研究	钱林义	华东师范大学	面上项目	数理科学部
2	72102166	户籍制度改革的微观经济效应——基于生产函数视角的实证检验	马慧	同济大学	青年科学基金项目	管理科学部
3	72103012	流动人口家庭金融脆弱性的形成机理及经济后果研究	李波	北京工商大学	青年科学基金项目	管理科学部
4	72103020	农村老年相对贫困和减缓贫困的路径与政策研究	朱梦冰	北京师范大学	青年科学基金项目	管理科学部
5	72103033	中国人口年龄结构对货币政策实现及效果的影响机制	翟光宇	东北财经大学	青年科学基金项目	管理科学部
6	72103145	人口老龄化下的偏好调整与资产价格研究	易祯	首都经济贸易大学	青年科学基金项目	管理科学部
7	72103148	子代特征对老年人福利的异质性影响及作用机制——基于代际支持供需匹配的视角	崔颖	首都经济贸易大学	青年科学基金项目	管理科学部
8	72103193	"全面二孩"政策下的生育意愿、生育行为及其经济影响	刘畅	中国人民大学	青年科学基金项目	管理科学部
9	72103206	气温对区域经济发展的影响：人口流动与企业投资视角	俞秀梅	中南财经政法大学	青年科学基金项目	管理科学部
10	72104036	政府购买情境下养老服务外包契约设计与协调优化研究	王灿友	长安大学	青年科学基金项目	管理科学部
11	72104166	家庭能源贫困对女性健康的影响与机制分析	李佳珈	四川农业大学	青年科学基金项目	管理科学部
12	72104240	多维动态健康脆弱性视角下农村老人致贫返贫风险识别与干预研究	白晨	中国人民大学	青年科学基金项目	管理科学部
13	72133004	相对贫困的识别、监测与治理	陈少华	厦门大学	重点项目	管理科学部
14	72164033	宁夏南部山区农村家庭健康贫困及其脆弱性的动态变化、影响因素与多维治理研究	乔慧	宁夏医科大学	地区科学基金项目	管理科学部
15	72173008	中国老龄人口非正式护理成本研究	王格玮	北京大学	面上项目	管理科学部
16	72174069	人口老龄化背景下中国农村居民养老财富储备行为研究	熊学萍	华中农业大学	面上项目	管理科学部
17	72174118	认知症老人非正式照护成本的评估及干预机制研究	杨帆	上海交通大学	面上项目	管理科学部

续表

序号	批准号	课题名称	负责人	工作单位	项目类型	所在学部
18	72174162	社会空间失衡下的多维相对贫困跨期动态时空演化机理研究	兰峰	西安建筑科技大学	面上项目	管理科学部
19	72174219	人口迁移与都市圈发展协同机制及政策模拟研究	温锋华	中央财经大学	面上项目	管理科学部

表7 2021年度人口经济学社会科学基金项目结项一览

序号	批准号	课题/成果名称	负责人	单位	结果	结项月份
1	15BJL038	长江经济带城镇化与产业协同发展问题研究	杨凤华	南通大学	良好	1月
2	15BJY147	互联网金融对居民消费的贡献测度与实现路径研究	程皓	南昌大学	合格	1月
3	15CJY068	中国老年旅游消费与产业联动机制及对策研究	罗栋	湘潭大学	合格	1月
4	16BXW081	扶贫传播与革命老区贫困人口社会发展研究	张瑜烨	湖北大学	优秀	1月
5	17CJY010	户籍一元化对城乡收入差距的作用机制与影响效应研究	费舒澜	浙江财经大学	合格	1月
6	15BJY183	中国老年人长期护理与医疗保障体系改革研究	王新军	山东大学	良好	2月
7	16BRK019	家庭老年照料的隐性成本研究	陈璐	南开大学	良好	2月
8	16CZZ014	政府向社会组织购买养老服务的风险防范机制研究	鲁迎春	中共上海市委党校	合格	2月
9	17BJY163	促进农业转移人口市民化的地方政府财政激励机制研究	刘蕾	山东财经大学	合格	2月
10	17CJY018	农民工市民化的住房障碍及差异化住房政策研究	刘斌	重庆工商大学	良好	2月
11	14BJL070	转变经济发展方式下的城镇化质量提升与消费结构优化耦合研究	胡若痴	对外经济贸易大学	合格	3月
12	15BJL019	国民幸福感与经济稳定性共轭的机理研究	熊毅	中南财经政法大学	合格	3月
13	16BJL064	以人为核心的新型城镇化动力机制与路径重构研究	赵永平	兰州财经大学	合格	3月
14	17AJL015	新型城镇化背景下社会养老服务体系包容性发展研究	封铁英	西安交通大学	合格	3月
15	17XMZ100	新疆兵团向南发展中人口集聚与产业发展协调问题研究	胡宜挺	石河子大学	良好	4月
16	15AJL012	老年收入保障制度的公平及可持续性研究	李珍	中国人民大学	良好	5月
17	16BRK027	新常态下中国人口转变对跨越"中等收入陷阱"的效应研究	晏月平	云南大学	合格	5月
18	18BJL060	京津冀人口、产业绿色发展视阈下的跨区域水资源环境协同治理机制研究	曾雪婷	首都经济贸易大学	免于鉴定	5月
19	17AZZ007	我国城市贫困流动人口的致贫因素及精准脱贫对策创新研究	韩莹莹	华南理工大学	合格	6月
20	17BSH045	老龄化社会中养老保险制度与经济发展的协同效应及政策研究	周海珍	浙江财经大学	合格	7月

续表

序号	批准号	课题/成果名称	负责人	单位	结果	结项月份
21	16BRK025	人口老龄化背景下农村老年精准扶贫研究	王三秀	华中科技大学	合格	8月
22	16BSH044	我国农村失独家庭的养老保障及社会支持研究	赵仲杰	北京建筑大学	合格	8月
23	15BJL092	中国人口红利代际分配效应研究	吕昭河	云南大学	合格	9月
24	15BRK028	我国居家养老服务发展多元资金投入保障机制研究	韦宇红	中共广西壮族自治区委员会党校	合格	9月
25	16BJY039	资源枯竭型城市人口收缩治理研究	吴相利	哈尔滨师范大学	合格	9月
26	16CRK012	基于多维家庭人口预测模型的我国生活自理能力困难老人的医疗费用变动趋势研究	柴化敏	华东师范大学	合格	9月
27	16CTJ008	中国居民代际流动、收入不平等与幸福感研究	李芳芝	安徽财经大学	良好	9月
28	18CSH052	动态视角下的收入分配与城乡居民的幸福感和获得感研究	吴菲	复旦大学	良好	9月
29	18FJL008	中国历史上的人口增长与经济的长期演进	豆建春	陕西师范大学	—	9月
30	16AZD028	我国老龄人口社会保障制度供给侧改革研究	张思锋	西安交通大学	免于鉴定	10月
31	16BRK017	我国机构养老服务动态定价机制与补贴政策研究	廖少宏	山东工商学院	合格	10月
32	16CRK018	失能老人长期照护资金规模测算及筹集模式研究	李元	长春工业大学	合格	10月
33	16CSH072	人口与经济结构性失衡下婚姻挤压风险的精准测评及对策研究	李雪	湖南大学	合格	10月
34	16BSH070	城市老年人社区照顾的成本测算研究	朱彬钰	江西财经大学	合格	11月
35	19FJYB021	乡村经济地理的要素流变与谱系优化（1921—2021）	邢俊	长春财经学院	—	11月
36	19FGLB072	中国城市贫困人口福利依赖问题研究	刘璐婵	南京邮电大学	—	11月
37	17FGL004	养老服务供需均衡的评价与对策研究	陈显友	武汉工程学院	—	11月
38	16BJY038	新疆少数民族代际收入流动机制及实证研究	王红涛	新疆大学	合格	12月
39	16CGL071	"精准扶贫"背景下的我国跨省后发地区城镇化质量研究	戴志颖	中共重庆市委党校	合格	12月

表8 2021年度人口经济学国家自然科学基金项目结项一览

序号	批准号	课题名称	负责人	单位	项目类型	所在学科
1	71763021	基于长寿风险的养老保险代际收入再分配效应迭代动力系统混沌分析及控制研究	李妍	内蒙古财经大学	地区科学基金项目	G0313 人口劳动与健康经济
2	71773023	生育率、政府健康支出和实际汇率——微观基础的理论和实证研究	陆前进	复旦大学	面上项目	G0305 宏观经济管理
3	71773071	人口老龄化对中国经济增长的影响与应对策略研究	汪伟	上海财经大学	面上项目	G0305 宏观经济管理
4	71773080	老年人医疗保障、医疗支出与储蓄问题研究	赵绍阳	四川大学	面上项目	G0313 人口劳动与健康经济
5	71773081	中国的人口迁移流动与住房价格空间差异化发展：机制研究与趋势预测	邓国营	四川大学	面上项目	G0309 产业经济
6	71773086	应对中国人口老龄化的公共政策评估与设计——基于"财政可持续性、长期经济增长与代际财政平等"三维视角的可计算动态一般均衡分析	龚锋	武汉大学	面上项目	G0305 宏观经济管理
7	71773117	顾及城乡差异的中国多级人口空间化模型研究	董春	中国测绘科学研究院	面上项目	G0314 资源与环境经济
8	71773137	中国农户"一户两制"现象的产生、扩散、演变与消亡机制及帕累托效率估算	崔海兴	中国人民大学	面上项目	G0311 农林经济管理
9	71774102	我国农村地区慢性病患者分级诊疗的行为经济学模型及政策优化研究	左根永	山东大学	面上项目	G0405 健康管理与政策
10	71774165	中国家庭能源消费研究	郑新业	中国人民大学	面上项目	G0412 资源管理与政策
11	71774180	生育激励、现收现付养老保险与经济增长	彭浩然	中山大学	面上项目	G0410 社会治理与社会保障
12	71803065	户籍制约下的消费空间错配：动机、影响和福利分析	梁文泉	暨南大学	青年科学基金项目	G0312 区域经济
13	71803118	家庭债务、需求不足与经济增长——基于家庭流动性约束机制探讨	宁磊	上海财经大学	青年科学基金项目	G0305 宏观经济管理
14	71803144	教育的婚姻回报：基于中国生育政策的测度与分析	郭汝飞	武汉大学	青年科学基金项目	G0313 人口劳动与健康经济

表9 2021年度劳动经济学国家社会科学基金项目立项一览

序号	批准号	课题名称	预期成果	负责人	工作单位	项目类型	所在学科
1	21&ZD076	劳动力流动视角下健全城乡融合发展机制研究	—	乔雪	中国人民大学	重大项目	—
2	21&ZD077	劳动力流动视角下健全城乡融合发展机制研究	—	史清华	上海交通大学	重大项目	—
3	21&ZD177	建立和完善农村低收入人口常态化帮扶机制研究	—	左停	中国农业大学	重大项目	—
4	21&ZD181	新形势下我国面临的主要就业风险及多维治理研究	—	张顺	西安交通大学	重大项目	—
5	21AJL015	农村低保对儿童人力资本及其成年早期劳动表现的影响和政策优化研究	论文集 研究报告	方向明	中国农业大学	重点项目	理论经济
6	21AJY009	新时代中国退役军人社会保障制度体系优化研究	研究报告	湛泳	湘潭大学	重点项目	应用经济
7	21AJY010	新发展阶段健全社会保障再分配机制研究	论文集 研究报告	杨穗	中国社会科学院农村发展研究所	重点项目	应用经济
8	21ASH001	集体主义时期妇女劳动与性别化的劳动体制研究	专著	金一虹	南京师范大学	重点项目	社会学
9	21ASH007	新业态下灵活就业群体和谐劳动关系形成机制与实现路径研究	论文集	李贵成	华北水利水电大学	重点项目	社会学
10	21ASH008	数字时代大学生就业创业能力的提升机制研究	论文集 研究报告	黄兆信	杭州师范大学	重点项目	社会学
11	21BFX021	平台经济条件下劳资关系新变化与劳动法制变革研究	专著	秦国荣	南京审计大学	一般项目	法学
12	21BFX126	算法控制下网约劳动者权益保障困境与制度创新研究	专著	邹开亮	华东交通大学	一般项目	法学
13	21BFX127	社会救助法中积极就业的法律实现机制研究	专著	王素芬	辽宁大学	一般项目	法学
14	21BFX128	算法规制中的劳动者权益保障机制研究	研究报告	吴文芳	上海财经大学	一般项目	法学
15	21BFX129	新业态从业人员劳动权法治化保障研究	专著	李雄	西南政法大学	一般项目	法学
16	21BGL027	数字劳工平台特殊工时标准管理研究	论文集 研究报告	李敏	华南理工大学	一般项目	管理学
17	21BGL142	人工智能时代企业员工社会资本和人力资本的互动机制及其对职业成功的影响研究	研究报告	周文霞	中国人民大学	一般项目	管理学
18	21BGL144	高端制造业技术技能人才生态有效性评价及涵养机制研究	专著	岳瑞凤	中原工学院	一般项目	管理学

续表

序号	批准号	课题名称	预期成果	负责人	工作单位	项目类型	所在学科
19	21BGL190	"零工经济"背景下劳动者权益保护机制及路径研究	论文集 研究报告	刘艳巧	河北大学	一般项目	管理学
20	21BGL194	健康减缓相对贫困的治理成效评估及提升策略研究	研究报告	贾海彦	山东财经大学	一般项目	管理学
21	21BGL214	衔接过渡期脱贫农户生计系统韧性评估与提升机制研究	专著	冯伟林	长江师范学院	一般项目	管理学
22	21BGL236	异地就医门诊结算服务区域协同治理及政策评估研究	专著 研究报告	刘畅	天津财经大学	一般项目	管理学
23	21BGL295	乡村振兴战略下农户"人—地—业"协调机制研究	专著	李翠珍	浙江工商大学	一般项目	管理学
24	21BJL012	公平导向的差别化收入再分配机制研究	研究报告	王少国	首都经济贸易大学	一般项目	理论经济
25	21BJL034	经济高质量发展阶段的资源错配影响要素收入分配的机制研究	研究报告 论文集	陈言	山东大学	一般项目	理论经济
26	21BJL089	性别工资差异演化的现实逻辑及其中国微观样本研究	论文集	余惠芬	广东金融学院	一般项目	理论经济
27	21BJL091	延迟退休的财政稳定功能、就业挤出效应及其交互作用机制研究	论文集	邹铁钉	浙江工商大学	一般项目	理论经济
28	21BJL092	资本主义平台经济条件下劳资关系的新变化研究	研究报告	赵秀丽	福建师范大学	一般项目	理论经济
29	21BJL100	绿色发展理念下我国出口企业行为调整对就业质量的影响研究	研究报告	李凯杰	河南财经政法大学	一般项目	理论经济
30	21BJL116	基础研究人才向企业集聚的影响因素和促进政策研究	专著 研究报告	张慧慧	中国社会科学院数量经济与技术经济研究所	一般项目	理论经济
31	21BJL117	技术进步对劳动份额影响研究	研究报告	王熙麟	复旦大学	一般项目	理论经济
32	21BJL122	高质量发展背景下中国实体经济全要素生产率的空间格局及协同提升路径研究	研究报告	王谦	山东财经大学	一般项目	理论经济
33	21BJL123	数字经济促进全要素生产率增长的作用机理及实现路径研究	研究报告	孙亚男	山东财经大学	一般项目	理论经济
34	21BJL139	国际人才流入对中国区域与企业创新绩效的影响机制研究	研究报告	韩丽丽	北京师范大学	一般项目	理论经济
35	21BJY004	财政激励影响劳务要素收入的效应测度与政策优化设计研究	研究报告	宋丽颖	西安交通大学	一般项目	应用经济
36	21BJY017	以县城为重要载体的城镇化动力机制及实现路径研究	专著	徐志耀	南京审计大学	一般项目	应用经济

续表

序号	批准号	课题名称	预期成果	负责人	工作单位	项目类型	所在学科
37	21BJY021	平台经济下新生代农民工轻创业生态系统建构及治理路径研究	专著 论文集	刘洪银	天津农学院	一般项目	应用经济
38	21BJY082	移动互联时代儿童认知与非认知能力形成机理及政策干预研究	研究报告	李瑞	河北大学	一般项目	应用经济
39	21BJY086	新就业形态下城市劳动力工作时间配置研究	研究报告	王兆萍	陕西师范大学	一般项目	应用经济
40	21BJY087	数字技术驱动就业技能结构转变的内在机理、效应评估与应对政策研究	专著	郭东杰	浙江工业大学	一般项目	应用经济
41	21BJY088	脱贫人口就业质量的测度、演化及政策研究	研究报告	黄潇	重庆工商大学	一般项目	应用经济
42	21BJY089	数字经济发展对农民工就业质量的影响与作用机制研究	论文集 研究报告	汪雯	北京林业大学	一般项目	应用经济
43	21BJY093	疫情冲击下企业社保减费政策对缓解劳动者收入损失的影响及助推机制研究	研究报告	徐凤辉	首都经济贸易大学	一般项目	应用经济
44	21BJY094	非农劳动力市场扩张对流动人口代际职业流动的影响研究	论文集 研究报告	李萍	华南师范大学	一般项目	应用经济
45	21BJY095	乡村振兴促进农村低收入群体能力发展的机理与实现路径研究	专著	蒯小明	湖南理工学院	一般项目	应用经济
46	21BJY096	靶向中等收入群体的消费提振与升级研究	专著	刘娜	湘潭大学	一般项目	应用经济
47	21BJY097	人工智能对企业间工资差距的影响机理与对策研究	论文集	陈东	山东大学	一般项目	应用经济
48	21BJY098	积极老龄化的劳动力供给潜力评估及政策优化研究	论文集 研究报告	李雪艳	浙大宁波理工学院	一般项目	应用经济
49	21BJY099	欠发达地区社会保障缓解相对贫困效应测度及长效机制研究	专著	李琼	吉首大学	一般项目	应用经济
50	21BJY100	保障适度与可持续的多层次养老保险体系改革研究	研究报告	苏春红	山东大学	一般项目	应用经济
51	21BJY107	基于全要素生产率提升的我国传统制造业数字化转型机制与路径研究	研究报告	杨路明	云南大学	一般项目	应用经济
52	21BJY239	失地对子女人力资本积累的影响、作用机制和干预政策研究	论文集 研究报告	彭小辉	南京师范大学	一般项目	应用经济
53	21BJY240	区域"零工经济"发展影响育龄女性就业机理、效应评价和支持体系研究	专著	王菁	浙江工业大学	一般项目	应用经济

续表

序号	批准号	课题名称	预期成果	负责人	工作单位	项目类型	所在学科
54	21BJY242	贫困的动态性与精准脱贫后低收入人口实现共同富裕研究	专著 论文集	张立冬	江苏省社会科学院	一般项目	应用经济
55	21BKS163	数字时代资本主义结构性失业问题研究	专著	罗甜田	电子科技大学	一般项目	马列·科社
56	21BSH011	终身学习、技能发展与生产性老龄化建设研究	论文集 研究报告	甄志宏	上海大学	一般项目	社会学
57	21BSH012	平台经济下劳动关系变化及其规制研究	研究报告	路军	山东管理学院	一般项目	社会学
58	21BSH015	城乡人口双向流动趋势下新近返乡农民工的回流决策与回流效应研究	论文集 研究报告	沈君彬	中共福建省委党校	一般项目	社会学
59	21BSH036	新时代进城落户农民工家庭生计转型及实现机制研究	研究报告	俞林伟	温州医科大学	一般项目	社会学
60	21BSH044	人工智能应用对制造企业员工就业质量的影响研究	论文集 研究报告	马继迁	常州大学	一般项目	社会学
61	21BSH074	数字经济下女性创业与婚姻困境研究	论文集	裴谕新	中山大学	一般项目	社会学
62	21BSH078	新科技革命中女性在 IT 行业中的职业发展研究	研究报告	周培勤	南京大学	一般项目	社会学
63	21BSH085	新媒体技术与女性农民工职业发展研究	研究报告	孙琼如	华侨大学	一般项目	社会学
64	21BSH086	互联网时代农民工"零工经济"的积极社会保护研究	研究报告	张友庭	上海社会科学院	一般项目	社会学
65	21BSH090	高质量转移背景下农业转移人口贫困风险的衍生与防范研究	研究报告	冯晓平	武汉科技大学	一般项目	社会学
66	21BSH093	防范化解农村相对贫困人口脆弱性风险的社会支持研究	专著	杨丹	中共湖南省委党校	一般项目	社会学
67	21BSH142	城乡最低生活保障救助水平均等化及其实现机制研究	专著	夏珺	江西财经大学	一般项目	社会学
68	21BSH143	新就业形态下多层次养老保险制度优化及实现路径研究	研究报告	辛毅	电子科技大学	一般项目	社会学
69	21BSH148	退捕渔民重新就业技能提升研究	专著	王建友	浙江海洋大学	一般项目	社会学
70	21BSH153	平台经济中工作组织虚拟化与劳动关系治理研究	论文集	罗斯琦	中山大学	一般项目	社会学
71	21BSH154	算法时代"零工经济"从业者的劳动过程与健康风险研究	专著	王开庆	江苏师范大学	一般项目	社会学
72	21BTJ012	家庭非正规就业与家务劳动价值核算研究	研究报告	高艳平	山西财经大学	一般项目	统计学

续表

序号	批准号	课题名称	预期成果	负责人	工作单位	项目类型	所在学科
73	21BTJ020	家庭收入结构性不平等的统计测度方法及其应用研究	研究报告	段志民	天津财经大学	一般项目	统计学
74	21CGL037	行为经济视角下新业态灵活从业者社会保险供需匹配机制研究	专著 论文集	严妮	湖北经济学院	青年项目	管理学
75	21CGL038	中国工资集体协商的特色机制及效果评估研究	专著	寿菊萍	杭州师范大学	青年项目	管理学
76	21CJL006	货币政策对异质性家庭收入差距的影响及对策研究	研究报告	薛龙	郑州轻工业大学	青年项目	理论经济
77	21CJL017	社会保障安全网在巩固脱贫攻坚成果中的作用机制研究	研究报告	彭千芮	湖南财政经济学院	青年项目	理论经济
78	21CJL025	服务业扩大开放对制造业就业结构的影响机制研究	研究报告	李飚	郑州大学	青年项目	理论经济
79	21CJL026	政治经济学视角下人工智能对劳动者就业的影响研究	专著	唐永	四川大学	青年项目	理论经济
80	21CJL027	发展数字经济与缩小收入差距的矛盾和化解路径研究	研究报告	姜伟	中央民族大学	青年项目	理论经济
81	21CJL032	劳动力返乡创业与乡村振兴的协同效应及政策设计	研究报告	黄敦平	安徽财经大学	青年项目	理论经济
82	21CJY013	异质性视域下人力资本巩固拓展脱贫攻坚成果长效机制研究	研究报告	冯星	辽宁大学	青年项目	应用经济
83	21CJY017	数字经济驱动更加充分更高质量就业的影响机理与政策研究	研究报告	丁述磊	北京师范大学	青年项目	应用经济
84	21CJY025	数字经济时代中国全要素生产率增长的实现路径与政策体系研究	专著	王卫	哈尔滨理工大学	青年项目	应用经济
85	21CJY026	绿色金融助推我国绿色全要素生产率的机制与实现路径研究	专著	秦琳贵	沈阳农业大学	青年项目	应用经济
86	21CJY068	新型城镇化背景下最低工资对农民工就业质量的影响研究	研究报告	杨正雄	南京财经大学	青年项目	应用经济
87	21CSH013	金融化视角下我国收入分配差距变迁与共同富裕研究	研究报告	朱斌	中国人民大学	青年项目	社会学
88	21CSH033	"技术控制"视角下新职业群体就业支持政策研究	研究报告	昌硕	中共北京市委党校	青年项目	社会学
89	21CSH034	互联网经济背景下平台劳动者的嵌入性及其社会保护研究	论文集	魏海涛	华中师范大学	青年项目	社会学
90	21CSH035	乡村振兴背景下新型农业雇佣关系的社会基础与劳动秩序研究	研究报告	吴存玉	山东师范大学	青年项目	社会学

续表

序号	批准号	课题名称	预期成果	负责人	工作单位	项目类型	所在学科
91	21CSH036	中国居民再分配偏好的影响机制及结构特征研究	研究报告	杨琨	河海大学	青年项目	社会学
92	21CSH068	互联网时代农民工"零工经济"的社会保护研究	专著	王一	吉林大学	青年项目	社会学
93	21CSH069	个人退休决策视角下渐进式延迟退休年龄对基本养老保险的影响研究	研究报告	石晨曦	重庆工商大学	青年项目	社会学
94	21CSH081	全球疫情背景下海外中国劳工的生存困境及权益保障研究	论文集研究报告	刘兴花	华中科技大学	青年项目	社会学
95	21CSH082	地位获得视域下农业转移人口的职业教育回报研究	研究报告	李颖晖	西北政法大学	青年项目	社会学
96	21CSH093	社会救助对农村贫困儿童人力资本发展的动态干预机制研究	论文集	葛霆	南京大学	青年项目	社会学
97	21CTJ025	新发展阶段中等收入群体规模的统计测度与扩大策略研究	研究报告	孙伯驰	北京师范大学	青年项目	统计学
98	21CXW014	智能技术对平台劳动的影响与对策研究	专著	孙萍	中国社会科学院新闻与传播研究所	青年项目	新闻学与传播学
99	21XGL006	公共卫生体系与医疗保障体系耦合机制研究	研究报告	黄国武	四川大学	西部项目	管理学
100	21XGL018	健康治理视角下公共卫生、医药服务和医疗保障三位一体融合协同机制研究	论文集研究报告	赵云	右江民族医学院	西部项目	管理学
101	21XGL021	乡村振兴背景下大学生农村创业助推机制研究	研究报告	吴雯雯	江西理工大学	西部项目	管理学
102	21XJL007	我国老年人力资源开发研究	研究报告	韩鹏	内蒙古财经大学	西部项目	理论经济
103	21XJY004	新格局高质量发展下中等收入群体的消费效用最大化选择与需求释放决策研究	专著研究报告	邓龙安	成都师范学院	西部项目	应用经济
104	21XKS028	新发展阶段相对贫困人口实现共同富裕的路径选择及对策研究	研究报告	胡进考	中共内蒙古自治区委员会党校	西部项目	马列·科社
105	21XSH001	新就业形态下灵活就业群体劳动权益保障机制构建研究	专著	徐新鹏	四川外国语大学	西部项目	社会学
106	BKA210227	易地扶贫搬迁移民内生发展能力提升的社区教育赋能机制研究	—	杨智	贵州师范学院	教育学项目	—
107	BKX210292	阻断相对贫困代际传递的家庭教育投入研究	—	董俊燕	陕西师范大学	教育学项目	—
108	CFA210246	家庭第一代大学生在校表现及其对就业质量的影响研究	—	杨中超	国家教育行政学院	教育学项目	—

续表

序号	批准号	课题名称	预期成果	负责人	工作单位	项目类型	所在学科
109	CGA210241	易地扶贫搬迁安置区教育高质量发展支持体系研究	—	江星玲	贵州民族大学	教育学项目	—
110	—	共享发展的微观收分配机制研究	—	吴星泽	南京审计大学	后期资助项目	马列·科社
111	—	基于要素错配的国民收入分配格局问题研究	—	孙慧文	河南师范大学	后期资助项目	理论经济
112	—	收入不平等与经济效率问题研究	—	陈晓东	广东财经大学	后期资助项目	理论经济
113	—	中国进口贸易的就业效应研究	—	李晓庆	北京物资学院	后期资助项目	理论经济
114	—	地权界定方式与农户生产投入行为研究	—	胡新艳	华南农业大学	后期资助项目	应用经济
115	—	美国反就业歧视制度研究	—	杨浩楠	广东外语外贸大学	后期资助项目	法学
116	—	工伤保险法体系研究	—	向春华	中国劳动关系学院	后期资助项目	法学
117	—	最低工资标准对企业生产和贸易行为的影响效应研究	—	赵瑞丽	上海对外经贸大学	后期资助项目	国际问题研究
118	—	中国新形态就业管理创新理论研究	—	张樨樨	中国海洋大学	后期资助项目	管理学
119	—	中国养老保险制度中的退休激励问题研究	—	李锐	中南财经政法大学	后期资助项目	管理学
120	—	包容性增长视角下长期护理保险制度的健康福利效应研究	—	赵广川	南京财经大学	后期资助项目	管理学
121	—	我国医疗保障政策试点机制研究	—	宋云鹏	青岛大学	后期资助项目	管理学
122	—	工资、工作环境与教师职业稳定性	—	马红梅	华中师范大学	后期资助项目	教育学
123	—	收入增长对农村贫困人口食物与营养保障的影响研究	—	高杨	南京财经大学	优秀博士论文出版	—
124	—	三明医改：政策试验与卫生治理	—	蔡想	华南师范大学	中华学术外译	—
125	—	推进土地、劳动力、资本、技术、数据等要素市场化改革研究	—	彭森	中国经济体制改革研究会	重大项目-十九届五中全会	—
126	—	强化就业优先政策、稳定和扩大就业研究	—	罗楚亮	中国人民大学	重大项目-十九届五中全会	—

续表

序号	批准号	课题名称	预期成果	负责人	工作单位	项目类型	所在学科
127	—	就业优先、稳定和扩大就业的推动机制与政策研究	—	张抗私	东北财经大学	重大项目-十九届五中全会	—
128	—	发展多层次、多支柱养老保险体系研究	—	米红	浙江大学	重大项目-十九届五中全会	—

表10 2021年度劳动经济学国家自然科学基金项目立项一览

序号	批准号	课题名称	负责人	工作单位	项目类型	所在学部
1	12171360	考虑模型不确定性的混合型养老金运营管理中的最优控制问题研究	赵慧	天津大学	面上项目	数理科学部
2	42101172	中国养老金区域不平等的演化格局与驱动机理研究	张松彪	湖南科技大学	青年科学基金项目	地球科学部
3	42101174	京津冀城市群真的存在"虹吸效应"吗？——基于异质性劳动力区位选择的网络外部性研究	赵浚竹	中央财经大学	青年科学基金项目	地球科学部
4	42101185	乡村旅游非正规就业者研究：特征、时空行为、驱动因素及正规化转型	张若阳	暨南大学	青年科学基金项目	地球科学部
5	42101198	乡村劳动力结构变动对耕地利用转型的影响机制研究：以湖南省为例	廖柳文	长沙学院	青年科学基金项目	地球科学部
6	42101226	中国高校毕业生就业流动的空间格局与演化机制研究	劳昕	中国地质大学（北京）	青年科学基金项目	地球科学部
7	42101244	劳动力地理景观视角下成都市乡城流迁人口的迁居行为模式研究	张少尧	四川师范大学	青年科学基金项目	地球科学部
8	42101310	中国西南典型山区农村居民相对贫困测度及其驱动机制研究	曹梦甜	广东财经大学	青年科学基金项目	地球科学部
9	42171233	城市竞争视角下人才流动的时空演化及就业地选择机制研究	崔璨	华东师范大学	面上项目	地球科学部
10	72101023	基于深度学习的在线劳动力供需匹配方法研究	马翼萱	北京交通大学	青年科学基金项目	管理科学部
11	72102009	冲突还是增益？员工资质过剩感知对工作家庭关系的溢出和交叉效应	董雅楠	北京航空航天大学	青年科学基金项目	管理科学部
12	72102072	零工经济背景下"网约工"反生产力工作行为的影响因素与作用机制研究	陈力闻	华东师范大学	青年科学基金项目	管理科学部
13	72102114	劳动保护改革对公司融资和股利政策的影响：基于中国和跨国样本的实证研究	郑晓岚	宁波诺丁汉大学	青年科学基金项目	管理科学部
14	72102129	股权激励影响国有企业全要素生产率的机理、路径与制度优化研究	吕镯	山东工商学院	青年科学基金项目	管理科学部

续表

序号	批准号	课题名称	负责人	工作单位	项目类型	所在学部
15	72102133	企业数字化转型、人力资本结构优化影响全要素生产率的效应、机制及治理对策	郭金花	山西财经大学	青年科学基金项目	管理科学部
16	72102225	以小拨大：减少企业人员招聘歧视的助推机制研究	冯志玉	中国人民大学	青年科学基金项目	管理科学部
17	72102229	美国稳就业、理工科人才跨境迁移与中国企业创新	王嘉鑫	中南财经政法大学	青年科学基金项目	管理科学部
18	72102248	最低工资政策、企业投融资行为与产品质量——来自地理断点的经验证据	项君怡	中央财经大学	青年科学基金项目	管理科学部
19	72103007	教育回报率与人力资本投资：基于中国台湾数据的实证研究	徐化愚	北京大学	青年科学基金项目	管理科学部
20	72103023	机器人替代对劳动力市场的影响研究：理论与中国实证	刘骏	北京外国语大学	青年科学基金项目	管理科学部
21	72103027	收入差距对居民消费碳排放的影响机制及调节措施：消费异质性视角	袁荣	重庆大学	青年科学基金项目	管理科学部
22	72103030	子女升学压力与家庭劳动供给决策：中国家庭隐性教育投资行为的识别与测度	张妍彦	东北财经大学	青年科学基金项目	管理科学部
23	72103034	市民化对地方政府教育投入的影响机理与政策设计研究	陈昊	对外经济贸易大学	青年科学基金项目	管理科学部
24	72103038	基于半/非参数匹配框架下的失业保险效果评估：来自公共健康的视角	郭晓辉	对外经济贸易大学	青年科学基金项目	管理科学部
25	72103039	双循环新格局下资本账户开放的收入分配效应研究：理论分析、指标测度与微观证据	席丹	对外经济贸易大学	青年科学基金项目	管理科学部
26	72103048	空气污染对收入不平等的影响及机制研究：基于健康人力资本的视角	廖丽萍	广东财经大学	青年科学基金项目	管理科学部
27	72103050	农村儿童人力资本提升的微观机制：基于小组同群效应的田野实验研究	肖艾平	广东金融学院	青年科学基金项目	管理科学部
28	72103063	欠发达地区妇女就业的减贫效应：基于"扶贫车间"的准实验研究	李飞	湖南农业大学	青年科学基金项目	管理科学部
29	72103065	生命历程视角下的基础设施建设与人力资本发展研究：以农村饮水安全为例	李莉	华东师范大学	青年科学基金项目	管理科学部

续表

序号	批准号	课题名称	负责人	工作单位	项目类型	所在学部
30	72103066	学业信息反馈对我国农村儿童人力资本积累的助推作用：基于随机实地实验的研究	赵俊	华南师范大学	青年科学基金项目	管理科学部
31	72103071	异质性视角下企业家精神与绿色全要素生产率的时空耦合机制研究	宾朋	华中农业大学	青年科学基金项目	管理科学部
32	72103098	自动化生产、人工智能与小微企业的市场进入——基于劳动者职业选择的视角	刘泽轩	南京审计大学	青年科学基金项目	管理科学部
33	72103120	大流行病期间贸易冲击对女性劳动参与的因果效应及其微观机制识别：理论、应用与政策含义	刘璐	上海财经大学	青年科学基金项目	管理科学部
34	72103121	宏观经济波动的社会福利成本与最优货币政策——基于名义刚性和分散信息的视角	欧声亮	上海财经大学	青年科学基金项目	管理科学部
35	72103131	农村土地权益分配的性别差异对女性经济社会地位的影响及作用机制研究	王丹利	上海对外经贸大学	青年科学基金项目	管理科学部
36	72103134	技术进步偏向视角下人工智能化对农民工就业与流向影响研究	闫周府	上海海洋大学	青年科学基金项目	管理科学部
37	72103151	"双循环"新发展格局下工业机器人应用的就业效应研究	闫雪凌	四川大学	青年科学基金项目	管理科学部
38	72103159	医院人事制度与医生劳动力市场结构：基于买方垄断模型的分析	袁鸿杰	武汉大学	青年科学基金项目	管理科学部
39	72103181	企业市场势力向劳动力市场扩展：关联机理识别及竞争政策优化	赵伟光	浙江工商大学	青年科学基金项目	管理科学部
40	72103182	非对称收益的再分配偏好差异及其对劳动供给的影响：基于行为与实验经济学研究	周嫣然	浙江工商大学	青年科学基金项目	管理科学部
41	72103189	精准扶贫影响教育不平等的研究	陈佳莹	中国人民大学	青年科学基金项目	管理科学部
42	72103204	全球价值链重构下的贸易利益解构与要素收入分配研究	王文晓	中南财经政法大学	青年科学基金项目	管理科学部

续表

序号	批准号	课题名称	负责人	工作单位	项目类型	所在学部
43	72103213	数字化对收入分配的影响及机制研究：基于家庭微观数据的实证分析	王剑程	中山大学	青年科学基金项目	管理科学部
44	72104028	"经济—环境—社会"三重维度对全要素生产率交互影响的作用机理分析	沈智扬	北京理工大学	青年科学基金项目	管理科学部
45	72104136	养老保险缴费基数对企业参保缴费和劳动就业的影响	田柳	上海财经大学	青年科学基金项目	管理科学部
46	72104163	失业冲击下的中国家庭消费和生育行为研究	赵达	四川大学	青年科学基金项目	管理科学部
47	72104178	劳动力需求与供给视角下低碳政策对居民收入分配公平性影响机制研究	张为师	天津师范大学	青年科学基金项目	管理科学部
48	72104196	消费者激励视角下医疗保险对居民健康行为的影响、机制及对策：跨项目、跨时期的比较研究	吴静娴	西安交通大学	青年科学基金项目	管理科学部
49	72104204	引才政策对人力资本流动影响及其经济效应研究	姜先登	西南财经大学	青年科学基金项目	管理科学部
50	72162027	响应制度还是匹配战略：最低工资制度冲击下企业社会责任动机及绩效研究	胡兵	南昌大学	地区科学基金项目	管理科学部
51	72162033	城市人才引进政策对企业创新的影响研究	王蕾茜	云南财经大学	地区科学基金项目	管理科学部
52	72163011	外资并购对国内目标企业就业的影响：理论机制与实证检验	刘建	江西财经大学	地区科学基金项目	管理科学部
53	72163015	劳动力老龄化、农业生产性服务与粮食绿色生产行为：影响机制、经验证据及政策优化研究——以江西为例	彭柳林	江西省农业科学院	地区科学基金项目	管理科学部
54	72163016	机器人使用的就业与收入效应：理论机制、微观证据与政策设计	聂爱云	江西师范大学	地区科学基金项目	管理科学部
55	72164008	生态约束与外资驱动下全要素能源效率提升研究：基于能源—经济—环境系统的分析框架	孙鹏	海南大学	地区科学基金项目	管理科学部
56	72164036	基于健康经济学评价的西南地区县域医共体医疗保险基金打包支付机制研究	农圣	右江民族医学院	地区科学基金项目	管理科学部

续表

序号	批准号	课题名称	负责人	工作单位	项目类型	所在学部
57	72172038	金融业外资准入与企业国际相对效率——基于资本、人力和数字要素的研究	黄蓉	复旦大学	面上项目	管理科学部
58	72172156	企业进入、投资与全要素生产率：基于市场准入负面清单制度试点的准自然试验	王雄元	中南财经政法大学	面上项目	管理科学部
59	72172160	远程办公情境中的工作—家庭微边界重塑及其对工作—家庭平衡的多重作用机理	谢菊兰	中南大学	面上项目	管理科学部
60	72173006	城乡协调发展与农村就业转型：工业化、城镇化和关键制度的影响与机理	盛誉	北京大学	面上项目	管理科学部
61	72173009	贸易战对宏观就业和资源配置的影响及政策应对：基于异质性企业动态结构模型的理论和实证	鄢萍	北京大学	面上项目	管理科学部
62	72173012	中等收入群体的"脆弱性"识别：生成机制与阻断路径	刘渝琳	重庆大学	面上项目	管理科学部
63	72173021	公正评估中美贸易对美国劳动力市场的影响——基于价值链视角的分析	余心玎	对外经济贸易大学	面上项目	管理科学部
64	72173026	中国收入差距的演变与相对贫困治理：服务业驱动模式的视角	章元	复旦大学	面上项目	管理科学部
65	72173027	利用教育信息化契机，提升学生人力资本、缩小教育鸿沟	宋弘	复旦大学	面上项目	管理科学部
66	72173044	中国经济转型升级时期的劳动力市场结构性问题与干预政策的宏观效果评估——基于劳动搜寻匹配模型的研究	张敏	华东师范大学	面上项目	管理科学部
67	72173056	社会网络选择视角下流动人口的身份认同和劳动力市场表现研究	蔡澍	暨南大学	面上项目	管理科学部
68	72173080	教育准入、职业选址与农民工市民化	张锦华	上海财经大学	面上项目	管理科学部
69	72173099	流动人口子女义务教育均等化对迁移决策、人力资本积累和人力资源有效配置的影响研究	徐舒	西南财经大学	面上项目	管理科学部

续表

序号	批准号	课题名称	负责人	工作单位	项目类型	所在学部
70	72173100	贸易政策不确定性与我国劳动收入份额：因果效应、机制及对策研究	周茂	西南财经大学	面上项目	管理科学部
71	72173106	社会医疗保险中的委托代理问题研究：中国医保支付制度改革的政策分析	岳阳	厦门大学	面上项目	管理科学部
72	72173110	贸易冲击与中国区域劳动力就业：机理研究、实证检验与量化评估	张明志	厦门大学	面上项目	管理科学部
73	72173118	地区环境目标约束的就业效应研究：内在机制、边界条件与政策建议	王海	浙江工商大学	面上项目	管理科学部
74	72173129	劳动力市场平台上的搜寻和匹配：基于随机实地实验的研究	陆方文	中国人民大学	面上项目	管理科学部
75	72173131	中国劳动收入份额演变的新趋势及驱动力研究：基于企业行为的微观视角	尹恒	中国人民大学	面上项目	管理科学部
76	72173134	全球价值链对区域绿色全要素生产率的影响机制与提升策略研究	王辉	中国石油大学（华东）	面上项目	管理科学部
77	72174002	基于医疗支出内生多阶段世代交叠模型的我国城镇职工基本医疗保险基金收支的模拟研究	蒋云赟	北京大学	面上项目	管理科学部
78	72174064	推进养老金全国统筹的参与方行为激励与权益保障机制研究	路锦非	华东师范大学	面上项目	管理科学部
79	72174090	从单主体到多主体：基于供地视阈的城市公租房供给改革及其农民工福利效应研究	王博	南京农业大学	面上项目	管理科学部
80	72174114	高速人力资本进步经济体的养老保障体系完善问题研究	张熠	上海财经大学	面上项目	管理科学部
81	72174179	基于参保群体寿命差异的基本养老保险收入再分配效应研究	张翔	浙江大学	面上项目	管理科学部

表11 2021年度劳动经济学国家社会科学基金项目结项一览

序号	批准号	课题/成果名称	负责人	单位	结果	结项月份
1	19FJYB038	地方公共养老保障体系发展研究	裴育	南京审计大学	—	1—2月
2	15AZD056	中国高等院校体育专业人才培养研究	方千华	福建师范大学	优秀	1月
3	15CJL057	精准扶贫的瞄准机制与施策效率：中国的证据及启示	贺立龙	四川大学	良好	1月
4	16CJL047	人口老龄化背景下人力资本影响贸易模式的作用机制研究	黄灿	首都经济贸易大学	合格	1月
5	15XJY005	新常态下农民工体面就业的评价体系及实现机制研究	陈静	成都信息工程大学	合格	1月
6	15BJY031	转型期中国劳动力市场分割的综合测度和结构变化研究	孔军	西北大学	合格	1月
7	16XSH009	新型城镇化进程中农民工养老保险制度并轨问题研究	胡芳肖	西安交通大学	合格	1月
8	15XMZ088	滇桂黔石漠化区农村土地流转和农民增收对策研究：以乡村振兴为中心的考察	张海丰	广西师范大学	合格	1月
9	15BMZ050	新丝路建设背景下西南民族智力资源开发的教育文化路径研究	倪胜利	西南大学	合格	1月
10	16XMZ092	边疆稳定视角下新疆产业结构与就业结构协调发展研究	王艳	石河子大学	合格	1月
11	16AJY007	基于收入和财产视角下的社会保障再分配效应研究	王亚柯	对外经济贸易大学	免于鉴定	1月
12	17CSH011	社会保障兜底脱贫的现实困境与精准对策研究	兰剑	西南大学	良好	2月
13	17ASH011	生态价值观视域下返乡农民工绿色创业意愿及政府扶持机制研究	李贵成	郑州轻工业大学	合格	2月
14	17AJL013	农地整合确权：生成逻辑及劳动力转移就业效应研究	罗明忠	华南农业大学	免于鉴定	2月
15	17BJY044	外出农民工城市居住实现模式与住房保障路径研究	王子成	暨南大学	良好	3月
16	16BJL041	生育政策调整对我国家庭间收入不平等的影响研究	刘娜	湘潭大学	合格	3月
17	18XJY005	新常态下中国人力资本空间分布优化与地区经济协调发展研究	李亚玲	云南大学	合格	3月
18	15BSH054	"单独二孩"政策对妇女就业的影响研究	蒋莱	上海对外经贸大学	合格	3月
19	16BMZ042	基于制度融合视角的少数民族就业促进与创业扶持研究	安翔	宁夏大学	合格	3月

续表

序号	批准号	课题/成果名称	负责人	单位	结果	结项月份
20	17BGL133	基于农民现代化视角的我国新型职业农民培育途径与政策创设研究	朱奇彪	浙江省农业科学院	合格	3月
21	18XGL014	易地扶贫搬迁农户生计恢复研究	冯伟林	长江师范学院	合格	3月
22	18BJY199	乡村旅游与农户可持续生计的协同研究	吴志才	华南理工大学	免于鉴定	3月
23	16XFX018	共享理念下的劳动关系法律治理研究	杨云霞	西北工业大学	免于鉴定	3月
24	18AJY014	激励机制错位与企业全要素生产率研究	盛明泉	安徽财经大学	优秀	4月
25	15BSH055	"全面二孩"政策对已婚女性非农劳动参与的影响及社会应对策略研究	郝娟	陕西师范大学	良好	4月
26	18BJL129	制造业升级对我国就业和收入分配格局的影响研究	宋锦	中国社会科学院世界经济与政治研究所	合格	4月
27	15BJL018	中外财富差距与收入差距的比较研究	陈怡	南京审计大学	合格	4月
28	17BJL043	强可持续视角下中国生态全要素生产率的时空演化与提升路径研究	杨万平	西安交通大学	合格	4月
29	16BJY135	劳动力成本上升背景下中国加工贸易产业升级和国际转移研究	赵玲	上海对外经贸大学	合格	4月
30	15BJY184	税收递延养老金的经济效应、政策决策和个人选择研究	王永华	阳光学院	合格	4月
31	17CJL044	去产能背景下劳动收入与资本回报率协同增长机制与政策研究	杨君	浙江理工大学	合格	5月
32	18BJY042	闽台不充分就业问题与影响因素实证比较研究	夏青云	闽江学院	合格	5月
33	19BJY051	人口结构危机背景下劳动就业新问题及对策研究	张樨樨	中国海洋大学	合格	5月
34	14BSH068	中国青年就业和职业发展研究：钻石模型及检验	黄敬宝	中国青年政治学院	合格	5月
35	15BRK019	新型城镇化背景下中西部地区外出农民工的回流意愿研究	谢永飞	南昌大学	合格	5月
36	17BRK029	精准扶贫视域下西北农村人力资源开发减贫机制研究	马金龙	宁夏大学	合格	5月
37	15BGL098	中国式过劳——我国过度劳动的动态特征、驱动机制及应对策略的跨层次研究	张杉杉	首都经济贸易大学	合格	5月
38	17BGL111	新型雇佣关系对员工敬业度和组织人力资本竞争优势的影响研究	郭文臣	大连理工大学	合格	5月
39	17BSH072	互联网经济下大学毕业生的就业和职业选择研究	赵建国	东北财经大学	优秀	6月

续表

序号	批准号	课题/成果名称	负责人	单位	结果	结项月份
40	18BJL120	新结构经济学视角下我国跨越中等收入陷阱的路径研究	赵秋运	北京大学	合格	6月
41	15XJL015	城镇化进程中蒙古族劳动力进城就业现状调查研究	包凤兰	内蒙古师范大学	合格	6月
42	15BJY033	人力资本视角下最低工资标准对农民工贫困代际传递的影响研究	屈曙光	广州大学	合格	6月
43	15CSH041	土地流转与农民生计模式转变研究	马流辉	华东理工大学	合格	6月
44	15CSH009	中部地区回流农民工就近城镇化需求研究	齐小兵	南昌大学	合格	6月
45	15CMZ041	中华民族共同体视域下内地就业维吾尔族文化适应研究	杨桂臻	塔里木大学	合格	6月
46	16CJY046	新常态下农业劳动力代际转换危机的多维动因、耦合机制与破解模式研究	韩占兵	黄淮学院	优秀	7月
47	16BJL055	提升绿色全要素生产率的供给侧结构性改革研究	杨文举	重庆工商大学	良好	7月
48	15BJL002	当代西方马克思主义失业理论研究	黎贵才	吉林财经大学	合格	7月
49	15BSH080	劳动力转移对彝族聚居区的影响及应对策略研究	伏绍宏	四川省社会科学院	合格	7月
50	16CGL043	城乡居民基本养老保险制度可持续发展研究	王作宝	东北大学	合格	7月
51	15BGL188	城乡基本医疗保障一体化制度构架下不同人群的健康公平性研究	汤榕	宁夏医科大学	合格	7月
52	19FJYB015	构建合作型劳资关系问题研究	周晓光	中国社会科学院人口与劳动经济研究所	—	8月
53	20FYB053	可持续生计视角下农地流转市场发育对农户生计策略和福利影响研究	张建	中国矿业大学	—	8月
54	20FYB010	要素错配、收入分配差距与产出增长的研究	杨志才	郑州大学	—	8月
55	18BJL128	全球价值链视角下企业"走出去"对中国就业影响问题研究	李磊	南开大学	良好	8月
56	17BJL094	贸易自由化与劳动收入分配研究	陈波	华中科技大学	良好	8月
57	17BGL108	工作重塑与工作中成功老龄化研究	王忠军	华中师范大学	良好	8月
58	15BSH035	全球价值链视角下中国产业升级和劳动关系转型的关系研究	薛红	华东师范大学	合格	8月
59	16BSH077	高校教师过度劳动与健康管理研究	梁东新	武汉科技大学	合格	8月
60	16XSH011	云南跨境经济合作区人力资源供需形势与优化配置研究	田静	云南师范大学	合格	8月
61	16CTQ036	新型城镇化背景下农民工档案管理机制研究——基于"管理服务—记忆建构"的双重视角	马林青	中国人民大学	合格	8月

续表

序号	批准号	课题/成果名称	负责人	单位	结果	结项月份
62	20FYB056	生育对女性劳动力市场表现的影响研究	张琳	中国劳动关系学院	—	9月
63	16CJL014	供给侧结构性改革下中国收入分配结构调整与资源配置效率改善研究	许明	中国社会科学院工业经济研究所	优秀	9月
64	16BJY034	中国劳动力市场供给扭曲与结构性改革研究	任韬	首都经济贸易大学	良好	9月
65	16BJY033	农民工创业及创业风险研究	吕惠明	宁波大学	合格	9月
66	18CJY008	人民币国际化视角下我国汇率对就业和工资影响的机理、量化与预测研究	徐伟呈	中国海洋大学	合格	9月
67	16BTJ009	基于碳减排的我国产业结构调整的短期失业效应测度研究	李刚	南京财经大学	合格	9月
68	15BFX133	跨国劳动法	陈一峰	北京大学	合格	9月
69	16CSH035	新常态下珠三角企业劳动关系状况及社会工作介入研究	洪泸敏	江西财经大学	合格	9月
70	16BGL094	高新技术产业集群产业链协同创新中的人力资本效率评价及优化研究	张延平	广州大学	合格	9月
71	17CFX081	中国特色集体劳动关系法律实证研究	艾琳	吉林大学	免于鉴定	9月
72	20BGL205	人工智能发展对就业影响的社会实验设计与应对政策研究	刘运辉	清华大学	免于鉴定	9月
73	16CMZ034	湘黔桂三省坡侗族连片特困区失地农民就业状况与创业扶持对策研究	周波	吉首大学	良好	10月
74	16CXW026	中国语境下媒体参与构建和谐劳动关系的理念与路径研究	吴麟	中国劳动关系学院	良好	10月
75	17BGL153	新生代农民工市民化进程中职业能力动态演进及支持政策研究	郑爱翔	无锡职业技术学院	良好	10月
76	16BGL098	我国制造业转型升级与劳动力成本上涨的耦合研究	刘毅	济南大学	良好	10月
77	17CJY003	我国区域服务业全要素生产率异质性比较与评估及其影响机制研究	崔敏	西安财经大学	合格	10月
78	16BTJ006	产业结构转型升级的就业效应研究	曹文彬	江南大学	合格	10月
79	15CSH044	信息技术介入下的制造业劳动过程研究	周彦汐	沈阳师范大学	合格	10月
80	16CRK016	农民工就业不稳定的成因、对城镇化的影响及应对策略研究	周闯	东北财经大学	合格	10月
81	16XRK001	社会转型期女性农民工群体就业适应度研究	张芮菱	中共四川省委党校	合格	10月
82	16AZD003	企业创新与全要素生产率提升和质量升级研究	余淼杰	北京大学	免于鉴定	10月

续表

序号	批准号	课题/成果名称	负责人	单位	结果	结项月份
83	18XZZ016	在陆台湾青年融陆进程、引导策略及"对台同等待遇"完善研究	刘澈元	广西师范大学	免于鉴定	10月
84	16CSH036	经济新常态下劳动力市场监测指标体系与实现路径研究	王阳	国家发展和改革委员会社会发展研究所	免于鉴定	10月
85	17CJY014	最低工资制定、执行与调整机制研究——对家户和企业的影响分析	马双	广州大学	优秀	11月
86	16BJY070	供给侧改革视角下提高我国制造业全要素生产率的路径研究	韩德超	河南科技大学	良好	11月
87	16BRK026	人力资本结构与经济转型研究	曹泽	安徽建筑大学	良好	11月
88	16CMZ033	西部贫困地区少数民族农民工返乡创业培植研究	赵迪	农业农村部管理干部学院	良好	11月
89	16CZX001	中等收入陷阱与中国经济发展道路	张瑞芹	盐城工学院	合格	11月
90	16CTJ011	收入差距的代际传递机制及在民族地区的实证研究	苏宇楠	中央民族大学	合格	11月
91	16BSH067	渐进延迟退休政策下劳动力市场的风险及应对策略研究	李齐	山东师范大学	合格	11月
92	16BRK010	以职业流动驱动农民工市民化的策略研究	任锋	厦门大学	合格	11月
93	17CRK002	农民工流动与健康的双向影响机制研究	樊敏杰	河南财经政法大学	合格	11月
94	16CRK001	"全面二孩"政策实施后我国女性就业保障的实现路径与制度创新研究	何雅菲	桂林理工大学	合格	11月
95	15BGL192	我国公立医院改革对医保基金的影响研究	吴明	北京大学	合格	11月
96	16BGL027	创业团队成员隐性人力资本激励研究	程江	天津财经大学	合格	11月
97	16BGL018	劳动力成本上涨对我国制造业的影响研究	黄顺春	江西理工大学	合格	11月
98	16CGL046	医疗保险制度对农民工流动的影响研究	孟颖颖	武汉大学	合格	11月
99	17BJY005	工资支付保障机制研究	刘军胜	中国劳动和社会保障科学研究院	免于鉴定	11月
100	16BJY100	经济新常态和新型城镇化下农民工市民化利益冲突与协调机制研究	刘鸿渊	西南石油大学	合格	11月
101	19FJYB005	微观院士经济学——顶尖科学家推动公司创新的机制研究	许荣	中国人民大学	—	12月
102	17BJL003	有偏技术进步、全要素生产率与供给侧结构性改革路径研究	蔡晓陈	西南财经大学	良好	12月

续表

序号	批准号	课题/成果名称	负责人	单位	结果	结项月份
103	16CRK015	基于劳动者个人选择和养老金激励机制的弹性退休制度构想	郝佳	中央财经大学	良好	12月
104	16BMZ101	新型城镇化背景下新疆籍少数民族流动人口就业研究	黄锐	中央民族大学	良好	12月
105	16CGL045	养老、就业和家庭政策统筹协调机制的研究	蒙克	清华大学	良好	12月
106	16AZD013	劳动关系各方的利益、角色、行动模式与互动机制研究	于桂兰	吉林大学	良好	12月
107	16BJL067	工业4.0下技能型人力资本深化、职业迁移与制造业转型升级研究	谢嗣胜	南京航空航天大学	合格	12月
108	16BJY176	精准扶贫战略下促进农民工创业普惠金融机制研究	曾之明	湖南工商大学	合格	12月
109	17CTJ004	"大众创业、万众创新"背景下的创业测度与政策优化研究	吴翌琳	中国人民大学	合格	12月
110	16BZZ072	精准扶贫战略推进中社会保障与扶贫开发联动机制研究	焦克源	兰州大学	合格	12月
111	18BSH158	基于"弱有所扶"制度的残疾人就业路径创新研究	楚洪波	长春大学	合格	12月
112	15BSH045	劳动关系的政府调节机制及其有效性研究	李亚雄	华中师范大学	合格	12月
113	16CRK017	性别失衡、性别红利与劳动市场效应研究	余玲铮	华侨大学	合格	12月
114	16BMZ113	西部民族地区人力资本提升阻断贫困代际传递机制研究	季飞	贵州大学	合格	12月
115	16CJY015	优化人力资本配置研究	周灵灵	中国社会科学院人口与劳动经济研究所	免于鉴定	12月

表12　2021年度劳动经济学国家自然科学基金项目结项一览

序号	批准号	课题名称	负责人	单位	项目类型	所在学科
1	41761020	新世纪以来鄱阳湖地区农村劳动力析出对多熟种植制度的影响	丁明军	江西师范大学	地区科学基金项目	D0105 景观地理和综合自然地理
2	41771135	出口结构的低碳调整对中国省际垂直专业化增加值和就业的影响机制研究	唐志鹏	中国科学院地理科学与资源研究所	面上项目	D0108 经济地理
3	41771190	典型农区农民工务工回流区位研究——以河南省为例	高更和	河南财经政法大学	面上项目	D0109 城市地理和乡村地理
4	41801147	基于手机信令数据的居民就业活动自足性研究——以上海为例	周新刚	同济大学	青年科学基金项目	D0109 城市地理和乡村地理
5	71763007	中国大学教育溢价：演化特征、成因解释与影响效应	彭树宏	江西财经大学	地区科学基金项目	G0313 人口劳动与健康经济
6	71763031	劳动者就业保护、专用性技能获取与中国企业出口转型	李波	云南大学	地区科学基金项目	G0306 国际经济与贸易
7	71764029	边疆少数民族地区农村劳动力转移与土地流转互动耦合研究：困境、机理及对策	刘国勇	新疆农业大学	地区科学基金项目	G0412 资源管理与政策
8	71764036	民族地区优质数字教育资源均等化配置机制研究：系统动力学建模与政策仿真	杨文正	云南师范大学	地区科学基金项目	G0407 教育管理与政策
9	71772056	京津冀家政服务人力资源协同配置机制与优化措施研究	王丛漫	河北科技大学	面上项目	G0204 人力资源管理
10	71772087	人力资源管理实践与工会实践的耦合：形成机制及对组织效能的影响	胡恩华	南京航空航天大学	面上项目	G0204 人力资源管理
11	71772103	科技型中小企业股东人力资本、股权结构与企业成长研究	李纪珍	清华大学	面上项目	G0203 企业技术创新管理
12	71773008	国际人才跨国流动及其经济效应研究	魏浩	北京师范大学	面上项目	G0306 国际经济与贸易
13	71773009	区域产业政策对劳动力市场的影响研究：以振兴东北老工业基地为例	邢春冰	北京师范大学	面上项目	G0313 人口劳动与健康经济
14	71773017	农村医疗保险便携性、就业"锁定"与福利再分配效应研究	宁满秀	福建农林大学	面上项目	G0311 农林经济管理
15	71773020	生产全球化与传统产成品贸易对中美劳动力市场的影响	李志远	复旦大学	面上项目	G0306 国际经济与贸易
16	71773037	留守儿童的认知与非认知能力发展研究	冯帅章	暨南大学	面上项目	G0313 人口劳动与健康经济

续表

序号	批准号	课题名称	负责人	单位	项目类型	所在学科
17	71773047	人力资本异质性、创新与生产性服务业生产率——影响与路径	李杏	南京财经大学	面上项目	G0312 区域经济
18	71773062	通过劳动力市场评估空气污染对经济的影响——基于计量经济学和CGE模型耦合的分析	王灿	清华大学	面上项目	G0314 资源与环境经济
19	71773068	收入结构、经济行为与新生代农民工市民化研究——基于工资决定的视角	张锦华	上海财经大学	面上项目	G0311 农林经济管理
20	71773074	评估流动儿童相关教育政策对流动儿童认知与非认知能力的短期与长期影响	陈媛媛	上海财经大学	面上项目	G0313 人口劳动与健康经济
21	71773076	城镇化背景下劳动力转移与村庄秩序问题研究	史清华	上海交通大学	面上项目	G0311 农林经济管理
22	71773095	社保缴费基数的跨期收入配置功能、收入分配效应与社会福利效果研究	徐舒	西南财经大学	面上项目	G0313 人口劳动与健康经济
23	71773096	空气污染对我国劳动力城际和国际流动的影响	傅十和	厦门大学	面上项目	G0314 资源与环境经济
24	71773108	人口老龄化城乡差异的收入分配效应及作用机理研究	王鑫鑫	浙江财经大学	面上项目	G0313 人口劳动与健康经济
25	71773116	林权流转背景下南方集体林区不同规模农户营林效益与行为的异质性研究——基于非农就业与雇工劳动质量的视角	朱臻	浙江农林大学	面上项目	G0311 农林经济管理
26	71773124	女大学毕业生就业歧视问题研究	葛玉好	中国人民大学	面上项目	G0313 人口劳动与健康经济
27	71773144	中国收入—幸福悖论的理论解释及实证检验——基于面板排序模型的扩展及应用研究	陈永伟	浙江工商大学	面上项目	G0313 人口劳动与健康经济
28	71773148	中国对外贸易对青年受教育程度的异质性因果影响、内在机理及政策模拟研究	林发勤	中国农业大学	面上项目	G0306 国际经济与贸易
29	71773151	中国人力资本的度量研究：扩展及深化	李海峥	中央财经大学	面上项目	G0313 人口劳动与健康经济
30	71774007	高等院校经费配置对人才培养质量的影响研究	鲍威	北京大学	面上项目	G0407 教育管理与政策
31	71774010	工程教育中非技术能力的表征及多源定量评价研究	王秀彦	北京工业大学	面上项目	G0407 教育管理与政策

续表

序号	批准号	课题名称	负责人	单位	项目类型	所在学科
32	71774011	"双一流"建设下我国大学的中青年教师国际能力与国际学术影响力提升机制及对策研究	刘扬	北京航空航天大学	面上项目	G0407 教育管理与政策
33	71774015	"一带一路"学术人才向中国流动的开放式"推—拉"模型研究——人工智能方法的运用	刘进	北京理工大学	面上项目	G0407 教育管理与政策
34	71774055	高水平大学教师的职业压力、学术激情与活力研究	阎光才	华东师范大学	面上项目	G0407 教育管理与政策
35	71774063	我国社会扶贫体系中非营利组织参与价值及价值实现路径研究	杜兰英	华中科技大学	面上项目	G0401 公共管理与公共政策
36	71774076	人力资本视角下的城市增长与创新集中研究:微观机制和宏观政策	高春亮	南京财经大学	面上项目	G0413 区域发展与城市治理
37	71774112	家庭资本、影子教育与社会再生产	薛海平	首都师范大学	面上项目	G0407 教育管理与政策
38	71774122	能源价格扭曲纠正视角下中国工业全要素生产率提升潜力与实现路径研究	杨冕	武汉大学	面上项目	G0412 资源管理与政策
39	71801102	兼顾个体异质性、策略行为与公平性考虑的流感疫苗最优分配政策研究	易鸣	华中科技大学	青年科学基金项目	G0104 预测与评价
40	71801146	全要素生产率增长的估计与分解:基于半参数平滑系数模型的方法及其应用	孙凯	上海大学	青年科学基金项目	G0107 管理系统工程
41	71802001	女性创业者养家动机对其工作—家庭增益的影响研究	李敏	安徽大学	青年科学基金项目	G0204 人力资源管理
42	71802061	薪酬差距的影响因素与经济后果:制度环境、地区差异与企业特征	孔高文	广州大学	青年科学基金项目	G0205 财务管理
43	71802119	共享经济背景下柔性雇佣对灵活就业员工绩效的"双刃剑"效应研究:"员工—管理"的跨层交互影响	曹霞	山西财经大学	青年科学基金项目	G0204 人力资源管理
44	71802124	劳动力市场规制对企业投资行为的影响研究	沈蓓蓓	上海财经大学	青年科学基金项目	G0205 财务管理
45	71802160	人力资本驱动企业创新:以专利发明人为视角的经验研究	张健	上海外国语大学	青年科学基金项目	G0205 财务管理
46	71803006	乡村振兴战略下农民工返乡创业融资约束与信贷可得性研究:基于农地抵押品功能视角	李国正	北京工业大学	青年科学基金项目	G0313 人口劳动与健康经济

续表

序号	批准号	课题名称	负责人	单位	项目类型	所在学科
47	71803011	产品内分工视角下的全球价值链发展对就业创造与分配的影响研究	李昕	北京师范大学	青年科学基金项目	G0306 国际经济与贸易
48	71803027	贸易自由化背景下的人力资本差异及其政策含义	宋弘	复旦大学	青年科学基金项目	G0306 国际经济与贸易
49	71803032	互联网视角下返乡农民工创业及其对农村多维减贫的传导机制研究	袁方	广东外语外贸大学	青年科学基金项目	G0311 农林经济管理
50	71803034	人力资本配置与区域协调发展：多层次空间的视角	盛玉雪	广西大学	青年科学基金项目	G0312 区域经济
51	71803043	我国高校经济学科研机构如何影响学术表现和公共政策参与：理论机制与实证研究	华岳	湖南大学	青年科学基金项目	G0313 人口劳动与健康经济
52	71803060	汇率不确定性如何影响企业的投资和就业：理论、实证和对策研究	向训勇	暨南大学	青年科学基金项目	G0306 国际经济与贸易
53	71803078	双链互动下的中国制造业全要素生产率与双重国际贸易圈塑造研究	黄莉芳	南京财经大学	青年科学基金项目	G0312 区域经济
54	71803085	劳动力成本上升背景下中国农业生产要素投入结构变动与技术进步方向选择研究	李天祥	南京农业大学	青年科学基金项目	G0311 农林经济管理
55	71803100	最低工资标准的劳动力市场与宏观经济效应：基于搜寻匹配理论的研究	王疃	山东大学	青年科学基金项目	G0305 宏观经济管理
56	71803112	中国城市层面人力资源误配测度、传导机制与政策研究：基于搜寻匹配理论视角	唐荣胜	上海财经大学	青年科学基金项目	G0305 宏观经济管理
57	71803115	中国出租车行业劳动力供给决策的实证分析和实验研究	姚澜	上海财经大学	青年科学基金项目	G0302 行为经济与实验经济
58	71803128	中国城市家庭膳食结构变化对劳动力健康影响的因果分析	何晓波	上海对外经贸大学	青年科学基金项目	G0313 人口劳动与健康经济
59	71803141	企业间收入分配差异研究：理论分析与实证证据	买买提依明·祖农	天津大学	青年科学基金项目	G0305 宏观经济管理
60	71803143	工作搜寻中的相遇机制对劳动力市场雇佣双方匹配的决定机制研究	蔡晓鸣	北京大学深圳研究生院	青年科学基金项目	G0313 人口劳动与健康经济
61	71803185	高等教育扩张对大学生就业和收入影响的区间识别研究	陈轩	中国人民大学	青年科学基金项目	G0313 人口劳动与健康经济

续表

序号	批准号	课题名称	负责人	单位	项目类型	所在学科
62	71803198	汉语方言影响劳动力流动的理论机制及实证识别——基于全国2835个县的研究	刘毓芸	中山大学	青年科学基金项目	G0305 宏观经济管理
63	71803199	人力资本配置偏向公共部门对经济发展的影响研究：理论、机制与经验证据	李世刚	中山大学	青年科学基金项目	G0305 宏观经济管理
64	71804005	经费投入对高等教育质量的影响：来自医学教育的证据	吴红斌	北京大学	青年科学基金项目	G0407 教育管理与政策
65	71804063	基于环境规制量化的绿色技术进步驱动全要素生产率提升路径研究	修静	兰州大学	青年科学基金项目	G0411 环境与生态管理
66	71804132	城市人力资本的长期发展机制研究：基于空间集聚和路径依赖的视角	夏怡然	温州大学	青年科学基金项目	G0413 区域发展与城市治理
67	71804140	创新激励扭曲下R&D资金错配与全要素生产率损失的形成机理及测算	戴小勇	西安交通大学	青年科学基金项目	G0404 创新管理与政策
68	71804152	我国人才城际间迁移的影响因素分析及区域人才反筛选机制的构建——基于微观视角的实证研究	史京晔	西南财经大学	青年科学基金项目	G0401 公共管理与公共政策
69	71804155	全球华人科学家流动的基本规律及其对中国科技发展的影响——基于大数据的实证研究	周斯凡	厦门大学	青年科学基金项目	G0403 科技管理与政策
70	71804163	跨学科性对知识生产影响力的作用机制研究——基于气候变化领域	付慧真	浙江大学	青年科学基金项目	G0403 科技管理与政策
71	71804171	人力资本投资视角下中国居民家庭教育支出研究：决策机制及其影响分析	翁秋怡	中国教育科学研究院	青年科学基金项目	G0407 教育管理与政策
72	71804193	教育扶贫对微观人力资本积累的多维影响：效益评估、作用机制和优化路径	赵颖	中南财经政法大学	青年科学基金项目	G0407 教育管理与政策
73	81760619	城乡居民医疗保险制度的减贫效应评估：一项基于"准自然实验"的追踪研究	张仲芳	江西财经大学	地区科学基金项目	H3011 流行病学方法与卫生统计

大事记

2021 年世界人口大事记

封 婷[*]

- **1. 2021 年 4 月 1 日，日本政府正式实施《改正高年龄者雇佣安定法》**

4 月 1 日，日本政府正式实施《改正高年龄者雇佣安定法》。这意味着日本社会将正式进入 70 岁退休的时代。虽然这部法律在现阶段并不具有强制效应，但《朝日新闻》认为，将来日本政府一定会推动 70 岁退休的义务化。

此外，NHK 曾报道称，日本国民养老储蓄金将在 2050 年枯竭，《改正高年龄者雇佣安定法》的实施可能有助于缓解劳动力不足和养老储蓄金压力。然而这对于日本政府、社会、企业以及企业员工而言，却是一个巨大的挑战。

据《朝日新闻》报道，《改正高年龄者雇佣安定法》于 2020 年 3 月正式表决通过。通过这部修改法案的原因是日本少子化、老龄化问题越来越严重，这将引发社会性的劳动力危机。为了解决这一问题，日本国会通过《改正高年龄者雇佣安定法》以便给那些想工作的老年人创造稳定的就业环境。

在此之前，日本的《高年龄者雇佣安定法》把退休的年龄上限提高到了 65 岁。同时，日本政府还制定了允许员工工作到 65 岁的《继续雇佣制度》。

《改正高年龄者雇佣安定法》最核心的内容就是把企业员工的退休年龄从 65 岁提高到了 70 岁。为了实现这一目标，日本政府正在出台相关的配套措施。从 4 月 1 日起，那些已经退休的日本企业员工可以选择到其他公司再就业，或者继续被原来的公司返聘。

《改正高年龄者雇佣安定法》不具备强制效应，违反了相关规定的企业或企业员工也不会受到法律惩罚。但日本社会普遍认为，日本政府这是在为真正推动 70 岁退休做准备，将来 70 岁退休将成为一项义务。《日经新闻》对此评论称，"也许有许多日本企业会讨论推行 70 岁退休的制度"。

- **2. 2021 年韩国人口自然减少近 6 万人，连续 2 年负增长**

韩国统计厅发布的统计数据显示，2021 年韩国出生人口为 26.05 万人，死亡人口为 31.78 万人，人口自然减少（出生人口减死亡人口）5.73 万人，人口自然增长率为 -1.1‰，也就是说每 1000 人中自然减少 1 人。

据韩媒分析，生育率骤减是人口自然减少的主要原因。2021 年韩国出生人口较上一年减少

---

[*] 封婷，中国社会科学院人口与劳动经济研究所人口统计研究室，副研究员、硕士生导师，研究方向为人口统计学，邮箱为 fengtingl@cass.org.cn。

超1万人，创下1970年开始相关统计以来的新低。韩国总和生育率为0.81，同样创下有统计以来的新低。韩国统计厅预测，2070年人口自然减少规模将达51万人。

此外，韩国人口老龄化进程预计将进一步加快。2020年韩国人的年龄中位数为43.7岁，预计2070年将增加到62.2岁。届时19—34岁的青年人口将跌破500万人，减少到2020年的一半水平。与此同时，每100名适龄劳动人口（15—64岁）的抚养人口将升至117名。这意味着2070年一名适龄劳动者将抚养1.2名老年人或儿童。

3. 印度总和生育率降至2.0，首次低于更替水平

印度卫生部公布了最新的全国家庭健康调查结果，在2019—2021年，印度的总和生育率由2015—2016年的2.2下降到了2.0，首次低于世代更替水平（2.1）。报告显示，印度偏远地区总和生育率为2.1，城市总和生育率为1.6。印度政府自20世纪中叶以来便致力于控制该国快速增长的人口。随着近年城市化水平加快、现代避孕方法的普及、民众受教育程度提高，印度人口增长已经出现放缓趋势。根据联合国人口司的分析，印度人口增长率在1980年前后达到顶峰，此后一直在下降，到2060年，印度人口将出现负增长。

4. 美国2021年人口增长率为0.1%，历史最低

根据美国人口普查局发布的人口估算数据，在2020年7月到2021年7月，美国人口增加了392665人，仅增长了0.1%，美国人口总数达到3.3180亿人。美国多年来人口增长一直很缓慢，但新冠疫情加剧了这一趋势。同时，这也是自1937年以来，美国人口增长首次低于100万人。

人口估算是根据美国的出生人数、死亡人数和移民人数计算得出的。在2020年7月到2021年7月，国际移民净增加近24.5万居民，而本土人口的净增长（新生儿出生人数减去死亡人数）为14.8万人。这也是美国首次出现国际移民人数首次超过了本土增加人数的情况。

尽管美国一些人口增长最快的地区增速依旧，但2021年在纽约、洛杉矶和旧金山等大城市的人口流失影响几乎抵消了前述地区的人口增幅。此外，疫情造成的死亡人数飙升，也让许多美国人离开大城市居住。有专家指出，飞涨的房价也是人口增长减缓的原因之一，另一部分原因则是疫情之前美国人口结构性问题所遗留下来的影响因素，如出生率和移民人数的急剧降低。由于新冠疫情的限制，包括对非必要的旅行关闭边境以及许多签发签证的海外领事馆关闭等，美国国际移民人数比前一年减少了约一半。2019年到2020年，美国的移民净流入人数为47.4万人，而2015年至2016年，美国的移民净流入人数有100多万人。

5. 疫情下欧盟人口连续两年减少，德国仍是欧盟人口第一大国

欧盟统计局数据显示，截至2022年1月1日，欧盟27个成员国的总人口连续两年减少，为4.468亿人，在2021年净减少近17.2万人。这是欧盟人口连续第二年减少，2020年的人口减少主要原因之一为疫情。自2020年1月以来，欧盟人口累计净减少超过65.6万人。欧盟

2020年的死亡人数比2019年多53.1万人,而2021年的死亡人数比2020年多11.3万人,而净移民和新出生人口数量未能抵消死亡人口数量。

从1960年至2022年,欧盟人口从3.545亿人增长到4.468亿人,增加了9230万人。然而近几十年来,人口增长速度逐渐放缓。从2005年至2022年,欧盟人口平均每年增加约70万人,而20世纪60年代则平均每年增加约300万人。

分国别看的话,截至2022年1月1日,德国仍是欧盟第一人口大国。欧盟各成员国的人口从德国的8324万人到马耳他的50万人不等。其中,德国、法国(6784万人)和意大利(5898万人)加起来几乎占欧盟总人口的一半(47%)。排名第四和第五的西班牙和波兰则分别拥有4743万人和3765万人。虽然欧盟总人口连续第二年下降,但并非每个成员国都报告了人口减少。共计有10个国家在2021年1月1日至2022年1月1日出现人口萎缩,其中意大利人口萎缩的数量最大(减少25.31万人),斯洛文尼亚的人口萎缩数量最小(减少1800人)。

- **6. 北欧出生率增长,冰岛2021年生育率提高近9%**

2021年第二季度,芬兰的出生率增长7%,丹麦和挪威的出生率分别增长3%和5%,瑞典增长1%。最突出的是冰岛,2021年第二季度出生人数比往年高16.5%,为了迎接明年更高的出生率,冰岛正在设法提高产科病房的容量。冰岛国家卫生服务部门也注意到2020年12月妇科超音波的数量急剧增加,2021年夏天大量婴儿出生,助产士从波兰、澳大利亚和德国赶来增援,70多岁的助产士也被迫延后退休。估计冰岛可能会在2021年结束时生育率比过去高9%。

与世界相反的出生率趋势让专家感到困惑,他们推测可能是北欧疫情相对欧洲国家比较缓和,加上对家庭经济上的慷慨协助,有助于使准父母免受疫情期间的经济影响。在危机时期,人们有更多的精神空间来关注家庭,因为爱好、旅行和社交生活都被搁置,即使被迫暂停工作,也不必太担心家庭的经济状况。事实上,在经济不确定时期,北欧国家慷慨的福利不但让准父母在危机期间不必担心财务状况,新生儿甚至可以充当家庭的财务安全网。如北欧五国都提供最少11个月的带薪育儿假,具体的金额视个人生育前的收入而定,从丹麦的53%到挪威的近100%。在冰岛,父母均有12个月带薪假,可以拿到原有收入的80%,最高可达约2.8万元人民币的金额。

2021 年中国人口大事记

封 婷[*]

1 月

4 日

- 教育部等六部门印发了《关于加强新时代高校教师队伍建设改革的指导意见》，这是党的十八大以来第一个全面系统部署高校教师队伍建设的文件。

13 日

- 长三角生态绿色一体化发展示范区执委会召开新闻通气会，公布示范区第一批共建共享公共服务项目清单。清单内容共 20 项，涉及卫生健康、医疗保障、教育、文化旅游、公共体育、养老、公共交通、政务服务八大方面。

19 日

- 国家医保局、财政部印发《关于建立医疗保障待遇清单制度的意见》。该意见旨在确定基本保障内涵，厘清待遇支付边界，明确政策调整权限，规范决策制度流程，全面构建权责明确、保障适度、可持续的多层次医疗保障体系。

21 日

- 福建省十三届人大常委会第二十五次会议表决通过《福建省餐饮服务从业人员佩戴口罩的规定》。该规定将从 2 月 1 日起施行。这也是全国首个对餐饮服务从业人员佩戴口罩的专项立法。

28 日

- 教育部与国家发展改革委、工业和信息化部、财政部、国家广播电视总局出台《关于大力加强中小学线上教育教学资源建设与应用的意见》。这是自 2000 年我国基础教育信息化正式启动以来，第一个由教育部牵头、多部门联合印发的针对中小学线上教育教学资源建设与应用工作的规范性文件。

2 月

3 日

- 国家卫生健康委、国家中医药管理局联合颁发文件《关于印发公立医院成本核算规范的通知》（国卫财务发〔2021〕4 号）。该规范共十二章四十六条，明确了公立医院开展成本核算的目的及适用范围、会计基础及原则、组织机构设置及职责、分类及核算方法、成本核算单元的设置、成本核算报表体系等。规范适用于全国各级卫生健康行政部门、中医药主管部门举办

---

[*] 封婷，中国社会科学院人口与劳动经济研究所人口统计研究室，副研究员，硕士生导师，研究方向为人口统计学，邮箱为 fengtingl@cass.org.cn。

的各级各类公立医院。

28 日

- 国家统计局发布《中华人民共和国 2020 年国民经济和社会发展统计公报》。公报披露的一系列数据，勾勒了 2020 年中国经济社会发展的新图景。

3 月

1 日

- 2020 版医保目录正式实施，在新版医保目录中，有 673 种药品在医保支付上被加以限制。

2 日

- 2021 年全国基层卫生健康工作会在京召开。

9 日

- 国家医保局发布《2020 年医疗保障事业发展统计快报》。快报显示截至 2020 年底，全口径基本医疗保险参保人数达 13.6 亿人，参保覆盖面稳定在 95% 以上。

10 日

- 人力资源社会保障部印发《关于做好 2021 年全国高校毕业生就业创业工作的通知》。该通知提出 9 条具体工作措施，要求各地将高校毕业生就业作为就业工作重中之重，以实施高校毕业生就业创业促进计划为统领，以品质就业服务为支撑，精准施策，多方发力，确保高校毕业生就业局势总体稳定。

12 日

- 《中华人民共和国国民经济和社会发展第十四个五年规划和 2035 年远景目标纲要》对外公布。纲要主要阐明国家战略意图、明确政府工作重点、引导规范市场主体行为，是我国开启全面建设社会主义现代化国家新征程的宏伟蓝图，是全国各族人民共同的行动纲领。纲要共 65 章内容。

15 日

- 国家卫生健康委办公厅发布《医院智慧管理分级评估标准体系（试行）》（国卫办医函〔2021〕86 号）。

18 日

- 教育部举行新闻发布会，介绍《义务教育质量评价指南》有关情况。《义务教育质量评价指南》（简称《评价指南》）由教育部、中组部、中央编办、国家发改委、财政部、人社部六个部门联合印发，旨在着力构建以发展素质教育为导向的科学评价体系。《评价指南》提出防止学业负担过重等考察要点，明确了质量评价的指标体系，主要阐明了评什么、怎么评、谁来评等问题，指出义务教育质量评价包括县域、学校、学生三个层面，每个层面分别围绕 5 个方面提出了 12 项关键指标。

18 日

- 国家药监局正式发布《医疗器械监督管理条例》修订版本。该条例于 2020 年 12 月 21 日国务院第 119 次常务会议修订通过。此次新修订的条例关注行业的创新发展及医疗器械的全生命周期追溯。

25 日

- 国务院发布《关于落实〈政府工作报告〉重点工作分工的意见》。该意见将《政府工作报告》提出的 2021 年工作任务，分解为 12 个部分 38 个方面 44 项重点，明确国务院有关部门和有关地方的分工责任及完成时限。

30 日

- 经国务院批复同意，国家发展改革委联合 20 个部门印发了《国家基本公共服务标准（2021 年版）》（发改社会〔2021〕443 号），并发出通知，要求各地区结合实际认真贯彻落实。《国家基本公共服务标准（2021 年版）》是严格界定基本公共服务范围，结合实际抓紧制定各地区基本公共服务具体实施标准，有效落实基本公共服务支出责任的重要依据。

4 月

7 日

- 国务院总理李克强签署国务院令，公布修订后的《民办教育促进法实施条例》，自 2021 年 9 月 1 日起施行。这是"十四五"规划开局之年颁布实施的第一部教育法规，意义重大而深远。

7 日

- 第 72 个世界卫生日，2021 年的主题是"建设一个更公平、更健康的世界"。呼吁确保每个人都享有利于健康的生活和工作条件、随时随地获得其所需的优质卫生服务。

8 日

- 教育部办公厅印发《关于加强义务教育学校作业管理的通知》。该通知明确提出不得要求学生自批自改，严禁给家长布置或变相布置作业，严禁要求家长批改作业，让作业回归到学校育人环节中来。

15 日

- 《国务院办公厅关于服务"六稳""六保"进一步做好"放管服"改革有关工作的意见》正式出台。该意见围绕进一步推动优化就业环境、进一步推动减轻市场主体负担、进一步推动扩大有效投资、进一步推动激发消费潜力、进一步推动稳外贸稳外资、进一步推动优化民生服务、进一步加强事中事后监管 7 个方面提出 20 项举措措施，并根据职能分工明确每项举措措施的牵头和落实部门。

21 日

- 国家卫生健康委在国务院联防联控机制新闻发布会上表示，截至目前，全国累计报告接种新冠疫苗超 2 亿剂次。我国很早就部署了 5 条新冠疫苗研发技术路线，目前已有 3 条技术路线共 5 款疫苗获批附条件上市或紧急使用。

22 日

- 国务院办公厅印发《关于建立健全职工基本医疗保险门诊共济保障机制的指导意见》（国办发〔2021〕14 号）。该文件提出建立职工医保普通门诊统筹，逐步将门诊里多发病、常见病纳入医保统筹基金报销；加强慢性病、特殊疾病的门诊保障，将费用高、治疗周期长的疾病门诊费用也逐步纳入门诊保障范围。这是基本医保门诊由单纯个人账户迈向个人账户与门诊统筹相结合的重要一步。

23 日

- 国家卫生健康委员会、财政部、国家中医药管理局发布《卫生健康领域全面实施预算绩效管理实施方案》（国卫财务发〔2021〕14号）。该文件要求到2022年底，全国各级卫生健康、中医药行政部门、医疗卫生机构基本建成全方位、全过程、全覆盖的预算绩效管理体系，切实做到"花钱必问效、无效必问责"，提升预算管理水平和政策实施效果。

27 日

- 国务院成立未成年人保护工作领导小组及办公室，全国省市县三级全部建立完善相应领导协调机制。

29 日

- 国家卫生健康委办公厅发布《国家骨科医学中心及国家骨科区域医疗中心设置标准》（国卫办医函〔2021〕235号）。该文件旨在进一步推动骨科优质医疗资源扩容和区域均衡布局，提升骨科医疗服务保障能力，助力实现区域分开。

5 月

1 日

- 医疗保障领域的第一部行政法规《医疗保障基金使用监督管理条例》正式施行，在医保法治化道路上具有里程碑的意义。该条例规定，定点医药机构及其工作人员应当执行实名就医和购药管理规定，核验参保人员医疗保障凭证，按照诊疗规范提供合理、必要的医药服务，向参保人员如实出具费用单据和相关资料，不得分解住院、挂床住院，不得违反诊疗规范过度诊疗、过度检查、分解处方、超量开药、重复开药，不得重复收费、超标准收费、分解项目收费，不得串换药品、医用耗材、诊疗项目和服务设施，不得诱导、协助他人冒名或者虚假就医、购药。

10 日

- 国家医保局、国家卫生健康委联合印发《关于建立完善国家医保谈判药品"双通道"管理机制的指导意见》（医保发〔2021〕28号）。"双通道"是指通过定点医疗机构和定点零售药店两个渠道，满足谈判药品供应保障、临床使用等方面的合理需求，并同步纳入医保支付的机制。该文件出台旨在确保国家医保谈判药品顺利落地，更好满足广大参保患者合理的用药需求，提高谈判药品的可及性。

11 日

- 国新办新闻发布会公布第七次全国人口普查结果。数据显示，全国人口共141178万人，与2010年第六次全国人口普查数据相比，增加7206万人，增长5.38%，年平均增长率为0.53%，比2000年到2010年的年平均增长率0.57%下降0.04个百分点。

12 日

- 国务院总理李克强主持召开国务院常务会议，决定将部分减负稳岗扩就业政策期限延长到2021年底，确定进一步支持灵活就业的措施；部署加强对受疫情持续影响行业企业的金融支持；通过《建设工程抗震管理条例（草案）》。

15 日

- 第28个国际家庭日，此次国际家庭日的主题是"建设家庭友好环境，呵护婴幼儿健康成长"。

16 日

- 第 31 次全国助残日，此次助残日主题是"巩固残疾人脱贫成果，提高残疾人生活质量"。

17 日

- 国家卫生健康委办公厅发布《关于印发第二批符合县医院医疗服务能力推荐标准县医院名单的通知》（国卫办医函〔2021〕242 号）。该文件指出，根据 2020 年县医院服务能力调查评估结果，全国范围内新增 441 家县医院基本符合县医院医疗服务能力推荐标准。

20 日

- 住房和城乡建设部、国家发展改革委印发《关于批准发布综合医院建设标准的通知》（建标〔2021〕36 号）。该文件进一步强调规划引领的重要性，指导医院切实加强总体规划设计，充分利用现有资源和基础设施。适当提高综合医院建筑面积指标，满足医教研防全面发展，提高公共卫生防控能力，优化医院整体空间环境，促进信息化发展。

21 日

- 习近平主席应邀在北京以视频方式出席全球健康峰会，并发表题为《携手共建人类卫生健康共同体》的重要讲话。中国正以实际行动践行人类卫生健康共同体理念，习近平主席的讲话为推进全球抗疫合作指明了前进方向，各国应携手努力，共同守护人类健康美好未来。

31 日

- 中共中央政治局召开会议。会议指出，进一步优化生育政策，实施一对夫妻可以生育三个子女政策及配套支持措施，有利于改善我国人口结构、落实积极应对人口老龄化国家战略、保持我国人力资源禀赋优势。

6 月

1 日

- 新修订的《中华人民共和国未成年人保护法》正式施行，修订后的未成年人保护法分为总则、家庭保护、学校保护、社会保护、网络保护、政府保护、司法保护、法律责任和附则，共九章 132 条。

3 日

- 人力资源社会保障部发布《2020 年度人力资源和社会保障事业发展统计公报》。公报指出，截至 2020 年末，全国就业人员 75064 万人，其中城镇就业人员 46271 万人。全国就业人员中，第一产业、第二产业、第三产业就业人员分别占 23.6%、28.7%、47.7%。全年城镇新增就业 1186 万人，有 511 万城镇失业人员实现再就业，就业困难人员就业 167 万人。全年全国共帮助 4.9 万户零就业家庭实现每户至少一人就业。选派 3.9 万名高校毕业生到基层从事"三支一扶"服务。2020 年第四季度，岗位空缺与求职人数的比率约为 1.52，全国人力资源市场供求总体保持平衡。

4 日

- 《国务院办公厅关于推动公立医院高质量发展的意见》发布。该意见旨在推动公立医院高质量发展及更好满足人民日益增长的医疗卫生服务需求。

4 日

- 中共中央政治局常委、国务院副总理韩正主持召开医疗保障工作座谈会并讲话，研究部署药品和耗材集中带量采购改革、加强医保基金监管等工作。韩正在充分肯定药品和耗材集中带量采购改革取得的阶段性成效后表示，让改革成果更多更好惠及广大人民群众。

6 日

- 全国第 26 个"爱眼日"，2021 年的主题是"关注普遍的眼健康"。

9 日

- 国家医疗保障局会同财政部、国家税务总局印发《关于做好 2021 年城乡居民基本医疗保障工作的通知》。该通知明确，继续提高城乡居民基本医保筹资标准，2021 年居民医保人均财政补助标准新增 30 元，达到每人每年不低于 580 元。

10 日

- 国家卫生健康委办公厅、国家中医药局办公室发布《关于加快推进社区医院建设的通知》（国卫办基层函〔2021〕317 号），指出各地在建设过程中，应当主要依托现有城市社区卫生服务中心进行建设，对符合条件的尤其是城乡接合部的乡镇卫生院，可根据发展需要纳入社区医院建设范围。要坚持社区医院基层医疗卫生机构功能定位，与城市其他医疗机构互补协同发展。

15 日

- 教育部宣布成立校外教育培训监管司。校外教育培训监管司主要职责是：承担面向中小学生（含幼儿园儿童）的校外教育培训管理工作，指导校外教育培训机构党的建设，拟订校外教育培训规范管理政策。
- 由民政部、国家发改委联合编制的《"十四五"民政事业发展规划》（简称《规划》）正式印发。《规划》明确了"十四五"时期民政事业发展的主要目标、重点任务和重大举措，对更好发挥民政部门在社会建设中的兜底性、基础性作用作出了部署，提供了指引。

17 日

- 国务院办公厅发布《深化医药卫生体制改革 2021 年重点工作任务》（国办发〔2021〕20号）。文件指出应深入实施健康中国战略，推广三明市医改经验，强化改革系统联动，促进优质医疗资源均衡布局，统筹疫情防控与公共卫生体系建设，继续着力推动把以治病为中心转变为以人民健康为中心，着力解决看病难、看病贵问题。

25 日

- 国家发展改革委等三部门发布《"十四五"积极应对人口老龄化工程和托育建设实施方案》。该文件明确到 2025 年，进一步改善养老、托育服务基础设施条件，推动设施规范化、标准化建设，增强兜底保障能力，增加普惠性服务供给，提升养老、托育服务水平，逐步构建居家社区机构相协调、医养康养相结合的养老服务体系，不断发展和完善普惠托育服务体系。

26 日

- 第 34 个国际禁毒日，2021 年活动主题是"防范新型毒品对青少年危害"。

7 月

1 日

- 国家发展改革委、国家卫生健康委、国家中医药管理局、国家疾病预防控制局发布

《"十四五"优质高效医疗卫生服务体系建设实施方案》（发改社会〔2021〕893号）。该文件指出应加快构建强大公共卫生体系，推动优质医疗资源扩容和区域均衡布局，提高全方位全周期健康服务与保障能力，促进中医药传承创新。

5日

- 国家卫生健康委办公厅发布《关于印发医疗领域"证照分离"改革措施的通知》（国卫办医发〔2021〕15号）。该文件对《中央层面设定的涉企经营许可事项改革清单（2021年全国版）》和《中央层面设定的涉企经营许可事项改革清单（2021年自由贸易试验区版）》中涉及医疗领域的11项改革事项进行了具体细化，制定了有关落实举措。

8日

- 国务院印发《"十四五"残疾人保障和发展规划》。该规划指出，"十四五"时期要坚持以习近平新时代中国特色社会主义思想为指导，贯彻落实习近平总书记关于残疾人事业的重要指示批示精神和党中央、国务院决策部署，立足新发展阶段、贯彻新发展理念、构建新发展格局，坚持弱有所扶，以推动残疾人事业高质量发展为主题，以巩固拓展残疾人脱贫攻坚成果、促进残疾人全面发展和共同富裕为主线，保障残疾人平等权利，增进残疾人民生福祉，增强残疾人自我发展能力，推动残疾人事业向着现代化迈进，不断满足残疾人美好生活需要。

11日

- 第32个世界人口日，2021年的主题为"权利和选择就是答案：无论是婴儿潮还是婴儿荒，改变生育率的方法在于优先考虑所有人的生殖健康及权利"。此次中国的主题为"生有所护，幼有所育"。

15日

- 国家医疗保障局办公室印发《按病种分值付费（DIP）医疗保障经办管理规程（试行）》。该规程的制定是为贯彻落实《中共中央 国务院关于深化医疗保障制度改革的意见》，深化医保支付方式改革，提高医疗保障基金使用效率，积极稳妥推进区域点数法总额预算和按病种分值付费，规范按病种分值付费（DIP）的经办管理工作。

16日

- 经国务院同意，人力资源社会保障部、国家发展改革委、交通运输部、应急部、市场监管总局、国家医保局、最高人民法院、全国总工会共同印发《关于维护新就业形态劳动者劳动保障权益的指导意见》（简称《意见》）。《意见》聚焦新就业形态劳动者权益保障面临的突出问题，提出要健全公平就业、劳动报酬、休息、劳动安全、社会保险制度，强化职业伤害保障，完善劳动者诉求表达机制。

16日

- 国家卫生健康委办公厅发布《关于加快推进检查检验结果互认工作的通知》（国卫办医函〔2021〕392号）。该文件指出应结合实际情况建立检查检验结果互认体系，明确互认机构范围、条件、诊疗项目（内容）及技术标准等，优先选取稳定性好、高值高频的检查检验项目进行互认。鼓励有条件的地区将独立设置的医学影像诊断中心、医学检验实验室等纳入互认体系，为区域内医疗机构提供检查检验服务，实现资源共享。

20 日

- 《中共中央 国务院关于优化生育政策促进人口长期均衡发展的决定》公布。该决定提出实施三孩生育政策及配套支持措施。文件就优化生育政策，实施一对夫妻可以生育三个子女政策，并取消社会抚养费等制约措施、清理和废止相关处罚规定以及就配套实施积极生育支持措施作出如下决定（八个方面）：一是充分认识优化生育政策、促进人口长期均衡发展的重大意义；二是指导思想、主要原则和目标；三是组织实施好三孩生育政策；四是提高优生优育服务水平；五是发展普惠托育服务体系；六是降低生育、养育、教育成本；七是加强政策调整有序衔接；八是强化组织实施保障。

23 日

- 国家卫生健康委办公厅发布《推进妇幼健康文化建设工作方案（2021—2025 年）》（国卫办妇幼函〔2021〕401 号）。该文件指出要大力弘扬妇幼健康文化，提升妇幼健康队伍凝聚力，树立妇幼健康行业良好形象，推进妇幼健康事业高质量发展，为促进妇女儿童全面发展提供坚实的思想基础和精神支撑。

24 日

- 中共中央办公厅、国务院办公厅印发《关于进一步减轻义务教育阶段学生作业负担和校外培训负担的意见》。该文件要求各地区各部门结合实际认真贯彻落实。

28 日

- 国家发改委社会发展司、国家卫健委医政医管局、国家中医药局医政司联合发布《关于印发〈新增国家区域医疗中心建设输出医院名单〉的通知》。文件将内蒙古、吉林、黑龙江、江西、广西、海南、重庆、贵州、西藏、甘肃、青海、宁夏 12 个省份和新疆生产建设兵团纳入国家区域医疗中心建设范围，基本覆盖病患输出大省和医疗资源相对薄弱省份。

30 日

- 国家卫生健康委发布《2020 年甲类大型医用设备配置许可通告》（国卫通〔2021〕7 号）。准予许可名单包括质子放射治疗系统、正电子发射型磁共振成像系统（PETMR）以及高端放射治疗三大甲类大型医用设备，共计 67 家医疗机构获得配置许可，其中有 7 家医院获得了两种大型医疗设备配置许可。

8 月

4 日

- "北京 12345"援引市卫生健康委员会消息称：经核实，5 月 31 日（含）后按规定生育三孩的，除享受国家规定的产假外，享受生育奖励假 30 天，其配偶享受陪产假 15 天。女职工经所在机关、企业事业单位、社会团体和其他组织同意，可以再增加假期一至三个月。

4 日

- 国家卫生健康委通报，中国新冠疫苗接种超 17 亿剂次。

5 日

- 国家主席习近平向新冠疫苗合作国际论坛首次会议发表书面致辞。

9 日

- 国务院应对新型冠状病毒肺炎疫情联防联控机制综合组发布《关于进一步加强新型冠状

病毒肺炎救治定点医院院内感染预防与控制工作的通知》（联防联控机制综发〔2021〕78号）。该文件对新冠定点医院的院感防控提出了新的要求和落实细则。定点医院作为新冠肺炎相关病例的集中收治场所，是"外防输入、内防反弹"的重要一环。定点医院是感控工作的责任主体，其主要负责人是该院感控工作第一责任人。

10日

- 国家医保局、财政部《关于建立医疗保障待遇清单制度的意见》（医保发〔2021〕5号）印发。

17日

- 国务院应对新冠病毒肺炎疫情联防联控医疗救治组发布《关于进一步完善医疗机构感染预防与控制工作机制的通知》（联防联控机制医疗发〔2021〕71号）。该文件明确要建立医疗机构感控工作"四项机制"，即专业团队年度评估机制、卫生健康行政部门每月抽查检查机制、医疗机构一把手负责制和每月研究机制、追责问责机制。针对新型冠状病毒肺炎救治定点医院的院内感控制定了评估量表（试行）。

20日

- 十三届全国人大常委会第十三次会议表决通过《中华人民共和国医师法》，于2022年3月1日起施行，《中华人民共和国执业医师法》同时废止。《中华人民共和国医师法》共计7章67条，明确保障医师合法权益，将社会层面对医师的尊重上升到了国家层面，充分体现国家对医师权益的重视和保护。中医、中西医结合医师可以在医疗机构中的中医科、中西医结合科或者其他临床科室按照注册的执业类别、执业范围执业。

20日

- 全国人大常委会会议表决通过了关于修改人口与计划生育法的决定。修改后的《中华人民共和国人口与计划生育法》规定，国家提倡适龄婚育、优生优育，一对夫妻可以生育三个子女。国家采取财政、税收、保险、教育、住房、就业等支持措施，减轻家庭生育、养育、教育负担。

24日

- 国务院应对新型冠状病毒肺炎疫情联防联控机制综合组发布《关于进一步加强医疗机构感控人员配备管理相关工作的通知》（联防联控机制综发〔2021〕88号）。该文件指出感控人员是医疗机构内从事感染预防与控制工作的专业人员，是监督指导各项感控措施落实到位的关键。医疗机构应当根据机构的级别类别以及是否为新冠肺炎医疗救治定点医院，合理确定感控人员的配备形式和数量。定点医院应当由主要负责人直接领导感控工作，确保各项感控要求得到全面有效落实。

25日

- 国家医保局、国家卫生健康委、国家发展改革委、财政部、人力资源社会保障部、市场监管总局、国家中医药局、国家药监局联合印发《深化医疗服务价格改革试点方案》（医保发〔2021〕41号）。该方案已经中央全面深化改革委员会第十九次会议审议通过，经国务院同意印发。

27日

- 经国务院同意，人力资源社会保障部、财政部、国家卫生健康委、国家医保局、国家中医药局联合印发《关于深化公立医院薪酬制度改革的指导意见》。该意见要求，实施以增加知识价值为导向的分配政策，建立适应我国医疗行业特点的公立医院薪酬制度。

9月

1日

- 国务院应对新型冠状病毒肺炎疫情联防联控机制综合组发布《关于进一步加强新冠肺炎疫情防控消毒工作的通知》（联防联控机制综发〔2021〕94号）。该文件明确要求：进一步提高对消毒工作重要性的认识，压实消毒工作主体责任，科学精准开展消毒工作，依法依规加强消毒监督管理。

10日

- 民政部发布《2020年民政事业发展统计公报》。该公报通过综合情况、行政区划、社会工作、成员组织和其他社会服务四部分展示了民政事业的年度发展大数据。

13日

- 国务院应对新型冠状病毒肺炎疫情联防联控机制综合组发布《医疗机构内新型冠状病毒感染预防与控制技术指南（第三版）》（联防联控机制综发〔2021〕96号）。该文件旨在完善防控制度、工作流程和应急预案。文件提出，各地要建立既熟悉政策要求又具备较强业务能力的感控专业队伍，承担感染聚集事件处置和检查、协助流行病学调查等工作，指导疫情防控和医疗机构内感染防控工作；严格执行新住院患者及陪护人员、医疗机构工作人员新冠病毒核酸检测"应检尽检"要求。

22日

- 国务院总理李克强主持召开国务院常务会议，要求做好跨周期调节，稳定合理预期，保持经济平稳运行；审议通过"十四五"新型基础设施建设规划，推动扩内需、促转型、增后劲；部署加快中小型病险水库除险加固，提升供水和防灾减灾能力。

27日

- 教育部印发《国家义务教育质量监测方案（2021年修订版）》。该方案要求依据义务教育课程标准（或指导纲要）中的学段划分情况，考虑学生认知和学习能力发展的阶段性特征，对义务教育阶段部分年级学生进行监测。

29日

- 国务院办公厅印发《"十四五"全民医疗保障规划》。这是我国第一个医保五年规划。该规划提出，到2025年，医疗保障制度更加成熟定型，基本完成待遇保障、筹资运行、医保支付、基金监管等重要机制和医药服务供给、医保管理服务等关键领域的改革任务，医疗保障政策规范化、管理精细化、服务便捷化、改革协同化程度明显提升。

10月

14日

- 国家卫生健康委和国家中医药管理局联合印发《公立医院高质量发展促进行动（2021—2025年）》。文件明确了"十四五"时期公立医院高质量发展的8项具体行动，包括四项重点建设行动和四项能力提升行动。

14 日

- 国家卫生健康委发布《关于印发母婴安全行动提升计划（2021—2025 年）的通知》（国卫妇幼发〔2021〕30 号）。文件提出要以高质量发展为主题，以深入落实母婴安全五项制度为主线，聚焦服务质量提升、专科能力提升和群众满意度提升，持续强化质量安全管理，提高医疗机构服务能力，预防减少孕产妇和婴儿死亡；开展助产技术服务的医疗机构，重点是二级及以上综合医院、中医医院、妇幼保健院和妇产医院；各级危重孕产妇和新生儿救治中心要全面组织实施。

19 日

- 中共中央政治局常委、国务院总理李克强在北京人民大会堂出席 2021 年全国大众创业万众创新活动周，发表重要讲话，并宣布活动周正式启动。李克强指出，要推动双创不断迈上新台阶，汇聚推动经济发展的澎湃力量。

23 日

- 中华人民共和国主席习近平签署中华人民共和国主席令第九十八号，公布《中华人民共和国家庭教育促进法》。该法自 2022 年 1 月 1 日起施行。《中华人民共和国家庭教育促进法》是为了发扬中华民族重视家庭教育的优良传统，引导全社会注重家庭、家教和家风，增进家庭幸福与社会和谐，培养德智体美劳全面发展的社会主义建设者和接班人而制定的法律。

11 月

5 日

- 国家卫生健康委员会发布《健康儿童行动提升计划（2021—2025 年）》（国卫妇幼发〔2021〕33 号）。该文件指出，应进一步健全以妇幼保健机构、儿童医院和综合医院儿科为核心，以基层医疗卫生机构为基础，以大中型综合医院和相关科研教学机构为支撑的儿童医疗卫生服务体系，增加儿童医疗保健服务供给；加强以县级妇幼保健机构为龙头，乡镇卫生院和社区卫生服务中心为枢纽，社区卫生服务站和村卫生室为基础的基层儿童保健服务网络建设，提升保健服务可及性。

18 日

- 《中共中央 国务院关于加强新时代老龄工作的意见》通过。该意见提出，有效应对我国人口老龄化，事关国家发展全局，事关亿万百姓福祉，事关社会和谐稳定，对于全面建设社会主义现代化国家具有重要意义。要坚持以人民为中心，将老龄事业发展纳入统筹推进"五位一体"总体布局和协调推进"四个全面"战略布局，实施积极应对人口老龄化国家战略。

19 日

- 国家医疗保障局印发《DRG/DIP 支付方式改革三年行动计划》。该计划提出，未来三年，将以加快建立管用高效的医保支付机制为目标，分期分批加快推进，从 2022 年到 2024 年，全面完成 DRG/DIP 付费方式改革任务，推动医保高质量发展。

12 月

1 日

- 国家医保局发布了《医疗保障基金飞行检查管理办法（征求意见稿）》。

2 日

- 经国务院同意，人力资源社会保障部公布《国家职业资格目录（2021年版）》。《国家职业资格目录（2021年版）》共计72项职业资格。其中，专业技术人员职业资格59项，含准入类33项，水平评价类26项；技能人员职业资格13项。目录中准入类职业资格关系公共利益或涉及国家安全、公共安全、人身健康、生命财产安全，均有法律法规或国务院决定作为依据；水平评价类职业资格具有较强的专业性和社会通用性，技术技能要求较高，行业管理和人才队伍建设确实需要。

3 日

- 国家医保局、人力资源社会保障部印发《国家基本医疗保险、工伤保险和生育保险药品目录（2021年）》。该文件要求各地要严格执行，不得自行调整目录内药品的限定支付范围和甲乙分类。

8 日

- 国家医保局以媒体通气会形式通报打击欺诈骗保专项整治行动有关情况。会议明确医保骗保问题专项整治行动结束时间由2021年12月底延长至2022年12月底，进一步聚焦医保监管重点领域，不断提升专项整治行动的广度和深度。

8 日

- 中央经济工作会议在北京举行。会议指出，要继续做好"六稳""六保"工作特别是保就业保民生保市场主体，围绕保持经济运行在合理区间，加强和改善宏观调控，加大宏观政策跨周期调节力度，提高宏观调控的前瞻性针对性。

23 日

- 民政部印发《"十四五"民政信息化发展规划》。该规划依据《中华人民共和国国民经济和社会发展第十四个五年规划和2035年远景目标纲要》、《"十四五"国家信息化规划》及《"十四五"民政事业发展规划》等文件制定，明确了"十四五"时期民政信息化发展的总体要求、重点任务和组织实施，对进一步加快数字化发展、推动民政治理体系和治理能力现代化作出系统安排和部署。

28 日

- 民政部召开全国民政工作视频会议。会议指出，2021年各项民政工作取得新成绩，顺利实现"十四五"民政工作良好开局。一是扎实开展党史学习教育。二是大力巩固拓展脱贫攻坚兜底保障成果并做好同乡村振兴有效衔接工作。三是有力服务保障各类特殊困难群众。四是推动完善社会治理体系。五是规范专项行政事务和社会事务管理。

29 日

- 国务院深化医药卫生体制改革领导小组发布《关于深入推广福建省三明市经验深化医药卫生体制改革的实施意见》。该文件强调要全面监测地方各级医改领导小组学习推广三明医改经验进程。

30 日

● 国务院印发《"十四五"国家老龄事业发展和养老服务体系规划》。该规划围绕推动老龄事业和产业协同发展、推动养老服务体系高质量发展，明确了"十四五"时期的总体要求、主要目标和工作任务。

数据

1. 2021年全国行政区划

单位：个

省级区划名称	地级区划数 合计	地级区划数 地级市	县级区划数 合计	县级区划数 市辖区	县级区划数 县级市	县级区划数 县	县级区划数 自治县	乡镇级区划数 合计	乡镇级区划数 镇	乡镇级区划数 乡级	乡镇级区划数 街道
全国	333	293	2 843	977	394	1 301	117	38 558	21 322	8 309	8 925
北京	—	—	16	16	—	—	—	343	143	35	165
天津	—	—	16	16	—	—	—	252	125	3	124
河北	11	11	167	49	21	91	6	2 254	1 287	656	310
山西	11	11	117	26	11	80	—	1 278	631	430	217
内蒙古	12	9	103	23	11	17	—	1 025	509	270	246
辽宁	14	14	100	59	16	17	8	1 354	640	201	513
吉林	9	8	60	21	20	16	3	958	426	181	351
黑龙江	13	12	121	54	21	45	1	1 316	565	336	415
上海	—	—	16	16	—	—	—	215	106	2	107
江苏	13	13	95	55	21	19	—	1 237	699	19	519
浙江	11	11	90	37	20	32	1	1 364	618	258	488
安徽	16	16	104	45	9	50	—	1 512	997	239	276
福建	9	9	84	31	11	42	—	1 102	655	252	195
江西	11	11	100	27	12	61	—	1 570	834	562	174
山东	16	16	136	58	26	52	—	1 825	1 072	57	696
河南	17	17	157	54	21	82	—	2 457	1 178	606	673
湖北	13	12	103	39	26	35	2	1 255	761	161	333
湖南	14	13	122	36	19	60	7	1 943	1 133	389	421
广东	21	21	122	65	20	34	3	1 609	1 112	11	486
广西	14	14	111	41	10	48	12	1 253	806	312	135
海南	4	4	25	10	5	4	6	218	175	21	22
重庆	—	—	38	26	—	8	4	1 031	625	161	245
四川	21	18	183	55	19	105	4	3 101	2 016	626	459
贵州	9	6	88	16	10	50	11	1 509	831	314	364
云南	16	8	129	17	18	65	29	1 418	665	539	214
西藏	7	6	74	8	—	66	—	699	142	534	23
陕西	10	10	107	31	7	69	—	1 316	973	17	326
甘肃	14	12	86	17	5	57	7	1 356	892	337	127
青海	8	2	44	7	5	25	7	404	140	222	42
宁夏	5	5	22	9	2	11	—	242	103	90	49
新疆	14	4	107	13	28	60	6	1 142	463	468	210
香港	—	—	—	—	—	—	—	—	—	—	—
澳门	—	—	—	—	—	—	—	—	—	—	—
台湾	—	—	—	—	—	—	—	—	—	—	—

数据来源：国家统计局。

注：乡镇级总数包含河北省、新疆维吾尔自治区的各一个区公所。

2. 2021年各省、自治区、直辖市人口数及人口自然变动情况

单位：‰，万人

地 区	出生率	死亡率	自然增长率	年末总人口
全 国	**7.52**	**7.18**	**0.34**	**141 260**
北 京	6.35	5.39	0.96	2 189
天 津	5.30	6.23	-0.93	1 373
河 北	7.15	7.58	-0.43	7 448
山 西	7.06	7.32	-0.26	3 480
内蒙古	6.26	7.54	-1.28	2 400
辽 宁	4.71	8.89	-4.18	4 229
吉 林	4.70	8.08	-3.38	2 375
黑龙江	3.59	8.70	-5.11	3 125
上 海	4.67	5.59	-0.92	2 489
江 苏	5.65	6.77	-1.12	8 505
浙 江	6.90	5.90	1.00	6 540
安 徽	8.05	8.00	0.05	6 113
福 建	8.26	6.28	1.98	4 187
江 西	8.34	6.71	1.63	4 517
山 东	7.38	7.36	0.02	10 170
河 南	8.00	7.36	0.64	9 883
湖 北	6.98	7.86	-0.88	5 830
湖 南	7.13	8.28	-1.15	6 622
广 东	9.35	4.83	4.52	12 684
广 西	9.68	6.80	2.88	5 037
海 南	9.74	6.01	3.73	1 020
重 庆	6.49	8.04	-1.55	3 212
四 川	6.85	8.74	-1.89	8 372
贵 州	12.17	7.19	4.98	3 852
云 南	9.35	8.12	1.23	4 690
西 藏	14.17	5.47	8.70	366
陕 西	7.89	7.38	0.51	3 954
甘 肃	9.68	8.26	1.42	2 490
青 海	11.22	6.91	4.31	594
宁 夏	11.62	6.09	5.53	725
新 疆	6.16	5.60	0.56	2 589

数据来源：国家统计局人口和就业统计司。

注：1. 本表数据根据2021年全国人口变动情况抽样调查数据推算。
　　2. 全国总人口包括现役军人数，分地区数据中未包括。

3. 2021年全国分年龄、性别的人口数

单位：人，%

年龄（岁）	人口数 合计	男	女	占总人口比重 合计	男	女	性别比（女=100）
总计	1 494 054	763 842	730 212	100.00	51.13	48.87	104.61
0—4	72 978	38 288	34 690	4.88	2.56	2.32	110.37
0	10 124	5 312	4 812	0.68	0.36	0.32	110.40
1	11 936	6 262	5 674	0.80	0.42	0.38	110.38
2	14 976	7 941	7 036	1.00	0.53	0.47	112.86
3	16 078	8 402	7 677	1.08	0.56	0.51	109.44
4	19 863	10 371	9 492	1.33	0.69	0.64	109.27
5—9	96 094	50 970	45 124	6.43	3.41	3.02	112.96
5	18 735	9 886	8 849	1.25	0.66	0.59	111.72
6	17 657	9 415	8 242	1.18	0.63	0.55	114.24
7	19 971	10 580	9 391	1.34	0.71	0.63	112.66
8	19 237	10 171	9 065	1.29	0.68	0.61	112.20
9	20 495	10 918	9 577	1.37	0.73	0.64	114.01
10—14	92 304	49 345	42 959	6.18	3.30	2.88	114.86
10	18 747	10 031	8 716	1.25	0.67	0.58	115.09
11	18 573	9 952	8 622	1.24	0.67	0.58	115.43
12	18 817	10 017	8 800	1.26	0.67	0.59	113.83
13	18 191	9 737	8 454	1.22	0.65	0.57	115.17
14	17 976	9 609	8 367	1.20	0.64	0.56	114.84
15—19	79 414	42 677	36 737	5.32	2.86	2.46	116.17
15	15 909	8 599	7 311	1.06	0.58	0.49	117.61
16	17 482	9 670	7 812	1.17	0.65	0.52	123.79
17	17 118	9 361	7 757	1.15	0.63	0.52	120.68
18	13 498	7 183	6 316	0.90	0.48	0.42	113.73
19	15 406	7 865	7 542	1.03	0.53	0.50	104.29
20—24	77 256	41 020	36 236	5.17	2.75	2.43	113.20
20	17 638	9 192	8 445	1.18	0.62	0.57	108.85
21	16 936	8 706	8 230	1.13	0.58	0.55	105.79
22	14 180	7 568	6 612	0.95	0.51	0.44	114.45
23	14 536	7 953	6 582	0.97	0.53	0.44	120.83
24	13 966	7 600	6 366	0.93	0.51	0.43	119.39

续1

年龄（岁）	人口数 合计	男	女	占总人口比重 合计	男	女	性别比（女=100）
25—29	91 729	48 189	43 540	6.14	3.23	2.91	110.68
25	16 594	8 700	7 895	1.11	0.58	0.53	110.20
26	17 740	9 259	8 481	1.19	0.62	0.57	109.17
27	17 814	9 396	8 418	1.19	0.63	0.56	111.61
28	19 484	10 291	9 193	1.30	0.69	0.62	111.94
29	20 097	10 544	9 554	1.35	0.71	0.64	110.36
30—34	128 056	66 101	61 955	8.57	4.42	4.15	106.69
30	21 175	11 080	10 095	1.42	0.74	0.68	109.75
31	27 015	14 013	13 002	1.81	0.94	0.87	107.78
32	26 609	13 697	12 913	1.78	0.92	0.86	106.07
33	25 341	13 009	12 333	1.70	0.87	0.83	105.48
34	27 915	14 303	13 612	1.87	0.96	0.91	105.08
35—39	109 171	56 115	53 057	7.31	3.76	3.55	105.76
35	24 152	12 333	11 818	1.62	0.83	0.79	104.36
36	20 662	10 565	10 097	1.38	0.71	0.68	104.64
37	20 562	10 706	9 857	1.38	0.72	0.66	108.61
38	20 262	10 399	9 863	1.36	0.70	0.66	105.43
39	23 533	12 111	11 422	1.58	0.81	0.76	106.04
40—44	98 023	50 206	47 817	6.56	3.36	3.20	105.00
40	20 267	10 392	9 875	1.36	0.70	0.66	105.24
41	18 629	9 407	9 223	1.25	0.63	0.62	101.99
42	20 745	10 629	10 117	1.39	0.71	0.68	105.06
43	19 735	10 163	9 571	1.32	0.68	0.64	106.19
44	18 647	9 615	9 032	1.25	0.64	0.60	106.45
45—49	114 545	58 320	56 225	7.67	3.90	3.76	103.73
45	20 691	10 525	10 167	1.38	0.70	0.68	103.52
46	20 974	10 696	10 278	1.40	0.72	0.69	104.07
47	23 390	11 957	11 433	1.57	0.80	0.77	104.59
48	24 456	12 438	12 017	1.64	0.83	0.80	103.50
49	25 033	12 703	12 330	1.68	0.85	0.83	103.02

续2

年龄 （岁）	人口数			占总人口比重			性别比 （女=100）
	合计	男	女	合计	男	女	
50—54	129 319	65 216	64 103	8.66	4.37	4.29	101.74
50	26 483	13 527	12 956	1.77	0.91	0.87	104.40
51	27 371	13 796	13 575	1.83	0.92	0.91	101.62
52	26 041	13 285	12 756	1.74	0.89	0.85	104.15
53	27 307	13 555	13 753	1.83	0.91	0.92	98.56
54	22 116	11 053	11 063	1.48	0.74	0.74	99.91
55—59	121 989	61 237	60 752	8.16	4.10	4.07	100.80
55	25 204	12 721	12 482	1.69	0.85	0.84	101.92
56	24 570	12 456	12 114	1.64	0.83	0.81	102.82
57	23 946	12 003	11 943	1.60	0.80	0.80	100.50
58	27 587	13 757	13 830	1.85	0.92	0.93	99.47
59	20 683	10 301	10 382	1.38	0.69	0.69	99.22
60—64	70 755	35 357	35 399	4.74	2.37	2.37	99.88
60	11 006	5 413	5 593	0.74	0.36	0.37	96.78
61	13 273	6 482	6 791	0.89	0.43	0.45	95.45
62	12 339	6 224	6 116	0.83	0.42	0.41	101.77
63	16 085	8 037	8 048	1.08	0.54	0.54	99.86
64	18 052	9 201	8 851	1.21	0.62	0.59	103.96
65—69	81 345	39 951	41 394	5.44	2.67	2.77	96.51
65	16 537	8 225	8 312	1.11	0.55	0.56	98.95
66	17 046	8 320	8 726	1.14	0.56	0.58	95.35
67	17 221	8 476	8 744	1.15	0.57	0.59	96.93
68	15 268	7 456	7 812	1.02	0.50	0.52	95.45
69	15 272	7 473	7 799	1.02	0.50	0.52	95.82
70—74	56 208	27 247	28 962	3.76	1.82	1.94	94.08
70	13 075	6 222	6 853	0.88	0.42	0.46	90.79
71	12 362	6 029	6 333	0.83	0.40	0.42	95.21
72	11 495	5 615	5 880	0.77	0.38	0.39	95.50
73	9 992	4 867	5 125	0.67	0.33	0.34	94.97
74	9 285	4 514	4 772	0.62	0.30	0.32	94.59

续完

年龄（岁）	人口数 合计	人口数 男	人口数 女	占总人口比重 合计	占总人口比重 男	占总人口比重 女	性别比（女=100）
75—79	34 886	16 457	18 429	2.33	1.10	1.23	89.30
75	8 598	4 063	4 535	0.58	0.27	0.30	89.60
76	7 533	3 549	3 984	0.50	0.24	0.27	89.08
77	6 887	3 298	3 589	0.46	0.22	0.24	91.90
78	6 210	2 917	3 293	0.42	0.20	0.22	88.58
79	5 657	2 629	3 028	0.38	0.18	0.20	86.83
80—84	22 543	10 175	12 368	1.51	0.68	0.83	82.27
80	5 612	2 615	2 998	0.38	0.18	0.20	87.22
81	5 126	2 381	2 745	0.34	0.16	0.18	86.76
82	4 191	1 870	2 321	0.28	0.13	0.16	80.55
83	4 122	1 821	2 301	0.28	0.12	0.15	79.13
84	3 492	1 489	2 004	0.23	0.10	0.13	74.29
85—89	12 317	5 066	7 252	0.82	0.34	0.49	69.86
85	3 396	1 409	1 987	0.23	0.09	0.13	70.92
86	2 779	1 146	1 633	0.19	0.08	0.11	70.16
87	2 386	996	1 390	0.16	0.07	0.09	71.68
88	2 218	903	1 315	0.15	0.06	0.09	68.63
89	1 537	611	926	0.10	0.04	0.06	66.01
90—94	4 249	1 643	2 606	0.28	0.11	0.17	63.07
90	1 356	537	818	0.09	0.04	0.05	65.63
91	1 189	477	712	0.08	0.03	0.05	67.00
92	726	269	457	0.05	0.02	0.03	58.95
93	543	206	337	0.04	0.01	0.02	61.06
94	436	154	282	0.03	0.01	0.02	54.73
95+	871	263	608	0.06	0.02	0.04	43.20

数据来源：国家统计局人口和就业统计司。

注：由于各地区数据采用加权汇总的方法，全国人口变动情况抽样调查样本数据合计与各分项相加略有误差（以下表同）。

4. 2021年全国分年龄、性别的人口数（城市）

单位：人，%

年龄（岁）	人口数 合计	男	女	占总人口比重 合计	男	女	性别比（女=100）
总计	601 812	304 955	296 857	100.00	50.67	49.33	102.73
0—4	27 901	14 680	13 221	4.64	2.44	2.20	111.04
0	3 948	2 111	1 837	0.66	0.35	0.31	114.92
1	4 570	2 419	2 151	0.76	0.40	0.36	112.49
2	5 747	3 068	2 679	0.95	0.51	0.45	114.52
3	6 125	3 164	2 960	1.02	0.53	0.49	106.88
4	7 512	3 918	3 594	1.25	0.65	0.60	109.02
5—9	34 796	18 578	16 218	5.78	3.09	2.69	114.55
5	7 154	3 893	3 261	1.19	0.65	0.54	119.38
6	6 462	3 450	3 012	1.07	0.57	0.50	114.56
7	7 358	3 869	3 488	1.22	0.64	0.58	110.92
8	6 664	3 525	3 139	1.11	0.59	0.52	112.31
9	7 159	3 841	3 319	1.19	0.64	0.55	115.73
10—14	29 537	15 725	13 812	4.91	2.61	2.30	113.85
10	6 113	3 195	2 918	1.02	0.53	0.48	109.50
11	5 971	3 273	2 698	0.99	0.54	0.45	121.32
12	5 926	3 158	2 768	0.98	0.52	0.46	114.06
13	5 749	3 083	2 666	0.96	0.51	0.44	115.63
14	5 778	3 016	2 762	0.96	0.50	0.46	109.22
15—19	33 757	17 984	15 773	5.61	2.99	2.62	114.02
15	5 795	3 160	2 635	0.96	0.53	0.44	119.91
16	6 871	3 872	2 999	1.14	0.64	0.50	129.10
17	6 721	3 601	3 120	1.12	0.60	0.52	115.39
18	5 976	3 178	2 797	0.99	0.53	0.46	113.63
19	8 395	4 174	4 222	1.39	0.69	0.70	98.86
20—24	40 792	21 247	19 545	6.78	3.53	3.25	108.71
20	9 994	5 129	4 865	1.66	0.85	0.81	105.42
21	9 440	4 764	4 677	1.57	0.79	0.78	101.86
22	7 394	3 917	3 477	1.23	0.65	0.58	112.68
23	7 198	3 873	3 325	1.20	0.64	0.55	116.47
24	6 765	3 565	3 201	1.12	0.59	0.53	111.36

续1

年龄（岁）	人口数 合计	男	女	占总人口比重 合计	男	女	性别比（女=100）
25—29	43 895	22 753	21 142	7.29	3.78	3.51	107.62
25	8 046	4 125	3 921	1.34	0.69	0.65	105.20
26	8 497	4 403	4 095	1.41	0.73	0.68	107.52
27	8 607	4 485	4 122	1.43	0.75	0.68	108.79
28	9 316	4 855	4 462	1.55	0.81	0.74	108.81
29	9 428	4 886	4 543	1.57	0.81	0.75	107.56
30—34	60 282	30 557	29 725	10.02	5.08	4.94	102.80
30	9 830	5 013	4 817	1.63	0.83	0.80	104.06
31	12 466	6 286	6 181	2.07	1.04	1.03	101.70
32	12 546	6 452	6 094	2.08	1.07	1.01	105.89
33	12 034	6 106	5 927	2.00	1.01	0.98	103.02
34	13 406	6 700	6 706	2.23	1.11	1.11	99.91
35—39	52 658	26 607	26 051	8.75	4.42	4.33	102.13
35	11 708	5 827	5 881	1.95	0.97	0.98	99.09
36	9 806	4 953	4 853	1.63	0.82	0.81	102.08
37	9 864	5 035	4 829	1.64	0.84	0.80	104.27
38	9 823	4 960	4 863	1.63	0.82	0.81	102.00
39	11 459	5 832	5 627	1.90	0.97	0.93	103.64
40—44	44 526	22 381	22 145	7.40	3.72	3.68	101.07
40	9 557	4 827	4 730	1.59	0.80	0.79	102.05
41	8 614	4 285	4 328	1.43	0.71	0.72	99.01
42	9 468	4 764	4 704	1.57	0.79	0.78	101.28
43	8 790	4 422	4 368	1.46	0.73	0.73	101.24
44	8 099	4 083	4 015	1.35	0.68	0.67	101.69
45—49	47 099	23 873	23 226	7.83	3.97	3.86	102.79
45	8 977	4 501	4 476	1.49	0.75	0.74	100.55
46	8 858	4 514	4 344	1.47	0.75	0.72	103.90
47	9 575	4 893	4 683	1.59	0.81	0.78	104.49
48	9 913	5 022	4 891	1.65	0.83	0.81	102.68
49	9 776	4 944	4 832	1.62	0.82	0.80	102.32

续 2

年龄 (岁)	人口数			占总人口比重			性别比 (女=100)
	合计	男	女	合计	男	女	
50—54	47 943	24 101	23 842	7.97	4.00	3.96	101.08
50	10 449	5 343	5 106	1.74	0.89	0.85	104.65
51	10 371	5 296	5 075	1.72	0.88	0.84	104.36
52	9 791	4 989	4 801	1.63	0.83	0.80	103.92
53	9 705	4 753	4 953	1.61	0.79	0.82	95.97
54	7 627	3 719	3 908	1.27	0.62	0.65	95.18
55—59	43 586	21 629	21 957	7.24	3.59	3.65	98.51
55	8 492	4 211	4 281	1.41	0.70	0.71	98.36
56	8 766	4 363	4 403	1.46	0.72	0.73	99.10
57	8 685	4 327	4 358	1.44	0.72	0.72	99.27
58	10 275	5 066	5 209	1.71	0.84	0.87	97.26
59	7 368	3 663	3 706	1.22	0.61	0.62	98.83
60—64	26 250	12 925	13 324	4.36	2.15	2.21	97.00
60	4 012	1 960	2 052	0.67	0.33	0.34	95.50
61	5 077	2 414	2 663	0.84	0.40	0.44	90.66
62	4 643	2 325	2 318	0.77	0.39	0.39	100.31
63	6 041	3 004	3 037	1.00	0.50	0.50	98.91
64	6 476	3 222	3 254	1.08	0.54	0.54	99.01
65—69	27 152	12 918	14 234	4.51	2.15	2.37	90.75
65	5 750	2 831	2 919	0.96	0.47	0.49	96.97
66	5 908	2 778	3 130	0.98	0.46	0.52	88.73
67	5 725	2 716	3 009	0.95	0.45	0.50	90.28
68	4 890	2 303	2 587	0.81	0.38	0.43	89.01
69	4 879	2 290	2 589	0.81	0.38	0.43	88.48
70—74	17 557	8 264	9 293	2.92	1.37	1.54	88.92
70	4 244	2 020	2 224	0.71	0.34	0.37	90.82
71	3 949	1 858	2 091	0.66	0.31	0.35	88.86
72	3 614	1 750	1 864	0.60	0.29	0.31	93.90
73	2 903	1 326	1 577	0.48	0.22	0.26	84.08
74	2 848	1 310	1 538	0.47	0.22	0.26	85.20

续完

年龄（岁）	人口数 合计	男	女	占总人口比重 合计	男	女	性别比（女=100）
75—79	10 658	4 933	5 725	1.77	0.82	0.95	86.17
75	2 711	1 228	1 483	0.45	0.20	0.25	82.80
76	2 230	1 073	1 157	0.37	0.18	0.19	92.79
77	2 075	976	1 100	0.34	0.16	0.18	88.71
78	1 840	861	979	0.31	0.14	0.16	87.88
79	1 802	796	1 006	0.30	0.13	0.17	79.08
80—84	7 429	3 280	4 150	1.23	0.54	0.69	79.04
80	1 812	811	1 001	0.30	0.13	0.17	81.04
81	1 633	751	882	0.27	0.12	0.15	85.09
82	1 396	605	791	0.23	0.10	0.13	76.51
83	1 428	636	793	0.24	0.11	0.13	80.19
84	1 160	477	683	0.19	0.08	0.11	69.87
85—89	4 256	1 792	2 464	0.71	0.30	0.41	72.75
85	1 123	482	641	0.19	0.08	0.11	75.22
86	983	412	571	0.16	0.07	0.09	72.15
87	828	348	480	0.14	0.06	0.08	72.50
88	773	316	457	0.13	0.05	0.08	69.10
89	549	234	315	0.09	0.04	0.05	74.50
90—94	1 454	624	830	0.24	0.10	0.14	75.13
90	460	201	259	0.08	0.03	0.04	77.44
91	365	142	223	0.06	0.02	0.04	63.66
92	279	116	163	0.05	0.02	0.03	71.57
93	197	90	107	0.03	0.01	0.02	83.75
94	154	75	79	0.03	0.01	0.01	95.60
95+	282	104	179	0.05	0.02	0.03	58.02

数据来源：国家统计局人口和就业统计司。

5. 2021年全国分年龄、性别的人口数（镇）

单位：人，%

年龄（岁）	人口数 合计	男	女	占总人口比重 合计	男	女	性别比（女=100）
总计	364 415	184 742	179 673	100.00	50.70	49.30	102.82
0—4	18 442	9 630	8 812	5.06	2.64	2.42	109.29
0	2 454	1 285	1 169	0.67	0.35	0.32	109.97
1	3 040	1 574	1 466	0.83	0.43	0.40	107.36
2	3 678	1 931	1 746	1.01	0.53	0.48	110.60
3	4 129	2 175	1 954	1.13	0.60	0.54	111.31
4	5 141	2 664	2 477	1.41	0.73	0.68	107.59
5—9	25 843	13 638	12 205	7.09	3.74	3.35	111.74
5	5 016	2 609	2 407	1.38	0.72	0.66	108.40
6	4 762	2 468	2 294	1.31	0.68	0.63	107.55
7	5 344	2 851	2 493	1.47	0.78	0.68	114.35
8	5 209	2 776	2 433	1.43	0.76	0.67	114.10
9	5 512	2 935	2 578	1.51	0.81	0.71	113.86
10—14	25 121	13 545	11 576	6.89	3.72	3.18	117.01
10	5 083	2 801	2 282	1.39	0.77	0.63	122.76
11	5 135	2 683	2 452	1.41	0.74	0.67	109.42
12	5 078	2 789	2 289	1.39	0.77	0.63	121.84
13	4 931	2 623	2 307	1.35	0.72	0.63	113.69
14	4 894	2 649	2 245	1.34	0.73	0.62	117.96
15—19	21 957	11 653	10 303	6.03	3.20	2.83	113.11
15	4 572	2 464	2 108	1.25	0.68	0.58	116.90
16	5 316	2 879	2 437	1.46	0.79	0.67	118.15
17	5 275	2 898	2 377	1.45	0.80	0.65	121.94
18	3 486	1 761	1 725	0.96	0.48	0.47	102.07
19	3 307	1 651	1 656	0.91	0.45	0.45	99.68
20—24	15 944	8 370	7 575	4.38	2.30	2.08	110.49
20	3 410	1 753	1 658	0.94	0.48	0.45	105.72
21	3 462	1 721	1 741	0.95	0.47	0.48	98.88
22	2 995	1 553	1 442	0.82	0.43	0.40	107.70
23	3 089	1 677	1 412	0.85	0.46	0.39	118.71
24	2 989	1 666	1 322	0.82	0.46	0.36	126.03

续1

年龄（岁）	人口数 合计	男	女	占总人口比重 合计	男	女	性别比（女=100）
25—29	21 323	10 910	10 413	5.85	2.99	2.86	104.77
25	3 675	1 955	1 721	1.01	0.54	0.47	113.61
26	3 960	1 977	1 983	1.09	0.54	0.54	99.73
27	4 167	2 169	1 997	1.14	0.60	0.55	108.61
28	4 679	2 379	2 301	1.28	0.65	0.63	103.41
29	4 841	2 429	2 412	1.33	0.67	0.66	100.70
30—34	32 230	16 241	15 989	8.84	4.46	4.39	101.58
30	5 280	2 701	2 579	1.45	0.74	0.71	104.74
31	6 770	3 444	3 326	1.86	0.95	0.91	103.57
32	6 734	3 331	3 403	1.85	0.91	0.93	97.87
33	6 395	3 200	3 195	1.75	0.88	0.88	100.17
34	7 051	3 565	3 486	1.93	0.98	0.96	102.26
35—39	27 052	13 616	13 435	7.42	3.74	3.69	101.35
35	6 062	3 028	3 034	1.66	0.83	0.83	99.79
36	5 168	2 567	2 601	1.42	0.70	0.71	98.68
37	5 183	2 685	2 498	1.42	0.74	0.69	107.51
38	4 973	2 529	2 444	1.36	0.69	0.67	103.47
39	5 665	2 807	2 858	1.55	0.77	0.78	98.23
40—44	24 858	12 597	12 261	6.82	3.46	3.36	102.74
40	4 986	2 476	2 510	1.37	0.68	0.69	98.62
41	4 665	2 314	2 351	1.28	0.63	0.65	98.42
42	5 240	2 646	2 593	1.44	0.73	0.71	102.04
43	5 037	2 618	2 419	1.38	0.72	0.66	108.23
44	4 931	2 543	2 387	1.35	0.70	0.66	106.55
45—49	28 921	14 484	14 437	7.94	3.97	3.96	100.33
45	5 296	2 659	2 637	1.45	0.73	0.72	100.83
46	5 240	2 585	2 654	1.44	0.71	0.73	97.39
47	5 963	2 986	2 977	1.64	0.82	0.82	100.30
48	6 102	3 101	3 001	1.67	0.85	0.82	103.31
49	6 321	3 153	3 167	1.73	0.87	0.87	99.57

续2

年龄 (岁)	人口数			占总人口比重			性别比 (女=100)
	合计	男	女	合计	男	女	
50—54	32 140	16 055	16 085	8.82	4.41	4.41	99.82
50	6 432	3 280	3 153	1.77	0.90	0.87	104.04
51	6 790	3 376	3 415	1.86	0.93	0.94	98.86
52	6 555	3 296	3 259	1.80	0.90	0.89	101.16
53	6 799	3 335	3 464	1.87	0.92	0.95	96.29
54	5 563	2 768	2 795	1.53	0.76	0.77	99.04
55—59	29 315	14 640	14 675	8.04	4.02	4.03	99.76
55	6 257	3 138	3 119	1.72	0.86	0.86	100.58
56	5 985	3 025	2 960	1.64	0.83	0.81	102.21
57	5 717	2 837	2 880	1.57	0.78	0.79	98.53
58	6 559	3 271	3 288	1.80	0.90	0.90	99.48
59	4 797	2 369	2 428	1.32	0.65	0.67	97.57
60—64	15 681	7 742	7 939	4.30	2.12	2.18	97.52
60	2 437	1 182	1 255	0.67	0.32	0.34	94.23
61	2 959	1 439	1 520	0.81	0.39	0.42	94.72
62	2 710	1 334	1 376	0.74	0.37	0.38	96.93
63	3 528	1 740	1 789	0.97	0.48	0.49	97.27
64	4 047	2 047	2 000	1.11	0.56	0.55	102.33
65—69	17 851	8 765	9 086	4.90	2.41	2.49	96.47
65	3 581	1 786	1 795	0.98	0.49	0.49	99.55
66	3 731	1 845	1 886	1.02	0.51	0.52	97.82
67	3 774	1 856	1 917	1.04	0.51	0.53	96.80
68	3 420	1 668	1 752	0.94	0.46	0.48	95.20
69	3 345	1 609	1 735	0.92	0.44	0.48	92.72
70—74	12 034	5 837	6 198	3.30	1.60	1.70	94.18
70	2 846	1 367	1 480	0.78	0.38	0.41	92.35
71	2 615	1 283	1 332	0.72	0.35	0.37	96.31
72	2 408	1 140	1 268	0.66	0.31	0.35	89.90
73	2 166	1 059	1 107	0.59	0.29	0.30	95.64
74	1 999	989	1 011	0.55	0.27	0.28	97.82

续完

年龄（岁）	人口数 合计	人口数 男	人口数 女	占总人口比重 合计	占总人口比重 男	占总人口比重 女	性别比（女=100）
75—79	7 429	3 470	3 959	2.04	0.95	1.09	87.66
75	1 758	819	939	0.48	0.22	0.26	87.26
76	1 636	749	887	0.45	0.21	0.24	84.45
77	1 486	717	769	0.41	0.20	0.21	93.16
78	1 322	614	707	0.36	0.17	0.19	86.82
79	1 227	571	656	0.34	0.16	0.18	87.04
80—84	4 689	2 123	2 566	1.29	0.58	0.70	82.74
80	1 176	554	622	0.32	0.15	0.17	89.01
81	1 082	485	598	0.30	0.13	0.16	81.08
82	865	408	457	0.24	0.11	0.13	89.22
83	826	346	480	0.23	0.10	0.13	72.15
84	741	331	410	0.20	0.09	0.11	80.83
85—89	2 486	1 023	1 462	0.68	0.28	0.40	69.97
85	713	286	427	0.20	0.08	0.12	67.12
86	552	226	326	0.15	0.06	0.09	69.28
87	494	212	282	0.14	0.06	0.08	74.94
88	456	199	257	0.13	0.05	0.07	77.40
89	270	100	170	0.07	0.03	0.05	58.98
90—94	918	357	561	0.25	0.10	0.15	63.73
90	321	130	191	0.09	0.04	0.05	67.81
91	275	111	164	0.08	0.03	0.05	67.82
92	137	54	83	0.04	0.01	0.02	64.82
93	107	39	68	0.03	0.01	0.02	57.61
94	79	24	55	0.02	0.01	0.02	43.25
95+	182	44	138	0.05	0.01	0.04	31.75

数据来源：国家统计局人口和就业统计司。

6. 2021年全国分年龄、性别的人口数（乡村）

单位：人，%

年龄（岁）	人口数 合计	男	女	占总人口比重 合计	男	女	性别比（女=100）
总计	527 827	274 145	253 682	100.00	51.94	48.06	108.07
0—4	26 635	13 978	12 657	5.05	2.65	2.40	110.43
0	3 722	1 916	1 806	0.71	0.36	0.34	106.08
1	4 326	2 269	2 057	0.82	0.43	0.39	110.31
2	5 552	2 941	2 610	1.05	0.56	0.49	112.68
3	5 824	3 062	2 762	1.10	0.58	0.52	110.86
4	7 211	3 789	3 422	1.37	0.72	0.65	110.73
5—9	35 454	18 754	16 700	6.72	3.55	3.16	112.30
5	6 565	3 384	3 181	1.24	0.64	0.60	106.38
6	6 433	3 498	2 936	1.22	0.66	0.56	119.15
7	7 269	3 860	3 409	1.38	0.73	0.65	113.20
8	7 364	3 870	3 493	1.40	0.73	0.66	110.78
9	7 823	4 143	3 680	1.48	0.78	0.70	112.56
10—14	37 646	20 075	17 572	7.13	3.80	3.33	114.25
10	7 551	4 034	3 516	1.43	0.76	0.67	114.74
11	7 468	3 996	3 472	1.41	0.76	0.66	115.09
12	7 812	4 070	3 742	1.48	0.77	0.71	108.75
13	7 511	4 030	3 481	1.42	0.76	0.66	115.80
14	7 304	3 944	3 360	1.38	0.75	0.64	117.37
15—19	23 700	13 040	10 661	4.49	2.47	2.02	122.31
15	5 543	2 975	2 568	1.05	0.56	0.49	115.83
16	5 295	2 919	2 376	1.00	0.55	0.45	122.86
17	5 122	2 862	2 260	0.97	0.54	0.43	126.66
18	4 037	2 244	1 793	0.76	0.43	0.34	125.11
19	3 704	2 040	1 664	0.70	0.39	0.32	122.63
20—24	20 520	11 403	9 117	3.89	2.16	1.73	125.08
20	4 234	2 311	1 923	0.80	0.44	0.36	120.21
21	4 035	2 222	1 813	0.76	0.42	0.34	122.55
22	3 791	2 097	1 694	0.72	0.40	0.32	123.82
23	4 249	2 404	1 845	0.80	0.46	0.35	130.32
24	4 212	2 369	1 843	0.80	0.45	0.35	128.58

续1

年龄（岁）	人口数 合计	男	女	占总人口比重 合计	男	女	性别比（女=100）
25—29	26 512	14 527	11 985	5.02	2.75	2.27	121.21
25	4 873	2 620	2 253	0.92	0.50	0.43	116.29
26	5 283	2 879	2 404	1.00	0.55	0.46	119.78
27	5 040	2 742	2 298	0.95	0.52	0.44	119.28
28	5 488	3 057	2 431	1.04	0.58	0.46	125.77
29	5 828	3 229	2 599	1.10	0.61	0.49	124.23
30—34	35 544	19 303	16 241	6.73	3.66	3.08	118.85
30	6 065	3 366	2 699	1.15	0.64	0.51	124.70
31	7 779	4 283	3 496	1.47	0.81	0.66	122.53
32	7 329	3 913	3 416	1.39	0.74	0.65	114.56
33	6 913	3 702	3 211	1.31	0.70	0.61	115.30
34	7 458	4 038	3 420	1.41	0.77	0.65	118.09
35—39	29 461	15 891	13 570	5.58	3.01	2.57	117.11
35	6 382	3 479	2 904	1.21	0.66	0.55	119.81
36	5 689	3 045	2 643	1.08	0.58	0.50	115.20
37	5 516	2 985	2 530	1.04	0.57	0.48	117.99
38	5 466	2 910	2 556	1.04	0.55	0.48	113.85
39	6 409	3 472	2 937	1.21	0.66	0.56	118.22
40—44	28 639	15 227	13 411	5.43	2.88	2.54	113.54
40	5 724	3 090	2 634	1.08	0.59	0.50	117.28
41	5 351	2 808	2 544	1.01	0.53	0.48	110.38
42	6 038	3 218	2 819	1.14	0.61	0.53	114.15
43	5 908	3 123	2 784	1.12	0.59	0.53	112.18
44	5 618	2 988	2 630	1.06	0.57	0.50	113.64
45—49	38 524	19 963	18 562	7.30	3.78	3.52	107.55
45	6 419	3 365	3 053	1.22	0.64	0.58	110.22
46	6 876	3 597	3 279	1.30	0.68	0.62	109.70
47	7 852	4 079	3 773	1.49	0.77	0.71	108.10
48	8 441	4 316	4 125	1.60	0.82	0.78	104.63
49	8 936	4 605	4 331	1.69	0.87	0.82	106.33

续2

年龄 （岁）	人口数 合计	人口数 男	人口数 女	占总人口比重 合计	占总人口比重 男	占总人口比重 女	性别比 （女=100）
50—54	49 236	25 060	24 176	9.33	4.75	4.58	103.65
50	9 602	4 904	4 698	1.82	0.93	0.89	104.39
51	10 209	5 124	5 086	1.93	0.97	0.96	100.75
52	9 696	5 000	4 696	1.84	0.95	0.89	106.46
53	10 803	5 466	5 337	2.05	1.04	1.01	102.43
54	8 926	4 566	4 360	1.69	0.86	0.83	104.71
55—59	49 089	24 968	24 120	9.30	4.73	4.57	103.52
55	10 454	5 373	5 082	1.98	1.02	0.96	105.73
56	9 819	5 068	4 752	1.86	0.96	0.90	106.64
57	9 543	4 839	4 705	1.81	0.92	0.89	102.85
58	10 753	5 420	5 333	2.04	1.03	1.01	101.61
59	8 518	4 270	4 249	1.61	0.81	0.80	100.49
60—64	28 825	14 689	14 135	5.46	2.78	2.68	103.92
60	4 556	2 270	2 286	0.86	0.43	0.43	99.32
61	5 237	2 629	2 609	0.99	0.50	0.49	100.77
62	4 987	2 565	2 422	0.94	0.49	0.46	105.92
63	6 516	3 293	3 223	1.23	0.62	0.61	102.18
64	7 529	3 932	3 597	1.43	0.74	0.68	109.33
65—69	36 342	18 268	18 074	6.89	3.46	3.42	101.08
65	7 206	3 608	3 598	1.37	0.68	0.68	100.26
66	7 407	3 698	3 710	1.40	0.70	0.70	99.68
67	7 722	3 904	3 818	1.46	0.74	0.72	102.24
68	6 958	3 485	3 473	1.32	0.66	0.66	100.36
69	7 049	3 574	3 475	1.34	0.68	0.66	102.84
70—74	26 617	13 146	13 471	5.04	2.49	2.55	97.59
70	5 985	2 836	3 149	1.13	0.54	0.60	90.04
71	5 798	2 888	2 910	1.10	0.55	0.55	99.26
72	5 473	2 725	2 748	1.04	0.52	0.52	99.17
73	4 922	2 482	2 440	0.93	0.47	0.46	101.70
74	4 438	2 215	2 223	0.84	0.42	0.42	99.62

续完

年龄（岁）	人口数 合计	男	女	占总人口比重 合计	男	女	性别比（女=100）
75—79	16 799	8 053	8 745	3.18	1.53	1.66	92.09
75	4 130	2 016	2 113	0.78	0.38	0.40	95.42
76	3 667	1 727	1 940	0.69	0.33	0.37	88.99
77	3 326	1 606	1 720	0.63	0.30	0.33	93.37
78	3 049	1 442	1 607	0.58	0.27	0.30	89.79
79	2 628	1 262	1 366	0.50	0.24	0.26	92.43
80—84	10 425	4 772	5 653	1.98	0.90	1.07	84.42
80	2 625	1 250	1 375	0.50	0.24	0.26	90.91
81	2 411	1 146	1 265	0.46	0.22	0.24	90.61
82	1 930	857	1 073	0.37	0.16	0.20	79.84
83	1 867	839	1 029	0.35	0.16	0.19	81.56
84	1 592	680	911	0.30	0.13	0.17	74.67
85—89	5 575	2 250	3 325	1.06	0.43	0.63	67.66
85	1 560	641	920	0.30	0.12	0.17	69.69
86	1 244	508	736	0.24	0.10	0.14	69.02
87	1 064	437	628	0.20	0.08	0.12	69.60
88	989	388	601	0.19	0.07	0.11	64.53
89	718	276	441	0.14	0.05	0.08	62.67
90—94	1 877	662	1 215	0.36	0.13	0.23	54.52
90	575	207	368	0.11	0.04	0.07	56.20
91	549	224	325	0.10	0.04	0.06	68.87
92	311	99	211	0.06	0.02	0.04	46.95
93	239	77	162	0.05	0.01	0.03	47.51
94	203	55	148	0.04	0.01	0.03	37.30
95+	407	115	291	0.08	0.02	0.06	39.54

数据来源：国家统计局人口和就业统计司。

7. 2021年各省、自治区、直辖市户数、人口数、性别比和平均家庭户规模

地 区	户数（户）合计	家庭户	集体户	人口数（人）合计	男	女	性别比（女=100）
全 国	528 365	510 132	18 233	1 494 054	763 842	730 212	104.61
北 京	9 315	8 750	564	23 185	11 835	11 351	104.26
天 津	5 801	5 614	187	14 541	7 457	7 083	105.28
河 北	27 241	26 518	723	78 885	39 240	39 645	98.98
山 西	13 668	13 275	393	36 863	18 828	18 035	104.40
内蒙古	10 002	9 783	219	25 418	12 981	12 436	104.38
辽 宁	18 620	18 309	311	44 797	22 127	22 671	97.60
吉 林	10 251	9 963	289	25 158	12 597	12 560	100.30
黑龙江	13 964	13 662	302	33 098	16 584	16 514	100.42
上 海	10 904	10 359	544	26 365	13 674	12 691	107.75
江 苏	32 381	31 028	1 352	90 085	45 718	44 367	103.05
浙 江	27 164	25 997	1 167	69 273	36 198	33 074	109.45
安 徽	23 798	23 083	715	64 744	33 061	31 684	104.35
福 建	15 223	14 614	610	44 352	22 978	21 374	107.50
江 西	15 118	14 733	384	47 847	24 739	23 109	107.05
山 东	39 683	38 468	1 216	107 712	54 665	53 047	103.05
河 南	34 278	33 193	1 085	104 679	52 601	52 078	101.00
湖 北	19 966	18 918	1 048	61 748	31 813	29 934	106.28
湖 南	23 038	22 272	767	70 141	35 937	34 205	105.06
广 东	46 113	43 730	2 384	134 340	70 883	63 458	111.70
广 西	16 606	16 179	427	53 347	27 634	25 713	107.47
海 南	3 143	3 036	107	10 800	5 741	5 059	113.47
重 庆	12 663	12 192	471	34 019	17 206	16 814	102.33
四 川	31 621	30 828	794	88 670	44 782	43 889	102.03
贵 州	13 092	12 653	438	40 798	20 876	19 922	104.79
云 南	15 669	15 001	668	49 677	25 602	24 076	106.34
西 藏	1 182	1 136	46	3 873	2 029	1 844	110.04
陕 西	15 381	15 101	281	41 876	21 375	20 502	104.26
甘 肃	8 648	8 408	239	26 368	13 407	12 961	103.45
青 海	2 068	2 013	56	6 289	3 163	3 126	101.19
宁 夏	2 733	2 649	84	7 678	3 916	3 762	104.11
新 疆	9 032	8 666	365	27 427	14 196	13 231	107.29

数据来源：国家统计局人口和就业统计司。

家庭户人口数（人）			性别比	集体户人口数（人）			平均家庭户规模
合计	男	女	（女=100）	合计	男	女	（人/户）
1 412 402	717 732	694 670	103.32	81 652	46 110	35 542	2.77
21 256	10 527	10 729	98.11	1 929	1 308	621	2.43
13 719	6 907	6 812	101.38	822	551	271	2.44
75 368	37 569	37 798	99.39	3 517	1 670	1 847	2.84
35 142	17 867	17 275	103.42	1 721	962	760	2.65
24 334	12 218	12 116	100.85	1 084	763	321	2.49
43 402	21 469	21 933	97.89	1 395	658	737	2.37
24 036	11 994	12 042	99.61	1 122	603	519	2.41
31 632	15 817	15 815	100.01	1 466	767	699	2.32
24 600	12 557	12 043	104.26	1 765	1 118	648	2.37
84 806	42 623	42 182	101.05	5 279	3 094	2 185	2.73
65 197	33 647	31 550	106.65	4 075	2 551	1 524	2.51
61 535	31 454	30 081	104.56	3 209	1 607	1 602	2.67
41 948	21 654	20 294	106.70	2 404	1 324	1 080	2.87
45 935	23 633	22 302	105.97	1 913	1 106	807	3.12
102 706	52 053	50 653	102.76	5 006	2 612	2 394	2.67
99 220	49 805	49 416	100.79	5 459	2 797	2 662	2.99
56 688	28 666	28 021	102.30	5 060	3 147	1 913	3.00
65 718	33 474	32 244	103.82	4 423	2 463	1 961	2.95
124 946	64 744	60 203	107.54	9 394	6 139	3 255	2.86
50 424	26 236	24 188	108.47	2 923	1 398	1 525	3.12
10 309	5 460	4 849	112.58	491	281	210	3.40
32 050	15 963	16 088	99.22	1 969	1 243	726	2.63
84 064	42 402	41 662	101.78	4 607	2 380	2 227	2.73
38 319	19 645	18 674	105.20	2 479	1 231	1 247	3.03
46 327	23 871	22 456	106.30	3 350	1 731	1 619	3.09
3 714	1 943	1 771	109.74	159	86	73	3.27
40 569	20 607	19 963	103.23	1 307	768	539	2.69
25 259	12 876	12 383	103.98	1 109	531	577	3.00
6 048	3 044	3 004	101.32	242	120	122	3.00
7 357	3 727	3 631	102.64	321	190	131	2.78
25 773	13 283	12 491	106.34	1 653	913	741	2.97

8. 2021年各省、自治区、直辖市户数、人口数、性别比和平均家庭户规模（城市）

地 区	户数（户） 合计	家庭户	集体户	人口数（人） 合计	男	女	性别比（女=100）
全 国	221 903	210 178	11 725	601 812	304 955	296 857	102.73
北 京	7 559	7 115	444	18 740	9 409	9 330	100.84
天 津	4 673	4 499	175	11 477	5 870	5 607	104.68
河 北	7 791	7 487	303	22 389	10 862	11 527	94.23
山 西	5 016	4 827	189	13 545	6 685	6 861	97.43
内蒙古	3 876	3 784	92	9 760	4 928	4 832	102.00
辽 宁	11 394	11 158	236	26 425	12 844	13 581	94.57
吉 林	4 680	4 571	109	10 946	5 384	5 562	96.79
黑龙江	6 181	5 941	240	14 468	7 164	7 304	98.09
上 海	8 478	8 036	443	21 092	10 722	10 370	103.39
江 苏	15 663	14 723	940	43 352	21 905	21 447	102.13
浙 江	14 182	13 392	790	35 600	18 548	17 052	108.77
安 徽	6 690	6 444	247	17 691	9 127	8 564	106.57
福 建	6 314	5 990	324	17 749	9 097	8 652	105.15
江 西	4 456	4 136	320	13 964	7 092	6 872	103.19
山 东	14 647	13 968	679	40 473	20 191	20 283	99.55
河 南	8 934	8 358	577	27 000	13 419	13 580	98.81
湖 北	8 599	7 854	745	26 773	13 465	13 308	101.18
湖 南	6 452	5 986	466	19 851	9 941	9 910	100.32
广 东	28 912	26 902	2 010	79 101	42 464	36 637	115.90
广 西	4 804	4 565	240	15 708	7 877	7 831	100.58
海 南	1 214	1 150	64	3 867	1 981	1 886	105.05
重 庆	6 379	5 990	390	17 721	8 841	8 880	99.55
四 川	11 877	11 285	592	32 569	16 224	16 345	99.26
贵 州	3 518	3 329	189	10 421	5 100	5 322	95.83
云 南	4 556	4 220	336	11 882	5 914	5 968	99.09
西 藏	418	396	22	832	442	390	113.33
陕 西	6 334	6 167	166	16 374	8 314	8 060	103.16
甘 肃	2 673	2 532	140	7 149	3 569	3 580	99.70
青 海	851	822	30	2 235	1087	1 148	94.75
宁 夏	1 186	1 147	39	3 045	1 521	1 524	99.78
新 疆	3 596	3 406	190	9 612	4 970	4 642	107.07

数据来源：国家统计局人口和就业统计司。

| 家庭户人口数（人） ||| 性别比 | 集体户人口数（人） ||| 平均家庭户规模 |
合计	男	女	（女=100）	合计	男	女	（人/户）
550 572	276 333	274 239	100.76	51 240	28 623	22 618	2.62
17 315	8 443	8 872	95.17	1 425	966	459	2.43
10 685	5 348	5 337	100.20	792	522	270	2.37
20 988	10 114	10 874	93.02	1 402	748	653	2.80
12 646	6 257	6 390	97.92	899	428	471	2.62
9 346	4 671	4 675	99.92	414	257	157	2.47
25 391	12 328	13 063	94.37	1 034	516	518	2.28
10 447	5 078	5 368	94.60	499	305	194	2.29
13 184	6 446	6 738	95.67	1 283	718	566	2.22
19 642	9 828	9 814	100.15	1 450	894	557	2.44
39 713	19 974	19 739	101.19	3 639	1 931	1 708	2.70
32 932	16 914	16 018	105.60	2 668	1 634	1 034	2.46
16 512	8 359	8 153	102.53	1 179	768	411	2.56
16 473	8 467	8 007	105.75	1 275	630	645	2.75
12 335	6 216	6 119	101.57	1 629	876	753	2.98
37 776	18 959	18 818	100.75	2 697	1 232	1 465	2.70
23 964	11 778	12 186	96.65	3 035	1 641	1 394	2.87
23 586	11 696	11 889	98.38	3 187	1 769	1 419	3.00
17 018	8 436	8 582	98.30	2 833	1 505	1 328	2.84
71 049	37 223	33 826	110.04	8 052	5 241	2 811	2.64
14 129	7 139	6 990	102.13	1 579	738	841	3.10
3 600	1 866	1 734	107.59	267	115	152	3.13
16 185	7 883	8 302	94.95	1 536	958	578	2.70
29 167	14 476	14 691	98.54	3 402	1 748	1 654	2.58
9 321	4 585	4 736	96.83	1 100	514	586	2.80
10 633	5 442	5 191	104.85	1 249	472	778	2.52
760	402	359	111.98	72	41	32	1.92
15 553	7 781	7 772	100.10	821	534	287	2.52
6 479	3 272	3 206	102.07	670	297	374	2.56
2 117	1 032	1 086	95.01	117	56	62	2.58
2 867	1 425	1 442	98.79	178	96	82	2.50
8 756	4 493	4 263	105.39	856	477	379	2.57

9. 2021年各省、自治区、直辖市户数、人口数、性别比和平均家庭户规模（镇）

地区	户数（户）合计	家庭户	集体户	人口数（人）合计	男	女	性别比（女=100）
全　国	123 666	119 334	4 332	364 415	184 742	179 673	102.82
北　京	637	569	67	1 546	837	709	118.13
天　津	318	316	2	865	451	414	109.01
河　北	8 617	8 239	378	25 839	12 625	13 214	95.55
山　西	3 501	3 363	138	9 832	5 052	4 780	105.70
内蒙古	2 941	2 890	51	7 577	3 768	3 808	98.96
辽　宁	2 495	2 447	48	6 193	2 960	3 233	91.54
吉　林	2 058	1 975	83	4 993	2 427	2 566	94.61
黑龙江	3 062	3 005	57	7 275	3 557	3 718	95.66
上　海	1 068	1 007	62	2 451	1 345	1 106	121.62
江　苏	8 052	7 824	228	23 260	11 880	11 381	104.38
浙　江	5 670	5 404	266	14 733	7 662	7 071	108.37
安　徽	7 352	6 966	386	20 758	10 225	10 533	97.08
福　建	4 320	4 174	146	13 163	6 785	6 378	106.37
江　西	4 790	4 732	57	15 442	7 950	7 491	106.13
山　东	9 857	9 406	451	28 399	14 587	13 812	105.61
河　南	10 024	9 544	480	32 092	16 251	15 841	102.59
湖　北	4 071	3 953	117	12 801	6 626	6 175	107.30
湖　南	6 888	6 638	250	22 034	11 219	10 815	103.73
广　东	6 810	6 696	115	21 155	11 003	10 152	108.38
广　西	4 062	3 935	127	13 678	7 065	6 613	106.84
海　南	750	722	28	2 718	1 482	1 236	119.92
重　庆	2 222	2 194	28	6 200	3 023	3 177	95.16
四　川	6 939	6 863	76	18 697	9 139	9 559	95.61
贵　州	3 679	3 556	123	11 744	6 053	5 692	106.35
云　南	3 990	3 757	232	13 478	6 957	6 521	106.68
西　藏	225	210	16	585	313	272	115.21
陕　西	3 707	3 608	99	10 273	5 096	5 177	98.44
甘　肃	2 273	2 238	35	6 913	3 490	3 423	101.94
青　海	538	514	24	1 603	784	820	95.62
宁　夏	710	692	18	2 025	1 024	1 001	102.24
新　疆	2 040	1 896	144	6 092	3 105	2 987	103.94

数据来源：国家统计局人口和就业统计司。

| 家庭户人口数（人） ||| 性别比 | 集体户人口数（人） ||| 平均家庭户规模 |
合计	男	女	（女=100）	合计	男	女	（人/户）
343 724	173 662	170 063	102.12	20 690	11 080	9 610	2.88
1 258	670	588	114.01	289	167	121	2.21
861	447	414	107.86	5	5		2.72
23 892	11 818	12 074	97.88	1 947	808	1 140	2.90
9 296	4 724	4 572	103.32	536	328	207	2.76
7 320	3 645	3 675	99.19	257	123	133	2.53
5 996	2 908	3 089	94.15	196	52	145	2.45
4 702	2 321	2 381	97.49	291	106	185	2.38
7 105	3 519	3 586	98.14	170	38	132	2.36
2 272	1 219	1 053	115.77	179	126	53	2.26
22 292	11 228	11 063	101.49	969	651	317	2.85
13 734	7 023	6 711	104.65	999	639	360	2.54
19 129	9 630	9 499	101.38	1 629	595	1 034	2.75
12 520	6 459	6 061	106.56	643	326	317	3.00
15 198	7 746	7 452	103.95	244	204	40	3.21
26 437	13 442	12 995	103.44	1 962	1 145	817	2.81
29 748	15 153	14 595	103.82	2 344	1 098	1 246	3.12
12 007	6 041	5 967	101.24	793	585	208	3.04
20 647	10 396	10 251	101.41	1 387	823	564	3.11
20 659	10 683	9 977	107.08	496	320	175	3.09
12 872	6 640	6 232	106.54	806	425	381	3.27
2 554	1 368	1 187	115.28	163	114	49	3.54
6 009	2 904	3 105	93.51	192	120	72	2.74
18 218	8 918	9 300	95.89	479	221	259	2.65
11 074	5 583	5 491	101.68	671	470	201	3.11
11 880	6 064	5 816	104.28	1 598	893	706	3.16
526	283	243	116.43	59	30	29	2.50
9 855	4 922	4 933	99.78	418	174	244	2.73
6 781	3 420	3 362	101.74	131	70	62	3.03
1 499	729	770	94.62	104	55	49	2.92
1 959	992	967	102.56	66	32	34	2.83
5 424	2 768	2 656	104.23	668	337	332	2.86

10. 2021年各省、自治区、直辖市户数、人口数、性别比和平均家庭户规模（乡村）

地 区	户数（户）合计	家庭户	集体户	人口数（人）合计	男	女	性别比（女=100）
全 国	182 796	180 620	2 176	527 827	274 145	253 682	108.07
北 京	1 119	1 066	53	2 899	1 588	1 311	121.12
天 津	809	799	10	2 199	1 136	1 062	107.00
河 北	10 833	10 792	42	30 657	15 752	14 905	105.69
山 西	5 151	5 085	66	13 486	7 091	6 395	110.90
内蒙古	3 185	3 109	76	8 081	4 285	3 797	112.86
辽 宁	4 731	4 704	27	12 180	6 323	5 857	107.97
吉 林	3 514	3 417	97	9 218	4 786	4 432	108.00
黑龙江	4 721	4 716	5	11 355	5 862	5 493	106.74
上 海	1 357	1 317	40	2 821	1 607	1 214	132.38
江 苏	8 666	8 481	185	23 472	11 933	11 539	103.42
浙 江	7 312	7 201	111	18 939	9 988	8 951	111.58
安 徽	9 755	9 673	82	26 295	13 708	12 586	108.91
福 建	4 589	4 449	140	13 440	7 096	6 344	111.85
江 西	5 872	5 866	7	18 442	9 697	8 745	110.88
山 东	15 179	15 093	86	38 840	19 888	18 952	104.94
河 南	15 320	15 292	29	45 588	22 931	22 657	101.21
湖 北	7 296	7 110	185	22 174	11 723	10 451	112.16
湖 南	9 699	9 648	51	28 257	14 777	13 480	109.62
广 东	10 391	10 132	259	34 085	17 416	16 668	104.49
广 西	7 740	7 679	61	23 961	12 692	11 269	112.64
海 南	1 179	1 165	14	4 215	2 278	1 938	117.54
重 庆	4 062	4 009	53	10 098	5 342	4 756	112.31
四 川	12 806	12 680	126	37 404	19 419	17 985	107.97
贵 州	5 895	5 769	127	18 632	9 724	8 908	109.15
云 南	7 123	7 023	100	24 317	12 731	11 586	109.88
西 藏	538	531	8	2 455	1 274	1 182	107.77
陕 西	5 340	5 325	15	15 229	7 964	7 265	109.63
甘 肃	3 702	3 639	64	12 307	6 349	5 958	106.56
青 海	679	677	2	2 451	1 292	1 159	111.51
宁 夏	836	809	27	2 608	1 372	1 236	110.98
新 疆	3 396	3 365	31	11 723	6 121	5 602	109.25

数据来源：国家统计局人口和就业统计司。

家庭户人口数（人）			性别比	集体户人口数（人）			平均家庭户规模
合计	男	女	（女=100）	合计	男	女	（人/户）
518 105	267 737	250 368	106.94	9 722	6 407	3 314	2.87
2 684	1 414	1 270	111.29	215	174	41	2.52
2 173	1 112	1 061	104.84	26	24	1	2.72
30 488	15 637	14 851	105.30	169	115	54	2.83
13 199	6 886	6 313	109.07	286	205	81	2.60
7 668	3 902	3 766	103.61	413	383	30	2.47
12 015	6 233	5 782	107.81	165	90	75	2.55
8 887	4 595	4 292	107.04	331	192	140	2.60
11 343	5 851	5 492	106.55	12	11	1	2.41
2 686	1 509	1 176	128.32	136	98	38	2.04
22 801	11 421	11 380	100.36	672	513	159	2.69
18 531	9 710	8 821	110.07	409	278	130	2.57
25 894	13 465	12 429	108.33	401	244	157	2.68
12 955	6 729	6 226	108.08	486	367	118	2.91
18 401	9 670	8 731	110.76	40	26	14	3.14
38 493	19 652	18 841	104.31	347	235	111	2.55
45 508	22 873	22 635	101.05	80	57	22	2.98
21 094	10 929	10 165	107.51	1 079	793	286	2.97
28 052	14 642	13 410	109.19	204	135	70	2.91
33 238	16 838	16 400	102.67	847	578	269	3.28
23 423	12 458	10 966	113.60	538	235	303	3.05
4 155	2 226	1 929	115.42	61	52	9	3.57
9 857	5 176	4 681	110.58	241	166	76	2.46
36 679	19 008	17 671	107.56	725	411	314	2.89
17 924	9 476	8 448	112.17	708	247	460	3.11
23 814	12 364	11 450	107.98	502	366	136	3.39
2 427	1 258	1 169	107.66	28	15	13	4.57
15 162	7 904	7 257	108.91	68	60	8	2.85
11 999	6 184	5 816	106.33	307	165	142	3.30
2 431	1 283	1 148	111.78	20	9	11	3.59
2 531	1 310	1 221	107.25	77	62	15	3.13
11 594	6 022	5 572	108.07	129	99	30	3.45

11. 2021年各省、自治区、直辖市按家庭户规模分的户数

单位：户

地区	家庭户户数 合计	一人户	二人户	三人户	四人户	五人户	六人户	七人户	八人户	九人户	十人及以上户
全 国	510 132	86 969	124 057	110 090	94 679	48 583	28 556	10 154	3 742	1 648	1 654
北 京	8 750	2 105	2 467	2 156	1 049	595	235	83	36	16	8
天 津	5 614	1 014	1 814	1 601	749	283	116	26	10	1	—
河 北	26 518	3 879	7 369	5 434	5 551	2 233	1 331	490	136	59	35
山 西	13 275	2 186	3 558	3 215	2 768	924	457	120	28	13	6
内蒙古	9 783	1 477	3 202	2 919	1 491	445	181	50	13	4	1
辽 宁	18 309	3 343	5 436	5 174	2 528	1 148	510	125	36	6	3
吉 林	9 963	1 760	3 308	2 666	1 300	598	240	67	13	7	3
黑龙江	13 662	2 738	5 153	3 629	1 357	528	196	40	15	6	1
上 海	10 359	2 380	3 190	2 594	1 193	717	222	45	10	2	6
江 苏	31 028	4 862	8 051	7 407	5 208	3 123	1 571	510	164	75	58
浙 江	25 997	6 033	7 199	5 444	3 818	1 961	1 104	308	74	31	26
安 徽	23 083	3 205	5 558	5 056	4 711	2 288	1 489	501	159	67	49
福 建	14 614	2 587	2 848	2 952	2 918	1 586	1 047	359	166	71	78
江 西	14 733	1 618	2 855	2 731	3 424	1 850	1 349	573	176	74	83
山 东	38 468	6 147	10 851	8 612	8 255	2 665	1 497	305	87	30	18
河 南	33 193	4 776	7 230	6 077	7 500	3 750	2 495	930	255	104	75
湖 北	18 918	2 696	4 463	4 614	3 549	2 050	1 012	333	128	40	32
湖 南	22 272	3 149	4 731	4 664	4 765	2 504	1 553	558	190	81	79
广 东	43 730	10 383	8 576	7 075	7 215	4 617	2 967	1 381	687	381	448
广 西	16 179	2 117	2 391	3 026	3 642	2 282	1 379	668	309	163	203
海 南	3 036	417	470	529	718	410	235	110	67	33	46
重 庆	12 192	2 092	2 969	2 741	2 139	1 267	683	197	69	21	15
四 川	30 828	5 477	7 344	6 555	5 427	3 185	1 941	541	210	72	76
贵 州	12 653	1 746	2 161	2 197	2 767	1 767	1 114	511	206	95	89
云 南	15 001	2 413	2 639	2 680	3 174	1 931	1 302	518	196	72	77
西 藏	1 136	377	162	142	134	95	69	47	37	21	53
陕 西	15 101	2 782	3 440	3 489	2 981	1 364	774	193	56	16	5
甘 肃	8 408	1 059	1 631	1 806	1 660	1 004	770	296	106	41	36
青 海	2 013	359	423	424	354	210	137	56	26	11	13
宁 夏	2 649	395	674	632	519	233	122	47	16	6	5
新 疆	8 666	1 398	1 893	1 851	1 816	971	460	166	60	27	26

数据来源：国家统计局人口和就业统计司。

注：本表是2021年全国人口变动情况抽样调查样本数据。抽样比为1.058‰。

12. 2021年各省、自治区、直辖市的分性别、受教育程度的人口

地区	3岁及以上人口 合计	男	女	未上过学 合计	男	女	小学 合计	男	女
全国	1 402 340	715 667	686 673	51 186	14 686	36 501	365 918	170 546	195 372
北京	21 991	11 213	10 778	231	63	168	2 353	1 072	1 281
天津	13 849	7 096	6 753	262	80	183	2 155	999	1 156
河北	73 988	36 692	37 296	1 738	537	1 200	19 349	8 907	10 441
山西	34 762	17 765	16 997	688	199	490	7 179	3 331	3 848
内蒙古	24 165	12 337	11 828	862	241	621	5 758	2 660	3 098
辽宁	43 080	21 244	21 836	670	213	457	8 454	3 880	4 574
吉林	24 241	12 125	12 116	385	110	275	5 920	2 755	3 165
黑龙江	32 135	16 098	16 038	821	292	528	6 823	3 120	3 703
上海	25 369	13 159	12 210	535	126	409	3 099	1 429	1 670
江苏	85 678	43 434	42 244	3 151	750	2 401	20 382	9 166	11 217
浙江	65 702	34 330	31 372	2 776	713	2 063	18 154	8 795	9 359
安徽	60 469	30 790	29 679	3 634	952	2 682	17 299	8 051	9 248
福建	41 344	21 348	19 996	1 491	382	1 109	12 398	5 552	6 846
江西	44 671	23 026	21 646	1 363	377	986	12 730	5 774	6 957
山东	100 121	50 657	49 464	4 637	1 178	3 459	25 568	11 559	14 010
河南	97 434	48 812	48 622	3 252	1 011	2 242	25 565	11 883	13 682
湖北	58 244	29 971	28 273	1 646	384	1 263	14 790	6 770	8 020
湖南	65 821	33 657	32 164	1 611	472	1 140	17 406	8 127	9 279
广东	124 845	65 813	59 032	3 058	921	2 137	27 589	12 609	14 980
广西	49 156	25 389	23 766	1 545	439	1 105	14 368	6 813	7 554
海南	10 037	5 328	4 709	330	101	229	2 189	1 011	1 179
重庆	32 231	16 267	15 964	708	216	492	9 612	4 468	5 143
四川	83 817	42 260	41 557	4 256	1 177	3 079	26 613	12 707	13 906
贵州	37 185	18 953	18 232	2 625	694	1 931	12 751	6 273	6 478
云南	46 041	23 720	22 321	2 382	771	1 611	17 405	8 505	8 900
西藏	3 496	1 839	1 657	1 019	430	589	1 260	714	546
陕西	39 208	19 987	19 222	1 445	491	953	9 103	4 206	4 897
甘肃	24 458	12 424	12 033	2 199	666	1 532	7 851	3 717	4 134
青海	5 812	2 918	2 894	659	240	419	2 021	999	1 022
宁夏	7 080	3 608	3 473	410	117	294	1 991	927	1 063
新疆	25 909	13 410	12 499	796	339	457	7 785	3 770	4 015

数据来源：国家统计局人口和就业统计司。

注：本表是2021年全国人口变动情况抽样调查样本数据。抽样比为1.058‰（以下表同）。

单位：人

初中			高中			大专及以上		
合计	男	女	合计	男	女	合计	男	女
487 144	263 182	223 962	233 626	129 645	103 981	264 467	137 608	126 857
4 803	2 585	2 217	3 798	1 991	1 807	10 807	5 500	5 306
4 229	2 310	1 918	2 640	1 371	1 269	4 563	2 335	2 229
30 026	15 780	14 246	12 394	6 355	6 039	10 482	5 114	5 368
13 801	7 368	6 433	6 103	3 325	2 778	6 991	3 544	3 448
8 249	4 502	3 748	3 781	2 090	1 690	5 514	2 844	2 670
18 023	9 175	8 848	6 771	3 354	3 417	9 162	4 622	4 541
8 884	4 607	4 277	4 001	2 032	1 969	5 051	2 620	2 430
13 160	6 848	6 311	5 426	2 757	2 668	5 907	3 079	2 827
6 952	3 684	3 268	4 979	2 726	2 252	9 804	5 193	4 610
27 888	14 843	13 046	14 843	8 336	6 507	19 413	10 340	9 074
21 100	11 784	9 316	10 401	6 044	4 357	13 272	6 995	6 277
20 264	11 031	9 233	8 843	5 183	3 660	10 428	5 573	4 857
13 434	7 648	5 785	6 744	3 940	2 805	7 278	3 826	3 451
16 257	8 766	7 491	7 658	4 412	3 246	6 664	3 696	2 968
37 212	20 281	16 930	15 276	8 579	6 698	17 427	9 059	8 367
38 035	19 793	18 242	16 967	9 055	7 911	13 615	7 072	6 544
20 194	10 832	9 362	10 823	6 147	4 676	10 793	5 839	4 953
22 444	11 779	10 665	13 267	7 398	5 869	11 093	5 881	5 213
43 653	23 989	19 664	25 656	15 216	10 440	24 890	13 078	11 811
19 122	10 672	8 451	7 538	4 190	3 348	6 582	3 274	3 308
4 127	2 288	1 839	1 796	1 060	736	1 594	867	727
10 084	5 281	4 803	5 245	2 834	2 411	6 583	3 467	3 117
26 163	14 153	12 010	12 967	7 131	5 836	13 818	7 090	6 727
12 065	6 909	5 157	4 261	2 320	1 941	5 484	2 758	2 725
14 088	8 129	5 960	5 578	3 096	2 482	6 587	3 219	3 368
493	302	192	270	153	117	454	241	214
13 416	7 196	6 221	6 617	3 600	3 017	8 628	4 493	4 134
6 714	3 833	2 881	3 473	1 935	1 537	4 222	2 272	1 949
1 459	833	626	701	367	334	972	479	493
2 213	1 268	945	1 040	576	464	1 428	719	707
8 592	4 713	3 879	3 772	2 070	1 702	4 964	2 518	2 446

13. 2021年各省、自治区、直辖市的分性别、受教育程度的人口（城市）

地 区	3岁及以上人口 合计	男	女	未上过学 合计	男	女	小学 合计	男	女
全 国	566 756	286 382	280 375	9 795	2 863	6 932	93 537	42 821	50 716
北 京	17 778	8 907	8 871	128	35	94	1 696	771	926
天 津	10 931	5 582	5 349	147	48	98	1 333	615	718
河 北	20 871	10 071	10 800	243	78	165	3 398	1 568	1 829
山 西	12 692	6 238	6 453	154	41	113	1 796	839	957
内蒙古	9 266	4 676	4 591	143	53	90	1 357	611	746
辽 宁	25 297	12 270	13 026	232	88	144	3 026	1 365	1 661
吉 林	10 477	5 131	5 346	117	30	86	1 362	598	764
黑龙江	14 013	6 939	7 074	213	75	137	1 765	756	1 010
上 海	20 279	10 298	9 981	285	74	210	2 135	956	1 178
江 苏	41 190	20 756	20 434	997	231	766	7 117	3 212	3 905
浙 江	33 675	17 538	16 137	992	275	717	7 332	3 558	3 773
安 徽	16 552	8 510	8 042	475	124	351	2 982	1 315	1 667
福 建	16 584	8 463	8 121	310	80	231	3 508	1 537	1 972
江 西	13 126	6 617	6 508	219	69	151	2 422	1 099	1 323
山 东	37 457	18 631	18 826	781	229	552	6 633	2 947	3 686
河 南	25 207	12 443	12 764	337	102	234	4 214	1 998	2 216
湖 北	25 359	12 723	12 635	391	101	290	4 089	1 870	2 218
湖 南	18 681	9 342	9 339	199	69	129	2 944	1 395	1 549
广 东	74 149	39 734	34 415	1 006	324	682	11 810	5 428	6 382
广 西	14 535	7 235	7 300	185	58	127	2 474	1 156	1 318
海 南	3 587	1 827	1 760	41	15	26	544	248	295
重 庆	16 746	8 340	8 406	232	69	162	3 304	1 491	1 813
四 川	30 862	15 317	15 545	615	168	447	6 018	2 661	3 357
贵 州	9 525	4 612	4 912	240	71	169	1 868	852	1 016
云 南	11 132	5 541	5 591	310	119	191	2 327	1 131	1 196
西 藏	800	426	374	92	36	57	250	136	114
陕 西	15 285	7 753	7 532	232	62	169	2 120	993	1 127
甘 肃	6 708	3 348	3 361	145	34	110	1 088	485	603
青 海	2 091	1 012	1 080	90	24	66	444	207	237
宁 夏	2 818	1 404	1 413	75	18	57	491	219	273
新 疆	9 085	4 697	4 388	171	63	108	1 690	803	887

数据来源：国家统计局人口和就业统计司。

单位：人

初中			高中			大专及以上		
合计	男	女	合计	男	女	合计	男	女
160 476	82 405	78 071	119 618	63 540	56 078	183 330	94 753	88 576
3 068	1 538	1 530	3 077	1 595	1 482	9 808	4 969	4 841
2 841	1 538	1 303	2 319	1 182	1 137	4 292	2 199	2 092
6 408	3 082	3 326	4 771	2 415	2 356	6 052	2 928	3 124
3 816	1 908	1 908	2 736	1 347	1 389	4 189	2 102	2 085
2 740	1 418	1 321	1 796	941	854	3 231	1 653	1 579
8 825	4 221	4 604	5 318	2 565	2 754	7 896	4 032	3 863
3 239	1 541	1 698	2 511	1 240	1 271	3 247	1 722	1 526
4 642	2 313	2 329	3 247	1 590	1 657	4 147	2 204	1 942
5 019	2 569	2 450	4 114	2 170	1 944	8 727	4 529	4 198
11 242	5 737	5 505	7 777	4 195	3 582	14 058	7 381	6 677
9 825	5 379	4 446	5 790	3 246	2 544	9 736	5 080	4 657
4 571	2 316	2 255	3 220	1 761	1 459	5 304	2 993	2 310
4 646	2 500	2 146	3 267	1 823	1 444	4 852	2 523	2 328
3 879	1 960	1 918	2 952	1 523	1 429	3 654	1 966	1 688
11 258	5 690	5 568	7 587	4 025	3 562	11 199	5 739	5 459
6 555	3 281	3 274	6 208	2 883	3 326	7 893	4 179	3 714
7 077	3 447	3 629	5 899	3 125	2 774	7 903	4 180	3 723
4 693	2 266	2 427	4 272	2 194	2 078	6 573	3 418	3 155
22 399	12 471	9 927	17 935	10 572	7 363	21 000	10 939	10 062
4 566	2 318	2 247	3 372	1 772	1 601	3 938	1 931	2 007
1 121	574	547	830	445	385	1 051	544	505
4 628	2 279	2 349	3 148	1 626	1 522	5 433	2 874	2 560
8 150	4 092	4 058	6 393	3 436	2 957	9 686	4 961	4 724
2 725	1 359	1 366	1 767	919	847	2 924	1 411	1 512
3 079	1 693	1 386	1 807	966	840	3 610	1 631	1 978
131	79	53	114	67	47	213	109	103
3 841	1 940	1 901	3 172	1 661	1 511	5 919	3 097	2 823
1 624	835	789	1 569	823	745	2 282	1 170	1 112
542	283	260	368	185	183	648	313	334
824	434	390	524	283	241	904	451	454
2 499	1 342	1 157	1 760	965	795	2 965	1 524	1 441

14. 2021 年各省、自治区、直辖市的分性别、受教育程度的人口（镇）

地 区	3岁及以上人口 合计	男	女	未上过学 合计	男	女	小学 合计	男	女
全 国	340 957	172 503	168 454	11 029	3 091	7 939	87 920	40 119	47 801
北 京	1 477	801	676	16	5	12	151	69	82
天 津	823	432	390	24	8	16	210	106	104
河 北	24 287	11 825	12 461	537	160	376	5 797	2 661	3 137
山 西	9 254	4 772	4 482	118	34	84	1 791	839	951
内蒙古	7 098	3 522	3 577	191	42	148	1 475	657	817
辽 宁	5 957	2 836	3 121	108	29	79	1 338	599	739
吉 林	4 793	2 334	2 459	63	22	40	819	353	466
黑龙江	7 029	3 431	3 598	140	44	97	1 394	625	769
上 海	2 341	1 292	1 049	78	14	64	323	143	179
江 苏	22 010	11 251	10 759	827	212	615	5 558	2 514	3 044
浙 江	13 971	7 272	6 699	521	125	395	4 138	1 948	2 189
安 徽	19 366	9 502	9 865	861	199	662	5 089	2 267	2 822
福 建	12 223	6 280	5 943	399	117	282	3 895	1 723	2 171
江 西	14 402	7 415	6 987	390	117	272	3 963	1 820	2 143
山 东	26 325	13 465	12 859	944	202	741	6 254	2 826	3 428
河 南	29 990	15 175	14 815	888	308	580	7 106	3 326	3 780
湖 北	11 986	6 184	5 802	332	73	259	3 195	1 434	1 761
湖 南	20 659	10 475	10 184	374	96	279	5 102	2 332	2 771
广 东	19 608	10 214	9 395	616	203	414	4 968	2 258	2 710
广 西	12 618	6 507	6 111	300	94	207	3 433	1 590	1 843
海 南	2 533	1 381	1 152	108	38	70	536	252	284
重 庆	5 836	2 819	3 017	123	37	86	1 940	848	1 092
四 川	17 601	8 569	9 032	666	161	506	5 163	2 279	2 883
贵 州	10 727	5 526	5 201	574	156	417	3 564	1 738	1 826
云 南	12 430	6 406	6 024	511	153	360	3 932	1 852	2 080
西 藏	529	284	245	137	58	79	132	73	58
陕 西	9 633	4 757	4 876	379	125	254	2 255	993	1 262
甘 肃	6 330	3 180	3 150	414	116	298	1 941	860	1 081
青 海	1 496	730	766	174	66	108	510	232	277
宁 夏	1 864	939	924	77	25	52	524	243	281
新 疆	5 761	2 927	2 834	140	49	90	1 425	656	769

数据来源：国家统计局人口和就业统计司。

单位：人

初中			高中			大专及以上		
合计	男	女	合计	男	女	合计	男	女
126 466	66 706	59 760	62 385	34 744	27 641	53 156	27 842	25 314
539	330	209	260	146	114	510	250	261
398	217	181	88	50	37	103	51	52
9 674	5 044	4 630	4 998	2 328	2 670	3 281	1 633	1 648
3 578	1 859	1 719	1 981	1 104	877	1 786	934	851
2 395	1 240	1 155	1 287	692	594	1 751	891	861
2 963	1 482	1 480	729	378	351	819	347	472
1 815	928	887	875	427	448	1 222	605	617
3 098	1 550	1 548	1 196	621	575	1 200	591	609
777	422	355	414	251	163	749	461	289
8 101	4 350	3 752	4 006	2 292	1 713	3 518	1 882	1 637
4 957	2 729	2 228	2 358	1 396	961	1 997	1 074	924
6 610	3 421	3 188	3 002	1 808	1 194	3 805	1 807	1 998
4 372	2 463	1 909	2 022	1 197	825	1 535	780	755
5 315	2 729	2 586	2 614	1 562	1 052	2 121	1 186	935
9 976	5 330	4 646	4 523	2 620	1 903	4 629	2 487	2 141
12 048	6180	5 867	5 944	3 330	2 614	4 005	2 030	1 974
4 597	2 471	2 126	2 222	1 306	916	1 640	900	739
7 229	3 647	3 582	5 096	2 814	2 282	2 857	1 586	1 271
7 758	4 095	3 663	3 996	2 367	1 628	2 271	1 291	980
4 958	2 675	2 283	2 419	1 347	1 072	1 508	802	705
1 106	613	493	502	310	191	281	167	113
2 131	1 071	1 060	1 002	509	493	641	353	287
6 298	3 243	3 055	3 062	1 618	1 444	2 412	1 269	1 144
3 709	2 043	1 666	1 173	689	484	1 708	900	808
3 995	2 220	1 775	2 250	1 211	1 039	1 740	971	771
69	43	27	63	34	29	127	75	53
3 460	1 821	1 638	1 794	967	827	1 747	851	895
1 794	978	816	916	523	393	1 266	705	562
377	213	164	221	114	107	215	106	110
601	334	267	295	153	142	368	185	182
1 768	967	801	1081	578	503	1 348	675	672

15. 2021年各省、自治区、直辖市的分性别、受教育程度的人口（乡村）

地区	3岁及以上人口 合计	男	女	未上过学 合计	男	女	小学 合计	男	女
全国	494 627	256 783	237 844	30 361	8 732	21 630	184 461	87 607	96 855
北京	2 736	1 504	1 231	86	24	62	506	233	273
天津	2 096	1 082	1 014	91	25	67	612	278	333
河北	28 830	14 796	14 034	959	299	660	10 153	4 678	5 475
山西	12 816	6 755	6 061	415	122	293	3 592	1 653	1 940
内蒙古	7 800	4 139	3 661	528	146	382	2 927	1 392	1 535
辽宁	11 827	6 138	5 689	329	96	234	4 089	1 916	2 173
吉林	8 971	4 660	4 311	205	58	148	3 740	1 804	1 936
黑龙江	11 094	5 728	5 366	468	174	295	3 664	1 739	1 924
上海	2 749	1 569	1 180	174	37	136	642	329	313
江苏	22 478	11 427	11 051	1 327	306	1 021	7 707	3 439	4 268
浙江	18 056	9 520	8 536	1 263	314	950	6 684	3 288	3 396
安徽	24 551	12 778	11 772	2 299	629	1 670	9 228	4 468	4 759
福建	12 537	6 605	5 932	782	186	596	4 995	2 291	2 704
江西	17 143	8 993	8 150	754	191	563	6 345	2 854	3 491
山东	36 339	18 561	17 779	2 913	747	2 166	12 681	5 785	6 896
河南	42 237	21 194	21 043	2 028	599	1 428	14 245	6 558	7 687
湖北	20 900	11 065	9 835	922	210	712	7 506	3 465	4 041
湖南	26 482	13 840	12 642	1 039	307	732	9 359	4 401	4 959
广东	31 087	15 865	15 222	1 436	395	1 041	10 811	4 923	5 889
广西	22 003	11 647	10 356	1 060	288	772	8 461	4 067	4 393
海南	3 917	2 120	1 797	180	48	133	1 109	510	599
重庆	9 649	5 109	4 540	352	110	242	4 368	2 129	2 239
四川	35 354	18 373	16 981	2 975	848	2 126	15 432	7 767	7 665
贵州	16 933	8 814	8 119	1 810	467	1 343	7 318	3 683	3 635
云南	22 480	11 773	10 707	1 561	499	1 061	11 146	5 521	5 624
西藏	2 167	1 129	1 038	790	336	454	878	504	374
陕西	14 290	7 476	6 814	833	303	531	4 728	2 220	2 508
甘肃	11 419	5 897	5 522	1 640	517	1124	4 822	2 373	2 449
青海	2 225	1 176	1 049	394	150	245	1 068	560	508
宁夏	2 399	1 264	1 135	258	73	185	975	465	510
新疆	11 063	5 786	5 277	487	228	259	4 670	2 311	2 359

数据来源：国家统计局人口和就业统计司。

单位：人

初中			高中			大专及以上		
合计	男	女	合计	男	女	合计	男	女
200 201	**114 071**	**86 131**	**51 622**	**31 361**	**20 261**	**27 982**	**15 015**	**12 968**
1 195	717	478	461	250	211	487	281	206
990	556	434	234	138	95	169	85	84
13 944	7 653	6 290	2 624	1 611	1 013	1 150	554	596
6 407	3 600	2 806	1 385	874	512	1 016	506	510
3 115	1 843	1 271	699	457	242	533	302	231
6 236	3 472	2 764	724	412	312	448	242	205
3 830	2 138	1 692	615	366	249	582	295	288
5 419	2 986	2 434	982	546	437	560	283	276
1 156	693	462	450	305	145	327	204	124
8 545	4 756	3 789	3 060	1 849	1 212	1 839	1 077	763
6 318	3 676	2 642	2 254	1 402	852	1 538	842	695
9 084	5 294	3 790	2 620	1 614	1 006	1 321	773	547
4 415	2 685	1 730	1 456	920	536	890	522	367
7 063	4 076	2 986	2 093	1 328	765	889	544	345
15 978	9 262	6 716	3 167	1 934	1 233	1 600	834	767
19 432	10 331	9 101	4 814	2 843	1 971	1 718	862	856
8 520	4 914	3 606	2 702	1 716	986	1 249	758	491
10 521	5 866	4 656	3 899	2 390	1 510	1 663	877	786
13 496	7 423	6 074	3 726	2 277	1 449	1 618	848	770
9 599	5 679	3 920	1 746	1 071	675	1 138	542	596
1 899	1 101	798	464	305	160	263	156	107
3 325	1 931	1 394	1 094	699	396	509	240	270
11 714	6 818	4 896	3 513	2 077	1 436	1 720	862	859
5 631	3 507	2 124	1 321	711	610	852	446	406
7 014	4 216	2 798	1 521	919	602	1 238	617	620
293	180	112	93	52	41	114	57	58
6 116	3 435	2 681	1 651	972	679	962	546	416
3 295	2 020	1 275	988	589	399	672	397	275
540	338	202	112	68	44	110	61	50
788	500	287	221	140	81	156	84	73
4 325	2 403	1 922	932	527	405	650	319	332

16. 2021年各省、自治区、直辖市的分性别、婚姻状况的人口

地 区	15岁及以上人口 合计	男	女	未 婚 合计	男	女
全 国	1 232 677	625 238	607 439	238 753	142 861	95 891
北 京	20 378	10 374	10 004	4 298	2 384	1 915
天 津	12 611	6 445	6 166	2 294	1 308	986
河 北	63 723	31 270	32 453	9 884	5 572	4 313
山 西	31 001	15 804	15 197	5 682	3 306	2 376
内蒙古	21 929	11 168	10 760	3 469	2 078	1 390
辽 宁	39 973	19 631	20 342	6 340	3 692	2 647
吉 林	22 343	11 137	11 206	3 453	1 991	1 462
黑龙江	29 862	14 912	14 949	4 654	2 677	1 977
上 海	23 776	12 321	11 455	4 732	2 750	1 982
江 苏	76 857	38 690	38 167	12 218	7 307	4 911
浙 江	60 096	31 332	28 764	10 683	6 601	4 082
安 徽	52 670	26 569	26 101	9 277	5 626	3 651
福 建	35 972	18 429	17 543	6 880	4 179	2 701
江 西	37 851	19 292	18 559	8 182	4 947	3 236
山 东	87 877	43 977	43 900	14 278	8 353	5 925
河 南	81 443	40 259	41 184	17 102	9 900	7 202
湖 北	51 933	26 514	25 418	9 470	5 968	3 502
湖 南	56 910	28 876	28 034	11 141	6 799	4 343
广 东	109 174	57 392	51 781	29 166	18 140	11 026
广 西	41 121	21 104	20 017	9 920	6 124	3 796
海 南	8 685	4 585	4 100	2 206	1 406	800
重 庆	28 823	14 496	14 327	5 571	3 252	2 319
四 川	74 807	37 583	37 224	14 066	8 302	5 764
贵 州	31 201	15 757	15 444	7 132	4 185	2 947
云 南	40 118	20 628	19 489	8 570	5 203	3 367
西 藏	2 915	1 540	1 375	981	562	418
陕 西	34 697	17 620	17 077	6 425	3 908	2 517
甘 肃	21 316	10 775	10 542	3 923	2 328	1 595
青 海	4 990	2 497	2 492	1 140	641	499
宁 夏	6 140	3 119	3 021	1 138	656	481
新 疆	21 488	11 139	10 348	4 477	2 718	1 759

数据来源：国家统计局人口和就业统计司。

注：本表是2021年全国人口变动情况抽样调查样本数据。抽样比为1.058‰（以下表同）。

单位：人

有配偶			离婚			丧偶		
合计	男	女	合计	男	女	合计	男	女
895 198	**447 679**	**447 519**	**29 002**	**15 988**	**13 013**	**69 725**	**18 709**	**51 016**
14 751	7 556	7 195	541	243	297	788	190	597
9 257	4 764	4 493	383	177	206	677	197	481
49 136	24 005	25 131	1 156	664	492	3 547	1 030	2 517
23 005	11 726	11 279	574	335	240	1 740	439	1 301
16 724	8 508	8 217	591	312	279	1 144	270	874
29 271	14 425	14 846	1 654	804	850	2 709	710	1 999
16 336	8 196	8 141	979	518	461	1 574	432	1 142
21 913	10 946	10 966	1 353	750	603	1 942	539	1 403
17 349	9 054	8 295	681	305	376	1 014	213	802
58 864	29 400	29 464	1 509	782	727	4 267	1 202	3 065
45 374	23 392	21 982	1 340	731	609	2 699	608	2 091
39 103	19 317	19 786	1 162	685	477	3 128	941	2 187
26 505	13 474	13 032	744	383	361	1 843	393	1 450
26 888	13 436	13 452	710	411	299	2 071	498	1 573
67 020	33 359	33 661	1 260	753	508	5 319	1 513	3 806
58 281	28 155	30 126	1 286	789	497	4 774	1 415	3 359
37 976	18 907	19 069	1 213	668	546	3 273	972	2 302
40 751	20 385	20 366	1 300	763	536	3 718	929	2 789
73 798	37 270	36 528	2 084	1 036	1 048	4 125	945	3 179
27 815	13 816	13 999	822	506	316	2 564	658	1 906
5 932	3 003	2 930	142	87	55	406	89	316
20 504	10 214	10 289	1 003	544	459	1 746	486	1 259
53 485	26 589	26 896	2 222	1 244	977	5 035	1 448	3 586
21 148	10 434	10 714	930	599	330	1991	539	1 453
27 875	14 058	13 816	1 165	704	461	2 509	663	1 845
1 721	906	815	65	29	36	149	43	106
25 658	12 760	12 897	601	361	240	2 013	591	1 423
15 640	7 809	7 832	383	233	150	1 370	405	965
3 403	1 697	1 704	162	85	78	285	74	211
4 554	2 304	2 250	181	93	88	268	66	202
15 165	7 816	7 350	807	396	410	1 038	209	829

17. 2021年各省、自治区、直辖市的分性别、婚姻状况的人口（城市）

地 区	15岁及以上人口 合计	男	女	未 婚 合计	男	女
全 国	509 577	255 971	253 605	115 579	65 557	50 022
北 京	16 391	8 184	8 206	3 630	1 976	1 654
天 津	10 003	5 094	4 910	1 951	1 095	855
河 北	18 403	8 772	9 630	3 170	1 727	1 443
山 西	11 332	5 561	5 771	2 280	1 180	1 100
内蒙古	8 403	4 224	4 180	1 604	922	682
辽 宁	23 443	11 304	12 139	4 058	2 289	1 769
吉 林	9 685	4 719	4 967	1 713	1 002	711
黑龙江	13 137	6 486	6 652	2 603	1 486	1 117
上 海	18 876	9 560	9 316	3 926	2 196	1 730
江 苏	37 243	18 584	18 659	7 264	4 053	3 211
浙 江	30 768	15 953	14 815	6 483	3 768	2 715
安 徽	14 826	7 588	7 237	2 954	1 847	1 107
福 建	14 555	7 372	7 183	3 404	1 967	1 437
江 西	11 392	5 680	5 712	3 259	1 806	1 453
山 东	33 151	16 315	16 836	5 955	3 198	2 757
河 南	21 864	10 684	11 180	5 884	3 122	2 762
湖 北	22 855	11 373	11 482	5 343	3 109	2 234
湖 南	16 614	8 211	8 403	4 218	2 272	1 946
广 东	66 343	35 516	30 827	19 413	11 977	7 436
广 西	12 542	6 181	6 360	3 453	1 870	1 583
海 南	3 134	1 579	1 555	847	470	377
重 庆	15 193	7 536	7 656	3 416	1 929	1 487
四 川	28 068	13 885	14 183	6 694	3 711	2 983
贵 州	8 334	4 013	4 321	2 341	1 187	1 154
云 南	10 183	5 026	5 157	2 527	1 276	1 251
西 藏	733	394	338	257	147	111
陕 西	13 630	6 867	6 763	2 782	1 634	1 148
甘 肃	6 049	3 001	3 047	1 512	790	722
青 海	1 873	898	975	383	208	176
宁 夏	2 493	1 236	1 257	510	285	224
新 疆	8 061	4 173	3 888	1 744	1 058	686

数据来源：国家统计局人口和就业统计司。

单位：人

有配偶			离　婚			丧　偶		
合计	男	女	合计	男	女	合计	男	女
359 263	179 399	179 866	14 660	6 472	8 187	20 074	4 544	15 530
11 695	5 873	5 822	462	199	263	604	137	467
7 247	3 733	3 514	313	135	179	493	130	362
14 005	6 676	7 330	421	166	254	807	203	604
8 361	4 183	4 178	235	99	136	455	98	357
6 166	3 103	3 063	264	115	149	368	83	285
16 843	8 207	8 635	1 171	521	650	1 372	286	1 086
6 763	3 339	3 424	563	244	319	646	134	513
8 924	4 441	4 483	741	351	389	870	208	662
13 619	6 994	6 626	547	220	327	783	150	633
27 667	13 807	13 861	825	340	485	1 487	385	1 103
22 596	11 611	10 985	765	370	395	924	204	720
10 865	5 398	5 468	445	196	249	561	147	413
10 339	5 183	5 157	359	138	222	453	85	367
7 441	3 672	3 769	268	113	155	424	89	335
25 229	12 493	12 737	569	285	284	1 397	339	1 058
14 657	7 153	7 505	457	185	272	865	224	641
15 838	7 730	8 108	637	283	355	1 036	252	785
11 293	5 624	5 669	415	166	249	687	148	539
43 888	22 565	21 324	1 516	665	852	1 525	309	1 216
8 277	4 066	4 211	339	150	188	473	95	377
2 133	1 065	1 068	56	24	32	98	19	78
10 519	5 174	5 345	668	312	356	589	122	468
19 292	9 464	9 828	988	474	514	1 094	237	857
5 333	2 608	2 725	325	143	182	334	75	259
6 905	3 510	3 394	355	153	202	396	87	309
427	229	198	22	11	11	27	8	19
10 099	4 991	5 107	269	126	144	479	115	363
4 109	2 081	2 029	162	69	93	265	62	203
1 325	640	684	63	30	33	102	19	82
1 792	890	901	91	42	49	100	19	81
5 611	2 895	2 716	347	147	200	360	74	286

18. 2021年各省、自治区、直辖市的分性别、婚姻状况的人口（镇）

地 区	15岁及以上人口 合计	男	女	未 婚 合计	男	女
全 国	295 009	147 928	147 080	53 566	31 524	22 041
北 京	1 407	765	643	344	182	162
天 津	733	385	348	104	58	46
河 北	20 898	10 046	10 852	3 630	1 896	1 734
山 西	8 065	4 122	3 944	1 527	911	616
内蒙古	6 346	3 134	3 212	972	533	439
辽 宁	5 498	2 602	2 895	814	429	385
吉 林	4 380	2 120	2 260	711	344	366
黑龙江	6 418	3 107	3 311	738	370	368
上 海	2 242	1 240	1 002	467	317	150
江 苏	19 269	9 825	9 444	2 632	1 706	926
浙 江	12 646	6 588	6 058	2 013	1 332	682
安 徽	16 738	8 062	8 676	3 134	1 656	1 478
福 建	10 496	5 329	5 167	1 799	1 102	697
江 西	12 108	6 137	5 971	2 289	1 416	873
山 东	22 786	11 508	11 278	4 093	2 472	1 621
河 南	25 218	12 587	12 631	5 526	3 148	2 378
湖 北	10 547	5 392	5 155	1 372	892	481
湖 南	17 688	8 904	8 784	2 968	1 871	1 097
广 东	16 844	8 738	8 106	3 672	2 256	1 416
广 西	10 557	5 387	5 170	2 439	1 502	937
海 南	2 186	1 187	999	526	356	170
重 庆	5 016	2 399	2 618	756	404	352
四 川	15 369	7 411	7 959	2 228	1 238	990
贵 州	8 886	4 498	4 388	1 984	1 193	791
云 南	10 729	5 535	5 194	2 514	1 536	977
西 藏	442	237	205	136	73	64
陕 西	8 397	4 127	4 269	1 581	858	723
甘 肃	5 357	2 666	2 691	856	518	338
青 海	1 272	619	653	330	178	152
宁 夏	1 592	795	797	308	166	142
新 疆	4 878	2 474	2 403	1 105	617	489

数据来源：国家统计局人口和就业统计司。

单位：人

有配偶			离婚			丧偶		
合计	男	女	合计	男	女	合计	男	女
220 240	**109 138**	**111 102**	**6 076**	**3 366**	**2 711**	**15 126**	**3 900**	**11 226**
999	558	442	25	14	11	39	12	27
569	299	270	21	12	9	39	17	22
15 956	7 732	8 225	314	171	143	998	248	750
6 103	3 070	3 033	126	75	52	308	66	242
4 915	2 464	2 450	176	87	89	283	49	233
4 090	1 979	2 111	200	85	114	394	110	285
3 241	1 620	1 621	168	84	84	261	72	189
5 043	2 506	2 537	260	146	114	378	86	292
1 652	878	775	52	30	21	69	15	55
15 396	7 671	7 724	330	186	144	912	261	651
9 878	5 010	4 869	249	136	113	505	110	394
12 482	6 005	6 478	301	174	127	820	228	593
7 942	4 004	3 938	197	107	90	558	116	442
9 057	4 471	4 585	226	128	98	536	121	414
17 241	8 547	8 694	267	153	114	1 184	336	848
18 153	8 869	9 284	375	230	145	1 164	341	823
8 329	4 195	4 133	204	116	88	642	189	453
13 159	6 523	6 636	421	236	184	1 140	273	867
12 134	6 145	5 989	251	139	111	789	198	590
7 343	3 625	3 719	188	111	76	587	150	437
1 522	786	735	38	25	13	102	21	81
3 820	1 847	1 973	122	69	53	319	79	240
11 760	5 704	6 056	471	233	238	911	237	674
6 150	3 016	3 134	257	163	94	495	127	368
7 278	3 640	3 638	345	201	144	593	158	435
275	153	122	16	8	7	15	3	12
6 239	3 061	3 178	131	77	54	446	131	314
4 124	2 022	2 102	72	42	30	306	85	221
844	407	435	35	15	19	64	19	45
1 174	592	582	52	26	26	57	11	46
3 371	1 738	1 633	188	86	102	213	33	179

19. 2021年各省、自治区、直辖市的分性别、婚姻状况的人口（乡村）

地 区	15岁及以上人口 合计	男	女	未 婚 合计	男	女
全 国	428 092	221 338	206 754	69 607	45 780	23 827
北 京	2 580	1 425	1 155	325	226	99
天 津	1 875	967	908	239	155	85
河 北	24 422	12 452	11 970	3 084	1 948	1 136
山 西	11 604	6 122	5 482	1 875	1 215	660
内蒙古	7 179	3 811	3 368	892	623	269
辽 宁	11 032	5 725	5 307	1 468	974	493
吉 林	8 277	4 298	3 979	1 029	645	385
黑龙江	10 306	5 319	4 987	1 314	821	492
上 海	2 659	1 521	1 138	338	237	102
江 苏	20 344	10 280	10 064	2 321	1 547	774
浙 江	16 682	8 791	7 891	2 187	1 501	686
安 徽	21 106	10 919	10 187	3 188	2 123	1 066
福 建	10 920	5 727	5 193	1 678	1 111	567
江 西	14 351	7 475	6 876	2 635	1 725	910
山 东	31 940	16 154	15 786	4 230	2 683	1 546
河 南	34 360	16 988	17 372	5 692	3 630	2 062
湖 北	18 530	9 749	8 782	2 755	1 968	787
湖 南	22 609	11 761	10 847	3 955	2 655	1 300
广 东	25 987	13 138	12 849	6 082	3 907	2 175
广 西	18 022	9 536	8 487	4 028	2 753	1 276
海 南	3 365	1 818	1 546	834	581	253
重 庆	8 614	4 561	4 053	1 399	919	480
四 川	31 369	16 287	15 082	5 144	3 353	1 791
贵 州	13 982	7 246	6 735	2 807	1 805	1 001
云 南	19 205	10 067	9 138	3 530	2 391	1 138
西 藏	1 740	909	831	587	343	244
陕 西	12 670	6 626	6 045	2 062	1 416	645
甘 肃	9 911	5 107	4 803	1 555	1 020	536
青 海	1 845	981	864	426	255	171
宁 夏	2 055	1 087	968	320	205	115
新 疆	8 549	4 492	4 057	1 628	1 043	584

数据来源：国家统计局人口和就业统计司。

单位：人

有配偶			离　婚			丧　偶		
合计	男	女	合计	男	女	合计	男	女
315 694	159 143	156 551	8 265	6 150	2 115	34 525	10 265	24 260
2 057	1 126	931	54	31	23	144	42	103
1 441	732	710	48	31	18	146	50	96
19 175	9 598	9 577	421	326	95	1 742	579	1 162
8 540	4 472	4 068	213	161	52	977	274	702
5 643	2 939	2 703	151	110	41	494	138	355
8 339	4 239	4 100	283	197	86	942	314	628
6 332	3 236	3 095	249	190	59	667	227	441
7 946	3 999	3 947	352	253	100	694	245	449
2 076	1 182	894	82	54	28	162	48	114
15 801	7 922	7 880	354	256	99	1 868	556	1 312
12 899	6 771	6 128	325	224	101	1 271	295	976
15 755	7 915	7 840	416	315	101	1 747	566	1 181
8 223	4 286	3 937	187	138	49	831	191	640
10 389	5 292	5 096	216	170	46	1 111	288	824
24 549	12 320	12 230	424	315	110	2 737	837	1 900
25 469	12 133	13 336	454	375	80	2 745	851	1 895
13 808	6 982	6 827	372	269	103	1 595	531	1 064
16 299	8 238	8 061	464	360	103	1 891	508	1 383
17 776	8 560	9 216	317	232	85	1 811	438	1 373
12 194	6 126	6 068	296	244	52	1 505	413	1 092
2 277	1 151	1 126	48	38	10	206	49	157
6 164	3 193	2 971	213	163	50	838	286	552
22 433	11 421	11 011	763	538	225	3 029	975	2 055
9 666	4 811	4 854	347	293	54	1 162	337	825
13 692	6 908	6 784	465	350	115	1 519	419	1 100
1 019	524	495	28	10	18	106	32	74
9 318	4 707	4 612	201	158	42	1 089	344	745
7 408	3 707	3 700	149	122	27	799	259	541
1 234	650	585	65	40	25	119	36	83
1 588	822	766	37	25	12	111	36	75
6 183	3 182	3 001	272	164	108	466	102	364

20. 2021 年各省、自治区、直辖市的人口城乡构成

单位：万人，%

地 区	总人口（年末）	城镇人口 人口数	城镇人口 比重	乡村人口 人口数	乡村人口 比重
全 国	141 260	91 425	64.72	49 835	35.28
北 京	2 189	1 915	87.50	274	12.52
天 津	1 373	1 165	84.88	208	15.15
河 北	7 448	4 554	61.14	2 894	38.86
山 西	3 480	2 207	63.42	1 273	36.58
内蒙古	2 400	1 637	68.21	763	31.79
辽 宁	4 229	3 079	72.81	1 150	27.19
吉 林	2 375	1 505	63.36	870	36.63
黑龙江	3 125	2 053	65.69	1 072	34.3
上 海	2 489	2 223	89.30	266	10.69
江 苏	8 505	6 289	73.94	2 216	26.06
浙 江	6 540	4 752	72.66	1 788	27.34
安 徽	6 113	3 631	59.39	2 482	40.60
福 建	4 187	2 918	69.70	1 269	30.31
江 西	4 517	2 776	61.46	1 741	38.54
山 东	10 170	6 503	63.94	3 667	36.06
河 南	9 883	5 579	56.45	4 304	43.55
湖 北	5 830	3 736	64.09	2 094	35.92
湖 南	6 622	3 954	59.71	2 668	40.29
广 东	12 684	9 466	74.63	3 218	25.37
广 西	5 037	2 774	55.08	2 263	44.93
海 南	1 020	622	60.97	398	39.02
重 庆	3 212	2 259	70.32	953	29.67
四 川	8 372	4 841	57.82	3 531	42.18
贵 州	3 852	2 093	54.33	1 759	45.66
云 南	4 690	2 394	51.05	2 296	48.96
西 藏	366	134	36.61	232	63.39
陕 西	3 954	2 516	63.63	1 438	36.37
甘 肃	2 490	1 328	53.33	1 162	46.67
青 海	594	362	61.02	232	39.06
宁 夏	725	479	66.04	246	33.93
新 疆	2 589	1 482	57.26	1 107	42.76

数据来源：国家统计局人口和就业统计司。

注：本表数据根据 2021 年全国人口变动情况抽样调查数据推算。

21. 2021年各省、自治区、直辖市人口年龄构成和抚养比

单位：人，%

地 区	人口数 合计	0—14岁	15—64岁	65岁及以上	总抚养比 合计	少儿抚养比	老年抚养比
全 国	1 494 054	261 376	1 020 258	212 419	46.44	25.62	20.82
北 京	23 185	2 807	17 078	3 300	35.76	16.44	19.33
天 津	14 541	1 929	10 296	2 315	41.23	18.74	22.49
河 北	78 885	15 162	51 954	11 769	51.84	29.18	22.65
山 西	36 863	5 862	25 958	5 043	42.01	22.58	19.43
内蒙古	25 418	3 489	18 411	3 518	38.06	18.95	19.11
辽 宁	44 797	4 825	31 549	8 424	41.99	15.29	26.70
吉 林	25 158	2 815	18 137	4 205	38.71	15.52	23.19
黑龙江	33 098	3 236	24 309	5 553	36.16	13.31	22.84
上 海	26 365	2 589	19 177	4 600	37.49	13.50	23.99
江 苏	90 085	13 228	61 503	15 354	46.47	21.51	24.96
浙 江	69 273	9 177	50 281	9 815	37.77	18.25	19.52
安 徽	64 744	12 074	42 673	9 997	51.72	28.29	23.43
福 建	44 352	8 380	30 854	5 117	43.75	27.16	16.59
江 西	47 847	9 996	31 915	5 936	49.92	31.32	18.60
山 东	107 712	19 835	70 725	17 152	52.30	28.05	24.25
河 南	104 679	23 236	66 799	14 644	56.71	34.79	21.92
湖 北	61 748	9 815	42 409	9 524	45.60	23.14	22.46
湖 南	70 141	13 231	46 061	10 849	52.28	28.73	23.55
广 东	134 340	25 167	96 922	12 252	38.61	25.97	12.64
广 西	53 347	12 226	34 405	6 716	55.06	35.54	19.52
海 南	10 800	2 115	7 517	1 168	43.67	28.13	15.54
重 庆	34 019	5 196	22 783	6 041	49.32	22.81	26.51
四 川	88 670	13 863	59 217	15 590	49.74	23.41	26.33
贵 州	40 798	9 596	26 402	4 799	54.53	36.35	18.18
云 南	49 677	9 560	34 517	5 601	43.92	27.70	16.23
西 藏	3 873	958	2 690	225	43.97	35.60	8.37
陕 西	41 876	7 180	28 836	5 861	45.22	24.90	20.33
甘 肃	26 368	5 052	17 877	3 439	47.49	28.26	19.24
青 海	6 289	1 299	4 368	622	43.98	29.75	14.24
宁 夏	7 678	1 538	5 369	772	43.02	28.65	14.37
新 疆	27 427	5 939	19 271	2 217	42.33	30.82	11.50

数据来源：国家统计局人口和就业统计司。

注：本表是2021年全国人口变动情况抽样调查样本数据。抽样比为1.058‰（以下表同）。

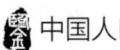

22. 2021年各省、自治区、直辖市人口年龄构成和抚养比（城市）

单位：人，%

地 区	人口数 合计	0—14岁	15—64岁	65岁及以上	总抚养比 合计	少儿抚养比	老年抚养比
全 国	601 812	92 235	440 789	68 788	36.53	20.93	15.61
北 京	18 740	2 349	13 754	2 636	36.25	17.08	19.17
天 津	11 477	1 473	8 240	1 763	39.28	17.88	21.40
河 北	22 389	3 986	15 522	2 881	44.24	25.68	18.56
山 西	13 545	2 214	9 857	1 475	37.42	22.46	14.96
内蒙古	9 760	1 356	7 236	1 168	34.88	18.75	16.14
辽 宁	26 425	2 981	19 094	4 349	38.39	15.61	22.78
吉 林	10 946	1 261	8 026	1 659	36.38	15.71	20.67
黑龙江	14 468	1 331	10 782	2 355	34.18	12.34	21.84
上 海	21 092	2 217	15 188	3 688	38.88	14.59	24.28
江 苏	43 352	6 109	31 538	5 706	37.46	19.37	18.09
浙 江	35 600	4 832	27 060	3 708	31.56	17.86	13.70
安 徽	17 691	2 866	12 838	1 988	37.80	22.32	15.48
福 建	17 749	3 194	13 052	1 503	35.98	24.47	11.51
江 西	13 964	2 571	10 047	1 346	38.99	25.60	13.39
山 东	40 473	7 323	28 228	4 923	43.38	25.94	17.44
河 南	27 000	5 136	19 034	2 830	41.85	26.98	14.87
湖 北	26 773	3 918	19 613	3 242	36.50	19.98	16.53
湖 南	19 851	3 237	14 495	2 119	36.95	22.33	14.62
广 东	79 101	12 758	61 209	5 134	29.23	20.84	8.39
广 西	15 708	3 166	11 179	1 363	40.51	28.32	12.19
海 南	3 867	733	2 800	334	38.09	26.17	11.93
重 庆	17 721	2 529	12 881	2 311	37.58	19.63	17.94
四 川	32 569	4 500	23 906	4 162	36.24	18.83	17.41
贵 州	10 421	2 087	7 454	880	39.80	28.00	11.80
云 南	11 882	1 699	8 956	1 227	32.67	18.97	13.70
西 藏	832	100	687	46	21.18	14.50	6.68
陕 西	16 374	2 744	11 849	1 780	38.19	23.16	15.02
甘 肃	7 149	1 100	5 284	765	35.29	20.82	14.47
青 海	2 235	362	1 619	254	38.03	22.35	15.69
宁 夏	3 045	552	2 201	292	38.36	25.08	13.28
新 疆	9 612	1 551	7 158	903	34.28	21.67	12.61

数据来源：国家统计局人口和就业统计司。

23. 2021年各省、自治区、直辖市人口年龄构成和抚养比（镇）

单位：人，%

地 区	人口数 合计	0—14岁	15—64岁	65岁及以上	总抚养比 合计	少儿抚养比	老年抚养比
全 国	364 415	69 406	249 420	45 589	46.11	27.83	18.28
北 京	1 546	139	1 233	174	25.39	11.28	14.10
天 津	865	132	604	129	43.39	21.95	21.44
河 北	25 839	4 941	17 663	3 236	46.29	27.97	18.32
山 西	9 832	1 767	7 060	1 005	39.26	25.02	14.23
内蒙古	7 577	1 231	5 516	830	37.37	22.31	15.05
辽 宁	6 193	695	4 344	1 154	42.57	16.01	26.56
吉 林	4 993	613	3 645	735	36.99	16.82	20.18
黑龙江	7 275	857	5 307	1 111	37.08	16.15	20.93
上 海	2 451	210	1 899	343	29.12	11.05	18.07
江 苏	23 260	3 991	15 648	3 621	48.65	25.51	23.14
浙 江	14 733	2 087	10 690	1 955	37.82	19.52	18.29
安 徽	20 758	4 020	14 116	2 623	47.06	28.48	18.58
福 建	13 163	2 667	9 100	1 396	44.65	29.30	15.35
江 西	15 442	3 334	10 448	1 660	47.79	31.91	15.89
山 东	28 399	5 613	19 080	3 706	48.84	29.42	19.42
河 南	32 092	6 874	21 575	3 643	48.75	31.86	16.89
湖 北	12 801	2 253	8 688	1 859	47.33	25.94	21.39
湖 南	22 034	4 346	14 497	3 191	51.99	29.98	22.01
广 东	21 155	4 311	14 625	2 219	44.65	29.47	15.17
广 西	13 678	3 121	8 930	1 627	53.17	34.95	18.22
海 南	2 718	531	1 886	300	44.12	28.18	15.94
重 庆	6 200	1 184	3 994	1023	55.26	29.64	25.61
四 川	18 697	3 328	12 473	2 896	49.90	26.68	23.22
贵 州	11 744	2 858	7 797	1 089	50.64	36.66	13.97
云 南	13 478	2 749	9 436	1 293	42.83	29.13	13.70
西 藏	585	143	416	27	40.82	34.44	6.38
陕 西	10 273	1 876	7 146	1 251	43.76	26.26	17.50
甘 肃	6 913	1 556	4 633	725	49.22	33.58	15.64
青 海	1 603	331	1 117	154	43.48	29.67	13.82
宁 夏	2 025	433	1 437	154	40.90	30.15	10.74
新 疆	6 092	1 214	4 419	459	37.86	27.48	10.38

数据来源：国家统计局人口和就业统计司。

24. 2021年各省、自治区、直辖市人口年龄构成和抚养比（乡村）

单位：人，%

地区	人口数 合计	0—14岁	15—64岁	65岁及以上	总抚养比 合计	少儿抚养比	老年抚养比
全　国	527 827	99 735	330 050	98 042	59.92	30.22	29.71
北　京	2 899	319	2 090	490	38.71	15.26	23.45
天　津	2 199	324	1 452	423	51.38	22.28	29.10
河　北	30 657	6 235	18 769	5 653	63.34	33.22	30.12
山　西	13 486	1 882	9 041	2 563	49.17	20.82	28.35
内蒙古	8 081	902	5 659	1 520	42.80	15.94	26.86
辽　宁	12 180	1 148	8 111	2 921	50.16	14.15	36.01
吉　林	9 218	941	6 466	1 811	42.56	14.56	28.01
黑龙江	11 355	1 049	8 219	2 087	38.15	12.76	25.39
上　海	2 821	162	2 090	569	34.98	7.77	27.20
江　苏	23 472	3 128	14 317	6 027	63.94	21.85	42.09
浙　江	18 939	2 257	12 530	4 152	51.15	18.02	33.14
安　徽	26 295	5 188	15 719	5 387	67.28	33.01	34.27
福　建	13 440	2 520	8 702	2 218	54.45	28.96	25.49
江　西	18 442	4 091	11 421	2 931	61.48	35.82	25.66
山　东	38 840	6 899	23 417	8 523	65.86	29.46	36.40
河　南	45 588	11 227	26 190	8 170	74.06	42.87	31.20
湖　北	22 174	3 643	14 107	4 423	57.18	25.83	31.35
湖　南	28 257	5 648	17 069	5 540	65.54	33.09	32.45
广　东	34 085	8 098	21 087	4 899	61.64	38.40	23.23
广　西	23 961	5 939	14 296	3 726	67.61	41.54	26.07
海　南	4 215	850	2 831	534	48.89	30.04	18.85
重　庆	10 098	1 484	5 908	2 706	70.92	25.11	45.80
四　川	37 404	6 035	22 838	8 531	63.78	26.42	37.36
贵　州	18 632	4 650	11 151	2 830	67.09	41.70	25.38
云　南	24 317	5 112	16 124	3 081	50.81	31.70	19.11
西　藏	2 455	715	1 588	153	54.65	45.03	9.63
陕　西	15 229	2 559	9 841	2 830	54.76	26.01	28.76
甘　肃	12 307	2 396	7 961	1 950	54.59	30.10	24.49
青　海	2 451	606	1 632	213	50.23	37.15	13.08
宁　夏	2 608	553	1 730	325	50.72	31.94	18.78
新　疆	11 723	3 174	7 693	856	52.38	41.26	11.12

数据来源：国家统计局人口和就业统计司。

25. 2021 年全国 15 岁及以上人口分年龄、性别的婚姻状况

年龄（岁）	15 岁及以上人口 合计	男	女	未婚 合计	男	女	有配偶 合计	男	女
总计	1 232 677	625 238	607 439	238 753	142 861	95 891	895 198	447 679	447 519
15—19	79 414	42 677	36 737	79 152	42 632	36 519	258	42	216
15	15 909	8 599	7 311	15 907	8 598	7 309	2	1	2
16	17 482	9 670	7 812	17 469	9 668	7 801	13	2	11
17	17 118	9 361	7 757	17 079	9 357	7 722	39	4	35
18	13 498	7 183	6 316	13 431	7 175	6 256	67	7	59
19	15 406	7 865	7 542	15 266	7 834	7 431	138	29	109
20—24	77 256	41 020	36 236	70 055	38 577	31 478	7 084	2 388	4 696
20	17 638	9 192	8 445	17 302	9 108	8 194	333	84	249
21	16 936	8 706	8 230	16 245	8 541	7 704	681	160	520
22	14 180	7 568	6 612	13 016	7 225	5 791	1 149	337	811
23	14 536	7 953	6 582	12 520	7 257	5 263	1 983	682	1 300
24	13 966	7 600	6 366	10 972	6 445	4 527	2 938	1 124	1 815
25—29	91 729	48 189	43 540	44 662	28 128	16 534	45 972	19 476	26 496
25	16 594	8 700	7 895	11 405	6 764	4 641	5 086	1 880	3 206
26	17 740	9 259	8 481	10 625	6 501	4 123	6 977	2 694	4 283
27	17 814	9 396	8 418	8 625	5 455	3 170	8 997	3 832	5 164
28	19 484	10 291	9 193	7 645	5 083	2 562	11 563	5 048	6 516
29	20 097	10 544	9 554	6 363	4 325	2 038	13 350	6 022	7 326
30—34	128 056	66 101	61 955	21 318	14 991	6 326	103 090	49 106	53 985
30	21 175	11 080	10 095	5 239	3 620	1 619	15 483	7 204	8 279
31	27 015	14 013	13 002	5 570	3 928	1 642	20 803	9 729	11 074
32	26 609	13 697	12 913	4 161	2 923	1 238	21 684	10 349	11 334
33	25 341	13 009	12 333	3 362	2 375	986	21 191	10 191	10 998
34	27 915	14 303	13 612	2 986	2 146	841	23 931	11 633	12 297
35—39	109 171	56 115	53 057	7 960	5 686	2 274	96 688	47 892	48 796
35	24 152	12 333	11 818	2 216	1 595	621	20 997	10 189	10 808
36	20 662	10 565	10 097	1 671	1 207	464	18 137	8 882	9 255
37	20 562	10 706	9 857	1 484	1 047	436	18 309	9 216	9 093
38	20 262	10 399	9 863	1 277	883	394	18 116	9 051	9 065
39	23 533	12 111	11 422	1 312	953	359	21 130	10 555	10 576

单位：人

离　婚			丧　偶		
合计	男	女	合计	男	女
29 002	**15 988**	**13 013**	**69 725**	**18 709**	**51 016**
4	2	2	—	—	—
—	—	—	—	—	—
—	—	—	—	—	—
—	—	—	—	—	—
1	1	—	—	—	—
3	2	1	—	—	—
117	56	61	1	1	—
3	—	3	—	—	—
11	5	6	—	—	—
15	5	10	—	—	—
32	14	18	1	—	1
55	31	24	—	—	—
1 061	576	486	33	9	25
101	56	45	3	—	3
133	61	72	6	3	3
183	107	76	9	2	8
274	160	114	2	1	
371	191	180	13	4	9
3 517	1 968	1 550	131	36	95
432	248	184	21	8	12
618	345	273	25	11	13
742	419	323	24	6	18
769	439	330	21	3	18
957	517	440	42	7	34
4 233	2 460	1 774	289	76	213
894	538	356	44	11	33
808	462	345	47	14	33
727	423	304	43	19	24
797	452	345	71	12	59
1 007	584	423	84	20	64

年龄（岁）	15岁及以上人口 合计	男	女	未婚 合计	男	女	有配偶 合计	男	女
40—44	98 023	50 206	47 817	3 844	2 821	1 023	89 376	44 893	44 483
40	20 267	10 392	9 875	1 027	734	293	18 271	9 138	9 133
41	18 629	9 407	9 223	841	596	245	169 41	8 390	8 552
42	20 745	10 629	10 117	691	526	165	19 030	9 574	9 455
43	19 735	10 163	9 571	714	527	187	18 019	9 113	8 906
44	18 647	9 615	9 032	572	438	133	17 114	8 677	8 436
45—49	114 545	58 320	56 225	3 179	2 494	685	105 420	52 957	52 463
45	20 691	10 525	10 167	669	523	146	18 944	9 452	9 493
46	20 974	10 696	10 278	603	452	151	19 299	9 728	9 571
47	23 390	11 957	11 433	674	538	136	21 510	10 827	10 683
48	24 456	12 438	12 017	626	487	139	22 497	11 318	11 179
49	25 033	12 703	12 330	608	494	113	23 170	11 633	11 537
50—54	129 319	65 216	64 103	2 580	2 143	437	119 362	59 952	59 411
50	26 483	13 527	12 956	654	524	130	24 367	12 334	12 033
51	27 371	13 796	13 575	572	457	114	25 281	12 682	12 598
52	26 041	13 285	12 756	495	425	70	24 015	12 195	11 820
53	27 307	13 555	13 753	518	442	75	25 230	12 500	12 730
54	22 116	11 053	11 063	341	294	47	20 469	10 240	10 229
55—59	121 989	61 237	60 752	1 839	1 612	227	111 517	56 511	55 006
55	25 204	12 721	12 482	407	359	49	23 250	11 754	11 496
56	24 570	12 456	12 114	391	352	39	22 516	11 459	11 057
57	23 946	12 003	11 943	393	343	50	21 887	11 066	10 822
58	27 587	13 757	13 830	364	318	46	25 105	12 691	12 413
59	20 683	10 301	10 382	283	239	44	18 759	9 542	9 217
60—64	70 755	35 357	35 399	1 086	948	138	62 617	32 007	30 611
60	11 006	5 413	5 593	159	129	30	9 912	4 947	4 964
61	13 273	6 482	6 791	183	149	33	11 878	5 938	5 940
62	12 339	6 224	6 116	193	170	23	10 916	5 653	5 263
63	16 085	8 037	8 048	254	232	22	14 147	7 210	6 937
64	18 052	9 201	8 851	297	268	30	15 764	8 259	7 505
65 +	212 419	100 801	111 618	3 078	2 829	249	153 813	82 456	71 357

数据来源：国家统计局人口和就业统计司。

注：本表是2021年全国人口变动情况抽样调查样本数据。抽样比为1.058‰（以下表同）。

续完

离　婚			丧　偶		
合计	男	女	合计	男	女
4 238	2 356	1 882	566	137	429
884	504	380	86	17	69
767	406	361	80	15	64
921	505	416	104	23	81
858	484	374	143	39	104
808	457	351	154	43	111
4 659	2 539	2 121	1 286	330	957
896	494	402	182	56	126
863	465	398	209	51	158
972	533	439	235	60	176
996	545	451	337	88	248
932	501	431	324	75	248
4 309	2 307	2 002	3 067	814	2 253
992	528	464	470	141	329
985	527	458	533	129	404
904	502	402	626	163	463
823	426	397	737	187	550
605	324	280	701	195	506
3 348	1 799	1 548	5 286	1 315	3 971
696	379	317	850	230	620
748	401	347	916	244	671
678	371	307	987	223	764
753	403	350	1 365	344	1 022
474	245	228	1 168	275	893
1 601	901	700	5 451	1 501	3 950
294	171	123	640	165	475
339	184	155	873	211	662
273	148	125	958	254	704
366	206	160	1 318	388	930
329	192	136	1 662	482	1 180
1 914	1 025	888	53 614	14 491	39 123

26. 2021年全国15岁及以上人口分年龄、性别的婚姻状况（城市）

年龄（岁）	15岁及以上人口 合计	男	女	未婚 合计	男	女	有配偶 合计	男	女
总计	509 577	255 971	253 605	115 579	65 557	50 022	359 263	179 399	179 866
15—19	33 757	17 984	15 773	33 699	17 975	15 724	58	9	49
15	5 795	3 160	2 635	5 795	3 160	2 635	—	—	—
16	6 871	3 872	2 999	6 866	3 870	2 997	5	2	3
17	6 721	3 601	3 120	6 714	3 601	3 113	7	—	7
18	5 976	3 178	2 797	5 963	3 177	2 786	13	2	11
19	8 395	4 174	4 222	8 362	4 168	4 194	33	6	27
20—24	40 792	21 247	19 545	38 537	20 484	18 053	2 240	754	1 485
20	9 994	5 129	4 865	9 925	5 107	4 819	68	22	46
21	9 440	4 764	4 677	9 271	4 734	4 537	170	30	140
22	7 394	3 917	3 477	7 057	3 811	3 246	335	106	229
23	7 198	3 873	3 325	6 549	3 658	2 891	644	210	433
24	6 765	3 565	3 201	5 735	3 174	2 561	1 023	386	637
25—29	43 895	22 753	21 142	23 574	14 199	9 375	19 984	8 402	11 582
25	8 046	4 125	3 921	6 001	3 373	2 628	2 024	743	1 282
26	8 497	4 403	4 095	5 635	3 319	2 316	2 827	1 071	1 755
27	8 607	4 485	4 122	4 577	2 785	1 792	3 975	1 678	2 297
28	9 316	4 855	4 462	4 035	2 563	1 471	5 196	2 245	2 951
29	9 428	4 886	4 543	3 327	2 159	1 168	5 962	2 666	3 298
30—34	60 282	30 557	29 725	10 821	7 063	3 758	47 999	22 840	25 158
30	9 830	5 013	4 817	2 604	1 689	915	7 055	3 252	3 803
31	12 466	6 286	6 181	2 766	1 821	945	9 474	4 362	5 113
32	12 546	6 452	6 094	2 167	1 430	736	10 078	4 889	5 190
33	12 034	6 106	5 927	1 770	1 138	632	9 911	4 802	5 109
34	13 406	6 700	6 706	1 515	985	530	11 480	5 536	5 943
35—39	52 658	26 607	26 051	3 994	2 540	1 454	46 608	23 145	23 463
35	11 708	5 827	5 881	1 073	698	375	10 229	4 924	5 305
36	9 806	4 953	4 853	840	547	293	8 608	4 252	4 355
37	9 864	5 035	4 829	748	473	275	8 753	4 406	4 347
38	9 823	4 960	4 863	669	404	265	8 741	4 367	4 373
39	11 459	5 832	5 627	665	419	246	10 277	5 195	5 082

单位：人

离　婚			丧　偶		
合计	男	女	合计	男	女
14 660	6 472	8 187	20 074	4 544	15 530
—	—	—	—	—	—
—	—	—	—	—	—
—	—	—	—	—	—
—	—	—	—	—	—
—	—	—	—	—	—
—	—	—	—	—	—
14	8	6	1	—	1
—	—	—	—	—	—
—	—	—	—	—	—
2	—	2	—	—	—
5	4	1	1	—	1
7	4	3	—	—	—
331	151	180	5	—	5
20	9	11	—	—	—
36	12	24	—	—	—
53	22	31	2	—	2
86	47	39	—	—	—
135	61	74	3	—	3
1 425	645	780	38	9	28
166	72	94	5	5	
219	100	119	7	2	5
293	132	162	8	2	6
348	165	183	4	2	3
399	176	223	13	3	10
1 962	903	1 059	95	20	75
394	202	193	11	3	8
339	150	189	19	4	15
349	152	197	14	4	9
393	186	207	21	3	18
487	213	274	30	6	25

年龄（岁）	15岁及以上人口			未婚			有配偶		
	合计	男	女	合计	男	女	合计	男	女
40—44	44 526	22 381	22 145	1 751	1 098	653	40 540	20 348	20 193
40	9 557	4 827	4 730	512	315	196	8 599	4 305	4 293
41	8 614	4 285	4 328	408	260	149	7 781	3 850	3 932
42	9 468	4 764	4 704	262	156	107	8 717	4 416	4 302
43	8 790	4 422	4 368	318	204	114	8 049	4 048	4 001
44	8 099	4 083	4 015	250	163	87	7 395	3 728	3 666
45—49	47 099	23 873	23 226	1 236	813	423	43 113	21 928	21 185
45	8 977	4 501	4 476	265	181	84	8 219	4 107	4 112
46	8 858	4 514	4 344	250	152	99	8 126	4 163	3 963
47	9 575	4 893	4 683	269	186	83	8 724	4 450	4 274
48	9 913	5 022	4 891	228	147	81	9 064	4 625	4 440
49	9 776	4 944	4 832	224	147	77	8 979	4 583	4 397
50—54	47 943	24 101	23 842	812	565	247	43 940	22 354	21 585
50	10 449	5 343	5 106	198	121	77	9 586	4 952	4 633
51	10 371	5 296	5 075	211	152	59	9 482	4 894	4 589
52	9 791	4 989	4 801	140	102	39	8 953	4 621	4 333
53	9 705	4 753	4 953	156	112	44	8 916	4 431	4 485
54	7 627	3 719	3 908	106	78	28	7 003	3 456	3 547
55—59	43 586	21 629	21 957	523	381	142	39 581	20 097	19 484
55	8 492	4 211	4 281	113	86	26	7 794	3 918	3 875
56	8 766	4 363	4 403	124	100	25	7 982	4 060	3 922
57	8 685	4 327	4 358	106	74	32	7 885	4 009	3 877
58	10 275	5 066	5 209	105	71	34	9 267	4 703	4 565
59	7 368	3 663	3 706	74	49	25	6 653	3 408	3 244
60—64	26 250	12 925	13 324	244	155	89	23 376	11 930	11 446
60	4 012	1 960	2 052	49	30	18	3 576	1 788	1 789
61	5 077	2 414	2 663	53	30	24	4 521	2 234	2 287
62	4 643	2 325	2 318	44	29	15	4 134	2 157	1 977
63	6 041	3 004	3 037	45	31	15	5 389	2 775	2 614
64	6 476	3 222	3 254	52	35	17	5 757	2 977	2 780
65 +	68 788	31 914	36 874	388	284	104	51 825	27 591	24 235

数据来源：国家统计局人口和就业统计司。

续完

离　婚			丧　偶		
合计	男	女	合计	男	女
2 069	905	1 164	167	31	136
424	203	220	22	3	20
398	169	229	26	7	19
450	190	260	38	3	35
393	165	227	30	4	26
404	177	227	50	15	36
2 420	1 058	1 362	330	74	256
452	201	251	40	11	29
433	186	247	48	13	35
517	241	276	66	16	50
532	231	302	88	19	69
485	200	285	88	14	74
2 357	990	1 367	834	191	644
525	228	297	140	42	98
532	221	310	146	29	117
524	231	293	173	36	137
448	174	275	185	36	149
328	137	191	190	48	142
1 969	842	1 127	1 514	310	1 204
382	163	219	204	44	160
400	158	242	259	46	213
421	192	229	272	52	220
471	201	270	431	91	340
294	128	166	347	77	270
1 047	502	545	1 583	339	1 243
205	107	98	182	35	147
219	100	119	284	51	233
178	78	100	288	61	227
245	124	121	361	74	287
200	93	107	468	118	350
1 067	469	598	15 508	3 570	11 938

27. 2021 年全国 15 岁及以上人口分年龄、性别的婚姻状况（镇）

年龄（岁）	15 岁及以上人口 合计	男	女	未婚 合计	男	女	有配偶 合计	男	女
总计	295 009	147 928	147 080	53 566	31 524	22 041	220 240	109 138	111 102
15—19	21 957	11 653	10 303	21 896	11 643	10 252	61	10	51
15	4 572	2 464	2 108	4 572	2 464	2 107	1	—	1
16	5 316	2 879	2 437	5 313	2 879	2 434	3	—	3
17	5 275	2 898	2 377	5 266	2 897	2 368	9	1	9
18	3 486	1 761	1 725	3 464	1 758	1 706	22	3	19
19	3 307	1 651	1 656	3 281	1 645	1 636	26	6	20
20—24	15 944	8 370	7 575	14 118	7 750	6 368	1 797	611	1 186
20	3 410	1 753	1 658	3 326	1 735	1 591	84	17	66
21	3 462	1 721	1 741	3 273	1 669	1 604	187	52	135
22	2 995	1 553	1 442	2 683	1 461	1 222	307	91	215
23	3 089	1 677	1 412	2 604	1 521	1 083	475	154	321
24	2 989	1 666	1 322	2 231	1 364	867	743	296	448
25—29	21 323	10 910	10 413	9 093	5 778	3 314	11 974	5 003	6 972
25	3 675	1 955	1 721	2 366	1 467	898	1 288	476	811
26	3 960	1 977	1 983	2 115	1 270	845	1 814	695	1 120
27	4 167	2 169	1 997	1 754	1 140	613	2 361	1 000	1 361
28	4 679	2 379	2 301	1 589	1 052	536	3 021	1 290	1 731
29	4 841	2 429	2 412	1 270	848	421	3 490	1 541	1 949
30—34	32 230	16 241	15 989	4 272	3 069	1 202	27 055	12 675	14 381
30	5 280	2 701	2 579	1 137	805	332	4 041	1 841	2 199
31	6 770	3 444	3 326	1 124	806	319	5 474	2 535	2 938
32	6 734	3 331	3 403	828	576	251	5 715	2 647	3 067
33	6 395	3 200	3 195	615	464	151	5 588	2 627	2 961
34	7 051	3 565	3 486	568	418	150	6 239	3 023	3 216
35—39	27 052	13 616	13 435	1 485	1 080	405	24 517	11 927	12 590
35	6 062	3 028	3 034	448	327	120	5 392	2 577	2 815
36	5 168	2 567	2 601	322	242	80	4 644	2 207	2 437
37	5 183	2 685	2 498	274	183	91	4 725	2 385	2 341
38	4 973	2 529	2 444	220	162	58	4 552	2 258	2 294
39	5 665	2 807	2 858	222	166	56	5 203	2 500	2 704

单位：人

离　婚			丧　偶		
合计	男	女	合计	男	女
6 076	3 366	2 711	15 126	3 900	11 226
—	—	—	—	—	—
—	—	—	—	—	—
—	—	—	—	—	—
—	—	—	—	—	—
—	—	—	—	—	—
—	—	—	—	—	—
30	8	22	—	—	—
1	—	1	—	—	—
1	—	1	—	—	—
5	1	5	—	—	—
9	1	9	—	—	—
14	7	7	—	—	—
247	127	120	9	2	7
22	11	11	—	—	—
30	13	17	1	—	1
50	29	20	2	—	2
70	36	33	—	—	—
75	37	38	6	2	3
872	489	383	30	8	22
99	53	46	4	1	3
165	99	66	8	4	4
188	106	82	4	1	3
186	109	77	6	—	6
235	121	114	9	2	7
976	590	386	74	19	55
209	120	88	14	3	11
195	114	81	7	3	4
173	114	58	11	4	7
177	103	74	24	5	19
223	139	84	17	3	14

年龄（岁）	15岁及以上人口 合计	男	女	未婚 合计	男	女	有配偶 合计	男	女
40—44	24 858	12 597	12 261	652	482	170	23 123	11 593	11 529
40	4 986	2 476	2 510	166	119	46	4 607	2 262	2 346
41	4 665	2 314	2 351	144	101	43	4 339	2 132	2 207
42	5 240	2 646	2 593	131	103	28	4 878	2 429	2 448
43	5 037	2 618	2 419	119	86	33	4 681	2 407	2 274
44	4 931	2 543	2 387	92	72	20	4 617	2 363	2 254
45—49	28 921	14 484	14 437	549	401	148	27 048	13 480	13 568
45	5 296	2 659	2 637	125	86	39	4 948	2 473	2 476
46	5 240	2 585	2 654	90	66	24	4 871	2 399	2 473
47	5 963	2 986	2 977	109	77	32	5 602	2 788	2 814
48	6 102	3 101	3 001	123	84	40	5 698	2 889	2 808
49	6 321	3 153	3 167	102	88	14	5 930	2 932	2 999
50—54	32 140	16 055	16 085	448	346	102	30 104	15 065	15 041
50	6 432	3 280	3 153	127	98	29	5 996	3 048	2 947
51	6 790	3 376	3 415	104	65	40	6 370	3 181	3 190
52	6 555	3 296	3 259	99	83	16	6 126	3 065	3 061
53	6 799	3 335	3 464	73	62	12	6 370	3 138	3 232
54	5 563	2 768	2 795	44	38	6	5 242	2 632	2 610
55—59	29 315	14 640	14 675	283	246	37	27 192	13 767	13 425
55	6 257	3 138	3 119	69	56	13	5 856	2 960	2 897
56	5 985	3 025	2 960	66	59	6	5 560	2 826	2 735
57	5 717	2 837	2 880	42	36	6	5 319	2 687	2 632
58	6 559	3 271	3 288	54	51	3	6 032	3 055	2 977
59	4 797	2 369	2 428	53	43	9	4 425	2 241	2 185
60—64	15 681	7 742	7 939	185	168	17	14 004	7 148	6 856
60	2 437	1 182	1 255	19	16	3	2 235	1 111	1 124
61	2 959	1 439	1 520	37	35	3	2 673	1 339	1 334
62	2 710	1 334	1 376	40	35	5	2 421	1 230	1 191
63	3 528	1 740	1 789	46	45	1	3 123	1 596	1 527
64	4 047	2 047	2 000	43	37	6	3 552	1 873	1 679
65+	45 589	21 620	23 969	586	561	25	33 363	17 859	15 506

数据来源：国家统计局人口和就业统计司。

续完

离　婚			丧　偶		
合计	男	女	合计	男	女
962	497	465	121	24	97
191	90	101	22	5	17
163	79	84	18	1	17
210	108	102	20	5	15
209	118	90	28	7	21
189	101	88	33	7	26
999	527	472	326	77	249
170	84	85	53	16	37
221	104	116	58	16	42
197	108	89	56	12	44
203	112	91	78	16	63
209	117	92	80	17	64
856	472	384	732	173	558
208	111	97	102	22	79
204	112	92	112	19	93
175	107	68	155	41	114
165	87	78	190	48	141
104	56	48	174	43	130
593	346	247	1 246	281	965
117	67	51	214	55	159
153	89	64	205	52	154
117	69	48	240	46	194
129	81	47	344	83	261
76	39	37	242	45	197
219	126	93	1 272	300	973
41	22	19	143	34	109
45	21	24	204	45	160
40	25	15	209	44	165
44	25	19	314	74	241
50	34	16	402	103	299
323	184	139	11 316	3 016	8 300

28. 2021年全国15岁及以上人口分年龄、性别的婚姻状况（乡村）

年龄（岁）	15岁及以上人口 合计	男	女	未婚 合计	男	女	有配偶 合计	男	女
总计	428 092	221 338	206 754	69 607	45 780	23 827	315 694	159 143	156 551
15—19	23 700	13 040	10 661	23 557	13 014	10 543	139	23	116
15	5 543	2 975	2 568	5 541	2 974	2 567	2	1	1
16	5 295	2 919	2 376	5 290	2 919	2 371	5	—	5
17	5 122	2 862	2 260	5 099	2 859	2 240	22	3	19
18	4 037	2 244	1 793	4 004	2 240	1 764	32	3	29
19	3 704	2 040	1 664	3 623	2 022	1 601	78	17	62
20—24	20 520	11 403	9 117	17 400	10 343	7 057	3 048	1 021	2 025
20	4 234	2 311	1 923	4 051	2 266	1 784	181	45	136
21	4 035	2 222	1 813	3 701	2 139	1 562	323	78	246
22	3 791	2 097	1 694	3 276	1 954	1 322	507	139	368
23	4 249	2 404	1 845	3 367	2 077	1 289	865	318	547
24	4 212	2 369	1 843	3 006	1 907	1 099	1 171	442	730
25—29	26 512	14 527	11 985	11 995	8 151	3 845	14 014	6 072	7 942
25	4 873	2 620	2 253	3 038	1 923	1 115	1 774	661	1 113
26	5 283	2 879	2 404	2 875	1 913	962	2 337	927	1 410
27	5 040	2 742	2 298	2 294	1 529	765	2 660	1 154	1 506
28	5 488	3 057	2 431	2 022	1 468	554	3 346	1 513	1 834
29	5 828	3 229	2 599	1 766	1 318	448	3 896	1 816	2 081
30—34	35 544	19 303	16 241	6 225	4 859	1 365	28 036	13 591	14 445
30	6 065	3 366	2 699	1 498	1 126	373	4 388	2 110	2 278
31	7 779	4 283	3 496	1 680	1 301	379	5 856	2 832	3 024
32	7 329	3 913	3 416	1 166	916	250	5 892	2 814	3 077
33	6 913	3 702	3 211	977	774	203	5 691	2 763	2 929
34	7 458	4 038	3 420	904	743	161	6 211	3 073	3 138
35—39	29 461	15 891	13 570	2 481	2 066	415	25 563	12 821	12 742
35	6 382	3 479	2 904	695	570	125	5 376	2 688	2 688
36	5 689	3 045	2 643	510	418	92	4 884	2 422	2 462
37	5 516	2 985	2 530	462	392	70	4 829	2 425	2 404
38	5 466	2 910	2 556	389	317	72	4 824	2 427	2 397
39	6 409	3 472	2 937	425	369	56	5 650	2 859	2 791

单位：人

离　婚			丧　偶		
合计	男	女	合计	男	女
8 265	6 150	2 115	34 525	10 265	24 260
4	2	2	—	—	—
—	—	—	—	—	—
—	—	—	—	—	—
—	—	—	—	—	—
1	1	—	—	—	—
3	2	1	—	—	—
72	39	34	—	—	—
2	2	—	—	—	—
11	5	5	—	—	—
8	4	4	—	—	—
18	9	9	—	—	—
34	21	14	—	—	—
484	298	186	19	7	12
58	36	23	3	—	3
66	36	30	5	3	2
80	56	24	5	2	4
118	77	42	1	—	1
161	93	67	5	2	3
1 221	834	387	63	18	45
168	123	45	11	7	4
234	146	89	10	5	5
260	181	80	11	3	9
235	165	70	10	1	9
324	220	104	20	2	17
1 296	967	329	121	38	84
292	216	75	20	5	15
274	198	76	21	7	14
206	157	49	18	11	7
227	163	64	26	3	22
297	232	65	36	12	25

年龄（岁）	15岁及以上人口 合计	男	女	未婚 合计	男	女	有配偶 合计	男	女
40—44	28 639	15 227	13 411	1 441	1 241	200	25 713	12 951	12 761
40	5 724	3 090	2 634	349	299	50	5 065	2 570	2 494
41	5 351	2 808	2 544	289	235	54	4 822	2 408	2 414
42	6 038	3 218	2 819	297	267	30	5 434	2 729	2 704
43	5 908	3 123	2 784	276	236	40	5 290	2 658	2 632
44	5 618	2 988	2 630	230	203	27	5 103	2 586	2 517
45—49	38 524	19 963	18 562	1 395	1 280	114	35 259	17 549	17 710
45	6 419	3 365	3 053	279	256	23	5 777	2 872	2 905
46	6 876	3 597	3 279	263	234	29	6 301	3 167	3 134
47	7 852	4 079	3 773	296	275	22	7 185	3 588	3 596
48	8 441	4 316	4 125	274	256	19	7 735	3 804	3 931
49	8 936	4 605	4 331	283	260	23	8 261	4 117	4 142
50—54	49 236	25 060	24 176	1 320	1 232	89	45 318	22 533	22 785
50	9 602	4 904	4 698	329	305	24	8 785	4 333	4 453
51	10 209	5 124	5 086	256	240	16	9 427	4 608	4 820
52	9 696	5 000	4 696	256	240	16	8 936	4 510	4 426
53	10 803	5 466	5 337	289	269	20	9 944	4 930	5 014
54	8 926	4 566	4 360	191	178	13	8 225	4 152	4 072
55—59	49 089	24 968	24 120	1 032	985	48	44 744	22 647	22 097
55	10 454	5 373	5 082	226	216	9	9 600	4 875	4 725
56	9 819	5 068	4 752	201	193	8	8 973	4 572	4 399
57	9 543	4 839	4 705	245	233	12	8 684	4 370	4 313
58	10 753	5 420	5 333	205	196	9	9 806	4 935	4 871
59	8 518	4 270	4 249	156	146	10	7 681	3 894	3 788
60—64	28 825	14 689	14 135	657	626	32	25 237	12 928	12 308
60	4 556	2 270	2 286	92	83	9	4 100	2 049	2 051
61	5 237	2 629	2 609	92	85	7	4 686	2 365	2 321
62	4 987	2 565	2 422	109	106	3	4 361	2 265	2 096
63	6 516	3 293	3 223	163	157	6	5 635	2 840	2 795
64	7 529	3 932	3 597	202	196	6	6 456	3 409	3 047
65 +	98 042	47 268	50 775	2 104	1 983	120	68 625	37 007	31 617

数据来源：国家统计局人口和就业统计司。

续完

| 离　婚 ||| 丧　偶 |||
合计	男	女	合计	男	女
1 207	954	253	278	81	196
269	211	58	42	9	32
206	157	48	35	7	28
260	207	53	46	15	31
257	200	56	85	29	56
215	178	36	70	21	49
1 241	954	287	630	179	451
275	209	65	89	28	60
209	175	34	103	21	81
258	184	74	114	32	82
261	202	58	170	53	117
239	184	55	155	44	111
1 097	845	252	1 501	450	1 051
259	189	70	228	77	151
250	194	56	275	81	194
206	165	41	298	86	213
209	165	44	362	103	259
173	132	41	337	103	234
786	612	174	2 527	725	1 802
196	150	47	432	132	300
195	154	40	451	147	304
139	110	29	476	125	350
153	120	33	590	169	420
103	78	25	578	152	426
335	273	61	2 596	862	1 734
48	43	6	315	96	219
75	63	13	385	116	269
56	45	10	461	148	313
76	57	20	642	240	402
79	66	13	792	261	531
524	372	152	26 790	7 905	18 885

29. 2017—2021 年全国就业基本情况

项目	2017 年	2018 年	2019 年	2020 年	2021 年
经济活动人口（万人）	79 042	78 653	78 985	78 392	78 024
就业人员合计（万人）	76 058	75 782	75 447	75 064	74 652
第一产业	20 295	19 515	18 652	17 715	17 072
第二产业	21 762	21 356	21 234	21 543	21 712
第三产业	34 001	34 911	35 561	35 806	35 868
按城乡分就业人员（万人）					
城镇就业人员	43 208	44 292	45 249	46 271	46 773
乡村就业人员	32 850	31 490	30 198	28 793	27 879
按登记注册类型分城镇非私营单位就业人员（万人）					
国有单位	6 064	5 740	5 473	5 563	5 633
城镇集体单位	406	347	296	271	262
股份合作单位	77	66	60	69	62
联营单位	13	12	12	25	22
有限责任公司	6 367	6 555	6 608	6 542	6 526
股份有限公司	1 846	18 75	1 879	1 837	1 789
港澳台商投资单位	1 290	1 153	1 157	1 159	1 175
外商投资单位	1 291	1 212	1 203	1 216	1 220
城镇登记失业人员（万人）	972	974	945	1 160	1 040
城镇登记失业率（%）	3.9	3.8	3.62	4.24	3.96
城镇调查失业率（%）	—	4.9	5.2	5.2	5.1

数据来源：国家统计局。

注：1990 年及以后的劳动力、就业人员数据根据劳动力调查、全国人口普查推算；其中 2011—2019 年数据是根据第七次全国人口普查修订数（下表同）。

30. 全国1991—2021年按照三次产业分就业人员数

单位：万人

年份	就业人员 合计	第一产业	第二产业	第三产业	构成（合计=100) 第一产业	第二产业	第三产业
1991	65 491	39 098	14 015	12 378	59.7	21.4	18.9
1992	66 152	38 699	14 355	13 098	58.5	21.7	19.8
1993	66 808	37 680	14 965	14 163	56.4	22.4	21.2
1994	67 455	36 628	15 312	15 515	54.3	22.7	23.0
1995	68 065	35 530	15 655	16 880	52.2	23.0	24.8
1996	68 950	34 820	16 203	17 927	50.5	23.5	26.0
1997	69 820	34 840	16 547	18 432	49.9	23.7	26.4
1998	70 637	35 177	16 600	18 860	49.8	23.5	26.7
1999	71 394	35 768	16 421	19 205	50.1	23.0	26.9
2000	72 085	36 043	16 219	19 823	50.0	22.5	27.5
2001	72 797	36 399	16 234	20 165	50.0	22.3	27.7
2002	73 280	36 640	15 682	20 958	50.0	21.4	28.6
2003	73 736	36 204	15 927	21 605	49.1	21.6	29.3
2004	74 264	34 830	16 709	22 725	46.9	22.5	30.6
2005	74 647	33 442	17 766	23 439	44.8	23.8	31.4
2006	74 978	31 941	18 894	24 143	42.6	25.2	32.2
2007	75 321	30 731	20 186	24 404	40.8	26.8	32.4
2008	75 564	29 923	20 553	25 087	39.6	27.2	33.2
2009	75 828	28 890	21 080	25 857	38.1	27.8	34.1
2010	76 105	27 931	21 842	26 332	36.7	28.7	34.6
2011	76 196	26 472	22 539	27 185	34.7	29.6	35.7
2012	76 254	25 535	23 226	27 493	33.5	30.4	36.1
2013	76 301	23 838	23 142	29 321	31.3	30.3	38.4
2014	76 349	22 372	23 057	30 920	29.3	30.2	40.5
2015	76 320	21 418	22 644	32 258	28.0	29.7	42.3
2016	76 245	20 908	22 295	33 042	27.4	29.3	43.3
2017	76 058	20 295	21 762	34 001	26.7	28.6	44.7
2018	75 782	19 515	21 356	34 911	25.7	28.2	46.1
2019	75 447	18 652	21 234	35 561	24.7	28.2	47.1
2020	75 064	17 715	21 543	35 806	23.6	28.7	47.7
2021	74 652	17 072	21 712	35 868	22.9	29.1	48.0

数据来源：国家统计局。

31. 全国 2000—2021 年城镇非私营单位就业人员数

单位：万人

年份	合计	国有单位	城镇集体单位	股份合作单位	联营单位	有限责任公司	股份有限公司	港澳台商投资单位	外商投资单位
2000	11 612	8 102	1 499	155	42	687	457	310	332
2001	11 166	7 640	1 291	153	45	841	483	326	345
2002	10 985	7 163	1 122	161	45	1 083	538	367	391
2003	10 970	6 876	1 000	173	44	1 261	592	409	454
2004	11 099	6 710	897	192	44	1 436	625	470	563
2005	11 404	6 488	810	188	45	1 750	699	557	688
2006	11 713	6 430	764	178	45	1 920	741	611	796
2007	12 024	6 424	718	170	43	2 075	788	680	903
2008	12 193	6 447	662	164	43	2 194	840	679	943
2009	12 573	6 420	618	160	37	2 433	956	721	978
2010	13 052	6 516	597	156	36	2 613	1 024	770	1 053
2011	14 413	6 704	603	149	37	3 269	1 183	932	1 217
2012	15 236	6 839	590	149	39	3 787	1 243	969	1 246
2013	18 108	6 365	566	108	25	6 069	1 721	1 397	1 566
2014	18 278	6 312	537	103	22	6 315	1 751	1 393	1 562
2015	18 062	6 208	481	92	20	6 389	1 798	1 344	1 446
2016	17 888	6 170	453	86	18	6 381	1 824	1 305	1 361
2017	17 644	6 064	406	77	13	6 367	1 846	1 290	1 291
2018	17 258	5 740	347	66	12	6 555	1 875	1 153	1 212
2019	17 162	5 473	296	60	12	6 608	1 879	1 157	1 203
2020	17 039	5 563	271	69	25	6 542	1 837	1 159	1 216
2021	17 015	5 633	262	62	22	6 526	1 789	1 175	1 220

数据来源：国家统计局。

注：1. 1998 年及以后城镇单位就业人员、工资总额、平均工资等指标中不再包括离开本单位仍保留。

2. 2013 年部分经济类型单位、部分行业就业人员数、工资总额变动较大，系将原属于乡镇企业的规模以上法人单位纳入劳动工资统计范围所致。

32. 2021年各省、自治区、直辖市按行业分城镇单位就业人员

地 区	合计	农、林、牧、渔业	采矿业	制造业	电力、热力、燃气及水生产和供应业	建筑业	批发和零售业	交通运输、仓储和邮政业	住宿和餐饮业	信息传输、软件和信息技术服务业
全 国	17 014.5	86.8	344.8	3 828.0	382.0	1 971.9	797.5	798.1	265.3	519.2
北 京	759.5	1.5	2.8	59.8	9.5	46.2	52.4	54.9	28.3	101.2
天 津	256.4	0.3	5.4	63.7	4.2	21.0	17.9	14.9	5.7	8.3
河 北	566.0	1.8	15.3	101.1	18.6	38.7	20.7	29.0	4.3	12.2
山 西	442.9	1.3	84.6	56.5	16.1	26.9	13.7	23.2	4.0	5.0
内蒙古	267.7	7.6	10.3	33.5	15.6	9.1	7.9	19.7	2.4	4.6
辽 宁	458.0	7.2	18.5	95.1	14.7	27.1	16.6	30.2	4.6	13.9
吉 林	254.7	5.8	6.0	44.9	9.5	13.0	8.5	15.8	1.9	4.5
黑龙江	311.2	20.0	23.2	26.4	15.6	12.5	10.3	23.4	1.5	5.8
上 海	683.1	0.8	0.2	133.7	3.4	28.4	93.3	46.9	28.2	50.7
江 苏	1 314.0	2.5	5.4	461.2	15.0	230.5	54.4	44.9	20.6	34.6
浙 江	1 034.6	0.8	0.4	322.3	13.4	179.2	45.2	37.1	14.4	32.8
安 徽	563.2	2.7	13.0	131.0	10.3	98.4	23.8	20.9	5.4	10.0
福 建	579.0	1.3	1.6	160.4	10.9	112.8	24.5	21.6	9.4	10.7
江 西	448.0	2.8	2.5	101.2	9.5	79.4	17.5	17.9	4.2	5.7
山 东	1 108.3	1.0	27.5	276.3	28.4	139.3	44.0	45.5	11.9	21.0
河 南	915.4	1.7	25.6	193.2	23.8	133.6	33.7	39.3	7.5	18.2
湖 北	643.6	2.8	3.3	132.9	14.2	100.6	31.2	28.0	9.1	17.3
湖 南	606.0	1.8	4.3	100.7	15.2	99.7	23.0	24.8	6.4	8.9
广 东	2 110.9	2.1	1.4	830.0	27.5	124.5	109.6	81.1	41.7	80.6
广 西	410.3	3.3	0.9	54.2	11.3	56.4	13.6	18.9	4.5	5.9
海 南	113.7	3.6	0.6	8.2	2.4	5.3	7.3	7.3	4.9	2.8
重 庆	358.1	0.4	0.8	66.7	6.4	66.3	17.7	21.2	4.0	5.7
四 川	871.5	2.2	11.6	144.4	23.0	142.3	35.0	34.4	16.4	25.3
贵 州	336.7	1.2	14.3	31.1	9.6	41.2	12.0	13.0	2.9	4.6
云 南	358.1	2.5	5.6	39.6	11.2	29.7	15.2	15.8	5.0	5.3
西 藏	44.5	0.2	0.7	1.7	1.5	3.4	2.6	2.3	0.7	1.3
陕 西	476.0	1.7	30.0	76.7	12.9	49.6	21.3	26.2	8.7	13.0
甘 肃	261.3	2.1	7.3	28.3	10.6	31.5	9.4	13.2	3.1	3.5
青 海	67.1	0.8	2.6	9.6	2.3	3.6	2.1	5.1	0.4	0.9
宁 夏	70.7	0.5	6.0	9.8	4.4	2.7	2.5	4.0	0.3	1.0
新 疆	324.2	2.3	13.0	33.7	11.0	19.1	10.5	17.6	2.7	4.1

数据来源：国家统计局。

单位：万人

金融业	房地产业	租赁和商务服务业	科学研究和技术服务业	水利、环境和公共设施管理业	居民服务、修理和其他服务业	教育	卫生和社会工作	文化、体育和娱乐业	公共管理、社会保障和社会组织
818.5	**529.3**	**680.3**	**450.1**	**252.6**	**85.9**	**1 971.9**	**1 094.7**	**151.7**	**1 985.8**
61.1	46.0	68.5	61.2	12.0	5.8	52.5	32.9	19.2	43.6
15.8	9.8	13.4	11.6	3.1	5.7	21.4	12.4	1.7	20.0
36.7	12.0	14.2	15.6	10.0	2.6	83.5	46.8	5.3	97.4
26.3	6.0	12.0	7.6	8.1	0.8	55.9	27.2	4.4	63.3
18.2	5.3	5.2	5.9	4.7	0.6	37.0	20.3	3.1	56.5
27.0	11.4	13.8	10.7	8.4	1.6	54.1	34.6	4.3	64.1
20.3	5.0	4.5	6.9	6.0	1.5	36.2	22.1	3.0	39.5
20.8	5.4	13.4	6.0	6.8	1.5	40.0	26.4	2.3	49.6
32.4	28.2	82.2	35.8	13.6	10.2	38.5	31.2	6.0	19.3
43.5	30.8	46.0	27.2	14.0	5.3	112.8	63.2	8.9	93.2
46.7	29.9	41.8	21.7	10.7	4.8	90.1	55.3	7.4	80.9
22.2	15.1	21.4	10.7	7.1	2.4	68.2	36.9	3.5	60.2
24.0	16.2	18.7	8.3	7.2	3.7	64.0	27.9	4.0	51.8
16.8	9.5	8.3	7.1	5.9	1.2	62.8	29.5	3.2	63.1
65.9	28.5	24.7	22.6	15.8	3.5	133.5	76.0	8.0	134.9
26.5	27.5	22.9	18.4	16.2	3.3	124.9	68.9	7.3	123.1
27.6	19.7	19.9	17.3	9.2	2.5	77.5	47.6	6.3	76.4
30.5	15.5	15.9	13.4	9.4	2.7	91.1	47.6	6.1	89.0
83.7	90.8	119.2	51.5	21.7	12.4	170.2	95.7	13.1	154.2
19.0	9.4	17.9	8.8	7.1	1.2	77.0	38.5	3.3	59.3
7.7	9.4	3.6	3.1	5.1	0.6	16.9	8.3	1.6	15.0
22.2	15.4	13.2	8.2	3.8	0.9	42.4	22.4	2.7	38.0
41.8	31.9	30.3	22.5	10.8	3.9	112.9	65.6	6.8	110.4
14.2	10.4	7.9	5.5	5.1	1.7	57.9	29.4	2.5	72.4
12.5	9.5	11.3	9.6	7.0	1.8	66.5	35.7	3.7	70.7
2.0	0.8	1.9	1.1	0.7	0.3	5.3	2.1	0.7	15.4
22.6	13.2	10.8	13.5	9.2	1.5	64.0	34.7	5.5	60.7
12.6	6.9	4.5	7.6	4.9	0.9	41.6	20.0	3.0	50.5
2.8	1.6	1.3	2.1	1.0	0.3	8.7	5.8	0.8	15.3
3.9	1.6	1.2	1.8	1.5	0.1	10.7	5.8	0.9	11.9
11.3	6.7	10.6	7.0	6.6	0.7	54.0	24.0	3.2	86.1

33. 1990—2021年各省、自治区、直辖市城镇登记失业人员及失业率

单位：万人，%

地 区	失业人员 2005年	2010年	2015年	2017年	2018年	2019年	失业率 2005年	2010年	2015年	2017年	2018年	2019年
北 京	1.7	10.6	7.7	7.8	29.0	37.2	0.4	2.1	1.4	1.4	2.6	3.2
天 津	8.1	11.7	16.1	25.1	27.0	27.5	2.7	3.7	3.6	3.5	3.6	3.7
河 北	7.7	27.8	35.1	39.4	38.5	40.2	1.1	3.9	3.9	3.6	3.5	3.1
山 西	5.5	14.3	20.4	25.6	27.7	20.0	1.2	3.0	3.6	3.5	3.1	2.3
内蒙古	15.2	17.7	20.8	25.9	30.0	30.5	3.8	4.3	3.9	3.7	3.8	3.8
辽 宁	23.7	60.4	38.9	46.2	50.7	47.7	2.2	5.6	3.6	3.4	4.6	4.3
吉 林	10.5	27.6	22.7	23.9	20.6	19.1	1.9	4.2	3.8	3.5	3.4	3.3
黑龙江	20.4	31.3	36.2	41.0	31.0	28.5	2.2	4.4	4.3	4.5	3.4	3.2
上 海	7.7	27.5	27.6	24.8	19.7	66.9	1.5	—	4.4	4.0	3.7	2.7
江 苏	22.5	41.6	40.6	36.0	36.7	49.1	2.4	3.6	3.2	3.0	3.2	2.5
浙 江	11.2	29.0	31.1	33.7	42.1	45.3	2.2	3.7	3.2	2.9	2.8	2.6
安 徽	15.2	27.7	26.9	30.9	30.0	25.4	2.8	4.4	3.7	3.1	2.8	2.5
福 建	9.0	14.9	14.5	15.4	35.7	38.0	2.6	4.0	3.8	3.7	3.8	3.3
江 西	10.3	22.8	26.3	29.9	29.9	29.9	2.4	3.5	3.3	3.4	2.9	2.8
山 东	26.2	42.8	44.5	43.7	46.7	62.4	3.2	3.3	3.4	3.4	3.1	2.9
河 南	25.1	33.0	38.2	42.5	62.2	65.3	3.3	3.5	3.4	3.0	3.2	3.4
湖 北	12.7	52.6	55.7	33.4	55.3	51.3	1.7	4.3	4.2	2.6	3.4	3.0
湖 南	15.9	41.9	43.2	45.1	31.4	27.7	2.7	4.3	4.2	4.1	2.7	2.3
广 东	19.2	34.5	39.3	37.0	73.9	82.5	2.2	2.6	2.5	2.5	2.5	2.5
广 西	13.9	18.5	19.1	18.1	22.9	22.7	3.9	4.2	3.7	2.9	2.8	2.5
海 南	3.5	5.1	4.8	4.8	7.9	10.1	3.0	3.6	3.0	2.3	2.8	3.1
重 庆	—	16.9	13.0	14.3	29.6	18.9	—	4.1	3.9	3.6	4.5	2.9
四 川	38.0	34.3	34.6	54.6	54.4	66.4	3.7	4.6	4.1	4.1	3.6	3.6
贵 州	10.7	12.1	12.2	14.5	19.5	32.0	4.1	4.2	3.6	3.3	3.8	4.5
云 南	7.8	13.0	15.7	19.5	31.9	30.0	2.5	4.2	4.2	4.0	3.9	3.8
西 藏	—	—	2.1	1.8	2.1	1.8	—	—	4.0	2.5	2.9	2.6
陕 西	11.2	21.5	21.4	22.3	24.5	27.7	2.8	4.2	3.9	3.4	3.6	3.5
甘 肃	12.5	9.3	10.7	9.5	12.2	13.1	4.9	3.3	3.2	2.1	3.3	3.4
青 海	4.2	3.6	4.2	4.4	3.1	2.8	5.6	3.9	3.8	3.2	2.1	1.8
宁 夏	4.0	4.4	4.8	4.9	5.6	7.0	5.4	4.5	4.4	4.0	3.9	4.1
新 疆	9.6	11.1	11.0	10.3	9.4	8.9	3.0	3.9	3.2	2.9	2.4	2.0

数据来源：国家统计局。

注：1. 新疆数据不包括新疆生产建设兵团。

2. 2020年起，登记失业统计口径有所调整，与历史数据不可比。

34. 全国历年城市社会救济和城市居民最低生活保障　　　　　　　　　　　　　　　　　　　　　　单位：万人

年份	城市居民传统救济总人数				
	合计	城市居民 传统定救人数	城市精简退职 老职工人数	其中：	
				享受40％人数	定量救济人数
1990	41.8	16.4	25.4	16.4	9.0
1991	33.7	16.1	17.6	8.5	9.0
1992	39.5	19.2	20.3	9.7	10.6
1993	24.6	13.8	10.8	5.0	5.8
1994	23.0	12.4	10.6	4.9	5.7
1995	109.0	55.2	53.8	23.9	29.9
1996	120.1	66.5	53.6	23.6	30.0

年份	城市最低生活保障人数						
	合计	在职人员	下岗人员	退休人员	失业人员	"三无"人员	其他人员
1996	84.9	—	—	—	—	—	—
1997	87.9	—	—	—	—	—	—
1998	184.1	—	—	—	—	—	—
1999	256.9	—	—	—	—	—	—
2000	402.6	—	—	—	—	—	—
2001	1 170.7	—	—	—	—	—	—
2002	2 064.7	186.8	554.5	90.8	358.3	91.9	783.1
2003	2 246.8	179.3	518.4	90.7	409.0	99.9	949.3
2004	2 205.0	141.0	468.9	73.1	423.1	95.4	1 003.5
2005	2 234.2	114.1	430.7	61.3	410.1	95.8	1 122.1
2006	2 240.1	97.6	350.0	53.2	420.8	93.1	1 225.3

年份	城市最低生活保障人数									城市特 困人员
	合计	残疾人	"三无" 人员	老年人	成年人				未成年人	
					在职人员	灵活就业	登记失业	无就业 条件		
2007	2 272.1	161.0	125.8	298.4	93.9	343.8	627.2	364.3	544.6	—
2008	2 334.8	169.1	106.9	316.7	82.2	381.7	564.3	402.2	587.7	—
2009	2 345.6	181.0	94.1	333.5	79.0	432.2	510.2	410.9	579.8	—
2010	2 310.5	180.7	89.3	338.6	68.2	432.4	492.8	420.0	558.5	—
2011	2 276.8	184.1	80.3	346.9	61.5	429.7	472.5	426.7	539.5	—
2012	2 143.5	174.5	64.9	339.3	49.6	459.3	400.4	422.1	472.8	—
2013	2 064.2	169.2	58.0	330.1	45.1	462.1	365.5	416.2	444.5	—
2014	1 877.0	161.1	50.0	315.8	37.5	425.8	312.5	398.7	386.7	—
2015	1 701.1	165.7	43.8	293.5	31.1	377.3	264.1	394.0	341.0	—
2016	1 480.2	156.5	—	258.0	22.7	304.4	252.9	370.9	271.4	9.1
2017	1 261.0	159.9	—	219.0	18.6	265.0	153.5	399.6	205.4	25.4
2018	1 007.0	145.5	—	180.4	14.0	219.2	109.2	320.6	163.6	27.7
2019	860.9	139.4	—	158.6	10.2	171.8	81.0	300.3	138.9	29.5
2020	805.1	146.2	—	148.1	8.9	155.9	68.7	295.9	127.5	31.2
2021	737.8	147.6	—	139.8	6.7	142.8	54.2	278.6	115.6	32.8

数据来源：民政部规划财务司。

注：2016年开始，城市低保中的"三无"人员纳入特困人员救助供养保障。

35. 2021 年各省、自治区、直辖市城市居民最低生活保障及其他社会救济

地 区	城市最低生活保障人数	城市最低生活保障人数	按人员性质分类 女性	按人员性质分类 残疾人 时	按人员性质分类 残疾人 其中：重度残疾人
全国	4 549 201	7 377 907	3 452 475	1 475 625	738 766
北京	42 459	70 828	30 574	17 119	12 329
天津	44 638	67 004	29 608	16 838	12 108
河北	106 054	156 994	75 390	30 405	16 505
山西	137 187	238 323	115 235	37 877	22 110
内蒙古	183 892	283 412	139 428	63 017	26 780
辽宁	213 105	308 746	131 278	88 037	43 625
吉林	260 862	350 338	166 800	94 934	54 382
黑龙江	350 822	489 894	219 673	119 102	34 421
上海	100 023	136 371	55 320	34 991	34 532
江苏	66 338	99 912	42 723	22 386	9 549
浙江	46 382	59 622	23 347	32 272	18 046
安徽	216 846	316 695	149 945	79 784	24 938
福建	42 959	64 992	30 134	19 575	12 300
江西	196 276	310 511	134 087	66 851	29 386
山东	70 817	108 845	50 655	38 643	27 817
河南	247 666	357 810	171 777	67 499	38 465
湖北	183 347	282 935	132 621	62 932	6 272
湖南	257 191	390 011	183 897	51 524	35 500
广东	79 284	150 006	71 025	41 974	28 392
广西	153 604	343 967	162 766	58 192	35 146
海南	17 646	33 989	14 933	7 033	5 294
重庆	159 064	239 318	105 058	64 205	38 347
四川	387 684	588 657	268 122	92 255	52 411
贵州	243 697	607 678	286 907	83 184	36 228
云南	251 169	392 026	187 966	64 654	31 848
西藏	12 783	23 482	10 673	920	241
陕西	103 839	185 890	94 149	26 579	1 558
甘肃	148 024	326 397	155 569	25 592	10 140
青海	32 121	59 068	32 452	5 622	1 266
宁夏	47 257	76 416	38 871	16 777	9 817
新疆	146 165	257 770	141 492	44 852	29 013

数据来源：民政部规划财务司。

单位：人，户

	按年龄分类					
老年人	成年人					未成年人
	小计	在职人员	灵活就业	登记失业	无就业条件	
1 398 312	4 823 814	67 434	1 428 276	542 488	2 785 616	1 155 781
12 455	48 737	9 623	6 256	—	32 858	9 636
8 999	44 319	1 222	8 503	18 469	16 125	13 686
28 793	105 366	1 198	27 823	19 680	56 665	22 835
38 046	162 838	6 674	45 434	15 756	94 974	37 439
67 153	194 511	185	126 555	21 093	46 678	21 748
46 628	213 618	2 436	29 357	78 282	103 543	48 500
97 325	229 053	40	781	331	227 901	23 960
85 974	352 058	657	26 407	29 567	295 427	51 862
11 752	99 859	5 384	6 618	26 384	61 473	24 760
26 979	61 618	613	5 922	12 039	43 044	11 315
11 120	42 844	1 422	5 604	6 738	29 080	5 658
99 516	185 947	2 664	40 014	15 117	128 152	31 232
14 830	42 221	313	6 130	2 737	33 041	7 941
39 896	215 830	3 444	62 735	17 389	132 262	54 785
19 864	76 335	695	3 068	2 970	69 602	12 646
103 375	203 836	1 101	64 207	28 331	110 197	50 599
59 200	194 385	17 765	119 896	12 540	44 184	29 350
59 832	288 362	635	85 231	34 642	167 854	41 817
25 194	97 797	1 840	15 856	3 664	76 437	27 015
55 273	218 303	357	196 946	14 229	6 771	70 391
2 080	21 986	26	1 489	494	19 977	9 923
33 023	175 571	300	81 784	23 488	69 999	30 724
101 183	416 163	596	104 081	38 810	272 676	71 311
122 517	303 905	2 231	74 146	12 880	214 648	181 256
98 036	242 286	600	120 135	20 387	101 164	51 704
4 312	13 999	726	5 098	456	7 719	5 171
27 951	129 101	872	40 028	14 907	73 294	28 838
31 673	221 525	1 932	86 983	50 596	82 014	73 199
10 835	36 545	45	2 947	1 166	32 387	11 688
11 170	52 103	2	30	17	52 054	13 143
43 328	132 793	1 836	28 212	19 329	83 416	81 649

36. 全国历年农村社会救济和城市居民最低生活保障

单位：万人，万户

年份	农村社会救济总人数 合计	农村定期定量救济人数	农村精减退职老职工人数	其中 40%救济对象人数	定量救济人数
1990	100.2	46.7	53.5	23.6	29.9
1991	97.0	43.8	53.2	23.5	29.8
1992	97.5	45.6	51.9	23.3	28.6
1993	80.1	36.3	43.8	19.5	24.3
1994	82.1	38.5	43.6	19.2	24.3
1995	98.3	55.2	43.1	19.0	24.1
1996	109.2	66.5	42.7	18.6	24.1
1997	104.5	51.4	53.1	23.2	29.8
1998	120.5	65.6	54.9	24.9	30.0
1999	107.1	55.6	51.5	22.5	28.7
2000	112.2	62.5	49.7	22.1	27.6
2001	130.5	80.7	49.8	21.3	27.8
2002	138.7	90.0	48.7	20.9	27.8

年份	农村困难群众救助总人数 合计	农村最低生活保障人数	农村特困户救助人数	农村困难群众救助总户数 合计	农村最低生活保障户数 户数	其中：困难户	其他	农村特困户救助户数 户数	其中：困难户	其他	农村特困供养户数	农村传统救济人数
2001	385.3	304.6	80.7	—	—	—	—	—	—	—	—	—
2002	497.8	407.8	90.0	156.7	156.7	—	—	—	—	—	—	—
2003	1 160.5	367.1	793.4	632.8	146.5	114.5	32.0	282.1	192.7	89.3	204.2	—
2004	1 402.1	488.0	914.1	780.8	197.9	165.2	33.6	317.1	260.4	56.6	265.8	—
2005	1 891.8	825.0	1 066.8	1 061.0	356.5	298.8	57.7	354.8	290.4	64.4	349.7	—
2006	2 987.8	1 593.1	775.8	1 606.3	777.2	—	—	325.8	—	—	503.3	115.6

年份	农村救助总人数 合计	农村最低生活保障人数	农村特困人员集中供养人数	农村特困人员分散供养人数	传统救济人数
2007	4 172.6	3 566.3	138.0	393.3	75.0
2008	4 926.3	4 305.5	155.6	393.0	72.2
2009	5 375.6	4 760.0	171.8	381.6	62.2
2010	5 829.8	5 214.0	177.4	378.9	59.5
2011	5 925.4	5 305.7	184.5	366.5	68.7
2012	5 969.7	5 344.5	185.3	360.3	79.6
2013	5 998.3	5 388.0	183.5	353.8	73.0
2014	5 810.8	5 207.2	174.3	354.8	74.5
2015	5 484.1	4 903.6	162.3	354.4	63.8
2016	5 143.6	4 586.5	139.7	357.2	60.2
2017	4 573.8	4 045.2	99.6	367.2	61.8
2018	4 030.9	3 519.1	86.2	368.8	56.8
2019	3 931.9	3 455.4	75.0	364.1	37.4
2020	4 099.4	3 620.8	73.9	372.4	32.3
2021	3 941.9	3 474.5	69.2	368.1	30.1

数据来源：民政部规划财务司。

37. 2021年各省、自治区、直辖市农村居民最低生活保障情况

单位：人，户

地区	农村最低生活保障人数	女性	残疾人	其中：重度残疾人	老年人	成年人小计	有劳动条件	无劳动条件	未成年人	农村最低生活保障户数
全 国	34 744 701	16 278 336	6 648 928	3 409 565	12 853 210	16 325 587	8 431 789	7 896 985	5 565 904	19 450 284
北 京	38 851	16 357	15 919	11 436	16 374	19 271	8 848	10 423	3 206	23 465
天 津	60 566	25 240	10 677	6 518	14 483	34 654	20 327	14 327	11 429	32 001
河 北	1 520 913	697 243	314 181	198 541	746 806	610 380	242 315	368 065	163 727	1 071 018
山 西	965 357	478 939	175 634	95 215	558 842	348 051	139 147	208 904	58 464	685 556
内蒙古	1 305 594	699 063	196 160	92 960	895 043	364 258	180 968	183 290	46 293	844 955
辽 宁	681 389	310 965	123 371	58 192	332 909	297 010	81 181	215 829	51 470	457 384
吉 林	541 796	274 551	130 052	—	295 436	211 149	46 970	164 179	35 211	353 421
黑龙江	810 534	404 046	131 870	37 401	476 548	291 686	143 865	147 821	42 300	535 146
上 海	33 884	17 033	22 090	22 076	12 569	20 842	6 295	14 547	473	31 315
江 苏	623 897	256 603	100 995	50 460	248 319	300 190	117 236	182 954	75 388	355 970
浙 江	533 022	210 691	216 249	121 716	211 769	268 154	185 581	82 573	53 099	370 179
安 徽	1 769 270	821 033	415 363	122 057	702 746	854 733	498 829	355 904	211 791	1 072 978
福 建	483 970	214 693	100 460	65 207	127 951	278 857	132 113	146 744	77 162	269 202
江 西	1 425 795	612 501	305 559	138 213	420 873	758 248	300 487	460 973	246 674	884 204
山 东	1 349 399	618 918	541 494	350 914	636 219	575 230	386 624	188 606	137 950	902 042
河 南	2 891 336	1 357 249	708 765	402 655	1 260 205	1 239 897	473 260	766 637	391 234	2 049 249
湖 北	1 377 014	637 286	323 235	14 444	501 557	717 783	495 062	222 721	157 674	782 130
湖 南	1 452 590	679 441	273 338	207 968	458 650	776 501	377 156	399 345	217 439	804 516
广 东	1 273 281	587 779	235 197	155 190	283 442	713 800	264 991	448 809	276 039	506 992
广 西	2 429 726	1 135 027	309 467	172 086	497 124	1 371 278	654 013	717 265	561 324	853 584
海 南	147 331	67 037	22 711	18 825	25 379	75 617	44 888	30 729	46 335	59 072
重 庆	585 746	265 741	128 326	76 782	108 487	371 284	120 166	251 118	105 975	325 294
四 川	3 595 635	1 707 602	564 593	328 959	1 485 896	1 594 897	1 127 472	467 425	514 842	2 073 623
贵 州	1 883 808	878 297	249 488	104 363	535 116	824 574	606 459	218 115	524 118	797 851
云 南	2 259 980	1 062 199	442 266	225 650	743 390	1 148 308	480 857	667 425	368 282	1 243 149
西 藏	130 628	60 047	5 089	1 272	13 490	71 344	59 470	11 874	45 794	38 644
陕 西	1 159 358	538 386	234 617	165 211	413 570	583 030	265 751	317 280	162 758	509 074
甘 肃	1 436 802	577 801	140 997	57 303	344 054	797 319	537 935	259 384	295 429	492 691
青 海	286 960	146 022	19 158	4 494	50 636	156 124	120 727	35 397	80 200	103 790
宁 夏	373 292	184 092	65 763	38 788	161 730	178 164	32 383	145 781	33 398	269 169
新 疆	1 316 977	736 454	125 844	64 669	273 597	472 954	280 413	192 541	570 426	652 620

数据来源：民政部规划财务司。

38. 2021年各省、自治区、直辖市特困人员救助供养情况

地 区	城市特困人员救助供养						
	合计	女性	残疾人	老年人	未成年人	集中供养	分散供养
全 国	327 522	61 168	124 760	215 639	3 357	122 815	204 707
北 京	1 378	340	962	888	2	764	614
天 津	1 687	475	594	1 041	63	391	1 296
河 北	4 864	1 041	2 149	2 944	42	1 909	2 955
山 西	3 158	446	1 452	1 319	90	598	2 560
内蒙古	11 686	1 924	8 150	5 904	20	3 971	7 715
辽 宁	10 764	2 907	4 889	6 403	27	2 772	7 992
吉 林	8 785	2 365	4 599	4 827	25	2 467	6 318
黑龙江	12 605	3 342	6 676	6 212	47	5 639	6 966
上 海	2 518	247	160	2 380	5	382	2 136
江 苏	8 498	2 207	3 574	5 312	22	4 449	4 049
浙 江	2 602	540	1 236	2 007	—	1 578	1 024
安 徽	11 134	1 675	1 904	9 113	47	4 376	6 758
福 建	6 163	1 453	2 949	3 269	47	3 031	3 132
江 西	10 063	2 516	2 937	5 091	201	3 424	6 639
山 东	4 892	1 268	3 057	2 530	11	2 161	2 731
河 南	9 916	2 039	3 491	6 458	117	2 700	7 216
湖 北	11 471	3 000	6 239	6 421	180	5 987	5 484
湖 南	16 928	4 417	7 456	8 162	88	6 361	10 567
广 东	15 965	4 792	9 917	8 573	32	4 947	11 018
广 西	15 650	3 253	6 972	9 467	134	9 720	5 930
海 南	1 450	286	567	874	19	125	1 325
重 庆	81 860	5361	17 859	68 706	1 049	17 085	64 775
四 川	37 657	5 763	10 065	28 134	228	22 081	15 576
贵 州	7 535	1 372	2 512	4 731	301	3 446	4 089
云 南	9 446	2 479	5 442	5 565	143	3 513	5 933
西 藏	383	186	46	356	—	168	215
陕 西	4 885	1 194	3 130	2 073	74	2 724	2 161
甘 肃	4 687	1 428	2 146	2 312	51	1 380	3 307
青 海	1 765	704	519	1 033	34	535	1 230
宁 夏	1 282	327	935	468	—	775	507
新 疆	5 845	1 821	2 176	3 066	257	3 356	2 489

数据来源：民政部规划财务司。

单位：人

农村特困人员救助供养							
合计	女性	残疾人	老年人	未成年人	集中供养	分散供养
4 373 427	453 596	1 041 482	3 532 047	31 442	692 203	3 681 224
5 307	351	3 424	4 522	2	1 699	3 608
10 369	998	1 949	8 924	56	859	9 510
252 670	15 354	51 513	215 117	1 026	28 794	223 876
129 371	6 525	36 995	92 117	569	15 433	113 938
84 231	4 515	30 090	64 519	70	11 668	72 563
126 990	14 002	22 253	107 865	177	18 071	108 919
76 216	10 032	19 586	54 155	203	11 239	64 977
91 635	16 352	33 985	61 960	553	13 286	78 349
1 924	358	283	1 684	—	660	1 264
197 657	15 386	20 634	187 501	256	37 365	160 292
33 115	1 878	7 403	31 669	2	16 345	16 770
330 039	35 479	47 699	286 584	766	51 665	278 374
60 811	5 372	16 907	44 887	424	11 185	49 626
123 698	23 286	21 487	97 825	1 747	34 885	88 813
329 213	22 502	110 832	287 460	169	57 481	271 732
484 438	45 442	101 084	402 522	5 515	76 035	408 403
235 045	28 495	74 210	191 055	472	43 254	191 791
352 924	40 766	82 356	262 996	1 740	52 060	300 864
202 112	16 695	38 654	170 924	494	14 343	187 769
234 214	22 008	53 787	175 559	3 224	7 369	226 845
22 549	2 599	3 858	18 147	146	1 960	20 589
97 732	6 770	19 785	81 590	1 661	11 313	86 419
41 779	39 314	73 653	352 136	3 049	71 614	346 177
87 304	10 032	21 848	64 858	1 238	17 051	70 253
116 416	24 294	62 022	64 658	4 140	15 172	101 244
12 425	7 401	1 372	10 839	30	6 012	6 413
124 589	9 833	51 098	96 406	1 167	37 969	86 620
92 071	14 902	21 259	66 205	921	9 054	83 017
15 059	5 180	3 723	10 839	196	2 922	12 137
8 506	2 053	3 292	5 470	21	2 863	5 643
17 006	5 422	4 441	11 054	1 408	12 577	4 429

39. 2021 年各省、自治区、直辖市养老机构

地区	机构数	年末床位数	年在院总人天数	年末在院人数 合计	年末在院人数 女性	在院人员按性质分 自费人员	在院人员按性质分 特困人员	在院人员按性质分 其他
全 国	39 961	5 035 753	602 951 174	2 254 674	733 491	1 269 491	803 047	182 136
北 京	578	109 334	15 689 795	46 070	25 102	40 788	3 396	1 886
天 津	409	60 019	5 872 694	24 367	9 775	22 897	1 105	365
河 北	1 782	238 455	31 433 406	110 288	34 153	80 360	28 307	1 621
山 西	774	85 829	10 737 294	37 140	7 165	21 801	13 796	1 543
内蒙古	665	78 229	10 295 969	42 596	11 569	27 435	13 271	1 890
辽 宁	2 190	185 640	20 934 667	97 665	29 350	75 507	19 689	2 469
吉 林	1 520	141 769	21 900 744	72 083	28 100	52 971	16 560	2 552
黑龙江	2 073	182 387	17 085 544	88 670	23 166	68 720	17 395	2 555
上 海	684	147 134	22 110 776	85 975	52 782	66 811	1 458	17 706
江 苏	2 494	440 938	48 876 247	189 616	58 636	113 061	67 171	9 384
浙 江	1 677	264 698	40 600 977	115 265	60 833	34 923	7 488	72 854
安 徽	2 593	377 487	35 711 252	126 971	29 054	57 298	64 326	5 347
福 建	759	105 623	9 552 975	38 636	15 143	27 080	8 859	2 697
江 西	1 854	176 524	22 477 674	97 130	24 914	47 567	44 511	5 052
山 东	2 271	380 438	40 597 770	164 457	64 611	112 832	39 880	11 745
河 南	3 397	341 149	40 871 255	161 191	37 840	71 852	79 612	9 727
湖 北	1 967	283 738	35 121 096	114 314	34 501	54 827	54 824	4 663
湖 南	2 417	261 904	29 974 964	116 124	30 120	42 477	66 774	6 873
广 东	1 954	247 311	28 428 254	94 691	45 488	70 381	19 802	4 508
广 西	583	86 104	7 061 304	29 262	11 242	21 102	6 792	1 368
海 南	59	8 181	498 142	3 520	1 310	2 005	1 285	230
重 庆	1 145	121 983	18 224 723	62 442	24 933	44 186	17 504	752
四 川	2 504	297 340	45 747 532	154 165	32 018	51 251	99 206	3 708
贵 州	1 002	85 280	9 369 179	32 912	7 247	8 681	22 695	1 536
云 南	903	92 236	7 706 975	31 622	7 906	10 566	20 203	853
西 藏	59	9 105	1 185 863	4 847	1 482	32	4 447	368
陕 西	765	108 468	14 811 218	59 605	12 030	21 499	36 343	1 763
甘 肃	283	31 223	2 531 293	13 766	2 798	3 813	9 150	803
青 海	68	7 520	635 542	3 660	726	674	2 410	576
宁 夏	131	25 292	1 998 629	7 992	2 458	3 537	3 999	456
新 疆	401	54 415	4 907 421	27 632	7 039	12 557	10 789	4 286

数据来源：民政部规划财务司。

单位：个，人，张，人天，人次，平方米

在院人员按年龄分			在院人员按自理能力分			康复和医疗	机构建筑面积
老人	青壮年	少年儿童	自理	介助	介护		
2 140 199	**91 176**	**23 299**	**1 044 098**	**653 406**	**557 170**	**7 102 964**	**148 655 103**
43 670	2 257	143	10 371	15 001	20 698	649 844	3 744 136
23 423	858	86	5 792	8 387	10 188	47 332	2 513 318
105 859	3 262	1 167	35 794	35 352	39 142	103 415	7 189 219
34 352	1 501	1 287	19 684	9 043	8 413	64 103	3 395 365
39 016	2 761	819	23 336	10 109	9 151	66 531	2 205 945
92 345	4 618	702	49 649	27 377	20 639	103 867	3 373 052
70 877	1 149	57	37 063	16 114	18 906	28 621	3 492 245
82 508	5 962	200	64 681	13 348	10 641	49 468	3 960 033
84 935	889	151	20 842	26 350	38 783	251 106	4 260 410
184 151	4 007	1 458	92 630	51 052	45 934	637 461	12 202 343
109 523	5 421	321	41 715	48 856	24 694	841 716	10 973 536
123 405	2 981	585	66 892	38 200	21 879	57 921	7 910 181
35 834	2 282	520	12 402	12 665	13 569	288 018	3 518 043
91 282	4 900	948	45 862	31 725	19 543	108 129	7 112 846
161 464	2 614	379	45 393	60 290	58 774	293 610	13 703 941
150 985	7 924	2 282	93 442	43 003	24 746	255 078	9 554 564
108 022	5 880	412	56 455	29 367	28 492	446 391	7 210 648
109 445	4 944	1 735	57 218	34 214	24 692	350 669	7 408 379
87 664	3 092	3 935	26 693	28 861	39 137	1 092 623	7 732 745
26 913	1 647	702	6 130	8 798	14 334	162 745	3 147 985
3 201	140	179	1 469	917	1 134	19 511	328 165
60 311	1 955	176	36 648	13 875	11 919	332 020	3 410 122
147 910	5 212	1 043	101 048	33 613	19 504	416 285	7 229 999
29 930	1 887	1 095	21 444	7 489	3 979	61 176	2 113 775
27 635	3 559	428	13 830	10 697	7 095	67 078	2 580 121
4 390	275	182	2 712	1 597	538	1	456 305
54 523	4 578	504	30 742	17 747	11 116	149 368	3 209 823
11 906	1 355	505	5 618	5 742	2 406	100 931	1 338 566
3 193	363	104	1 616	1 561	483	1 942	289 160
6 793	1 197	2	3 010	3 395	1 587	21 172	1 514 222
24 734	1 706	1 192	13 917	8 661	5 054	34 832	1 575 911

40. 2021 年各省、自治区、直辖市特困人员救助供养机构

地 区	机构数	年末床位数	年在院总人天数	年末在院人数 合计	年末在院人数 女性	在院人员按性质分 自费人员	在院人员按性质分 特困人员	在院人员按性质分 其他
全 国	17 292	1 788 461	236 097 304	810 163	135 791	107 201	642 881	60 081
北 京	—	—	—	—	—	—	—	—
天 津	—	—	—	—	—	—	—	—
河 北	305	53 526	8 028 610	23 375	1 996	3 808	19 208	359
山 西	305	30 205	4 111 007	15 010	1 398	5 062	9 599	349
内蒙古	180	17 570	2 563 018	9 089	553	825	7 897	367
辽 宁	290	32 793	3 403 799	15 314	1 982	2 213	12 533	568
吉 林	376	24 298	3 693 600	12 312	2 140	1 861	10 002	449
黑龙江	126	26 044	3 182 737	14 096	2 329	3 161	10 478	457
上 海	—	—	—	—	—	—	—	—
江 苏	939	164 211	20 843 522	71 069	14 960	14 441	53 303	3 325
浙 江	789	94 869	13 359 949	38 592	17 115	6 084	5 089	27 419
安 徽	1 606	237 943	22 423 883	76 877	11 418	16 013	59 523	1 341
福 建	358	20 162	2 065 808	8 345	1 808	3 057	4 325	963
江 西	1 361	89 355	13 152 568	52 778	10 362	11 218	38 719	2 841
山 东	760	104 923	12 731 562	48 810	8 801	10 248	30 791	7 771
河 南	1 748	144 972	20 027 517	74 944	6 255	832	70 563	3 549
湖 北	1 071	132 537	19 483 093	55 518	11 279	5 584	47 395	2 539
湖 南	1 759	139 984	18 675 280	67 773	11 566	5 969	59 130	2 674
广 东	1 192	78 877	7 770 666	22 275	7 632	7 916	13 989	370
广 西	120	7 168	615 661	2 032	524	559	1 339	134
海 南	36	2 864	136 752	1 114	184	111	988	15
重 庆	363	30 526	5 034 582	16 379	1 750	1 210	14 879	290
四 川	1 533	165 486	30 296 698	92 952	8 424	2 947	87 821	2 184
贵 州	723	48 000	5907069	20 203	2 411	1 410	18 508	285
云 南	600	48 518	4 192 594	16 392	2 880	793	15 238	361
西 藏	57	8 663	1 173 728	4 682	1 391	32	4 373	277
陕 西	331	52 717	9 392 137	33 647	3 060	1 508	31 902	237
甘 肃	145	10 703	995 540	5 813	769	179	5 386	248
青 海	31	2 246	236 871	1 149	210	—	1 147	2
宁 夏	53	7 692	808 932	3 130	582	44	2 877	209
新 疆	135	11 609	1 790 121	6 493	2 012	116	5 879	498

数据来源：民政部规划财务司。

单位：个，人，张，人天，人次，平方米

在院人员按年龄分			在院人员按自理能力分			康复和医疗门诊人次数	机构建筑面积
老人	青壮年	少年儿童	自理（完全自理）	介助（半自理）	介护（不能自理）		
772 406	35 801	1 956	481 098	216 944	112 121	919 138	45 693 651
—	—	—	—	—	—	—	—
—	—	—	—	—	—	—	—
21 763	1 496	116	10 431	7 499	5 445	7 470	1 701 495
14 127	768	115	7 717	4 102	3 191	5 080	1 148 186
8 218	719	152	5 053	2 311	1 725	2 128	483 308
14 203	1 104	7	8 333	4 366	2 615	8 162	467 613
11 938	374	—	6 069	3 858	2 385	17 297	745 923
12 358	1 726	12	9 016	3 272	1 808	10 033	528 043
—	—	—	—	—	—	—	—
70 210	812	47	46 692	16 959	7 418	112 644	3 457 253
36 126	2 321	145	15 532	16 466	6 594	53 639	3 473 563
75 149	1 689	39	47 502	19 960	9 415	20 154	4 378 682
8 035	302	8	4 215	2 836	1 294	364	400 353
49 092	3 583	103	30 734	16 226	5 818	7 243	3 780 267
48 132	674	4	16 700	20 467	11 643	3 174	3 511 521
70 623	4 250	71	52 051	15 710	7 183	74 111	3 416 586
51 860	3 555	103	33 629	12 682	9 207	190 394	3 300 031
65 680	2 007	86	40 015	18 319	9 439	39 508	3 432 303
21 694	563	18	9 862	6 330	6 083	138 427	2 225 274
1 987	42	3	836	719	477	598	121 907
1 083	28	3	698	264	152	—	90 890
15 871	508	—	12 446	2 363	1 570	24 535	733 545
89 919	2 727	306	70 648	15 110	7 194	107 167	3 038 630
19 092	859	252	15 668	3 425	1 110	10 016	1 056 522
14 054	2 311	27	6 789	5 970	3 633	25 063	1 249 203
4 318	273	91	2 560	1 589	533	1	447 094
32 106	1 529	12	20 571	9 483	3 593	17 904	1 255 919
5 416	367	30	3 011	2 240	562	32 413	540 198
1 113	34	2	430	607	112	742	98 117
2 498	630	2	1 331	1 268	531	2 373	278 954
5 741	550	202	2 559	2 543	1 391	8 498	332 271

41. 2021年各省、自治区、直辖市儿童福利机构

单位：个，人，张，人天，平方米

地区	机构数	年末床位数	年在院总人天数	年末在院人数 合计	年末在院人数 其中：女性	家庭寄养儿童数量	机构建筑面积
全　国	539	89 215	13 412 433	43 609	14 182	4 863	3 122 022
北　京	9	2 526	381 455	1 039	310	66	106 832
天　津	3	867	242 405	649	240	108	25 775
河　北	12	917	144 045	488	91	161	28 980
山　西	10	1 230	297 115	737	244	466	27 951
内蒙古	7	1 851	299 886	982	157	5	74 893
辽　宁	15	1 191	155 060	510	174	80	14 091
吉　林	14	3 244	846 834	1 573	119	24	249 111
黑龙江	15	2 432	250 420	1 216	430	90	133 154
上　海	3	1 101	349 322	955	422	148	38 507
江　苏	15	3 205	588 790	1 695	698	189	118 096
浙　江	29	3 281	456 371	1 325	460	62	141 102
安　徽	28	5 251	840 944	2 486	884	12	178 509
福　建	15	1 715	227 346	731	290	332	57 407
江　西	8	1 405	171 112	496	148	14	55 897
山　东	13	3 536	482 505	1 356	449	171	146 686
河　南	18	3 175	699 926	2 051	694	204	139 283
湖　北	22	2 990	467 596	1 399	653	191	97 333
湖　南	28	3 503	345 021	1 523	533	778	82 768
广　东	41	5 022	973 961	2 593	1 048	75	159 543
广　西	22	2 965	504 193	1 454	580	191	67 941
海　南	1	50	1 473	13	—	5	2 002
重　庆	5	2 529	152 685	523	186	—	124 900
四　川	56	6 405	803 512	2 510	1 002	248	174 198
贵　州	24	3 794	497 083	1 591	752	96	76 650
云　南	24	2 717	352 293	1 422	488	632	107 934
西　藏	9	4 717	552 796	2 944	739	154	124 993
陕　西	14	3 010	557 746	1 825	598	185	105 747
甘　肃	15	2 687	374 278	1 376	338	7	95 728
青　海	9	2 259	234 960	1 114	37	—	57 975
宁　夏	8	900	107 699	356	129	84	36 659
新　疆	47	8 740	1 053 601	4 677	1 289	85	271 377

数据来源：民政部规划财务司。

42. 2021 年各省、自治区、直辖市社会福利院

地 区	机构数	年末床位数	年在院总人天数	年末在院人数 合计	年末在院人数 女性	在院人员按性质分 自费人员	在院人员按性质分 特困人员	在院人员按性质分 其他
全 国	1 521	380 507	54 679 062	183 430	70 541	81 256	79 619	22 555
北 京	9	3 977	679 676	2 086	1 073	1 302	666	118
天 津	2	439	128 380	345	77	50	278	17
河 北	25	3 937	786 034	2 168	561	43	2 007	118
山 西	22	3 511	641 588	2 040	527	302	1 356	382
内蒙古	51	9 261	1 396 558	4 728	1 206	912	3 527	289
辽 宁	44	11 515	2 130 475	6 814	2 493	3 216	2 975	623
吉 林	60	18 320	2 466 685	7 950	3 080	4 623	2 763	564
黑龙江	49	16 402	1 911 085	7 704	2 408	3 598	3 567	539
上 海	20	8 338	1 183 851	3 552	2 417	3 238	194	120
江 苏	55	22 279	3 436 387	10 672	3 888	5 549	4 385	738
浙 江	60	19 667	3 692 304	11 489	6 632	6 675	1 124	3 690
安 徽	55	11 566	1 509 590	4 389	1 853	2 134	1 696	559
福 建	79	21 830	2 089 276	8 515	3 560	5 391	2 272	852
江 西	88	18 998	1 969 713	9 458	2 825	4 546	3 756	1 156
山 东	26	10 251	1 779 083	5 668	2 023	1 759	3 341	568
河 南	84	11 676	1 848 738	5 739	1 402	246	4 607	886
湖 北	118	38 906	4 755 522	16 641	6 615	9 359	6 016	1 266
湖 南	87	23 158	3 887 993	12 238	4 836	5 342	4 744	2 152
广 东	98	27 919	4 887 663	14 126	7 386	7 059	3 634	3 433
广 西	88	13 944	1 594 173	4 963	2 102	1 953	2 404	606
海 南	4	606	112 415	314	135	—	283	31
重 庆	28	11 994	1 651 270	5 615	2 750	3 900	1 489	226
四 川	120	28 173	4 421 656	14 880	5 164	7 132	7 295	453
贵 州	59	7 779	981 328	2 996	1 011	344	1 896	756
云 南	51	8 609	1 203 833	3 902	1 125	823	2 874	205
西 藏	2	442	12 135	165	91	—	74	9
陕 西	31	6 787	1 130 072	4 035	856	394	2 819	822
甘 肃	45	6 471	793 823	3 876	873	440	3 214	222
青 海	12	2 115	184 585	848	224	116	599	133
宁 夏	4	1 187	196 125	600	159	265	335	—
新 疆	45	10 450	1 217 046	4 914	1 189	545	3 429	940

数据来源：民政部规划财务司。

单位：个，张，人天，人，人次，平方米

在院人员按年龄分			在院人员按自理能力分			康复和医疗门诊人次数	家庭寄养儿童数量	机构建筑面积
老年人	青壮年	少年儿童	自理（完全自理）	介助（半自理）	介护（不能自理）			
134 697	29 996	18 737	63 350	54 570	65 510	1 827 277	4 816	13 945 122
1 393	589	104	679	706	701	56 006	3	177 518
90	255	—	40	179	126	2 310	—	11 220
885	392	891	374	652	1 142	8 835	186	211 264
607	310	1 123	547	482	1 011	3 609	507	201 320
3 410	1 024	294	1 803	1 396	1 529	44 181	1	377 993
4 558	1 927	329	2 277	2 134	2 403	75 000	2	83 121
7 331	562	57	4 297	1 993	1 660	9 865	1	651 079
6 818	810	76	4 689	1 626	1 389	7 653	—	475 194
3 392	160	—	489	804	2 259	22 289	—	296 122
7 282	2 088	1 302	2 744	2 689	5 239	142 362	93	898 288
10 328	1 024	137	4 845	3 805	2 839	175 332	10	867 185
3 164	697	528	1 302	1 738	1 349	8 404	2	461 246
6 925	1 107	483	2 265	2 593	3 657	152 969	99	981 629
8 083	564	811	3 205	2 543	3 710	29 813	276	837 249
3 740	1 558	370	1 393	2 294	1 981	111 846	4	504 655
2 131	1 547	2 061	1 500	2 012	2 227	24 491	125	428 091
14 561	1 795	285	6 720	4 614	5 307	86 968	54	1 228 340
8 263	2 366	1 609	3 931	3 869	4 438	81 685	284	1 006 234
8 375	1 848	3 903	2 151	3 727	8 248	356 364	268	985 635
3 297	991	675	776	1 336	2 851	85 204	303	477 050
36	102	176	136	73	105	7 314	1	25 099
4 521	930	164	1 763	1 674	2 178	135 476	5	459 403
12 424	2 106	350	6 409	4 547	3 924	130 839	110	848 455
1 655	581	760	1 698	627	671	26 170	38	227 749
2 708	823	371	1 467	1 475	960	5 231	44	268 139
72	2	91	152	8	5	—	—	9 211
1 637	1 979	419	1 030	1 449	1 556	11 450	16	225 518
2 534	875	467	1 345	1 591	940	9 202	95	245 294
641	184	23	292	451	105	120	—	63 603
347	253	—	143	218	239	9 500	2 289	46 730
3 489	547	878	2 888	1 265	761	6 789	—	365 487

43. 全国1985—2021年结婚登记情况

单位：万对，‰

年份	结婚登记总数 合计	内地居民登记结婚数	涉外华侨港台登记结婚数	每千居民之结婚宗数（粗结婚率）（‰）
1985	831.3	829.1	2.2	7.9
1986	884.0	882.3	1.7	8.2
1987	926.7	924.7	2.0	8.6
1988	899.2	897.2	2.0	8.3
1989	937.2	935.2	2.0	8.4
1990	951.1	948.7	2.4	8.2
1991	953.6	951.0	2.6	8.3
1992	957.5	954.5	3.0	8.3
1993	915.4	912.2	3.3	7.8
1994	932.4	929.0	3.4	7.8
1995	934.1	929.7	4.4	7.7
1996	938.7	934.0	4.7	7.7
1997	914.1	909.1	5.1	7.4
1998	891.7	886.7	5.0	7.2
1999	885.3	879.9	5.4	7.1
2000	848.5	842.0	6.5	6.7
2001	805.0	797.1	7.9	6.3
2002	786.0	778.8	7.3	6.1
2003	811.4	803.5	7.8	6.3
2004	867.2	860.8	6.4	6.7
2005	823.1	816.6	6.4	6.3
2006	945.0	938.2	6.8	7.2
2007	991.4	986.3	5.1	7.5
2008	1 098.3	1 093.2	5.1	8.3
2009	1 212.4	1 207.5	4.9	9.1
2010	1 241.0	1 236.1	4.9	9.3
2011	1 302.4	1 297.5	4.9	9.7
2012	1 323.6	1 318.3	5.3	9.8
2013	1 346.9	1 341.4	5.5	9.9
2014	1 306.7	1 302.0	4.7	9.6
2015	1 224.7	1 220.6	4.1	9.0
2016	1 142.8	1 138.6	4.2	8.3
2017	1 063.1	1 059.0	4.1	7.7
2018	1 013.9	1 009.1	4.8	7.3
2019	927.3	922.4	4.9	6.6
2020	814.3	812.6	1.7	5.8
2021	764.3	762.7	1.6	5.4

数据来源：民政部规划财务司。

注：每千居民之结婚宗数（粗结婚率）计算方法：每千居民之结婚宗数＝结婚宗数／（当年期初人口数＋当年期末人口数）／2×1000‰。

44. 2021年各省、自治区、直辖市结婚登记服务情况（一）

单位：件，人

地区	结婚登记件数	结婚登记人数	内地居民登记结婚件数	内地居民登记结婚人数	涉外及华侨、港澳台居民登记结婚件数 合计	内地居民 小计	内地居民 其中：女性	香港居民	澳门居民	台湾居民	华侨	外国人
全国	7 643 017	15 286 034	7 627 020	15 254 044	15 997	15 920	8 219	2 664	996	2 133	339	9 942
北京	103 360	206 720	102 930	205 860	430	429	279	39	12	76	2	302
天津	80 408	160 816	80 277	160 554	131	131	86	10	3	15		103
河北	337 110	674 220	336 949	673 898	161	161	95	8	6	25		122
山西	223 289	446 578	223 218	446 436	71	71	48	7	4	13		47
内蒙古	132 062	264 124	131 977	263 954	85	84	51	4	4	9	2	67
辽宁	214 440	428 880	214 139	428 278	301	300	206	12	8	42	8	232
吉林	138 898	277 796	138 684	277 368	214	214	148	11	12	44	1	146
黑龙江	172 244	344 488	171 994	343 988	250	249	150	18	17	32	42	142
上海	89 848	179 696	89 035	178 070	813	794	549	64	15	210	1	542
江苏	466 952	933 904	466 269	932 538	683	683	515	55	9	147	5	467
浙江	263 169	526 338	262 639	525 278	530	506	324	42	21	95	95	301
安徽	420 533	841 066	420 214	840 428	319	319	203	19	6	80	3	211
福建	184 833	369 666	183 935	367 870	898	893	506	268	52	270	54	259
江西	243 809	487 618	243 593	487 186	216	216	140	34	16	59	4	103
山东	462 535	925 070	462 139	924 278	396	396	253	18	9	62	5	302
河南	596 511	1 193 022	596 225	1 192 450	286	285	210	27	23	77		160
湖北	315 637	631 274	315 274	630 548	363	363	266	56	30	82	3	192
湖南	301 688	603 376	301 225	602 450	463	463	321	112	54	73		224
广东	591 124	1 182 248	586 212	1 172 424	4 912	4 901	2 570	1 575	616	356	106	2 270
广西	272 768	545 536	270 213	540 426	2 555	2 543	226	61	22	60	2	2 422
海南	60 095	120 190	59 945	119 890	150	150	76	59	7	18	1	65
重庆	196 804	393 608	196 572	393 144	232	232	180	37	17	70	2	106
四川	511 609	1 023 218	511 063	1 022 126	546	546	417	74	13	121	2	336
贵州	292 779	585 558	292 624	585 248	155	155	94	12	5	29		109
云南	299 770	599 540	299 224	598 452	546	546	117	13	7	23		503
西藏	34 816	69 632	34 813	69 626	3	3	1	1				2
陕西	221 046	442 092	220 852	441 704	194	194	136	18	6	31	1	138
甘肃	164 144	328 288	164 097	328 194	47	47	25	7	2	10		28
青海	45 688	91 376	45 680	91 360	8	8	6	2		2		4
宁夏	48 726	97 452	48 715	97 430	11	11	9			2		9
新疆	156 322	312 644	156 294	312 588	28	27	12	1				28

数据来源：民政部规划财务司。

45. 2021年各省、自治区、直辖市结婚登记服务情况（二）

单位：件，人

地区	初婚人数	再婚人数 合计	再婚人数 女性	恢复结婚件数	20—24岁	25—29岁	30—34岁	35—39岁	40岁及以上
全　国	11 578 043	3 707 991	2 053 962	495 607	2 529 436	5 393 124	3 052 187	1 331 961	2 979 326
北　京	136 303	70 417	34 428	7 706	8 268	64 634	52 342	27 410	54 066
天　津	91 034	69 782	35 018	20 456	12 863	52 031	41 148	23 847	30 927
河　北	457 968	216 252	119 445	32 182	145 789	230 045	136 971	64 842	96 573
山　西	372 879	73 699	41 750	8 642	57 999	183 785	70 264	27 346	107 184
内蒙古	175 851	88 273	48 382	13 021	24 934	100 740	56 460	27 796	54 194
辽　宁	333 974	94 906	51 809	26 982	41 793	143 664	94 963	45 780	102 680
吉　林	173 178	104 618	55 519	20 566	23 783	79 497	60 134	30 169	84 213
黑龙江	246 431	98 057	51 155	23 947	30 868	90 106	66 311	38 657	118 546
上　海	114 042	65 654	32 658	11 929	6 435	58 722	45 221	22 563	46 755
江　苏	777 431	156 473	87 428	45 815	100 205	315 373	171 932	67 747	278 647
浙　江	400 988	125 350	67 223	18 521	49 908	211 030	102 883	41 800	120 717
安　徽	625 206	215 860	119 978	36 143	147 779	284 612	144 829	58 044	205 802
福　建	291 993	77 673	43 044	3 542	52 539	140 423	87 767	32 040	56 897
江　西	383 073	104 545	59 645	12 502	119 285	167 889	86 245	34 641	79 558
山　东	641 630	283 440	152 820	7 380	196 578	310 607	193 927	83 891	140 067
河　南	921 187	271 835	152 330	48 461	272 969	369 444	229 014	91 947	229 648
湖　北	498 643	132 631	76 304	19 329	57 809	220 708	148 348	56 623	147 786
湖　南	454 157	149 219	86 651	14 194	110 150	185 406	147 185	60 752	99 883
广　东	987 392	194 856	103 362	23 364	184 422	521 992	258 661	94 449	122 724
广　西	438 059	107 477	65 479	9 144	105 601	173 537	120 274	64 272	81 852
海　南	100 599	19 591	11 138	2 115	17 270	40 945	25 065	10 944	25 966
重　庆	253 653	139 955	76 180	16 182	60 100	145 353	69 342	36 061	82 752
四　川	729 011	294 207	166 586	25 599	191 244	376 350	182 456	82 362	190 806
贵　州	445 712	139 846	81 169	13 580	140 838	191 691	95 439	48 452	109 138
云　南	454 277	145 263	85 369	10 420	149 399	200 638	101 408	51 348	96 747
西　藏	65 057	4 575	2 282	290	15 237	21 065	10 774	7 621	14 935
陕　西	330 097	111 995	64 536	9 556	50 124	198 272	102 312	38 645	52 739
甘　肃	275 743	52 545	28 111	4 771	57 660	139 378	60 068	21 212	49 970
青　海	73 545	17 831	10 109	1 050	18 514	28 885	15 406	7 626	20 945
宁　夏	76 607	20 845	11 534	2 128	21 531	35 454	14 533	5 727	20 207
新　疆	252 323	60 321	32 520	6 090	57 542	110 848	60 505	27 347	56 402

数据来源：民政部规划财务司。

46. 全国1985—2021年离婚办理情况

单位：万对，万对，对，万件，‰

年份	离婚总数	民政部门登记离婚数 合计	内地居民登记离婚数	涉外华侨港台登记离婚	法院部门判决调解离婚数）	每千居民之离婚宗数（粗离婚率）
1985	45.8	19.6	19.6	108	26.2	0.4
1986	50.6	21.4	21.4	205	29.2	0.5
1987	58.1	23.6	23.6	220	34.5	0.6
1988	65.5	26.4	26.4	310	39.1	0.6
1989	75.3	28.8	28.7	518	46.5	0.7
1990	80.0	30.1	30.0	602	49.9	0.7
1991	83.1	30.1	30.0	588	53.0	0.7
1992	85.0	31.6	31.5	833	53.4	0.7
1993	91.0	33.6	33.5	968	57.4	0.8
1994	98.2	35.5	35.4	737	62.7	0.8
1995	105.6	36.8	36.7	813	68.8	0.9
1996	113.4	39.4	39.3	1 175	74.0	0.9
1997	119.9	44.0	43.9	1 385	75.9	1.0
1998	119.2	46.6	46.5	948	72.6	1.0
1999	120.2	47.8	47.7	975	72.4	1.0
2000	121.3	48.9	48.8	1 075	72.4	1.0
2001	125.0	52.8	52.5	2 856	72.2	1.0
2002	117.7	57.3	56.8	5 221	60.4	0.9
2003	133.0	69.0	68.7	3 333	64.0	1.1
2004	166.5	104.6	104.0	5 830	61.9	1.3
2005	178.5	118.4	117.5	8 267	60.1	1.4
2006	191.3	129.1	128.3	8 414	62.2	1.5
2007	209.8	145.7	144.8	8 852	64.1	1.6
2008	226.9	161.0	160.0	9 470	65.9	1.7
2009	246.8	180.2	179.6	5 608	66.6	1.9
2010	267.8	201.0	200.4	5 783	66.8	2.0
2011	287.4	220.7	220.2	5 761	66.7	2.1
2012	310.4	242.3	241.7	6 161	68.1	2.3
2013	350.0	281.5	280.9	6 538	68.5	2.6
2014	363.9	295.7	295.1	6 714	67.9	2.7
2015	384.3	314.9	314.3	6 237	69.3	2.8
2016	415.8	348.6	348.0	6 315	67.2	3.0
2017	437.4	370.4	369.8	6 307	66.9	3.2
2018	446.1	381.2	380.5	7 567	64.9	3.2
2019	470.1	404.7	404.0	7 104	65.3	3.4
2020	433.9	373.6	373.2	4 125	60.3	3.1
2021	283.9	214.1	213.9	2 231	69.8	2.0

数据来源：民政部规划财务司。

注：每千居民之离婚宗数（粗离婚率）计算方法：每千居民之离婚宗数＝离婚宗数/（当年期初人口数＋当年期末人口数）/2×1000‰。

47. 2021年各省、自治区、直辖市民政部门离婚办理服务情况

单位：件

地区	合计	内地居民登记离婚	涉外离婚登记	涉港澳台及华侨离婚登记
全 国	2 839 266	2 141 205	2 138 974	1 086
北 京	50 443	44 582	44 491	64
天 津	41 353	34 995	34 962	18
河 北	134 017	101 304	101 278	18
山 西	58 613	41 405	41 400	5
内蒙古	54 876	39 090	39 078	6
辽 宁	96 036	76 285	76 229	34
吉 林	64 041	51 133	51 107	19
黑龙江	85 118	65 222	65 190	23
上 海	36 240	29 067	28 908	99
江 苏	179 842	134 781	134 652	76
浙 江	94 970	75 522	75 388	71
安 徽	146 469	112 228	112 177	34
福 建	69 445	54 643	54 454	103
江 西	79 933	63 944	63 920	13
山 东	187 157	135 268	135 213	37
河 南	199 926	152 901	152 863	19
湖 北	126 307	98 985	98 929	23
湖 南	129 375	97 075	97 016	26
广 东	167 209	144 933	144 402	138
广 西	95 116	70 605	70 524	62
海 南	15 348	12 971	12 946	11
重 庆	90 377	72 395	72 363	16
四 川	198 168	147 424	147 285	54
贵 州	107 029	74 193	74 074	16
云 南	98 609	63 399	63 306	75
西 藏	5 406	4 253	4 253	—
陕 西	81 734	58 906	58 883	16
甘 肃	42 533	23 710	23 705	3
青 海	13 536	8 073	8 073	—
宁 夏	16 675	10 294	10 292	2
新 疆	73 365	41 619	41 613	5

数据来源：民政部规划财务司。

48. 2021年各省、自治区、直辖市自然灾害损失情况

地 区	受灾人口（万人次）	死亡人口（含失踪）（万人）	受灾面积（千公顷）	绝收面积（千公顷）	直接经济损失（亿元）
全　国	10 731.0	867	11 739.2	1 632.8	3 340.2
北　京	10.5	2.0	15.0	0.5	13.0
天　津	4.5	6.0	6.4	0.5	5.4
河　北	328.2	8.0	388.9	68.9	102.4
山　西	768.5	60.0	1 163.4	162.5	231.0
内蒙古	232.1	23.0	1 283.6	83.1	76.4
辽　宁	172.3	3.0	249.1	11.2	84.6
吉　林	75.7	0.0	245.2	11.5	13.8
黑龙江	101.4	2.0	831.5	176.8	57.2
上　海	73.4	0.0	24.9	2.5	9.2
江　苏	65.0	32.0	88.3	2.3	8.9
浙　江	322.9	14.0	149.3	12.1	124.6
安　徽	265.9	5.0	296.1	33.3	31.7
福　建	44.5	5.0	47.0	5.6	32.9
江　西	573.4	11.0	421.1	27.4	46.1
山　东	109.9	9.0	108.7	3.2	23.1
河　南	2 449.2	434.0	1 588.1	328.0	1 322.5
湖　北	654.1	46.0	506.3	59.7	99.9
湖　南	652.4	8.0	436.2	56.1	82.4
广　东	100.1	2.0	76.4	14.4	24.1
广　西	261.1	7.0	152.4	11.1	22.8
海　南	36.8	4.0	31.9	3.0	10.0
重　庆	140.0	19.0	59.6	13.1	29.8
四　川	714.3	31.0	266.2	42.1	248.7
贵　州	244.6	5.0	143.9	24.3	30.2
云　南	791.5	38.0	519.5	43.6	104.9
西　藏	19.1	15.0	7.1	1.1	8.1
陕　西	834.5	56.0	972.9	192.6	317.3
甘　肃	389.1	1.0	547.6	88.6	67.3
青　海	49.5	13.0	44.9	0.7	45.7
宁　夏	132.2	2.0	375.8	76.7	13.7
新　疆	114.7	6.0	692.0	76.3	52.7

数据来源：国家统计局。

49. 1997—2021年全国社会保险基本情况

单位：万人，亿元

年份	失业保险 年末参保人数	失业保险 全年发放失业保险金人数	失业保险 全年发放失业保险金	基本医疗保险 年末参保人数	其中：年末参保城镇职工	其中：年末参保城镇居民	工伤保险 年末参保人数	工伤保险 年末享受工伤待遇的人数	生育保险 年末参保人数
1997	7 961.4	319.0	18.7	1 762.0	1 762.0	—	3 507.8	12.5	2 485.9
1998	7 927.9	158.1	20.4	1 877.6	1 877.6	—	3 781.3	15.3	2 776.7
1999	9 852.0	271.4	31.9	2 065.3	2 065.3	—	3 912.3	15.1	2 929.8
2000	10 408.4	329.7	56.2	3 786.9	3 786.9	—	4 350.3	18.8	3 001.6
2001	10 354.6	468.5	83.3	7 285.9	7 285.9	—	4 345.3	18.7	3 455.1
2002	10 181.6	657.0	116.8	9 401.2	9 401.2	—	4 405.6	26.5	3 488.2
2003	10 372.9	741.6	133.4	10 901.7	10 901.7	—	4 574.8	32.9	3 655.4
2004	10 583.9	753.5	137.5	12 403.6	12 403.6	—	6 845.2	51.9	4 383.8
2005	10 647.7	677.8	132.5	13 782.9	13 782.9	—	8 478.0	65.1	5 408.5
2006	11 186.6	598.1	125.8	15 731.8	15 731.8	—	10 268.5	77.8	6 458.9
2007	11 644.6	538.5	129.4	22 311.1	18 020.0	4 291.1	12 173.3	96.0	7 775.3
2008	12 399.8	516.7	139.5	31 821.6	19 995.6	11 826.0	13 787.2	117.8	9 254.1
2009	12 715.5	483.9	145.8	40 147.0	21 937.4	18 209.6	14 895.5	129.6	10 875.7
2010	13 375.6	431.6	140.4	43 262.9	23 734.7	19 528.3	16 160.7	147.5	12 335.9
2011	14 317.1	394.4	159.9	47 343.2	25 227.1	22 116.1	17 695.9	163.0	13 892.0
2012	15 224.7	390.1	181.3	53 641.3	26 485.6	27 155.7	19 010.1	190.5	15 428.7
2013	16 416.8	416.7	203.2	57 072.6	27 443.1	29 629.4	19 917.2	195.2	16 392.0
2014	17 042.6	422.0	233.3	59 746.9	28 296.0	31 450.9	20 639.2	198.2	17 038.7
2015	17 326.0	456.8	269.8	66 581.6	28 893.1	37 688.5	21 432.5	201.9	17 771.0
2016	18 088.8	483.9	309.4	74 391.6	29 531.5	44 860.0	21 889.3	196.0	18 451.0
2017	18 784.2	458.1	318.2	117 681.4	30 322.7	87 358.7	22 723.7	192.8	19 300.2
2018	19 643.5	452.3	357.6	134 458.6	31 680.8	102 777.8	23 874.4	198.5	20 434.1
2019	20 542.7	461.2	396.8	135 407.4	32 924.7	102 482.7	25 478.4	194.4	21 417.3
2020	21 689.5	515.1	413.9	136 131.1	34 455.1	101 676.0	26 763.4	187.6	23 567.3
2021	22 957.9	607.6	530.7	136 296.7	35 430.9	100 865.9	28 286.5	206.2	23 751.7

数据来源：国家统计局。

50. 2006—2021年全国社会保险基金收支及累计结余

单位：亿元

年份	合计	基本养老保险	失业保险	基本医疗保险	工伤保险	生育保险
基金收入						
2006	8 643.2	6 309.8	402.4	1 747.1	121.8	62.1
2007	10 812.3	7 834.2	471.7	2 257.2	165.6	83.6
2008	13 696.1	9 740.2	585.1	3 040.4	216.7	113.7
2009	16 115.6	11 490.8	580.4	3 671.9	240.1	132.4
2010	19 276.1	13 872.9	649.8	4 308.9	284.9	159.6
2011	25 153.3	18 004.8	923.1	5 539.2	466.4	219.8
2012	30 738.8	21 830.2	1 138.9	6 938.7	526.7	304.2
2013	35 252.9	24 732.6	1 288.9	8 248.3	614.8	368.4
2014	39 827.7	27 619.9	1 379.8	9 687.2	694.8	446.1
2015	46 012.1	32 195.5	1 367.8	11 192.9	754.2	501.7
2016	53 562.7	37 990.8	1 228.9	13 084.3	736.9	521.9
2017	67 154.5	46 613.8	1 112.6	17 931.3	853.8	643.0
2018	79 254.8	55 005.3	1 171.1	21 384.4	913.0	781.0
2019	83 550.4	57 025.9	1 284.2	24 420.9	819.4	—
2020	75 512.5	49 228.6	951.5	24 846.1	486.3	—
2021	96 936.8	65 793.3	1 459.6	28 732.0	951.9	—
基金支出						
2006	6 477.4	4 896.7	198.0	1 276.7	68.5	37.5
2007	7 887.8	5 964.9	217.7	1 561.8	87.9	55.6
2008	9 925.1	7 389.6	253.5	2 083.6	126.9	71.5
2009	12 302.6	8 894.4	366.8	2 797.4	155.7	88.3
2010	15 018.9	10 755.3	423.3	3 538.1	192.4	109.9
2011	18 652.9	13 363.2	432.8	4 431.4	286.4	139.2
2012	23 331.3	16 711.5	450.6	5 543.6	406.3	219.3
2013	27 916.3	19 818.7	531.6	6 801.0	482.1	282.8
2014	33 002.7	23 325.8	614.7	8 133.6	560.5	368.1
2015	38 988.1	27 929.4	736.4	9 312.1	598.7	411.5
2016	46 888.4	34 004.3	976.1	10 767.1	610.3	530.6
2017	57 145.6	40 423.8	893.8	14 421.8	662.3	744.0
2018	67 792.7	47 550.4	915.3	17 823.0	742.0	762.0
2019	75 346.6	52 342.3	1 333.2	20 854.2	816.9	—
2020	78 611.8	54 656.5	2 103.0	21 032.1	820.3	—
2021	86 734.9	60 196.5	1 500.0	24 048.2	990.2	—

续完

年份	合计	基本养老保险	失业保险	基本医疗保险	工伤保险	生育保险
累计结余						
2006	8 255.9	5 488.9	724.8	1 752.4	192.9	96.9
2007	11 236.6	7 391.4	979.1	2 476.9	262.6	126.6
2008	15 225.6	9 931.0	1 310.1	3 431.7	384.6	168.2
2009	19 006.5	12 526.1	1 523.6	4 275.9	468.8	212.1
2010	23 407.5	15 787.8	1 749.8	5 047.1	561.4	261.4
2011	30 233.1	20 727.8	2 240.2	6 180.0	742.6	342.5
2012	38 106.6	26 243.5	2 929.0	7 644.5	861.9	427.6
2013	45 588.1	31 274.8	3 685.9	9 116.5	996.2	514.7
2014	52 462.3	35 644.5	4 451.5	10 644.8	1 128.8	592.7
2015	59 532.5	39 937.1	5 083.0	12 542.8	1 285.3	684.4
2016	66 349.7	43 965.2	5 333.3	14 964.3	1 410.9	675.9
2017	77 312.1	50 202.2	5 552.4	19 385.6	1 606.9	565.0
2018	89 775.5	58 151.6	5 817.0	23 440.0	1 784.9	582.0
2019	96 977.8	62 872.6	4 625.4	27 696.7	1 783.2	—
2020	94 378.7	58 075.2	3 354.1	31 500.0	1 449.3	—
2021	104 872.1	63 970.0	3 312.5	36 178.3	1 411.2	—

数据来源：国家统计局。

注：1. 2007 年及以后基本医疗保险基金中包括职工基本医疗保险和城乡居民基本医疗保险。

2. 2010 年及以后基本养老保险基金中包括城镇职工基本养老保险和城乡居民基本养老保险。

3. 工伤保险累计结余中含储备金（以下相关表同）。

4. 2019 年起，基本医疗保险基金包含生育保险基金（以下相关表同）。

51. 2021年各省、自治区、直辖市城镇职工基本养老保险情况

单位：万人，亿元

地区	年末参加城镇职工基本养老保险人数 合计	职工	离退休人员	基金收支情况 基金收入	基金支出	累计结余
全国	48 074.0	34 917.1	13 157.0	60 454.7	56 481.5	52 573.6
北京	1 826.8	1 507.7	319.0	3 265.9	2 074.8	6 517.4
天津	765.1	527.2	237.9	1 159.9	1 196.0	326.6
河北	1 805.5	1 313.8	491.7	2 076.3	2 142.2	623.6
山西	1 002.3	710.5	291.8	1 429.2	1 400.5	1 595.5
内蒙古	823.1	503.1	320.0	1 195.2	1 379.8	336.3
辽宁	2 084.6	1 227.6	857.0	2 593.9	3 329.5	143.5
吉林	922.0	526.6	395.4	1 316.8	1 510.3	369.6
黑龙江	1 446.6	811.8	634.8	1 824.5	2 456.8	372.3
上海	1 654.4	1 126.0	528.4	3 379.5	3 222.0	1 225.0
江苏	3 609.3	2 607.5	1 001.8	4 391.1	4 006.6	4 414.4
浙江	3 367.5	2 455.6	911.9	3 488.7	3 737.2	2 128.3
安徽	1 384.2	1 003.2	381.0	1 731.6	1 469.6	2 129.5
福建	1 330.0	1 110.3	219.6	1 065.1	927.2	707.2
江西	1 246.9	875.5	371.4	1 334.2	1 276.4	842.5
山东	3 226.7	2 437.7	789.0	3 454.3	3 483.2	1 385.6
河南	2 377.2	1 841.2	536.0	2 136.7	2 114.9	1 131.3
湖北	1 834.7	1 217.5	617.1	2 441.9	2 441.8	1 104.3
湖南	1 849.5	1 327.7	521.8	1 859.6	1 874.2	1 864.4
广东	5 079.5	4 327.1	752.4	6 112.5	3 483.9	14 110.1
广西	985.3	704.2	281.1	1 278.0	1 195.5	718.3
海南	329.0	252.9	76.1	387.9	317.7	318.6
重庆	1 354.2	911.5	442.7	1 737.8	1 440.1	1 335.2
四川	3 178.5	2 201.5	977.1	3 596.7	3 346.2	3 717.2
贵州	755.8	591.0	164.9	864.4	711.6	1 031.2
云南	739.3	550.5	188.8	1 076.5	891.9	1 555.7
西藏	59.5	48.6	10.9	159.7	127.6	217.2
陕西	1 229.4	946.8	282.6	1 604.6	1 509.1	851.2
甘肃	502.5	334.0	168.5	694.1	733.4	378.1
青海	169.0	119.0	50.0	272.4	291.1	26.4
宁夏	252.1	181.7	70.4	302.3	314.2	230.8
新疆	791.5	561.6	229.9	1 336.5	1 185.4	1 493.7
不分地区	92.1	56.0	36.1	886.8	890.6	117.1

数据来源：国家统计局。

注："不分地区"数据包括中央国家机关事业单位、中国人民银行、中国农业发展银行和中央调剂金账户。

52. 1992—2021 年全国参加城镇职工基本养老保险人数

单位：万人

年份	合计	职工 小计	其中：执行企业制度	离退休人员 小计	其中：企业（含其他）
1992	9 456.2	7 774.7	7 774.7	1 681.5	1 681.5
1993	9 847.6	8 008.2	8 008.2	1 839.4	1 839.4
1994	10 573.5	8 494.1	8 494.1	2 079.4	2 079.4
1995	10 979.0	8 737.8	8 737.8	2 241.2	2 241.2
1996	11 116.7	8 758.4	8 758.4	2 358.3	2 358.3
1997	11 203.9	8 670.9	8 670.9	2 533.0	2 533.0
1998	11 203.1	8 475.8	8 475.8	2 727.3	2 727.3
1999	12 485.4	9 501.8	8 859.2	2 983.6	2 863.8
2000	13 617.4	10 447.5	9 469.9	3 169.9	3 016.5
2001	14 182.5	10 801.9	9 733.0	3 380.6	3 171.3
2002	14 736.6	11 128.8	9 929.4	3 607.8	3 349.2
2003	15 506.7	11 646.5	10 324.5	3 860.2	3 556.9
2004	16 352.9	12 250.3	10 903.9	4 102.6	3 775.0
2005	17 487.9	13 120.4	11 710.6	4 367.5	4 005.2
2006	18 766.3	14 130.9	12 618.0	4 635.4	4 238.6
2007	20 136.9	15 183.2	13 690.6	4 953.7	4 544.0
2008	21 891.1	16 587.5	15 083.4	5 303.6	4 868.0
2009	23 549.9	17 743.0	16 219.0	5 806.9	5 348.0
2010	25 707.3	19 402.3	17 822.7	6 305.0	5 811.6
2011	28 391.3	21 565.0	19 970.0	6 826.2	6 314.0
2012	30 426.8	22 981.1	21 360.9	7 445.7	6 910.9
2013	32 218.4	24 177.3	22 564.7	8 041.0	7 484.8
2014	34 124.4	25 531.0	23 932.3	8 593.4	8 013.6
2015	35 361.2	26 219.2	24 586.8	9 141.9	8 536.5
2016	37 929.7	27 826.3	25 239.6	10 103.4	9 023.9
2017	40 293.3	29 267.6	25 856.3	11 025.7	9 460.4
2018	41 901.6	30 104.0	26 502.6	11 797.7	9 980.5
2019	43 487.9	31 177.5	27 508.7	12 310.4	10 396.3
2020	45 621.1	32 858.7	29 123.6	12 762.3	10 784.2
2021	48 074.0	34 917.1	31 101.5	13 157.0	11 126.5

数据来源：国家统计局。

53. 2021 年各省、自治区、直辖市城乡居民社会养老保险情况

单位：万人，亿元

地区	参保人数 合计	其中：实际领取待遇人数	基金收入	基金支出	累计结余
全　国	54 797.4	16 213.3	5 338.6	3 715.0	11 396.4
北　京	192.4	90.8	113.6	103.7	179.9
天　津	172.0	82.8	76.7	50.0	323.1
河　北	3 552.8	1 086.9	263.8	172.7	576.2
山　西	1 637.9	420.9	121.7	72.7	318.8
内蒙古	791.7	249.3	88.9	64.1	148.9
辽　宁	1 040.9	426.6	82.9	78.2	92.9
吉　林	933.7	281.7	57.6	43.8	99.4
黑龙江	889.9	244.1	68.6	48.2	136.7
上　海	74.4	52.0	92.4	90.2	91.5
江　苏	2 355.6	1 093.4	503.6	398.4	893.4
浙　江	1 055.5	535.6	342.6	242.7	354.4
安　徽	3 457.6	913.8	294.8	157.2	726.2
福　建	1 597.4	486.5	132.9	102.3	261.6
江　西	2 074.3	508.4	146.4	100.7	351.1
山　东	4 614.1	1 567.2	598.1	383.0	1 506.1
河　南	5 306.3	1 431.7	320.7	222.0	739.8
湖　北	2 612.9	803.4	229.9	149.3	525.8
湖　南	3 435.1	850.3	235.2	152.8	493.4
广　东	2 681.4	894.9	304.9	273.6	506.4
广　西	2 671.8	588.8	146.2	103.7	276.5
海　南	329.2	77.9	39.1	21.9	130.7
重　庆	1 139.9	334.8	89.6	69.5	191.9
四　川	3 181.1	1 099.5	384.1	231.0	785.5
贵　州	1 928.6	462.0	97.7	64.4	187.3
云　南	2 460.3	542.7	155.9	99.7	553.9
西　藏	174.9	26.3	12.8	7.5	39.2
陕　西	1 799.5	540.5	143.5	102.8	340.8
甘　肃	1 387.9	315.7	103.7	55.2	297.9
青　海	262.6	42.0	19.0	12.7	66.0
宁　夏	230.7	42.5	20.3	12.1	51.2
新　疆	754.8	120.5	51.4	28.7	149.8

数据来源：国家统计局。

54. 2021年各省、自治区、直辖市基本医疗保险参保人数

单位：万人

地 区	年末参保人数	职工基本医疗 小计	在岗职工	退休人员	城乡居民基本医疗
全 国	136 296.7	35 430.9	26 106.5	9 324.4	100 865.9
北 京	1 886.9	1 486.0	1 165.5	320.5	400.8
天 津	1 175.0	637.6	415.5	222.1	537.4
河 北	7 091.0	1 212.0	846.0	366.0	5 879.0
山 西	3 246.0	731.1	497.0	234.1	2 515.0
内蒙古	2 192.2	564.7	380.5	184.2	1 627.5
辽 宁	3 808.3	1 571.0	902.4	668.6	2 237.3
吉 林	2 290.3	537.5	333.3	204.2	1 752.8
黑龙江	2 821.1	884.9	484.3	400.6	1 936.2
上 海	1 978.5	1 613.4	1 084.7	528.7	365.0
江 苏	8 063.8	3 246.0	2 403.9	842.0	4 817.8
浙 江	5 654.5	2 736.0	2 188.2	547.8	2 918.5
安 徽	6 661.9	1 010.8	731.6	279.2	5 651.0
福 建	3 872.1	933.0	757.4	175.6	2 939.0
江 西	4 689.1	610.1	394.9	215.2	4 079.0
山 东	9 732.4	2 435.6	1 811.1	624.5	7 296.7
河 南	10 339.2	1 351.8	949.7	402.1	8 987.4
湖 北	5 619.7	1 196.1	838.1	358.0	4 423.6
湖 南	6 748.7	1 025.2	712.9	312.3	5 723.5
广 东	11 271.9	4 757.1	4 175.8	581.3	6 514.8
广 西	5 249.3	714.8	531.4	183.4	4 534.5
海 南	938.8	245.8	179.6	66.2	693.0
重 庆	3 261.7	795.9	586.3	209.5	2 465.9
四 川	8 586.2	1 945.8	1 435.4	510.4	6 640.4
贵 州	4 214.5	479.4	357.3	122.1	3 735.0
云 南	4 521.9	569.2	407.4	161.8	3 952.6
西 藏	346.0	55.1	43.7	11.3	291.0
陕 西	3 891.6	783.8	566.8	217.0	3 107.8
甘 肃	2 587.2	372.3	253.2	119.2	2 214.8
青 海	567.0	114.8	76.7	38.1	452.1
宁 夏	663.4	159.6	119.1	40.5	503.8
新 疆	2 326.4	654.1	476.5	177.7	1 672.3

数据来源：国家统计局。

55. 2021年各省、自治区、直辖市基本医疗保险基金收支情况

单位：亿元

地 区	基金收入 合计	基金收入 职工	基金收入 居民	基金支出 合计	基金支出 职工	基金支出 居民	累计结余 合计	累计结余 职工	累计结余 居民
全 国	28 732.0	19 007.5	9 724.5	24 048.2	14 751.8	9 296.4	36 178.3	29 461.8	6 716.6
北 京	1 786.1	1 672.4	113.6	1 465.6	1 358.8	106.8	1 674.2	1 613.1	61.1
天 津	440.0	386.6	53.3	385.4	324.1	61.3	467.7	374.3	93.5
河 北	1 130.6	608.0	522.5	931.4	462.1	469.3	1 385.0	1 068.1	316.9
山 西	566.0	322.5	243.5	460.3	244.2	216.0	671.8	508.7	163.1
内蒙古	432.5	279.9	152.6	342.6	209.2	133.3	596.5	479.4	117.1
辽 宁	810.4	608.8	201.6	698.8	499.1	199.7	881.3	679.5	201.8
吉 林	367.4	226.2	141.2	306.8	175.9	130.9	542.5	413.7	128.8
黑龙江	551.3	379.9	171.5	477.4	308.0	169.4	782.1	589.8	192.3
上 海	1 829.1	1 730.5	98.6	1 133.3	1 038.0	95.2	3 903.4	3 876.0	27.3
江 苏	2 176.2	1 614.6	561.6	1 854.0	1 315.1	538.9	2 625.7	2 348.9	276.9
浙 江	2 032.6	1 549.5	483.1	1 632.5	1 174.6	457.8	2 860.2	2 599.3	260.9
安 徽	906.7	417.8	488.9	817.8	328.1	489.7	867.5	632.3	235.2
福 建	715.4	447.9	267.5	618.7	357.8	260.9	963.6	854.0	109.6
江 西	672.1	268.9	403.3	616.8	225.6	391.2	730.9	432.5	298.5
山 东	1 921.5	1 223.6	697.9	1 827.6	1 118.0	709.6	1 759.2	1 335.4	423.9
河 南	1 399.0	614.7	784.2	1 275.1	493.4	781.7	1 200.3	880.2	320.1
湖 北	1 001.9	598.0	403.9	861.6	469.0	392.6	1 042.8	754.3	288.4
湖 南	956.0	453.2	502.8	806.2	347.9	458.3	1 060.5	767.4	293.1
广 东	2 573.2	1 890.5	682.6	2 199.3	1 572.9	626.4	4 042.1	3 313.3	728.9
广 西	731.0	321.4	409.6	677.3	257.9	419.4	913.9	513.4	400.5
海 南	197.2	123.6	73.6	141.4	86.0	55.4	277.8	215.3	62.5
重 庆	605.5	401.6	203.9	504.7	290.7	214.0	615.7	445.3	170.4
四 川	1 554.6	962.0	592.6	1 247.3	674.3	573.1	2 250.4	1 749.4	501.1
贵 州	588.0	261.4	326.6	489.0	187.4	301.6	647.2	379.6	267.6
云 南	760.4	388.4	372.0	640.3	298.9	341.3	853.8	613.8	240.0
西 藏	87.5	63.6	23.9	40.9	25.7	15.2	194.2	174.8	19.4
陕 西	695.6	415.0	280.6	629.8	351.0	278.7	770.7	605.5	165.1
甘 肃	402.7	201.6	201.1	318.8	145.9	172.9	376.4	258.5	117.9
青 海	139.1	94.9	44.2	110.1	66.9	43.2	215.2	168.7	46.5
宁 夏	127.8	78.2	49.7	101.5	54.8	46.7	178.3	140.7	37.5
新 疆	574.5	402.3	172.2	435.8	290.3	145.5	827.2	676.5	150.7

数据来源：国家统计局。

56. 2021年各省、自治区、直辖市失业保险情况

单位：万人，亿元

地 区	年末参加失业保险人数	年末领取失业保险金人数	基金收入	基金支出	累计结余
全 国	22 957.9	258.8	1 459.6	1 500.0	3 312.5
北 京	1 359.0	8.4	122.8	150.6	113.9
天 津	372.3	7.7	28.8	33.8	43.6
河 北	747.4	7.0	44.4	35.1	141.3
山 西	504.5	3.7	35.7	25.6	162.4
内蒙古	290.9	2.9	23.5	19.9	117.5
辽 宁	690.9	19.2	42.0	84.0	118.1
吉 林	278.0	2.6	24.5	29.8	77.8
黑龙江	329.5	3.7	23.6	22.7	109.2
上 海	1 021.3	16.6	144.4	121.4	51.3
江 苏	1 967.0	29.2	136.0	137.2	248.3
浙 江	1 793.5	20.0	108.8	76.0	199.7
安 徽	616.6	7.4	40.4	26.5	87.6
福 建	716.7	6.0	30.8	45.1	84.5
江 西	308.0	2.4	18.1	20.5	66.2
山 东	1 542.7	23.2	104.3	102.4	178.4
河 南	1 004.9	9.4	46.7	64.6	81.2
湖 北	698.7	7.1	46.4	70.5	107.5
湖 南	687.4	6.3	33.8	28.4	113.5
广 东	3 725.1	25.8	116.1	150.3	438.8
广 西	475.0	6.8	31.9	28.0	92.9
海 南	205.6	2.9	10.0	11.6	21.0
重 庆	598.3	7.6	28.1	18.9	42.0
四 川	1 128.9	12.6	76.7	71.8	179.0
贵 州	320.9	3.7	22.5	24.5	61.9
云 南	329.8	6.4	25.5	28.0	94.5
西 藏	29.6	0.1	4.2	0.9	25.3
陕 西	468.7	3.9	30.9	30.1	51.9
甘 肃	196.1	0.8	15.2	11.3	73.4
青 海	55.0	0.4	9.7	2.4	24.8
宁 夏	108.5	1.6	7.0	11.4	23.1
新 疆	387.2	3.5	26.9	17.0	82.1

数据来源：国家统计局。

57. 2021年各省、自治区、直辖市工伤保险情况

单位：万人，亿元

地 区	年末参加工伤保险人数	全年享受工伤保险待遇人数	基金收入	基金支出	累计结余
全 国	28 286.5	206.2	951.9	990.2	1 411.2
北 京	1 307.2	4.6	46.8	51.3	36.9
天 津	408.4	4.1	15.3	14.1	12.7
河 北	1 084.7	9.9	62.1	51.1	46.7
山 西	640.1	8.2	45.2	50.1	36.3
内蒙古	338.2	2.5	11.6	15.1	37.6
辽 宁	807.9	12.1	44.3	34.4	52.7
吉 林	392.4	5.9	12.9	12.2	35.9
黑龙江	444.4	4.4	32.2	28.9	32.0
上 海	1 097.3	6.2	42.8	44.2	42.4
江 苏	2 340.6	16.4	88.2	88.4	121.0
浙 江	2 741.6	19.3	75.3	81.4	71.0
安 徽	718.0	7.4	24.7	29.4	32.7
福 建	984.4	5.1	27.8	28.9	48.0
江 西	563.5	5.1	19.1	19.3	52.9
山 东	1 921.9	13.8	61.1	65.1	89.9
河 南	1 045.4	6.9	33.5	32.2	61.9
湖 北	828.3	5.4	19.8	22.4	36.8
湖 南	853.8	15.3	47.6	48.1	86.8
广 东	4 068.6	17.1	51.1	92.4	190.8
广 西	551.3	2.2	12.1	12.4	47.7
海 南	184.9	0.4	3.7	2.6	19.3
重 庆	765.7	7.3	28.0	25.2	7.4
四 川	1 472.1	8.9	45.3	45.3	72.9
贵 州	529.9	4.2	22.1	20.2	14.2
云 南	541.9	4.1	18.2	18.5	20.8
西 藏	49.6	0.1	2.2	1.8	7.3
陕 西	629.6	3.9	22.5	19.0	38.9
甘 肃	278.7	1.6	12.1	9.9	17.8
青 海	95.9	0.6	2.8	3.5	9.7
宁 夏	143.8	0.6	4.8	5.0	9.0
新 疆	456.1	2.3	16.6	17.7	21.3

数据来源：国家统计局。

58. 2021年各省、自治区、直辖市生育保险情况

单位：万人，万人次

地 区	年末参加生育保险人数	全年享受生育保险待遇人次
全 国	23 751.7	1 320.5
北 京	1 082.7	49.1
天 津	366.1	18.1
河 北	900.6	24.4
山 西	379.1	12.8
内蒙古	345.4	9.6
辽 宁	704.8	31.8
吉 林	331.7	19.0
黑龙江	396.0	12.0
上 海	1 084.7	29.3
江 苏	2 094.9	101.9
浙 江	1 810.9	152.1
安 徽	700.9	40.2
福 建	711.1	18.4
江 西	380.4	12.4
山 东	1 607.5	76.1
河 南	889.4	29.6
湖 北	710.1	36.9
湖 南	652.8	29.1
广 东	3 973.9	420.1
广 西	523.5	17.4
海 南	179.6	10.7
重 庆	536.5	26.3
四 川	1 201.7	33.2
贵 州	341.7	36.0
云 南	393.3	17.5
西 藏	41.6	3.5
陕 西	560.2	18.1
甘 肃	250.7	9.9
青 海	68.4	6.9
宁 夏	111.5	5.3
新 疆	420.0	12.6

数据来源：国家统计局。

注：2019年起生育保险不公布基金收支情况。

59. 2021年各省、自治区、直辖市城镇居民人均可支配收入来源

单位：元

地区	可支配收入 合计	工资性收入	经营净收入	财产净收入	转移净收入
全　国	47 411.9	28 480.8	5 381.9	5 052.0	8 497.3
北　京	81 517.5	49 150.5	794.4	13 868.6	17 704.0
天　津	51 485.7	32 679.2	2 638.4	5 258.7	10 909.6
河　北	39 791.0	24 540.4	3 631.6	4 021.7	7 597.3
山　西	37 433.1	21 605.8	3 464.8	2 576.9	9 785.6
内蒙古	44 376.9	26 573.6	8 698.4	2 631.2	6 473.7
辽　宁	43 050.8	24 608.3	4 254.3	2 208.4	11 979.9
吉　林	35 645.8	22 523.1	3 468.4	1 767.3	7 887.0
黑龙江	33 646.1	19 024.9	2 872.1	1 350.3	10 398.8
上　海	82 428.9	51 494.3	2 023.8	11 203.8	17 707.0
江　苏	57 743.5	33 455.8	5 815.0	7 476.0	10 996.7
浙　江	68 486.8	38 412.2	9 670.9	9 765.1	10 638.6
安　徽	43 008.7	25 545.5	6 639.8	3 882.7	6 940.6
福　建	51 140.5	31 762.1	6 706.5	6 989.9	5 682.0
江　西	41 684.4	25 128.5	3 985.1	4 136.1	8 434.7
山　东	47 066.4	28 019.1	7 995.1	3 921.2	7 131.1
河　南	37 094.8	21 082.4	5 367.4	3 275.3	7 369.6
湖　北	40 277.8	22 416.1	5 350.1	3 688.6	8 823.0
湖　南	44 866.1	24 160.9	6 878.0	4 436.0	9 391.2
广　东	54 853.6	38 605.8	5 855.2	8 020.1	2 372.5
广　西	38 529.9	20 639.9	6 848.0	4 015.1	7 026.9
海　南	40 213.2	23 777.1	5 395.5	4 470.1	6 570.4
重　庆	43 502.5	25 396.3	4 893.6	3 105.7	10 106.8
四　川	41 443.8	23 933.7	4 798.8	3 322.4	9 388.9
贵　州	39 211.2	22 490.2	6 754.6	3 405.5	6 561.0
云　南	40 904.9	24 187.2	4 408.2	5 130.8	7 178.6
西　藏	46 503.3	34 549.9	1 522.8	4 247.6	6 183.0
陕　西	40 713.1	23 244.6	3 058.4	3 239.5	11 170.6
甘　肃	36 187.3	24 463.3	2 700.2	2 830.7	6 193.0
青　海	37 745.3	24 732.4	3 060.4	1 651.1	8 301.4
宁　夏	38 290.7	25 908.1	3 660.0	1 291.7	7 430.9
新　疆	37 642.4	23 833.1	3 900.0	1 582.8	8 326.5

数据来源：国家统计局。

60. 2021年各省、自治区、直辖市农村居民人均可支配收入来源

单位：元

地区	可支配收入合计	工资性收入	经营净收入	财产净收入	转移净收入
全国	18 930.9	7 958.1	6 566.2	469.4	3 937.2
北京	33 302.7	23 433.8	1 873.9	3 442.9	4 552.2
天津	27 954.5	15 749.2	6 161.8	1 279.7	4 763.9
河北	18 178.9	9 496.7	6 016.5	390.5	2 275.2
山西	15 308.3	6 859.6	3 958.8	216.0	4 273.9
内蒙古	18 336.8	3 602.7	9 980.1	473.5	4 280.6
辽宁	19 216.6	7 108.5	8 667.4	397.2	3 043.6
吉林	17 641.7	4 301.8	10 161.3	387.9	2 790.7
黑龙江	17 889.3	3 322.3	9 353.5	1 109.4	4 104.0
上海	38 520.7	24 971.9	2 413.1	1 276.4	9 859.3
江苏	26 790.8	13 109.2	7 022.4	949.5	5 709.7
浙江	35 247.4	21 433.8	8 527.2	1 081.5	4 204.9
安徽	18 371.7	6 372.7	6 795.3	391.7	4 812.0
福建	23 228.9	10 516.2	8 586.3	466.5	3 659.9
江西	18 684.2	8 279.7	6 043.3	336.4	4 024.7
山东	20 793.9	10 430.1	7 066.3	499.3	2 798.2
河南	17 533.3	6 695.0	5 605.2	252.6	4 980.5
湖北	18 259.0	5 948.6	7 552.9	253.9	4 503.7
湖南	18 295.2	7 165.0	6 530.2	261.5	4 338.5
广东	22 306.0	12 765.0	5 438.8	795.3	3 306.8
广西	16 362.9	5 536.1	6 391.2	385.1	4 050.5
海南	18 076.3	7 546.4	7 071.9	258.7	3 199.3
重庆	18 099.6	6 386.4	6 109.8	446.3	5 157.0
四川	17 575.3	5 513.8	6 651.4	586.6	4 823.5
贵州	12 856.1	5 330.8	3 912.0	124.5	3 488.8
云南	14 197.3	4 697.3	6 875.6	211.2	2 413.1
西藏	16 932.3	6 086.4	7 370.8	768.0	2 707.1
陕西	14 744.8	6 103.5	4 433.1	248.1	3 960.0
甘肃	11 432.8	3 337.0	5 124.5	149.6	2 821.7
青海	13 604.2	4 796.5	5 304.2	375.7	3 127.8
宁夏	15 336.6	5 688.7	6 137.4	352.5	3 158.1
新疆	15 575.3	4 710.2	7 285.0	353.3	3 226.8

数据来源：国家统计局。

61. 2021年各省、自治区、直辖市城镇居民家庭人均消费支出

单位：元

地 区	消费支出 合计	食品烟酒	衣着	居住	生活用品及服务	交通通信	教育文化娱乐	医疗保健	其他用品及服务
全 国	30 307.2	8 678.1	1 842.8	7 405.3	1 819.6	3 932.0	3 322.0	2 521.3	786.1
北 京	46 775.7	9 719.6	2 235.5	18 382.0	2 744.5	4 357.8	3 665.4	4 609.8	1 061.1
天 津	36 066.9	9 708.4	2 037.4	8 315.0	2 105.4	4 736.4	3 783.7	4 021.0	1 359.7
河 北	24 192.4	6 521.6	1 695.0	6 108.3	1 483.4	3 144.3	2 440.9	2 205.3	593.6
山 西	21 965.5	5 528.5	1 665.8	4 921.5	1 390.9	2 537.5	2 834.2	2 497.2	589.7
内蒙古	27 194.2	7 325.9	2 153.2	5 642.6	1 547.1	4 063.0	3 086.7	2 617.7	758.1
辽 宁	28 438.4	8 183.9	1 993.8	5 947.0	1 638.3	3 432.9	3 398.3	2 904.8	939.4
吉 林	24 420.9	6 622.6	1 783.4	4 936.7	1 377.4	3 225.4	2 969.5	2 701.1	804.9
黑龙江	24 422.1	7 095.1	1 780.3	4 944.6	1 293.1	3 092.6	2 714.9	2 850.5	651.0
上 海	51 294.6	12 877.6	2 153.4	17 369.5	2 328.2	5 721.2	5 090.0	4 063.1	1 691.6
江 苏	36 558.0	9 590.4	2 075.1	10 321.4	2 176.4	4 926.7	3 563.5	2 800.5	1 104.0
浙 江	42 193.5	11 283.4	2 437.2	11 306.6	2 417.9	6 105.0	4 537.2	2 865.6	1 240.5
安 徽	26 495.1	8 468.6	1 794.4	5 822.9	1 671.2	3 039.9	3 170.4	1 891.2	636.2
福 建	33 942.0	10 612.2	1 740.9	10 349.5	1 793.6	3 655.6	3 119.7	1 939.4	731.1
江 西	24 586.5	7 722.7	1 440.2	5 469.8	1 445.8	2 939.6	2 943.6	2 015.4	609.4
山 东	29 314.3	7 693.0	2 096.9	6 198.9	2 319.2	4 309.6	3 665.8	2 403.9	627.6
河 南	23 177.5	6 438.3	1 788.7	5 302.5	1 621.5	2 640.1	2 761.2	2 058.0	567.1
湖 北	28 505.6	8 513.1	1 844.9	6 241.9	1 628.1	3 562.7	3 487.9	2 541.1	686.0
湖 南	28 293.8	8 129.8	1 857.3	5 795.6	1 830.0	3 802.7	3 859.5	2 399.2	620.0
广 东	36 621.1	11 622.0	1 519.9	9 696.4	1 874.8	5 008.5	3 872.8	2 143.7	882.9
广 西	22 555.3	7 089.0	995.6	4 703.6	1 371.1	3 008.6	2 811.5	2 163.1	412.7
海 南	27 564.8	9 593.8	993.3	6 721.1	1 316.0	3 369.8	2 961.0	2 012.9	597.4
重 庆	29 849.6	9 556.8	2 214.7	5 467.3	2 125.5	3 795.8	3 241.1	2 661.9	786.5
四 川	26 970.8	9 246.5	1 831.4	5 158.2	1 723.8	3 529.8	2 557.5	2 281.1	642.5
贵 州	25 333.0	7 765.3	1 827.0	4 489.6	1 590.5	3 832.0	3 270.8	1 952.1	605.7
云 南	27 440.7	8 000.4	1 576.0	5 952.5	1 534.5	4 169.8	3 005.9	2 551.8	649.9
西 藏	28 159.2	9 395.4	2 625.6	6 538.8	2 052.0	3 651.3	1 566.7	1 565.8	763.1
陕 西	24 783.7	6 664.4	1 738.9	5 589.5	1 701.4	2 835.3	2 880.0	2 758.6	615.7
甘 肃	25 756.6	7 542.5	1 938.8	5 732.0	1 648.5	3 295.7	2 692.2	2 291.7	615.2
青 海	24 512.5	7 388.6	1 792.2	4 754.6	1 546.3	3 928.3	2 099.4	2 454.1	549.1
宁 夏	25 385.6	6 689.8	1 896.7	4 610.0	1 568.6	4 233.1	3 075.7	2 559.2	752.4
新 疆	25 724.0	7 752.8	1 860.5	4 772.1	1 627.9	3 864.7	2 047.3	2 850.2	948.6

数据来源：国家统计局。

62. 2021年各省、自治区、直辖市农村居民家庭人均消费支出

单位：元

地 区	消费支出合计	食品烟酒	衣着	居住	生活用品及服务	交通通信	教育文化娱乐	医疗保健	其他用品及服务
全 国	15 915.6	5 200.2	859.5	3 314.7	900.5	2 131.8	1 645.5	1 579.6	283.8
北 京	23 574.0	6 663.5	1 265.7	7 020.2	1 377.0	3 387.9	1 316.7	2 211.9	331.0
天 津	19 285.5	6 385.0	1 073.1	3 677.6	1 144.7	2 719.5	1 386.3	2 427.2	472.0
河 北	15 390.7	4 703.4	1 023.8	2 812.2	930.0	2 336.1	1 540.6	1 745.5	299.1
山 西	11 410.1	3 525.1	807.2	2 554.2	590.8	1 322.5	1 120.5	1 254.6	235.1
内蒙古	15 691.4	4 721.2	854.4	2 827.6	704.2	2 605.8	1 709.7	1 950.7	317.9
辽 宁	14 605.9	4 376.4	895.3	2 844.6	645.1	2 234.7	1 630.3	1 644.9	334.6
吉 林	13 411.0	4 055.0	784.2	2 125.8	573.6	1 923.4	1 697.7	1 922.9	328.3
黑龙江	15 225.0	5 119.9	1 017.6	2 267.7	680.0	2 287.6	1 595.5	1 938.8	318.0
上 海	27 204.8	10 153.4	1 489.5	5 075.1	1 529.3	4 773.7	1 298.3	2 216.4	669.1
江 苏	21 130.1	6 781.3	1 195.2	4 618.0	1 376.6	3 141.3	1 815.0	1 781.9	420.7
浙 江	25 415.2	7 872.9	1 265.3	7 166.1	1 370.3	3 346.0	2 203.6	1 751.8	439.2
安 徽	17 163.3	5 769.3	1 053.7	3 465.3	1 003.1	1 899.1	1 978.5	1 672.1	322.2
福 建	19 290.4	6 765.0	917.9	4 894.0	938.6	2 232.2	1 661.7	1 484.3	396.6
江 西	15 663.1	5 221.8	691.4	3 915.0	814.6	1 699.4	1 776.9	1 347.4	196.5
山 东	14 298.7	4 231.6	786.8	2 692.8	925.3	2 428.0	1 498.7	1 505.8	229.8
河 南	14 073.2	4 142.7	1 059.1	2 876.3	874.7	1 619.6	1 711.2	1 542.1	247.4
湖 北	17 646.9	5 630.5	958.5	3 328.7	927.0	2 685.8	2 032.3	1 836.5	247.7
湖 南	16 950.7	5 254.1	767.9	3 764.4	965.5	1 921.0	2 212.1	1 827.9	238.2
广 东	20 011.8	7 867.4	721.4	4 722.4	1 014.2	2 222.9	1 789.4	1 342.2	331.8
广 西	14 165.3	4 715.5	459.7	2 814.4	784.4	2 002.9	1 820.6	1 392.5	175.3
海 南	15 487.3	6 447.6	431.8	2 879.5	675.8	1 738.2	1 789.0	1 264.9	260.5
重 庆	16 095.7	5 884.4	888.5	2 908.6	965.4	1 842.0	1 565.8	1 781.8	259.3
四 川	16 444.0	5 969.5	835.2	2 990.8	1 074.7	2 135.2	1 272.6	1 877.3	288.8
贵 州	12 557.0	3 934.3	675.5	2 709.2	737.0	1 833.1	1 498.7	940.8	228.4
云 南	12 386.3	4 431.2	495.2	2 450.0	607.5	1 835.2	1 346.4	1 059.2	161.7
西 藏	10 576.6	3 996.5	799.4	2 538.1	575.0	1 529.9	471.0	489.8	176.4
陕 西	13 158.0	3 814.6	724.8	3 049.5	772.9	1 657.0	1 235.1	1 702.3	201.9
甘 肃	11 206.1	3 467.1	674.1	2 180.4	630.9	1 401.9	1 292.7	1 362.2	197.0
青 海	13 300.2	4 248.1	907.2	2 357.3	674.0	2 255.1	1 136.0	1 400.7	321.9
宁 夏	13 535.7	3 941.9	733.0	2 583.7	760.9	2 344.5	1 302.1	1 603.2	266.5
新 疆	12 821.4	3 911.7	830.6	2 532.8	715.5	1 657.6	1 316.8	1 210.6	645.8

数据来源：国家统计局。

63. 2021年各省、自治区、直辖市城镇非私营单位就业人员工资总额和指数

单位：亿元

地 区	工资总额 合计	国有单位	城镇集体单位	其他单位	指数（上年=100） 合计	国有单位	城镇集体单位	其他单位
全 国	180 817.52	64 547.83	1 920.04	114 349.62	3 398.00	3 362.60	3 152.50	3 432.50
北 京	14 810.95	3 158.19	70.72	11 582.03	112.30	102.10	105.80	115.50
天 津	3 178.52	985.98	13.75	2 178.79	108.50	113.80	114.00	106.30
河 北	4 683.04	2 063.58	64.77	2 554.68	107.80	102.60	99.10	112.60
山 西	3 664.96	1 330.15	29.27	2 305.54	111.10	103.70	94.60	116.10
内蒙古	2 427.45	1 138.38	16.27	1 272.80	104.90	101.10	79.10	108.90
辽 宁	3 976.26	1 605.98	39.59	2 330.69	104.00	107.30	90.50	102.20
吉 林	2 129.87	1 018.43	7.71	1 103.73	106.20	107.30	81.10	105.50
黑龙江	2 530.35	1 217.77	14.02	1 298.55	106.70	105.80	87.20	107.80
上 海	12 964.29	2 135.10	92.83	10 736.35	116.40	121.60	106.60	115.50
江 苏	14 942.57	4 510.23	322.65	10 109.69	110.50	112.60	104.60	109.70
浙 江	12 449.32	3 913.77	53.03	8 482.51	114.00	106.00	101.60	118.10
安 徽	5 224.58	2 077.06	59.50	3 088.03	110.20	110.20	103.00	110.40
福 建	5 631.75	1 849.37	62.29	3 720.09	107.90	107.90	103.50	108.00
江 西	3 698.70	1 712.94	46.37	1 939.38	105.80	108.90	99.90	103.30
山 东	10 457.65	4 291.49	118.54	6 047.63	109.00	108.60	105.50	109.30
河 南	6 782.90	2 877.92	119.57	3 785.41	102.20	104.50	102.20	100.60
湖 北	6 133.91	2 614.73	45.28	3 473.91	116.10	117.50	106.30	115.30
湖 南	5 101.49	2 388.70	74.70	2 638.09	108.30	105.30	97.00	111.60
广 东	24 978.70	6 855.32	273.36	17 850.02	111.40	109.00	104.40	112.50
广 西	3 586.87	1 774.43	29.03	1 783.41	108.10	104.70	84.40	112.20
海 南	1 103.70	444.60	6.54	652.56	119.10	107.60	108.20	128.60
重 庆	3 631.44	1 459.54	30.04	2 141.87	106.30	110.50	99.60	103.70
四 川	8 372.97	3 435.72	96.52	4 840.72	112.10	109.00	108.50	114.40
贵 州	3 139.63	1 695.68	18.51	1 425.44	106.90	105.60	95.70	108.70
云 南	3 503.94	2 114.18	100.65	1 289.11	106.70	110.00	180.10	98.80
西 藏	620.08	427.17	2.23	190.68	124.80	123.20	103.90	128.80
陕 西	4 287.34	1 648.05	56.20	2 583.09	105.90	105.00	96.30	106.70
甘 肃	2 200.16	1 267.59	31.53	901.04	106.00	105.20	94.50	107.70
青 海	724.32	412.66	5.61	306.05	108.30	106.00	77.40	112.50
宁 夏	748.78	396.82	3.47	348.49	110.00	109.10	113.60	111.10
新 疆	3 131.03	1 726.30	15.49	1 389.24	110.50	110.90	104.30	110.10

数据来源：国家统计局。

64. 1995—2021 年全国城镇非私营单位就业人员工资总额和指数

单位：亿元

年份	工资总额 合计	国有单位	城镇集体单位	其他城镇单位	指数（上年=100） 合计	国有单位	城镇集体单位	其他城镇单位
1995	8 055.8	6 172.6	1 210.6	672.6	119.0	117.4	115.6	142.2
1996	8 964.4	6 893.3	1 269.4	801.7	111.3	111.7	104.9	119.2
1997	9 602.4	7 323.9	1 283.9	994.5	107.1	106.2	101.1	124.0
1998	9 540.2	6 934.6	1 054.9	1 550.7	99.4	94.7	82.2	155.9
1999	10 155.9	7 289.9	995.8	1 870.1	106.5	105.1	94.4	120.6
2000	10 954.7	7 744.9	950.7	2 259.1	107.9	106.2	95.5	120.8
2001	12 205.4	8 515.2	898.5	2 791.7	111.4	109.9	94.5	123.6
2002	13 638.1	9 138.0	863.9	3 636.2	111.7	107.3	96.1	130.3
2003	15 329.6	9 911.9	867.1	4 550.6	112.4	108.5	100.4	125.1
2004	17 615.0	11 038.2	876.2	5 700.6	114.9	111.4	101.0	125.3
2005	20 627.1	12 291.7	906.4	7 429.0	117.1	111.4	103.4	130.3
2006	24 262.3	13 920.6	983.8	9 357.9	117.6	113.3	108.5	126.0
2007	29 471.5	16 689.1	1 108.1	11 674.3	121.5	119.9	112.6	124.8
2008	35 289.5	19 487.9	1 203.2	14 598.4	119.7	116.8	108.6	125.0
2009	40 288.2	21 862.7	1 273.3	17 152.1	114.2	112.2	105.8	117.5
2010	47 269.9	24 886.4	1 433.7	20 949.7	117.3	113.8	112.6	122.1
2011	59 954.7	28 954.8	1 737.4	29 262.4	126.8	116.3	121.2	139.7
2012	70 914.2	32 950.0	1 990.4	35 973.8	118.3	113.8	114.6	122.9
2013	93 064.3	33 359.6	2 195.8	57 508.9	131.2	101.2	110.3	159.9
2014	102 817.2	36 106.6	2 302.7	64 408.0	110.5	108.2	104.9	112.0
2015	112 007.8	40 387.9	2 239.4	69 380.5	108.9	111.9	97.3	107.7
2016	120 074.8	44 462.9	2 268.6	73 343.3	107.2	110.1	101.3	105.7
2017	129 889.1	48 884.1	2 215.6	78 789.4	108.2	109.9	97.7	107.4
2018	141 480.0	51 126.6	2 082.3	88 271.1	108.9	104.6	94.0	112.0
2019	154 296.1	53 743.7	1 841.5	98 710.9	109.1	105.1	88.4	111.8
2020	164 126.9	59 628.1	1 841.8	102 657.0	106.4	110.9	100.0	104.0
2021	180 817.5	64 547.9	1 920.0	114 349.7	110.2	108.3	104.2	111.4

数据来源：国家统计局。

注：1995—2008 年的城镇单位就业人员工资总额即为原来的城镇单位就业人员劳动报酬总额。

65. 2021年各省、自治区、直辖市城镇非私营单位就业人员平均工资和指数

地 区	平均工资 合计	在岗职工	国有单位	城镇集体单位	其他单位	平均货币工资指数（上年=100）合计	在岗职工
全 国	3 200 205	3 312 118	3 627 995	2 272 765	3 002 820	3 375.9	3 373.6
北 京	194 651	201 504	204 427	75 525	193 990	109.2	108.9
天 津	123 528	128 171	149 054	69 911	115 161	107.7	107.8
河 北	82 526	85 611	81 255	62 548	84 273	106.7	107.1
山 西	82 413	84 938	78 785	56 533	85 171	110.3	109.8
内蒙古	90 426	93 266	87 209	89 475	93 524	106.0	106.1
辽 宁	86 062	88 474	90 167	49 395	84 478	108.3	107.6
吉 林	83 028	86 658	86 029	77 947	80 475	106.5	106.9
黑龙江	80 369	85 157	77 455	68 118	83 476	107.8	107.8
上 海	191 844	196 053	225 085	119 507	187 323	111.6	112.2
江 苏	115 133	117 868	156 244	103 460	103 371	111.1	111.2
浙 江	122 309	125 351	171 582	75 225	108 374	112.6	112.2
安 徽	93 861	97 445	116 898	85 045	83 022	109.3	109.0
福 建	98 071	101 516	124 279	75 505	89 169	111.3	111.5
江 西	83 766	86 116	100 170	56 827	73 913	107.1	107.0
山 东	94 768	98 094	113 670	67 351	85 375	108.0	108.2
河 南	74 872	76 261	82 601	64 034	70 250	106.6	106.9
湖 北	96 994	100 190	113 163	58 287	88 265	114.0	114.1
湖 南	85 438	88 874	96 922	59 232	78 043	108.0	107.9
广 东	118 133	120 299	160 329	76 875	108 095	109.3	109.0
广 西	881 70	91 369	96 057	50 220	824 48	106.5	106.1
海 南	974 71	101 090	103 847	68 803	939 33	112.5	112.8
重 庆	101 670	106 966	129 164	71 397	89 254	108.4	108.7
四 川	96 741	100 469	113 183	64 911	88 483	109.2	109.3
贵 州	94 487	99 324	97 953	70 025	91 066	105.9	105.4
云 南	98 730	104 286	110 703	91 304	84 311	106.0	106.1
西 藏	140 355	145 461	161 382	76 945	109 459	116.0	115.2
陕 西	90 996	94 435	88 225	65 110	93 683	109.0	108.5
甘 肃	84 500	88 289	92 296	59 787	76 515	106.0	105.9
青 海	109 346	112 397	115 757	88 323	102 163	107.8	107.9
宁 夏	105 266	109 437	111 640	81 922	99 105	108.0	107.5
新 疆	94 281	96 749	92 464	93 218	96 652	109.2	109.0

数据来源：国家统计局。

单位：元

平均货币工资指数（上年=100）			平均实际工资指数（上年=100）				
国有单位	城镇集体单位	其他单位	合计	在岗职工	国有单位	城镇集体单位	其他单位
3 302.5	3 358.4	3 426.6	3 344.9	3 342.2	3 271.8	3 327.6	3 394.3
102.6	107.3	111.3	108.1	107.7	101.5	106.1	110.1
104.0	125.6	108.3	106.3	106.4	102.7	124.0	106.9
102.8	110.3	109.9	105.8	106.1	101.9	109.3	109.0
105.7	117.5	112.8	109.1	108.6	104.6	116.3	111.5
104.3	101.6	107.6	105.2	105.2	103.4	100.8	106.7
108.1	109.0	108.1	107.1	106.4	106.9	107.8	106.9
105.8	111.8	106.9	105.9	106.4	105.3	111.2	106.3
105.2	101.9	110.4	107.2	107.2	104.6	101.3	109.8
112.1	110.3	111.4	110.3	110.9	110.7	109.0	110.0
108.0	107.4	111.8	109.4	109.4	106.3	105.7	110.1
107.2	108.6	115.8	110.9	110.5	105.6	107.0	114.1
108.3	110.7	109.8	108.1	107.8	107.1	109.5	108.6
109.4	107.5	112.0	110.4	110.6	108.5	106.7	111.1
106.5	101.3	107.0	106.2	106.0	105.5	100.4	106.0
106.4	108.9	108.9	106.6	106.8	105.1	107.5	107.5
103.2	106.9	108.5	105.5	105.8	102.1	105.9	107.4
115.4	103.0	113.2	113.6	113.7	115.0	102.6	112.7
107.1	106.4	109.2	107.2	107.2	106.4	105.7	108.4
107.0	106.5	110.3	108.3	108.0	106.0	105.5	109.2
106.4	102.6	107.1	105.4	105.0	105.2	101.5	105.9
102.3	118.8	120.8	112.0	112.2	101.8	118.2	120.1
106.9	102.8	108.3	108.0	108.4	106.5	102.5	107.9
107.4	109.8	110.7	108.9	109.0	107.1	109.5	110.4
104.2	108.3	107.8	105.8	105.2	104.1	108.2	107.7
103.7	105.2	107.3	105.8	105.9	103.5	105.0	107.1
115.6	108.8	117.8	115.0	114.2	114.5	107.8	116.7
104.3	110.0	112.0	107.3	106.9	102.7	108.4	110.3
104.7	102.8	107.7	104.8	104.7	103.6	101.7	106.6
104.5	115.3	112.1	106.5	106.5	103.2	113.9	110.6
105.5	104.9	110.8	106.4	105.9	103.9	103.4	109.2
107.9	106.6	111.0	107.8	107.6	106.5	105.2	109.5

66. 1996—2021年全国城镇单位就业人员平均工资和指数

年份	平均工资 合计	在岗职工	国有单位	城镇集体单位	其他单位	平均货币工资指数（上年=100）合计	在岗职工
1996	5 980	6 210	6 207	4 312	8 521	111.8	112.9
1997	6 444	6 470	6 679	4 516	9 092	107.8	104.2
1998	7 446	7 479	7 579	5 314	9 241	115.5	106.6
1999	8 319	8 346	8 443	5 758	10 142	111.7	111.6
2000	9 333	9 371	9 441	6 241	11 238	112.2	112.3
2001	10 834	10 870	11 045	6 851	12 437	116.1	116.0
2002	12 373	12 422	12 701	7 636	13 486	114.2	114.3
2003	13 969	14 040	14 358	8 627	14 843	112.9	113.0
2004	15 920	16 024	16 445	9 723	16 519	114.0	114.1
2005	18 200	18 364	18 978	11 176	18 362	114.3	114.6
2006	20 856	21 001	21 706	12 866	21 004	114.6	114.4
2007	24 721	24 932	26 100	15 444	24 271	118.5	118.7
2008	28 898	29 229	30 287	18 103	28 552	116.9	117.2
2009	32 244	32 736	34 130	20 607	31 350	111.6	112.0
2010	36 539	37 147	38 359	24 010	35 801	113.3	113.5
2011	41 799	42 452	43 483	28 791	41 323	114.4	114.3
2012	46 769	47 593	48 357	33 784	46 360	111.9	112.1
2013	51 483	52 388	52 657	38 905	51 453	110.1	110.1
2014	56 360	57 361	57 296	42 742	56 485	109.5	109.5
2015	62 029	63 241	65 296	46 607	60 906	110.1	110.3
2016	67 569	68 993	72 538	50 527	65 531	108.9	109.1
2017	74 318	76 121	81 114	55 243	71 304	110.0	110.3
2018	82 413	84 744	89 474	60 664	79 453	110.9	111.3
2019	90 501	93 383	98 899	62 612	87 195	109.8	110.2
2020	97 379	100 512	108 132	68 590	92 721	107.6	107.6
2021	106 837	110 221	115 583	74 491	103 182	109.7	109.7

数据来源：国家统计局人口和就业统计司。

注：1996—2008年的城镇单位就业人员平均工资即为原来的城镇单位就业人员平均劳动报酬。

单位：元

平均货币工资指数 (上年=100)			平均实际工资指数 (上年=100)				
国有单位	城镇集体单位	其他单位	合计	在岗职工	国有单位	城镇集体单位	其他单位
111.8	109.6	110.3	102.8	103.8	102.7	100.7	101.3
107.6	104.7	106.7	104.5	101.1	104.4	101.6	103.5
113.5	117.7	101.6	116.2	107.2	114.2	118.4	102.3
111.4	108.4	109.8	113.2	113.1	112.9	109.8	111.2
111.8	108.4	110.8	111.3	111.4	110.9	107.5	109.9
117.0	109.8	110.7	115.3	115.2	116.2	109.0	109.9
115.0	111.5	108.4	115.4	115.5	116.2	112.6	109.5
113.0	113.0	110.1	111.9	112.0	112.0	112.0	109.1
114.5	112.9	111.3	110.3	110.5	110.9	109.1	107.7
115.4	114.9	111.2	112.5	112.8	113.6	113.1	109.4
114.4	115.1	114.4	112.9	112.7	112.7	113.4	112.7
120.2	120.0	115.6	113.4	113.6	115.0	114.8	110.6
116.0	117.2	117.6	110.7	111.0	109.8	111.0	111.4
112.7	113.8	109.8	112.6	113.0	113.7	114.8	110.6
112.4	116.5	114.2	109.8	110.1	108.9	112.9	110.7
113.4	119.9	115.4	108.6	108.5	107.7	113.9	109.6
111.2	117.3	112.2	109.0	109.2	108.3	114.3	109.2
108.9	115.2	111.0	107.3	107.3	106.1	112.2	108.2
108.8	109.9	109.8	107.2	107.2	106.6	107.6	107.5
114.0	109.0	107.8	108.5	108.6	112.3	107.4	106.2
111.1	108.4	107.6	106.7	106.9	108.8	106.2	105.4
111.8	109.3	108.8	108.2	108.5	110.0	107.5	107.0
110.3	109.8	111.4	108.6	109.0	108.0	107.5	109.1
110.5	103.2	109.7	106.8	107.2	107.5	100.4	106.8
109.3	109.5	106.3	105.2	105.2	106.9	107.1	103.9
106.9	108.6	111.3	108.6	108.6	105.8	107.5	110.2

67. 2021年各省、自治区、直辖市医疗卫生机构数

地 区	合计	医院 小计	综合医院	中医医院	中西医结合医院	民族医院	专科医院	护理院
总　　计	1 030 935	36 570	20 307	4 630	756	329	9 699	849
东　　部	394 513	14 252	7 541	1 715	265	5	4 045	681
中　　部	323 989	11 009	6 012	1 586	257	8	3 038	108
西　　部	312 433	11 309	6 754	1 329	234	316	2 616	60
北　　京	10 699	644	214	167	48	2	206	7
天　　津	6 076	432	276	55	3	—	97	1
河　　北	88 162	2 395	1 589	275	47	—	476	8
山　　西	41 007	1 427	678	217	37	—	486	9
内　蒙　古	24 948	806	379	140	12	95	172	8
辽　　宁	33 051	1 444	758	207	14	2	444	19
吉　　林	25 344	825	406	131	10	3	271	4
黑　龙　江	20 578	1 187	762	177	10	3	231	4
上　　海	6 308	426	178	23	10	—	132	83
江　　苏	36 448	2 030	974	152	39	—	532	333
浙　　江	35 120	1 485	603	194	34	—	561	93
安　　徽	29 554	1 338	760	147	49	—	342	40
福　　建	28 693	711	381	88	9	1	224	8
江　　西	36 764	939	562	126	23	—	223	5
山　　东	85 715	2 654	1 447	347	40	—	730	90
河　　南	78 536	2 410	1 395	431	68	—	495	21
湖　　北	36 529	1 167	601	146	25	1	382	12
湖　　南	55 677	1 716	848	211	35	1	608	13
广　　东	57 964	1 762	955	185	14	—	569	39
广　　西	34 112	803	429	114	21	5	227	7
海　　南	6 277	269	166	22	7	—	74	—
重　　庆	21 361	858	442	133	55	—	215	13
四　　川	80 249	2 481	1 483	266	34	43	641	14
贵　　州	29 292	1 449	982	116	22	7	319	3
云　　南	26 885	1 405	877	163	19	4	337	5
西　　藏	6 907	179	115	1	1	51	11	—
陕　　西	34 971	1 270	754	172	17	—	320	7
甘　　肃	25 759	699	361	116	36	17	169	—
青　　海	6 408	222	121	15	6	38	40	2
宁　　夏	4 571	213	128	31	4	2	48	—
新　　疆	16 970	924	683	62	7	54	117	1

数据来源：国家卫生健康委员会统计信息中心。

	基层医疗卫生机构						
小计	社区卫生服务中心	社区卫生服务站	街道卫生院	乡镇卫生院	村卫生室	门诊部	诊所（医务室、护理站）
977 790	10 122	26 038	512	34 943	599 292	35 827	271 056
373 823	4 746	15 421	94	8 964	206 251	21 009	117 338
308 224	2 811	5 455	307	11 192	207 292	9 506	71 661
295 743	2 565	5 162	111	14 787	185 749	5 312	82 057
9 777	344	1 645	—	—	2 559	1 343	3 886
5 489	129	544	5	133	2 214	819	1 645
85 029	342	1 201	—	1 970	59 967	1 035	20 514
39 101	234	803	248	1 312	26 355	664	9 485
23 684	345	885	1	1 251	12 965	771	7 466
30 919	393	994	14	1 025	16 235	1 182	11 076
24 155	240	81	—	762	9 463	1 624	11 985
18 772	471	202	7	964	10 128	1 495	5 505
5 656	335	824	—	—	1 147	1 397	1 953
33 387	575	2 094	7	973	14 936	2 916	11 886
33 021	502	4 156	13	1 042	11 221	2 671	13 416
27 629	368	1 446	9	1 347	15 630	1 437	7 392
27 463	234	491	—	889	16 847	1 667	7 335
35 216	181	406	5	1 588	27 189	536	5 311
82 062	594	1 812	48	1 492	52 940	1 868	23 308
75 174	550	1 241	9	2 010	58 488	1 148	11 728
34 823	351	722	29	1 110	22 961	1 594	8 056
53 354	416	554	—	2 099	37 078	1 008	12 199
55 139	1 231	1 505	7	1 166	25 448	5 711	20 071
32 643	194	144	—	1 263	19 088	622	11 332
5 881	67	155	—	274	2 737	400	2 248
20 268	238	339	9	810	9 495	587	8 790
76 875	498	618	26	3 661	50 309	1 200	20 563
27 465	310	583	46	1 331	20 105	339	4 751
24 869	210	442	26	1 369	13 588	556	8 678
6 600	10	4	—	675	5 258	8	645
33 185	287	454	—	1 531	22 394	666	7 853
24 373	213	485	2	1 357	16 301	116	5 899
6 011	35	240	—	410	4 472	132	722
4 242	38	201	—	205	2 159	68	1 571
15 528	187	767	1	924	9 615	247	3 787

专业公共卫生机构									
小计	疾病预防控制中心	专科疾病防治院（所、站）	健康教育所（站）	妇幼保健院（所、站）	急救中心（站）	采供血机构	卫生监督所（中心）	计划生育技术服务机构
13 276	3 376	932	184	3 032	526	628	3 010	1 588
4 555	1 040	402	62	947	270	208	947	679
4 032	1 053	398	39	954	150	177	964	297
4 689	1 283	132	83	1 131	106	243	1 099	612
101	25	19	—	18	13	6	18	2
73	20	3	1	17	7	7	18	
644	187	12	2	184	15	19	181	44
431	132	8	6	127	11	23	124	
400	121	14	8	114	9	18	116	
539	109	51	4	86	16	18	107	148
285	66	55	3	71	9	20	49	12
548	146	32	—	117	19	30	140	64
103	19	16	1	19	12	8	17	11
619	115	34	6	118	56	31	110	149
406	103	14	2	95	58	27	99	8
466	122	41	5	126	19	26	113	14
392	100	23	—	94	13	10	87	65
513	144	92	13	112	16	20	110	6
779	191	86	1	161	19	27	150	144
791	183	22	9	164	54	24	183	152
459	116	70	1	101	18	16	108	29
539	144	78	2	136	4	18	137	20
788	142	128	35	130	53	49	160	91
599	122	30	1	105	4	35	125	177
111	29	16	10	25	8	6	—	17
154	41	13	7	41	—	13	39	—
703	212	23	12	202	23	52	178	1
328	100	5	2	99	8	31	79	4
544	150	28	11	147	47	17	143	1
127	82	—	—	36		7	2	—
415	119	5	10	118	5	11	118	29
652	103	9	14	99	4	18	97	308
173	55	2	3	50	—	9	53	1
95	25	—	11	23	3	7	24	2
499	153	3	4	97	3	25	125	89

单位：个

		其他医疗卫生机构				
小计	疗养院	医学科研机构	医学在职培训机构	统计信息中心	其他	
3 299	**141**	**143**	**210**	**103**	**2 702**	
1 883	74	80	93	47	1 589	
724	28	28	77	18	573	
692	39	35	40	38	540	
177	—	30	6	8	133	
82	2	7	4	—	69	
94	2	1	—	4	87	
48	4	1	1	—	42	
58	5	1	2	—	50	
149	8	2	—	—	139	
79	5	3	3	2	66	
71	—	1	4	3	63	
123	4	8	4	3	104	
412	17	9	20	16	350	
208	12	3	29	7	157	
121	8	11	16	5	81	
127	5	6	17	1	98	
96	6	5	—	—	85	
220	14	4	8	1	193	
161	3	6	40	2	110	
80	1	—	12	5	62	
68	1	1	1	1	64	
275	9	10	5	6	245	
67	8	10	—	5	44	
16	1	—	—	1	14	
81	3	—	3	5	70	
190	3	5	8	18	156	
50	3	1	3	43	—	
67	5	10	4	2	46	
1	—	—	1	—	—	
101	4	6	18	4	69	
35	5	2	1	2	25	
2	—	—	—	1	1	
21	—	—	—	1	20	
19	3	—	—	—	16	

68. 2021年各省、自治区、直辖市医疗卫生机构床位数

单位：张

地 区	床位总数	医院 合计	其中：综合医院	每千人口医疗卫生机构床位
总　　计	9 450 110	7 414 228	4 699 689	6.70
东　部	3 605 380	2 949 746	1 832 018	5.93
中　部	3 072 305	2 342 310	1 525 432	7.32
西　部	2 772 425	2 122 172	1 342 239	7.24
北　京	130 259	122 287	65 725	5.95
天　津	68 681	62 238	34 329	5.00
河　北	454 994	360 191	251 193	6.11
山　西	228 946	186 067	121 179	6.58
内蒙古	166 598	133 841	78 091	6.94
辽　宁	324 528	278 149	179 119	7.67
吉　林	176 546	151 196	91 953	7.43
黑龙江	260 536	221 206	145 665	8.34
上　海	160 378	142 730	72 675	6.44
江　苏	548 560	429 886	237 353	6.46
浙　江	369 875	327 374	189 915	5.66
安　徽	411 023	318 415	208 682	6.72
福　建	223 813	176 316	112 015	5.35
江　西	307 292	223 990	148 069	6.80
山　东	673 920	522 326	342 288	6.63
河　南	721 329	536 984	367 030	7.30
湖　北	433 965	314 615	212 813	7.44
湖　南	532 668	389 837	230 041	8.04
广　东	588 964	479 712	313 205	4.64
广　西	319 045	219 722	132 206	6.33
海　南	61 408	48 537	34 201	6.02
重　庆	240 741	178 223	105 564	7.50
四　川	662 029	497 531	293 094	7.91
贵　州	296 902	232 086	145 388	7.71
云　南	330 278	256 141	171 566	7.04
西　藏	19 650	14 808	10 714	5.37
陕　西	284 545	233 562	160 972	7.20
甘　肃	183 166	142 546	91 912	7.36
青　海	42 153	35 825	24 020	7.10
宁　夏	41 191	35 703	25 273	5.68
新　疆	186 127	142 184	103 439	7.19

数据来源：国家卫生健康委员会统计信息中心。

注：千人口床位数的合计项分母系常住人口数。

69. 2021年各省、自治区、直辖市卫生人员数

单位：人

地区	卫生人员总数	卫生技术人员数 合计	执业（助理）医师	注册护士	每千人口 卫生技术人员	执业（助理）医师	注册护士
合 计	13 985 363	11 244 217	4 287 604	5 019 422	7.97	3.04	3.56
东 部	6 050 815	4 905 260	1 942 901	2 158 253	8.06	3.19	3.55
中 部	4 009 210	3 206 265	1 241 110	1 452 018	7.64	2.96	3.46
西 部	3 915 338	3 122 692	1 103 593	1 409 151	8.16	2.88	3.68
北 京	361 004	289 021	112 514	124 086	13.20	5.14	5.67
天 津	152 473	121 717	51 777	46 810	8.87	3.77	3.41
河 北	710 338	559 405	254 233	225 019	7.51	3.41	3.02
山 西	362 910	281 533	113 350	124 305	8.09	3.26	3.57
内蒙古	261 660	211 694	84 230	88 938	8.82	3.51	3.71
辽 宁	417 681	334 026	132 022	152 697	7.90	3.12	3.61
吉 林	276 724	217 251	87 309	97 803	9.15	3.68	4.12
黑龙江	314 884	248 554	96 932	107 095	7.95	3.10	3.43
上 海	281 031	229 024	84 055	103 859	9.20	3.38	4.17
江 苏	853 428	691 783	272 663	308 650	8.13	3.21	3.63
浙 江	694 800	579 080	232 669	250 311	8.85	3.56	3.83
安 徽	519 418	435 127	172 581	200 950	7.12	2.82	3.29
福 建	366 095	294 368	111 058	130 171	7.03	2.65	3.11
江 西	381 722	305 661	111 394	139 922	6.77	2.47	3.10
山 东	1 055 683	853 147	342 790	376 542	8.39	3.37	3.70
河 南	969 594	755 601	297 515	328 077	7.65	3.01	3.32
湖 北	564 148	456 373	169 525	214 644	7.83	2.91	3.68
湖 南	619 810	506 165	192 504	239 222	7.64	2.91	3.61
广 东	1 058 702	873 183	319 438	401 698	6.88	2.52	3.17
广 西	493 178	393 882	131 975	182 407	7.82	2.62	3.62
海 南	99 580	80 506	29 682	38 410	7.89	2.91	3.77
重 庆	308 519	246 615	92 134	114 010	7.68	2.87	3.55
四 川	865 416	672 694	250 397	306 685	8.04	2.99	3.66
贵 州	384 145	309 378	105 369	141 650	8.03	2.74	3.68
云 南	470 049	380 657	125 764	182 586	8.12	2.68	3.89
西 藏	42 311	25 607	10 627	7 795	7.00	2.90	2.13
陕 西	445 858	368 611	120 561	159 406	9.32	3.05	4.03
甘 肃	247 666	200 989	70 649	91 701	8.07	2.84	3.68
青 海	66 755	51 656	18 773	21 349	8.70	3.16	3.59
宁 夏	73 110	60 596	22 519	27 255	8.36	3.11	3.76
新 疆	256 671	200 313	70 595	85 369	7.74	2.73	3.30

数据来源：国家卫生健康委员会统计信息中心。

70. 2021年各省、自治区、直辖市农村乡镇卫生院及床位、人员数

单位：个，人，张

地 区	机构数	床位数	人员数
总　　计	34 943	1 417 410	1 492 416
东　部	8 964	406 680	514 609
中　部	11 192	522 265	472 575
西　部	14 787	488 465	505 232
北　京	—	—	—
天　津	133	3 893	5 936
河　北	1 970	69 928	60 641
山　西	1 312	30 327	27 426
内蒙古	1 251	21 368	22 938
辽　宁	1 025	30 078	24 125
吉　林	762	15 804	23 174
黑龙江	964	23 917	21 982
上　海	—	—	—
江　苏	973	77 851	105 303
浙　江	1 042	19 123	53 918
安　徽	1 347	70 681	63 688
福　建	889	33 105	41 088
江　西	1 588	60 898	53 345
山　东	1 492	98 065	110 638
河　南	2 010	130 970	113 715
湖　北	1 110	83 365	80 434
湖　南	2 099	106 303	88 811
广　东	1 166	66 310	99 670
广　西	1 263	78 203	85 964
海　南	274	8 327	13 290
重　庆	810	44 766	36 276
四　川	3 661	131 720	114 843
贵　州	1 331	45 749	54 906
云　南	1 369	55 086	63 878
西　藏	675	4 066	6 326
陕　西	1 531	35 777	47 601
甘　肃	1 357	28 747	32 895
青　海	410	4 795	6 368
宁　夏	205	3 394	6 452
新　疆	924	34 794	26 785

数据来源：国家卫生健康委员会统计信息中心。

71. 2021年各省、自治区、直辖市村卫生室人员数

单位：个，人

地区	村卫生室	村卫生室人员数 合计	其中：乡村医生和卫生员
总　　计	599 292	1 363 361	690 561
东　　部	206 251	481 714	214 384
中　　部	207 292	494 081	242 461
西　　部	185 749	383 647	233 716
北　　京	2 559	4 196	2 357
天　　津	2 214	7 358	3 745
河　　北	59 967	111 796	54 254
山　　西	26 355	51 765	29 630
内 蒙 古	12 965	28 411	13 187
辽　　宁	16 235	31 685	15 998
吉　　林	9 463	21 486	11 627
黑 龙 江	10 128	27 426	13 863
上　　海	1 147	4 532	500
江　　苏	14 936	72 623	21 262
浙　　江	11 221	29 328	6 455
安　　徽	15 630	45 822	26 769
福　　建	16 847	33 649	16 793
江　　西	27 189	56 391	29 478
山　　东	52 940	134 201	71 552
河　　南	58 488	150 042	71 470
湖　　北	22 961	65 425	29 902
湖　　南	37 078	75 724	29 722
广　　东	25 448	44 604	18 808
广　　西	19 088	34 587	26 947
海　　南	2 737	7 742	2 660
重　　庆	9 495	20 647	13 337
四　　川	50 309	92 979	54 070
贵　　州	20 105	34 149	24 652
云　　南	13 588	46 416	31 783
西　　藏	5 258	12 370	10 452
陕　　西	22 394	36 070	18 985
甘　　肃	16 301	34 979	16 275
青　　海	4 472	9 835	6 083
宁　　夏	2 159	5 805	2 719
新　　疆	9 615	27 399	15 226

数据来源：国家卫生健康委员会统计信息中心。

72. 2021年各省、自治区、直辖市医院诊疗人次数、住院人次数

单位：人次

地 区	诊疗人次数 合计	诊疗人次数 公立医院	诊疗人次数 民营医院	入院人次数 合计	入院人次数 公立医院	入院人次数 民营医院
总 计	3 883 800 928	3 270 893 279	612 907 649	201 551 444	164 098 921	37 452 523
东 部	1 989 425 575	1 678 784 905	310 640 670	80 827 004	66 979 224	13 847 780
中 部	929 607 267	773 019 902	156 587 365	61 230 510	49 351 399	11 879 111
西 部	964 768 086	819 088 472	145 679 614	59 493 930	47 768 298	11 725 632
北 京	142 539 643	117 160 107	25 379 536	3 575 132	3 025 124	550 008
天 津	65 576 939	51 636 651	13 940 288	1 609 366	1 513 573	95 793
河 北	173 633 794	139 794 956	33 838 838	8 976 729	7 275 808	1 700 921
山 西	73 704 314	62 825 809	10 878 505	4 127 214	3 294 155	833 059
内蒙古	56 720 728	50 717 137	6 003 591	2 812 238	2 560 308	251 930
辽 宁	105 715 453	83 159 721	22 555 732	5 792 332	4 546 053	1 246 279
吉 林	59 443 931	49 407 958	10 035 973	3 331 117	2 623 766	707 351
黑龙江	62 530 394	52 877 110	9 653 284	4 111 198	3 327 366	783 832
上 海	170 194 818	156 618 724	13 576 094	4 324 762	4 057 997	266 765
江 苏	252 390 544	191 010 569	61 379 975	11 683 036	8 492 952	3 190 084
浙 江	298 425 181	260 276 380	38 148 801	9 891 793	8 470 641	1 421 152
安 徽	139 841 008	112 547 812	27 293 196	8 317 456	6 566 086	1 751 370
福 建	107 218 938	94 797 240	12 421 698	4 817 488	4 021 131	796 357
江 西	88 557 756	76 417 166	12 140 590	6 412 256	5 172 903	1 239 353
山 东	260 234 140	216 533 750	43 700 390	14 898 858	12 362 492	2 536 366
河 南	231 608 000	183 041 161	48 566 839	15 246 220	11 845 721	3 400 499
湖 北	152 158 807	134 000 386	18 158 421	9 039 070	7 841 560	1 197 510
湖 南	121 763 057	101 902 500	19 860 557	10 645 979	8 679 842	1 966 137
广 东	390 943 190	348 091 527	42 851 663	14 129 087	12 255 085	1 874 002
广 西	115 504 140	107 333 480	8 170 660	6 933 941	6 195 667	738 274
海 南	22 552 935	19 705 280	2 847 655	1 128 421	958 368	170 053
重 庆	84 228 139	69 411 290	15 816 849	5 023 308	3 608 214	1 415 094
四 川	233 551 134	194 553 205	38 997 929	13 569 800	10 323 396	3 246 404
贵 州	83 099 997	63 921 605	19 178 392	6 721 294	4 732 328	1 988 966
云 南	124 565 515	100 976 700	23 588 815	7 937 920	6 308 607	1 629 313
西 藏	7 697 565	6 029 578	1 667 987	306 871	215 240	91 631
陕 西	103 367 113	85 343 790	18 023 323	6 495 223	5 109 526	1 385 697
甘 肃	56 082 365	50 644 723	5 437 642	3 618 682	3 177 620	441 062
青 海	14 791 478	12 956 991	1 834 487	895 437	777 323	118 114
宁 夏	21 390 581	18 077 578	3 313 003	990 983	853 580	137 403
新 疆	63 769 331	60 122 395	3 646 936	4 188 233	3 906 489	281 744

数据来源：国家卫生健康委员会统计信息中心。

73. 2021年各省、自治区、直辖市基层医疗卫生机构诊疗人次、住院人次数

单位：人次

地 区	诊疗人次数 合计	社区卫生服务中心	社区卫生服务站	乡镇卫生院	入院人次数 村卫生室	社区卫生服务中心	乡镇卫生院
总 计	1 996 666 768	695 966 057	140 058 791	1 160 641 920	1 341 842 957	3 192 971	32 230 022
东 部	1 023 141 870	500 535 129	73 831 252	448 775 489	585 934 538	993 378	7 539 506
中 部	515 701 123	105 175 415	37 167 137	373 358 571	464 172 737	1 057 710	11 504 492
西 部	457 823 775	90 255 513	29 060 402	338 507 860	291 735 682	1 141 883	13 186 024
北 京	64 866 229	57 221 228	7 645 001	—	935 102	15 219	—
天 津	26 632 983	16 785 324	2 190 968	7 656 691	4 112 398	2 191	10 554
河 北	53 592 289	7 958 594	8 024 333	37 609 362	116 465 412	41 287	793 995
山 西	23 469 624	5 124 051	3 931 754	14 413 819	18 333 217	20 825	180 646
内蒙古	17 590 361	5 257 355	2 748 740	9 584 266	12 809 858	20 519	177 806
辽 宁	24 722 076	9 500 575	3 805 628	11 415 873	20 535 554	26 874	248 119
吉 林	14 301 702	7 118 905	291 719	6 891 078	13 679 139	13 102	93 335
黑龙江	16 113 096	8 050 606	499 055	7 563 435	8 849 704	23 240	210 792
上 海	71 036 340	71 036 340	—	—	6 597 125	25 566	—
江 苏	171 410 853	69 912 697	11 954 567	89 543 589	77 698 211	366 501	1 679 722
浙 江	208 316 716	104 907 628	3 042 911	100 366 177	46 696 960	96 057	239 415
安 徽	104 141 709	20 286 845	12 418 894	71 435 970	66 035 600	116 004	849 248
福 建	68 204 339	25 342 764	3 407 715	39 453 860	43 924 155	48 324	538 723
江 西	47 409 971	4 854 273	3 295 140	39 260 558	57 698 067	37 163	1 592 044
山 东	130 160 466	31 416 334	17 549 107	81 195 025	177 238 902	255 089	2 243 117
河 南	157 659 468	22 816 971	8 433 598	126 408 899	174 694 861	236 884	2 759 921
湖 北	75 132 744	18 260 349	5 723 799	51 148 596	68 136 101	234166	2 335 624
湖 南	77 472 809	18 663 415	2 573 178	56 236 216	56 746 048	376 326	3 482 882
广 东	191 821 249	105 070 800	13 789 630	72 960 819	86 732 332	105 288	1 743 091
广 西	60 138 410	9 156 203	1 893 464	49 088 743	25 122 660	68 187	2 844 320
海 南	12 378 330	1 382 845	2 421 392	8 574 093	4 998 387	10982	42 770
重 庆	36 165 932	12 085 499	1 652 472	22 427 961	26 839 232	354 452	1 687 723
四 川	127 824 235	30 421 525	4 686 371	92 716 339	82 047 021	365 645	4 113 329
贵 州	49 943 897	8 819 474	2 951 798	38 172 625	28 265 997	136 354	1 258 131
云 南	73 033 255	7 738 748	3 071 522	62 222 985	52 603 154	105 285	1 519 479
西 藏	4 171 613	186 282	41 496	3 943 835	1 311 911	—	8 372
陕 西	28 210 355	5 963 237	2 714 786	19 532 332	30 294 690	40 283	494 833
甘 肃	20 243 721	3 564 659	3 302 855	13 376 207	17 237 013	33 953	596 686
青 海	5 660 539	935 688	1 523 781	3 201 070	3 449 629	5 226	71 514
宁 夏	10 437 155	1 589 037	2 870 526	5 977 592	3 252 942	690	31 218
新 疆	24 404 302	4 537 806	1 602 591	18 263 905	8 501 575	11 289	382 613

数据来源：国家卫生健康委员会统计信息中心。

74. 1995—2021 年全国卫生总费用情况

单位：亿元，%

年份	卫生总费用 合计	政府卫生支出	社会卫生支出	个人卫生支出	城乡卫生费用 城市	农村	人均卫生费用 合计	城市	农村	卫生总费用占GDP的比重
1995	2 155.1	387.3	767.8	1 000.0	1 239.5	915.6	177.9	401.3	112.9	3.51
1996	2 709.4	461.6	875.7	1 372.2	1 494.9	1 214.5	221.4	467.4	150.7	3.77
1997	3 196.7	523.6	984.1	1 689.1	1 771.4	1 425.3	258.6	537.8	177.9	4.01
1998	3 678.7	590.1	1 071.0	2 017.6	1 906.9	1 771.8	294.9	625.9	194.6	4.32
1999	4 047.5	641.0	1 146.0	2 260.6	2 193.1	1 854.4	321.8	702.0	203.2	4.47
2000	4 586.6	709.5	1 171.9	2 705.2	2 624.2	1 962.4	361.9	813.7	214.7	4.57
2001	5 025.9	800.6	1 211.4	3 013.9	2 793.0	2 233.0	393.8	841.2	244.8	4.53
2002	5 790.0	908.5	1 539.4	3 342.1	3 448.2	2 341.8	450.7	987.1	259.3	4.76
2003	6 584.1	1 116.9	1 788.5	3 678.7	4 150.3	2 433.8	509.5	1 108.9	274.7	4.79
2004	7 590.3	1 293.6	2 225.4	4 071.4	4 939.2	2 651.1	583.9	1 261.9	301.6	4.69
2005	8 659.9	1 552.5	2 586.4	4 521.0	6 305.6	2 354.3	662.3	1 126.4	315.8	4.62
2006	9 843.3	1 778.9	3 210.9	4 853.6	7 174.7	2 668.6	748.8	1 248.3	361.9	4.49
2007	11 574.0	2 581.6	3 893.7	5 098.7	8 968.7	2 605.3	876.0	1 516.3	358.1	4.29
2008	14 535.4	3 593.9	5 065.6	5 875.9	11 251.9	3 283.5	1 094.5	1 861.8	455.2	4.55
2009	17 541.9	4 816.3	6 154.5	6 571.2	13 535.6	4 006.3	1 314.3	2 176.6	562.0	5.03
2010	19 980.4	5 732.5	7 196.6	7 051.3	15 508.6	4 471.8	1 490.1	2 315.5	666.3	4.85
2011	24 345.9	7 464.2	8 416.5	8 465.3	18 571.9	5 774.0	1 804.5	2 697.5	879.4	4.99
2012	28 119.0	8 432.0	10 030.7	9 656.3	1 280.5	6 838.5	2 068.8	2 999.3	1 064.8	5.22
2013	31 669.0	9 545.8	11 393.8	10 729.3	23 645.0	8 024.0	2 316.2	3 234.1	1 274.4	5.34
2014	35 312.4	10 579.2	13 437.8	11 295.4	26 575.6	8 736.8	2 565.5	3 558.3	1 412.2	5.49
2015	40 974.6	12 475.3	16 506.7	11 992.7	31 297.9	9 676.8	2 962.0	4 058.5	1 603.6	5.95
2016	46 344.9	13 910.3	19 096.7	13 337.9	35 458.0	10 886.9	3 328.6	4 471.5	1 846.1	6.21
2017	52 598.3	15 205.9	22 258.8	15 133.6	—	—	3 756.7	—	—	6.32
2018	59 121.9	16 399.1	25 810.8	16 912.0	—	—	4 206.7	—	—	6.43
2019	65 841.4	18 017.0	29 150.6	18 673.9	—	—	4 669.3	—	—	6.67
2020	72 175.0	21 941.9	30 273.7	19 959.4	—	—	5 112.3	—	—	7.10
2021	76 845.0	20 676.1	34 963.3	21 205.7	—	—	5 440.0	—	—	6.72

数据来源：国家卫生健康委员会统计信息中心。

注：1. 本表系核算数，2020 年为初步核算数；
　　2. 按当年价格计算；
　　3. 2001 年起卫生总费用不含高等医学教育经费，2006 年起包括城乡医疗救助经费。

75. 2015—2021年全国医院次均门诊费用、人均住院费用

单位：元，%

年份	门诊病人 次均医药费 合计	门诊病人 次均医药费 药费	门诊病人 次均医药费 检查费	门诊病人 占门诊医药费比例 药费	门诊病人 占门诊医药费比例 检查费	住院病人 次均医药费 合计	住院病人 次均医药费 药费	住院病人 次均医药费 检查费	住院病人 占住院医药费比例 药费	住院病人 占住院医药费比例 检查费
合计										
2015	233.9	110.5	42.7	47.3	18.3	8 268.1	3 042.0	697.2	36.8	8.4
2017	257.0	109.7	47.6	42.7	18.5	8 890.7	2 764.9	791.3	31.1	8.9
2018	274.1	112.0	51.0	40.9	18.6	9 291.9	2 621.6	861.3	28.2	9.3
2019	290.8	118.1	54.1	40.6	18.6	9 848.4	2 710.5	938.5	27.5	9.5
2020	324.4	126.9	61.6	39.1	19.0	10 619.0	2 786.6	1 033.7	26.2	9.7
2021	329.1	123.2	62.7	37.5	19.0	11 002.0	2 759.4	1 099.1	25.1	10.0
公立医院										
2015	235.2	113.7	44.3	48.4	18.8	8 833.0	3 259.6	753.4	36.9	8.5
2017	257.1	113.1	49.6	44.0	19.3	9 563.2	2 955.6	864.3	30.9	9.0
2018	272.2	114.8	53	42.2	19.5	9 976.4	2 781.9	943.3	27.9	9.5
2019	287.6	120.9	56.1	42.0	19.5	10 484.0	2 854.4	1 021.1	27.2	9.7
2020	320.2	129.8	64.4	40.5	20.1	11 364.0	2 953.2	1 131.6	26.0	10.0
2021	320.9	124.6	65.3	38.8	20.4	11 674.0	2 895.3	1 195.3	24.8	10.2
三级医院										
2015	283.7	139.8	51.1	49.3	18	12 599	4 641.6	1 078.1	36.8	8.6
2017	306.1	135.7	57	44.3	18.6	13 087	4 024.2	1 181.4	30.8	9.0
2018	322.1	135.8	61.5	42.2	19.1	13 313	3 678.1	1 254.9	27.6	9.4
2019	337.6	141.3	65.3	41.8	19.4	13 670	3 699.9	1 321.8	27.1	9.7
2020	373.6	150.8	74.9	40.4	20.1	14 442	3 749.7	1 423.5	26.0	9.9
2021	370	142.9	75.4	38.6	20.4	14 284	3 523.3	1 449.1	24.7	10.1
二级医院										
2015	184.1	85	39.2	46.2	21.3	5 358.2	1 981.2	456.2	37.0	8.5
2017	197.1	84.3	42.1	42.8	21.4	5 799.1	1 812.3	528.2	31.3	9.1
2018	204.3	85.2	43.0	41.7	21.0	6 002.2	1 713.1	576.8	28.5	9.6
2019	214.5	90.4	44.4	42.1	20.5	6 232.4	1 726.9	624.1	27.7	10.0
2020	238.4	96.8	49.7	40.6	20.9	6 760.5	1 765.3	700.1	26.1	10.4
2021	232.1	90.9	48.3	39.1	20.8	6 842.4	1 737.6	730.8	25.4	10.7
一级医院										
2015	132.9	70.6	17.6	53.1	13.3	3 844.5	1 525.3	304.4	39.7	7.9
2017	150.1	76.2	19.9	50.8	13.3	4 602.8	1 542.6	388.3	33.5	8.4
2018	156.8	80.5	20.5	51.3	13.1	4 937.0	1 530.8	412.3	31.0	8.4
2019	162.2	82.6	19.8	50.9	12.2	5 100.4	1 470.8	443.4	28.8	8.7
2020	175.5	90.2	21.8	51.4	12.4	5 447.9	1 395.3	488.9	25.6	9.0
2021	174.6	85.4	22.4	48.9	12.8	5 490.9	1 343.7	503.8	24.5	9.2

数据来源：国家卫生健康委员会统计信息中心。

注：本表按当年价格计算。

76. 2015—2021年全国综合医院次均门诊费用、人均住院费用

单位：元，%

年份	门诊病人 次均医药费 合计	药费	检查费	占门诊医药费比例 药费	检查费	住院病人 次均医药费 合计	药费	检查费	占住院医药费比例 药费	检查费
合 计										
2015	237.5	109.3	50.1	46.0	21.1	8 953.3	3 266.6	775.6	36.5	8.7
2017	257.4	106.7	55.6	41.5	21.6	9 735.4	2 986.1	894.9	30.7	9.2
2018	271.4	107.5	59.3	39.6	21.9	10 125.0	2 793.7	978.7	27.6	9.7
2019	286.8	113.8	62.4	39.7	21.8	10 647.0	2 861.5	1 056.7	26.9	9.9
2020	319.6	121.4	71.4	38.0	22.4	11 605.0	2 994.7	1 171.7	25.8	10.1
2021	318.7	116.0	72.0	36.4	22.6	11 919.0	2 934.6	1 237.8	24.6	10.4
委 属										
2015	441.1	234.6	69.9	53.2	15.8	21 545.0	7 705	1 518.8	35.8	7.0
2017	476.1	220.8	80.8	46.4	17.0	22 977.0	6 837.2	1 702.7	29.8	7.4
2018	506.5	218.2	90.5	43.1	17.9	23 192.0	6 141.1	1 829.1	26.5	7.9
2019	523.4	220.7	95.2	42.2	18.2	24 281.0	6 360.5	1 925.8	26.2	7.9
2020	592.4	241.6	111.4	40.8	18.8	27 212.0	6 876.3	2 160.4	25.3	7.9
2021	596.4	227.9	117.2	38.2	19.6	25 881.0	6 302.1	2 148.8	24.4	8.3
省 属										
2015	332.6	161.2	59.6	48.5	17.9	16 709.0	6 055.7	1 350.8	36.2	8.1
2017	362.3	157.2	69.2	43.4	19.1	17 588.0	5 505.9	1 476.4	31.3	8.4
2018	383.3	157.7	75.9	41.1	19.8	18 015.0	4 983.6	1 614.2	27.7	9.0
2019	400.4	163.3	81.4	40.8	20.3	18 523.0	4 955.9	1 716.8	26.8	9.3
2020	457.5	181.8	95.6	39.7	20.9	20 186.0	5 278.2	1 858.7	26.1	9.2
2021	445.3	166.2	95.9	37.3	21.5	19 735.0	4 838.5	1 884	24.5	9.5
地级市属										
2015	246.7	116.3	51.8	47.1	21.0	10 973.0	4 085.7	1 018.4	37.2	9.3
2017	267.3	111.8	58.0	41.8	21.7	11 595.0	3 546.7	1 145.7	30.6	9.9
2018	281.7	111.5	61.9	39.6	22.0	11 914.0	3 279.7	1 223.7	27.5	10.3
2019	298.2	118.1	65.7	39.6	22.0	12 395.0	3 334.1	1 298.8	26.9	10.5
2020	337.9	127.8	76.4	37.8	22.6	13 563.0	3 496.4	1 440.0	25.8	10.6
2021	331.8	120.5	76.6	36.3	23.1	13 443.0	3 291.7	1 467.2	24.5	10.9
县级市属										
2015	191.0	82.3	42.2	43.1	22.1	6 641.1	2 401.2	587.5	36.2	8.8
2017	205.2	81.4	46.3	39.7	22.6	7 115.0	2 165.5	672.1	30.4	9.4
2018	216.9	83.0	49.0	38.3	22.6	7 445.1	2 061.7	739.8	27.7	9.9
2019	229.3	88.6	50.7	38.7	22.1	7 702.0	2 080.4	795.9	27.0	10.3
2020	256.7	94.0	58.7	36.6	22.9	8 559.5	2 193.6	904.1	25.6	10.6
2021	256.5	90.6	58.7	35.3	22.9	8 625.7	2 131.7	943.9	24.7	10.9
县 属										
2015	170.5	68.7	46.0	40.3	27.0	4 656.3	1 670.3	401.2	35.9	8.6
2017	183.2	69.2	48.0	37.8	26.2	5 115.5	1 559.4	481.1	30.5	9.4
2018	191.7	71.6	49.1	37.4	25.6	5 401.4	1 510.9	535.8	28.0	9.9
2019	203.7	78.0	50.1	38.3	24.6	5 715.5	1 553.8	582.9	27.1	10.2
2020	225.0	81.9	55.4	36.4	24.6	6 246.6	1 605.9	669.4	25.7	10.7
2021	224.0	80.0	54.2	35.7	24.2	6 369.3	1 603.8	707.5	25.2	11.1

数据来源：国家卫生健康委员会统计信息中心。

注：1. 本表系卫生健康部门办综合医院数字。

2. 本表按当年价格计算。

77. 2021年各省、自治区、直辖市医院门诊和住院病人人均医药费用

单位：元

地区	门诊病人次均门诊费用 合计	药费	检查费	住院病人人均住院费用 合计	药费	检查费	手术费
总 计	**329.1**	**123.2**	**62.7**	**11 002.3**	**2 759.4**	**1 099.1**	**925.7**
北 京	679.8	297.3	80.9	26 254.4	5 845.9	1 721.4	2 330.6
天 津	452.4	221.0	64.8	19 976.6	4 902.5	1 740.2	1 698.0
河 北	293.3	112.4	62.5	10 853.6	3 280.0	1 214.0	605.8
山 西	295.2	110.5	60.6	10 127.9	2 428.4	925.8	718.2
内蒙古	307.6	106.2	72.3	9378.0	2 482.6	1 086.3	758.6
辽 宁	376.3	136.5	84.6	11 625.6	2 952.2	1 211.2	1 139.7
吉 林	323.9	110.8	70.2	12 596.7	3 764.7	1 171.2	884.1
黑龙江	318.0	90.1	83.8	11 316.3	3 632.2	958.5	619.6
上 海	436.6	177.3	61.7	22 959.8	5 578.6	1 719.2	1 999.0
江 苏	366.3	144.4	67.4	13 034.8	3 919.2	1 141.8	856.6
浙 江	311.8	111.4	42.1	12 142.5	2 819.6	808.9	1 273.2
安 徽	292.9	119.3	61.7	8 935.7	2 326.1	896.6	748.0
福 建	319.5	115.3	60.8	10 841.3	2 393.2	1 219.7	1 209.8
江 西	309.8	135.1	58.6	9 723.4	2 693.7	827.1	750.8
山 东	306.0	115.9	68.6	11 311.3	2 679.3	1 200.5	1 065.3
河 南	237.4	98.4	53.1	9 658.4	2 729.8	1 123.0	694.0
湖 北	291.8	109.2	56.7	11 224.1	2 749.7	1 161.4	1 140.0
湖 南	344.0	112.8	71.9	9 093.3	2 338.6	880.6	718.2
广 东	351.8	120.6	69.8	14 103.8	2 979.7	1 381.6	1 499.8
广 西	251.3	85.9	50.0	9 385.4	2 123.7	1 150.9	671.7
海 南	326.0	127.6	59.4	12 449.6	3 238.5	1 060.2	858.2
重 庆	374.1	139.4	64.1	9 697.6	2 506.3	1 062.1	686.7
四 川	298.6	95.2	66.0	9 263.3	2 087.7	1 025.3	797.7
贵 州	275.3	81.7	60.4	6 690.7	1 635.4	766.4	592.4
云 南	246.2	83.5	50.1	7 254.9	1 630.7	916.4	483.9
西 藏	268.4	79.1	52.0	8 540.3	2 047.4	716.3	646.9
陕 西	288.6	105.3	62.2	9 159.2	2 563.9	1 051.6	791.0
甘 肃	227.1	93.1	50.2	7 013.3	1 582.1	819.0	571.3
青 海	254.5	80.0	56.3	9 334.9	2 233.3	1 149.2	601.8
宁 夏	255.8	101.2	54.9	8 812.6	1 928.1	1 005.1	892.0
新 疆	257.9	95.8	59.4	8 931.8	1 733.5	1 267.2	657.5

数据来源：国家卫生健康委员会统计信息中心。

78. 2021年全国城市居民分性别前10位疾病死亡率及死亡原因构成　　　　单位：1/10万，%

顺位	合计 死亡原因	死亡率	构成	男 死亡原因	死亡率	构成	女 死亡原因	死亡率	构成
1	恶性肿瘤	161.40	25.43	恶性肿瘤	202.00	28.06	心脏病	152.52	27.89
2	心脏病	155.86	24.56	心脏病	159.09	22.10	脑血管病	120.02	21.94
3	脑血管病	135.18	21.30	脑血管病	149.87	20.82	恶性肿瘤	119.53	21.86
4	呼吸系统疾病	55.36	8.72	呼吸系统疾病	67.15	9.33	呼吸系统疾病	43.20	7.90
5	损伤和中毒外部原因	35.87	5.65	损伤和中毒外部原因	43.98	6.11	损伤和中毒外部原因	27.51	5.03
6	内分泌、营养和代谢疾病	22.79	3.59	内分泌、营养和代谢疾病	22.41	3.11	内分泌、营养和代谢疾病	23.19	4.24
7	消化系统疾病	15.82	2.49	消化系统疾病	19.18	2.67	消化系统疾病	12.36	2.26
8	神经系统疾病	9.06	1.43	神经系统疾病	8.91	1.24	神经系统疾病	9.21	1.68
9	泌尿生殖系统疾病	6.64	1.05	泌尿生殖系统疾病	7.70	1.07	泌尿生殖系统疾病	5.55	1.01
10	传染病（含呼吸道结核）	5.49	0.86	传染病（含呼吸道结核）	7.58	1.05	传染病（含呼吸道结核）	3.33	0.61
	十种死因合计		95.08	十种死因合计		95.56	十种死因合计		94.42

数据来源：国家卫生健康委员会统计信息中心。

79. 2021 年全国农村居民分性别前 10 位疾病死亡率及死亡原因构成

单位：1/10 万，%

顺位	合计 死亡原因	死亡率	构成	男 死亡原因	死亡率	构成	女 死亡原因	死亡率	构成
1	心脏病	188.58	25.36	恶性肿瘤	213.11	25.30	心脏病	184.93	28.87
2	脑血管病	175.58	23.62	脑血管病	192.41	22.84	脑血管病	158.06	24.68
3	恶性肿瘤	167.06	22.47	心脏病	192.09	22.80	恶性肿瘤	119.11	18.60
4	呼吸系统疾病	65.23	8.77	呼吸系统疾病	77.67	9.22	呼吸系统疾病	52.27	8.16
5	损伤和中毒外部原因	52.98	7.13	损伤和中毒外部原因	66.62	7.91	损伤和中毒外部原因	38.77	6.05
6	内分泌、营养和代谢疾病	21.09	2.84	消化系统疾病	20.19	2.40	内分泌、营养和代谢疾病	22.83	3.56
7	消化系统疾病	15.98	2.15	内分泌、营养和代谢疾病	19.42	2.31	消化系统疾病	11.60	1.81
8	神经系统疾病	10.15	1.37	神经系统疾病	9.71	1.15	神经系统疾病	10.61	1.66
9	泌尿生殖系统疾病	7.86	1.06	泌尿生殖系统疾病	9.34	1.11	泌尿生殖系统疾病	6.32	0.99
10	传染病（含呼吸道结核）	6.52	0.88	传染病（含呼吸道结核）	8.96	1.06	传染病（含呼吸道结核）	3.99	0.62
	十种死因合计		95.65	十种死因合计		96.10	十种死因合计		95.00

数据来源：国家卫生健康委员会统计信息中心。

80. 2010—2021 年全国儿童保健情况

单位：%

年份	低出生体重率	5 岁以下儿童低体重患病率	新生儿访视率	3 岁以下儿童系统管理率	7 岁以下儿童保健管理率	0—6 岁儿童眼保健和视力检查覆盖率
2010	2.34	1.55	89.60	81.50	83.40	—
2013	2.44	1.37	93.20	89.00	90.70	—
2014	2.61	1.48	93.60	89.80	91.30	—
2015	2.64	1.49	94.30	90.70	92.10	—
2016	2.73	1.44	94.60	91.10	92.40	—
2017	2.88	1.40	93.90	91.10	92.60	—
2018	3.13	1.43	93.70	91.20	92.70	—
2019	3.24	1.37	94.10	91.90	93.60	—
2020	3.25	1.19	95.50	92.90	94.30	—
2021	3.70	1.21	96.20	92.80	94.60	93.00

数据来源：国家卫生健康委员会统计信息中心。

81. 2021年各省、自治区、直辖市儿童保健情况

单位：%

地区	低出生体重率	5岁以下儿童低体重患病率	新生儿访视率	3岁以下儿童系统管理率	7岁以下儿童保健管理率	0—6岁儿童眼保健和视力检查覆盖率
全　国	116.73	32.41	2 992.7	2 888.4	2 931.7	2 848.1
北　京	5.40	0.20	98.0	96.1	99.1	98.9
天　津	4.67	0.60	98.9	96.1	93.7	92.7
河　北	2.77	1.42	94.3	92.2	94.0	91.7
山　西	3.45	0.78	96.1	92.7	93.7	92.4
内蒙古	3.70	0.63	97.2	95.1	94.8	92.4
辽　宁	3.22	0.68	96.5	93.6	94.2	92.8
吉　林	3.71	0.30	97.2	94.2	95.6	93.8
黑龙江	2.77	0.70	97.7	94.5	95.3	92.9
上　海	5.50	0.28	97.7	97.3	99.6	99.6
江　苏	3.50	0.36	98.1	96.3	95.6	92.6
浙　江	4.48	0.53	99.0	97.1	98.0	96.7
安　徽	3.08	0.52	96.1	90.7	93.3	92.5
福　建	4.23	0.87	96.4	94.2	95.8	92.8
江　西	2.79	2.04	96.4	92.9	93.7	92.0
山　东	2.05	0.76	96.2	94.8	94.9	95.0
河　南	3.63	1.18	91.5	89.9	91.4	92.9
湖　北	3.24	1.11	95.5	91.6	94.1	92.3
湖　南	4.04	1.00	97.7	93.9	94.8	93.8
广　东	4.85	2.27	95.9	92.3	96.1	91.9
广　西	5.89	3.19	97.2	82.5	94.4	94.4
海　南	5.61	2.61	98.3	88.0	93.6	91.8
重　庆	2.89	0.78	96.6	91.7	93.9	93.8
四　川	3.20	1.11	96.8	95.5	95.7	92.6
贵　州	3.53	1.18	95.5	93.1	93.8	93.0
云　南	4.52	1.43	97.6	93.1	94.2	93.6
西　藏	2.53	2.12	89.8	84.8	84.2	40.4
陕　西	2.56	0.66	97.7	95.2	96.2	94.6
甘　肃	3.27	0.96	96.7	93.8	94.3	91.8
青　海	3.49	0.82	94.1	92.8	91.4	92.2
宁　夏	3.43	0.50	99.1	96.2	96.4	95.2
新　疆	4.73	0.82	96.9	96.2	95.9	95.0

数据来源：国家卫生健康委员会统计信息中心。

82. 1994—2021 年卫生部监测地区新生儿死亡率、婴儿死亡率、5 岁以下儿童和孕产妇死亡率

单位:‰, 1/10 万

年份	新生儿死亡率 合计	新生儿死亡率 城市	新生儿死亡率 农村	婴儿死亡率 合计	婴儿死亡率 城市	婴儿死亡率 农村	5岁以下儿童死亡率 合计	5岁以下儿童死亡率 城市	5岁以下儿童死亡率 农村	孕产妇死亡率 合计	孕产妇死亡率 城市	孕产妇死亡率 农村
1994	28.5	12.2	32.3	39.9	15.5	45.6	49.6	18.0	56.9	64.8	44.1	77.5
1995	27.3	10.6	31.1	36.4	14.2	41.6	44.5	16.4	51.1	61.9	39.2	76.0
1996	24.0	12.2	26.7	36.0	14.8	40.9	45.0	16.9	51.4	63.9	29.2	86.4
1997	24.2	10.3	27.5	33.1	13.1	37.7	42.3	15.5	48.5	63.6	38.3	80.4
1998	22.3	10.0	25.1	33.2	13.5	37.7	42.0	16.2	47.9	56.2	28.6	74.1
1999	22.2	9.5	25.1	33.3	11.9	38.2	41.4	14.3	47.7	58.7	26.2	79.7
2000	22.8	9.5	25.8	32.2	11.8	37.0	39.7	13.8	45.7	53.0	29.3	69.6
2001	21.4	10.6	23.9	30.0	13.6	33.8	35.9	16.3	40.4	50.2	33.1	61.9
2002	20.7	9.7	23.2	29.2	12.2	33.1	34.9	14.6	39.6	43.2	22.3	58.2
2003	18.0	8.9	20.1	25.5	11.3	28.7	29.9	14.8	33.4	51.3	27.6	65.4
2004	15.4	8.4	17.3	21.5	10.1	24.5	25.0	12.0	28.5	48.3	26.1	63.0
2005	13.2	7.5	14.7	19.0	9.1	21.6	22.5	10.7	25.7	47.7	25.0	53.8
2006	12.0	6.8	13.4	17.2	8.0	19.7	20.6	9.6	23.6	41.1	24.8	45.5
2007	10.7	5.5	12.8	15.3	7.7	18.6	18.1	9.0	21.8	36.6	25.2	41.3
2008	10.2	5.0	12.3	14.9	6.5	18.4	18.5	7.9	22.7	34.2	29.2	36.1
2009	9.0	4.5	10.8	13.8	6.2	17.0	17.2	7.6	21.1	31.9	26.6	34.0
2010	8.3	4.1	10.0	13.1	5.8	16.1	16.4	7.3	20.1	30.0	29.7	30.1
2011	7.8	4.0	9.4	12.1	5.8	14.7	15.6	7.1	19.1	26.1	25.2	26.5
2012	6.9	3.9	8.1	10.3	5.2	12.4	13.2	5.9	16.2	24.5	22.2	25.6
2013	6.3	3.7	7.3	9.5	5.2	11.3	12.0	6.0	14.5	23.2	22.4	23.6
2014	5.9	3.5	6.9	8.9	4.8	10.7	11.7	5.9	14.2	21.7	20.5	22.2
2015	5.4	3.3	6.4	8.1	4.7	9.6	10.7	5.8	12.9	20.1	19.8	20.2
2016	4.9	2.9	5.7	7.5	4.2	9.0	10.2	5.2	12.4	19.9	19.5	20.0
2017	4.5	2.6	5.3	6.8	4.1	7.9	9.1	4.8	10.9	19.6	16.6	21.1
2018	3.9	2.2	4.7	6.1	3.6	7.3	8.4	4.4	10.2	18.3	15.5	19.9
2019	3.5	2.0	4.1	5.6	3.4	6.6	7.8	4.1	9.4	17.8	16.5	18.6
2020	3.4	2.1	3.9	5.4	3.6	6.2	7.5	4.4	8.9	16.9	14.1	18.5
2021	3.1	1.9	3.6	5.0	3.2	5.8	7.1	4.1	8.5	16.1	15.4	16.5

数据来源：国家卫生健康委员会统计信息中心。

83. 1993—2021 年全国孕产妇保健情况

单位：人，%

年份	活产数	建卡率	系统管理率	产前检查率	产后访视率	住院分娩率 合计	住院分娩率 市	住院分娩率 县
1993	10 170 690	75.7	—	72.2	71.0	56.5	68.3	51.0
1994	110 44 607	79.1	—	76.3	74.5	65.6	76.4	50.4
1995	115 39 613	81.4	—	78.7	78.8	58.0	70.7	50.2
1996	11 412 028	82.4	65.5	83.7	80.1	60.7	76.5	51.7
1997	11 286 021	84.5	68.3	85.9	82.3	61.7	76.4	53.0
1998	10 961 516	86.2	72.3	87.1	83.9	66.2	79.0	58.1
1999	10 698 467	87.9	75.4	89.3	85.9	70.0	83.3	61.5
2000	10 987 691	88.6	77.2	89.4	86.2	72.9	84.9	65.2
2001	10 690 630	89.4	78.6	90.3	87.2	76.0	87.0	69.0
2002	10 591 949	89.2	78.2	90.1	86.7	78.7	89.4	71.6
2003	10 188 005	87.6	75.5	88.9	85.4	79.4	89.9	72.6
2004	10 892 614	88.3	76.4	89.7	85.9	82.8	91.4	77.1
2005	11 415 809	88.5	76.7	89.8	86.0	85.9	93.2	81.0
2006	11 770 056	88.2	76.5	89.7	85.7	88.4	94.1	84.6
2007	12 506 498	89.3	77.3	90.9	86.7	91.7	95.8	88.8
2008	13 307 045	89.3	78.1	91.0	87.0	94.5	97.5	92.3
2009	13 825 431	90.9	80.9	92.2	88.7	96.3	98.5	94.7
2010	14 218 657	92.9	84.1	94.1	90.8	97.8	99.2	96.7
2011	14 507 141	93.8	85.2	93.7	91.0	98.7	99.6	98.1
2012	15 442 995	94.8	87.6	95.0	92.6	99.2	99.7	98.8
2013	15 108 153	95.7	89.5	95.6	93.5	99.5	99.9	99.2
2014	151 78 881	95.8	90.0	96.2	93.9	99.6	99.9	99.4
2015	14 544 524	96.4	91.5	96.5	94.5	99.7	99.9	99.5
2016	18 466 561	96.6	91.6	96.6	94.6	99.8	100.0	99.6
2017	17 578 815	96.6	89.6	96.5	94.2	99.9	100.0	99.8
2018	15 207 729	92.5	89.9	96.6	93.8	99.9	99.9	99.8
2019	14 551 298	92.4	90.3	96.8	94.1	99.9	100.0	99.8
2020	12 034 516	94.1	92.7	97.4	95.5	99.9	100.0	99.9
2021	10 515 287	—	92.9	97.6	96.0	99.9	100.0	99.9

数据来源：国家卫生健康委员会统计信息中心。

注：2016—2020 年活产数均源自全国住院分娩月报，包括户籍和非户籍活产数；2015 年及以前年份活产数源自全国妇幼卫生年报，仅包括户籍活产数。

84. 2021年各省、自治区、直辖市孕产妇保健情况

单位：人，%

年份	活产数	系统管理率	产前检查率	产后访视率	住院分娩率 合计	住院分娩率 市	住院分娩率 县
总　计	10 515 287	92.9	97.6	96.0	99.9	100.0	99.9
北　京	146 898	97.9	98.4	98.2	100.0	100.0	—
天　津	71 685	95.2	98.9	97.5	100.0	100.0	—
河　北	513 164	91.4	97.4	94.0	100.0	100.0	100.0
山　西	246 235	91.4	98.2	95.4	100.0	100.0	100.0
内蒙古	144 597	95.4	98.1	96.6	100.0	100.0	100.0
辽　宁	201 021	92.9	98.3	96.3	100.0	100.0	100.0
吉　林	98 630	96.2	98.4	98.5	100.0	100.0	100.0
黑龙江	98 792	94.2	98.7	97.1	100.0	100.0	100.0
上　海	125 005	96.2	98.3	97.7	99.8	99.8	—
江　苏	478 323	94.3	98.7	97.6	100.0	100.0	100.0
浙　江	434 433	96.5	98.4	98.2	100.0	100.0	100.0
安　徽	437 901	91.4	96.8	95.5	100.0	100.0	100.0
福　建	330 750	92.7	98.2	95.8	100.0	100.0	100.0
江　西	347 910	94.5	97.6	96.3	100.0	100.0	100.0
山　东	741 198	94.5	97.0	95.5	100.0	100.0	100.0
河　南	858 698	86.9	95.2	91.3	100.0	100.0	100.0
湖　北	358 048	93.1	97.3	95.5	100.0	100.0	100.0
湖　南	445 061	95.1	97.7	96.6	100.0	100.0	99.9
广　东	1 282 722	94.4	98.1	96.9	100.0	100.0	99.9
广　西	488 166	90.3	98.1	97.7	100.0	100.0	100.0
海　南	95 854	92.3	98.5	97.9	100.0	100.0	99.9
重　庆	206 256	93.4	98.4	95.7	100.0	100.0	99.9
四　川	565 491	95.1	97.9	96.6	99.8	100.0	99.7
贵　州	465 226	92.1	97.0	95.3	99.7	99.9	99.7
云　南	451 374	91.1	98.7	97.2	99.9	99.9	99.9
西　藏	51 126	75.1	86.6	86.5	98.6	99.4	98.4
陕　西	310 684	96.5	98.6	97.2	99.9	100.0	99.9
甘　肃	221 902	92.0	97.5	96.3	99.9	100.0	99.9
青　海	62 383	92.5	97.2	94.8	99.8	100.0	99.7
宁　夏	73 147	97.9	99.2	98.8	100.0	100.0	100.0
新　疆	162 607	94.3	99.1	98.0	99.9	99.9	99.8

数据来源：国家卫生健康委员会统计信息中心。

85. 2010—2021年全国孕产妇主要疾病死亡率及死因

单位：1/10万，%

年份	主要疾病死亡率						占死亡总数					
	产科出血	妊娠期高血压疾病	心脏病	羊水栓塞	产褥感染	肝病	产科出血	妊娠期高血压疾病	心脏病	羊水栓塞	产褥感染	肝病
合计												
2010	8.3	3.7	3.3	2.8	0.4	0.9	27.8	12.3	10.9	9.2	1.2	3.1
2013	6.6	2.6	1.8	3.1	0.2	0.6	28.2	11.4	7.8	13.3	0.6	2.6
2014	5.7	2.0	2.5	3.2	0.2	1.0	26.3	9.1	11.4	14.9	1.1	4.6
2015	4.2	2.3	3.3	1.9	0.1	1.0	21.1	11.6	16.4	9.5	0.7	4.7
2016	4.7	1.6	2.0	2.2	0.2	0.7	23.5	7.8	10.2	10.9	1.0	3.8
2017	5.7	2.0	1.5	2.7	0.1	0.4	29.0	10.4	7.9	13.9	0.6	2.2
2018	4.2	1.7	1.8	2.3	0.2	0.7	23.2	9.5	10.0	12.3	0.9	3.8
2019	3.0	2.0	2.6	1.5	0.3	0.4	16.9	11.1	14.5	8.7	1.9	2.4
2020	4.3	1.8	2.1	1.2	0.5	0.2	25.3	10.8	12.7	7.0	3.2	1.3
2021	3.6	1.3	1.9	1.0	0.3	0.3	22.1	8.0	11.5	6.2	1.8	1.8
城　市												
2010	8.0	1.9	2.8	2.5	0.3	0.9	27.1	6.3	9.4	8.3	1.0	3.1
2013	5.6	2.1	2.1	2.7	0.0	0.9	25.0	9.2	9.2	11.8	0.0	3.9
2014	4.3	1.4	2.3	2.7	0.2	0.8	21.2	7.1	11.1	13.1	1.0	4.0
2015	3.5	0.9	5.2	0.7	0.2	0.7	17.9	4.8	26.2	3.6	1.2	3.6
2016	4.0	0.5	2.4	1.6	0.3	0.3	20.3	2.7	12.2	8.1	1.4	1.4
2017	5.1	1.1	1.3	2.1	0.2	0.0	30.7	6.8	8.0	12.5	1.1	0.0
2018	3.8	1.4	2.1	1.9	0.5	0.2	24.2	9.1	13.6	12.1	3.0	1.5
2019	1.5	1.5	3.3	1.0	0.3	0.3	9.2	9.2	20.0	6.2	1.5	1.5
2020	3.0	2.0	1.0	1.6	0.3	0.3	20.9	14.0	7.0	11.6	2.3	2.3
2021	3.3	1.2	2.1	0.8	0.0	0.4	21.6	8.1	13.5	5.4	0.0	2.7
农　村												
2010年	8.4	4.3	3.4	2.8	0.4	0.9	28	14.2	11.3	9.4	1.3	3.1
2013年	6.9	2.8	1.7	3.3	0.2	0.5	29.3	12.1	7.3	13.8	0.9	2.2
2014年	6.3	2.2	2.6	3.4	0.3	1.1	28.3	10.0	11.6	15.5	1.2	4.8
2015年	4.5	3.0	2.4	2.4	0.1	1.1	22.5	14.7	12.0	12.0	0.5	5.2
2016年	4.9	1.9	1.9	2.4	0.2	0.9	24.7	9.6	9.6	11.9	0.2	4.6
2017年	6.0	2.5	1.7	3.0	0.1	0.6	28.4	11.8	7.9	14.4	0.4	3.1
2018年	4.5	1.9	1.6	2.5	0.0	1.0	22.8	9.7	8.3	12.4	0.0	4.8
2019年	3.8	2.2	2.2	1.8	0.4	0.5	20.4	12.0	12.0	9.9	2.1	2.8
2020年	5.0	1.8	2.7	1.0	0.6	0.2	27.0	9.6	14.8	5.2	3.5	0.9
2021年	3.7	1.3	1.7	1.1	0.4	0.2	22.4	7.9	10.5	6.6	2.6	1.3

数据来源：国家卫生健康委员会统计信息中心。

86. 2021 年 29 种传染病报告发病及死亡情况

单位：人，1/10 万

发病疾病名称	发病人数	发病率	死亡人数	死亡率
总计	2 727 288	193.46	22 179	1.57
病毒性肝炎	1 226 165	86.98	520	0.04
肺结核	639 548	45.37	1 763	0.13
梅毒	480 020	34.05	30	0.00
淋病	127 803	9.07	—	—
布鲁菌病	69 767	4.95	3	0.00
艾滋病	60 154	4.27	19 623	1.39
细菌性和阿米巴性痢疾	50 403	3.58	3	0.00
猩红热	29 503	2.09	—	—
新型冠状病毒肺炎	15 243	1.08	2	0.00
百日咳	9 611	0.68	2	0.00
流行性出血热	9 187	0.65	64	0.00
伤寒和副伤寒	7 244	0.51	—	—
疟疾	783	0.06	3	0.00
麻疹	552	0.04	—	—
钩端螺旋体病	403	0.03	2	0.00
炭疽	392	0.03	2	0.00
流行性乙型脑炎	207	0.01	6	0.00
狂犬病	157	0.01	150	0.01
流行性脑脊髓膜炎	63	0.00	5	0.00
登革热	41	0.00	—	—
新生儿破伤风	23	0.00	1	0.00
血吸虫病	13	0.00	—	—
霍乱	5	0.00	—	—
鼠疫	1	0.00	—	—
传染性非典型肺炎	—	—	—	—
脊髓灰质炎	—	—	—	—
人感染高致病性禽流感	—	—	—	—
白喉	—	—	—	—
人感染 H7N9 禽流感	—	—	—	—

数据来源：国家卫生健康委员会统计信息中心。

注：新生儿破伤风的报告发病率和报告死亡率单位为‰。

* 疟疾数据系按照终审日期以及按照报告地区统计的中国籍病例。

87. 全国育龄妇女分年龄、孩次的生育情况（2020年11月1日至2021年10月31日）

单位：人，%

年龄（岁）	平均育龄妇女人数	出生人数 合计	一孩	二孩	三孩及以上	生育率 合计	一孩	二孩	三孩及以上
总　计	338 553	10 588	4 796	4 563	1 229	31.27	14.17	13.48	3.63
15—19	37 208	105	90	14	1	2.82	2.42	0.38	0.03
15	7 462	0	0	0	0	0.05	0.00	0.00	0.00
16	8 085	8	8	0	0	0.96	0.99	0.00	0.00
17	6 741	18	15	4	0	2.74	2.23	0.59	0.00
18	7 004	35	28	6	1	5.00	4.00	0.86	0.14
19	7 915	43	39	4	0	5.48	4.93	0.51	0.00
20—24	36 060	1 258	843	363	52	34.89	23.38	10.07	1.44
20	8 481	101	77	24	1	11.95	9.08	2.83	0.12
21	7 522	194	142	46	5	25.75	18.88	6.12	0.66
22	6 561	239	150	77	11	36.38	22.86	11.74	1.68
23	6 278	338	225	98	15	53.87	35.84	15.61	2.39
24	7 217	386	249	117	20	53.49	34.50	16.21	2.77
25—29	44 533	3 922	2 223	1 386	312	88.06	49.92	31.12	7.01
25	8 366	572	351	178	42	68.36	41.96	21.28	5.02
26	8 373	739	441	239	59	88.30	52.67	28.54	7.05
27	8 631	824	481	289	55	95.53	55.73	33.48	6.37
28	9 426	924	522	339	62	98.02	55.38	35.96	6.58
29	9 737	862	427	340	95	88.51	43.85	34.92	9.76
30—34	63 185	3 741	1 297	1 939	505	59.20	20.53	30.69	7.99
30	11 573	754	340	350	64	65.16	29.38	30.24	5.53
31	13 137	929	347	463	120	70.72	26.41	35.24	9.13
32	12 650	833	286	431	116	65.84	22.61	34.07	9.17
33	13 155	640	181	370	89	48.66	13.76	28.13	6.77
34	12 671	584	143	324	118	46.12	11.29	25.57	9.31
35—39	52 178	1 249	280	695	275	23.95	5.37	13.32	5.27
35	10 944	401	91	228	82	36.68	8.32	20.83	7.49
36	9 828	272	68	142	63	27.72	6.92	14.45	6.41
37	9 764	243	51	138	54	24.93	5.22	14.13	5.53
38	10 569	189	41	105	43	17.91	3.88	9.93	4.07
39	11 073	143	29	82	32	12.91	2.62	7.41	2.89

续完

年龄（岁）	平均育龄妇女人数	出生人数 合计	一孩	二孩	三孩及以上	生育率 合计	一孩	二孩	三孩及以上
40—44	47 625	283	59	150	75	5.93	1.24	3.15	1.57
40	9 090	104	28	52	25	11.47	3.08	5.72	2.75
41	9 950	69	10	36	22	6.93	1.01	3.62	2.21
42	9 754	53	11	35	8	5.46	1.13	3.59	0.82
43	9 292	28	5	14	8	3.01	0.54	1.51	0.86
44	9 539	28	5	14	10	2.97	0.52	1.47	1.05
45—49	57 764	31	4	17	9	0.53	0.07	0.29	0.16
45	10 298	13	3	8	2	1.31	0.29	0.78	0.19
46	10 785	9	0	5	4	0.86	0.00	0.46	0.37
47	11 632	4	0	2	1	0.33	0.00	0.17	0.09
48	12 407	3	0	2	1	0.26	0.00	0.16	0.08
49	12 642	1	1	0	0	0.07	0.08	0.00	0.00

数据来源：国家统计局人口和就业统计司。

88. 全国城市育龄妇女分年龄、孩次的生育情况（2020年11月1日至2021年10月31日）

单位：人，%

年龄（岁）	平均育龄妇女人数	出生人数 合计	一孩	二孩	三孩及以上	生育率 合计	一孩	二孩	三孩及以上
总计	158 844	4 593	2 374	1 917	302	28.91	14.95	12.07	1.90
15—19	16 870	28	24	4	0	1.68	1.42	0.24	0.00
15	2 753	0	0	0	0	0.00	0.00	0.00	0.00
16	3 199	3	3	0	0	0.81	0.94	0.00	0.00
17	2 805	3	3	0	0	1.12	1.07	0.00	0.00
18	3 572	10	9	2	0	2.93	2.52	0.56	0.00
19	4 541	12	10	3	0	2.69	2.20	0.66	0.00
20—24	19 122	330	254	74	2	17.28	13.28	3.87	0.10
20	4 840	14	10	4	0	2.89	2.07	0.83	0.00
21	4 130	40	39	2	0	9.78	9.44	0.48	0.00
22	3 403	57	34	23	0	16.66	9.99	6.76	0.00
23	3 109	88	69	18	1	28.18	22.19	5.79	0.32
24	3 639	132	103	27	1	36.2	28.30	7.42	0.27
25—29	21 480	1 633	1 111	467	55	76.04	51.72	21.74	2.56
25	4 087	194	142	50	2	47.35	34.74	12.23	0.49
26	4 086	285	200	75	10	69.66	48.95	18.36	2.45
27	4 144	373	253	113	7	89.92	61.05	27.27	1.69
28	4 522	397	276	109	12	87.89	61.03	24.10	2.65
29	4 642	385	241	120	24	82.96	51.92	25.85	5.17
30—34	30 545	1 835	783	917	136	60.09	25.63	30.02	4.45
30	5 550	379	219	146	14	68.20	39.46	26.31	2.52
31	6 241	451	200	218	33	72.25	32.05	34.93	5.29
32	6 038	393	171	194	28	65.16	28.32	32.13	4.64
33	6 326	317	107	179	32	50.10	16.91	28.30	5.06
34	6 389	296	86	180	29	46.25	13.46	28.17	4.54
35—39	25 488	613	171	366	76	24.04	6.71	14.36	2.98
35	5 269	188	55	118	15	35.71	10.44	22.40	2.85
36	4 749	135	41	67	26	28.35	8.63	14.11	5.47
37	4 808	123	30	79	14	25.63	6.24	16.43	2.91
38	5 245	100	26	61	13	19.10	4.96	11.63	2.48
39	5 417	66	19	39	8	12.28	3.51	7.20	1.48

续完

年龄（岁）	平均育龄妇女人数	出生人数 合计	一孩	二孩	三孩及以上	生育率 合计	一孩	二孩	三孩及以上
40—44	21 825	133	29	76	27	6.09	1.33	3.48	1.24
40	4 204	46	11	24	11	10.84	2.62	5.71	2.62
41	4 699	38	5	19	14	8.13	1.06	4.04	2.98
42	4 434	32	7	24	1	7.20	1.58	5.41	0.23
43	4 221	5	2	3	0	1.16	0.47	0.71	0.00
44	4 267	12	4	6	2	2.87	0.94	1.41	0.47
45—49	23 514	20	1	13	6	0.84	0.04	0.55	0.26
45	4 435	8	0	7	1	1.87	0.00	1.58	0.23
46	4 450	7	0	3	4	1.66	0.00	0.67	0.90
47	4 758	2	0	2	0	0.32	0.00	0.42	0.00
48	4 967	2	0	1	1	0.36	0.00	0.20	0.20
49	4 903	1	1	0	0	0.17	0.20	0.00	0.00

数据来源：国家统计局人口和就业统计司。

89. 全国镇育龄妇女分年龄、孩次的生育情况（2020年11月1日至2021年10月31日）

单位：人，%

年龄（岁）	平均育龄妇女人数	出生人数 合计	一孩	二孩	三孩及以上	生育率 合计	一孩	二孩	三孩及以上
总计	84 980	2 676	1 086	1 214	376	31.49	12.78	14.29	4.42
15—19	10 026	18	15	2	1	1.75	1.50	0.20	0.10
15	2 255	0	0	0	0	0.00	0.00	0.00	0.00
16	2 477	1	1	0	0	0.44	0.40	0.00	0.00
17	2 003	4	4	0	0	2.22	2.00	0.00	0.00
18	1 656	9	7	2	1	5.64	4.23	1.21	0.60
19	1 634	3	3	0	0	1.62	1.84	0.00	0.00
20—24	7 652	308	205	89	14	40.25	26.79	11.63	1.83
20	1 743	25	19	6	0	14.42	10.90	3.44	0.00
21	1 624	47	38	8	1	29.19	23.40	4.93	0.62
22	1 413	66	42	18	7	46.98	29.72	12.74	4.95
23	1 334	93	58	29	5	69.41	43.48	21.74	3.75
24	1 538	77	47	27	2	49.76	30.56	17.56	1.30
25—29	10 844	1 002	550	368	84	92.41	50.72	33.94	7.75
25	1 924	156	90	55	11	81.18	46.78	28.59	5.72
26	1 903	184	115	53	16	96.60	60.43	27.85	8.41
27	2 160	205	120	70	15	94.75	55.56	32.41	6.94
28	2 383	231	127	92	12	96.89	53.29	38.61	5.04
29	2 475	227	98	99	29	91.55	39.60	40.00	11.72
30—34	16 225	958	254	535	168	59.05	15.65	32.97	10.35
30	2 910	172	60	92	20	59.06	20.62	31.62	6.87
31	3 420	248	68	134	45	72.56	19.88	39.18	13.16
32	3 315	224	62	125	37	67.55	18.70	37.71	11.16
33	3 366	163	39	96	28	48.47	11.59	28.52	8.32
34	3 214	151	26	87	38	46.98	8.09	27.07	11.82
35—39	13 246	307	50	172	85	23.15	3.77	12.99	6.42
35	2 867	110	23	61	27	38.52	8.02	21.28	9.42
36	2 509	58	9	31	18	23.14	3.59	12.36	7.17
37	2 463	63	8	37	17	25.48	3.25	15.02	6.90
38	2 630	36	6	21	10	13.78	2.28	7.98	3.80
39	2 778	39	3	22	14	14.11	1.08	7.92	5.04

续完

年龄（岁）	平均育龄妇女人数	出生人数 合计	一孩	二孩	三孩及以上	生育率 合计	一孩	二孩	三孩及以上
40—44	12 217	77	11	44	21	6.30	0.90	3.60	1.72
40	2 314	26	6	13	6	11.27	2.59	5.62	2.59
41	2 552	15	2	11	2	5.74	0.78	4.31	0.78
42	2 500	10	0	7	3	4.11	0.00	2.80	1.20
43	2 373	14	3	7	4	5.96	1.26	2.95	1.69
44	2 478	12	0	6	6	4.77	0.00	2.42	2.42
45—49	14 770	7	1	4	1	0.46	0.07	0.27	0.07
45	2 685	3	1	1	1	1.15	0.37	0.37	0.37
46	2 800	2	0	1	0	0.58	0.00	0.36	0.00
47	3 025	1	0	1	0	0.31	0.00	0.33	0.00
48	3 111	1	0	1	0	0.34	0.00	0.32	0.00
49	3 149	0	0	0	0	0.00	0.00	0.00	0.00

数据来源：国家统计局人口和就业统计司。

90. 全国乡村龄妇女分年龄、孩次的生育情况（2020年11月1日至2021年10月31日）

单位：人，%

年龄（岁）	平均育龄妇女人数	出生人数 合计	一孩	二孩	三孩及以上	生育率 合计	一孩	二孩	三孩及以上
总计	94 729	3 319	1 336	1 432	551	35.04	14.10	15.12	5.82
15—19	10 312	59	51	8	0	5.73	4.95	0.78	0.00
15	2 453	0	0	0	0	0.15	0.00	0.00	0.00
16	2 409	4	4	0	0	1.71	1.66	0.00	0.00
17	1 933	11	7	4	0	5.62	3.62	2.07	0.00
18	1 776	15	13	3	0	8.59	7.32	1.69	0.00
19	1 741	29	27	1	0	16.38	15.51	0.57	0.00
20—24	9 286	620	384	200	36	66.73	41.35	21.54	3.88
20	1 897	62	49	13	1	32.83	25.83	6.85	0.53
21	1 768	106	65	36	4	59.91	36.76	20.36	2.26
22	1 745	116	74	36	5	66.25	42.41	20.63	2.87
23	1 836	158	98	51	8	86.12	53.38	27.78	4.36
24	2 040	178	98	62	17	87.14	48.04	30.39	8.33
25—29	12 209	1 286	562	551	174	105.35	46.03	45.13	14.25
25	2 355	222	119	74	29	94.33	50.53	31.42	12.31
26	2 384	271	126	112	33	113.63	52.85	46.98	13.84
27	2 327	247	109	105	33	106.22	46.84	45.12	14.18
28	2 522	296	120	138	38	117.25	47.58	54.72	15.07
29	2 621	250	88	121	40	95.49	33.57	46.17	15.26
30—34	16 416	947	260	487	201	57.71	15.84	29.67	12.24
30	3 113	204	62	111	30	65.45	19.92	35.66	9.64
31	3 475	230	79	110	41	66.17	22.73	31.65	11.80
32	3 297	216	53	113	50	65.39	16.08	34.27	15.17
33	3 463	160	36	95	29	46.22	10.40	27.43	8.37
34	3 067	138	30	57	50	44.96	9.78	18.58	16.30
35—39	13 444	330	59	158	113	24.55	4.39	11.75	8.41
35	2 808	103	13	49	41	36.62	4.63	17.45	14.60
36	2 569	80	17	44	18	31.02	6.62	17.13	7.01
37	2 493	57	13	22	23	23.03	5.21	8.82	9.23
38	2 695	53	9	23	21	19.62	3.34	8.53	7.79
39	2 879	37	7	20	11	12.94	2.43	6.95	3.82

续完

年龄（岁）	平均育龄妇女人数	出生人数 合计	一孩	二孩	三孩及以上	生育率 合计	一孩	二孩	三孩及以上
40—44	13 582	73	18	30	25	5.36	1.33	2.21	1.84
40	2 571	33	10	15	8	12.67	3.89	5.83	3.11
41	2 699	16	3	6	6	5.97	1.11	2.22	2.22
42	2 820	11	4	3	3	3.91	1.42	1.06	1.06
43	2 699	9	0	4	4	3.30	0.00	1.48	1.48
44	2 794	4	1	2	2	1.51	0.36	0.72	0.72
45—49	19 480	4	2	0	1	0.21	0.10	0.00	0.05
45	3 178	2	2	0	0	0.66	0.63	0.00	0.00
46	3 535	0	0	0	0	0.07	0.00	0.00	0.00
47	3 849	1	0	0	1	0.35	0.00	0.00	0.26
48	4 329	0	0	0	0	0.09	0.00	0.00	0.00
49	4 590	0	0	0	0	0.00	0.00	0.00	0.00

数据来源：国家统计局人口和就业统计司。

91. 全国历年各级各类学校数

单位：所

年份	普通、职业高等学校	其中：高职（专科）学校	普通高中	中等职业教育	初中学校	普通小学	特殊教育学校	幼儿园
1978	598	49 215	2 760	113 130	949 323	292	163 952	—
1980	675	31 300	3 459	87 077	917 316	292	170 419	—
1985	1 016	17 318	14 190	77 529	832 309	375	172 262	—
1990	1 075	15 678	20 763	73 462	766 072	746	172 322	—
1995	1 054	13 991	22 072	68 564	668 685	1 379	180 438	—
2000	1 041	442	14 564	19 727	63 898	553 622	1 539	175 836
2001	1 225	628	14 907	17 580	66 590	491 273	1 531	111 706
2002	1 396	767	15 406	15 919	65 645	456 903	1 540	111 752
2003	1 552	908	15 779	14 682	64 730	425 846	1 551	116 390
2004	1 731	1 047	15 998	14 454	63 757	394 183	1 560	117 899
2005	1 792	1 091	16 092	14 466	62 486	366 213	1 593	124 402
2006	1 867	1 147	16 153	14 693	60 885	341 639	1 605	130 495
2007	1 908	1 168	15 681	14 832	59 384	320 061	1 618	129 086
2008	2 263	1 184	15 206	14 847	57 914	300 854	1 640	133 722
2009	2 305	1 215	14 607	14 388	56 320	280 184	1 672	138 209
2010	2 358	1 246	14 058	13 862	54 890	257 410	1 706	150 420
2011	2 409	1 280	13 688	13 083	54 117	241 249	1 767	166 750
2012	2 442	1 297	13 509	12 654	53 216	228 585	1 853	181 251
2013	2 491	1 321	13 352	12 262	52 804	213 529	1 933	198 553
2014	2 529	1 327	13 253	11 878	52 623	201 377	2 000	209 881
2015	2 560	1 341	13 240	11 202	52 405	190 525	2 053	223 683
2016	2 596	1 359	13 383	10 893	52 118	177 633	2 080	239 812
2017	2 631	1 388	13 555	10 671	51 894	167 009	2 107	254 950
2018	2 663	1 418	13 737	10 229	51 982	161 811	2 152	266 677
2019	2 688	1 423	13 964	10 078	52 415	160 148	2 192	281 174
2020	2 738	1 468	14 235	9 896	52 805	157 979	2 244	2917 15
2021	2 756	1 486	14 585	7 294	52 871	154 279	2 288	294 832

数据来源：国家统计局。

92. 全国历年各级各类学校专任教师数

单位：万人

年份	普通、职业高等学校	其中：高职（专科）学校	普通高中	中等职业教育	初中阶段	小学阶段	特殊教育	学前教育
1978	20.6	74.1	9.9	244.1	522.6	0.4	27.7	—
1980	24.7	57.1	13.3	244.9	549.9	0.5	41.1	—
1985	34.4	49.2	35.5	216.0	537.7	0.7	55.0	—
1990	39.5	56.2	66.3	249.9	558.2	1.4	75.0	—
1995	40.1	55.1	74.0	282.1	566.4	2.5	87.5	—
2000	46.3	8.7	75.7	79.7	328.7	586.0	3.2	85.6
2001	53.2	12.4	84.0	73.8	338.6	579.8	2.9	54.6
2002	61.8	15.6	94.6	69.1	346.8	577.9	3.0	57.1
2003	72.5	19.7	107.1	71.3	349.8	570.3	3.0	61.3
2004	85.8	23.8	119.1	73.6	350.0	562.9	3.1	65.6
2005	96.6	26.8	129.9	75.0	349.2	559.2	3.2	72.2
2006	107.6	31.6	138.7	79.9	347.5	558.8	3.3	77.6
2007	116.8	35.5	144.3	85.9	347.3	561.3	3.5	82.7
2008	123.7	37.7	147.6	89.5	347.6	562.2	3.6	89.9
2009	129.5	39.5	149.3	86.7	351.8	563.3	3.8	98.6
2010	134.3	40.4	151.8	87.1	352.5	561.7	4.0	114.4
2011	139.3	41.3	155.7	88.1	352.5	560.5	4.1	131.6
2012	144.0	41.3	159.5	88.0	350.4	558.5	4.4	147.9
2013	149.7	43.7	162.9	86.8	348.1	558.5	4.6	166.3
2014	153.5	43.8	166.3	85.8	348.8	563.4	4.8	184.4
2015	157.3	45.5	169.5	84.4	347.6	568.5	5.0	205.1
2016	160.2	46.5	173.3	84.0	348.8	578.9	5.3	223.2
2017	163.3	48.2	177.4	83.9	354.9	594.5	5.6	243.2
2018	167.3	49.8	181.3	83.4	363.9	609.2	5.9	258.1
2019	174.0	51.4	185.9	84.3	374.7	626.9	6.2	276.3
2020	183.3	55.6	193.3	85.7	386.1	643.4	6.6	291.3
2021	186.6	57.0	202.8	69.5	397.1	660.1	6.9	319.1

数据来源：国家统计局。

93. 全国历年各级各类学校招生数

单位：万人

年份	研究生	普通、职业本专科	其中：专科	普通高中	中等职业教育	初中阶段	小学阶段	特殊教育	学前教育
1978	1.1	40.2	12.4	692.9	44.7	2 006.0	3 315.4	0.6	—
1980	0.4	28.1	7.7	383.4	58.3	1 557.6	2 942.3	0.6	—
1985	4.7	61.9	30.2	257.5	234.2	1 367.0	2 298.2	0.9	—
1990	3.0	60.9	29.2	249.8	286.1	1 389.3	2 064.0	1.6	—
1995	5.1	92.6	47.8	273.6	498.6	1 781.1	2 531.8	5.6	1 972.4
2000	12.8	220.6	48.7	472.7	408.3	2 295.6	1 946.5	5.3	1 531.1
2001	16.5	268.3	66.6	558.0	399.9	2 287.9	1 944.2	5.6	1 398.2
2002	20.3	320.5	89.1	676.7	473.6	2 281.8	1 952.8	5.3	1 373.6
2003	26.9	382.2	199.6	752.1	515.8	2 220.1	1 829.4	4.9	1 316.8
2004	32.6	447.3	237.4	821.5	566.2	2 094.6	1 747.0	5.1	1 350.3
2005	36.5	504.5	268.1	877.7	655.7	1 987.6	1 671.7	4.9	1 356.2
2006	39.8	546.1	293.0	871.2	747.8	1 929.5	1 729.4	5.0	1 391.3
2007	41.9	565.9	283.8	840.2	810.0	1 868.5	1 736.1	6.3	1 433.6
2008	44.6	607.7	310.6	837.0	812.1	1 859.6	1 695.7	6.2	1 482.7
2009	51.1	639.5	313.4	830.3	868.2	1 788.5	1 637.8	6.4	1 546.9
2010	53.8	661.8	310.5	836.2	870.4	1 716.6	1 691.7	6.5	1 700.4
2011	56.0	681.5	324.9	850.8	813.9	1 634.7	1 736.8	6.4	1 827.3
2012	59.0	688.8	314.8	844.6	754.1	1 570.8	1 714.7	6.6	1 911.9
2013	61.1	699.8	318.4	822.7	674.8	1 496.1	1 695.4	6.6	1 970.0
2014	62.1	721.4	338.0	796.6	619.8	1 447.8	1 658.4	7.1	1 987.8
2015	64.5	737.8	348.4	796.6	601.2	1 411.0	1 729.0	8.3	2 008.8
2016	66.7	748.6	343.2	802.9	593.3	1 487.2	1 752.5	9.2	1 922.1
2017	80.6	761.5	350.7	800.1	582.4	1 547.2	1 766.6	11.1	1 938.0
2018	85.8	791.0	368.8	792.7	557.0	1 602.6	1 867.3	12.4	1 863.9
2019	91.7	914.9	483.6	839.5	600.4	1 638.8	1 869.0	14.4	1 688.2
2020	110.7	967.5	524.3	876.4	644.7	1 632.1	1 808.1	14.9	1 791.4
2021	117.7	1 001.3	552.6	905.0	489.0	1 705.4	1 782.6	14.9	1 526.2

数据来源：国家统计局。

94. 全国历年各级各类学校在校学生数

单位：万人

年份	研究生	普通、职业本专科	其中：专科	普通高中	中等职业教育	初中阶段	小学阶段	特殊教育	学前教育
1978	1.1	85.6	38.0	1 553.1	212.8	4 995.2	14 624.0	3.1	787.7
1980	2.2	114.4	28.2	969.8	586.3	4 551.8	14 627.0	3.3	1 150.8
1985	8.7	170.3	58.0	741.1	476.1	4 010.1	13 370.2	4.2	1 479.7
1990	9.3	206.3	74.3	717.3	763.5	3 916.6	12 241.4	7.2	1 972.2
1995	14.5	290.6	126.8	713.2	1 230.2	4 727.5	13 195.2	29.6	2 711.2
2000	30.1	556.1	100.9	1 201.3	1 284.5	6 256.3	13 013.3	37.8	2 244.2
2001	39.3	719.1	146.8	1 405.0	1 164.9	6 514.4	12 543.5	38.6	2 021.8
2002	50.1	903.4	193.4	1 683.8	1 190.8	6 687.4	12 156.7	37.5	2 036.0
2003	65.1	1 108.6	479.4	1 964.8	1 256.7	6 690.8	11 689.7	36.5	2 003.9
2004	82.0	1 333.5	595.7	2 220.4	1 409.2	6 527.5	11 246.2	37.2	2 089.4
2005	97.9	1 561.8	713.0	2 409.1	1 600.0	6 214.9	10 864.1	36.4	2 179.0
2006	110.5	1 738.8	795.5	2 514.5	1 809.9	5 957.9	10 711.5	36.3	2 263.9
2007	119.5	1 884.9	860.6	2 522.4	1 987.0	5 736.2	10 564.0	41.9	2 348.8
2008	128.3	2 021.0	916.8	2 476.3	2 087.1	5 585.0	10 331.5	41.7	2 475.0
2009	140.5	2 144.7	964.8	2 434.3	2 195.2	5 440.9	10 071.5	42.8	2 657.8
2010	153.8	2 231.8	966.2	2 427.3	2 238.5	5 279.3	9 940.7	42.6	2 976.7
2011	164.6	2 308.5	958.9	2 454.8	2 205.3	5 066.8	9 926.4	39.9	3 424.5
2012	172.0	2 391.3	964.2	2 467.2	2 113.7	4 763.1	9 695.9	37.9	3 685.8
2013	179.4	2 468.1	973.6	2 435.9	1 923.0	4 440.1	9 360.5	36.8	3 894.7
2014	184.8	2 547.7	1 006.6	2 400.5	1 755.3	4 384.6	9 451.1	39.5	4 050.7
2015	191.1	2 625.3	1 048.6	2 374.4	1 656.7	4 312.0	9 692.2	44.2	4 264.8
2016	198.1	2 695.8	1 082.9	2 366.6	1 599.0	4 329.4	9 913.0	49.2	4 413.9
2017	264.0	2 753.6	1 105.0	2 374.5	1 592.5	4 442.1	10 093.7	57.9	4 600.1
2018	273.1	2 831.0	1 133.7	2 375.4	1 555.3	4 652.6	10 339.3	66.6	4 656.4
2019	286.4	3 031.5	1 280.7	2 414.3	1 576.5	4 827.1	10 561.2	79.5	4 713.9
2020	314.0	3 285.3	1 459.5	2 494.5	1 663.4	4 914.1	10 725.4	88.1	4 818.3
2021	333.2	3 496.1	1 590.1	2 605.0	1 311.8	5 018.4	10 779.9	92.0	4 805.2

数据来源：国家统计局。

95. 2021 年各省、自治区、直辖市每 10 万人口各级学校平均在校生数

单位：人

地区	学前教育	小学阶段	初中阶段	高中阶段	高等教育
全 国	3 403	7 634	3 554	2 774	3 301
北 京	2 589	4 735	1 597	1 024	5 313
天 津	2 278	5 421	2 458	1 953	5 153
河 北	3 310	9 169	4 139	3 429	2 926
山 西	2 893	6 671	3 131	2 880	3 112
内蒙古	2 514	5 861	2 770	2 454	2 351
辽 宁	2 049	4 638	2 335	2 062	3 742
吉 林	1 749	4 798	2 506	2 423	4 550
黑龙江	1 541	3 700	2 632	2 367	3 448
上 海	2 251	3 588	2 000	1 139	3 691
江 苏	2 979	6 909	3 113	2 233	3 531
浙 江	3 105	5 928	2 572	2 162	2 632
安 徽	3 506	7 678	3 765	3 138	3 089
福 建	4 020	8 481	3 668	2 583	3 023
江 西	3 581	8 758	4 789	3 712	4 001
山 东	3 830	7 435	3 818	2 622	3 429
河 南	4 018	10 179	4 820	3 578	3 424
湖 北	3 108	6 670	3 085	2 413	3 914
湖 南	3 452	7 977	3 874	3 161	3 487
广 东	3 964	8 547	3 400	2 306	2 922
广 西	4 533	10 280	4 580	3 792	3 432
海 南	3 871	8 596	3 876	3 112	2 839
重 庆	3 101	6 329	3 528	3 129	3 605
四 川	3 127	6 558	3 343	2 760	2 925
贵 州	4 291	10 273	4 665	3 533	2 593
云 南	3 748	8 158	3 886	3 318	2 871
西 藏	4 274	9 989	3 964	2 976	1 634
陕 西	3 473	7 494	3 046	2 395	4 279
甘 肃	3 879	8 097	3 538	2 868	2 999
青 海	3 845	8 730	3 747	3 719	1 613
宁 夏	3 626	8 373	3 980	3 380	2 749
新 疆	4 305	11 328	4 312	2 906	2 526

数据来源：国家统计局。

注：1. 高等教育在校生数包括研究生、普通本科、职业本专科、成人本专科，不含网络本专科生。

2. 2021 年起，高中阶段在校生数不含人社部管理的技工学校。

96. 全国历年各级各类学校毕业生数

单位：万人

年份	研究生	普通、职业本专科	其中：专科	普通高中	中等职业教育	初中阶段	小学阶段	特殊教育	学前教育
1978	0.0	16.5	0.8	682.7	40.3	1 692.6	2 287.9	0.3	—
1980	0.0	14.7	—	616.2	73.3	964.8	2 053.3	0.4	—
1985	1.7	31.6	14.4	196.6	92.5	1 007.2	1 999.9	0.4	
1990	3.5	61.4	30.6	233.0	240.6	1 123.0	1 863.1	0.5	
1995	3.2	80.5	48.0	201.6	348.4	1 244.4	1 961.5	1.9	
2000	5.9	95.0	17.9	301.5	476.7	1 633.5	2 419.2	4.3	—
2001	6.8	103.6	19.3	340.5	430.6	1 731.5	2 396.9	4.6	1 160.2
2002	8.1	133.7	27.7	383.8	380.1	1 903.7	2 351.9	4.4	1 152.7
2003	11.1	187.7	94.8	458.1	346.4	2 018.5	2 267.9	4.5	1 072.0
2004	15.1	239.1	119.5	546.9	359.2	2 087.3	2 135.2	4.7	1 059.7
2005	19.0	306.8	160.2	661.6	418.2	2 123.4	2 019.5	4.3	1 025.4
2006	25.6	377.5	204.8	727.1	479.1	2 071.6	1 928.5	4.5	1 045.1
2007	31.2	447.8	248.2	788.3	530.9	1 963.7	1 870.1	5.0	1 049.1
2008	34.5	511.9	286.3	836.1	580.7	1 868.0	1 865.0	5.2	1 040.5
2009	37.1	531.1	285.6	823.7	624.9	1 797.7	1 805.2	5.7	1 040.6
2010	38.4	575.4	316.4	794.4	665.0	1 750.4	1 739.6	5.9	1 057.6
2011	43.0	608.2	328.5	787.7	660.0	1 736.7	1 662.8	4.4	1 184.7
2012	48.6	624.7	320.9	791.5	674.6	1 660.8	1 641.6	4.9	1 433.6
2013	51.4	638.7	318.7	799.0	674.4	1 561.5	1 581.1	5.1	1 491.7
2014	53.6	659.4	318.0	799.6	622.9	1 413.5	1 476.6	4.9	1 527.2
2015	55.2	680.9	322.3	797.7	567.9	1 417.6	1 437.3	5.3	1 590.3
2016	56.4	704.2	329.8	792.4	533.6	1 423.9	1 507.4	5.9	1 623.2
2017	57.8	735.8	351.6	775.7	496.9	1 397.5	1 565.9	6.9	1 652.7
2018	60.4	753.3	366.5	779.2	487.3	1 367.8	1 616.5	8.1	1 790.6
2019	64.0	758.5	363.8	789.2	493.5	1 454.1	1 647.9	9.8	1 765.2
2020	72.9	797.2	376.7	786.5	484.9	1 535.3	1 640.3	12.1	1 779.4
2021	77.3	826.5	398.4	780.2	375.4	1 587.1	1 718.0	14.6	1 714.8

数据来源：国家统计局。

97. 2021年各省、自治区、直辖市各级普通学校生师比

教师人数 = 1

地区	小学阶段	初中阶段	普通高中	中等职业教育	高等教育
全　国	**16.33**	**12.64**	**12.84**	**18.86**	**18.54**
北　京	13.92	8.87	8.08	7.86	16.31
天　津	15.26	11.21	11.14	14.64	18.81
河　北	16.59	13.39	13.18	16.99	17.91
山　西	13.56	10.28	10.50	12.68	21.78
内蒙古	13.09	10.57	10.46	12.43	17.86
辽　宁	14.03	9.94	11.34	13.75	20.48
吉　林	11.03	8.99	13.10	9.79	19.91
黑龙江	11.60	9.77	13.01	13.88	17.65
上　海	14.10	10.80	9.00	13.53	15.48
江　苏	16.31	11.85	11.07	14.08	16.80
浙　江	16.80	12.24	10.97	14.62	16.02
安　徽	17.42	13.50	13.48	24.11	19.84
福　建	17.79	13.54	12.76	20.08	17.82
江　西	16.14	14.33	16.06	27.07	18.47
山　东	16.14	12.28	11.72	15.66	17.70
河　南	16.70	13.66	14.46	22.87	18.47
湖　北	17.47	12.58	13.13	19.77	18.93
湖　南	17.04	13.16	14.24	19.93	18.73
广　东	18.22	13.62	12.76	20.09	18.97
广　西	17.60	14.61	15.82	32.17	20.42
海　南	15.35	13.35	12.76	32.85	18.08
重　庆	15.24	13.20	15.12	20.48	18.24
四　川	15.71	12.49	13.48	21.27	19.87
贵　州	18.63	13.87	13.69	23.07	20.04
云　南	16.30	13.20	13.54	25.48	21.45
西　藏	14.40	11.55	12.04	13.14	17.63
陕　西	16.02	11.55	11.42	17.14	19.19
甘　肃	13.31	10.75	10.88	15.00	19.55
青　海	17.26	13.09	12.26	37.94	16.47
宁　夏	17.25	13.60	13.86	21.97	17.74
新　疆	17.24	12.45	12.27	19.91	20.52

数据来源：国家统计局。

98. 1995—2021 年义务教育巩固率、高中阶段和高等教育毛入学率

单位：%

年份	九年义务教育巩固率	高中阶段毛入学率	高等教育毛入学率
1995	—	33.6	7.2
1996	—	38.0	8.3
1997	—	40.6	9.1
1998	—	40.7	9.8
1999	—	41.0	10.5
2000	—	42.8	12.5
2001	—	42.8	13.3
2002	—	42.8	15.0
2003	—	43.8	17.0
2004	—	48.1	19.0
2005	—	52.7	21.0
2006	—	59.8	22.0
2007	—	66.0	23.0
2008	—	74.0	23.3
2009	—	79.2	24.2
2010	91.1	82.5	26.5
2011	91.5	84.0	26.9
2012	91.8	85.0	30.0
2013	92.3	86.0	34.5
2014	92.6	86.5	37.5
2015	93.0	87.0	40.0
2016	93.4	87.5	42.7
2017	93.8	88.3	45.7
2018	94.2	88.8	48.1
2019	94.8	89.5	51.6
2020	95.2	91.2	54.4
2021	95.4	91.4	57.8

数据来源：国家统计局。

99. 2021年全国高等教育学生数

单位：人

	毕（结）业生数	授予学位数	招生数	在校生数	预计毕业生数
研究生	772 761	764 393	1 176 526	3 332 373	1 118 211
博士	72 019	70 514	125 823	509 453	193 127
硕士	700 742	693 879	1 050 703	2 822 920	92 5084
普通本科	4 280 970	4 249 274	4 445 969	18 931 044	4 847 707
职业本专科	3 984 094	0	5 567 182	16 030 263	5 220 566
本科	0	0	41 381	129 297	9 288
专科	3 984 094	—	5 525 801	15 900 966	5 211 278
成人本专科	2 779 485	208 956	3 785 288	8 326 521	3 438 328
本科	1 420 887	208 956	2 042 982	4 591 098	1 781 638
专科	1 358 598	—	1 742 306	3 735 423	1 656 690
网络本专科生	2 590 593	88 986	2 839 192	8 739 006	—
本科	898 773	88 986	1 186 772	3 328 548	—
专科	1 691 820	—	1 652 420	5 410 458	—
普通预科生	—	—	—	79 681	—
国际学生	95 353	31 847	93 643	255 720	—

数据来源：教育部。

100. 2021年全国各级各类学历教育学生情况

单位：人

	毕业生数	招生数	在校生数
高等教育			
研究生	772 761	1 176 526	3 332 373
博士	72 019	125 823	509 453
硕士	700 742	1 050 703	2 822 920
普通本科	4 280 970	4 445 969	18 931 044
职业本专科	3 984 094	5 567 182	16 030 263
本科	0	41 381	129 297
专科	3 984 094	5 525 801	15 900 966
成人本专科	2 779 485	3 785 288	8 326 521
本科	1 420 887	2 042 982	4 591 098
专科	1 358 598	1 742 306	3 735 423
网络本专科生	2 590 593	2 839 192	8 739 006
本科	898 773	1 186 772	3 328 548
专科	1 691 820	1 652 420	5 410 458
高中阶段教育	11 957 266	14 552 751	39 764 220
#普通高中	7 802 267	9 049 538	26 050 291
完全中学	2 397 452	2 749 108	7 965 364
高级中学	4 998 715	5 689 530	16 464 641
十二年一贯制学校	382 330	578 148	1 532 731
附设普通高中班	23 770	32 752	87 555
#中等职业教育	3 753 709	4 889 890	13 118 146
中等职业学校	3 407 194	4 543 445	12 111 730
附设中职班	346 515	346 445	1 006 416
义务教育阶段教育	33 051 790	34 880 187	157 983 722
初中阶段	15 871 485	17 054 376	50 184 373
初级中学	10 807 177	11 277 586	33 434 886
九年一贯制学校	2 624 001	3 100 495	8 869 279
十二年一贯制学校	499 971	578 829	1 695 322
完全中学	1 895 733	2 062 584	6 071 342
职业初中	770	238	724
附设普通初中班	43 767	34 625	112 724
附设职业初中班	66	19	96
小学阶段	17 180 305	17 825 811	107 799 349
小学	14 377 087	14 743 480	89 820 477
九年一贯制学校	2 119 817	2 147 139	13 028 261
十二年一贯制学校	281 751	273 160	1 712 099

	毕业生数	招生数	在校生数
小学教学点	311 632	642 486	3 034 528
附设小学班	90 018	19 546	203 984
特殊教育	145 899	149 062	919 767
#特殊教育学校	47 799	48 509	330 375
学前教育	17 147 905	15 262 381	48 052 063
幼儿园	15 617 234	14 176 978	45 391 336
附设幼儿班	1 530 671	1 085 403	2 660 727
专门学校	4 244	5 746	7 160

数据来源：国家统计局。

注：1. 完全中学、九年一贯制学校、十二年一贯制学校和附设教学班的学生数按教育层次分别计入对应教育阶段的学生数中（以下相关表同）。

2. 特殊教育涵盖特殊教育学校、附设特教班、随班就读和送教上门等各类形式（以下相关表同）。

3. 2019年起，学前教育招生数仅包括首次入园的适龄儿童，不再包括复学、转入等情况（以下相关表同）。

4. 2017年起，研究生招生数包含全日制和非全日制研究生，在校生数包含全日制、非全日制研究生和在职人员攻读硕士学位学生（以下相关表同）。

5. 高中阶段教育学生数含国家开放大学中职部（以下相关表同）。

101. 2021 年各省、自治区、直辖市特殊教育基本情况

单位：所，人

地区	学校数	专任教师数	毕业生数	招生数	在校生数 合计	其中：女生数
全 国	2 288	69 353	145 899	149 062	919 767	336 940
北 京	20	958	1 673	1 134	7 808	2 618
天 津	20	640	801	562	4 734	1 650
河 北	163	3 678	5 598	5 492	40 990	15 223
山 西	86	2 037	3 251	3 498	21 073	8 313
内蒙古	54	1 815	2 392	2 446	14 339	5 533
辽 宁	86	2 271	2 249	2 280	16 242	5 690
吉 林	52	1 734	2 102	2 189	12 977	4 597
黑龙江	73	2 168	2 017	1 451	15 764	5 659
上 海	31	1 584	1 707	1 449	9 044	3 174
江 苏	106	3 828	6 445	6 453	41 085	14 034
浙 江	86	2 817	4 208	4 359	23 493	8 301
安 徽	77	2 178	5 599	6 521	41 581	14 826
福 建	76	2 569	5 159	4 879	28 719	9 594
江 西	92	2 065	8 537	6 577	40 514	14 531
山 东	155	6 063	7 930	8 637	51 777	18 363
河 南	150	4 379	6 981	10 024	68 013	25 801
湖 北	88	2 009	3 744	4 189	29 355	9 935
湖 南	99	2 946	6 977	8 333	53 886	18 854
广 东	150	6 589	9 289	13 198	71 170	23 656
广 西	85	2 309	6 826	7 377	43 913	15 574
海 南	14	450	928	1 089	6 624	2 094
重 庆	39	1 120	4 955	4 599	27 446	10 555
四 川	135	3 427	12 054	10 919	65 981	25 367
贵 州	77	2 068	7 900	7 419	42 351	16 195
云 南	83	2 568	10 158	8 093	47 394	18 973
西 藏	7	297	1 391	1 215	7 185	3 421
陕 西	77	1 733	3 243	2 867	19 357	7 453
甘 肃	45	1 116	3 340	3 576	21 968	8 480
青 海	14	239	1 622	1 209	7 731	3 258
宁 夏	15	389	1 417	1 284	7 436	2 929
新 疆	33	1 309	5 406	5 744	29 817	12 289

数据来源：国家统计局。

102. 2021 年各省、自治区、直辖市分性别的 15 岁及以上文盲人口

单位：人，%

地区	15岁及以上人口 合计	男	女	文盲人口 合计	男	女	文盲人口占15岁及以上人口的比重 合计	男	女
全 国	1 232 677	625 238	607 439	39 531	9 386	30 145	3.21	1.50	4.96
北 京	20 378	10 374	10 004	161	35	126	0.79	0.34	1.25
天 津	12 611	6 445	6 166	209	49	160	1.66	0.77	2.59
河 北	63 723	31 270	32 453	1 290	293	997	2.02	0.94	3.07
山 西	31 001	15 804	15 197	520	119	401	1.68	0.76	2.64
内蒙古	21 929	11 168	10 760	803	214	589	3.66	1.91	5.47
辽 宁	39 973	19 631	20 342	443	106	337	1.11	0.54	1.66
吉 林	22 343	11 137	11 206	293	73	219	1.31	0.66	1.96
黑龙江	29 862	14 912	14 949	642	220	422	2.15	1.47	2.82
上 海	23 776	12 321	11 455	453	78	374	1.90	0.64	3.27
江 苏	76 857	38 690	38 167	2 338	447	1 891	3.04	1.16	4.95
浙 江	60 096	31 332	28 764	2 130	463	1 667	3.55	1.48	5.80
安 徽	52 670	26 569	26 101	2 844	670	2 174	5.40	2.52	8.33
福 建	35 972	18 429	17 543	900	141	759	2.50	0.76	4.33
江 西	37 851	19 292	18 559	964	207	757	2.55	1.07	4.08
山 东	87 877	43 977	43 900	3 498	693	2 805	3.98	1.58	6.39
河 南	81 443	40 259	41 184	2 292	542	1 750	2.81	1.35	4.25
湖 北	51 933	26 514	25 418	1 235	223	1 012	2.38	0.84	3.98
湖 南	56 910	28 876	28 034	1 273	300	973	2.24	1.04	3.47
广 东	109 174	57 392	51 781	2 047	376	1 670	1.87	0.66	3.23
广 西	41 121	21 104	20 017	1 161	228	933	2.82	1.08	4.66
海 南	8 685	4 585	4 100	363	83	280	4.18	1.81	6.84
重 庆	28 823	14 496	14 327	422	91	331	1.46	0.63	2.31
四 川	74 807	37 583	37 224	3 397	834	2 562	4.54	2.22	6.88
贵 州	31 201	15 757	15 444	2 241	506	1 735	7.18	3.21	11.24
云 南	40 118	20 628	19 489	1 978	569	1 410	4.93	2.76	7.23
西 藏	2 915	1 540	1 375	999	411	588	34.27	26.72	42.73
陕 西	34 697	17 620	17 077	1 174	352	822	3.38	2.00	4.81
甘 肃	21 316	10 775	10 542	1 942	559	1 382	9.11	5.19	13.11
青 海	4 990	2 497	2 492	457	137	320	9.16	5.49	12.84
宁 夏	6 140	3 119	3 021	318	81	238	5.19	2.58	7.87
新 疆	21 488	11 139	10 348	745	285	460	3.47	2.56	4.45

数据来源：国家统计局。

注：1. 本表是 2021 年全国人口变动情况抽样调查样本数据，抽样比为 1.058‰。
2. 本表"文盲人口"指 15 岁及以上不识字及识字很少的人口。

103. 2021 年各省、自治区、直辖市分性别的 15 岁及以上文盲人口（城市）

单位：人，%

地 区	15 岁及以上人口 合计	男	女	文盲人口 合计	男	女	文盲人口占15岁及以上人口的比重 合计	男	女
全 国	509 577	255 971	253 605	6 509	1 329	5 180	1.28	0.52	2.04
北 京	16 391	8 184	8 206	76	15	61	0.46	0.18	0.75
天 津	10 003	5 094	4 910	105	25	80	1.05	0.49	1.63
河 北	18 403	8 772	9 630	128	22	105	0.69	0.25	1.10
山 西	11 332	5 561	5 771	100	18	82	0.88	0.32	1.42
内蒙古	8 403	4 224	4 180	90	25	66	1.08	0.59	1.57
辽 宁	23 443	11 304	12 139	129	42	88	0.55	0.37	0.72
吉 林	9 685	4 719	4 967	84	17	67	0.87	0.35	1.36
黑龙江	13 137	6 486	6 652	154	49	105	1.17	0.76	1.58
上 海	18 876	9 560	9 316	216	32	183	1.14	0.34	1.97
江 苏	37 243	18 584	18 659	667	127	540	1.79	0.68	2.89
浙 江	30 768	15 953	14 815	749	169	580	2.43	1.06	3.92
安 徽	14 826	7 588	7 237	329	68	261	2.22	0.89	3.61
福 建	14 555	7 372	7 183	165	21	145	1.14	0.28	2.02
江 西	11 392	5 680	5 712	151	38	113	1.33	0.67	1.98
山 东	33 151	16 315	16 836	516	94	422	1.56	0.58	2.51
河 南	21 864	10 684	11 180	189	39	150	0.86	0.36	1.34
湖 北	22 855	11 373	11 482	284	55	230	1.24	0.48	2.00
湖 南	16 614	8 211	8 403	107	22	84	0.64	0.27	1.00
广 东	66 343	35 516	30 827	606	113	494	0.91	0.32	1.60
广 西	12 542	6 181	6 360	89	12	77	0.71	0.19	1.21
海 南	3 134	1 579	1 555	33	6	28	1.06	0.36	1.77
重 庆	15 193	7 536	7 656	111	21	90	0.73	0.28	1.17
四 川	28 068	13 885	14 183	457	88	369	1.63	0.63	2.60
贵 州	8 334	4 013	4 321	165	28	137	1.98	0.71	3.17
云 南	10 183	5 026	5 157	191	38	153	1.87	0.75	2.97
西 藏	733	394	338	109	41	67	14.82	10.47	19.88
陕 西	13 630	6 867	6 763	153	32	121	1.12	0.46	1.79
甘 肃	6 049	3 001	3 047	114	22	93	1.89	0.72	3.04
青 海	1 873	898	975	70	13	56	3.73	1.49	5.79
宁 夏	2 493	1 236	1 257	53	10	43	2.14	0.83	3.44
新 疆	8 061	4 173	3 888	120	30	90	1.49	0.71	2.33

数据来源：国家统计局人口和就业统计司。

104. 2021 年各省、自治区、直辖市分性别的 15 岁及以上文盲人口（镇）

单位：人，%

地区	15 岁及以上人口 合计	男	女	文盲人口 合计	男	女	文盲人口占15岁及以上人口的比重 合计	男	女
全 国	295 009	147 928	147 080	8 227	1 792	6 435	2.79	1.21	4.38
北 京	1 407	765	643	13	4	10	0.94	0.48	1.49
天 津	733	385	348	22	5	16	2.98	1.42	4.71
河 北	20 898	10 046	10 852	398	94	304	1.90	0.93	2.80
山 西	8 065	4 122	3 944	76	13	63	0.95	0.32	1.60
内蒙古	6 346	3 134	3 212	162	32	130	2.56	1.03	4.05
辽 宁	5 498	2 602	2 895	64	6	57	1.16	0.24	1.98
吉 林	4 380	2 120	2 260	41	12	29	0.94	0.58	1.28
黑龙江	6 418	3 107	3 311	99	29	70	1.55	0.94	2.12
上 海	2 242	1 240	1 002	76	15	61	3.40	1.21	6.12
江 苏	19 269	9 825	9 444	608	123	485	3.15	1.25	5.14
浙 江	12 646	6 588	6 058	403	81	321	3.18	1.24	5.30
安 徽	16 738	8 062	8 676	701	155	546	4.19	1.93	6.29
福 建	10 496	5 329	5 167	218	38	180	2.08	0.71	3.49
江 西	12 108	6 137	5 971	280	65	215	2.31	1.06	3.60
山 东	22 786	11 508	11 278	747	127	620	3.28	1.11	5.49
河 南	25 218	12 587	12 631	590	143	447	2.34	1.13	3.54
湖 北	10 547	5 392	5 155	250	37	213	2.37	0.68	4.13
湖 南	17 688	8 904	8 784	270	48	222	1.53	0.54	2.52
广 东	16 844	8 738	8 106	404	72	332	2.40	0.82	4.09
广 西	10 557	5 387	5 170	180	30	150	1.71	0.56	2.90
海 南	2 186	1 187	999	106	29	77	4.85	2.47	7.68
重 庆	5 016	2 399	2 618	77	18	59	1.54	0.74	2.27
四 川	15 369	7 411	7 959	506	99	407	3.29	1.34	5.11
贵 州	8 886	4 498	4 388	472	104	368	5.32	2.31	8.39
云 南	10 729	5 535	5 194	405	109	295	3.77	1.97	5.69
西 藏	442	237	205	113	42	71	25.66	17.88	34.64
陕 西	8 397	4 127	4 269	320	94	227	3.82	2.27	5.31
甘 肃	5 357	2 666	2 691	336	82	254	6.27	3.08	9.42
青 海	1 272	619	653	118	39	80	9.32	6.28	12.20
宁 夏	1 592	795	797	51	10	42	3.22	1.21	5.23
新 疆	4 878	2 474	2 403	118	34	84	2.43	1.39	3.50

数据来源：国家统计局人口和就业统计司。

105. 2021年各省、自治区、直辖市分性别的15岁及以上文盲人口（乡村）

单位：人，%

地 区	15岁及以上人口 合计	男	女	文盲人口 合计	男	女	文盲人口占15岁及以上人口的比重 合计	男	女
全 国	428 092	221 338	206 754	24 795	6 265	18 530	5.79	2.83	8.96
北 京	2 580	1 425	1 155	72	17	55	2.78	1.19	4.74
天 津	1 875	967	908	83	19	64	4.41	1.99	6.99
河 北	24 422	12 452	11 970	764	177	587	3.13	1.42	4.90
山 西	11 604	6 122	5 482	344	88	256	2.97	1.44	4.67
内蒙古	7 179	3 811	3 368	550	157	393	7.66	4.11	11.68
辽 宁	11 032	5 725	5 307	250	58	192	2.26	1.01	3.62
吉 林	8 277	4 298	3 979	168	45	123	2.03	1.04	3.09
黑龙江	10 306	5 319	4 987	389	141	247	3.77	2.66	4.96
上 海	2 659	1 521	1 138	161	31	130	6.04	2.05	11.39
江 苏	20 344	10 280	10 064	1 063	198	866	5.23	1.92	8.60
浙 江	16 682	8 791	7 891	979	213	766	5.87	2.42	9.71
安 徽	21 106	10 919	10 187	1 814	447	1 368	8.60	4.09	13.42
福 建	10 920	5 727	5 193	517	82	434	4.73	1.44	8.36
江 西	14 351	7 475	6 876	532	104	428	3.71	1.39	6.23
山 东	31 940	16 154	15 786	2 235	471	1 763	7.00	2.92	11.17
河 南	34 360	16 988	17 372	1 513	360	1 153	4.40	2.12	6.64
湖 北	18 530	9 749	8 782	701	131	570	3.78	1.35	6.49
湖 南	22 609	11 761	10 847	896	229	666	3.96	1.95	6.14
广 东	25 987	13 138	12 849	1 037	192	845	3.99	1.46	6.58
广 西	18 022	9 536	8 487	892	186	706	4.95	1.95	8.32
海 南	3 365	1 818	1 546	224	48	176	6.66	2.63	11.39
重 庆	8 614	4 561	4 053	234	52	181	2.71	1.14	4.48
四 川	31 369	16 287	15 082	2 434	647	1 787	7.76	3.97	11.85
贵 州	13 982	7 246	6 735	1 603	373	1 230	11.47	5.15	18.26
云 南	19 205	10 067	9 138	1 383	422	961	7.20	4.19	10.52
西 藏	1 740	909	831	777	328	449	44.64	36.06	54.02
陕 西	12 670	6 626	6 045	701	226	475	5.53	3.41	7.85
甘 肃	9 911	5 107	4 803	1 492	455	1 036	15.05	8.92	21.57
青 海	1 845	981	864	269	85	184	14.57	8.66	21.28
宁 夏	2 055	1 087	968	214	61	153	10.40	5.59	15.80
新 疆	8 549	4 492	4 057	507	221	286	5.93	4.92	7.04

数据来源：国家统计局人口和就业统计司。

106. 2021年各省、自治区、直辖市残疾人人口数

单位：万人

地区	残疾人总人口	按性别分 男	按性别分 女	按年龄组分 0—14岁	按年龄组分 15—59岁	按年龄组分 60岁及以上
全　国	38 049 193	22 001 930	16 047 263	1 229 829	19 792 365	17 026 999
北　京	557 427	295 777	261 650	7 776	217 824	331 827
天　津	376 469	202 617	173 852	5 387	161 103	209 979
河　北	1 930 101	1 113 231	816 870	59 321	985 099	885 681
山　西	1 019 733	617 734	401 999	25 562	543 555	450 616
内蒙古	785 455	456 404	329 051	16 816	427 939	340 700
辽　宁	1 093 227	664 615	428 612	19 427	610 155	463 645
吉　林	864 415	516 080	348 335	16 176	484 914	363 325
黑龙江	1 073 024	653 949	419 075	17 092	640 063	415 869
上　海	605 319	304 847	300 472	3 953	171 348	430 018
江　苏	1 705 592	935 064	770 528	50 381	876 514	778 697
浙　江	1 387 760	794 737	593 023	32 336	614 163	741 261
安　徽	1 974 909	1 107 207	867 702	60 570	1 046 587	867 752
福　建	869 117	505 349	363 768	37 740	432 687	398 690
江　西	1 248 074	753 074	495 000	54 069	747 692	446 313
山　东	2 638 926	1 538 982	1 099 944	87 715	1 241 166	1 310 045
河　南	2 952 000	1 673 500	1 278 500	109 989	1 485 899	1 356 112
湖　北	1 658 978	966 326	692 652	39 992	901 053	717 933
湖　南	1 967 857	1 181 141	786 716	63 609	1 070 934	833 314
广　东	1 789 714	1 031 107	758 607	99 839	950 546	739 329
广　西	1 410 915	802 279	608 636	64 178	709 837	636 900
海　南	200 423	117 307	83 116	10 088	116 937	73 398
重　庆	907 902	540 876	367 026	30 435	502 210	375 257
四　川	2 859 693	1 653 230	1 206 463	80 471	1 428 589	1 350 633
贵　州	1 300 527	796 843	503 684	54 623	750 724	495 180
云　南	1 491 744	875 100	616 644	54 540	856 397	580 807
西　藏	112 842	57 472	55 370	10 076	69 062	33 704
陕　西	1 386 183	776 211	609 972	27 027	634 754	724 402
甘　肃	890 260	503 169	387 091	29 680	495 981	364 599
青　海	178 278	98 608	79 670	9 788	108 764	59 726
宁　夏	231 851	127 526	104 325	8 336	128 590	94 925
新　疆	515 674	303 008	212 666	40 971	334 666	140 037
新疆兵团	64 804	38 560	26 244	1 866	46 613	16 325

数据来源：中国残疾人联合会。

107. 2021年各省、自治区、直辖市残疾人就业情况

单位：万人

地 区	就业合计	按比例就业	集中就业	个体就业	公益性岗位就业	辅助性就业	灵活就业（含社区、居家就业）	从事农村种养加
全 国	8 816 435	818 394	267 597	635 040	147 763	143 379	2 502 839	4 301 423
北 京	111 568	70 420	2 167	7 909	1 298	1 303	18 982	9 489
天 津	6 6035	44 563	455	5 292	1 000	91	1 743	12 891
河 北	442 354	17 795	3 901	11 477	2 120	2 025	72 652	332 384
山 西	260 621	6 464	6 145	12 059	1 030	1 071	54 221	179 631
内蒙古	191 519	10 365	4 926	18 581	1 537	954	55 584	99 572
辽 宁	249 534	34 167	11 951	18 638	6 125	6 232	42 161	130 260
吉 林	186 492	8 626	4 515	17 171	2 820	1 116	45 929	106 315
黑龙江	225 596	16 669	4 797	23 886	5 559	1 558	76 850	96 277
上 海	69 869	47 004	8 506	404	2 394	3 941	6 520	1 100
江 苏	332 694	80 334	42 830	25 526	47 300	14 066	42 332	80 306
浙 江	302 215	84 695	33 862	33 116	3 686	14 407	86 133	46 316
安 徽	521 685	12 001	7 033	42 901	3 084	8 721	163 599	284 346
福 建	215 126	14 001	4 168	18 448	2 378	2 454	74 753	98 924
江 西	398 034	12 934	18 622	42 099	10 768	7 528	183 340	122 743
山 东	528 146	71 011	16 232	29 978	4 555	3 486	120 259	282 625
河 南	534 644	23 484	11 754	84 138	5 957	15 763	126 330	267 218
湖 北	399 770	30 768	17 272	24 078	3 807	5 855	127 591	190 399
湖 南	402 067	23 656	12 645	29 799	2 381	6 097	127 660	199 829
广 东	311 551	68 124	6 143	12 642	5 218	8 801	78 312	132 311
广 西	313 055	13 039	1 569	12 181	1 729	1 812	66 455	216 270
海 南	39 238	4 470	460	1 086	541	197	7 921	24 563
重 庆	239 177	17 511	9 251	18 098	2 420	2 594	73 767	115 536
四 川	859 855	23 554	10 460	50 438	6 340	15 039	386 865	367 159
贵 州	365 930	9 730	6 719	21 165	4 024	2 926	122 769	198 597
云 南	410 927	16 756	6 692	15 993	2 016	3 836	98 232	267 402
西 藏	16 249	867	372	656	190	61	8 458	5 645
陕 西	245 241	10 599	4 234	15 341	4 730	4 255	72 096	133 986
甘 肃	270 748	6 591	1 783	15 298	3 007	3 306	72 286	168 477
青 海	46 412	2 285	1 626	2 760	1 244	671	16 511	21 315
宁 夏	58 961	5 707	1 302	4 418	1 651	1 100	20 147	24 636
新 疆	180 685	22 127	4 402	17 267	6 286	1 911	46 310	82 382
新疆兵团	20 437	8 077	803	2 197	568	202	6 071	2 519

数据来源：中国残疾人联合会。

108. 2021年各省、自治区、直辖市残疾人参加城乡社会养老保险情况　　　　　单位：万人

地　区	实际参保残疾人	享受养老保险金	60周岁以下参保残疾人
全　国	2 733.1	1 176.8	1 556.3
北　京	7.1	2.3	4.8
天　津	7.9	5.2	2.7
河　北	155.2	62.1	93.1
山　西	86.7	37.2	49.5
内蒙古	52.6	25.0	27.6
辽　宁	49.8	21.9	27.8
吉　林	51.8	20.8	31.1
黑龙江	47.3	18.5	28.8
上　海	9.9	4.7	5.1
江　苏	122.4	55.8	66.6
浙　江	79.7	41.5	38.2
安　徽	158.1	64.9	93.2
福　建	70.7	34.0	36.8
江　西	95.9	35.8	60.1
山　东	186.4	93.1	93.3
河　南	271.0	129.1	141.9
湖　北	122.2	51.2	71.0
湖　南	159.6	68.4	91.2
广　东	108.0	37.5	70.5
广　西	103.3	47.5	55.8
海　南	15.5	6.0	9.5
重　庆	58.3	25.2	33.1
四　川	233.2	101.5	131.7
贵　州	98.4	41.4	57.0
云　南	112.8	40.6	72.2
西　藏	9.6	2.9	6.7
陕　西	96.0	41.5	54.6
甘　肃	97.6	38.9	58.7
青　海	12.1	4.8	7.3
宁　夏	13.4	6.3	7.0
新　疆	38.3	10.7	27.6
新疆兵团	2.4	0.5	1.9

数据来源：中国残疾人联合会。

109. 2021年各省、自治区、直辖市托养服务机构建设情况

单位：个，人

地 区	托养服务机构合计 机构数	托养服务机构合计 托养残疾人	寄宿制托养服务机构 机构数	寄宿制托养服务机构 托养残疾人	日间照料托养服务机构 机构数	日间照料托养服务机构 托养残疾人	综合托养服务机构 机构数	获得居家托养服务的残疾人
全 国	11 278	608 988	2 337	64 219	5 089	73 427	1 790	471 342
北 京	738	43 257	305	1 551	433	4 571		37 135
天 津	34	59 435	8	75	26	187		59 173
河 北	379	12 867	73	2 019	25	675	81	10 173
山 西	221	7 603	22	480	16	18	48	7 105
内蒙古	206	6 478	96	1 137	12	414	45	4 927
辽 宁	188	18 880	77	3 101	32	621	36	15 158
吉 林	215	8 437	121	1 460	29	294	35	6 683
黑龙江	108	4 828	6	92	2	231	10	4 505
上 海	222				222			
江 苏	2 085	39 369	82	2 467	1 556	19 963	355	16 939
浙 江	1 522	24 265	211	4 483	1 164	19 782	147	
安 徽	464	22 221	226	2 736	73	1 134	115	18 351
福 建	123	23 491	60	1 792	49	770	11	20 929
江 西	337	16 942	34	781	27	1 450	82	14 711
山 东	609	24 187	156	5 933	187	2 520	129	15 734
河 南	542	25 347	291	12 096	29	3 701	153	9 550
湖 北	267	14 261	48	2 329	68	2 021	46	9 911
湖 南	287	23 381	47	2 559	71	3 614	57	17 208
广 东	772	5 509	8	187	751	3 393	13	1 929
广 西	222	40 253	30	3 586	13	497	45	36 170
海 南	55	31 164	17	1 002	2	5	1	30 157
重 庆	161	24 600	36	897	62	1 132	24	22 571
四 川	243	42 581	46	2 342	43	912	49	39 327
贵 州	147	10 291	16	674	4	195	53	9 422
云 南	234	31 381	38	2 243	23	661	42	28 477
西 藏	3	37	2	30		7		
陕 西	246	17 194	68	2 820	21	818	64	13 556
甘 肃	197	15 377	31	1 749	29	2 057	52	11 571
青 海	78	3 042	22	577	17	818	25	1 647
宁 夏	80	7 195	19	683	21	241	9	6 271
新 疆	224	2 756	105	1 936	77	731	37	89
新疆兵团	69	2 359	36	402	5	1	26	1 956

数据来源：中国残疾人联合会。

110. 2021年各省、自治区、直辖市残疾人法律服务和法律援助　　　　　　　　　　　　　　单位：个

地 区	建立残疾人法律救助协调组织 合计	省级	地市级	县级	残疾人法律救助工作站 合计	省级	地市级
全 国	2 862	31	329	2 502	2 620	27	309
北 京	14	1	—	13	4	—	—
天 津	18	1	2	15	17	1	—
河 北	184	1	11	172	180	1	11
山 西	88	1	8	79	79	—	7
内蒙古	115	1	12	102	114	1	12
辽 宁	102	1	14	87	92	1	14
吉 林	74	1	10	63	71	1	10
黑龙江	85	1	12	72	82	1	11
上 海	18	1	17	17	1	—	16
江 苏	113	1	13	99	112	1	13
浙 江	101	1	10	90	102	1	11
安 徽	128	1	16	111	127	16	111
福 建	95	1	14	80	82	1	10
江 西	114	1	11	102	98	1	11
山 东	126	1	15	110	121	1	15
河 南	174	1	18	155	157	1	17
湖 北	84	1	11	72	76	1	11
湖 南	133	1	14	118	120	1	14
广 东	115	1	20	94	98	1	16
广 西	122	1	14	107	121	1	14
海 南	24	1	3	20	23	3	20
重 庆	42	1	41	42	1	—	41
四 川	141	1	17	123	125	1	15
贵 州	78	1	7	70	67	1	3
云 南	101	1	14	86	85	1	12
西 藏	83	1	7	75	30	1	7
陕 西	121	1	11	109	120	1	11
甘 肃	103	1	15	87	104	1	16
青 海	48	1	6	41	44	1	6
宁 夏	27	1	5	21	27	1	5
新 疆	74	1	9	64	65	1	8
新疆兵团	17	—	10	7	18	—	10

数据来源：中国残疾人联合会。

111. 2021年各省、自治区、直辖市残疾人服务设施建设

单位：个，平方米，万元

地区	综合服务设施 项目个数	综合服务设施 建设规模	综合服务设施 总投资	康复设施 项目个数	康复设施 建设规模	康复设施 总投资	托养设施 项目个数	托养设施 建设规模	托养设施 总投资
全　国	2 290	6 129 123	1 976 400.8	1 164	5 505 591	1 781 080	1 048	3 037 776	828 139.3
北　京	8	95 721	63 880.2	3	13 221	8 273.7			
天　津	24	113 959	63 859.9	10	18 793	10 886.0	10	7 803	3 572.4
河　北	134	138 119	28 478.1	15	90 231	27 698.1	29	96 104	19 187.0
山　西	47	130 626	36 234.8	50	185 591	57 401.6	19	50 820	12 781.7
内蒙古	61	114 357	35 142.5	34	158 057	48 977.4	36	79 955	25 971.9
辽　宁	109	285 048	104 337.6	19	96 320	23 279.5	24	87 801	36 813.7
吉　林	47	96 257	31 728.2	15	89 762	47 263.9	11	35 833	11 217.0
黑龙江	98	95 007	27 647.0	9	61 546	14 567.0	30	69 086	16 563.5
上　海	17	24 149	11 782.1	5	100 462	45 136.9	12	7 260	15 93.0
江　苏	79	476 047	201 566.2	68	279 425	127 433.1	113	334 292	98 225.4
浙　江	86	630 839	277 209.0	45	349 968	150 727.0	52	370 306	153 594.0
安　徽	89	250 996	61 912.8	26	167 422	56 624.2	18	57 415	15 254.0
福　建	82	277 554	94 518.8	211	79 526	22 244.0	47	74 255	15 943.5
江　西	70	90 842	20 688.4	40	275 964	60 282.4	36	94 282	20 560.7
山　东	115	347 930	95 544.3	116	722 972	211 212.5	37	123 156	31 763.9
河　南	105	274 064	68 816.2	34	259 588	68 049.5	38	123 135	23 867.0
湖　北	88	203 239	48 362.0	32	211 200	73 168.3	33	77 838	14 804.4
湖　南	93	119 806	25 348.7	56	242 699	65 327.9	54	109 799	26 364.6
广　东	110	647 941	223 796.0	54	243 964	83 710.8	16	71 411	15 284.8
广　西	100	171 465	32 294.9	25	149 148	41 656.1	29	73 157	16 046.3
海　南	9	11 576	3 690.0	5	22 290	7 747.5	5	14 211	4 699.0
重　庆	29	101 259	34 747.1	20	189 054	73 649.5	12	57 526	17 137.3
四　川	170	495 458	141 408.2	48	230 354	96 683.9	37	96 562	26 767.8
贵　州	55	63 766	13 435.6	30	261 566	73 077.2	67	249 296	63 168.7
云　南	122	160 244	30 644.4	16	119 872	36 614.9	44	111 560	31 298.8
西　藏	50	62 705	20 565.0	16	40 673	14 651.0	4	15 294	4 865.8
陕　西	80	176 102	46 905.0	47	159 690	40 366.2	56	142 095	27 097.0
甘　肃	94	105 738	31 311.1	40	222 762	57 405.5	41	115 789	29 742.4
青　海	23	94 174	29 973.3	8	41 858	16 110.0	32	61 670	18 364.2
宁　夏	14	27 007	6 570.7	22	155 401	54 578.7	14	34 814	11 438.2
新　疆	80	245 927	63 791.7	35	186 051	39 007.7	58	116 616	20 439.8
新疆兵团	2	1 200	211.0	10	80 162	27 268.2	34	78 636	13 711.7

数据来源：中国残疾人联合会。

112. 2017—2021 年台湾省面积和人口主要指标

项目	2017 年	2018 年	2019 年	2020 年	2021 年
土地面积（万平方公里）	3.60	3.60	3.60	3.60	3.60
户籍登记人口数（万人）	2 357.10	2 358.90	2 360.30	2 356.1	2 337.50
男	1 172.00	1 171.30	1 170.50	1 167.40	1 157.90
女	1 185.20	1 187.60	1 189.80	1 188.70	1 179.70
粗出生率（‰）	8.23	7.70	7.53	7.01	6.55
粗死亡率（‰）	7.27	7.33	7.47	7.34	7.83
人口自然增长率（‰）	0.96	0.37	0.06	-0.34	-1.27
一般生育率（‰）	33.00	31.00	30.00	28.00	28.00
结婚率（对/千人）	5.86	5.74	5.70	5.16	4.88
离婚率（对/千人）	2.31	2.31	2.31	2.19	2.04
期望寿命（岁）					
男	77.28	77.55	77.69	78.11	77.67
女	83.70	84.05	84.23	84.75	84.25
人口的年龄分布（%）					
0—14 岁	13.12	12.92	12.75	12.58	12.36
15—64 岁	73.02	72.52	71.96	71.35	70.79
65 岁及以上	13.86	14.56	15.28	16.07	16.85
性别比（女=100）	98.89	98.63	98.38	98.20	98.15
人口密度（人/平方公里）	651.20	651.70	652.10	650.90	645.80

数据来源：国家统计局。

113. 2017—2021 年台湾省劳动力和就业状况

项目	2017 年	2018 年	2019 年	2020 年	2021 年
劳动力总计（万人）	1 179.50	1 187.40	1 194.60	1 196.40	1 191.90
男	656.80	660.20	663.10	663.80	659.50
女	522.70	527.20	531.50	532.60	532.40
就业人数（万人）	1 135.20	1 143.4	1 150.00	1 150.40	1 144.70
男	630.50	634.60	637.60	637.80	633.20
女	504.70	508.90	512.40	512.60	511.50
就业者行业构成（%）	100.00	100.00	100.00	100.00	100.00
农、林、渔、牧业	4.90	4.90	4.90	4.80	4.70
工业	35.80	35.70	35.60	35.40	35.50
矿业及土石采取业	0.04	0.03	0.03	0.03	0.03
制造业	26.80	26.80	26.70	26.40	26.40
电力及燃气供应业	0.30	0.30	0.30	0.30	0.30
用水供应及污染整治业	0.70	0.70	0.70	0.70	0.70
建筑业	7.90	7.90	7.90	8.00	8.00
服务业	59.30	59.40	59.60	59.80	59.80
批发及零售业	16.50	16.60	16.70	16.50	16.40
运输及仓储业	3.90	3.90	3.90	4.00	4.00
金融及保险业	3.80	3.80	3.80	3.80	3.80
咨讯及通信传播	2.20	2.30	2.30	2.30	2.30
住宿及餐饮业	7.30	7.30	7.40	7.40	7.30
教育服务业	5.70	5.70	5.70	5.70	5.60
公共行政	3.30	3.20	3.20	3.30	3.30
失业人数（万人）	44.30	44.00	44.60	46.00	47.10
失业率（%）	3.80	3.70	3.70	3.90	4.00

数据来源：国家统计局。

114. 2011—2020 年台湾省医院、病床和医务人员情况　　　　　　　　　　　　　　　　单位：所，张，人

年　份	医疗机构	病床数	每万人病床数	从业医务人员数	每万人拥有医务人员
2011	20 628	160 472	69.09	250 258	107.75
2012	20 935	160 900	69.01	258 283	110.78
2013	21 218	159 422	68.21	265 759	113.70
2014	21 544	161 491	68.91	271 555	115.88
2015	21 683	162 163	69.03	280 508	119.41
2016	21 894	163 148	69.31	289 174	122.84
2017	22 129	164 590	69.83	299 782	127.18
2018	22 333	167 521	71.02	312 887	132.64
2019	22 512	168 266	71.29	326 691	138.41
2020	22 653	169 780	72.06	337 942	143.43

数据来源：国家统计局。

115. 2008—2020 年台湾省入学率和教育经费　　　　　　　　　　　　　　　　　　　　　　单位：%

年　份	初等教育 （6—11 岁）	中等教育 （12—17 岁）	高等教育[①] （18—21 岁）	15 岁以上 人口识字率[②]	教育经费 占 GNI 比重	政府教育经费 占政府支出比重
2008	99.0	99.1	84.1	97.8	5.4	20.5
2009	99.1	99.1	82.7	97.9	5.8	19.9
2010	99.0	99.0	83.1	98.0	5.3	20.1
2011	98.8	98.9	83.6	98.2	5.4	20.6
2012	98.7	98.7	84.2	98.3	5.4	20.5
2013	98.6	98.6	84.0	98.4	5.3	20.8
2014	98.5	98.7	83.8	98.5	5.1	21.3
2015	98.4	98.9	83.7	98.6	4.9	21.8
2016	98.3	98.6	84.0	98.7	4.9	21.5
2017	98.1	98.3	84.5	98.8	4.8	21.7
2018	98.0	98.5	84.7	98.9	4.8	21.6
2019	97.9	98.6	85.2	99.0	4.7	21.1
2020	98.1	98.7	87.9	99.0	4.6	19.6

数据来源：国家统计局。

注：①不含五专前三年、研究所及进修教育。

②年底资料。

116. 2017—2021 年香港特别行政区人口主要指标

项目	2017 年	2018 年	2019 年	2020 年	2021 年
年中人口（万人）	739.3	745.3	750.8	748.1	741.3
粗出生率（‰）	7.6	7.2	7.0	5.8	5.0
粗死亡率（‰）	6.3	6.4	6.5	6.8	6.9
婴儿死亡率（‰）	1.7	1.5	1.5	1.9	1.7
自然变动率（‰）	1.3	0.8	0.5	-1.0	-1.9
总和生育率[①]（个/千人）	1 128	1 080	1 064	883	772
登记结婚数（对）	51 817	49 331	44 247	27 863	26 899
登记离婚数（对）	19 394	20 321	21 157	16 020	16 692
出生时平均预期寿命（年）					
男	81.9	82.3	82.4	83.4	83.0
女	87.6	87.6	88.1	87.7	87.7

数据来源：国家统计局。

注：在 2021 年 6 月至 8 月期间进行的 2021 年人口普查提供一个基准，用作修订自 2016 年中期人口统计以来编制的人口数据。上表由 2017 年至 2021 年与人口有关的数据已作出相应修订。

①不包括女性外籍家庭佣工。每千名女性的活产婴儿数目。

117. 2017—2021 年香港特别行政区劳动人口及失业状况

项目	2017 年	2018 年	2019 年	2020 年	2021 年
劳动人口数目（万人）	395.6	399.7	398.8	391.8	387.0
男	199.8	201.5	199.0	195.5	192.3
女	195.8	198.2	199.8	196.4	194.7
劳动人口参与率（%）	61.1	61.3	60.7	59.7	59.4
就业人口（万人）	383.2	388.5	387.1	369.1	367.0
失业人口（万人）	12.4	11.2	11.6	22.8	20.0
失业率（%）	3.1	2.8	2.9	5.8	5.2

数据来源：国家统计局。

注：数据是根据该年 1 月至 12 月进行的"综合住户统计调查"结果，以及年中人口估计数据而编制。载于上表内的统计数据在编制过程中涉及应用人口数据。根据 2021 年人口普查的结果得出的最新人口基准，2016 年年中以后的人口数据已作修订。统计表内的统计数据亦相应作出了修订。

118. 2017—2021 年香港特别行政区按行业划分的就业人数

单位：万人

行业	2017 年	2018 年	2019 年	2020 年	2021 年
制造	11.2	10.4	10.5	10.4	9.4
建筑	34.3	35.2	33.9	31.1	32.6
进出口贸易及批发	45.1	44.7	39.1	33.1	31.6
零售、住宿[1]及膳食服务[2]	63.9	63.3	61.2	52.0	51.6
运输、仓库、邮政及速递服务、资讯及通信	45.5	45.3	45.2	43.8	43.0
金融、保险、地产、专业及商用服务	78.1	79.7	84.0	85.3	86.2
公共行政、社会及个人服务	103.2	107.4	110.8	111.1	110.2
其他	2.1	2.4	2.6	2.3	2.3
总计	383.2	388.5	387.1	369.1	367.0

数据来源：国家统计局。

注：数据是根据该年 1 月至 12 月进行的"综合住户统计调查"结果，以及年中人口估计数据而编制。载于上表内的统计数据在编制过程中涉及应用人口数据。根据 2021 年人口普查的结果得出的最新人口基准，2016 年年中以后的人口数据已作修订。统计表内的统计数据亦相应作出了修订。

[1]住宿服务包括酒店、宾馆、旅舍及其他提供短期住宿服务的机构单位。
[2]零售、住宿及膳食服务业合计通常被称为"与消费及旅游相关行业"。

119. 2017—2021 年香港特别行政区按居住国家/地区划分的访港旅客人数

单位：万人次

居住国家/地区	2017 年	2018 年	2019 年	2020 年	2021 年
中国内地	4 444.5	5 103.8	4 377.5	270.6	6.6
南亚及东南亚	362.6	357.2	304.1	19.1	1.0
中国台湾	201.1	192.5	153.9	10.5	0.3
北亚	271.8	270.9	212.1	9.0	0.1
欧洲、非洲及中东	220.2	223.2	198.5	17.8	0.7
美洲	178.2	187.3	160.1	12.3	0.3
澳大利亚、新西兰及南太平洋	68.7	70.4	61.2	5.8	0.1
中国澳门[1]/未能辨别	100.1	109.5	123.9	11.8	0.2
总计	5 847.2	6 514.8	5 591.3	356.9	9.1
与上年比较的变动百分比（％）	3.2	11.4	-14.2	-93.6	-97.4

数据来源：国家统计局。

注：[1]访港旅客数据包括经澳门访港的非澳门居民。

120. 2017—2021年香港特别行政区医疗卫生条件

项目	2017年	2018年	2019年	2020年	2021年
注册医护专业人员（人）					
医生	14 290	14 651	15 004	15 298	15 546
中医					
注册中医	7 425	7 409	7 582	7 919	8 080
有限制注册中医[①]	38	35	32	27	27
表列中医[②]	2 623	2 610	2 559	2 503	2 455
牙医	2 500	2 553	2 611	2 651	2 706
药剂师	2 753	2 890	3 001	3 097	3 181
护士	54 231	56 723	59 082	61 295	64 026
按每千名人口计算的医生数目	1.9	2.0	2.0	2.1	2.1
医疗机构和病床[③]					
医疗机构（间）	75	75	75	75	76
病床（张）	33 853	34 460	35 347	35 715	36 126
按每千名人口计算的病床数目	4.6	4.6	4.7	4.8	4.9

数据来源：国家统计局。

注：数据是指该年年底的数据。

①有限制注册中医可在指定的教育或科研机构进行中医药学方面的临床教学和研究工作，但不得作私人执业，其注册有效期不超过一年。

②表列中医可在中医注册过渡性安排下在香港合法执业，直至食物及卫生局局长日后在宪报公布的日期为止。表列中医在过渡性安排期间，可分别循直接注册、通过注册审核或通过执业资格考试成为注册中医。

③包括医院管理局辖下医院及机构、私家医院及惩教机构的医院。

121. 2017—2021 年香港特别行政区 15 岁及以上人口受教育程度

单位：万人，%

项目	2017年 人数	2017年 百分比	2018年 人数	2018年 百分比	2019年 人数	2019年 百分比	2020年 人数	2020年 百分比	2011年 人数	2011年 百分比
总计										
男	292.29	45.16	293.58	45.01	294.55	44.81	294.74	44.91	292.48	44.87
女	354.97	54.84	358.69	54.99	362.71	55.19	361.48	55.09	359.38	55.13
未受教育/学前教育①										
男	5.53	0.85	5.54	0.85	5.70	0.87	6.02	0.92	6.14	0.94
女	19.32	2.99	18.86	2.89	19.52	2.97	19.12	2.91	18.77	2.88
小学										
男	38.01	5.87	37.29	5.72	37.64	5.73	37.31	5.69	36.56	5.61
女	55.22	8.53	55.32	8.48	55.87	8.50	55.61	8.47	55.25	8.48
初中										
男	47.76	7.38	47.76	7.32	47.58	7.24	45.99	7.01	47.04	7.22
女	49.73	7.68	49.91	7.65	50.52	7.69	48.85	7.44	48.39	7.42
高中										
男	98.03	15.15	96.62	14.81	94.85	14.43	94.96	14.47	94.94	14.56
女	126.20	19.50	125.60	19.26	123.65	18.81	123.34	18.80	124.50	19.10
高等教育										
非学位课程②										
男	24.45	3.78	25.52	3.91	27.97	4.26	28.56	4.35	28.31	4.34
女	22.87	3.53	24.81	3.80	28.21	4.29	30.10	4.59	28.62	4.39
学位课程③										
男	78.50	12.13	80.85	12.40	80.81	12.30	81.91	12.48	79.50	12.20
女	81.62	12.61	84.18	12.91	84.95	12.92	84.46	12.87	83.85	12.86

数据来源：国家统计局。

注：数据是根据该年 1 月至 12 月进行的"综合住户统计调查"结果，以及年中人口估计数据而编制。载于上表内的统计数据在编制过程中涉及应用人口数据。根据 2021 年人口普查的结果得出的最新人口基准，2016 年年中以后的人口数据已作修订。统计表内的统计数据亦相应作出了修订。

① 包括所有幼儿园及幼儿中心班级。

② 包括所有在香港或以外地区学院的证书、文凭、高级证书、高级文凭、专业文凭及其他同等程度的高等教育课程。

③ 包括所有在香港或以外地区学院的学士学位、研究生修课及专题研究课程。

122. 2017—2021年香港特别行政区行业划分督导级（不包括经理级与专业雇员）及以下副院的工资指数

行业主类	2017年	2018年	2019年	2020年	2021年
名义工资指数					
制造	214.8	223.4	229.7	233.5	237.8
进出口贸易、批发及零售	222.8	229.5	233.1	234.7	238.6
运输	200.8	212.7	220.0	216.8	216.3
住宿及膳食服务活动①	204.2	214.0	221.0	223.1	227.8
金融及保险活动	238.2	247.3	254.7	260.6	267.9
地产租赁及保养管理	250.8	261.4	270.6	278.0	286.7
专业及商业服务	258.8	269.8	277.9	282.2	288.2
个人服务	313.9	326.1	335.5	336.7	339.8
所有选定行业②	227.9	237.3	243.9	246.5	251.0
实际工资指数③					
制造	116.1	117.2	116.4	119.8	118.4
进出口贸易、批发及零售	120.4	120.4	118.1	120.4	118.8
运输	108.5	111.6	111.4	111.2	107.7
住宿及膳食服务活动①	110.4	112.3	111.9	114.4	113.4
金融及保险活动	128.7	129.7	129.0	133.7	133.4
地产租赁及保养管理	135.6	137.1	137.1	142.6	142.8
专业及商业服务	139.9	141.5	140.8	144.7	143.5
个人服务	169.6	171.1	169.9	172.7	169.2
所有选定行业②	123.2	124.5	123.6	126.4	125.0

数据来源：国家统计局。

注：1992年9月=100。指有关年度12月的数据。

①住宿服务包括酒店、宾馆、旅舍及其他提供短期住宿服务的机构单位。

②指"劳工收入统计调查"内工资统计调查所涵盖的所有行业，包括并没有列出其统计数据的电力及燃气供应业、污水处理及废弃物管理业与出版活动业。

③实际工资指数是按其名义指数扣除以2019/2020年为基期的甲类消费价格指数而计算出来。

123. 2017—2021年香港特别行政区按住房租住权划分的家庭住户数目

单位：万户

居住租住权	2017年	2018年	2019年	2020年	2021年
总计	253.28	256.44	260.84	264.12	266.95
自置住房住户	125.05	126.72	130.79	136.89	136.01
全租户	116.73	118.94	120.11	117.35	121.35
合租户	0.87	0.83	0.53	0.30	0.32
住房由雇主提供	4.47	4.11	4.02	4.41	3.96
其他	6.16	5.82	5.39	5.17	5.31

数据来源：国家统计局。

注：1. 数据是根据该年1月至12月进行的"综合住户统计调查"结果，以及年中人口估计数据而编制。载于上表内的统计数据在编制过程中涉及应用人口数据。根据2021年人口普查的结果得出的最新人口基准，2016年年中以后的人口数据已作修订。统计表内的统计数据亦相应作出了修订。

2. 其他项包括二房东、三房客及免租户。

124. 2017—2021年香港特别行政区社会保障情况

社会保障计划	2017/2018年	2018/2019年	2019/2020年	2020/2021年	2021/2022年
综合社会保障援助					
处理中的个案数目[①]（个）					
年老	144 129	141 280	135 239	128 863	123 470
永久性残疾	17 036	16 621	17 026	17 502	17 464
健康欠佳	23 570	23 043	24 562	26 289	27 010
单亲	25 669	24 382	24 030	24 826	23 672
低收入	4 182	3 422	2 974	2 422	2 183
失业	12 623	11 696	14 647	19 810	18 866
其他	4 259	4 159	4 213	4 080	4 023
总计	231 468	224 603	222 691	223 792	216 688
发放款项[②]（亿港元）	217	223	227	229	229
公共福利金					
处理中的个案数目[①]（个）					
伤残津贴	147 465	146 705	152 818	158 982	164 866
高龄津贴	249 587	250 600	270 080	291 228	312 218
长者生活津贴	483 800	542 066	572 029	605 574	637 016
广东计划	16 689	16 568	18 465	19 257	19 509
福建计划[③]	—	1 656	1 795	1 949	1 963
总计	897 541	957 595	1 015 187	1 076 990	1 135 572
发放款项[②]（亿港元）	236	393	366	382	398
暴力及执法伤亡赔偿					
获批个案数目（个）	134	127	130	147	151
交通意外伤亡援助					
获批个案数目（个）	6 553	7 334	6 820	9 013	8 320
紧急救济					
受助灾民人数（人）	173	1215	23	136	110

数据来源：国家统计局。

注：财政年度终结时的数据。除特别注明外，财政年度是由每年4月1日至翌年3月31日。

①处理中的个案包括新申请个案，正在复查中的个案，正领取援助款项的个案和已停止领取援助款项等待复查的个案。

②2017/2018年度的开支包括：向综援受助人额外发放的一个月标准金额及向公共福利金受惠人额外发放的一个月福利金。2018/2019年度的开支包括：（1）向综援受助人额外发放的两个月标准金额及向公共福利金受惠人额外发放的两个月福利金，以及根据关爱共享计划发放款项以补不足4000港元的差额；（2）向每名有经济需要学生一次过发放2000港元津贴。2019/2020年度的开支包括：（1）向综援受助人额外发放的一个月标准金额及向公共福利金受惠人额外发放的一个月福利金；（2）向每名有经济需要学生一次过发放2500港元津贴；（3）财政司长于2019年8月宣布的另一轮一个月额外津贴。2020/2021年度的开支包括：（1）在该年度推行综援计划下鼓励就业的措施及其他改善措施所涉及的额外财政影响；（2）向援助失业人士特别计划下的综援个案发放的金额；（3）向综援受助人额外发放的一个月标准金额及向公共福利金受惠人额外发放的一个月福利金。2021/2022年度的开支包括：向综援受助人额外发放的半个月标准金额及向公共福利金受惠人额外发放的半个月福利金。

③福建计划由2018年4月起实施。

125. 2017—2021 年澳门特别行政区人口主要指标

项目	2017 年	2018 年	2019 年	2020 年	2021 年
年中人口（万人）	64.8	65.9	67.2	68.5	68.3
出生率（‰）	10.1	9.0	8.9	8.1	7.4
死亡率（‰）	3.3	3.1	3.4	3.3	3.4
婴儿死亡率（‰）	2.3	3.4	1.5	2.2	1.8
自然增长率（‰）	6.8	5.9	5.5	4.8	4.0
总和生育率（‰）	1 021	915	899	841	756
本地人口总和生育率[①]（‰）	1 501	1 354	1 340	1 218	1 066
登记结婚（宗）	3 883	3 842	3 724	2 754	3 277
离婚（宗）	1 479	1 544	1 435	1 319	1 315

项目	2014—2017 年	2015—2018 年	2016—2019 年	2017—2020 年	2018—2021 年
出生时平均预期寿命（岁）	83.4	83.7	83.8	84.1	84.2
男	80.3	80.6	80.8	81.1	81.3
女	86.4	86.6	86.7	86.9	87.1

数据来源：国家统计局。

注：①本地人口总和生育率是指不包括在澳门居住的外地雇员及外地学生的生育率。

126. 2017—2021 年澳门特别行政区按行业划分的就业人口

单位：万人

行业	2017 年	2018 年	2019 年	2020 年	2021 年
总数	37.98	38.54	38.78	39.51	37.84
制造业	0.65	0.64	0.63	0.64	0.66
水电及气体生产供应业	0.11	0.11	0.09	0.12	0.09
建筑业	3.27	3.11	3.05	3.76	3.26
批发及零售业	4.58	4.37	4.16	4.62	4.34
酒店及饮食业	5.46	5.61	5.61	5.44	5.03
运输、仓储及通信业	1.91	1.92	1.98	1.80	1.76
金融业	1.13	1.08	1.21	1.28	1.36
不动产及工商服务业	3.02	3.19	3.48	3.56	3.28
公共行政及社保事务	2.87	2.98	2.79	2.74	2.86
教育	1.70	1.75	1.73	1.82	1.92
医疗卫生及社会福利	1.29	1.24	1.26	1.35	1.43
文娱博彩及其他服务业	9.23	9.64	9.70	9.13	8.91
家务工作	2.68	2.85	3.03	3.15	2.85
其他及不详	0.06	0.06	0.08	0.10	0.08

数据来源：国家统计局。

127. 2017—2021年澳门特别行政区经济活动人口及失业状况

项目	2017	2018	2019	2020	2021
劳动人口（万人）	38.7	39.2	39.5	40.5	39.0
男	19.3	19.2	19.3	19.9	18.9
女	19.4	20.1	20.2	20.7	20.1
就业人口（万人）	38.0	38.5	38.8	39.5	37.8
失业人口（万人）	0.8	0.7	0.7	1.0	1.1
失业率（%）	2.0	1.8	1.7	2.5	2.9

数据来源：国家统计局。

128. 澳门特别行政区按教育机构类别统计的注册学生人数

单位：人

类别	2017/2018	2018/2019	2019/2020	2020/2021	2021/2022
幼儿、小学、中学及高等教育	108 677	111 457	115 729	121 078	127 825
幼儿	18 802	18 626	19 265	18 908	18 109
小学	30 169	32 530	33 961	35 450	36 791
中学	26 608	26 022	26 396	27 627	28 961
高等教育	33 098	34 279	36 107	39 093	43 964
特殊教育	767	821	841	891	910

数据来源：国家统计局。

129. 2017—2021年澳门特别行政区医疗卫生条件

项目	2017年	2018年	2019年	2020年	2021年
医护人员（人）					
医生	1 730	1 754	1 808	1 789	1 888
牙医生	207	223	236	243	267
牙医师	48	43	41	40	40
中医生	526	534	538	551	566
中医师	172	162	152	149	143
护士	2 397	2 464	2 491	2 568	2 742
治疗师	292	341	359	414	479
医务化验师	—	—	—	—	292
放射师	—	—	—	—	69
诊断及治疗助理员[①]	556	403	502	520	—
卫生服务助理员	1 492	1 436	1 508	1 684	1 684
每千人口的医生数（人）	2.6	2.6	2.7	2.6	2.8
医疗机构和病床					
医院（所）	5	5	5	4	4
住院病床（张）	1 596	1 604	1 628	1 715	1 744
每千人口的住院病床数（张）	2.4	2.4	2.4	2.5	2.6

数据来源：国家统计局。

注："—"表示不适用。

① 基于2021年10月1日生效的《医疗人员专业资格及执业注册制度》，2021年起"诊断及治疗助理员"不再适用。

130. 2019—2021 年澳门特别行政区社会保障情况

发放种类	2019 年 数目	2019 年 金额（万澳门元）	2020 年 数目	2020 年 金额（万澳门元）	2021 年 数目	2021 年 金额（万澳门元）
总计	—	466 285	—	509 889	—	536 597
福利金受领（人数）						
发放金额						
养老金	117 594	390 666	122 961	421 280	129 202	443 476
残疾金	7 835	34 046	8 906	39 981	9 794	43 848
额外给付	—	34 483	—	37 808	—	39 774
律贴受领（人次）						
发放金额						
失业津贴	3 511	1 443	12 141	5 231	11 649	4 419
疾病津贴	1 812	439	1 500	410	1 410	394
出生津贴	7 444	3 772	6 985	3 854	6 094	3 360
结婚津贴	3 111	619	2 620	569	2 881	621
丧葬津贴	2 390	628	2 227	613	2 386	679
肺尘埃沉着病		188		135	—	—
因工作关系所引起的债权	-	-	-	-	-	-
特别援助	1	46	8	38	38	25

数据来源：国家统计局。
注："-"表示绝对数值为零，"—"表示不适用。

131. 世界部分国家人口发展趋势

国家或地区	总人口	人口增长 （年度百分比）	总生育率	抚养比 少儿（0—14岁）	抚养比 老年（65岁+）
全世界	7 888.4	0.9	2.3	39.3	14.8
非洲					
尼日利亚	213.4	2.4	5.2	80.6	5.5
阿拉伯埃及共和国	109.3	1.7	2.9	53.2	7.7
埃塞俄比亚	120.3	2.6	4.2	70.2	5.5
刚果（金）	95.9	3.2	6.2	92.1	5.9
南非	59.4	1.0	2.4	43.9	9.1
苏丹	45.7	2.7	4.5	74.0	6.2
坦桑尼亚	63.6	3.0	4.7	81.9	5.9
肯尼亚	53.0	1.9	3.3	65.3	4.8
阿尔及利亚	44.2	1.7	2.9	48.7	9.8
摩洛哥	37.1	1.1	2.3	40.9	11.3
北美洲					
美国	331.9	0.1	1.7	28.0	25.6
加拿大	38.2	0.5	1.4	23.9	28.2
拉丁美洲和加勒比地区					
巴西	214.3	0.5	1.6	29.4	13.7
墨西哥	126.7	0.6	1.8	37.3	12.2
哥伦比亚	51.5	1.1	1.7	31.0	12.5
阿根廷	45.8	0.9	1.9	36.0	18.2
秘鲁	33.7	1.2	2.2	40.3	12.7
委内瑞拉玻利瓦尔共和国	28.2	-1.0	2.2	44.4	13.1
智利	19.5	1.0	1.5	26.8	18.4
厄瓜多尔	17.8	1.2	2.0	39.4	11.5
危地马拉	17.1	1.5	2.4	53.0	7.9
古巴	11.3	-0.4	1.4	23.1	22.9
大洋洲					
澳大利亚	25.7	0.1	1.7	28.2	25.5
新西兰	5.1	0.6	1.6	29.0	24.4
亚洲					
中国	1 412.4	0.1	1.2	25.5	19.0
印度	1 407.6	0.8	2.0	38.1	10.1
印度尼西亚	273.8	0.7	2.2	37.6	10.0
巴基斯坦	231.4	1.8	3.5	62.8	7.2
孟加拉国	169.4	1.1	2.0	39.1	8.6
日本	125.7	-0.5	1.3	20.1	51.0
菲律宾	113.9	1.5	2.7	47.8	8.3
越南	97.5	0.8	1.9	32.8	12.7
土耳其	84.8	0.8	1.9	34.5	12.3
伊朗伊斯兰共和国	87.9	0.7	1.7	34.6	10.7

单位：百万，%

年龄比例			性别比例		城乡比例	
0—14 岁	15—64 岁	65 岁 +	男性	女性	城镇	乡村
25.5	64.9	9.6	50.3	49.7	56.5	43.5
43.3	53.7	3.0	50.5	49.5	52.7	47.3
33.1	62.2	4.8	50.6	49.4	42.9	57.1
40.0	56.9	3.1	50.3	49.7	22.2	77.8
46.5	50.5	3.0	49.6	50.4	46.2	53.8
28.7	65.4	6.0	48.7	51.3	67.8	32.2
41.1	55.5	3.4	50.0	50.0	35.6	64.4
43.6	53.3	3.1	49.4	50.6	36.0	64.0
38.4	58.8	2.8	49.6	50.4	28.5	71.5
30.7	63.1	6.2	50.9	49.1	74.3	25.7
26.9	65.7	7.4	50.3	49.7	64.1	35.9
18.2	65.1	16.7	49.5	50.5	82.9	17.1
15.7	65.7	18.5	49.7	50.3	81.7	18.3
20.5	69.9	9.6	49.1	50.9	87.3	12.7
25.0	66.9	8.1	48.8	51.2	81.0	19.0
21.6	69.7	8.7	49.3	50.7	81.7	18.3
23.4	64.8	11.8	49.5	50.5	92.2	7.8
26.3	65.3	8.3	49.5	50.5	78.5	21.5
28.2	63.5	8.3	49.5	50.5	88.3	11.7
18.5	68.9	12.7	49.6	50.4	87.8	12.2
26.1	66.3	7.6	49.9	50.1	64.4	35.6
32.9	62.2	4.9	49.5	50.5	52.2	47.8
15.8	68.5	15.7	49.7	50.3	77.3	22.7
18.4	65.1	16.6	49.6	50.4	86.4	13.6
18.9	65.2	15.9	49.6	50.4	86.8	13.2
17.7	69.2	13.1	51.1	48.9	62.5	37.5
25.7	67.5	6.8	51.6	48.4	35.4	64.6
25.5	67.7	6.8	50.4	49.6	57.3	42.7
36.9	58.8	4.2	50.5	49.5	37.4	62.6
26.5	67.7	5.8	49.6	50.4	38.9	61.1
11.8	58.4	29.8	48.6	51.4	91.9	8.1
30.6	64.0	5.3	50.8	49.2	47.7	52.3
22.5	68.7	8.8	49.4	50.6	38.1	61.9
23.5	68.1	8.4	50.1	49.9	76.6	23.4
23.8	68.8	7.4	50.5	49.5	76.3	23.7

国家或地区	总人口	人口增长（年度百分比）	总生育率	抚养比 少儿（0—14岁）	抚养比 老年（65岁+）
欧洲					
俄罗斯联邦	143.4	-0.4	1.5	26.6	23.4
德国	83.2	0.0	1.6	21.7	34.7
法国	67.7	0.3	1.8	28.3	34.8
英国	67.3	0.4	1.6	27.8	29.8
意大利	59.1	-0.6	1.3	19.9	37.2
乌克兰	43.8	-0.8	1.2	22.6	25.8
西班牙	47.4	0.1	1.2	21.4	30.2
波兰	37.7	-0.4	1.3	23.4	28.6
罗马尼亚	19.1	-0.8	1.8	24.6	29.1
荷兰	17.5	0.5	1.6	24.0	30.9
瑞典	10.4	0.6	1.7	28.5	32.3
挪威	5.4	0.5	1.6	26.1	27.9
丹麦	5.9	0.4	1.7	25.4	31.9
匈牙利	9.7	-0.4	1.6	22.4	31.4
奥地利	9.0	0.4	1.5	21.7	29.4
瑞士	8.7	0.8	1.5	22.8	28.7
葡萄牙	10.3	0.3	1.4	20.8	35.2
芬兰	5.5	0.2	1.5	25.0	37.1
冰岛	0.4	1.6	1.8	28.0	22.5
立陶宛	2.8	0.2	1.3	23.6	32.1
白俄罗斯	9.3	-0.4	1.5	25.4	25.4
捷克共和国	10.5	-1.8	1.8	25.2	32.2
斯洛伐克共和国	5.4	-0.2	1.6	23.7	25.8
爱尔兰	5.0	1.0	1.7	30.5	22.7
比利时	11.6	0.5	1.6	26.1	30.4
卢森堡	0.6	1.5	1.4	22.9	21.3
保加利亚	6.9	-0.8	1.6	22.0	35.3
塞尔维亚	6.8	-0.9	1.5	21.9	31.9
克罗地亚	3.9	-3.7	1.6	22.1	34.4

数据来源：世界银行。

续完

年龄比例			性别比例		城乡比例	
0—14 岁	15—64 岁	65 岁 +	男性	女性	城镇	乡村
17.7	66.7	15.6	46.4	53.6	74.9	25.1
13.9	64.0	22.2	49.3	50.7	77.5	22.5
17.4	61.3	21.3	48.3	51.7	81.2	18.8
17.7	63.4	18.9	49.4	50.6	84.2	15.8
12.7	63.7	23.7	48.7	51.3	71.3	28.7
15.2	67.4	17.4	46.3	53.7	69.8	30.2
14.1	66.0	19.9	49.0	51.0	81.1	18.9
15.4	65.8	18.8	48.4	51.6	60.1	39.9
16.0	65.0	18.9	48.3	51.7	54.3	45.7
15.5	64.5	20.0	49.7	50.3	92.6	7.4
17.7	62.2	20.1	50.4	49.6	88.2	11.8
17.0	64.9	18.1	50.4	49.6	83.3	16.7
16.2	63.6	20.3	49.7	50.3	88.2	11.8
14.6	65.0	20.4	47.9	52.1	72.2	27.8
14.4	66.2	19.4	49.2	50.8	59.0	41.0
15.1	66.0	19.0	49.6	50.4	74.0	26.0
13.3	64.1	22.6	47.2	52.8	66.8	33.2
15.4	61.7	22.9	49.4	50.6	85.6	14.4
18.6	66.4	14.9	51.3	48.7	93.9	6.1
15.2	64.2	20.6	46.9	53.1	68.2	31.8
16.8	66.3	16.8	46.1	53.9	79.9	20.1
16.0	63.5	20.5	49.2	50.8	74.2	25.8
15.9	66.9	17.2	48.8	51.2	53.8	46.2
19.9	65.3	14.8	49.6	50.4	63.9	36.1
16.7	63.9	19.4	49.4	50.6	98.1	1.9
15.9	69.3	14.7	50.3	49.7	91.7	8.3
14.0	63.6	22.4	48.5	51.5	76.0	24.0
14.3	65.0	20.7	47.9	52.1	56.7	43.3
14.1	63.9	22.0	48.7	51.3	57.9	42.1

132. 世界部分国家性别不平等情况

单位：岁，%

国家或地区	出生时预期寿命 男性	出生时预期寿命 女性	国家议会中妇女席位比例	劳动力参与率（占15岁及以上人口的百分比）男性	劳动力参与率（占15岁及以上人口的百分比）女性
全世界	**68.9**	**73.9**	**26.1**	**71.9**	**47.1**
非洲					
尼日利亚	52.3	53.1	3.6	65.1	51.5
阿拉伯埃及共和国	67.9	72.6	27.7	67.7	14.6
埃塞俄比亚	61.9	68.3	42.6	86.1	74.8
刚果（金）	57.0	61.5	12.8	69.1	62.5
南非	59.5	65.0	46.6	62.5	49.6
苏丹	62.7	67.9	—	68.4	29.0
坦桑尼亚	64.2	68.3	36.9	86.1	77.8
肯尼亚	58.9	64.1	21.6	75.6	72.1
阿尔及利亚	74.9	78.0	8.1	63.4	15.9
摩洛哥	71.9	76.4	22.8	69.8	20.7
北美洲					
美国	73.5	79.3	27.6	67.0	55.6
加拿大	80.6	84.7	30.5	69.6	60.6
拉丁美洲和加勒比地区					
巴西	69.6	76.0	15.2	72.4	52.0
墨西哥	66.1	74.9	50.0	76.7	44.3
哥伦比亚	69.4	76.4	18.8	77.6	51.7
阿根廷	72.2	78.6	44.7	70.9	50.3
秘鲁	70.1	74.7	40.0	79.2	64.9
委内瑞拉玻利瓦尔共和国	66.3	75.2	22.2	64.9	39.4
智利	76.5	81.4	35.5	68.3	46.2
厄瓜多尔	70.3	77.5	39.4	78.1	53.7
危地马拉	66.0	72.7	19.4	80.5	36.3
古巴	71.2	76.4	53.4	66.9	39.9
大洋洲					
澳大利亚	81.3	85.4	31.1	70.6	61.2
新西兰	80.5	84.0	49.2	75.6	66.1
亚洲					
中国	75.5	81.2	24.9	72.8	61.3
印度	65.8	68.9	14.4	72.7	23.0
印度尼西亚	65.5	69.7	21.0	79.7	52.0
巴基斯坦	63.8	68.6	20.2	80.8	24.6
孟加拉国	70.6	74.3	20.9	80.2	37.1
日本	81.5	87.6	9.7	71.3	53.5
菲律宾	67.2	71.5	28.0	69.1	44.3

续完

国家或地区	出生时预期寿命 男性	出生时预期寿命 女性	国家议会中妇女席位比例	劳动力参与率（占15岁及以上人口的百分比）男性	劳动力参与率（占15岁及以上人口的百分比）女性
越南	69.1	78.2	30.3	77.9	68.2
土耳其	73.0	79.1	17.3	70.1	32.8
伊朗伊斯兰共和国	71.2	76.8	5.6	68.7	14.8
欧洲					
俄罗斯联邦	64.2	74.8	16.2	70.4	55.3
德国	78.5	83.4	34.9	65.8	55.5
法国	79.3	85.5	39.5	59.8	52.2
英国	78.7	82.8	34.3	66.2	58.3
意大利	80.6	85.1	35.7	57.6	40.1
乌克兰	65.2	74.4	20.8	62.9	47.8
西班牙	80.3	86.2	43.4	62.5	52.6
波兰	71.7	79.7	28.3	66.4	50.3
罗马尼亚	69.4	76.7	18.5	61.9	41.1
荷兰	79.9	83.1	39.3	69.9	60.6
瑞典	81.4	85.0	47.0	67.8	60.9
挪威	81.7	84.7	45.0	68.0	61.5
丹麦	79.6	83.3	39.7	67.1	58.1
匈牙利	71.1	78.0	13.1	67.0	52.4
奥地利	78.8	83.8	40.4	66.7	55.9
瑞士	81.9	85.9	42.5	72.7	62.2
葡萄牙	78.0	84.3	40.0	62.4	53.8
芬兰	79.3	84.7	46.0	63.0	55.6
冰岛	81.8	84.5	47.6	77.5	69.0
立陶宛	69.9	79.0	27.7	68.1	57.4
白俄罗斯	67.3	77.7	40.0	70.0	57.7
捷克共和国	74.3	80.6	25.0	68.0	51.9
斯洛伐克共和国	71.3	78.3	26.7	62.9	54.1
爱尔兰	80.2	84.1	22.5	68.9	57.9
比利时	79.5	84.4	42.0	59.1	50.0
卢森堡	80.7	84.9	35.0	65.7	58.1
保加利亚	68.1	75.1	23.8	62.0	49.0
塞尔维亚	70.0	75.6	39.2	64.9	48.0
克罗地亚	73.4	75.6	31.1	58.3	45.7

数据来源：世界银行。

注：劳动力参与率根据国际劳工组织数据模拟估计。

133. 发展中国家的多维贫困指数

单位：%，千人

国家或地区	多维贫困指数[a]	剥夺强度	发生人数(2020)	处于多维贫困中的人口比例	面临多维贫困风险的人口比例	健康	教育	生活水平	国家贫困线 2009/2019[b]	经购买力平价调整的每天1.90美元贫困线 2009/2019[b]
非洲										
阿尔及利亚	0.005	39.2	600	0.2	3.6	31.2	49.3	19.5	5.5	0.4
苏丹	0.279	53.4	23,255	30.9	17.7	21.1	29.2	49.8	46.5	12.2
肯尼亚	0.171[t]	45.6[t]	19483[t]	12.4[t]	35.8[t]	23.5[t]	15.0[t]	61.5[t]	36.1	37.1
摩洛哥	0.027[r]	42.0[r]	2333[r]	1.4[r]	10.9[r]	24.4[r]	46.8[r]	28.8[r]	4.8	0.9
尼日利亚	0.254	54.8	96,699	26.8	19.2	30.9	28.2	40.9	40.1	39.1
埃塞俄比亚	0.367	53.3	80,503	41.9	18.4	14.0	31.5	54.2	23.5	30.8
埃及	0.02[l,t]	37.6[l,t]	5630[l,t]	0.6[l,t]	6.1[l,t]	40.0[l,t]	53.1[l,t]	6.9[l,t]	32.5	3.8
坦桑尼亚	0.284[t]	49.8[t]	35213[t]	27.5[t]	23.4[t]	22.5[t]	22.3[t]	55.2[t]	26.4	49.4
南非	0.025	39.8	3,679	0.9	12.2	39.5	13.1	47.4	55.5	18.7
刚果（民主共和国）	0.331	51.3	59,907	36.8	17.4	23.1	19.9	57.0	63.9	77.2
拉丁美洲和加勒比地区										
墨西哥	0.028[f]	37.9[f]	9316[f]	0.9[f]	2.9[f]	79.4[f]	7.3[f]	13.3[f]	43.9	3.1
秘鲁	0.029	39.7	2,454	1.2	10.3	15.7	32.7	51.6	30.1	4.4
巴西	0.016[d,g,h]	42.5[d,g,h]	8191[d,g,h]	0.9[d,g,h]	6.2[d,g,h]	49.8[d,g,h]	22.9[d,g,h]	27.3[d,g,h]	—	1.7
哥伦比亚	0.020[d]	40.6[d]	2468[d]	0.8[d]	6.2[d]	12.0[d]	39.5[d]	48.5[d]	42.5	10.3
厄瓜多尔	0.008	38.0	368	0.1	5.9	33.9	27.3	38.8	33.0	6.5
危地马拉	0.134	46.2	5,015	11.2	21.1	26.3	35.0	38.7	59.3	8.8
亚洲										
越南	0.008[d]	40.3[d]	1855[d]	0.4[d]	3.5[d]	22.9[d]	40.7[d]	36.4[d]	7.0	2.0
菲律宾	0.024[d]	41.8[d]	6503[d]	1.3[d]	7.3[d]	20.3[d]	31.0[d]	48.7[d]	17.0	3.0
巴基斯坦	0.000	52.0	87089	21.0	13.0	28.0	41.0	31.0	22.0	4.0
孟加拉国	0.000	42.0	41253	6.0	18.0	17.0	38.0	45.0	24.0	14.0

续完

国家或地区	多维贫困指数[a]	多维贫困人口[a]				各维度的剥夺对多维贫困指数的贡献率[a]			低于收入贫困线的人口比例	
		剥夺强度	发生人数(2020)	处于多维贫困中的人口比例	面临多维贫困风险的人口比例	健康	教育	生活水平	国家贫困线 2009/2019[b]	经购买力平价调整的每天1.90美元贫困线 2009/2019[b]
印度	0.000	42.0	228907	4.0	19.0	32.0	28.0	40.0	22.0	23.0
印尼	0.014[d]	38.7[d]	9839[d]	0.4[d]	4.7[d]	34.7[d]	26.8[d]	38.5[d]	10.0	2.0
中国	0.016[j,k]	41.4[j,k]	55359[j,k]	0.3[j,k]	17.4[j,k]	35.2[j,k]	39.2[j,k]	25.6[j,k]	0.0	0.0
欧洲										
乌克兰	0.001[d,t]	34.4[d,t]	107[d,t]	0[d,t]	0.4[d,t]	60.5[d,t]	28.4[d,t]	11.2[d,t]	1.0	0.0

资料来源：UNDP。

注：a 跨国比较应考虑到调查年份和指标定义和遗漏。当一个指标缺失时，现有指标的权重被调整为总数的100%。详情请参阅技术注释 https://hdr.undp.org/system/.files/documents//mpi2021technicalnotespdf.pdf。

　　b D 表示人口与健康调查的数据，M 表示多指标类集调查的数据，N 表示国家调查的数据，P 表示泛阿拉伯人口与家庭健康调查的数据（国家调查的清单见 https://hdr.undp.org/mpi-2021-faqs）。

　　c 该数据为指定时期内的最新可用数据。

　　d 营养指标缺失。

　　e 由于作为基础的多维贫困人口数量较少，该值不予报告。

　　f 修订后的估计。

　　g 仅捕获过去 5 年内死亡的 5 岁以下儿童和过去两年内死亡的 12—18 岁儿童的人数。

　　h 针对缺失的营养指标和不完整的儿童死亡率指标（该调查未采集儿童死亡日期），进行了方法调整。

　　i 调查未统计儿童死亡的日期，因此应认为是任何时间发生的儿童死亡。

　　j 烹饪用燃料指标缺失。

　　k 多维贫困指数估算基于 2016 年国家健康与营养调查。基于 2015 年多指标集合调查的估算包括：多维贫困指数为 0.010，多维贫困人口为 2.6（％），调查当年多维贫困人数为 3,207,000，2019 年预计多维贫困人数为 3,317,000，剥夺强度为 40.2，严重多维贫困人口为 0.4（％），受多维贫困威胁人口为 6.1（％），健康剥夺贡献为 39.9（％），教育剥夺贡献为 23.8（％），生活水平剥夺贡献为 36.3（％）。

　　l 儿童死亡率指标缺失。

　　m 卫生指标遵循国家分类，其中带有板坑式厕所则被视为未改善。

　　n 根据国家报告，厕所被认为是卫生设施指标的一个改进来源。

　　o 由于因未进行测量而被排除在营养指标之外的儿童比例很高，因此应谨慎解释基于 2019 年塞尔维亚多指标类集调查的估计数。用于多维贫困计算的非加权样本量为 82.8%。

　　p 学校出勤率指标缺失。

　　q 基于 2016 年 6 月 7 日获得的数据。

　　r 儿童死亡率数据基于两次调查之间发生的死亡，即 2012 年到 2014 年。由家庭中成年男性报告的儿童死亡，由于报告了死亡时间，因此纳入统计。

　　s 住房指标缺失。

134. 世界部分国家的健康状况

单位：%

国家或地区	1岁儿童免疫接种率 麻疹疫苗	1岁儿童免疫接种率 百白破疫苗	死亡率 每千新生婴儿5岁以下死亡率	死亡率 每千人成人死亡率 男性	死亡率 每千人成人死亡率 女性	HIV流行状况 成年人（占15—49岁人口的百分比）
非洲						
尼日利亚	59	65	110.8	386.5	366.1	1.3
埃及	96	88	19.0	198.9	114.2	0.1
埃塞俄比亚	54	90	46.8	277.1	177.3	0.8
刚果（金）	55	80	79.0	335.2	256.0	0.7
南非	87	88	32.8	399.4	294.8	18.3
苏丹	81	81	54.9	252.8	174.4	0.1
坦桑尼亚	76	90	47.1	252.9	192.2	4.5
肯尼亚	89	85	37.2	419.4	310.9	4.0
阿尔及利亚	80	98	22.3	95.8	64.0	0.1
摩洛哥	99	90	18.0	128.7	84.0	0.1
北美洲						0.1
美国	91	93	6.2	—	—	—
加拿大	90	92	5.0	—	—	—
拉丁美洲和加勒比地区						
巴西	73	96	14.4	217.7	121.2	0.6
墨西哥	99	98	13.2	288.4	130.8	0.4
哥伦比亚	86	97	12.8	212.3	111.1	0.5
阿根廷	81	76	6.9	147.7	90.4	0.4
秘鲁	78	95	14.1	209.2	136.9	0.4
委内瑞拉玻利瓦尔共和国	68	67	24.2	248.5	115.5	0.5
智利	92	95	6.6	126.5	68.3	0.6
厄瓜多尔	65	90	12.5	198.1	105.8	0.4
危地马拉	81	91	23.0	275.1	163.2	0.2
古巴	99	99	5.0	175.3	106.4	0.5
大洋洲						
澳大利亚	93	95	3.7	—	—	0.1
新西兰	91	90	4.7	77.7	49.2	0.1
亚洲						
中国	99	99	6.9	106.9	54.2	—
印度	89	90	30.6	253.8	185.9	0.2
印度尼西亚	72	83	22.2	244.1	179.8	0.3
巴基斯坦	81	86	63.3	220.8	145.5	0.2
孟加拉国	97	98	27.3	163.0	121.3	0.1
日本	98	96	2.3	64.3	35.7	—

续完

国家或地区	1岁儿童免疫接种率		死亡率			HIV 流行状况
	麻疹疫苗	百白破疫苗	每千新生婴儿5岁以下死亡率	每千人成人死亡率		成年人（占15—49岁人口的百分比）
				男性	女性	
菲律宾	57	91	25.7	199.6	138.5	0.2
越南	89	96	20.6	184.0	77.6	0.3
土耳其	96	97	9.0	126.8	58.0	—
伊朗伊斯兰共和国	99	97	12.6	151.2	78.9	0.1
欧洲						
俄罗斯联邦	97	97	5.1	—	—	—
德国	97	91	3.6	—	—	—
法国	92	96	4.4	—	—	0.3
英国	91	93	4.2	—	—	—
意大利	92	94	2.6	—	—	0.2
乌克兰	88	78	8.2	—	—	0.9
西班牙	95	92	3.0	—	—	0.3
波兰	80	90	4.3	—	—	—
罗马尼亚	86	86	6.4	174.4	71.7	0.2
荷兰	93	95	4.1	—	—	0.1
瑞典	97	98	2.5	59.3	36.6	—
挪威	97	97	2.2	—	—	0.1
丹麦	95	97	3.6	68.9	44.4	0.1
匈牙利	99	99	4.0	—	—	—
奥地利	95	85	3.7	—	—	—
瑞士	95	96	3.8	56.9	33.0	0.2
葡萄牙	98	99	3.1	100.9	44.5	0.5
芬兰	93	89	2.2	86.9	42.9	—
冰岛	92	92	2.6	—	—	0.1
立陶宛	88	90	3.3	—	—	0.2
白俄罗斯	98	98	2.7	—	—	0.5
捷克共和国	97	94	2.8	126.9	61.3	—
斯洛伐克共和国	95	97	5.6	—	—	0.1
爱尔兰	90	94	3.1	—	—	0.3
比利时	96	98	4.1	80.7	47.2	—
卢森堡	99	99	2.7	65.2	37.5	0.2
保加利亚	89	89	6.3	234.4	118.3	0.1
塞尔维亚	78	92	5.5	146.1	67.7	0.1
克罗地亚	89	92	4.6	80.7	43.2	0.1

数据来源：世界银行。

135. 世界部分国家的就业状况

单位:%

国家或地区	男性(占男性就业人口百分比) 农业	工业	服务业	女性(占女性就业人口百分比) 农业	工业	服务业	15岁(含)以上就业人口比率 总人口比率	男性	女性
世界	—	—	—	—	—	—	**55.8**	**67.5**	**44.1**
非洲									
尼日利亚	43.5	12.2	44.3	24.6	13.2	62.2	54.9	61.1	48.6
阿拉伯埃及共和国	18.7	33.2	48.1	25.7	7.6	66.7	38.3	63.9	12.3
埃塞俄比亚	70.7	12.0	17.2	55.4	8.0	36.6	77.2	83.6	70.9
刚果(金)	46.2	13.8	40.0	64.8	6.1	29.1	62.4	65.1	59.8
南非	20.3	24.0	55.7	22.5	9.2	68.3	39.7	45.3	34.6
苏丹	35.6	18.4	45.9	54.7	3.9	41.4	39.3	58.7	20.2
坦桑尼亚	62.2	11.1	26.8	66.5	3.2	30.3	79.6	84.4	75.1
肯尼亚	31.3	20.7	48.0	34.8	10.6	54.5	69.7	71.6	67.8
阿尔及利亚	11.7	32.5	55.8	3.9	23.9	72.1	35.3	57.3	12.7
摩洛哥	29.4	25.6	45.0	52.4	13.2	34.4	40.5	62.9	18.2
北美洲									
美国	2.2	28.3	69.5	1.0	8.6	90.4	57.9	63.4	52.7
加拿大	1.7	28.7	69.6	0.9	8.8	90.3	60.2	64.3	56.3
拉丁美洲和加勒比地区									
巴西	13.2	27.5	59.2	4.7	10.9	84.4	53.7	64.6	43.3
墨西哥	17.4	30.8	51.7	4.1	17.3	78.6	57.5	73.6	42.5
哥伦比亚	21.9	25.0	53.1	6.6	12.6	80.9	55.4	69.1	42.3
阿根廷	10.5	28.2	61.3	3.7	8.6	87.8	55.1	65.3	45.3
秘鲁	27.6	24.0	48.4	28.1	8.7	63.1	68.3	75.5	61.3
委内瑞拉玻利瓦尔共和国	18.2	21.6	60.2	4.9	11.1	84.0	48.5	61.0	36.5
智利	8.7	31.4	59.9	3.5	10.9	85.6	51.8	62.1	41.8
厄瓜多尔	33.5	22.2	44.3	30.2	9.0	60.8	62.8	75.2	50.7
危地马拉	37.1	22.6	40.3	12.1	20.9	67.1	56.2	78.4	34.9
古巴	23.9	20.9	55.2	7.6	10.9	81.5	52.4	66.0	39.2
大洋洲									
澳大利亚	3.0	28.4	68.6	1.7	8.0	90.3	62.5	66.9	58.1
新西兰	7.6	29.6	62.7	4.3	9.3	86.4	68.1	72.8	63.6
亚洲									
中国	27.2	31.6	41.2	21.1	24.2	54.7	64.1	69.1	58.9
印度	39.6	28.0	32.4	58.3	16.6	25.1	44.8	66.9	21.4
印度尼西亚	31.0	25.6	43.4	26.0	15.9	58.1	63.3	76.3	50.4
巴基斯坦	28.7	28.3	43.0	67.9	14.3	17.7	49.4	76.4	22.3
孟加拉国	28.4	23.4	48.2	56.0	18.1	25.9	55.3	77.0	34.3
日本	3.6	31.8	64.6	2.7	13.7	83.7	60.4	69.1	52.2

续完

国家或地区	男性（占男性就业人口百分比）			女性（占女性就业人口百分比）			15岁（含）以上就业人口比率		
	农业	工业	服务业	农业	工业	服务业	总人口比率	男性	女性
菲律宾	30.3	24.8	44.8	14.6	8.9	76.5	55.3	67.5	43.0
越南	29.3	36.7	34.0	28.8	29.4	41.9	71.2	75.9	66.7
土耳其	14.8	31.0	54.2	22.3	16.6	61.1	45.2	62.6	27.9
伊朗伊斯兰共和国	15.9	36.0	48.1	18.2	25.9	55.9	37.4	62.2	12.2
欧洲									
俄罗斯联邦	7.5	37.9	54.6	4.0	15.2	80.8	59.2	67.2	52.6
德国	1.5	39.6	58.9	0.9	14.1	85.0	58.4	63.3	53.7
法国	3.5	28.9	67.6	1.5	9.7	88.8	51.5	55.1	48.2
英国	1.4	27.2	71.3	0.6	8.0	91.5	59.2	62.8	55.7
意大利	5.2	36.3	58.5	2.5	13.4	84.1	44.0	52.6	35.8
乌克兰	16.9	34.3	48.8	12.2	13.6	74.2	49.3	56.9	42.9
西班牙	5.7	29.6	64.6	2.1	9.1	88.8	48.9	54.4	43.8
波兰	9.5	42.5	47.9	7.0	16.9	76.1	56.0	64.1	48.6
罗马尼亚	19.1	37.5	43.4	17.9	20.7	61.4	48.2	58.2	39.0
荷兰	3.0	21.4	75.7	1.4	5.5	93.0	62.4	67.1	57.8
瑞典	2.8	27.3	69.9	1.0	7.8	91.2	58.7	62.1	55.4
挪威	3.5	30.3	66.2	1.0	6.7	92.2	61.9	64.9	58.9
丹麦	3.0	28.6	68.3	0.9	8.8	90.3	59.4	63.8	55.1
匈牙利	5.9	41.5	52.6	2.6	19.8	77.5	56.9	64.4	50.2
奥地利	4.0	37.4	58.6	3.4	12.2	84.4	57.4	62.5	52.5
瑞士	2.7	28.8	68.5	1.6	9.7	88.7	63.9	69.1	58.9
葡萄牙	6.9	32.2	60.8	3.3	15.5	81.1	54.0	58.5	50.1
芬兰	5.9	32.7	61.3	2.1	9.2	88.7	54.7	57.9	51.7
冰岛	5.9	28.5	65.6	1.8	7.4	90.8	68.9	73.0	64.7
立陶宛	7.1	36.2	56.7	3.5	16.3	80.2	57.9	62.9	53.6
白俄罗斯	9.6	41.3	49.1	6.6	24.0	69.4	60.8	66.7	55.9
捷克共和国	3.4	47.9	48.7	1.5	22.9	75.6	58.1	66.4	50.1
斯洛伐克共和国	3.5	50.0	46.5	1.3	21.6	77.1	56.5	62.0	51.3
爱尔兰	7.3	27.2	65.5	1.3	9.1	89.6	59.4	64.6	54.3
比利时	1.3	29.3	69.5	0.6	8.2	91.2	51.1	55.2	47.1
卢森堡	1.6	14.4	84.0	0.6	3.7	95.7	58.7	62.4	54.9
保加利亚	8.2	37.9	53.9	4.1	22.6	73.3	52.3	58.6	46.6
塞尔维亚	15.8	36.2	47.9	11.6	19.9	68.5	50.4	58.9	42.7
克罗地亚	8.4	39.5	52.2	4.9	16.0	79.1	47.8	54.0	42.1

数据来源：世界银行。

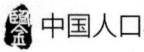

136. 世界部分国家的失业状况

单位：%

国家或地区	失业率（15岁及以上）总失业率	男性	女性	青年失业率（15—24岁）总失业率	男性	女性
世界	**6.2**	**6.2**	**6.3**	**16.4**	**15.8**	**18.1**
非洲						
尼日利亚	5.9	6.2	5.7	13.6	12.8	14.6
阿拉伯埃及共和国	7.4	5.6	15.9	17.8	13.3	38.8
埃塞俄比亚	3.9	2.9	5.1	6.1	4.4	8.1
刚果（金）	5.1	5.8	4.4	9.4	11.3	7.9
南非	28.8	27.5	30.3	49.9	45.6	54.9
苏丹	19.0	14.1	30.5	34.8	29.9	44.2
坦桑尼亚	2.7	2.0	3.5	4.2	3.3	5.2
肯尼亚	5.6	5.3	5.9	13.5	12.5	14.5
阿尔及利亚	11.7	9.6	20.5	29.3	25.2	48.2
摩洛哥	10.5	10.0	12.4	24.9	24.5	26.3
北美洲						
美国	5.3	5.5	5.2	9.7	10.5	8.9
加拿大	7.5	7.7	7.2	13.5	14.6	12.4
拉丁美洲和加勒比地区						
巴西	13.3	10.8	16.7	28.5	24.4	33.8
墨西哥	4.1	4.1	4.1	7.9	7.5	8.5
哥伦比亚	13.9	10.9	18.2	24.8	19.6	32.1
阿根廷	8.7	7.9	9.9	23.4	21.0	26.7
秘鲁	5.1	4.7	5.6	9.6	8.5	10.7
委内瑞拉玻利瓦尔共和国	6.5	6.0	7.3	13.4	11.8	17.6
智利	9.4	9.1	9.6	20.6	19.0	22.7
厄瓜多尔	4.5	3.7	5.7	9.1	7.0	12.8
危地马拉	2.9	2.5	3.8	5.7	5.0	7.1
古巴	1.5	1.4	1.6	3.6	3.7	3.6
大洋洲						
澳大利亚	5.1	5.2	5.0	11.2	12.6	9.8
新西兰	3.8	3.7	3.9	10.5	10.8	10.1
亚洲						
中国	4.6	5.0	4.0	12.4	13.4	11.2
印度	7.7	8.0	6.9	23.9	24.0	23.3
印度尼西亚	3.8	4.3	3.2	13.8	14.6	12.7
巴基斯坦	6.3	5.5	9.2	11.0	9.9	14.3
孟加拉国	5.1	3.9	7.5	13.8	11.5	18.4
日本	2.8	3.1	2.5	4.6	5.1	4.1

续完

国家或地区	失业率（15岁及以上）			青年失业率（15—24岁）		
	总失业率	男性	女性	总失业率	男性	女性
菲律宾	2.6	2.4	3.0	7.3	6.3	9.0
越南	2.4	2.5	2.3	6.8	6.8	6.8
土耳其	12.0	10.7	14.7	22.4	19.2	28.3
伊朗伊斯兰共和国	10.8	9.3	17.8	25.6	22.6	38.5
欧洲						
俄罗斯联邦	4.7	4.6	4.8	16.1	15.2	17.3
德国	3.6	3.9	3.2	6.9	7.3	6.4
法国	7.9	8.0	7.8	18.9	18.9	18.8
英国	4.8	5.0	4.6	12.8	14.3	11.2
意大利	9.5	8.7	10.6	29.7	27.7	32.9
乌克兰	9.8	9.5	10.1	19.1	18.1	20.4
西班牙	14.8	13.1	16.7	34.8	34.1	35.6
波兰	3.4	3.3	3.4	11.9	11.5	12.5
罗马尼亚	5.6	6.0	5.0	21.0	20.9	21.2
荷兰	4.2	4.0	4.5	9.6	10.0	9.2
瑞典	8.7	8.4	9.0	24.6	25.1	24.0
挪威	4.4	4.6	4.2	12.5	13.2	11.8
丹麦	5.1	5.0	5.1	10.8	10.7	10.9
匈牙利	4.1	3.9	4.2	13.5	12.0	15.5
奥地利	6.2	6.2	6.1	10.9	10.7	11.3
瑞士	5.1	4.9	5.3	8.8	8.9	8.8
葡萄牙	6.6	6.3	6.9	23.4	21.0	26.4
芬兰	7.6	8.1	7.1	17.0	17.6	16.4
冰岛	6.0	5.7	6.3	11.8	13.0	10.6
立陶宛	7.1	7.6	6.6	14.3	14.0	14.7
白俄罗斯	3.9	4.7	3.1	10.4	11.3	9.5
捷克共和国	2.8	2.3	3.4	8.2	7.6	9.1
斯洛伐克共和国	6.8	6.7	7.0	20.7	19.8	22.0
爱尔兰	6.2	6.2	6.1	14.5	14.4	14.5
比利时	6.3	6.6	5.9	18.2	19.9	16.2
卢森堡	5.3	4.9	5.6	17.0	17.7	16.1
保加利亚	5.3	5.5	5.0	15.8	16.1	15.3
塞尔维亚	10.1	9.3	11.0	25.8	23.9	29.1
克罗地亚	7.6	7.3	8.0	21.9	19.0	26.4

数据来源：世界银行。

137. 2021年中国县级最低工资数据*

序号	省代码	省名称	市代码	市名称	县代码	县名称	月最低工资（元/月）	小时最低工资（元/时）	实施日期
1	110000	北京市	110100	市辖区	110101	东城区	2 320	25.3	2021－08－01
2	110000	北京市	110100	市辖区	110102	西城区	2 320	25.3	2021－08－01
3	110000	北京市	110100	市辖区	110105	朝阳区	2 320	25.3	2021－08－01
4	110000	北京市	110100	市辖区	110106	丰台区	2 320	25.3	2021－08－01
5	110000	北京市	110100	市辖区	110107	石景山区	2 320	25.3	2021－08－01
6	110000	北京市	110100	市辖区	110108	海淀区	2 320	25.3	2021－08－01
7	110000	北京市	110100	市辖区	110109	门头沟区	2 320	25.3	2021－08－01
8	110000	北京市	110100	市辖区	110111	房山区	2 320	25.3	2021－08－01
9	110000	北京市	110100	市辖区	110112	通州区	2 320	25.3	2021－08－01
10	110000	北京市	110100	市辖区	110113	顺义区	2 320	25.3	2021－08－01
11	110000	北京市	110100	市辖区	110114	昌平区	2 320	25.3	2021－08－01
12	110000	北京市	110100	市辖区	110115	大兴区	2 320	25.3	2021－08－01
13	110000	北京市	110100	市辖区	110116	怀柔区	2 320	25.3	2021－08－01
14	110000	北京市	110100	市辖区	110117	平谷区	2 320	25.3	2021－08－01
15	110000	北京市	110100	市辖区	110118	密云区	2 320	25.3	2021－08－01
16	110000	北京市	110100	市辖区	110119	延庆区	2 320	25.3	2021－08－01
17	120000	天津市	120100	市辖区	120101	和平区	2 180	22.6	2021－07－01
18	120000	天津市	120100	市辖区	120102	河东区	2 180	22.6	2021－07－01
19	120000	天津市	120100	市辖区	120103	河西区	2 180	22.6	2021－07－01
20	120000	天津市	120100	市辖区	120104	南开区	2 180	22.6	2021－07－01
21	120000	天津市	120100	市辖区	120105	河北区	2 180	22.6	2021－07－01
22	120000	天津市	120100	市辖区	120106	红桥区	2 180	22.6	2021－07－01
23	120000	天津市	120100	市辖区	120110	东丽区	2 180	22.6	2021－07－01
24	120000	天津市	120100	市辖区	120111	西青区	2 180	22.6	2021－07－01
25	120000	天津市	120100	市辖区	120112	津南区	2 180	22.6	2021－07－01
26	120000	天津市	120100	市辖区	120113	北辰区	2 180	22.6	2021－07－01
27	120000	天津市	120100	市辖区	120114	武清区	2 180	22.6	2021－07－01
28	120000	天津市	120100	市辖区	120115	宝坻区	2 180	22.6	2021－07－01
29	120000	天津市	120100	市辖区	120116	滨海新区	2 180	22.6	2021－07－01
30	120000	天津市	120100	市辖区	120117	宁河区	2 180	22.6	2021－07－01
31	120000	天津市	120100	市辖区	120118	静海区	2 180	22.6	2021－07－01
32	120000	天津市	120100	市辖区	120119	蓟州区	2 180	22.6	2021－07－01
33	130000	河北省	130100	石家庄市	130102	长安区	1 900	19.0	2019－11－01
34	130000	河北省	130100	石家庄市	130104	桥西区	1 900	19.0	2019－11－01

* 2021年中国县级最低工资数据由贾朋收集整理。贾朋，中国社会科学院人口与劳动经济研究所劳动关系研究室，副研究员，硕士生导师，研究方向为劳动力市场制度，电子邮箱为jiapeng@cass.org.cn。

续1

序号	省代码	省名称	市代码	市名称	县代码	县名称	月最低工资（元/月）	小时最低工资（元/时）	实施日期
35	130000	河北省	130100	石家庄市	130105	新华区	1 900	19.0	2019-11-01
36	130000	河北省	130100	石家庄市	130107	井陉矿区	1 680	17.0	2019-11-01
37	130000	河北省	130100	石家庄市	130108	裕华区	1 900	19.0	2019-11-01
38	130000	河北省	130100	石家庄市	130109	藁城区	1 900	19.0	2019-11-01
39	130000	河北省	130100	石家庄市	130110	鹿泉区	1 900	19.0	2019-11-01
40	130000	河北省	130100	石家庄市	130111	栾城区	1 900	19.0	2019-11-01
41	130000	河北省	130100	石家庄市	130121	井陉县	1 680	17.0	2019-11-01
42	130000	河北省	130100	石家庄市	130123	正定县	1 790	18.0	2019-11-01
43	130000	河北省	130100	石家庄市	130125	行唐县	1 680	17.0	2019-11-01
44	130000	河北省	130100	石家庄市	130126	灵寿县	1 680	17.0	2019-11-01
45	130000	河北省	130100	石家庄市	130127	高邑县	1 680	17.0	2019-11-01
46	130000	河北省	130100	石家庄市	130128	深泽县	1 680	17.0	2019-11-01
47	130000	河北省	130100	石家庄市	130129	赞皇县	1 580	16.0	2019-11-01
48	130000	河北省	130100	石家庄市	130130	无极县	1 680	17.0	2019-11-01
49	130000	河北省	130100	石家庄市	130131	平山县	1 680	17.0	2019-11-01
50	130000	河北省	130100	石家庄市	130132	元氏县	1 680	17.0	2019-11-01
51	130000	河北省	130100	石家庄市	130133	赵县	1 680	17.0	2019-11-01
52	130000	河北省	130100	石家庄市	130181	辛集市	1 790	18.0	2019-11-01
53	130000	河北省	130100	石家庄市	130183	晋州市	1 680	17.0	2019-11-01
54	130000	河北省	130100	石家庄市	130184	新乐市	1 680	17.0	2019-11-01
55	130000	河北省	130200	唐山市	130202	路南区	1 900	19.0	2019-11-01
56	130000	河北省	130200	唐山市	130203	路北区	1 900	19.0	2019-11-01
57	130000	河北省	130200	唐山市	130204	古冶区	1 900	19.0	2019-11-01
58	130000	河北省	130200	唐山市	130205	开平区	1 900	19.0	2019-11-01
59	130000	河北省	130200	唐山市	130207	丰南区	1 900	19.0	2019-11-01
60	130000	河北省	130200	唐山市	130208	丰润区	1 900	19.0	2019-11-01
61	130000	河北省	130200	唐山市	130209	曹妃甸区	1 900	19.0	2019-11-01
62	130000	河北省	130200	唐山市	130224	滦南县	1 900	19.0	2019-11-01
63	130000	河北省	130200	唐山市	130225	乐亭县	1 900	19.0	2019-11-01
64	130000	河北省	130200	唐山市	130227	迁西县	1 900	19.0	2019-11-01
65	130000	河北省	130200	唐山市	130229	玉田县	1 900	19.0	2019-11-01
66	130000	河北省	130200	唐山市	130281	遵化市	1 900	19.0	2019-11-01
67	130000	河北省	130200	唐山市	130283	迁安市	1 900	19.0	2019-11-01
68	130000	河北省	130200	唐山市	130284	滦州市	1 900	19.0	2019-11-01
69	130000	河北省	130300	秦皇岛市	130302	海港区	1 900	19.0	2019-11-01

续2

序号	省代码	省名称	市代码	市名称	县代码	县名称	月最低工资（元/月）	小时最低工资（元/时）	实施日期
70	130000	河北省	130300	秦皇岛市	130303	山海关区	1 900	19.0	2019-11-01
71	130000	河北省	130300	秦皇岛市	130304	北戴河区	1 900	19.0	2019-11-01
72	130000	河北省	130300	秦皇岛市	130306	抚宁区	1 900	19.0	2019-11-01
73	130000	河北省	130300	秦皇岛市	130321	青龙满族自治县	1 680	17.0	2019-11-01
74	130000	河北省	130300	秦皇岛市	130322	昌黎县	1 790	18.0	2019-11-01
75	130000	河北省	130300	秦皇岛市	130324	卢龙县	1 790	18.0	2019-11-01
76	130000	河北省	130400	邯郸市	130402	邯山区	1 790	18.0	2019-11-01
77	130000	河北省	130400	邯郸市	130403	丛台区	1 790	18.0	2019-11-01
78	130000	河北省	130400	邯郸市	130404	复兴区	1 790	18.0	2019-11-01
79	130000	河北省	130400	邯郸市	130406	峰峰矿区	1 790	18.0	2019-11-01
80	130000	河北省	130400	邯郸市	130407	肥乡区	1 680	17.0	2019-11-01
81	130000	河北省	130400	邯郸市	130408	永年区	1 680	17.0	2019-11-01
82	130000	河北省	130400	邯郸市	130423	临漳县	1 680	17.0	2019-11-01
83	130000	河北省	130400	邯郸市	130424	成安县	1 680	17.0	2019-11-01
84	130000	河北省	130400	邯郸市	130425	大名县	1 580	16.0	2019-11-01
85	130000	河北省	130400	邯郸市	130426	涉县	1 680	17.0	2019-11-01
86	130000	河北省	130400	邯郸市	130427	磁县	1 790	18.0	2019-11-01
87	130000	河北省	130400	邯郸市	130430	邱县	1 680	17.0	2019-11-01
88	130000	河北省	130400	邯郸市	130431	鸡泽县	1 680	17.0	2019-11-01
89	130000	河北省	130400	邯郸市	130432	广平县	1 580	16.0	2019-11-01
90	130000	河北省	130400	邯郸市	130433	馆陶县	1 580	16.0	2019-11-01
91	130000	河北省	130400	邯郸市	130434	魏县	1 580	16.0	2019-11-01
92	130000	河北省	130400	邯郸市	130435	曲周县	1 680	17.0	2019-11-01
93	130000	河北省	130400	邯郸市	130481	武安市	1 790	18.0	2019-11-01
94	130000	河北省	130500	邢台市	130502	襄都区	1 790	18.0	2019-11-01
95	130000	河北省	130500	邢台市	130503	信都区	1 790	18.0	2019-11-01
96	130000	河北省	130500	邢台市	130505	任泽区	1 680	17.0	2019-11-01
97	130000	河北省	130500	邢台市	130506	南和区	1 680	17.0	2019-11-01
98	130000	河北省	130500	邢台市	130522	临城县	1 680	17.0	2019-11-01
99	130000	河北省	130500	邢台市	130523	内丘县	1 680	17.0	2019-11-01
100	130000	河北省	130500	邢台市	130524	柏乡县	1 680	17.0	2019-11-01
101	130000	河北省	130500	邢台市	130525	隆尧县	1 680	17.0	2019-11-01
102	130000	河北省	130500	邢台市	130528	宁晋县	1 680	17.0	2019-11-01
103	130000	河北省	130500	邢台市	130529	巨鹿县	1 680	17.0	2019-11-01
104	130000	河北省	130500	邢台市	130530	新河县	1 680	17.0	2019-11-01

续3

序号	省代码	省名称	市代码	市名称	县代码	县名称	月最低工资（元/月）	小时最低工资（元/时）	实施日期
105	130000	河北省	130500	邢台市	130531	广宗县	1 680	17.0	2019－11－01
106	130000	河北省	130500	邢台市	130532	平乡县	1 680	17.0	2019－11－01
107	130000	河北省	130500	邢台市	130533	威县	1 680	17.0	2019－11－01
108	130000	河北省	130500	邢台市	130534	清河县	1 680	17.0	2019－11－01
109	130000	河北省	130500	邢台市	130535	临西县	1 680	17.0	2019－11－01
110	130000	河北省	130500	邢台市	130581	南宫市	1 680	17.0	2019－11－01
111	130000	河北省	130500	邢台市	130582	沙河市	1 790	18.0	2019－11－01
112	130000	河北省	130600	保定市	130602	竞秀区	1 900	19.0	2019－11－01
113	130000	河北省	130600	保定市	130606	莲池区	1 900	19.0	2019－11－01
114	130000	河北省	130600	保定市	130607	满城区	1 900	19.0	2019－11－01
115	130000	河北省	130600	保定市	130608	清苑区	1 900	19.0	2019－11－01
116	130000	河北省	130600	保定市	130609	徐水区	1 900	19.0	2019－11－01
117	130000	河北省	130600	保定市	130623	涞水县	1 580	16.0	2019－11－01
118	130000	河北省	130600	保定市	130624	阜平县	1 580	16.0	2019－11－01
119	130000	河北省	130600	保定市	130626	定兴县	1 680	17.0	2019－11－01
120	130000	河北省	130600	保定市	130627	唐县	1 580	16.0	2019－11－01
121	130000	河北省	130600	保定市	130628	高阳县	1 680	17.0	2019－11－01
122	130000	河北省	130600	保定市	130629	容城县	1 900	19.0	2019－11－01
123	130000	河北省	130600	保定市	130630	涞源县	1 580	16.0	2019－11－01
124	130000	河北省	130600	保定市	130631	望都县	1 680	17.0	2019－11－01
125	130000	河北省	130600	保定市	130632	安新县	1 900	19.0	2019－11－01
126	130000	河北省	130600	保定市	130633	易县	1 580	16.0	2019－11－01
127	130000	河北省	130600	保定市	130634	曲阳县	1 580	16.0	2019－11－01
128	130000	河北省	130600	保定市	130635	蠡县	1 680	17.0	2019－11－01
129	130000	河北省	130600	保定市	130636	顺平县	1 580	16.0	2019－11－01
130	130000	河北省	130600	保定市	130637	博野县	1 680	17.0	2019－11－01
131	130000	河北省	130600	保定市	130638	雄县	1 900	19.0	2019－11－01
132	130000	河北省	130600	保定市	130681	涿州市	1 900	19.0	2019－11－01
133	130000	河北省	130600	保定市	130682	定州市	1 790	18.0	2019－11－01
134	130000	河北省	130600	保定市	130683	安国市	1 790	18.0	2019－11－01
135	130000	河北省	130600	保定市	130684	高碑店市	1 790	18.0	2019－11－01
136	130000	河北省	130700	张家口市	130702	桥东区	1 790	18.0	2019－11－01
137	130000	河北省	130700	张家口市	130703	桥西区	1 790	18.0	2019－11－01
138	130000	河北省	130700	张家口市	130705	宣化区	1 790	18.0	2019－11－01
139	130000	河北省	130700	张家口市	130706	下花园区	1 790	18.0	2019－11－01

续4

序号	省代码	省名称	市代码	市名称	县代码	县名称	月最低工资（元/月）	小时最低工资（元/时）	实施日期
140	130000	河北省	130700	张家口市	130708	万全区	1 790	18.0	2019－11－01
141	130000	河北省	130700	张家口市	130709	崇礼区	1 790	18.0	2019－11－01
142	130000	河北省	130700	张家口市	130722	张北县	1 680	17.0	2019－11－01
143	130000	河北省	130700	张家口市	130723	康保县	1 680	17.0	2019－11－01
144	130000	河北省	130700	张家口市	130724	沽源县	1 680	17.0	2019－11－01
145	130000	河北省	130700	张家口市	130725	尚义县	1 680	17.0	2019－11－01
146	130000	河北省	130700	张家口市	130726	蔚县	1 680	17.0	2019－11－01
147	130000	河北省	130700	张家口市	130727	阳原县	1 680	17.0	2019－11－01
148	130000	河北省	130700	张家口市	130728	怀安县	1 680	17.0	2019－11－01
149	130000	河北省	130700	张家口市	130730	怀来县	1 790	18.0	2019－11－01
150	130000	河北省	130700	张家口市	130731	涿鹿县	1 790	18.0	2019－11－01
151	130000	河北省	130700	张家口市	130732	赤城县	1 680	17.0	2019－11－01
152	130000	河北省	130800	承德市	130802	双桥区	1 790	18.0	2019－11－01
153	130000	河北省	130800	承德市	130803	双滦区	1 790	18.0	2019－11－01
154	130000	河北省	130800	承德市	130804	鹰手营子矿区	1 790	18.0	2019－11－01
155	130000	河北省	130800	承德市	130821	承德县	1 680	17.0	2019－11－01
156	130000	河北省	130800	承德市	130822	兴隆县	1 680	17.0	2019－11－01
157	130000	河北省	130800	承德市	130824	滦平县	1 680	17.0	2019－11－01
158	130000	河北省	130800	承德市	130825	隆化县	1 680	17.0	2019－11－01
159	130000	河北省	130800	承德市	130826	丰宁满族自治县	1 680	17.0	2019－11－01
160	130000	河北省	130800	承德市	130827	宽城满族自治县	1 680	17.0	2019－11－01
161	130000	河北省	130800	承德市	130828	围场满族蒙古族自治县	1 680	17.0	2019－11－01
162	130000	河北省	130800	承德市	130881	平泉市	1 680	17.0	2019－11－01
163	130000	河北省	130900	沧州市	130902	新华区	1 790	18.0	2019－11－01
164	130000	河北省	130900	沧州市	130903	运河区	1 790	18.0	2019－11－01
165	130000	河北省	130900	沧州市	130921	沧县	1 790	18.0	2019－11－01
166	130000	河北省	130900	沧州市	130922	青县	1 790	18.0	2019－11－01
167	130000	河北省	130900	沧州市	130923	东光县	1 580	16.0	2019－11－01
168	130000	河北省	130900	沧州市	130924	海兴县	1 580	16.0	2019－11－01
169	130000	河北省	130900	沧州市	130925	盐山县	1 580	16.0	2019－11－01
170	130000	河北省	130900	沧州市	130926	肃宁县	1 680	17.0	2019－11－01
171	130000	河北省	130900	沧州市	130927	南皮县	1 580	16.0	2019－11－01
172	130000	河北省	130900	沧州市	130928	吴桥县	1 680	17.0	2019－11－01
173	130000	河北省	130900	沧州市	130929	献县	1 580	16.0	2019－11－01

续5

序号	省代码	省名称	市代码	市名称	县代码	县名称	月最低工资（元/月）	小时最低工资（元/时）	实施日期
174	130000	河北省	130900	沧州市	130930	孟村回族自治县	1 580	16.0	2019-11-01
175	130000	河北省	130900	沧州市	130981	泊头市	1 680	17.0	2019-11-01
176	130000	河北省	130900	沧州市	130982	任丘市	1 790	18.0	2019-11-01
177	130000	河北省	130900	沧州市	130983	黄骅市	1 790	18.0	2019-11-01
178	130000	河北省	130900	沧州市	130984	河间市	1 680	17.0	2019-11-01
179	130000	河北省	131000	廊坊市	131002	安次区	1 900	19.0	2019-11-01
180	130000	河北省	131000	廊坊市	131003	广阳区	1 900	19.0	2019-11-01
181	130000	河北省	131000	廊坊市	131022	固安县	1 680	17.0	2019-11-01
182	130000	河北省	131000	廊坊市	131023	永清县	1 680	17.0	2019-11-01
183	130000	河北省	131000	廊坊市	131024	香河县	1 790	18.0	2019-11-01
184	130000	河北省	131000	廊坊市	131025	大城县	1 680	17.0	2019-11-01
185	130000	河北省	131000	廊坊市	131026	文安县	1 680	17.0	2019-11-01
186	130000	河北省	131000	廊坊市	131028	大厂回族自治县	1 790	18.0	2019-11-01
187	130000	河北省	131000	廊坊市	131081	霸州市	1 900	19.0	2019-11-01
188	130000	河北省	131000	廊坊市	131082	三河市	1 900	19.0	2019-11-01
189	130000	河北省	131100	衡水市	131102	桃城区	1 790	18.0	2019-11-01
190	130000	河北省	131100	衡水市	131103	冀州区	1 790	18.0	2019-11-01
191	130000	河北省	131100	衡水市	131121	枣强县	1 680	17.0	2019-11-01
192	130000	河北省	131100	衡水市	131122	武邑县	1 580	16.0	2019-11-01
193	130000	河北省	131100	衡水市	131123	武强县	1 580	16.0	2019-11-01
194	130000	河北省	131100	衡水市	131124	饶阳县	1 580	16.0	2019-11-01
195	130000	河北省	131100	衡水市	131125	安平县	1 680	17.0	2019-11-01
196	130000	河北省	131100	衡水市	131126	故城县	1 680	17.0	2019-11-01
197	130000	河北省	131100	衡水市	131127	景县	1 680	17.0	2019-11-01
198	130000	河北省	131100	衡水市	131128	阜城县	1 580	16.0	2019-11-01
199	130000	河北省	131100	衡水市	131182	深州市	1 680	17.0	2019-11-01
200	140000	山西省	140100	太原市	140105	小店区	1 880	19.8	2021-10-01
201	140000	山西省	140100	太原市	140106	迎泽区	1 880	19.8	2021-10-01
202	140000	山西省	140100	太原市	140107	杏花岭区	1 880	19.8	2021-10-01
203	140000	山西省	140100	太原市	140108	尖草坪区	1 880	19.8	2021-10-01
204	140000	山西省	140100	太原市	140109	万柏林区	1 880	19.8	2021-10-01
205	140000	山西省	140100	太原市	140110	晋源区	1 880	19.8	2021-10-01
206	140000	山西省	140100	太原市	140121	清徐县	1 880	19.8	2021-10-01
207	140000	山西省	140100	太原市	140122	阳曲县	1 760	18.5	2021-10-01
208	140000	山西省	140100	太原市	140123	娄烦县	1 630	17.2	2021-10-01

续 6

序号	省代码	省名称	市代码	市名称	县代码	县名称	月最低工资（元/月）	小时最低工资（元/时）	实施日期
209	140000	山西省	140100	太原市	140181	古交市	1 880	19.8	2021-10-01
210	140000	山西省	140200	大同市	140212	新荣区	1 760	18.5	2021-10-01
211	140000	山西省	140200	大同市	140213	平城区	1 880	19.8	2021-10-01
212	140000	山西省	140200	大同市	140214	云冈区	1 880	19.8	2021-10-01
213	140000	山西省	140200	大同市	140215	云州区	1 760	18.5	2021-10-01
214	140000	山西省	140200	大同市	140221	阳高县	1 630	17.2	2021-10-01
215	140000	山西省	140200	大同市	140222	天镇县	1 630	17.2	2021-10-01
216	140000	山西省	140200	大同市	140223	广灵县	1 630	17.2	2021-10-01
217	140000	山西省	140200	大同市	140224	灵丘县	1 630	17.2	2021-10-01
218	140000	山西省	140200	大同市	140225	浑源县	1 630	17.2	2021-10-01
219	140000	山西省	140200	大同市	140226	左云县	1 760	18.5	2021-10-01
220	140000	山西省	140300	阳泉市	140302	城区	1 880	19.8	2021-10-01
221	140000	山西省	140300	阳泉市	140303	矿区	1 880	19.8	2021-10-01
222	140000	山西省	140300	阳泉市	140311	郊区	1 880	19.8	2021-10-01
223	140000	山西省	140300	阳泉市	140321	平定县	1 760	18.5	2021-10-01
224	140000	山西省	140300	阳泉市	140322	盂县	1 760	18.5	2021-10-01
225	140000	山西省	140400	长治市	140403	潞州区	1 880	19.8	2021-10-01
226	140000	山西省	140400	长治市	140404	上党区	1 760	18.5	2021-10-01
227	140000	山西省	140400	长治市	140405	屯留区	1 760	18.5	2021-10-01
228	140000	山西省	140400	长治市	140406	潞城区	1 760	18.5	2021-10-01
229	140000	山西省	140400	长治市	140423	襄垣县	1 880	19.8	2021-10-01
230	140000	山西省	140400	长治市	140425	平顺县	1 630	17.2	2021-10-01
231	140000	山西省	140400	长治市	140426	黎城县	1 630	17.2	2021-10-01
232	140000	山西省	140400	长治市	140427	壶关县	1 630	17.2	2021-10-01
233	140000	山西省	140400	长治市	140428	长子县	1 760	18.5	2021-10-01
234	140000	山西省	140400	长治市	140429	武乡县	1 630	17.2	2021-10-01
235	140000	山西省	140400	长治市	140430	沁县	1 630	17.2	2021-10-01
236	140000	山西省	140400	长治市	140431	沁源县	1 760	18.5	2021-10-01
237	140000	山西省	140500	晋城市	140502	城区	1 880	19.8	2021-10-01
238	140000	山西省	140500	晋城市	140521	沁水县	1 880	19.8	2021-10-01
239	140000	山西省	140500	晋城市	140522	阳城县	1 880	19.8	2021-10-01
240	140000	山西省	140500	晋城市	140524	陵川县	1 630	17.2	2021-10-01
241	140000	山西省	140500	晋城市	140525	泽州县	1 880	19.8	2021-10-01
242	140000	山西省	140500	晋城市	140581	高平市	1 880	19.8	2021-10-01
243	140000	山西省	140600	朔州市	140602	朔城区	1 880	19.8	2021-10-01

续7

序号	省代码	省名称	市代码	市名称	县代码	县名称	月最低工资（元/月）	小时最低工资（元/时）	实施日期
244	140000	山西省	140600	朔州市	140603	平鲁区	1 880	19.8	2021-10-01
245	140000	山西省	140600	朔州市	140621	山阴县	1 760	18.5	2021-10-01
246	140000	山西省	140600	朔州市	140622	应县	1 760	18.5	2021-10-01
247	140000	山西省	140600	朔州市	140623	右玉县	1 760	18.5	2021-10-01
248	140000	山西省	140600	朔州市	140681	怀仁市	1 760	18.5	2021-10-01
249	140000	山西省	140700	晋中市	140702	榆次区	1 880	19.8	2021-10-01
250	140000	山西省	140700	晋中市	140703	太谷区	1 760	18.5	2021-10-01
251	140000	山西省	140700	晋中市	140721	榆社县	1 630	17.2	2021-10-01
252	140000	山西省	140700	晋中市	140722	左权县	1 630	17.2	2021-10-01
253	140000	山西省	140700	晋中市	140723	和顺县	1 630	17.2	2021-10-01
254	140000	山西省	140700	晋中市	140724	昔阳县	1 760	18.5	2021-10-01
255	140000	山西省	140700	晋中市	140725	寿阳县	1 760	18.5	2021-10-01
256	140000	山西省	140700	晋中市	140727	祁县	1 760	18.5	2021-10-01
257	140000	山西省	140700	晋中市	140728	平遥县	1 760	18.5	2021-10-01
258	140000	山西省	140700	晋中市	140729	灵石县	1 760	18.5	2021-10-01
259	140000	山西省	140700	晋中市	140781	介休市	1 880	19.8	2021-10-01
260	140000	山西省	140800	运城市	140802	盐湖区	1 880	19.8	2021-10-01
261	140000	山西省	140800	运城市	140821	临猗县	1 760	18.5	2021-10-01
262	140000	山西省	140800	运城市	140822	万荣县	1 630	17.2	2021-10-01
263	140000	山西省	140800	运城市	140823	闻喜县	1 630	17.2	2021-10-01
264	140000	山西省	140800	运城市	140824	稷山县	1 760	18.5	2021-10-01
265	140000	山西省	140800	运城市	140825	新绛县	1 760	18.5	2021-10-01
266	140000	山西省	140800	运城市	140826	绛县	1 760	18.5	2021-10-01
267	140000	山西省	140800	运城市	140827	垣曲县	1 630	17.2	2021-10-01
268	140000	山西省	140800	运城市	140828	夏县	1 630	17.2	2021-10-01
269	140000	山西省	140800	运城市	140829	平陆县	1 630	17.2	2021-10-01
270	140000	山西省	140800	运城市	140830	芮城县	1 760	18.5	2021-10-01
271	140000	山西省	140800	运城市	140881	永济市	1 760	18.5	2021-10-01
272	140000	山西省	140800	运城市	140882	河津市	1 880	19.8	2021-10-01
273	140000	山西省	140900	忻州市	140902	忻府区	1 880	19.8	2021-10-01
274	140000	山西省	140900	忻州市	140921	定襄县	1 630	17.2	2021-10-01
275	140000	山西省	140900	忻州市	140922	五台县	1 630	17.2	2021-10-01
276	140000	山西省	140900	忻州市	140923	代县	1 760	18.5	2021-10-01
277	140000	山西省	140900	忻州市	140924	繁峙县	1 630	17.2	2021-10-01
278	140000	山西省	140900	忻州市	140925	宁武县	1 760	18.5	2021-10-01

续8

序号	省代码	省名称	市代码	市名称	县代码	县名称	月最低工资（元/月）	小时最低工资（元/时）	实施日期
279	140000	山西省	140900	忻州市	140926	静乐县	1 630	17.2	2021－10－01
280	140000	山西省	140900	忻州市	140927	神池县	1 630	17.2	2021－10－01
281	140000	山西省	140900	忻州市	140928	五寨县	1 630	17.2	2021－10－01
282	140000	山西省	140900	忻州市	140929	岢岚县	1 630	17.2	2021－10－01
283	140000	山西省	140900	忻州市	140930	河曲县	1 760	18.5	2021－10－01
284	140000	山西省	140900	忻州市	140931	保德县	1 760	18.5	2021－10－01
285	140000	山西省	140900	忻州市	140932	偏关县	1 630	17.2	2021－10－01
286	140000	山西省	140900	忻州市	140981	原平市	1 880	19.8	2021－10－01
287	140000	山西省	141000	临汾市	141002	尧都区	1 880	19.8	2021－10－01
288	140000	山西省	141000	临汾市	141021	曲沃县	1 760	18.5	2021－10－01
289	140000	山西省	141000	临汾市	141022	翼城县	1 760	18.5	2021－10－01
290	140000	山西省	141000	临汾市	141023	襄汾县	1 760	18.5	2021－10－01
291	140000	山西省	141000	临汾市	141024	洪洞县	1 760	18.5	2021－10－01
292	140000	山西省	141000	临汾市	141025	古县	1 630	17.2	2021－10－01
293	140000	山西省	141000	临汾市	141026	安泽县	1 630	17.2	2021－10－01
294	140000	山西省	141000	临汾市	141027	浮山县	1 630	17.2	2021－10－01
295	140000	山西省	141000	临汾市	141028	吉县	1 760	18.5	2021－10－01
296	140000	山西省	141000	临汾市	141029	乡宁县	1 760	18.5	2021－10－01
297	140000	山西省	141000	临汾市	141030	大宁县	1 630	17.2	2021－10－01
298	140000	山西省	141000	临汾市	141031	隰县	1 630	17.2	2021－10－01
299	140000	山西省	141000	临汾市	141032	永和县	1 630	17.2	2021－10－01
300	140000	山西省	141000	临汾市	141033	蒲县	1 760	18.5	2021－10－01
301	140000	山西省	141000	临汾市	141034	汾西县	1 630	17.2	2021－10－01
302	140000	山西省	141000	临汾市	141081	侯马市	1 760	18.5	2021－10－01
303	140000	山西省	141000	临汾市	141082	霍州市	1 760	18.5	2021－10－01
304	140000	山西省	141100	吕梁市	141102	离石区	1 880	19.8	2021－10－01
305	140000	山西省	141100	吕梁市	141121	文水县	1 630	17.2	2021－10－01
306	140000	山西省	141100	吕梁市	141122	交城县	1 760	18.5	2021－10－01
307	140000	山西省	141100	吕梁市	141123	兴县	1 760	18.5	2021－10－01
308	140000	山西省	141100	吕梁市	141124	临县	1 630	17.2	2021－10－01
309	140000	山西省	141100	吕梁市	141125	柳林县	1 880	19.8	2021－10－01
310	140000	山西省	141100	吕梁市	141126	石楼县	1 630	17.2	2021－10－01
311	140000	山西省	141100	吕梁市	141127	岚县	1 630	17.2	2021－10－01
312	140000	山西省	141100	吕梁市	141128	方山县	1 630	17.2	2021－10－01
313	140000	山西省	141100	吕梁市	141129	中阳县	1 630	17.2	2021－10－01

续9

序号	省代码	省名称	市代码	市名称	县代码	县名称	月最低工资（元/月）	小时最低工资（元/时）	实施日期
314	140000	山西省	141100	吕梁市	141130	交口县	1 630	17.2	2021-10-01
315	140000	山西省	141100	吕梁市	141181	孝义市	1 880	19.8	2021-10-01
316	140000	山西省	141100	吕梁市	141182	汾阳市	1 880	19.8	2021-10-01
317	150000	内蒙古自治区	150100	呼和浩特市	150102	新城区	1 980	20.8	2021-12-01
318	150000	内蒙古自治区	150100	呼和浩特市	150103	回民区	1 980	20.8	2021-12-01
319	150000	内蒙古自治区	150100	呼和浩特市	150104	玉泉区	1 980	20.8	2021-12-01
320	150000	内蒙古自治区	150100	呼和浩特市	150105	赛罕区	1 980	20.8	2021-12-01
321	150000	内蒙古自治区	150100	呼和浩特市	150121	土默特左旗	1 910	20.1	2021-12-01
322	150000	内蒙古自治区	150100	呼和浩特市	150122	托克托县	1 910	20.1	2021-12-01
323	150000	内蒙古自治区	150100	呼和浩特市	150123	和林格尔县	1 980	20.8	2021-12-01
324	150000	内蒙古自治区	150100	呼和浩特市	150124	清水河县	1 910	20.1	2021-12-01
325	150000	内蒙古自治区	150100	呼和浩特市	150125	武川县	1 910	20.1	2021-12-01
326	150000	内蒙古自治区	150200	包头市	150202	东河区	1 980	20.8	2021-12-01
327	150000	内蒙古自治区	150200	包头市	150203	昆都仑区	1 980	20.8	2021-12-01
328	150000	内蒙古自治区	150200	包头市	150204	青山区	1 980	20.8	2021-12-01
329	150000	内蒙古自治区	150200	包头市	150205	石拐区	1 980	20.8	2021-12-01
330	150000	内蒙古自治区	150200	包头市	150206	白云鄂博矿区	1 980	20.8	2021-12-01
331	150000	内蒙古自治区	150200	包头市	150207	九原区	1 980	20.8	2021-12-01
332	150000	内蒙古自治区	150200	包头市	150221	土默特右旗	1 910	20.1	2021-12-01
333	150000	内蒙古自治区	150200	包头市	150222	固阳县	1 910	20.1	2021-12-01
334	150000	内蒙古自治区	150200	包头市	150223	达尔罕茂明安联合旗	1 910	20.1	2021-12-01
335	150000	内蒙古自治区	150300	乌海市	150302	海勃湾区	1 980	20.8	2021-12-01
336	150000	内蒙古自治区	150300	乌海市	150303	海南区	1 980	20.8	2021-12-01
337	150000	内蒙古自治区	150300	乌海市	150304	乌达区	1 980	20.8	2021-12-01
338	150000	内蒙古自治区	150400	赤峰市	150402	红山区	1 910	20.1	2021-12-01
339	150000	内蒙古自治区	150400	赤峰市	150403	元宝山区	1 910	20.1	2021-12-01
340	150000	内蒙古自治区	150400	赤峰市	150404	松山区	1 910	20.1	2021-12-01
341	150000	内蒙古自治区	150400	赤峰市	150421	阿鲁科尔沁旗	1 850	19.5	2021-12-01
342	150000	内蒙古自治区	150400	赤峰市	150422	巴林左旗	1 850	19.5	2021-12-01
343	150000	内蒙古自治区	150400	赤峰市	150423	巴林右旗	1 850	19.5	2021-12-01
344	150000	内蒙古自治区	150400	赤峰市	150424	林西县	1 850	19.5	2021-12-01
345	150000	内蒙古自治区	150400	赤峰市	150425	克什克腾旗	1 850	19.5	2021-12-01
346	150000	内蒙古自治区	150400	赤峰市	150426	翁牛特旗	1 850	19.5	2021-12-01
347	150000	内蒙古自治区	150400	赤峰市	150428	喀喇沁旗	1 850	19.5	2021-12-01

续 10

序号	省代码	省名称	市代码	市名称	县代码	县名称	月最低工资（元/月）	小时最低工资（元/时）	实施日期
348	150000	内蒙古自治区	150400	赤峰市	150429	宁城县	1 850	19.5	2021-12-01
349	150000	内蒙古自治区	150400	赤峰市	150430	敖汉旗	1 850	19.5	2021-12-01
350	150000	内蒙古自治区	150500	通辽市	150502	科尔沁区	1 910	20.1	2021-12-01
351	150000	内蒙古自治区	150500	通辽市	150521	科尔沁左翼中旗	1 850	19.5	2021-12-01
352	150000	内蒙古自治区	150500	通辽市	150522	科尔沁左翼后旗	1 850	19.5	2021-12-01
353	150000	内蒙古自治区	150500	通辽市	150523	开鲁县	1 850	19.5	2021-12-01
354	150000	内蒙古自治区	150500	通辽市	150524	库伦旗	1 850	19.5	2021-12-01
355	150000	内蒙古自治区	150500	通辽市	150525	奈曼旗	1 850	19.5	2021-12-01
356	150000	内蒙古自治区	150500	通辽市	150526	扎鲁特旗	1 850	19.5	2021-12-01
357	150000	内蒙古自治区	150500	通辽市	150581	霍林郭勒市	1 910	20.1	2021-12-01
358	150000	内蒙古自治区	150600	鄂尔多斯市	150602	东胜区	1 980	20.8	2021-12-01
359	150000	内蒙古自治区	150600	鄂尔多斯市	150603	康巴什区	1 980	20.8	2021-12-01
360	150000	内蒙古自治区	150600	鄂尔多斯市	150621	达拉特旗	1 980	20.8	2021-12-01
361	150000	内蒙古自治区	150600	鄂尔多斯市	150622	准格尔旗	1 980	20.8	2021-12-01
362	150000	内蒙古自治区	150600	鄂尔多斯市	150623	鄂托克前旗	1 980	20.8	2021-12-01
363	150000	内蒙古自治区	150600	鄂尔多斯市	150624	鄂托克旗	1 980	20.8	2021-12-01
364	150000	内蒙古自治区	150600	鄂尔多斯市	150625	杭锦旗	1 980	20.8	2021-12-01
365	150000	内蒙古自治区	150600	鄂尔多斯市	150626	乌审旗	1 980	20.8	2021-12-01
366	150000	内蒙古自治区	150600	鄂尔多斯市	150627	伊金霍洛旗	1 980	20.8	2021-12-01
367	150000	内蒙古自治区	150700	呼伦贝尔市	150702	海拉尔区	1 910	20.1	2021-12-01
368	150000	内蒙古自治区	150700	呼伦贝尔市	150703	扎赉诺尔区	1 980	20.8	2021-12-01
369	150000	内蒙古自治区	150700	呼伦贝尔市	150721	阿荣旗	1 910	20.1	2021-12-01
370	150000	内蒙古自治区	150700	呼伦贝尔市	150722	莫力达瓦达斡尔族自治旗	1 850	19.5	2021-12-01
371	150000	内蒙古自治区	150700	呼伦贝尔市	150723	鄂伦春自治旗	1 850	19.5	2021-12-01
372	150000	内蒙古自治区	150700	呼伦贝尔市	150724	鄂温克族自治旗	1 980	20.8	2021-12-01
373	150000	内蒙古自治区	150700	呼伦贝尔市	150725	陈巴尔虎旗	1 910	20.1	2021-12-01
374	150000	内蒙古自治区	150700	呼伦贝尔市	150726	新巴尔虎左旗	1 850	19.5	2021-12-01
375	150000	内蒙古自治区	150700	呼伦贝尔市	150727	新巴尔虎右旗	1 910	20.1	2021-12-01
376	150000	内蒙古自治区	150700	呼伦贝尔市	150781	满洲里市	1 980	20.8	2021-12-01
377	150000	内蒙古自治区	150700	呼伦贝尔市	150782	牙克石市	1 850	19.5	2021-12-01
378	150000	内蒙古自治区	150700	呼伦贝尔市	150783	扎兰屯市	1 850	19.5	2021-12-01
379	150000	内蒙古自治区	150700	呼伦贝尔市	150784	额尔古纳市	1 910	20.1	2021-12-01
380	150000	内蒙古自治区	150700	呼伦贝尔市	150785	根河市	1 910	20.1	2021-12-01
381	150000	内蒙古自治区	150800	巴彦淖尔市	150802	临河区	1 910	20.1	2021-12-01

续11

序号	省代码	省名称	市代码	市名称	县代码	县名称	月最低工资（元/月）	小时最低工资（元/时）	实施日期
382	150000	内蒙古自治区	150800	巴彦淖尔市	150821	五原县	1 850	19.5	2021-12-01
383	150000	内蒙古自治区	150800	巴彦淖尔市	150822	磴口县	1 850	19.5	2021-12-01
384	150000	内蒙古自治区	150800	巴彦淖尔市	150823	乌拉特前旗	1 910	20.1	2021-12-01
385	150000	内蒙古自治区	150800	巴彦淖尔市	150824	乌拉特中旗	1 910	20.1	2021-12-01
386	150000	内蒙古自治区	150800	巴彦淖尔市	150825	乌拉特后旗	1 910	20.1	2021-12-01
387	150000	内蒙古自治区	150800	巴彦淖尔市	150826	杭锦后旗	1 850	19.5	2021-12-01
388	150000	内蒙古自治区	150900	乌兰察布市	150902	集宁区	1 910	20.1	2021-12-01
389	150000	内蒙古自治区	150900	乌兰察布市	150921	卓资县	1 850	19.5	2021-12-01
390	150000	内蒙古自治区	150900	乌兰察布市	150922	化德县	1 850	19.5	2021-12-01
391	150000	内蒙古自治区	150900	乌兰察布市	150923	商都县	1 850	19.5	2021-12-01
392	150000	内蒙古自治区	150900	乌兰察布市	150924	兴和县	1 850	19.5	2021-12-01
393	150000	内蒙古自治区	150900	乌兰察布市	150925	凉城县	1 850	19.5	2021-12-01
394	150000	内蒙古自治区	150900	乌兰察布市	150926	察哈尔右翼前旗	1 910	20.1	2021-12-01
395	150000	内蒙古自治区	150900	乌兰察布市	150927	察哈尔右翼中旗	1 910	20.1	2021-12-01
396	150000	内蒙古自治区	150900	乌兰察布市	150928	察哈尔右翼后旗	1 850	19.5	2021-12-01
397	150000	内蒙古自治区	150900	乌兰察布市	150929	四子王旗	1 850	19.5	2021-12-01
398	150000	内蒙古自治区	150900	乌兰察布市	150981	丰镇市	1 910	20.1	2021-12-01
399	150000	内蒙古自治区	152200	兴安盟	152201	乌兰浩特市	1 910	20.1	2021-12-01
400	150000	内蒙古自治区	152200	兴安盟	152202	阿尔山市	1 850	19.5	2021-12-01
401	150000	内蒙古自治区	152200	兴安盟	152221	科尔沁右翼前旗	1 850	19.5	2021-12-01
402	150000	内蒙古自治区	152200	兴安盟	152222	科尔沁右翼中旗	1 850	19.5	2021-12-01
403	150000	内蒙古自治区	152200	兴安盟	152223	扎赉特旗	1 850	19.5	2021-12-01
404	150000	内蒙古自治区	152200	兴安盟	152224	突泉县	1 850	19.5	2021-12-01
405	150000	内蒙古自治区	152500	锡林郭勒盟	152501	二连浩特市	1 980	20.8	2021-12-01
406	150000	内蒙古自治区	152500	锡林郭勒盟	152502	锡林浩特市	1 980	20.8	2021-12-01
407	150000	内蒙古自治区	152500	锡林郭勒盟	152522	阿巴嘎旗	1 850	19.5	2021-12-01
408	150000	内蒙古自治区	152500	锡林郭勒盟	152523	苏尼特左旗	1 850	19.5	2021-12-01
409	150000	内蒙古自治区	152500	锡林郭勒盟	152524	苏尼特右旗	1 850	19.5	2021-12-01
410	150000	内蒙古自治区	152500	锡林郭勒盟	152525	东乌珠穆沁旗	1 910	20.1	2021-12-01
411	150000	内蒙古自治区	152500	锡林郭勒盟	152526	西乌珠穆沁旗	1 910	20.1	2021-12-01
412	150000	内蒙古自治区	152500	锡林郭勒盟	152527	太仆寺旗	1 850	19.5	2021-12-01
413	150000	内蒙古自治区	152500	锡林郭勒盟	152528	镶黄旗	1 910	20.1	2021-12-01
414	150000	内蒙古自治区	152500	锡林郭勒盟	152529	正镶白旗	1 850	19.5	2021-12-01
415	150000	内蒙古自治区	152500	锡林郭勒盟	152530	正蓝旗	1 980	20.8	2021-12-01
416	150000	内蒙古自治区	152500	锡林郭勒盟	152531	多伦县	1 850	19.5	2021-12-01

续12

序号	省代码	省名称	市代码	市名称	县代码	县名称	月最低工资（元/月）	小时最低工资（元/时）	实施日期
417	150000	内蒙古自治区	152900	阿拉善盟	152921	阿拉善左旗	1 980	20.8	2021-12-01
418	150000	内蒙古自治区	152900	阿拉善盟	152922	阿拉善右旗	1 980	20.8	2021-12-01
419	150000	内蒙古自治区	152900	阿拉善盟	152923	额济纳旗	1 980	20.8	2021-12-01
420	210000	辽宁省	210100	沈阳市	210102	和平区	1 910	19.2	2021-11-01
421	210000	辽宁省	210100	沈阳市	210103	沈河区	1 910	19.2	2021-11-01
422	210000	辽宁省	210100	沈阳市	210104	大东区	1 910	19.2	2021-11-01
423	210000	辽宁省	210100	沈阳市	210105	皇姑区	1 910	19.2	2021-11-01
424	210000	辽宁省	210100	沈阳市	210106	铁西区	1 910	19.2	2021-11-01
425	210000	辽宁省	210100	沈阳市	210111	苏家屯区	1 910	19.2	2021-11-01
426	210000	辽宁省	210100	沈阳市	210112	浑南区	1 910	19.2	2021-11-01
427	210000	辽宁省	210100	沈阳市	210113	沈北新区	1 910	19.2	2021-11-01
428	210000	辽宁省	210100	沈阳市	210114	于洪区	1 910	19.2	2021-11-01
429	210000	辽宁省	210100	沈阳市	210115	辽中区	1 640	16.5	2021-11-01
430	210000	辽宁省	210100	沈阳市	210123	康平县	1 640	16.5	2021-11-01
431	210000	辽宁省	210100	沈阳市	210124	法库县	1 640	16.5	2021-11-01
432	210000	辽宁省	210100	沈阳市	210181	新民市	1 640	16.5	2021-11-01
433	210000	辽宁省	210200	大连市	210202	中山区	1 910	19.2	2021-11-01
434	210000	辽宁省	210200	大连市	210203	西岗区	1 910	19.2	2021-11-01
435	210000	辽宁省	210200	大连市	210204	沙河口区	1 910	19.2	2021-11-01
436	210000	辽宁省	210200	大连市	210211	甘井子区	1 910	19.2	2021-11-01
437	210000	辽宁省	210200	大连市	210212	旅顺口区	1 910	19.2	2021-11-01
438	210000	辽宁省	210200	大连市	210213	金州区	1 910	19.2	2021-11-01
439	210000	辽宁省	210200	大连市	210214	普兰店区	1 910	19.2	2021-11-01
440	210000	辽宁省	210200	大连市	210224	长海县	1 910	19.2	2021-11-01
441	210000	辽宁省	210200	大连市	210281	瓦房店市	1 910	19.2	2021-11-01
442	210000	辽宁省	210200	大连市	210283	庄河市	1 910	19.2	2021-11-01
443	210000	辽宁省	210300	鞍山市	210302	铁东区	1 710	17.2	2021-11-01
444	210000	辽宁省	210300	鞍山市	210303	铁西区	1 710	17.2	2021-11-01
445	210000	辽宁省	210300	鞍山市	210304	立山区	1 710	17.2	2021-11-01
446	210000	辽宁省	210300	鞍山市	210311	千山区	1 710	17.2	2021-11-01
447	210000	辽宁省	210300	鞍山市	210321	台安县	1 580	15.9	2021-11-01
448	210000	辽宁省	210300	鞍山市	210323	岫岩满族自治县	1 580	15.9	2021-11-01
449	210000	辽宁省	210300	鞍山市	210381	海城市	1 580	15.9	2021-11-01
450	210000	辽宁省	210400	抚顺市	210402	新抚区	1 710	17.2	2021-11-01
451	210000	辽宁省	210400	抚顺市	210403	东洲区	1 710	17.2	2021-11-01

续13

序号	省代码	省名称	市代码	市名称	县代码	县名称	月最低工资（元/月）	小时最低工资（元/时）	实施日期
452	210000	辽宁省	210400	抚顺市	210404	望花区	1 710	17.2	2021-11-01
453	210000	辽宁省	210400	抚顺市	210411	顺城区	1 710	17.2	2021-11-01
454	210000	辽宁省	210400	抚顺市	210421	抚顺县	1 580	15.9	2021-11-01
455	210000	辽宁省	210400	抚顺市	210422	新宾满族自治县	1 580	15.9	2021-11-01
456	210000	辽宁省	210400	抚顺市	210423	清原满族自治县	1 580	15.9	2021-11-01
457	210000	辽宁省	210500	本溪市	210502	平山区	1 710	17.2	2021-11-01
458	210000	辽宁省	210500	本溪市	210503	溪湖区	1 710	17.2	2021-11-01
459	210000	辽宁省	210500	本溪市	210504	明山区	1 710	17.2	2021-11-01
460	210000	辽宁省	210500	本溪市	210505	南芬区	1 710	17.2	2021-11-01
461	210000	辽宁省	210500	本溪市	210521	本溪满族自治县	1 580	15.9	2021-11-01
462	210000	辽宁省	210500	本溪市	210522	桓仁满族自治县	1 580	15.9	2021-11-01
463	210000	辽宁省	210600	丹东市	210602	元宝区	1 710	17.2	2021-11-01
464	210000	辽宁省	210600	丹东市	210603	振兴区	1 710	17.2	2021-11-01
465	210000	辽宁省	210600	丹东市	210604	振安区	1 710	17.2	2021-11-01
466	210000	辽宁省	210600	丹东市	210624	宽甸满族自治县	1 580	15.9	2021-11-01
467	210000	辽宁省	210600	丹东市	210681	东港市	1 580	15.9	2021-11-01
468	210000	辽宁省	210600	丹东市	210682	凤城市	1 580	15.9	2021-11-01
469	210000	辽宁省	210700	锦州市	210702	古塔区	1 580	15.9	2021-11-01
470	210000	辽宁省	210700	锦州市	210703	凌河区	1 580	15.9	2021-11-01
471	210000	辽宁省	210700	锦州市	210711	太和区	1 580	15.9	2021-11-01
472	210000	辽宁省	210700	锦州市	210726	黑山县	1 420	14.3	2021-11-01
473	210000	辽宁省	210700	锦州市	210727	义县	1 420	14.3	2021-11-01
474	210000	辽宁省	210700	锦州市	210781	凌海市	1 420	14.3	2021-11-01
475	210000	辽宁省	210700	锦州市	210782	北镇市	1 420	14.3	2021-11-01
476	210000	辽宁省	210800	营口市	210802	站前区	1 710	17.2	2021-11-01
477	210000	辽宁省	210800	营口市	210803	西市区	1 710	17.2	2021-11-01
478	210000	辽宁省	210800	营口市	210804	鲅鱼圈区	1 710	17.2	2021-11-01
479	210000	辽宁省	210800	营口市	210811	老边区	1 710	17.2	2021-11-01
480	210000	辽宁省	210800	营口市	210881	盖州市	1 710	17.2	2021-11-01
481	210000	辽宁省	210800	营口市	210882	大石桥市	1 710	17.2	2021-11-01
482	210000	辽宁省	210900	阜新市	210902	海州区	1 580	15.9	2021-11-01
483	210000	辽宁省	210900	阜新市	210903	新邱区	1 580	15.9	2021-11-01
484	210000	辽宁省	210900	阜新市	210904	太平区	1 580	15.9	2021-11-01
485	210000	辽宁省	210900	阜新市	210905	清河门区	1 580	15.9	2021-11-01
486	210000	辽宁省	210900	阜新市	210911	细河区	1 580	15.9	2021-11-01

续 14

序号	省代码	省名称	市代码	市名称	县代码	县名称	月最低工资（元/月）	小时最低工资（元/时）	实施日期
487	210000	辽宁省	210900	阜新市	210921	阜新蒙古族自治县	1 580	15.9	2021－11－01
488	210000	辽宁省	210900	阜新市	210922	彰武县	1 580	15.9	2021－11－01
489	210000	辽宁省	211000	辽阳市	211002	白塔区	1 710	17.2	2021－11－01
490	210000	辽宁省	211000	辽阳市	211003	文圣区	1 710	17.2	2021－11－01
491	210000	辽宁省	211000	辽阳市	211004	宏伟区	1 710	17.2	2021－11－01
492	210000	辽宁省	211000	辽阳市	211005	弓长岭区	1 710	17.2	2021－11－01
493	210000	辽宁省	211000	辽阳市	211011	太子河区	1 710	17.2	2021－11－01
494	210000	辽宁省	211000	辽阳市	211021	辽阳县	1 580	15.9	2021－11－01
495	210000	辽宁省	211000	辽阳市	211081	灯塔市	1 580	15.9	2021－11－01
496	210000	辽宁省	211100	盘锦市	211102	双台子区	1 710	17.2	2021－11－01
497	210000	辽宁省	211100	盘锦市	211103	兴隆台区	1 710	17.2	2021－11－01
498	210000	辽宁省	211100	盘锦市	211104	大洼区	1 710	17.2	2021－11－01
499	210000	辽宁省	211100	盘锦市	211122	盘山县	1 710	17.2	2021－11－01
500	210000	辽宁省	211200	铁岭市	211202	银州区	1 580	15.9	2021－11－01
501	210000	辽宁省	211200	铁岭市	211204	清河区	1 580	15.9	2021－11－01
502	210000	辽宁省	211200	铁岭市	211221	铁岭县	1 580	15.9	2021－11－01
503	210000	辽宁省	211200	铁岭市	211223	西丰县	1 580	15.9	2021－11－01
504	210000	辽宁省	211200	铁岭市	211224	昌图县	1 580	15.9	2021－11－01
505	210000	辽宁省	211200	铁岭市	211281	调兵山市	1 580	15.9	2021－11－01
506	210000	辽宁省	211200	铁岭市	211282	开原市	1 580	15.9	2021－11－01
507	210000	辽宁省	211300	朝阳市	211302	双塔区	1 580	15.9	2021－11－01
508	210000	辽宁省	211300	朝阳市	211303	龙城区	1 580	15.9	2021－11－01
509	210000	辽宁省	211300	朝阳市	211321	朝阳县	1 580	15.9	2021－11－01
510	210000	辽宁省	211300	朝阳市	211322	建平县	1 580	15.9	2021－11－01
511	210000	辽宁省	211300	朝阳市	211324	喀喇沁左翼蒙古族自治县	1 580	15.9	2021－11－01
512	210000	辽宁省	211300	朝阳市	211381	北票市	1 580	15.9	2021－11－01
513	210000	辽宁省	211300	朝阳市	211382	凌源市	1 580	15.9	2021－11－01
514	210000	辽宁省	211400	葫芦岛市	211402	连山区	1 580	15.9	2021－11－01
515	210000	辽宁省	211400	葫芦岛市	211403	龙港区	1 580	15.9	2021－11－01
516	210000	辽宁省	211400	葫芦岛市	211404	南票区	1 420	14.3	2021－11－01
517	210000	辽宁省	211400	葫芦岛市	211421	绥中县	1 420	14.3	2021－11－01
518	210000	辽宁省	211400	葫芦岛市	211422	建昌县	1 420	14.3	2021－11－01
519	210000	辽宁省	211400	葫芦岛市	211481	兴城市	1 580	15.9	2021－11－01
520	220000	吉林省	220100	长春市	220102	南关区	1 880	19.0	2021－12－01

续 15

序号	省代码	省名称	市代码	市名称	县代码	县名称	月最低工资（元/月）	小时最低工资（元/时）	实施日期
521	220000	吉林省	220100	长春市	220103	宽城区	1 880	19.0	2021-12-01
522	220000	吉林省	220100	长春市	220104	朝阳区	1 880	19.0	2021-12-01
523	220000	吉林省	220100	长春市	220105	二道区	1 880	19.0	2021-12-01
524	220000	吉林省	220100	长春市	220106	绿园区	1 880	19.0	2021-12-01
525	220000	吉林省	220100	长春市	220112	双阳区	1 880	19.0	2021-12-01
526	220000	吉林省	220100	长春市	220113	九台区	1 880	19.0	2021-12-01
527	220000	吉林省	220100	长春市	220122	农安县	1 540	16.0	2021-12-01
528	220000	吉林省	220100	长春市	220182	榆树市	1 540	16.0	2021-12-01
529	220000	吉林省	220100	长春市	220183	德惠市	1 540	16.0	2021-12-01
530	220000	吉林省	220100	长春市	220184	公主岭市	1 540	16.0	2021-12-01
531	220000	吉林省	220200	吉林市	220202	昌邑区	1 760	18.0	2021-12-01
532	220000	吉林省	220200	吉林市	220203	龙潭区	1 760	18.0	2021-12-01
533	220000	吉林省	220200	吉林市	220204	船营区	1 760	18.0	2021-12-01
534	220000	吉林省	220200	吉林市	220211	丰满区	1 760	18.0	2021-12-01
535	220000	吉林省	220200	吉林市	220221	永吉县	1 540	16.0	2021-12-01
536	220000	吉林省	220200	吉林市	220281	蛟河市	1 540	16.0	2021-12-01
537	220000	吉林省	220200	吉林市	220282	桦甸市	1 540	16.0	2021-12-01
538	220000	吉林省	220200	吉林市	220283	舒兰市	1 540	16.0	2021-12-01
539	220000	吉林省	220200	吉林市	220284	磐石市	1 540	16.0	2021-12-01
540	220000	吉林省	220300	四平市	220302	铁西区	1 640	17.0	2021-12-01
541	220000	吉林省	220300	四平市	220303	铁东区	1 640	17.0	2021-12-01
542	220000	吉林省	220300	四平市	220322	梨树县	1 540	16.0	2021-12-01
543	220000	吉林省	220300	四平市	220323	伊通满族自治县	1 540	16.0	2021-12-01
544	220000	吉林省	220300	四平市	220382	双辽市	1 540	16.0	2021-12-01
545	220000	吉林省	220400	辽源市	220402	龙山区	1 640	17.0	2021-12-01
546	220000	吉林省	220400	辽源市	220403	西安区	1 640	17.0	2021-12-01
547	220000	吉林省	220400	辽源市	220421	东丰县	1 540	16.0	2021-12-01
548	220000	吉林省	220400	辽源市	220422	东辽县	1 540	16.0	2021-12-01
549	220000	吉林省	220500	通化市	220502	东昌区	1 640	17.0	2021-12-01
550	220000	吉林省	220500	通化市	220503	二道江区	1 640	17.0	2021-12-01
551	220000	吉林省	220500	通化市	220521	通化县	1 540	16.0	2021-12-01
552	220000	吉林省	220500	通化市	220523	辉南县	1 540	16.0	2021-12-01
553	220000	吉林省	220500	通化市	220524	柳河县	1 540	16.0	2021-12-01
554	220000	吉林省	220500	通化市	220581	梅河口市	1 540	16.0	2021-12-01
555	220000	吉林省	220500	通化市	220582	集安市	1 540	16.0	2021-12-01

续16

序号	省代码	省名称	市代码	市名称	县代码	县名称	月最低工资（元/月）	小时最低工资（元/时）	实施日期
556	220000	吉林省	220600	白山市	220602	浑江区	1 640	17.0	2021-12-01
557	220000	吉林省	220600	白山市	220605	江源区	1 640	17.0	2021-12-01
558	220000	吉林省	220600	白山市	220621	抚松县	1 640	17.0	2021-12-01
559	220000	吉林省	220600	白山市	220622	靖宇县	1 540	16.0	2021-12-01
560	220000	吉林省	220600	白山市	220623	长白朝鲜族自治县	1 540	16.0	2021-12-01
561	220000	吉林省	220600	白山市	220681	临江市	1 540	16.0	2021-12-01
562	220000	吉林省	220700	松原市	220702	宁江区	1 760	18.0	2021-12-01
563	220000	吉林省	220700	松原市	220721	前郭尔罗斯蒙古族自治县	1 640	17.0	2021-12-01
564	220000	吉林省	220700	松原市	220722	长岭县	1 540	16.0	2021-12-01
565	220000	吉林省	220700	松原市	220723	乾安县	1 540	16.0	2021-12-01
566	220000	吉林省	220700	松原市	220781	扶余市	1 540	16.0	2021-12-01
567	220000	吉林省	220800	白城市	220802	洮北区	1 540	16.0	2021-12-01
568	220000	吉林省	220800	白城市	220821	镇赉县	1 540	16.0	2021-12-01
569	220000	吉林省	220800	白城市	220822	通榆县	1 540	16.0	2021-12-01
570	220000	吉林省	220800	白城市	220881	洮南市	1 540	16.0	2021-12-01
571	220000	吉林省	220800	白城市	220882	大安市	1 540	16.0	2021-12-01
572	220000	吉林省	222400	延边朝鲜族自治州	222401	延吉市	1 760	18.0	2021-12-01
573	220000	吉林省	222400	延边朝鲜族自治州	222402	图们市	1 540	16.0	2021-12-01
574	220000	吉林省	222400	延边朝鲜族自治州	222403	敦化市	1 540	16.0	2021-12-01
575	220000	吉林省	222400	延边朝鲜族自治州	222404	珲春市	1 760	18.0	2021-12-01
576	220000	吉林省	222400	延边朝鲜族自治州	222405	龙井市	1 540	16.0	2021-12-01
577	220000	吉林省	222400	延边朝鲜族自治州	222406	和龙市	1 540	16.0	2021-12-01
578	220000	吉林省	222400	延边朝鲜族自治州	222424	汪清县	1 540	16.0	2021-12-01
579	220000	吉林省	222400	延边朝鲜族自治州	222426	安图县	1 540	16.0	2021-12-01
580	230000	黑龙江省	230100	哈尔滨市	230102	道里区	1 860	18.0	2021-04-01
581	230000	黑龙江省	230100	哈尔滨市	230103	南岗区	1 860	18.0	2021-04-01
582	230000	黑龙江省	230100	哈尔滨市	230104	道外区	1 860	18.0	2021-04-01

续17

序号	省代码	省名称	市代码	市名称	县代码	县名称	月最低工资（元/月）	小时最低工资（元/时）	实施日期
583	230000	黑龙江省	230100	哈尔滨市	230108	平房区	1 860	18.0	2021-04-01
584	230000	黑龙江省	230100	哈尔滨市	230109	松北区	1 860	18.0	2021-04-01
585	230000	黑龙江省	230100	哈尔滨市	230110	香坊区	1 860	18.0	2021-04-01
586	230000	黑龙江省	230100	哈尔滨市	230111	呼兰区	1 610	14.0	2021-04-01
587	230000	黑龙江省	230100	哈尔滨市	230112	阿城区	1 610	14.0	2021-04-01
588	230000	黑龙江省	230100	哈尔滨市	230113	双城区	1 450	13.0	2021-04-01
589	230000	黑龙江省	230100	哈尔滨市	230123	依兰县	1 450	13.0	2021-04-01
590	230000	黑龙江省	230100	哈尔滨市	230124	方正县	1 450	13.0	2021-04-01
591	230000	黑龙江省	230100	哈尔滨市	230125	宾县	1 450	13.0	2021-04-01
592	230000	黑龙江省	230100	哈尔滨市	230126	巴彦县	1 450	13.0	2021-04-01
593	230000	黑龙江省	230100	哈尔滨市	230127	木兰县	1 450	13.0	2021-04-01
594	230000	黑龙江省	230100	哈尔滨市	230128	通河县	1 450	13.0	2021-04-01
595	230000	黑龙江省	230100	哈尔滨市	230129	延寿县	1 450	13.0	2021-04-01
596	230000	黑龙江省	230100	哈尔滨市	230183	尚志市	1 450	13.0	2021-04-01
597	230000	黑龙江省	230100	哈尔滨市	230184	五常市	1 450	13.0	2021-04-01
598	230000	黑龙江省	230200	齐齐哈尔市	230202	龙沙区	1 610	14.0	2021-04-01
599	230000	黑龙江省	230200	齐齐哈尔市	230203	建华区	1 610	14.0	2021-04-01
600	230000	黑龙江省	230200	齐齐哈尔市	230204	铁锋区	1 610	14.0	2021-04-01
601	230000	黑龙江省	230200	齐齐哈尔市	230205	昂昂溪区	1 610	14.0	2021-04-01
602	230000	黑龙江省	230200	齐齐哈尔市	230206	富拉尔基区	1 610	14.0	2021-04-01
603	230000	黑龙江省	230200	齐齐哈尔市	230207	碾子山区	1 610	14.0	2021-04-01
604	230000	黑龙江省	230200	齐齐哈尔市	230208	梅里斯达斡尔族区	1 610	14.0	2021-04-01
605	230000	黑龙江省	230200	齐齐哈尔市	230221	龙江县	1 450	13.0	2021-04-01
606	230000	黑龙江省	230200	齐齐哈尔市	230223	依安县	1 450	13.0	2021-04-01
607	230000	黑龙江省	230200	齐齐哈尔市	230224	泰来县	1 450	13.0	2021-04-01
608	230000	黑龙江省	230200	齐齐哈尔市	230225	甘南县	1 450	13.0	2021-04-01
609	230000	黑龙江省	230200	齐齐哈尔市	230227	富裕县	1 450	13.0	2021-04-01
610	230000	黑龙江省	230200	齐齐哈尔市	230229	克山县	1 450	13.0	2021-04-01
611	230000	黑龙江省	230200	齐齐哈尔市	230230	克东县	1 450	13.0	2021-04-01
612	230000	黑龙江省	230200	齐齐哈尔市	230231	拜泉县	1 450	13.0	2021-04-01
613	230000	黑龙江省	230200	齐齐哈尔市	230281	讷河市	1 450	13.0	2021-04-01
614	230000	黑龙江省	230300	鸡西市	230302	鸡冠区	1 610	14.0	2021-04-01
615	230000	黑龙江省	230300	鸡西市	230303	恒山区	1 610	14.0	2021-04-01
616	230000	黑龙江省	230300	鸡西市	230304	滴道区	1 610	14.0	2021-04-01
617	230000	黑龙江省	230300	鸡西市	230305	梨树区	1 610	14.0	2021-04-01

续18

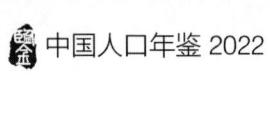

序号	省代码	省名称	市代码	市名称	县代码	县名称	月最低工资（元/月）	小时最低工资（元/时）	实施日期
618	230000	黑龙江省	230300	鸡西市	230306	城子河区	1 610	14.0	2021-04-01
619	230000	黑龙江省	230300	鸡西市	230307	麻山区	1 610	14.0	2021-04-01
620	230000	黑龙江省	230300	鸡西市	230321	鸡东县	1 450	13.0	2021-04-01
621	230000	黑龙江省	230300	鸡西市	230381	虎林市	1 450	13.0	2021-04-01
622	230000	黑龙江省	230300	鸡西市	230382	密山市	1 450	13.0	2021-04-01
623	230000	黑龙江省	230400	鹤岗市	230402	向阳区	1 610	14.0	2021-04-01
624	230000	黑龙江省	230400	鹤岗市	230403	工农区	1 610	14.0	2021-04-01
625	230000	黑龙江省	230400	鹤岗市	230404	南山区	1 610	14.0	2021-04-01
626	230000	黑龙江省	230400	鹤岗市	230405	兴安区	1 610	14.0	2021-04-01
627	230000	黑龙江省	230400	鹤岗市	230406	东山区	1 610	14.0	2021-04-01
628	230000	黑龙江省	230400	鹤岗市	230407	兴山区	1 610	14.0	2021-04-01
629	230000	黑龙江省	230400	鹤岗市	230421	萝北县	1 450	13.0	2021-04-01
630	230000	黑龙江省	230400	鹤岗市	230422	绥滨县	1 450	13.0	2021-04-01
631	230000	黑龙江省	230500	双鸭山市	230502	尖山区	1 610	14.0	2021-04-01
632	230000	黑龙江省	230500	双鸭山市	230503	岭东区	1 610	14.0	2021-04-01
633	230000	黑龙江省	230500	双鸭山市	230505	四方台区	1 610	14.0	2021-04-01
634	230000	黑龙江省	230500	双鸭山市	230506	宝山区	1 610	14.0	2021-04-01
635	230000	黑龙江省	230500	双鸭山市	230521	集贤县	1 450	13.0	2021-04-01
636	230000	黑龙江省	230500	双鸭山市	230522	友谊县	1 450	13.0	2021-04-01
637	230000	黑龙江省	230500	双鸭山市	230523	宝清县	1 450	13.0	2021-04-01
638	230000	黑龙江省	230500	双鸭山市	230524	饶河县	1 450	13.0	2021-04-01
639	230000	黑龙江省	230600	大庆市	230602	萨尔图区	1 860	18.0	2021-04-01
640	230000	黑龙江省	230600	大庆市	230603	龙凤区	1 860	18.0	2021-04-01
641	230000	黑龙江省	230600	大庆市	230604	让胡路区	1 860	18.0	2021-04-01
642	230000	黑龙江省	230600	大庆市	230605	红岗区	1 860	18.0	2021-04-01
643	230000	黑龙江省	230600	大庆市	230606	大同区	1 860	18.0	2021-04-01
644	230000	黑龙江省	230600	大庆市	230621	肇州县	1 450	13.0	2021-04-01
645	230000	黑龙江省	230600	大庆市	230622	肇源县	1 450	13.0	2021-04-01
646	230000	黑龙江省	230600	大庆市	230623	林甸县	1 450	13.0	2021-04-01
647	230000	黑龙江省	230600	大庆市	230624	杜尔伯特蒙古族自治县	1 450	13.0	2021-04-01
648	230000	黑龙江省	230700	伊春市	230717	伊美区	1 450	13.0	2021-04-01
649	230000	黑龙江省	230700	伊春市	230718	乌翠区	1 450	13.0	2021-04-01
650	230000	黑龙江省	230700	伊春市	230719	友好区	1 450	13.0	2021-04-01
651	230000	黑龙江省	230700	伊春市	230722	嘉荫县	1 450	13.0	2021-04-01

续 19

序号	省代码	省名称	市代码	市名称	县代码	县名称	月最低工资（元/月）	小时最低工资（元/时）	实施日期
652	230000	黑龙江省	230700	伊春市	230723	汤旺县	1 450	13.0	2021-04-01
653	230000	黑龙江省	230700	伊春市	230724	丰林县	1 450	13.0	2021-04-01
654	230000	黑龙江省	230700	伊春市	230725	大箐山县	1 450	13.0	2021-04-01
655	230000	黑龙江省	230700	伊春市	230726	南岔县	1 450	13.0	2021-04-01
656	230000	黑龙江省	230700	伊春市	230751	金林区	1 450	13.0	2021-04-01
657	230000	黑龙江省	230700	伊春市	230781	铁力市	1 450	13.0	2021-04-01
658	230000	黑龙江省	230800	佳木斯市	230803	向阳区	1 610	14.0	2021-04-01
659	230000	黑龙江省	230800	佳木斯市	230804	前进区	1 610	14.0	2021-04-01
660	230000	黑龙江省	230800	佳木斯市	230805	东风区	1 610	14.0	2021-04-01
661	230000	黑龙江省	230800	佳木斯市	230811	郊区	1 610	14.0	2021-04-01
662	230000	黑龙江省	230800	佳木斯市	230822	桦南县	1 450	13.0	2021-04-01
663	230000	黑龙江省	230800	佳木斯市	230826	桦川县	1 450	13.0	2021-04-01
664	230000	黑龙江省	230800	佳木斯市	230828	汤原县	1 450	13.0	2021-04-01
665	230000	黑龙江省	230800	佳木斯市	230881	同江市	1 450	13.0	2021-04-01
666	230000	黑龙江省	230800	佳木斯市	230882	富锦市	1 450	13.0	2021-04-01
667	230000	黑龙江省	230800	佳木斯市	230883	抚远市	1 610	14.0	2021-04-01
668	230000	黑龙江省	230900	七台河市	230902	新兴区	1 610	14.0	2021-04-01
669	230000	黑龙江省	230900	七台河市	230903	桃山区	1 610	14.0	2021-04-01
670	230000	黑龙江省	230900	七台河市	230904	茄子河区	1 610	14.0	2021-04-01
671	230000	黑龙江省	230900	七台河市	230921	勃利县	1 450	13.0	2021-04-01
672	230000	黑龙江省	231000	牡丹江市	231002	东安区	1 610	14.0	2021-04-01
673	230000	黑龙江省	231000	牡丹江市	231003	阳明区	1 610	14.0	2021-04-01
674	230000	黑龙江省	231000	牡丹江市	231004	爱民区	1 610	14.0	2021-04-01
675	230000	黑龙江省	231000	牡丹江市	231005	西安区	1 610	14.0	2021-04-01
676	230000	黑龙江省	231000	牡丹江市	231025	林口县	1 450	13.0	2021-04-01
677	230000	黑龙江省	231000	牡丹江市	231081	绥芬河市	1 610	14.0	2021-04-01
678	230000	黑龙江省	231000	牡丹江市	231083	海林市	1 450	13.0	2021-04-01
679	230000	黑龙江省	231000	牡丹江市	231084	宁安市	1 450	13.0	2021-04-01
680	230000	黑龙江省	231000	牡丹江市	231085	穆棱市	1 450	13.0	2021-04-01
681	230000	黑龙江省	231000	牡丹江市	231086	东宁市	1 450	13.0	2021-04-01
682	230000	黑龙江省	231100	黑河市	231102	爱辉区	1 450	13.0	2021-04-01
683	230000	黑龙江省	231100	黑河市	231123	逊克县	1 450	13.0	2021-04-01
684	230000	黑龙江省	231100	黑河市	231124	孙吴县	1 450	13.0	2021-04-01
685	230000	黑龙江省	231100	黑河市	231181	北安市	1 450	13.0	2021-04-01
686	230000	黑龙江省	231100	黑河市	231182	五大连池市	1 450	13.0	2021-04-01

续 20

序号	省代码	省名称	市代码	市名称	县代码	县名称	月最低工资（元/月）	小时最低工资（元/时）	实施日期
687	230000	黑龙江省	231100	黑河市	231183	嫩江市	1 450	13.0	2021－04－01
688	230000	黑龙江省	231200	绥化市	231202	北林区	1 610	14.0	2021－04－01
689	230000	黑龙江省	231200	绥化市	231221	望奎县	1 450	13.0	2021－04－01
690	230000	黑龙江省	231200	绥化市	231222	兰西县	1 450	13.0	2021－04－01
691	230000	黑龙江省	231200	绥化市	231223	青冈县	1 450	13.0	2021－04－01
692	230000	黑龙江省	231200	绥化市	231224	庆安县	1 450	13.0	2021－04－01
693	230000	黑龙江省	231200	绥化市	231225	明水县	1 450	13.0	2021－04－01
694	230000	黑龙江省	231200	绥化市	231226	绥棱县	1 450	13.0	2021－04－01
695	230000	黑龙江省	231200	绥化市	231281	安达市	1 450	13.0	2021－04－01
696	230000	黑龙江省	231200	绥化市	231282	肇东市	1 450	13.0	2021－04－01
697	230000	黑龙江省	231200	绥化市	231283	海伦市	1 450	13.0	2021－04－01
698	230000	黑龙江省	232700	大兴安岭地区	232701	漠河市	1 450	13.0	2021－04－01
699	230000	黑龙江省	232700	大兴安岭地区	232721	呼玛县	1 450	13.0	2021－04－01
700	230000	黑龙江省	232700	大兴安岭地区	232722	塔河县	1 450	13.0	2021－04－01
701	310000	上海市	310100	市辖区	310101	黄浦区	2 590	23.0	2021－07－01
702	310000	上海市	310100	市辖区	310104	徐汇区	2 590	23.0	2021－07－01
703	310000	上海市	310100	市辖区	310105	长宁区	2 590	23.0	2021－07－01
704	310000	上海市	310100	市辖区	310106	静安区	2 590	23.0	2021－07－01
705	310000	上海市	310100	市辖区	310107	普陀区	2 590	23.0	2021－07－01
706	310000	上海市	310100	市辖区	310109	虹口区	2 590	23.0	2021－07－01
707	310000	上海市	310100	市辖区	310110	杨浦区	2 590	23.0	2021－07－01
708	310000	上海市	310100	市辖区	310112	闵行区	2 590	23.0	2021－07－01
709	310000	上海市	310100	市辖区	310113	宝山区	2 590	23.0	2021－07－01
710	310000	上海市	310100	市辖区	310114	嘉定区	2 590	23.0	2021－07－01
711	310000	上海市	310100	市辖区	310115	浦东新区	2 590	23.0	2021－07－01
712	310000	上海市	310100	市辖区	310116	金山区	2 590	23.0	2021－07－01
713	310000	上海市	310100	市辖区	310117	松江区	2 590	23.0	2021－07－01
714	310000	上海市	310100	市辖区	310118	青浦区	2 590	23.0	2021－07－01
715	310000	上海市	310100	市辖区	310120	奉贤区	2 590	23.0	2021－07－01
716	310000	上海市	310100	市辖区	310151	崇明区	2 590	23.0	2021－07－01
717	320000	江苏省	320100	南京市	320102	玄武区	2 280	22.0	2021－08－01
718	320000	江苏省	320100	南京市	320104	秦淮区	2 280	22.0	2021－08－01
719	320000	江苏省	320100	南京市	320105	建邺区	2 280	22.0	2021－08－01
720	320000	江苏省	320100	南京市	320106	鼓楼区	2 280	22.0	2021－08－01
721	320000	江苏省	320100	南京市	320111	浦口区	2 280	22.0	2021－08－01

续 21

序号	省代码	省名称	市代码	市名称	县代码	县名称	月最低工资（元/月）	小时最低工资（元/时）	实施日期
722	320000	江苏省	320100	南京市	320113	栖霞区	2 280	22.0	2021-08-01
723	320000	江苏省	320100	南京市	320114	雨花台区	2 280	22.0	2021-08-01
724	320000	江苏省	320100	南京市	320115	江宁区	2 280	22.0	2021-08-01
725	320000	江苏省	320100	南京市	320116	六合区	2 280	22.0	2021-08-01
726	320000	江苏省	320100	南京市	320117	溧水区	2 280	22.0	2021-08-01
727	320000	江苏省	320100	南京市	320118	高淳区	2 280	22.0	2021-08-01
728	320000	江苏省	320200	无锡市	320205	锡山区	2 280	22.0	2021-08-01
729	320000	江苏省	320200	无锡市	320206	惠山区	2 280	22.0	2021-08-01
730	320000	江苏省	320200	无锡市	320211	滨湖区	2 280	22.0	2021-08-01
731	320000	江苏省	320200	无锡市	320213	梁溪区	2 280	22.0	2021-08-01
732	320000	江苏省	320200	无锡市	320214	新吴区	2 280	22.0	2021-08-01
733	320000	江苏省	320200	无锡市	320281	江阴市	2 280	22.0	2021-08-01
734	320000	江苏省	320200	无锡市	320282	宜兴市	2 280	22.0	2021-08-01
735	320000	江苏省	320300	徐州市	320302	鼓楼区	2 070	20.0	2021-08-01
736	320000	江苏省	320300	徐州市	320303	云龙区	2 070	20.0	2021-08-01
737	320000	江苏省	320300	徐州市	320305	贾汪区	2 070	20.0	2021-08-01
738	320000	江苏省	320300	徐州市	320311	泉山区	2 070	20.0	2021-08-01
739	320000	江苏省	320300	徐州市	320312	铜山区	1 840	18.0	2021-08-01
740	320000	江苏省	320300	徐州市	320321	丰县	1 840	18.0	2021-08-01
741	320000	江苏省	320300	徐州市	320322	沛县	1 840	18.0	2021-08-01
742	320000	江苏省	320300	徐州市	320324	睢宁县	1 840	18.0	2021-08-01
743	320000	江苏省	320300	徐州市	320381	新沂市	1 840	18.0	2021-08-01
744	320000	江苏省	320300	徐州市	320382	邳州市	1 840	18.0	2021-08-01
745	320000	江苏省	320400	常州市	320402	天宁区	2 280	22.0	2021-08-01
746	320000	江苏省	320400	常州市	320404	钟楼区	2 280	22.0	2021-08-01
747	320000	江苏省	320400	常州市	320411	新北区	2 280	22.0	2021-08-01
748	320000	江苏省	320400	常州市	320412	武进区	2 280	22.0	2021-08-01
749	320000	江苏省	320400	常州市	320413	金坛区	2 280	22.0	2021-08-01
750	320000	江苏省	320400	常州市	320481	溧阳市	2 280	22.0	2021-08-01
751	320000	江苏省	320500	苏州市	320505	虎丘区	2 280	22.0	2021-08-01
752	320000	江苏省	320500	苏州市	320506	吴中区	2 280	22.0	2021-08-01
753	320000	江苏省	320500	苏州市	320507	相城区	2 280	22.0	2021-08-01
754	320000	江苏省	320500	苏州市	320508	姑苏区	2 280	22.0	2021-08-01
755	320000	江苏省	320500	苏州市	320509	吴江区	2 280	22.0	2021-08-01
756	320000	江苏省	320500	苏州市	320581	常熟市	2 280	22.0	2021-08-01

续 22

序号	省代码	省名称	市代码	市名称	县代码	县名称	月最低工资（元/月）	小时最低工资（元/时）	实施日期
757	320000	江苏省	320500	苏州市	320582	张家港市	2 280	22.0	2021-08-01
758	320000	江苏省	320500	苏州市	320583	昆山市	2 280	22.0	2021-08-01
759	320000	江苏省	320500	苏州市	320585	太仓市	2 280	22.0	2021-08-01
760	320000	江苏省	320600	南通市	320612	通州区	2 280	22.0	2021-08-01
761	320000	江苏省	320600	南通市	320613	崇川区	2 280	22.0	2021-08-01
762	320000	江苏省	320600	南通市	320614	海门区	2 280	22.0	2021-08-01
763	320000	江苏省	320600	南通市	320623	如东县	2 070	20.0	2021-08-01
764	320000	江苏省	320600	南通市	320681	启东市	2 280	22.0	2021-08-01
765	320000	江苏省	320600	南通市	320682	如皋市	2 070	20.0	2021-08-01
766	320000	江苏省	320600	南通市	320685	海安市	2 070	20.0	2021-08-01
767	320000	江苏省	320700	连云港市	320703	连云区	2 070	20.0	2021-08-01
768	320000	江苏省	320700	连云港市	320706	海州区	2 070	20.0	2021-08-01
769	320000	江苏省	320700	连云港市	320707	赣榆区	1 840	18.0	2021-08-01
770	320000	江苏省	320700	连云港市	320722	东海县	1 840	18.0	2021-08-01
771	320000	江苏省	320700	连云港市	320723	灌云县	1 840	18.0	2021-08-01
772	320000	江苏省	320700	连云港市	320724	灌南县	1 840	18.0	2021-08-01
773	320000	江苏省	320800	淮安市	320803	淮安区	1 840	18.0	2021-08-01
774	320000	江苏省	320800	淮安市	320804	淮阴区	1 840	18.0	2021-08-01
775	320000	江苏省	320800	淮安市	320812	清江浦区	2 070	20.0	2021-08-01
776	320000	江苏省	320800	淮安市	320813	洪泽区	1 840	18.0	2021-08-01
777	320000	江苏省	320800	淮安市	320826	涟水县	1 840	18.0	2021-08-01
778	320000	江苏省	320800	淮安市	320830	盱眙县	1 840	18.0	2021-08-01
779	320000	江苏省	320800	淮安市	320831	金湖县	1 840	18.0	2021-08-01
780	320000	江苏省	320900	盐城市	320902	亭湖区	2 070	20.0	2021-08-01
781	320000	江苏省	320900	盐城市	320903	盐都区	2 070	20.0	2021-08-01
782	320000	江苏省	320900	盐城市	320904	大丰区	2 070	20.0	2021-08-01
783	320000	江苏省	320900	盐城市	320921	响水县	1 840	18.0	2021-08-01
784	320000	江苏省	320900	盐城市	320922	滨海县	1 840	18.0	2021-08-01
785	320000	江苏省	320900	盐城市	320923	阜宁县	1 840	18.0	2021-08-01
786	320000	江苏省	320900	盐城市	320924	射阳县	1 840	18.0	2021-08-01
787	320000	江苏省	320900	盐城市	320925	建湖县	1 840	18.0	2021-08-01
788	320000	江苏省	320900	盐城市	320981	东台市	2 070	20.0	2021-08-01
789	320000	江苏省	321000	扬州市	321002	广陵区	2 280	22.0	2021-08-01
790	320000	江苏省	321000	扬州市	321003	邗江区	2 280	22.0	2021-08-01
791	320000	江苏省	321000	扬州市	321012	江都区	2 280	22.0	2021-08-01

续23

序号	省代码	省名称	市代码	市名称	县代码	县名称	月最低工资（元/月）	小时最低工资（元/时）	实施日期
792	320000	江苏省	321000	扬州市	321023	宝应县	2 070	20.0	2021-08-01
793	320000	江苏省	321000	扬州市	321081	仪征市	2 070	20.0	2021-08-01
794	320000	江苏省	321000	扬州市	321084	高邮市	2 070	20.0	2021-08-01
795	320000	江苏省	321100	镇江市	321102	京口区	2 280	22.0	2021-08-01
796	320000	江苏省	321100	镇江市	321111	润州区	2 280	22.0	2021-08-01
797	320000	江苏省	321100	镇江市	321112	丹徒区	2 280	22.0	2021-08-01
798	320000	江苏省	321100	镇江市	321181	丹阳市	2 280	22.0	2021-08-01
799	320000	江苏省	321100	镇江市	321182	扬中市	2 280	22.0	2021-08-01
800	320000	江苏省	321100	镇江市	321183	句容市	2 280	22.0	2021-08-01
801	320000	江苏省	321200	泰州市	321202	海陵区	2 280	22.0	2021-08-01
802	320000	江苏省	321200	泰州市	321203	高港区	2 280	22.0	2021-08-01
803	320000	江苏省	321200	泰州市	321204	姜堰区	2 280	22.0	2021-08-01
804	320000	江苏省	321200	泰州市	321281	兴化市	2 070	20.0	2021-08-01
805	320000	江苏省	321200	泰州市	321282	靖江市	2 070	20.0	2021-08-01
806	320000	江苏省	321200	泰州市	321283	泰兴市	2 070	20.0	2021-08-01
807	320000	江苏省	321300	宿迁市	321302	宿城区	1 840	18.0	2021-08-01
808	320000	江苏省	321300	宿迁市	321311	宿豫区	1 840	18.0	2021-08-01
809	320000	江苏省	321300	宿迁市	321322	沭阳县	1 840	18.0	2021-08-01
810	320000	江苏省	321300	宿迁市	321323	泗阳县	1 840	18.0	2021-08-01
811	320000	江苏省	321300	宿迁市	321324	泗洪县	1 840	18.0	2021-08-01
812	330000	浙江省	330100	杭州市	330102	上城区	2 280	22.0	2021-08-01
813	330000	浙江省	330100	杭州市	330105	拱墅区	2 280	22.0	2021-08-01
814	330000	浙江省	330100	杭州市	330106	西湖区	2 280	22.0	2021-08-01
815	330000	浙江省	330100	杭州市	330108	滨江区	2 280	22.0	2021-08-01
816	330000	浙江省	330100	杭州市	330109	萧山区	2 280	22.0	2021-08-01
817	330000	浙江省	330100	杭州市	330110	余杭区	2 280	22.0	2021-08-01
818	330000	浙江省	330100	杭州市	330111	富阳区	2 280	22.0	2021-08-01
819	330000	浙江省	330100	杭州市	330112	临安区	2 280	22.0	2021-08-01
820	330000	浙江省	330100	杭州市	330113	临平区	2 280	22.0	2021-08-01
821	330000	浙江省	330100	杭州市	330114	钱塘区	2 280	22.0	2021-08-01
822	330000	浙江省	330100	杭州市	330122	桐庐县	2 070	20.0	2021-08-01
823	330000	浙江省	330100	杭州市	330127	淳安县	2 070	20.0	2021-08-01
824	330000	浙江省	330100	杭州市	330182	建德市	2 070	20.0	2021-08-01
825	330000	浙江省	330200	宁波市	330203	海曙区	2 280	22.0	2021-08-01
826	330000	浙江省	330200	宁波市	330205	江北区	2 280	22.0	2021-08-01

续 24

序号	省代码	省名称	市代码	市名称	县代码	县名称	月最低工资（元/月）	小时最低工资（元/时）	实施日期
827	330000	浙江省	330200	宁波市	330206	北仑区	2 280	22.0	2021-08-01
828	330000	浙江省	330200	宁波市	330211	镇海区	2 280	22.0	2021-08-01
829	330000	浙江省	330200	宁波市	330212	鄞州区	2 280	22.0	2021-08-01
830	330000	浙江省	330200	宁波市	330213	奉化区	2 070	20.0	2021-08-01
831	330000	浙江省	330200	宁波市	330225	象山县	2 070	20.0	2021-08-01
832	330000	浙江省	330200	宁波市	330226	宁海县	2 070	20.0	2021-08-01
833	330000	浙江省	330200	宁波市	330281	余姚市	2 070	20.0	2021-08-01
834	330000	浙江省	330200	宁波市	330282	慈溪市	2 070	20.0	2021-08-01
835	330000	浙江省	330300	温州市	330302	鹿城区	2 280	22.0	2021-08-01
836	330000	浙江省	330300	温州市	330303	龙湾区	2 280	22.0	2021-08-01
837	330000	浙江省	330300	温州市	330304	瓯海区	2 280	22.0	2021-08-01
838	330000	浙江省	330300	温州市	330305	洞头区	2 280	22.0	2021-08-01
839	330000	浙江省	330300	温州市	330324	永嘉县	1 840	18.0	2021-08-01
840	330000	浙江省	330300	温州市	330326	平阳县	1 840	18.0	2021-08-01
841	330000	浙江省	330300	温州市	330327	苍南县	1 840	18.0	2021-08-01
842	330000	浙江省	330300	温州市	330328	文成县	1 840	18.0	2021-08-01
843	330000	浙江省	330300	温州市	330329	泰顺县	1 840	18.0	2021-08-01
844	330000	浙江省	330300	温州市	330381	瑞安市	2 070	20.0	2021-08-01
845	330000	浙江省	330300	温州市	330382	乐清市	2 070	20.0	2021-08-01
846	330000	浙江省	330300	温州市	330383	龙港市	1 840	18.0	2021-08-01
847	330000	浙江省	330400	嘉兴市	330402	南湖区	2 070	20.0	2021-08-01
848	330000	浙江省	330400	嘉兴市	330411	秀洲区	2 070	20.0	2021-08-01
849	330000	浙江省	330400	嘉兴市	330421	嘉善县	2 070	20.0	2021-08-01
850	330000	浙江省	330400	嘉兴市	330424	海盐县	2 070	20.0	2021-08-01
851	330000	浙江省	330400	嘉兴市	330481	海宁市	2 070	20.0	2021-08-01
852	330000	浙江省	330400	嘉兴市	330482	平湖市	2 070	20.0	2021-08-01
853	330000	浙江省	330400	嘉兴市	330483	桐乡市	2 070	20.0	2021-08-01
854	330000	浙江省	330500	湖州市	330502	吴兴区	2 070	20.0	2021-08-01
855	330000	浙江省	330500	湖州市	330503	南浔区	2 070	20.0	2021-08-01
856	330000	浙江省	330500	湖州市	330521	德清县	2 070	20.0	2021-08-01
857	330000	浙江省	330500	湖州市	330522	长兴县	2 070	20.0	2021-08-01
858	330000	浙江省	330500	湖州市	330523	安吉县	2 070	20.0	2021-08-01
859	330000	浙江省	330600	绍兴市	330602	越城区	2 070	20.0	2021-08-01
860	330000	浙江省	330600	绍兴市	330603	柯桥区	2 070	20.0	2021-08-01
861	330000	浙江省	330600	绍兴市	330604	上虞区	2 070	20.0	2021-08-01

续 25

序号	省代码	省名称	市代码	市名称	县代码	县名称	月最低工资（元/月）	小时最低工资（元/时）	实施日期
862	330000	浙江省	330600	绍兴市	330624	新昌县	2 070	20.0	2021-08-01
863	330000	浙江省	330600	绍兴市	330681	诸暨市	2 070	20.0	2021-08-01
864	330000	浙江省	330600	绍兴市	330683	嵊州市	2 070	20.0	2021-08-01
865	330000	浙江省	330700	金华市	330702	婺城区	2 070	20.0	2021-08-01
866	330000	浙江省	330700	金华市	330703	金东区	2 070	20.0	2021-08-01
867	330000	浙江省	330700	金华市	330723	武义县	1 840	18.0	2021-08-01
868	330000	浙江省	330700	金华市	330726	浦江县	1 840	18.0	2021-08-01
869	330000	浙江省	330700	金华市	330727	磐安县	1 840	18.0	2021-08-01
870	330000	浙江省	330700	金华市	330781	兰溪市	1 840	18.0	2021-08-01
871	330000	浙江省	330700	金华市	330782	义乌市	2 070	20.0	2021-08-01
872	330000	浙江省	330700	金华市	330783	东阳市	2 070	20.0	2021-08-01
873	330000	浙江省	330700	金华市	330784	永康市	2 070	20.0	2021-08-01
874	330000	浙江省	330800	衢州市	330802	柯城区	1 840	18.0	2021-08-01
875	330000	浙江省	330800	衢州市	330803	衢江区	1 840	18.0	2021-08-01
876	330000	浙江省	330800	衢州市	330822	常山县	1 840	18.0	2021-08-01
877	330000	浙江省	330800	衢州市	330824	开化县	1 840	18.0	2021-08-01
878	330000	浙江省	330800	衢州市	330825	龙游县	1 840	18.0	2021-08-01
879	330000	浙江省	330800	衢州市	330881	江山市	1 840	18.0	2021-08-01
880	330000	浙江省	330900	舟山市	330902	定海区	2 070	20.0	2021-08-01
881	330000	浙江省	330900	舟山市	330903	普陀区	2 070	20.0	2021-08-01
882	330000	浙江省	330900	舟山市	330921	岱山县	2 070	20.0	2021-08-01
883	330000	浙江省	330900	舟山市	330922	嵊泗县	2 070	20.0	2021-08-01
884	330000	浙江省	331000	台州市	331002	椒江区	2 070	20.0	2021-08-01
885	330000	浙江省	331000	台州市	331003	黄岩区	2 070	20.0	2021-08-01
886	330000	浙江省	331000	台州市	331004	路桥区	2 070	20.0	2021-08-01
887	330000	浙江省	331000	台州市	331022	三门县	1 840	18.0	2021-08-01
888	330000	浙江省	331000	台州市	331023	天台县	1 840	18.0	2021-08-01
889	330000	浙江省	331000	台州市	331024	仙居县	1 840	18.0	2021-08-01
890	330000	浙江省	331000	台州市	331081	温岭市	2 070	20.0	2021-08-01
891	330000	浙江省	331000	台州市	331082	临海市	2 070	20.0	2021-08-01
892	330000	浙江省	331000	台州市	331083	玉环市	2 070	20.0	2021-08-01
893	330000	浙江省	331100	丽水市	331102	莲都区	1 840	18.0	2021-08-01
894	330000	浙江省	331100	丽水市	331121	青田县	1 840	18.0	2021-08-01
895	330000	浙江省	331100	丽水市	331122	缙云县	1 840	18.0	2021-08-01
896	330000	浙江省	331100	丽水市	331123	遂昌县	1 840	18.0	2021-08-01

续26

序号	省代码	省名称	市代码	市名称	县代码	县名称	月最低工资（元/月）	小时最低工资（元/时）	实施日期
897	330000	浙江省	331100	丽水市	331124	松阳县	1 840	18.0	2021-08-01
898	330000	浙江省	331100	丽水市	331125	云和县	1 840	18.0	2021-08-01
899	330000	浙江省	331100	丽水市	331126	庆元县	1 840	18.0	2021-08-01
900	330000	浙江省	331100	丽水市	331127	景宁畲族自治县	1 840	18.0	2021-08-01
901	330000	浙江省	331100	丽水市	331181	龙泉市	1 840	18.0	2021-08-01
902	340000	安徽省	340100	合肥市	340102	瑶海区	1 650	20.0	2021-12-03
903	340000	安徽省	340100	合肥市	340103	庐阳区	1 650	20.0	2021-12-03
904	340000	安徽省	340100	合肥市	340104	蜀山区	1 650	20.0	2021-12-03
905	340000	安徽省	340100	合肥市	340111	包河区	1 650	20.0	2021-12-03
906	340000	安徽省	340100	合肥市	340121	长丰县	1 430	17.0	2021-12-03
907	340000	安徽省	340100	合肥市	340122	肥东县	1 430	17.0	2021-12-03
908	340000	安徽省	340100	合肥市	340123	肥西县	1 430	17.0	2021-12-03
909	340000	安徽省	340100	合肥市	340124	庐江县	1 430	17.0	2021-12-03
910	340000	安徽省	340100	合肥市	340181	巢湖市	1 430	17.0	2021-12-03
911	340000	安徽省	340200	芜湖市	340202	镜湖区	1 500	18.0	2021-12-03
912	340000	安徽省	340200	芜湖市	340207	鸠江区	1 500	18.0	2021-12-03
913	340000	安徽省	340200	芜湖市	340209	弋江区	1 500	18.0	2021-12-03
914	340000	安徽省	340200	芜湖市	340210	湾沚区	1 500	18.0	2021-12-03
915	340000	安徽省	340200	芜湖市	340212	繁昌区	1 500	18.0	2021-12-03
916	340000	安徽省	340200	芜湖市	340223	南陵县	1 430	17.0	2021-12-03
917	340000	安徽省	340200	芜湖市	340281	无为市	1 340	16.0	2021-12-03
918	340000	安徽省	340300	蚌埠市	340302	龙子湖区	1 500	18.0	2021-12-03
919	340000	安徽省	340300	蚌埠市	340303	蚌山区	1 500	18.0	2021-12-03
920	340000	安徽省	340300	蚌埠市	340304	禹会区	1 500	18.0	2021-12-03
921	340000	安徽省	340300	蚌埠市	340311	淮上区	1 500	18.0	2021-12-03
922	340000	安徽省	340300	蚌埠市	340321	怀远县	1 430	17.0	2021-12-03
923	340000	安徽省	340300	蚌埠市	340322	五河县	1 430	17.0	2021-12-03
924	340000	安徽省	340300	蚌埠市	340323	固镇县	1 430	17.0	2021-12-03
925	340000	安徽省	340400	淮南市	340402	大通区	1 500	18.0	2021-12-03
926	340000	安徽省	340400	淮南市	340403	田家庵区	1 500	18.0	2021-12-03
927	340000	安徽省	340400	淮南市	340404	谢家集区	1 500	18.0	2021-12-03
928	340000	安徽省	340400	淮南市	340405	八公山区	1 500	18.0	2021-12-03
929	340000	安徽省	340400	淮南市	340406	潘集区	1 500	18.0	2021-12-03
930	340000	安徽省	340400	淮南市	340421	凤台县	1 500	18.0	2021-12-03
931	340000	安徽省	340400	淮南市	340422	寿县	1 500	18.0	2021-12-03

续 27

序号	省代码	省名称	市代码	市名称	县代码	县名称	月最低工资（元/月）	小时最低工资（元/时）	实施日期
932	340000	安徽省	340500	马鞍山市	340503	花山区	1 500	18.0	2021-12-03
933	340000	安徽省	340500	马鞍山市	340504	雨山区	1 500	18.0	2021-12-03
934	340000	安徽省	340500	马鞍山市	340506	博望区	1 500	18.0	2021-12-03
935	340000	安徽省	340500	马鞍山市	340521	当涂县	1 430	17.0	2021-12-03
936	340000	安徽省	340500	马鞍山市	340522	含山县	1 340	16.0	2021-12-03
937	340000	安徽省	340500	马鞍山市	340523	和县	1 340	16.0	2021-12-03
938	340000	安徽省	340600	淮北市	340602	杜集区	1 500	18.0	2021-12-03
939	340000	安徽省	340600	淮北市	340603	相山区	1 500	18.0	2021-12-03
940	340000	安徽省	340600	淮北市	340604	烈山区	1 500	18.0	2021-12-03
941	340000	安徽省	340600	淮北市	340621	濉溪县	1 340	16.0	2021-12-03
942	340000	安徽省	340700	铜陵市	340705	铜官区	1 650	20.0	2021-12-03
943	340000	安徽省	340700	铜陵市	340706	义安区	1 650	20.0	2021-12-03
944	340000	安徽省	340700	铜陵市	340711	郊区	1 650	20.0	2021-12-03
945	340000	安徽省	340700	铜陵市	340722	枞阳县	1 430	17.0	2021-12-03
946	340000	安徽省	340800	安庆市	340802	迎江区	1 500	18.0	2021-12-03
947	340000	安徽省	340800	安庆市	340803	大观区	1 500	18.0	2021-12-03
948	340000	安徽省	340800	安庆市	340811	宜秀区	1 500	18.0	2021-12-03
949	340000	安徽省	340800	安庆市	340822	怀宁县	1 430	17.0	2021-12-03
950	340000	安徽省	340800	安庆市	340825	太湖县	1 340	16.0	2021-12-03
951	340000	安徽省	340800	安庆市	340826	宿松县	1 430	17.0	2021-12-03
952	340000	安徽省	340800	安庆市	340827	望江县	1 340	16.0	2021-12-03
953	340000	安徽省	340800	安庆市	340828	岳西县	1 340	16.0	2021-12-03
954	340000	安徽省	340800	安庆市	340881	桐城市	1 430	17.0	2021-12-03
955	340000	安徽省	340800	安庆市	340882	潜山市	1 430	17.0	2021-12-03
956	340000	安徽省	341000	黄山市	341002	屯溪区	1 430	17.0	2021-12-03
957	340000	安徽省	341000	黄山市	341003	黄山区	1 340	16.0	2021-12-03
958	340000	安徽省	341000	黄山市	341004	徽州区	1 340	16.0	2021-12-03
959	340000	安徽省	341000	黄山市	341021	歙县	1 340	16.0	2021-12-03
960	340000	安徽省	341000	黄山市	341022	休宁县	1 340	16.0	2021-12-03
961	340000	安徽省	341000	黄山市	341023	黟县	1 340	16.0	2021-12-03
962	340000	安徽省	341000	黄山市	341024	祁门县	1 340	16.0	2021-12-03
963	340000	安徽省	341100	滁州市	341102	琅琊区	1 500	18.0	2021-12-03
964	340000	安徽省	341100	滁州市	341103	南谯区	1 500	18.0	2021-12-03
965	340000	安徽省	341100	滁州市	341122	来安县	1 430	17.0	2021-12-03
966	340000	安徽省	341100	滁州市	341124	全椒县	1 430	17.0	2021-12-03

续 28

序号	省代码	省名称	市代码	市名称	县代码	县名称	月最低工资（元/月）	小时最低工资（元/时）	实施日期
967	340000	安徽省	341100	滁州市	341125	定远县	1 430	17.0	2021-12-03
968	340000	安徽省	341100	滁州市	341126	凤阳县	1 430	17.0	2021-12-03
969	340000	安徽省	341100	滁州市	341181	天长市	1 430	17.0	2021-12-03
970	340000	安徽省	341100	滁州市	341182	明光市	1 430	17.0	2021-12-03
971	340000	安徽省	341200	阜阳市	341202	颍州区	1 430	17.0	2021-12-03
972	340000	安徽省	341200	阜阳市	341203	颍东区	1 430	17.0	2021-12-03
973	340000	安徽省	341200	阜阳市	341204	颍泉区	1 430	17.0	2021-12-03
974	340000	安徽省	341200	阜阳市	341221	临泉县	1 340	16.0	2021-12-03
975	340000	安徽省	341200	阜阳市	341222	太和县	1 340	16.0	2021-12-03
976	340000	安徽省	341200	阜阳市	341225	阜南县	1 340	16.0	2021-12-03
977	340000	安徽省	341200	阜阳市	341226	颍上县	1 340	16.0	2021-12-03
978	340000	安徽省	341200	阜阳市	341282	界首市	1 340	16.0	2021-12-03
979	340000	安徽省	341300	宿州市	341302	埇桥区	1 430	17.0	2021-12-03
980	340000	安徽省	341300	宿州市	341321	砀山县	1 340	16.0	2021-12-03
981	340000	安徽省	341300	宿州市	341322	萧县	1 340	16.0	2021-12-03
982	340000	安徽省	341300	宿州市	341323	灵璧县	1 340	16.0	2021-12-03
983	340000	安徽省	341300	宿州市	341324	泗县	1 340	16.0	2021-12-03
984	340000	安徽省	341500	六安市	341502	金安区	1 500	18.0	2021-12-03
985	340000	安徽省	341500	六安市	341503	裕安区	1 500	18.0	2021-12-03
986	340000	安徽省	341500	六安市	341504	叶集区	1 430	17.0	2021-12-03
987	340000	安徽省	341500	六安市	341522	霍邱县	1 430	17.0	2021-12-03
988	340000	安徽省	341500	六安市	341523	舒城县	1 430	17.0	2021-12-03
989	340000	安徽省	341500	六安市	341524	金寨县	1 430	17.0	2021-12-03
990	340000	安徽省	341500	六安市	341525	霍山县	1 430	17.0	2021-12-03
991	340000	安徽省	341600	亳州市	341602	谯城区	1 430	17.0	2021-12-03
992	340000	安徽省	341600	亳州市	341621	涡阳县	1 340	16.0	2021-12-03
993	340000	安徽省	341600	亳州市	341622	蒙城县	1 340	16.0	2021-12-03
994	340000	安徽省	341600	亳州市	341623	利辛县	1 340	16.0	2021-12-03
995	340000	安徽省	341700	池州市	341702	贵池区	1 430	17.0	2021-12-03
996	340000	安徽省	341700	池州市	341721	东至县	1 340	16.0	2021-12-03
997	340000	安徽省	341700	池州市	341722	石台县	1 340	16.0	2021-12-03
998	340000	安徽省	341700	池州市	341723	青阳县	1 340	16.0	2021-12-03
999	340000	安徽省	341800	宣城市	341802	宣州区	1 500	18.0	2021-12-03
1000	340000	安徽省	341800	宣城市	341821	郎溪县	1 340	16.0	2021-12-03
1001	340000	安徽省	341800	宣城市	341823	泾县	1 340	16.0	2021-12-03

续 29

序号	省代码	省名称	市代码	市名称	县代码	县名称	月最低工资（元/月）	小时最低工资（元/时）	实施日期
1002	340000	安徽省	341800	宣城市	341824	绩溪县	1 340	16.0	2021-12-03
1003	340000	安徽省	341800	宣城市	341825	旌德县	1 340	16.0	2021-12-03
1004	340000	安徽省	341800	宣城市	341881	宁国市	1 430	17.0	2021-12-03
1005	340000	安徽省	341800	宣城市	341882	广德市	1 430	17.0	2021-12-03
1006	350000	福建省	350100	福州市	350102	鼓楼区	1 720	18.0	2020-01-01
1007	350000	福建省	350100	福州市	350103	台江区	1 720	18.0	2020-01-01
1008	350000	福建省	350100	福州市	350104	仓山区	1 720	18.0	2020-01-01
1009	350000	福建省	350100	福州市	350105	马尾区	1 720	18.0	2020-01-01
1010	350000	福建省	350100	福州市	350111	晋安区	1 720	18.0	2020-01-01
1011	350000	福建省	350100	福州市	350112	长乐区	1 720	18.0	2020-01-01
1012	350000	福建省	350100	福州市	350121	闽侯县	1 720	18.0	2020-01-01
1013	350000	福建省	350100	福州市	350122	连江县	1 720	18.0	2020-01-01
1014	350000	福建省	350100	福州市	350123	罗源县	1 720	18.0	2020-01-01
1015	350000	福建省	350100	福州市	350124	闽清县	1 720	18.0	2020-01-01
1016	350000	福建省	350100	福州市	350125	永泰县	1 720	18.0	2020-01-01
1017	350000	福建省	350100	福州市	350128	平潭县	1 720	18.0	2020-01-01
1018	350000	福建省	350100	福州市	350181	福清市	1 720	18.0	2020-01-01
1019	350000	福建省	350200	厦门市	350203	思明区	1 800	18.5	2020-01-01
1020	350000	福建省	350200	厦门市	350205	海沧区	1 800	18.5	2020-01-01
1021	350000	福建省	350200	厦门市	350206	湖里区	1 800	18.5	2020-01-01
1022	350000	福建省	350200	厦门市	350211	集美区	1 800	18.5	2020-01-01
1023	350000	福建省	350200	厦门市	350212	同安区	1 800	18.5	2020-01-01
1024	350000	福建省	350200	厦门市	350213	翔安区	1 800	18.5	2020-01-01
1025	350000	福建省	350300	莆田市	350302	城厢区	1 570	16.5	2020-01-01
1026	350000	福建省	350300	莆田市	350303	涵江区	1 570	16.5	2020-01-01
1027	350000	福建省	350300	莆田市	350304	荔城区	1 570	16.5	2020-01-01
1028	350000	福建省	350300	莆田市	350305	秀屿区	1 570	16.5	2020-01-01
1029	350000	福建省	350300	莆田市	350322	仙游县	1 570	16.5	2020-01-01
1030	350000	福建省	350400	三明市	350404	三元区	1 570	16.5	2020-01-01
1031	350000	福建省	350400	三明市	350405	沙县区	1 570	16.5	2020-01-01
1032	350000	福建省	350400	三明市	350421	明溪县	1 420	15.0	2020-01-01
1033	350000	福建省	350400	三明市	350423	清流县	1 420	15.0	2020-01-01
1034	350000	福建省	350400	三明市	350424	宁化县	1 420	15.0	2020-01-01
1035	350000	福建省	350400	三明市	350425	大田县	1 420	15.0	2020-01-01
1036	350000	福建省	350400	三明市	350426	尤溪县	1 420	15.0	2020-01-01

续30

序号	省代码	省名称	市代码	市名称	县代码	县名称	月最低工资（元/月）	小时最低工资（元/时）	实施日期
1037	350000	福建省	350400	三明市	350428	将乐县	1 420	15.0	2020－01－01
1038	350000	福建省	350400	三明市	350429	泰宁县	1 420	15.0	2020－01－01
1039	350000	福建省	350400	三明市	350430	建宁县	1 420	15.0	2020－01－01
1040	350000	福建省	350400	三明市	350481	永安市	1 570	16.5	2020－01－01
1041	350000	福建省	350500	泉州市	350502	鲤城区	1 720	18.0	2020－01－01
1042	350000	福建省	350500	泉州市	350503	丰泽区	1 720	18.0	2020－01－01
1043	350000	福建省	350500	泉州市	350504	洛江区	1 720	18.0	2020－01－01
1044	350000	福建省	350500	泉州市	350505	泉港区	1 720	18.0	2020－01－01
1045	350000	福建省	350500	泉州市	350521	惠安县	1 720	18.0	2020－01－01
1046	350000	福建省	350500	泉州市	350524	安溪县	1 570	16.5	2020－01－01
1047	350000	福建省	350500	泉州市	350525	永春县	1 570	16.5	2020－01－01
1048	350000	福建省	350500	泉州市	350526	德化县	1 570	16.5	2020－01－01
1049	350000	福建省	350500	泉州市	350527	金门县	－	－	－
1050	350000	福建省	350500	泉州市	350581	石狮市	1 720	18.0	2020－01－01
1051	350000	福建省	350500	泉州市	350582	晋江市	1 720	18.0	2020－01－01
1052	350000	福建省	350500	泉州市	350583	南安市	1 720	18.0	2020－01－01
1053	350000	福建省	350600	漳州市	350602	芗城区	1 720	18.0	2020－01－01
1054	350000	福建省	350600	漳州市	350603	龙文区	1 720	18.0	2020－01－01
1055	350000	福建省	350600	漳州市	350604	龙海区	1 570	16.5	2020－01－01
1056	350000	福建省	350600	漳州市	350605	长泰区	1 570	16.5	2020－01－01
1057	350000	福建省	350600	漳州市	350622	云霄县	1 570	16.5	2020－01－01
1058	350000	福建省	350600	漳州市	350623	漳浦县	1 570	16.5	2020－01－01
1059	350000	福建省	350600	漳州市	350624	诏安县	1 570	16.5	2020－01－01
1060	350000	福建省	350600	漳州市	350626	东山县	1 570	16.5	2020－01－01
1061	350000	福建省	350600	漳州市	350627	南靖县	1 570	16.5	2020－01－01
1062	350000	福建省	350600	漳州市	350628	平和县	1 570	16.5	2020－01－01
1063	350000	福建省	350600	漳州市	350629	华安县	1 570	16.5	2020－01－01
1064	350000	福建省	350700	南平市	350702	延平区	1 570	16.5	2020－01－01
1065	350000	福建省	350700	南平市	350703	建阳区	1 570	16.5	2020－01－01
1066	350000	福建省	350700	南平市	350721	顺昌县	1 420	15.0	2020－01－01
1067	350000	福建省	350700	南平市	350722	浦城县	1 420	15.0	2020－01－01
1068	350000	福建省	350700	南平市	350723	光泽县	1 420	15.0	2020－01－01
1069	350000	福建省	350700	南平市	350724	松溪县	1 420	15.0	2020－01－01
1070	350000	福建省	350700	南平市	350725	政和县	1 420	15.0	2020－01－01
1071	350000	福建省	350700	南平市	350781	邵武市	1 570	16.5	2020－01－01

续31

序号	省代码	省名称	市代码	市名称	县代码	县名称	月最低工资（元/月）	小时最低工资（元/时）	实施日期
1072	350000	福建省	350700	南平市	350782	武夷山市	1 570	16.5	2020-01-01
1073	350000	福建省	350700	南平市	350783	建瓯市	1 570	16.5	2020-01-01
1074	350000	福建省	350800	龙岩市	350802	新罗区	1 720	18.0	2020-01-01
1075	350000	福建省	350800	龙岩市	350803	永定区	1 570	16.5	2020-01-01
1076	350000	福建省	350800	龙岩市	350821	长汀县	1 420	15.0	2020-01-01
1077	350000	福建省	350800	龙岩市	350823	上杭县	1 570	16.5	2020-01-01
1078	350000	福建省	350800	龙岩市	350824	武平县	1 420	15.0	2020-01-01
1079	350000	福建省	350800	龙岩市	350825	连城县	1 420	15.0	2020-01-01
1080	350000	福建省	350800	龙岩市	350881	漳平市	1 570	16.5	2020-01-01
1081	350000	福建省	350900	宁德市	350902	蕉城区	1 570	16.5	2020-01-01
1082	350000	福建省	350900	宁德市	350921	霞浦县	1 420	15.0	2020-01-01
1083	350000	福建省	350900	宁德市	350922	古田县	1 420	15.0	2020-01-01
1084	350000	福建省	350900	宁德市	350923	屏南县	1 420	15.0	2020-01-01
1085	350000	福建省	350900	宁德市	350924	寿宁县	1 420	15.0	2020-01-01
1086	350000	福建省	350900	宁德市	350925	周宁县	1 420	15.0	2020-01-01
1087	350000	福建省	350900	宁德市	350926	柘荣县	1 420	15.0	2020-01-01
1088	350000	福建省	350900	宁德市	350981	福安市	1 570	16.5	2020-01-01
1089	350000	福建省	350900	宁德市	350982	福鼎市	1 570	16.5	2020-01-01
1090	360000	江西省	360100	南昌市	360102	东湖区	1 850	18.5	2021-04-01
1091	360000	江西省	360100	南昌市	360103	西湖区	1 850	18.5	2021-04-01
1092	360000	江西省	360100	南昌市	360104	青云谱区	1 850	18.5	2021-04-01
1093	360000	江西省	360100	南昌市	360111	青山湖区	1 850	18.5	2021-04-01
1094	360000	江西省	360100	南昌市	360112	新建区	1 730	17.3	2021-04-01
1095	360000	江西省	360100	南昌市	360113	红谷滩区	1 850	18.5	2021-04-01
1096	360000	江西省	360100	南昌市	360121	南昌县	1 730	17.3	2021-04-01
1097	360000	江西省	360100	南昌市	360123	安义县	1 610	16.1	2021-04-01
1098	360000	江西省	360100	南昌市	360124	进贤县	1 610	16.1	2021-04-01
1099	360000	江西省	360200	景德镇市	360202	昌江区	1 610	16.1	2021-04-01
1100	360000	江西省	360200	景德镇市	360203	珠山区	1 730	17.3	2021-04-01
1101	360000	江西省	360200	景德镇市	360222	浮梁县	1 610	16.1	2021-04-01
1102	360000	江西省	360200	景德镇市	360281	乐平市	1 610	16.1	2021-04-01
1103	360000	江西省	360300	萍乡市	360302	安源区	1 730	17.3	2021-04-01
1104	360000	江西省	360300	萍乡市	360313	湘东区	1 730	17.3	2021-04-01
1105	360000	江西省	360300	萍乡市	360321	莲花县	1 610	16.1	2021-04-01
1106	360000	江西省	360300	萍乡市	360322	上栗县	1 610	16.1	2021-04-01

续 32

序号	省代码	省名称	市代码	市名称	县代码	县名称	月最低工资（元/月）	小时最低工资（元/时）	实施日期
1107	360000	江西省	360300	萍乡市	360323	芦溪县	1 610	16.1	2021-04-01
1108	360000	江西省	360400	九江市	360402	濂溪区	1 730	17.3	2021-04-01
1109	360000	江西省	360400	九江市	360403	浔阳区	1 730	17.3	2021-04-01
1110	360000	江西省	360400	九江市	360404	柴桑区	1 610	16.1	2021-04-01
1111	360000	江西省	360400	九江市	360423	武宁县	1 610	16.1	2021-04-01
1112	360000	江西省	360400	九江市	360424	修水县	1 610	16.1	2021-04-01
1113	360000	江西省	360400	九江市	360425	永修县	1 610	16.1	2021-04-01
1114	360000	江西省	360400	九江市	360426	德安县	1 610	16.1	2021-04-01
1115	360000	江西省	360400	九江市	360428	都昌县	1 610	16.1	2021-04-01
1116	360000	江西省	360400	九江市	360429	湖口县	1 610	16.1	2021-04-01
1117	360000	江西省	360400	九江市	360430	彭泽县	1 610	16.1	2021-04-01
1118	360000	江西省	360400	九江市	360481	瑞昌市	1 610	16.1	2021-04-01
1119	360000	江西省	360400	九江市	360482	共青城市	1 610	16.1	2021-04-01
1120	360000	江西省	360400	九江市	360483	庐山市	1 610	16.1	2021-04-01
1121	360000	江西省	360500	新余市	360502	渝水区	1 730	17.3	2021-04-01
1122	360000	江西省	360500	新余市	360521	分宜县	1 610	16.1	2021-04-01
1123	360000	江西省	360600	鹰潭市	360602	月湖区	1 730	17.3	2021-04-01
1124	360000	江西省	360600	鹰潭市	360603	余江区	1 610	16.1	2021-04-01
1125	360000	江西省	360600	鹰潭市	360681	贵溪市	1 730	17.3	2021-04-01
1126	360000	江西省	360700	赣州市	360702	章贡区	1 730	17.3	2021-04-01
1127	360000	江西省	360700	赣州市	360703	南康区	1 730	17.3	2021-04-01
1128	360000	江西省	360700	赣州市	360704	赣县区	1 610	16.1	2021-04-01
1129	360000	江西省	360700	赣州市	360722	信丰县	1 610	16.1	2021-04-01
1130	360000	江西省	360700	赣州市	360723	大余县	1 610	16.1	2021-04-01
1131	360000	江西省	360700	赣州市	360724	上犹县	1 610	16.1	2021-04-01
1132	360000	江西省	360700	赣州市	360725	崇义县	1 610	16.1	2021-04-01
1133	360000	江西省	360700	赣州市	360726	安远县	1 610	16.1	2021-04-01
1134	360000	江西省	360700	赣州市	360728	定南县	1 610	16.1	2021-04-01
1135	360000	江西省	360700	赣州市	360729	全南县	1 610	16.1	2021-04-01
1136	360000	江西省	360700	赣州市	360730	宁都县	1 610	16.1	2021-04-01
1137	360000	江西省	360700	赣州市	360731	于都县	1 610	16.1	2021-04-01
1138	360000	江西省	360700	赣州市	360732	兴国县	1 610	16.1	2021-04-01
1139	360000	江西省	360700	赣州市	360733	会昌县	1 610	16.1	2021-04-01
1140	360000	江西省	360700	赣州市	360734	寻乌县	1 610	16.1	2021-04-01
1141	360000	江西省	360700	赣州市	360735	石城县	1 610	16.1	2021-04-01

续33

序号	省代码	省名称	市代码	市名称	县代码	县名称	月最低工资（元/月）	小时最低工资（元/时）	实施日期
1142	360000	江西省	360700	赣州市	360781	瑞金市	1 610	16.1	2021-04-01
1143	360000	江西省	360700	赣州市	360783	龙南市	1 610	16.1	2021-04-01
1144	360000	江西省	360800	吉安市	360802	吉州区	1 730	17.3	2021-04-01
1145	360000	江西省	360800	吉安市	360803	青原区	1 610	16.1	2021-04-01
1146	360000	江西省	360800	吉安市	360821	吉安县	1 610	16.1	2021-04-01
1147	360000	江西省	360800	吉安市	360822	吉水县	1 610	16.1	2021-04-01
1148	360000	江西省	360800	吉安市	360823	峡江县	1 610	16.1	2021-04-01
1149	360000	江西省	360800	吉安市	360824	新干县	1 610	16.1	2021-04-01
1150	360000	江西省	360800	吉安市	360825	永丰县	1 610	16.1	2021-04-01
1151	360000	江西省	360800	吉安市	360826	泰和县	1 610	16.1	2021-04-01
1152	360000	江西省	360800	吉安市	360827	遂川县	1 610	16.1	2021-04-01
1153	360000	江西省	360800	吉安市	360828	万安县	1 610	16.1	2021-04-01
1154	360000	江西省	360800	吉安市	360829	安福县	1 610	16.1	2021-04-01
1155	360000	江西省	360800	吉安市	360830	永新县	1 610	16.1	2021-04-01
1156	360000	江西省	360800	吉安市	360881	井冈山市	1 610	16.1	2021-04-01
1157	360000	江西省	360900	宜春市	360902	袁州区	1 730	17.3	2021-04-01
1158	360000	江西省	360900	宜春市	360921	奉新县	1 610	16.1	2021-04-01
1159	360000	江西省	360900	宜春市	360922	万载县	1 610	16.1	2021-04-01
1160	360000	江西省	360900	宜春市	360923	上高县	1 610	16.1	2021-04-01
1161	360000	江西省	360900	宜春市	360924	宜丰县	1 610	16.1	2021-04-01
1162	360000	江西省	360900	宜春市	360925	靖安县	1 610	16.1	2021-04-01
1163	360000	江西省	360900	宜春市	360926	铜鼓县	1 610	16.1	2021-04-01
1164	360000	江西省	360900	宜春市	360981	丰城市	1 610	16.1	2021-04-01
1165	360000	江西省	360900	宜春市	360982	樟树市	1 610	16.1	2021-04-01
1166	360000	江西省	360900	宜春市	360983	高安市	1 610	16.1	2021-04-01
1167	360000	江西省	361000	抚州市	361002	临川区	1 730	17.3	2021-04-01
1168	360000	江西省	361000	抚州市	361003	东乡区	1 610	16.1	2021-04-01
1169	360000	江西省	361000	抚州市	361021	南城县	1 610	16.1	2021-04-01
1170	360000	江西省	361000	抚州市	361022	黎川县	1 610	16.1	2021-04-01
1171	360000	江西省	361000	抚州市	361023	南丰县	1 610	16.1	2021-04-01
1172	360000	江西省	361000	抚州市	361024	崇仁县	1 610	16.1	2021-04-01
1173	360000	江西省	361000	抚州市	361025	乐安县	1 610	16.1	2021-04-01
1174	360000	江西省	361000	抚州市	361026	宜黄县	1 610	16.1	2021-04-01
1175	360000	江西省	361000	抚州市	361027	金溪县	1 610	16.1	2021-04-01
1176	360000	江西省	361000	抚州市	361028	资溪县	1 610	16.1	2021-04-01

续 34

序号	省代码	省名称	市代码	市名称	县代码	县名称	月最低工资（元/月）	小时最低工资（元/时）	实施日期
1177	360000	江西省	361000	抚州市	361030	广昌县	1 610	16.1	2021-04-01
1178	360000	江西省	361100	上饶市	361102	信州区	1 730	17.3	2021-04-01
1179	360000	江西省	361100	上饶市	361103	广丰区	1 610	16.1	2021-04-01
1180	360000	江西省	361100	上饶市	361104	广信区	1 610	16.1	2021-04-01
1181	360000	江西省	361100	上饶市	361123	玉山县	1 610	16.1	2021-04-01
1182	360000	江西省	361100	上饶市	361124	铅山县	1 610	16.1	2021-04-01
1183	360000	江西省	361100	上饶市	361125	横峰县	1 610	16.1	2021-04-01
1184	360000	江西省	361100	上饶市	361126	弋阳县	1 610	16.1	2021-04-01
1185	360000	江西省	361100	上饶市	361127	余干县	1 610	16.1	2021-04-01
1186	360000	江西省	361100	上饶市	361128	鄱阳县	1 610	16.1	2021-04-01
1187	360000	江西省	361100	上饶市	361129	万年县	1 610	16.1	2021-04-01
1188	360000	江西省	361100	上饶市	361130	婺源县	1 610	16.1	2021-04-01
1189	360000	江西省	361100	上饶市	361181	德兴市	1 610	16.1	2021-04-01
1190	370000	山东省	370100	济南市	370102	历下区	2 100	21.0	2021-10-01
1191	370000	山东省	370100	济南市	370103	市中区	2 100	21.0	2021-10-01
1192	370000	山东省	370100	济南市	370104	槐荫区	2 100	21.0	2021-10-01
1193	370000	山东省	370100	济南市	370105	天桥区	2 100	21.0	2021-10-01
1194	370000	山东省	370100	济南市	370112	历城区	2 100	21.0	2021-10-01
1195	370000	山东省	370100	济南市	370113	长清区	1 900	19.0	2021-10-01
1196	370000	山东省	370100	济南市	370114	章丘区	1 900	19.0	2021-10-01
1197	370000	山东省	370100	济南市	370115	济阳区	1 900	19.0	2021-10-01
1198	370000	山东省	370100	济南市	370116	莱芜区	1 900	19.0	2021-10-01
1199	370000	山东省	370100	济南市	370117	钢城区	1 900	19.0	2021-10-01
1200	370000	山东省	370100	济南市	370124	平阴县	1 900	19.0	2021-10-01
1201	370000	山东省	370100	济南市	370126	商河县	1 900	19.0	2021-10-01
1202	370000	山东省	370200	青岛市	370202	市南区	2 100	21.0	2021-10-01
1203	370000	山东省	370200	青岛市	370203	市北区	2 100	21.0	2021-10-01
1204	370000	山东省	370200	青岛市	370211	黄岛区	2 100	21.0	2021-10-01
1205	370000	山东省	370200	青岛市	370212	崂山区	2 100	21.0	2021-10-01
1206	370000	山东省	370200	青岛市	370213	李沧区	2 100	21.0	2021-10-01
1207	370000	山东省	370200	青岛市	370214	城阳区	2 100	21.0	2021-10-01
1208	370000	山东省	370200	青岛市	370215	即墨区	2 100	21.0	2021-10-01
1209	370000	山东省	370200	青岛市	370281	胶州市	1 900	19.0	2021-10-01
1210	370000	山东省	370200	青岛市	370283	平度市	1 900	19.0	2021-10-01
1211	370000	山东省	370200	青岛市	370285	莱西市	1 900	19.0	2021-10-01

续35

序号	省代码	省名称	市代码	市名称	县代码	县名称	月最低工资（元/月）	小时最低工资（元/时）	实施日期
1212	370000	山东省	370300	淄博市	370302	淄川区	2 100	21.0	2021-10-01
1213	370000	山东省	370300	淄博市	370303	张店区	2 100	21.0	2021-10-01
1214	370000	山东省	370300	淄博市	370304	博山区	1 900	19.0	2021-10-01
1215	370000	山东省	370300	淄博市	370305	临淄区	2 100	21.0	2021-10-01
1216	370000	山东省	370300	淄博市	370306	周村区	1 900	19.0	2021-10-01
1217	370000	山东省	370300	淄博市	370321	桓台县	1 900	19.0	2021-10-01
1218	370000	山东省	370300	淄博市	370322	高青县	1 700	17.0	2021-10-01
1219	370000	山东省	370300	淄博市	370323	沂源县	1 700	17.0	2021-10-01
1220	370000	山东省	370400	枣庄市	370402	市中区	1 900	19.0	2021-10-01
1221	370000	山东省	370400	枣庄市	370403	薛城区	1 900	19.0	2021-10-01
1222	370000	山东省	370400	枣庄市	370404	峄城区	1 700	17.0	2021-10-01
1223	370000	山东省	370400	枣庄市	370405	台儿庄区	1 700	17.0	2021-10-01
1224	370000	山东省	370400	枣庄市	370406	山亭区	1 700	17.0	2021-10-01
1225	370000	山东省	370400	枣庄市	370481	滕州市	1 900	19.0	2021-10-01
1226	370000	山东省	370500	东营市	370502	东营区	2 100	21.0	2021-10-01
1227	370000	山东省	370500	东营市	370503	河口区	2 100	21.0	2021-10-01
1228	370000	山东省	370500	东营市	370505	垦利区	2 100	21.0	2021-10-01
1229	370000	山东省	370500	东营市	370522	利津县	2 100	21.0	2021-10-01
1230	370000	山东省	370500	东营市	370523	广饶县	2 100	21.0	2021-10-01
1231	370000	山东省	370600	烟台市	370602	芝罘区	2 100	21.0	2021-10-01
1232	370000	山东省	370600	烟台市	370611	福山区	2 100	21.0	2021-10-01
1233	370000	山东省	370600	烟台市	370612	牟平区	2 100	21.0	2021-10-01
1234	370000	山东省	370600	烟台市	370613	莱山区	2 100	21.0	2021-10-01
1235	370000	山东省	370600	烟台市	370614	蓬莱区	2 100	21.0	2021-10-01
1236	370000	山东省	370600	烟台市	370681	龙口市	2 100	21.0	2021-10-01
1237	370000	山东省	370600	烟台市	370682	莱阳市	1 900	19.0	2021-10-01
1238	370000	山东省	370600	烟台市	370683	莱州市	2 100	21.0	2021-10-01
1239	370000	山东省	370600	烟台市	370685	招远市	2 100	21.0	2021-10-01
1240	370000	山东省	370600	烟台市	370686	栖霞市	1 900	19.0	2021-10-01
1241	370000	山东省	370600	烟台市	370687	海阳市	1 900	19.0	2021-10-01
1242	370000	山东省	370700	潍坊市	370702	潍城区	2 100	21.0	2021-10-01
1243	370000	山东省	370700	潍坊市	370703	寒亭区	2 100	21.0	2021-10-01
1244	370000	山东省	370700	潍坊市	370704	坊子区	2 100	21.0	2021-10-01
1245	370000	山东省	370700	潍坊市	370705	奎文区	2 100	21.0	2021-10-01
1246	370000	山东省	370700	潍坊市	370724	临朐县	1 900	19.0	2021-10-01

续 36

序号	省代码	省名称	市代码	市名称	县代码	县名称	月最低工资（元/月）	小时最低工资（元/时）	实施日期
1247	370000	山东省	370700	潍坊市	370725	昌乐县	1 900	19.0	2021-10-01
1248	370000	山东省	370700	潍坊市	370781	青州市	1 900	19.0	2021-10-01
1249	370000	山东省	370700	潍坊市	370782	诸城市	2 100	21.0	2021-10-01
1250	370000	山东省	370700	潍坊市	370783	寿光市	2 100	21.0	2021-10-01
1251	370000	山东省	370700	潍坊市	370784	安丘市	1 900	19.0	2021-10-01
1252	370000	山东省	370700	潍坊市	370785	高密市	1 900	19.0	2021-10-01
1253	370000	山东省	370700	潍坊市	370786	昌邑市	1 900	19.0	2021-10-01
1254	370000	山东省	370800	济宁市	370811	任城区	1 900	19.0	2021-10-01
1255	370000	山东省	370800	济宁市	370812	兖州区	1 900	19.0	2021-10-01
1256	370000	山东省	370800	济宁市	370826	微山县	1 900	19.0	2021-10-01
1257	370000	山东省	370800	济宁市	370827	鱼台县	1 700	17.0	2021-10-01
1258	370000	山东省	370800	济宁市	370828	金乡县	1 700	17.0	2021-10-01
1259	370000	山东省	370800	济宁市	370829	嘉祥县	1 700	17.0	2021-10-01
1260	370000	山东省	370800	济宁市	370830	汶上县	1 700	17.0	2021-10-01
1261	370000	山东省	370800	济宁市	370831	泗水县	1 700	17.0	2021-10-01
1262	370000	山东省	370800	济宁市	370832	梁山县	1 700	17.0	2021-10-01
1263	370000	山东省	370800	济宁市	370881	曲阜市	1 900	19.0	2021-10-01
1264	370000	山东省	370800	济宁市	370883	邹城市	1 900	19.0	2021-10-01
1265	370000	山东省	370900	泰安市	370902	泰山区	1 900	19.0	2021-10-01
1266	370000	山东省	370900	泰安市	370911	岱岳区	1 700	17.0	2021-10-01
1267	370000	山东省	370900	泰安市	370921	宁阳县	1 700	17.0	2021-10-01
1268	370000	山东省	370900	泰安市	370923	东平县	1 700	17.0	2021-10-01
1269	370000	山东省	370900	泰安市	370982	新泰市	1 900	19.0	2021-10-01
1270	370000	山东省	370900	泰安市	370983	肥城市	1 900	19.0	2021-10-01
1271	370000	山东省	371000	威海市	371002	环翠区	2 100	21.0	2021-10-01
1272	370000	山东省	371000	威海市	371003	文登区	2 100	21.0	2021-10-01
1273	370000	山东省	371000	威海市	371082	荣成市	2 100	21.0	2021-10-01
1274	370000	山东省	371000	威海市	371083	乳山市	2 100	21.0	2021-10-01
1275	370000	山东省	371100	日照市	371102	东港区	1 900	19.0	2021-10-01
1276	370000	山东省	371100	日照市	371103	岚山区	1 900	19.0	2021-10-01
1277	370000	山东省	371100	日照市	371121	五莲县	1 900	19.0	2021-10-01
1278	370000	山东省	371100	日照市	371122	莒县	1 900	19.0	2021-10-01
1279	370000	山东省	371300	临沂市	371302	兰山区	1 900	19.0	2021-10-01
1280	370000	山东省	371300	临沂市	371311	罗庄区	1 900	19.0	2021-10-01
1281	370000	山东省	371300	临沂市	371312	河东区	1 900	19.0	2021-10-01

续37

序号	省代码	省名称	市代码	市名称	县代码	县名称	月最低工资（元/月）	小时最低工资（元/时）	实施日期
1282	370000	山东省	371300	临沂市	371321	沂南县	1 700	17.0	2021-10-01
1283	370000	山东省	371300	临沂市	371322	郯城县	1 700	17.0	2021-10-01
1284	370000	山东省	371300	临沂市	371323	沂水县	1 700	17.0	2021-10-01
1285	370000	山东省	371300	临沂市	371324	兰陵县	1 700	17.0	2021-10-01
1286	370000	山东省	371300	临沂市	371325	费县	1 700	17.0	2021-10-01
1287	370000	山东省	371300	临沂市	371326	平邑县	1 700	17.0	2021-10-01
1288	370000	山东省	371300	临沂市	371327	莒南县	1 700	17.0	2021-10-01
1289	370000	山东省	371300	临沂市	371328	蒙阴县	1 700	17.0	2021-10-01
1290	370000	山东省	371300	临沂市	371329	临沭县	1 700	17.0	2021-10-01
1291	370000	山东省	371400	德州市	371402	德城区	1 700	17.0	2021-10-01
1292	370000	山东省	371400	德州市	371403	陵城区	1 700	17.0	2021-10-01
1293	370000	山东省	371400	德州市	371422	宁津县	1 700	17.0	2021-10-01
1294	370000	山东省	371400	德州市	371423	庆云县	1 700	17.0	2021-10-01
1295	370000	山东省	371400	德州市	371424	临邑县	1 700	17.0	2021-10-01
1296	370000	山东省	371400	德州市	371425	齐河县	1 700	17.0	2021-10-01
1297	370000	山东省	371400	德州市	371426	平原县	1 700	17.0	2021-10-01
1298	370000	山东省	371400	德州市	371427	夏津县	1 700	17.0	2021-10-01
1299	370000	山东省	371400	德州市	371428	武城县	1 700	17.0	2021-10-01
1300	370000	山东省	371400	德州市	371481	乐陵市	1 700	17.0	2021-10-01
1301	370000	山东省	371400	德州市	371482	禹城市	1 700	17.0	2021-10-01
1302	370000	山东省	371500	聊城市	371502	东昌府区	1 700	17.0	2021-10-01
1303	370000	山东省	371500	聊城市	371503	茌平区	1 700	17.0	2021-10-01
1304	370000	山东省	371500	聊城市	371521	阳谷县	1 700	17.0	2021-10-01
1305	370000	山东省	371500	聊城市	371522	莘县	1 700	17.0	2021-10-01
1306	370000	山东省	371500	聊城市	371524	东阿县	1 700	17.0	2021-10-01
1307	370000	山东省	371500	聊城市	371525	冠县	1 700	17.0	2021-10-01
1308	370000	山东省	371500	聊城市	371526	高唐县	1 700	17.0	2021-10-01
1309	370000	山东省	371500	聊城市	371581	临清市	1 700	17.0	2021-10-01
1310	370000	山东省	371600	滨州市	371602	滨城区	1 900	19.0	2021-10-01
1311	370000	山东省	371600	滨州市	371603	沾化区	1 700	17.0	2021-10-01
1312	370000	山东省	371600	滨州市	371621	惠民县	1 700	17.0	2021-10-01
1313	370000	山东省	371600	滨州市	371622	阳信县	1 700	17.0	2021-10-01
1314	370000	山东省	371600	滨州市	371623	无棣县	1 700	17.0	2021-10-01
1315	370000	山东省	371600	滨州市	371625	博兴县	1 900	19.0	2021-10-01
1316	370000	山东省	371600	滨州市	371681	邹平市	1 900	19.0	2021-10-01

续38

序号	省代码	省名称	市代码	市名称	县代码	县名称	月最低工资（元/月）	小时最低工资（元/时）	实施日期
1317	370000	山东省	371700	菏泽市	371702	牡丹区	1 700	17.0	2021-10-01
1318	370000	山东省	371700	菏泽市	371703	定陶区	1 700	17.0	2021-10-01
1319	370000	山东省	371700	菏泽市	371721	曹县	1 700	17.0	2021-10-01
1320	370000	山东省	371700	菏泽市	371722	单县	1 700	17.0	2021-10-01
1321	370000	山东省	371700	菏泽市	371723	成武县	1 700	17.0	2021-10-01
1322	370000	山东省	371700	菏泽市	371724	巨野县	1 700	17.0	2021-10-01
1323	370000	山东省	371700	菏泽市	371725	郓城县	1 700	17.0	2021-10-01
1324	370000	山东省	371700	菏泽市	371726	鄄城县	1 700	17.0	2021-10-01
1325	370000	山东省	371700	菏泽市	371728	东明县	1 700	17.0	2021-10-01
1326	410000	河南省	410100	郑州市	410102	中原区	1 900	19.0	2018-10-01
1327	410000	河南省	410100	郑州市	410103	二七区	1 900	19.0	2018-10-01
1328	410000	河南省	410100	郑州市	410104	管城回族区	1 900	19.0	2018-10-01
1329	410000	河南省	410100	郑州市	410105	金水区	1 900	19.0	2018-10-01
1330	410000	河南省	410100	郑州市	410106	上街区	1 900	19.0	2018-10-01
1331	410000	河南省	410100	郑州市	410108	惠济区	1 900	19.0	2018-10-01
1332	410000	河南省	410100	郑州市	410122	中牟县	1 900	19.0	2018-10-01
1333	410000	河南省	410100	郑州市	410181	巩义市	1 900	19.0	2018-10-01
1334	410000	河南省	410100	郑州市	410182	荥阳市	1 900	19.0	2018-10-01
1335	410000	河南省	410100	郑州市	410183	新密市	1 900	19.0	2018-10-01
1336	410000	河南省	410100	郑州市	410184	新郑市	1 900	19.0	2018-10-01
1337	410000	河南省	410100	郑州市	410185	登封市	1 900	19.0	2018-10-01
1338	410000	河南省	410200	开封市	410202	龙亭区	1 700	17.0	2018-10-01
1339	410000	河南省	410200	开封市	410203	顺河回族区	1 700	17.0	2018-10-01
1340	410000	河南省	410200	开封市	410204	鼓楼区	1 700	17.0	2018-10-01
1341	410000	河南省	410200	开封市	410205	禹王台区	1 700	17.0	2018-10-01
1342	410000	河南省	410200	开封市	410212	祥符区	1 500	15.0	2018-10-01
1343	410000	河南省	410200	开封市	410221	杞县	1 500	15.0	2018-10-01
1344	410000	河南省	410200	开封市	410222	通许县	1 500	15.0	2018-10-01
1345	410000	河南省	410200	开封市	410223	尉氏县	1 500	15.0	2018-10-01
1346	410000	河南省	410200	开封市	410225	兰考县	1 500	15.0	2018-10-01
1347	410000	河南省	410300	洛阳市	410302	老城区	1 900	19.0	2018-10-01
1348	410000	河南省	410300	洛阳市	410303	西工区	1 900	19.0	2018-10-01
1349	410000	河南省	410300	洛阳市	410304	瀍河回族区	1 900	19.0	2018-10-01
1350	410000	河南省	410300	洛阳市	410305	涧西区	1 900	19.0	2018-10-01
1351	410000	河南省	410300	洛阳市	410307	偃师区	1 900	19.0	2018-10-01

续 39

序号	省代码	省名称	市代码	市名称	县代码	县名称	月最低工资（元/月）	小时最低工资（元/时）	实施日期
1352	410000	河南省	410300	洛阳市	410308	孟津区	1 800	18.0	2018-10-01
1353	410000	河南省	410300	洛阳市	410311	洛龙区	1 900	19.0	2018-10-01
1354	410000	河南省	410300	洛阳市	410323	新安县	1 900	19.0	2018-10-01
1355	410000	河南省	410300	洛阳市	410324	栾川县	1 900	19.0	2018-10-01
1356	410000	河南省	410300	洛阳市	410325	嵩县	1 700	17.0	2018-10-01
1357	410000	河南省	410300	洛阳市	410326	汝阳县	1 700	17.0	2018-10-01
1358	410000	河南省	410300	洛阳市	410327	宜阳县	1 700	17.0	2018-10-01
1359	410000	河南省	410300	洛阳市	410328	洛宁县	1 700	17.0	2018-10-01
1360	410000	河南省	410300	洛阳市	410329	伊川县	1 700	17.0	2018-10-01
1361	410000	河南省	410400	平顶山市	410402	新华区	1 900	19.0	2018-10-01
1362	410000	河南省	410400	平顶山市	410403	卫东区	1 900	19.0	2018-10-01
1363	410000	河南省	410400	平顶山市	410404	石龙区	1 900	19.0	2018-10-01
1364	410000	河南省	410400	平顶山市	410411	湛河区	1 900	19.0	2018-10-01
1365	410000	河南省	410400	平顶山市	410421	宝丰县	1 700	17.0	2018-10-01
1366	410000	河南省	410400	平顶山市	410422	叶县	1 500	15.0	2018-10-01
1367	410000	河南省	410400	平顶山市	410423	鲁山县	1 500	15.0	2018-10-01
1368	410000	河南省	410400	平顶山市	410425	郏县	1 700	17.0	2018-10-01
1369	410000	河南省	410400	平顶山市	410481	舞钢市	1 900	19.0	2018-10-01
1370	410000	河南省	410400	平顶山市	410482	汝州市	1 700	17.0	2018-10-01
1371	410000	河南省	410500	安阳市	410502	文峰区	1 900	19.0	2018-10-01
1372	410000	河南省	410500	安阳市	410503	北关区	1 900	19.0	2018-10-01
1373	410000	河南省	410500	安阳市	410505	殷都区	1 900	19.0	2018-10-01
1374	410000	河南省	410500	安阳市	410506	龙安区	1 900	19.0	2018-10-01
1375	410000	河南省	410500	安阳市	410522	安阳县	1 700	17.0	2018-10-01
1376	410000	河南省	410500	安阳市	410523	汤阴县	1 700	17.0	2018-10-01
1377	410000	河南省	410500	安阳市	410526	滑县	1 500	15.0	2018-10-01
1378	410000	河南省	410500	安阳市	410527	内黄县	1 500	15.0	2018-10-01
1379	410000	河南省	410500	安阳市	410581	林州市	1 700	17.0	2018-10-01
1380	410000	河南省	410600	鹤壁市	410602	鹤山区	1 900	19.0	2018-10-01
1381	410000	河南省	410600	鹤壁市	410603	山城区	1 900	19.0	2018-10-01
1382	410000	河南省	410600	鹤壁市	410611	淇滨区	1 900	19.0	2018-10-01
1383	410000	河南省	410600	鹤壁市	410621	浚县	1 500	15.0	2018-10-01
1384	410000	河南省	410600	鹤壁市	410622	淇县	1 700	17.0	2018-10-01
1385	410000	河南省	410700	新乡市	410702	红旗区	1 900	19.0	2018-10-01
1386	410000	河南省	410700	新乡市	410703	卫滨区	1 900	19.0	2018-10-01

续40

序号	省代码	省名称	市代码	市名称	县代码	县名称	月最低工资（元/月）	小时最低工资（元/时）	实施日期
1387	410000	河南省	410700	新乡市	410704	凤泉区	1 900	19.0	2018-10-01
1388	410000	河南省	410700	新乡市	410711	牧野区	1 900	19.0	2018-10-01
1389	410000	河南省	410700	新乡市	410721	新乡县	1 700	17.0	2018-10-01
1390	410000	河南省	410700	新乡市	410724	获嘉县	1 500	15.0	2018-10-01
1391	410000	河南省	410700	新乡市	410725	原阳县	1 500	15.0	2018-10-01
1392	410000	河南省	410700	新乡市	410726	延津县	1 500	15.0	2018-10-01
1393	410000	河南省	410700	新乡市	410727	封丘县	1 500	15.0	2018-10-01
1394	410000	河南省	410700	新乡市	410781	卫辉市	1 500	15.0	2018-10-01
1395	410000	河南省	410700	新乡市	410782	辉县市	1 700	17.0	2018-10-01
1396	410000	河南省	410700	新乡市	410783	长垣市	1 500	15.0	2018-10-01
1397	410000	河南省	410800	焦作市	410802	解放区	1 900	19.0	2018-10-01
1398	410000	河南省	410800	焦作市	410803	中站区	1 900	19.0	2018-10-01
1399	410000	河南省	410800	焦作市	410804	马村区	1 900	19.0	2018-10-01
1400	410000	河南省	410800	焦作市	410811	山阳区	1 900	19.0	2018-10-01
1401	410000	河南省	410800	焦作市	410821	修武县	1 700	17.0	2018-10-01
1402	410000	河南省	410800	焦作市	410822	博爱县	1 700	17.0	2018-10-01
1403	410000	河南省	410800	焦作市	410823	武陟县	1 700	17.0	2018-10-01
1404	410000	河南省	410800	焦作市	410825	温县	1 700	17.0	2018-10-01
1405	410000	河南省	410800	焦作市	410882	沁阳市	1 900	19.0	2018-10-01
1406	410000	河南省	410800	焦作市	410883	孟州市	1 900	19.0	2018-10-01
1407	410000	河南省	410900	濮阳市	410902	华龙区	1 700	17.0	2018-10-01
1408	410000	河南省	410900	濮阳市	410922	清丰县	1 500	15.0	2018-10-01
1409	410000	河南省	410900	濮阳市	410923	南乐县	1 500	15.0	2018-10-01
1410	410000	河南省	410900	濮阳市	410926	范县	1 500	15.0	2018-10-01
1411	410000	河南省	410900	濮阳市	410927	台前县	1 500	15.0	2018-10-01
1412	410000	河南省	410900	濮阳市	410928	濮阳县	1 500	15.0	2018-10-01
1413	410000	河南省	411000	许昌市	411002	魏都区	1 900	19.0	2018-10-01
1414	410000	河南省	411000	许昌市	411003	建安区	1 900	19.0	2018-10-01
1415	410000	河南省	411000	许昌市	411024	鄢陵县	1 700	17.0	2018-10-01
1416	410000	河南省	411000	许昌市	411025	襄城县	1 700	17.0	2018-10-01
1417	410000	河南省	411000	许昌市	411081	禹州市	1 700	17.0	2018-10-01
1418	410000	河南省	411000	许昌市	411082	长葛市	1 900	19.0	2018-10-01
1419	410000	河南省	411100	漯河市	411102	源汇区	1 900	19.0	2018-10-01
1420	410000	河南省	411100	漯河市	411103	郾城区	1 900	19.0	2018-10-01
1421	410000	河南省	411100	漯河市	411104	召陵区	1 900	19.0	2018-10-01

续41

序号	省代码	省名称	市代码	市名称	县代码	县名称	月最低工资（元/月）	小时最低工资（元/时）	实施日期
1422	410000	河南省	411100	漯河市	411121	舞阳县	1 700	17.0	2018-10-01
1423	410000	河南省	411100	漯河市	411122	临颍县	1 700	17.0	2018-10-01
1424	410000	河南省	411200	三门峡市	411202	湖滨区	1 900	19.0	2018-10-01
1425	410000	河南省	411200	三门峡市	411203	陕州区	1 900	19.0	2018-10-01
1426	410000	河南省	411200	三门峡市	411221	渑池县	1 900	19.0	2018-10-01
1427	410000	河南省	411200	三门峡市	411224	卢氏县	1 700	17.0	2018-10-01
1428	410000	河南省	411200	三门峡市	411281	义马市	1 900	19.0	2018-10-01
1429	410000	河南省	411200	三门峡市	411282	灵宝市	1 900	19.0	2018-10-01
1430	410000	河南省	411300	南阳市	411302	宛城区	1 700	17.0	2018-10-01
1431	410000	河南省	411300	南阳市	411303	卧龙区	1 700	17.0	2018-10-01
1432	410000	河南省	411300	南阳市	411321	南召县	1 500	15.0	2018-10-01
1433	410000	河南省	411300	南阳市	411322	方城县	1 500	15.0	2018-10-01
1434	410000	河南省	411300	南阳市	411323	西峡县	1 500	15.0	2018-10-01
1435	410000	河南省	411300	南阳市	411324	镇平县	1 500	15.0	2018-10-01
1436	410000	河南省	411300	南阳市	411325	内乡县	1 500	15.0	2018-10-01
1437	410000	河南省	411300	南阳市	411326	淅川县	1 500	15.0	2018-10-01
1438	410000	河南省	411300	南阳市	411327	社旗县	1 500	15.0	2018-10-01
1439	410000	河南省	411300	南阳市	411328	唐河县	1 500	15.0	2018-10-01
1440	410000	河南省	411300	南阳市	411329	新野县	1 500	15.0	2018-10-01
1441	410000	河南省	411300	南阳市	411330	桐柏县	1 500	15.0	2018-10-01
1442	410000	河南省	411300	南阳市	411381	邓州市	1 500	15.0	2018-10-01
1443	410000	河南省	411400	商丘市	411402	梁园区	1 700	17.0	2018-10-01
1444	410000	河南省	411400	商丘市	411403	睢阳区	1 700	17.0	2018-10-01
1445	410000	河南省	411400	商丘市	411421	民权县	1 500	15.0	2018-10-01
1446	410000	河南省	411400	商丘市	411422	睢县	1 500	15.0	2018-10-01
1447	410000	河南省	411400	商丘市	411423	宁陵县	1 500	15.0	2018-10-01
1448	410000	河南省	411400	商丘市	411424	柘城县	1 500	15.0	2018-10-01
1449	410000	河南省	411400	商丘市	411425	虞城县	1 500	15.0	2018-10-01
1450	410000	河南省	411400	商丘市	411426	夏邑县	1 500	15.0	2018-10-01
1451	410000	河南省	411400	商丘市	411481	永城市	1 700	17.0	2018-10-01
1452	410000	河南省	411500	信阳市	411502	浉河区	1 700	17.0	2018-10-01
1453	410000	河南省	411500	信阳市	411503	平桥区	1 700	17.0	2018-10-01
1454	410000	河南省	411500	信阳市	411521	罗山县	1 500	15.0	2018-10-01
1455	410000	河南省	411500	信阳市	411522	光山县	1 500	15.0	2018-10-01
1456	410000	河南省	411500	信阳市	411523	新县	1 500	15.0	2018-10-01

续 42

序号	省代码	省名称	市代码	市名称	县代码	县名称	月最低工资（元/月）	小时最低工资（元/时）	实施日期
1457	410000	河南省	411500	信阳市	411524	商城县	1 500	15.0	2018-10-01
1458	410000	河南省	411500	信阳市	411525	固始县	1 500	15.0	2018-10-01
1459	410000	河南省	411500	信阳市	411526	潢川县	1 500	15.0	2018-10-01
1460	410000	河南省	411500	信阳市	411527	淮滨县	1 500	15.0	2018-10-01
1461	410000	河南省	411500	信阳市	411528	息县	1 500	15.0	2018-10-01
1462	410000	河南省	411600	周口市	411602	川汇区	1 700	17.0	2018-10-01
1463	410000	河南省	411600	周口市	411603	淮阳区	1 500	15.0	2018-10-01
1464	410000	河南省	411600	周口市	411621	扶沟县	1 500	15.0	2018-10-01
1465	410000	河南省	411600	周口市	411622	西华县	1 500	15.0	2018-10-01
1466	410000	河南省	411600	周口市	411623	商水县	1 500	15.0	2018-10-01
1467	410000	河南省	411600	周口市	411624	沈丘县	1 500	15.0	2018-10-01
1468	410000	河南省	411600	周口市	411625	郸城县	1 500	15.0	2018-10-01
1469	410000	河南省	411600	周口市	411627	太康县	1 500	15.0	2018-10-01
1470	410000	河南省	411600	周口市	411628	鹿邑县	1 500	15.0	2018-10-01
1471	410000	河南省	411600	周口市	411681	项城市	1 700	17.0	2018-10-01
1472	410000	河南省	411700	驻马店市	411702	驿城区	1 700	17.0	2018-10-01
1473	410000	河南省	411700	驻马店市	411721	西平县	1 500	15.0	2018-10-01
1474	410000	河南省	411700	驻马店市	411722	上蔡县	1 500	15.0	2018-10-01
1475	410000	河南省	411700	驻马店市	411723	平舆县	1 500	15.0	2018-10-01
1476	410000	河南省	411700	驻马店市	411724	正阳县	1 500	15.0	2018-10-01
1477	410000	河南省	411700	驻马店市	411725	确山县	1 500	15.0	2018-10-01
1478	410000	河南省	411700	驻马店市	411726	泌阳县	1 500	15.0	2018-10-01
1479	410000	河南省	411700	驻马店市	411727	汝南县	1 500	15.0	2018-10-01
1480	410000	河南省	411700	驻马店市	411728	遂平县	1 500	15.0	2018-10-01
1481	410000	河南省	411700	驻马店市	411729	新蔡县	1 500	15.0	2018-10-01
1482	410000	河南省	419000	省直辖县级行政区划	419001	济源市	1 900	19.0	2018-10-01
1483	420000	湖北省	420100	武汉市	420102	江岸区	2 010	19.5	2021-09-01
1484	420000	湖北省	420100	武汉市	420103	江汉区	2 010	19.5	2021-09-01
1485	420000	湖北省	420100	武汉市	420104	硚口区	2 010	19.5	2021-09-01
1486	420000	湖北省	420100	武汉市	420105	汉阳区	2 010	19.5	2021-09-01
1487	420000	湖北省	420100	武汉市	420106	武昌区	2 010	19.5	2021-09-01
1488	420000	湖北省	420100	武汉市	420107	青山区	2 010	19.5	2021-09-01
1489	420000	湖北省	420100	武汉市	420111	洪山区	2 010	19.5	2021-09-01
1490	420000	湖北省	420100	武汉市	420112	东西湖区	2 010	19.5	2021-09-01

续 43

序号	省代码	省名称	市代码	市名称	县代码	县名称	月最低工资（元/月）	小时最低工资（元/时）	实施日期
1491	420000	湖北省	420100	武汉市	420113	汉南区	2 010	19.5	2021－09－01
1492	420000	湖北省	420100	武汉市	420114	蔡甸区	1 800	18.0	2021－09－01
1493	420000	湖北省	420100	武汉市	420115	江夏区	1 800	18.0	2021－09－01
1494	420000	湖北省	420100	武汉市	420116	黄陂区	1 800	18.0	2021－09－01
1495	420000	湖北省	420100	武汉市	420117	新洲区	1 800	18.0	2021－09－01
1496	420000	湖北省	420200	黄石市	420202	黄石港区	1 650	16.5	2021－09－01
1497	420000	湖北省	420200	黄石市	420203	西塞山区	1 650	16.5	2021－09－01
1498	420000	湖北省	420200	黄石市	420204	下陆区	1 650	16.5	2021－09－01
1499	420000	湖北省	420200	黄石市	420205	铁山区	1 650	16.5	2021－09－01
1500	420000	湖北省	420200	黄石市	420222	阳新县	1 520	15.0	2021－09－01
1501	420000	湖北省	420200	黄石市	420281	大冶市	1 650	16.5	2021－09－01
1502	420000	湖北省	420300	十堰市	420302	茅箭区	1 650	16.5	2021－09－01
1503	420000	湖北省	420300	十堰市	420303	张湾区	1 650	16.5	2021－09－01
1504	420000	湖北省	420300	十堰市	420304	郧阳区	1 520	15.0	2021－09－01
1505	420000	湖北省	420300	十堰市	420322	郧西县	1 520	15.0	2021－09－01
1506	420000	湖北省	420300	十堰市	420323	竹山县	1 520	15.0	2021－09－01
1507	420000	湖北省	420300	十堰市	420324	竹溪县	1 520	15.0	2021－09－01
1508	420000	湖北省	420300	十堰市	420325	房县	1 520	15.0	2021－09－01
1509	420000	湖北省	420300	十堰市	420381	丹江口市	1 520	15.0	2021－09－01
1510	420000	湖北省	420500	宜昌市	420502	西陵区	1 800	18.0	2021－09－01
1511	420000	湖北省	420500	宜昌市	420503	伍家岗区	1 800	18.0	2021－09－01
1512	420000	湖北省	420500	宜昌市	420504	点军区	1 800	18.0	2021－09－01
1513	420000	湖北省	420500	宜昌市	420505	猇亭区	1 800	18.0	2021－09－01
1514	420000	湖北省	420500	宜昌市	420506	夷陵区	1 800	18.0	2021－09－01
1515	420000	湖北省	420500	宜昌市	420525	远安县	1 520	15.0	2021－09－01
1516	420000	湖北省	420500	宜昌市	420526	兴山县	1 520	15.0	2021－09－01
1517	420000	湖北省	420500	宜昌市	420527	秭归县	1 520	15.0	2021－09－01
1518	420000	湖北省	420500	宜昌市	420528	长阳土家族自治县	1 520	15.0	2021－09－01
1519	420000	湖北省	420500	宜昌市	420529	五峰土家族自治县	1 520	15.0	2021－09－01
1520	420000	湖北省	420500	宜昌市	420581	宜都市	1 650	16.5	2021－09－01
1521	420000	湖北省	420500	宜昌市	420582	当阳市	1 520	15.0	2021－09－01
1522	420000	湖北省	420500	宜昌市	420583	枝江市	1 650	16.5	2021－09－01
1523	420000	湖北省	420600	襄阳市	420602	襄城区	1 800	18.0	2021－09－01
1524	420000	湖北省	420600	襄阳市	420606	樊城区	1 800	18.0	2021－09－01
1525	420000	湖北省	420600	襄阳市	420607	襄州区	1 650	16.5	2021－09－01

续44

序号	省代码	省名称	市代码	市名称	县代码	县名称	月最低工资（元/月）	小时最低工资（元/时）	实施日期
1526	420000	湖北省	420600	襄阳市	420624	南漳县	1 520	15.0	2021－09－01
1527	420000	湖北省	420600	襄阳市	420625	谷城县	1 520	15.0	2021－09－01
1528	420000	湖北省	420600	襄阳市	420626	保康县	1 520	15.0	2021－09－01
1529	420000	湖北省	420600	襄阳市	420682	老河口市	1 650	16.5	2021－09－01
1530	420000	湖北省	420600	襄阳市	420683	枣阳市	1 650	16.5	2021－09－01
1531	420000	湖北省	420600	襄阳市	420684	宜城市	1 520	15.0	2021－09－01
1532	420000	湖北省	420700	鄂州市	420702	梁子湖区	1 650	16.5	2021－09－01
1533	420000	湖北省	420700	鄂州市	420703	华容区	1 650	16.5	2021－09－01
1534	420000	湖北省	420700	鄂州市	420704	鄂城区	1 650	16.5	2021－09－01
1535	420000	湖北省	420800	荆门市	420802	东宝区	1 650	16.5	2021－09－01
1536	420000	湖北省	420800	荆门市	420804	掇刀区	1 650	16.5	2021－09－01
1537	420000	湖北省	420800	荆门市	420822	沙洋县	1 520	15.0	2021－09－01
1538	420000	湖北省	420800	荆门市	420881	钟祥市	1 650	16.5	2021－09－01
1539	420000	湖北省	420800	荆门市	420882	京山市	1 650	16.5	2021－09－01
1540	420000	湖北省	420900	孝感市	420902	孝南区	1 650	16.5	2021－09－01
1541	420000	湖北省	420900	孝感市	420921	孝昌县	1 520	15.0	2021－09－01
1542	420000	湖北省	420900	孝感市	420922	大悟县	1 520	15.0	2021－09－01
1543	420000	湖北省	420900	孝感市	420923	云梦县	1 520	15.0	2021－09－01
1544	420000	湖北省	420900	孝感市	420981	应城市	1 650	16.5	2021－09－01
1545	420000	湖北省	420900	孝感市	420982	安陆市	1 520	15.0	2021－09－01
1546	420000	湖北省	420900	孝感市	420984	汉川市	1 650	16.5	2021－09－01
1547	420000	湖北省	421000	荆州市	421002	沙市区	1 650	16.5	2021－09－01
1548	420000	湖北省	421000	荆州市	421003	荆州区	1 650	16.5	2021－09－01
1549	420000	湖北省	421000	荆州市	421022	公安县	1 520	15.0	2021－09－01
1550	420000	湖北省	421000	荆州市	421024	江陵县	1 520	15.0	2021－09－01
1551	420000	湖北省	421000	荆州市	421081	石首市	1 520	15.0	2021－09－01
1552	420000	湖北省	421000	荆州市	421083	洪湖市	1 520	15.0	2021－09－01
1553	420000	湖北省	421000	荆州市	421087	松滋市	1 520	15.0	2021－09－01
1554	420000	湖北省	421000	荆州市	421088	监利市	1 520	15.0	2021－09－01
1555	420000	湖北省	421100	黄冈市	421102	黄州区	1 650	16.5	2021－09－01
1556	420000	湖北省	421100	黄冈市	421121	团风县	1 520	15.0	2021－09－01
1557	420000	湖北省	421100	黄冈市	421122	红安县	1 520	15.0	2021－09－01
1558	420000	湖北省	421100	黄冈市	421123	罗田县	1 520	15.0	2021－09－01
1559	420000	湖北省	421100	黄冈市	421124	英山县	1 520	15.0	2021－09－01
1560	420000	湖北省	421100	黄冈市	421125	浠水县	1 520	15.0	2021－09－01

续 45

序号	省代码	省名称	市代码	市名称	县代码	县名称	月最低工资（元/月）	小时最低工资（元/时）	实施日期
1561	420000	湖北省	421100	黄冈市	421126	蕲春县	1 520	15.0	2021-09-01
1562	420000	湖北省	421100	黄冈市	421127	黄梅县	1 520	15.0	2021-09-01
1563	420000	湖北省	421100	黄冈市	421181	麻城市	1 520	15.0	2021-09-01
1564	420000	湖北省	421100	黄冈市	421182	武穴市	1 520	15.0	2021-09-01
1565	420000	湖北省	421200	咸宁市	421202	咸安区	1 650	16.5	2021-09-01
1566	420000	湖北省	421200	咸宁市	421221	嘉鱼县	1 650	16.5	2021-09-01
1567	420000	湖北省	421200	咸宁市	421222	通城县	1 520	15.0	2021-09-01
1568	420000	湖北省	421200	咸宁市	421223	崇阳县	1 520	15.0	2021-09-01
1569	420000	湖北省	421200	咸宁市	421224	通山县	1 520	15.0	2021-09-01
1570	420000	湖北省	421200	咸宁市	421281	赤壁市	1 650	16.5	2021-09-01
1571	420000	湖北省	421300	随州市	421303	曾都区	1 650	16.5	2021-09-01
1572	420000	湖北省	421300	随州市	421321	随县	1 520	15.0	2021-09-01
1573	420000	湖北省	421300	随州市	421381	广水市	1 520	15.0	2021-09-01
1574	420000	湖北省	422800	恩施土家族苗族自治州	422801	恩施市	1 650	16.5	2021-09-01
1575	420000	湖北省	422800	恩施土家族苗族自治州	422802	利川市	1 520	15.0	2021-09-01
1576	420000	湖北省	422800	恩施土家族苗族自治州	422822	建始县	1 520	15.0	2021-09-01
1577	420000	湖北省	422800	恩施土家族苗族自治州	422823	巴东县	1 520	15.0	2021-09-01
1578	420000	湖北省	422800	恩施土家族苗族自治州	422825	宣恩县	1 520	15.0	2021-09-01
1579	420000	湖北省	422800	恩施土家族苗族自治州	422826	咸丰县	1 520	15.0	2021-09-01
1580	420000	湖北省	422800	恩施土家族苗族自治州	422827	来凤县	1 520	15.0	2021-09-01
1581	420000	湖北省	422800	恩施土家族苗族自治州	422828	鹤峰县	1 520	15.0	2021-09-01
1582	420000	湖北省	429000	省直辖县级行政区划	429004	仙桃市	1 650	16.5	2021-09-01
1583	420000	湖北省	429000	省直辖县级行政区划	429005	潜江市	1 650	16.5	2021-09-01
1584	420000	湖北省	429000	省直辖县级行政区划	429006	天门市	1 650	16.5	2021-09-01

续46

序号	省代码	省名称	市代码	市名称	县代码	县名称	月最低工资（元/月）	小时最低工资（元/时）	实施日期
1585	420000	湖北省	429000	省直辖县级行政区划	429021	神农架林区	1 520	15.0	2021-09-01
1586	430000	湖南省	430100	长沙市	430102	芙蓉区	1 700	17.0	2019-10-01
1587	430000	湖南省	430100	长沙市	430103	天心区	1 700	17.0	2019-10-01
1588	430000	湖南省	430100	长沙市	430104	岳麓区	1 700	17.0	2019-10-01
1589	430000	湖南省	430100	长沙市	430105	开福区	1 700	17.0	2019-10-01
1590	430000	湖南省	430100	长沙市	430111	雨花区	1 700	17.0	2019-10-01
1591	430000	湖南省	430100	长沙市	430112	望城区	1 700	17.0	2019-10-01
1592	430000	湖南省	430100	长沙市	430121	长沙县	1 540	15.0	2019-10-01
1593	430000	湖南省	430100	长沙市	430181	浏阳市	1 540	15.0	2019-10-01
1594	430000	湖南省	430100	长沙市	430182	宁乡市	1 540	15.0	2019-10-01
1595	430000	湖南省	430200	株洲市	430202	荷塘区	1 700	17.0	2019-10-01
1596	430000	湖南省	430200	株洲市	430203	芦淞区	1 700	17.0	2019-10-01
1597	430000	湖南省	430200	株洲市	430204	石峰区	1 700	17.0	2019-10-01
1598	430000	湖南省	430200	株洲市	430211	天元区	1 700	17.0	2019-10-01
1599	430000	湖南省	430200	株洲市	430212	渌口区	1 540	15.0	2019-10-01
1600	430000	湖南省	430200	株洲市	430223	攸县	1 540	15.0	2019-10-01
1601	430000	湖南省	430200	株洲市	430224	茶陵县	1 380	13.5	2019-10-01
1602	430000	湖南省	430200	株洲市	430225	炎陵县	1 380	13.5	2019-10-01
1603	430000	湖南省	430200	株洲市	430281	醴陵市	1 540	15.0	2019-10-01
1604	430000	湖南省	430300	湘潭市	430302	雨湖区	1 700	17.0	2019-10-01
1605	430000	湖南省	430300	湘潭市	430304	岳塘区	1 700	17.0	2019-10-01
1606	430000	湖南省	430300	湘潭市	430321	湘潭县	1 540	15.0	2019-10-01
1607	430000	湖南省	430300	湘潭市	430381	湘乡市	1 540	15.0	2019-10-01
1608	430000	湖南省	430300	湘潭市	430382	韶山市	1 540	15.0	2019-10-01
1609	430000	湖南省	430400	衡阳市	430405	珠晖区	1 380	13.5	2019-10-01
1610	430000	湖南省	430400	衡阳市	430406	雁峰区	1 380	13.5	2019-10-01
1611	430000	湖南省	430400	衡阳市	430407	石鼓区	1 380	13.5	2019-10-01
1612	430000	湖南省	430400	衡阳市	430408	蒸湘区	1 380	13.5	2019-10-01
1613	430000	湖南省	430400	衡阳市	430412	南岳区	1 380	13.5	2019-10-01
1614	430000	湖南省	430400	衡阳市	430421	衡阳县	1 220	12.5	2019-10-01
1615	430000	湖南省	430400	衡阳市	430422	衡南县	1 220	12.5	2019-10-01
1616	430000	湖南省	430400	衡阳市	430423	衡山县	1 220	12.5	2019-10-01
1617	430000	湖南省	430400	衡阳市	430424	衡东县	1 220	12.5	2019-10-01
1618	430000	湖南省	430400	衡阳市	430426	祁东县	1 220	12.5	2019-10-01

续 47

序号	省代码	省名称	市代码	市名称	县代码	县名称	月最低工资（元/月）	小时最低工资（元/时）	实施日期
1619	430000	湖南省	430400	衡阳市	430481	耒阳市	1 220	12.5	2019-10-01
1620	430000	湖南省	430400	衡阳市	430482	常宁市	1 220	12.5	2019-10-01
1621	430000	湖南省	430500	邵阳市	430502	双清区	1 220	12.5	2019-10-01
1622	430000	湖南省	430500	邵阳市	430503	大祥区	1 220	12.5	2019-10-01
1623	430000	湖南省	430500	邵阳市	430511	北塔区	1 220	12.5	2019-10-01
1624	430000	湖南省	430500	邵阳市	430522	新邵县	1 220	12.5	2019-10-01
1625	430000	湖南省	430500	邵阳市	430523	邵阳县	1 220	12.5	2019-10-01
1626	430000	湖南省	430500	邵阳市	430524	隆回县	1 220	12.5	2019-10-01
1627	430000	湖南省	430500	邵阳市	430525	洞口县	1 220	12.5	2019-10-01
1628	430000	湖南省	430500	邵阳市	430527	绥宁县	1 220	12.5	2019-10-01
1629	430000	湖南省	430500	邵阳市	430528	新宁县	1 220	12.5	2019-10-01
1630	430000	湖南省	430500	邵阳市	430529	城步苗族自治县	1 220	12.5	2019-10-01
1631	430000	湖南省	430500	邵阳市	430581	武冈市	1 220	12.5	2019-10-01
1632	430000	湖南省	430500	邵阳市	430582	邵东市	1 220	12.5	2019-10-01
1633	430000	湖南省	430600	岳阳市	430602	岳阳楼区	1 540	15.0	2019-10-01
1634	430000	湖南省	430600	岳阳市	430603	云溪区	1 540	15.0	2019-10-01
1635	430000	湖南省	430600	岳阳市	430611	君山区	1 540	15.0	2019-10-01
1636	430000	湖南省	430600	岳阳市	430621	岳阳县	1 380	13.5	2019-10-01
1637	430000	湖南省	430600	岳阳市	430623	华容县	1 380	13.5	2019-10-01
1638	430000	湖南省	430600	岳阳市	430624	湘阴县	1 380	13.5	2019-10-01
1639	430000	湖南省	430600	岳阳市	430626	平江县	1 380	13.5	2019-10-01
1640	430000	湖南省	430600	岳阳市	430681	汨罗市	1 380	13.5	2019-10-01
1641	430000	湖南省	430600	岳阳市	430682	临湘市	1 380	13.5	2019-10-01
1642	430000	湖南省	430700	常德市	430702	武陵区	1 540	15.0	2019-10-01
1643	430000	湖南省	430700	常德市	430703	鼎城区	1 540	15.0	2019-10-01
1644	430000	湖南省	430700	常德市	430721	安乡县	1 380	13.5	2019-10-01
1645	430000	湖南省	430700	常德市	430722	汉寿县	1 380	13.5	2019-10-01
1646	430000	湖南省	430700	常德市	430723	澧县	1 380	13.5	2019-10-01
1647	430000	湖南省	430700	常德市	430724	临澧县	1 380	13.5	2019-10-01
1648	430000	湖南省	430700	常德市	430725	桃源县	1 380	13.5	2019-10-01
1649	430000	湖南省	430700	常德市	430726	石门县	1 380	13.5	2019-10-01
1650	430000	湖南省	430700	常德市	430781	津市市	1 380	13.5	2019-10-01
1651	430000	湖南省	430800	张家界市	430802	永定区	1 540	15.0	2019-10-01
1652	430000	湖南省	430800	张家界市	430811	武陵源区	1 540	15.0	2019-10-01
1653	430000	湖南省	430800	张家界市	430821	慈利县	1 540	15.0	2019-10-01

续 48

序号	省代码	省名称	市代码	市名称	县代码	县名称	月最低工资（元/月）	小时最低工资（元/时）	实施日期
1654	430000	湖南省	430800	张家界市	430822	桑植县	1 540	15.0	2019－10－01
1655	430000	湖南省	430900	益阳市	430902	资阳区	1 380	13.5	2019－10－01
1656	430000	湖南省	430900	益阳市	430903	赫山区	1 380	13.5	2019－10－01
1657	430000	湖南省	430900	益阳市	430921	南县	1 220	12.5	2019－10－01
1658	430000	湖南省	430900	益阳市	430922	桃江县	1 220	12.5	2019－10－01
1659	430000	湖南省	430900	益阳市	430923	安化县	1 220	12.5	2019－10－01
1660	430000	湖南省	430900	益阳市	430981	沅江市	1 220	12.5	2019－10－01
1661	430000	湖南省	431000	郴州市	431002	北湖区	1 380	13.5	2019－10－01
1662	430000	湖南省	431000	郴州市	431003	苏仙区	1 380	13.5	2019－10－01
1663	430000	湖南省	431000	郴州市	431021	桂阳县	1 220	12.5	2019－10－01
1664	430000	湖南省	431000	郴州市	431022	宜章县	1 220	12.5	2019－10－01
1665	430000	湖南省	431000	郴州市	431023	永兴县	1 220	12.5	2019－10－01
1666	430000	湖南省	431000	郴州市	431024	嘉禾县	1 220	12.5	2019－10－01
1667	430000	湖南省	431000	郴州市	431025	临武县	1 220	12.5	2019－10－01
1668	430000	湖南省	431000	郴州市	431026	汝城县	1 220	12.5	2019－10－01
1669	430000	湖南省	431000	郴州市	431027	桂东县	1 220	12.5	2019－10－01
1670	430000	湖南省	431000	郴州市	431028	安仁县	1 220	12.5	2019－10－01
1671	430000	湖南省	431000	郴州市	431081	资兴市	1 220	12.5	2019－10－01
1672	430000	湖南省	431100	永州市	431102	零陵区	1 380	13.5	2019－10－01
1673	430000	湖南省	431100	永州市	431103	冷水滩区	1 380	13.5	2019－10－01
1674	430000	湖南省	431100	永州市	431122	东安县	1 220	12.5	2019－10－01
1675	430000	湖南省	431100	永州市	431123	双牌县	1 220	12.5	2019－10－01
1676	430000	湖南省	431100	永州市	431124	道县	1 220	12.5	2019－10－01
1677	430000	湖南省	431100	永州市	431125	江永县	1 220	12.5	2019－10－01
1678	430000	湖南省	431100	永州市	431126	宁远县	1 220	12.5	2019－10－01
1679	430000	湖南省	431100	永州市	431127	蓝山县	1 220	12.5	2019－10－01
1680	430000	湖南省	431100	永州市	431128	新田县	1 220	12.5	2019－10－01
1681	430000	湖南省	431100	永州市	431129	江华瑶族自治县	1 220	12.5	2019－10－01
1682	430000	湖南省	431100	永州市	431181	祁阳市	1 220	12.5	2019－10－01
1683	430000	湖南省	431200	怀化市	431202	鹤城区	1 380	13.5	2019－10－01
1684	430000	湖南省	431200	怀化市	431221	中方县	1 380	13.5	2019－10－01
1685	430000	湖南省	431200	怀化市	431222	沅陵县	1 220	12.5	2019－10－01
1686	430000	湖南省	431200	怀化市	431223	辰溪县	1 220	12.5	2019－10－01
1687	430000	湖南省	431200	怀化市	431224	溆浦县	1 220	12.5	2019－10－01
1688	430000	湖南省	431200	怀化市	431225	会同县	1 220	12.5	2019－10－01

续49

序号	省代码	省名称	市代码	市名称	县代码	县名称	月最低工资（元/月）	小时最低工资（元/时）	实施日期
1689	430000	湖南省	431200	怀化市	431226	麻阳苗族自治县	1 220	12.5	2019-10-01
1690	430000	湖南省	431200	怀化市	431227	新晃侗族自治县	1 220	12.5	2019-10-01
1691	430000	湖南省	431200	怀化市	431228	芷江侗族自治县	1 220	12.5	2019-10-01
1692	430000	湖南省	431200	怀化市	431229	靖州苗族侗族自治县	1 220	12.5	2019-10-01
1693	430000	湖南省	431200	怀化市	431230	通道侗族自治县	1 220	12.5	2019-10-01
1694	430000	湖南省	431200	怀化市	431281	洪江市	1 220	12.5	2019-10-01
1695	430000	湖南省	431300	娄底市	431302	娄星区	1 220	12.5	2019-10-01
1696	430000	湖南省	431300	娄底市	431321	双峰县	1 220	12.5	2019-10-01
1697	430000	湖南省	431300	娄底市	431322	新化县	1 220	12.5	2019-10-01
1698	430000	湖南省	431300	娄底市	431381	冷水江市	1 220	12.5	2019-10-01
1699	430000	湖南省	431300	娄底市	431382	涟源市	1 220	12.5	2019-10-01
1700	430000	湖南省	433100	湘西土家族苗族自治州	433101	吉首市	1 380	13.5	2019-10-01
1701	430000	湖南省	433100	湘西土家族苗族自治州	433122	泸溪县	1 380	13.5	2019-10-01
1702	430000	湖南省	433100	湘西土家族苗族自治州	433123	凤凰县	1 380	13.5	2019-10-01
1703	430000	湖南省	433100	湘西土家族苗族自治州	433124	花垣县	1 380	13.5	2019-10-01
1704	430000	湖南省	433100	湘西土家族苗族自治州	433125	保靖县	1 380	13.5	2019-10-01
1705	430000	湖南省	433100	湘西土家族苗族自治州	433126	古丈县	1 380	13.5	2019-10-01
1706	430000	湖南省	433100	湘西土家族苗族自治州	433127	永顺县	1 380	13.5	2019-10-01
1707	430000	湖南省	433100	湘西土家族苗族自治州	433130	龙山县	1 380	13.5	2019-10-01
1708	440000	广东省	440100	广州市	440103	荔湾区	2 300	22.2	2021-12-01
1709	440000	广东省	440100	广州市	440104	越秀区	2 300	22.2	2021-12-01
1710	440000	广东省	440100	广州市	440105	海珠区	2 300	22.2	2021-12-01
1711	440000	广东省	440100	广州市	440106	天河区	2 300	22.2	2021-12-01
1712	440000	广东省	440100	广州市	440111	白云区	2 300	22.2	2021-12-01
1713	440000	广东省	440100	广州市	440112	黄埔区	2 300	22.2	2021-12-01
1714	440000	广东省	440100	广州市	440113	番禺区	2 300	22.2	2021-12-01

续50

序号	省代码	省名称	市代码	市名称	县代码	县名称	月最低工资（元/月）	小时最低工资（元/时）	实施日期
1715	440000	广东省	440100	广州市	440114	花都区	2 300	22.2	2021-12-01
1716	440000	广东省	440100	广州市	440115	南沙区	2 300	22.2	2021-12-01
1717	440000	广东省	440100	广州市	440117	从化区	2 300	22.2	2021-12-01
1718	440000	广东省	440100	广州市	440118	增城区	2 300	22.2	2021-12-01
1719	440000	广东省	440200	韶关市	440203	武江区	1 620	16.1	2021-12-01
1720	440000	广东省	440200	韶关市	440204	浈江区	1 620	16.1	2021-12-01
1721	440000	广东省	440200	韶关市	440205	曲江区	1 620	16.1	2021-12-01
1722	440000	广东省	440200	韶关市	440222	始兴县	1 620	16.1	2021-12-01
1723	440000	广东省	440200	韶关市	440224	仁化县	1 620	16.1	2021-12-01
1724	440000	广东省	440200	韶关市	440229	翁源县	1 620	16.1	2021-12-01
1725	440000	广东省	440200	韶关市	440232	乳源瑶族自治县	1 620	16.1	2021-12-01
1726	440000	广东省	440200	韶关市	440233	新丰县	1 620	16.1	2021-12-01
1727	440000	广东省	440200	韶关市	440281	乐昌市	1 620	16.1	2021-12-01
1728	440000	广东省	440200	韶关市	440282	南雄市	1 620	16.1	2021-12-01
1729	440000	广东省	440300	深圳市	440303	罗湖区	2 360	22.2	2021-12-01
1730	440000	广东省	440300	深圳市	440304	福田区	2 360	22.2	2021-12-01
1731	440000	广东省	440300	深圳市	440305	南山区	2 360	22.2	2021-12-01
1732	440000	广东省	440300	深圳市	440306	宝安区	2 360	22.2	2021-12-01
1733	440000	广东省	440300	深圳市	440307	龙岗区	2 360	22.2	2021-12-01
1734	440000	广东省	440300	深圳市	440308	盐田区	2 360	22.2	2021-12-01
1735	440000	广东省	440300	深圳市	440309	龙华区	2 360	22.2	2021-12-01
1736	440000	广东省	440300	深圳市	440310	坪山区	2 360	22.2	2021-12-01
1737	440000	广东省	440300	深圳市	440311	光明区	2 360	22.2	2021-12-01
1738	440000	广东省	440400	珠海市	440402	香洲区	1 900	18.1	2021-12-01
1739	440000	广东省	440400	珠海市	440403	斗门区	1 900	18.1	2021-12-01
1740	440000	广东省	440400	珠海市	440404	金湾区	1 900	18.1	2021-12-01
1741	440000	广东省	440500	汕头市	440507	龙湖区	1 720	17.0	2021-12-01
1742	440000	广东省	440500	汕头市	440511	金平区	1 720	17.0	2021-12-01
1743	440000	广东省	440500	汕头市	440512	濠江区	1 720	17.0	2021-12-01
1744	440000	广东省	440500	汕头市	440513	潮阳区	1 720	17.0	2021-12-01
1745	440000	广东省	440500	汕头市	440514	潮南区	1 720	17.0	2021-12-01
1746	440000	广东省	440500	汕头市	440515	澄海区	1 720	17.0	2021-12-01
1747	440000	广东省	440500	汕头市	440523	南澳县	1 720	17.0	2021-12-01
1748	440000	广东省	440600	佛山市	440604	禅城区	1 900	18.1	2021-12-01
1749	440000	广东省	440600	佛山市	440605	南海区	1 900	18.1	2021-12-01

续51

序号	省代码	省名称	市代码	市名称	县代码	县名称	月最低工资（元/月）	小时最低工资（元/时）	实施日期
1750	440000	广东省	440600	佛山市	440606	顺德区	1 900	18.1	2021-12-01
1751	440000	广东省	440600	佛山市	440607	三水区	1 900	18.1	2021-12-01
1752	440000	广东省	440600	佛山市	440608	高明区	1 900	18.1	2021-12-01
1753	440000	广东省	440700	江门市	440703	蓬江区	1 720	17.0	2021-12-01
1754	440000	广东省	440700	江门市	440704	江海区	1 720	17.0	2021-12-01
1755	440000	广东省	440700	江门市	440705	新会区	1 720	17.0	2021-12-01
1756	440000	广东省	440700	江门市	440781	台山市	1 720	17.0	2021-12-01
1757	440000	广东省	440700	江门市	440783	开平市	1 720	17.0	2021-12-01
1758	440000	广东省	440700	江门市	440784	鹤山市	1 720	17.0	2021-12-01
1759	440000	广东省	440700	江门市	440785	恩平市	1 720	17.0	2021-12-01
1760	440000	广东省	440800	湛江市	440802	赤坎区	1 720	17.0	2021-12-01
1761	440000	广东省	440800	湛江市	440803	霞山区	1 720	17.0	2021-12-01
1762	440000	广东省	440800	湛江市	440804	坡头区	1 720	17.0	2021-12-01
1763	440000	广东省	440800	湛江市	440811	麻章区	1 720	17.0	2021-12-01
1764	440000	广东省	440800	湛江市	440823	遂溪县	1 720	17.0	2021-12-01
1765	440000	广东省	440800	湛江市	440825	徐闻县	1 720	17.0	2021-12-01
1766	440000	广东省	440800	湛江市	440881	廉江市	1 720	17.0	2021-12-01
1767	440000	广东省	440800	湛江市	440882	雷州市	1 720	17.0	2021-12-01
1768	440000	广东省	440800	湛江市	440883	吴川市	1 720	17.0	2021-12-01
1769	440000	广东省	440900	茂名市	440902	茂南区	1 620	16.1	2021-12-01
1770	440000	广东省	440900	茂名市	440904	电白区	1 620	16.1	2021-12-01
1771	440000	广东省	440900	茂名市	440981	高州市	1 620	16.1	2021-12-01
1772	440000	广东省	440900	茂名市	440982	化州市	1 620	16.1	2021-12-01
1773	440000	广东省	440900	茂名市	440983	信宜市	1 620	16.1	2021-12-01
1774	440000	广东省	441200	肇庆市	441202	端州区	1 720	17.0	2021-12-01
1775	440000	广东省	441200	肇庆市	441203	鼎湖区	1 720	17.0	2021-12-01
1776	440000	广东省	441200	肇庆市	441204	高要区	1 720	17.0	2021-12-01
1777	440000	广东省	441200	肇庆市	441223	广宁县	1 720	17.0	2021-12-01
1778	440000	广东省	441200	肇庆市	441224	怀集县	1 720	17.0	2021-12-01
1779	440000	广东省	441200	肇庆市	441225	封开县	1 720	17.0	2021-12-01
1780	440000	广东省	441200	肇庆市	441226	德庆县	1 720	17.0	2021-12-01
1781	440000	广东省	441200	肇庆市	441284	四会市	1 720	17.0	2021-12-01
1782	440000	广东省	441300	惠州市	441302	惠城区	1 720	17.0	2021-12-01
1783	440000	广东省	441300	惠州市	441303	惠阳区	1 720	17.0	2021-12-01
1784	440000	广东省	441300	惠州市	441322	博罗县	1 720	17.0	2021-12-01

续 52

序号	省代码	省名称	市代码	市名称	县代码	县名称	月最低工资（元/月）	小时最低工资（元/时）	实施日期
1785	440000	广东省	441300	惠州市	441323	惠东县	1 720	17.0	2021-12-01
1786	440000	广东省	441300	惠州市	441324	龙门县	1 720	17.0	2021-12-01
1787	440000	广东省	441400	梅州市	441402	梅江区	1 620	16.1	2021-12-01
1788	440000	广东省	441400	梅州市	441403	梅县区	1 620	16.1	2021-12-01
1789	440000	广东省	441400	梅州市	441422	大埔县	1 620	16.1	2021-12-01
1790	440000	广东省	441400	梅州市	441423	丰顺县	1 620	16.1	2021-12-01
1791	440000	广东省	441400	梅州市	441424	五华县	1 620	16.1	2021-12-01
1792	440000	广东省	441400	梅州市	441426	平远县	1 620	16.1	2021-12-01
1793	440000	广东省	441400	梅州市	441427	蕉岭县	1 620	16.1	2021-12-01
1794	440000	广东省	441400	梅州市	441481	兴宁市	1 620	16.1	2021-12-01
1795	440000	广东省	441500	汕尾市	441502	城区	1 620	16.1	2021-12-01
1796	440000	广东省	441500	汕尾市	441521	海丰县	1 620	16.1	2021-12-01
1797	440000	广东省	441500	汕尾市	441523	陆河县	1 620	16.1	2021-12-01
1798	440000	广东省	441500	汕尾市	441581	陆丰市	1 620	16.1	2021-12-01
1799	440000	广东省	441600	河源市	441602	源城区	1 620	16.1	2021-12-01
1800	440000	广东省	441600	河源市	441621	紫金县	1 620	16.1	2021-12-01
1801	440000	广东省	441600	河源市	441622	龙川县	1 620	16.1	2021-12-01
1802	440000	广东省	441600	河源市	441623	连平县	1 620	16.1	2021-12-01
1803	440000	广东省	441600	河源市	441624	和平县	1 620	16.1	2021-12-01
1804	440000	广东省	441600	河源市	441625	东源县	1 620	16.1	2021-12-01
1805	440000	广东省	441700	阳江市	441702	江城区	1 620	16.1	2021-12-01
1806	440000	广东省	441700	阳江市	441704	阳东区	1 620	16.1	2021-12-01
1807	440000	广东省	441700	阳江市	441721	阳西县	1 620	16.1	2021-12-01
1808	440000	广东省	441700	阳江市	441781	阳春市	1 620	16.1	2021-12-01
1809	440000	广东省	441800	清远市	441802	清城区	1 620	16.1	2021-12-01
1810	440000	广东省	441800	清远市	441803	清新区	1 620	16.1	2021-12-01
1811	440000	广东省	441800	清远市	441821	佛冈县	1 620	16.1	2021-12-01
1812	440000	广东省	441800	清远市	441823	阳山县	1 620	16.1	2021-12-01
1813	440000	广东省	441800	清远市	441825	连山壮族瑶族自治县	1 620	16.1	2021-12-01
1814	440000	广东省	441800	清远市	441826	连南瑶族自治县	1 620	16.1	2021-12-01
1815	440000	广东省	441800	清远市	441881	英德市	1 620	16.1	2021-12-01
1816	440000	广东省	441800	清远市	441882	连州市	1 620	16.1	2021-12-01
1817	440000	广东省	441900	东莞市	441900	东莞市	1 900	18.1	2021-12-01
1818	440000	广东省	442000	中山市	442000	中山市	1 900	18.1	2021-12-01

续53

序号	省代码	省名称	市代码	市名称	县代码	县名称	月最低工资（元/月）	小时最低工资（元/时）	实施日期
1819	440000	广东省	445100	潮州市	445102	湘桥区	1 620	16.1	2021-12-01
1820	440000	广东省	445100	潮州市	445103	潮安区	1 620	16.1	2021-12-01
1821	440000	广东省	445100	潮州市	445122	饶平县	1 620	16.1	2021-12-01
1822	440000	广东省	445200	揭阳市	445202	榕城区	1 620	16.1	2021-12-01
1823	440000	广东省	445200	揭阳市	445203	揭东区	1 620	16.1	2021-12-01
1824	440000	广东省	445200	揭阳市	445222	揭西县	1 620	16.1	2021-12-01
1825	440000	广东省	445200	揭阳市	445224	惠来县	1 620	16.1	2021-12-01
1826	440000	广东省	445200	揭阳市	445281	普宁市	1 620	16.1	2021-12-01
1827	440000	广东省	445300	云浮市	445302	云城区	1 620	16.1	2021-12-01
1828	440000	广东省	445300	云浮市	445303	云安区	1 620	16.1	2021-12-01
1829	440000	广东省	445300	云浮市	445321	新兴县	1 620	16.1	2021-12-01
1830	440000	广东省	445300	云浮市	445322	郁南县	1 620	16.1	2021-12-01
1831	440000	广东省	445300	云浮市	445381	罗定市	1 620	16.1	2021-12-01
1832	450000	广西壮族自治区	450100	南宁市	450102	兴宁区	1 810	17.5	2020-03-01
1833	450000	广西壮族自治区	450100	南宁市	450103	青秀区	1 810	17.5	2020-03-01
1834	450000	广西壮族自治区	450100	南宁市	450105	江南区	1 810	17.5	2020-03-01
1835	450000	广西壮族自治区	450100	南宁市	450107	西乡塘区	1 810	17.5	2020-03-01
1836	450000	广西壮族自治区	450100	南宁市	450108	良庆区	1 810	17.5	2020-03-01
1837	450000	广西壮族自治区	450100	南宁市	450109	邕宁区	1 810	17.5	2020-03-01
1838	450000	广西壮族自治区	450100	南宁市	450110	武鸣区	1 810	17.5	2020-03-01
1839	450000	广西壮族自治区	450100	南宁市	450123	隆安县	1 430	14.0	2020-03-01
1840	450000	广西壮族自治区	450100	南宁市	450124	马山县	1 430	14.0	2020-03-01
1841	450000	广西壮族自治区	450100	南宁市	450125	上林县	1 430	14.0	2020-03-01
1842	450000	广西壮族自治区	450100	南宁市	450126	宾阳县	1 430	14.0	2020-03-01
1843	450000	广西壮族自治区	450100	南宁市	450181	横州市	1 430	14.0	2020-03-01
1844	450000	广西壮族自治区	450200	柳州市	450202	城中区	1 810	17.5	2020-03-01
1845	450000	广西壮族自治区	450200	柳州市	450203	鱼峰区	1 810	17.5	2020-03-01
1846	450000	广西壮族自治区	450200	柳州市	450204	柳南区	1 810	17.5	2020-03-01
1847	450000	广西壮族自治区	450200	柳州市	450205	柳北区	1 810	17.5	2020-03-01
1848	450000	广西壮族自治区	450200	柳州市	450206	柳江区	1 810	17.5	2020-03-01
1849	450000	广西壮族自治区	450200	柳州市	450222	柳城县	1 430	14.0	2020-03-01
1850	450000	广西壮族自治区	450200	柳州市	450223	鹿寨县	1 430	14.0	2020-03-01
1851	450000	广西壮族自治区	450200	柳州市	450224	融安县	1 430	14.0	2020-03-01
1852	450000	广西壮族自治区	450200	柳州市	450225	融水苗族自治县	1 430	14.0	2020-03-01
1853	450000	广西壮族自治区	450200	柳州市	450226	三江侗族自治县	1 430	14.0	2020-03-01

续 54

序号	省代码	省名称	市代码	市名称	县代码	县名称	月最低工资（元/月）	小时最低工资（元/时）	实施日期
1854	450000	广西壮族自治区	450300	桂林市	450302	秀峰区	1 810	17.5	2020-03-01
1855	450000	广西壮族自治区	450300	桂林市	450303	叠彩区	1 810	17.5	2020-03-01
1856	450000	广西壮族自治区	450300	桂林市	450304	象山区	1 810	17.5	2020-03-01
1857	450000	广西壮族自治区	450300	桂林市	450305	七星区	1 810	17.5	2020-03-01
1858	450000	广西壮族自治区	450300	桂林市	450311	雁山区	1 810	17.5	2020-03-01
1859	450000	广西壮族自治区	450300	桂林市	450312	临桂区	1 810	17.5	2020-03-01
1860	450000	广西壮族自治区	450300	桂林市	450321	阳朔县	1 430	14.0	2020-03-01
1861	450000	广西壮族自治区	450300	桂林市	450323	灵川县	1 430	14.0	2020-03-01
1862	450000	广西壮族自治区	450300	桂林市	450324	全州县	1 430	14.0	2020-03-01
1863	450000	广西壮族自治区	450300	桂林市	450325	兴安县	1 430	14.0	2020-03-01
1864	450000	广西壮族自治区	450300	桂林市	450326	永福县	1 430	14.0	2020-03-01
1865	450000	广西壮族自治区	450300	桂林市	450327	灌阳县	1 430	14.0	2020-03-01
1866	450000	广西壮族自治区	450300	桂林市	450328	龙胜各族自治县	1 430	14.0	2020-03-01
1867	450000	广西壮族自治区	450300	桂林市	450329	资源县	1 430	14.0	2020-03-01
1868	450000	广西壮族自治区	450300	桂林市	450330	平乐县	1 430	14.0	2020-03-01
1869	450000	广西壮族自治区	450300	桂林市	450332	恭城瑶族自治县	1 430	14.0	2020-03-01
1870	450000	广西壮族自治区	450300	桂林市	450381	荔浦市	1 430	14.0	2020-03-01
1871	450000	广西壮族自治区	450400	梧州市	450403	万秀区	1 810	17.5	2020-03-01
1872	450000	广西壮族自治区	450400	梧州市	450405	长洲区	1 810	17.5	2020-03-01
1873	450000	广西壮族自治区	450400	梧州市	450406	龙圩区	1 810	17.5	2020-03-01
1874	450000	广西壮族自治区	450400	梧州市	450421	苍梧县	1 430	14.0	2020-03-01
1875	450000	广西壮族自治区	450400	梧州市	450422	藤县	1 430	14.0	2020-03-01
1876	450000	广西壮族自治区	450400	梧州市	450423	蒙山县	1 430	14.0	2020-03-01
1877	450000	广西壮族自治区	450400	梧州市	450481	岑溪市	1 430	14.0	2020-03-01
1878	450000	广西壮族自治区	450500	北海市	450502	海城区	1 810	17.5	2020-03-01
1879	450000	广西壮族自治区	450500	北海市	450503	银海区	1 810	17.5	2020-03-01
1880	450000	广西壮族自治区	450500	北海市	450512	铁山港区	1 810	17.5	2020-03-01
1881	450000	广西壮族自治区	450500	北海市	450521	合浦县	1 430	14.0	2020-03-01
1882	450000	广西壮族自治区	450600	防城港市	450602	港口区	1 810	17.5	2020-03-01
1883	450000	广西壮族自治区	450600	防城港市	450603	防城区	1 810	17.5	2020-03-01
1884	450000	广西壮族自治区	450600	防城港市	450621	上思县	1 430	14.0	2020-03-01
1885	450000	广西壮族自治区	450600	防城港市	450681	东兴市	1 810	17.5	2020-03-01
1886	450000	广西壮族自治区	450700	钦州市	450702	钦南区	1 810	17.5	2020-03-01
1887	450000	广西壮族自治区	450700	钦州市	450703	钦北区	1 810	17.5	2020-03-01
1888	450000	广西壮族自治区	450700	钦州市	450721	灵山县	1 430	14.0	2020-03-01

续55

序号	省代码	省名称	市代码	市名称	县代码	县名称	月最低工资（元/月）	小时最低工资（元/时）	实施日期
1889	450000	广西壮族自治区	450700	钦州市	450722	浦北县	1 430	14.0	2020-03-01
1890	450000	广西壮族自治区	450800	贵港市	450802	港北区	1 580	15.3	2020-03-01
1891	450000	广西壮族自治区	450800	贵港市	450803	港南区	1 580	15.3	2020-03-01
1892	450000	广西壮族自治区	450800	贵港市	450804	覃塘区	1 580	15.3	2020-03-01
1893	450000	广西壮族自治区	450800	贵港市	450821	平南县	1 430	14.0	2020-03-01
1894	450000	广西壮族自治区	450800	贵港市	450881	桂平市	1 430	14.0	2020-03-01
1895	450000	广西壮族自治区	450900	玉林市	450902	玉州区	1 580	15.3	2020-03-01
1896	450000	广西壮族自治区	450900	玉林市	450903	福绵区	1 580	15.3	2020-03-01
1897	450000	广西壮族自治区	450900	玉林市	450921	容县	1 430	14.0	2020-03-01
1898	450000	广西壮族自治区	450900	玉林市	450922	陆川县	1 430	14.0	2020-03-01
1899	450000	广西壮族自治区	450900	玉林市	450923	博白县	1 430	14.0	2020-03-01
1900	450000	广西壮族自治区	450900	玉林市	450924	兴业县	1 430	14.0	2020-03-01
1901	450000	广西壮族自治区	450900	玉林市	450981	北流市	1 430	14.0	2020-03-01
1902	450000	广西壮族自治区	451000	百色市	451002	右江区	1 580	15.3	2020-03-01
1903	450000	广西壮族自治区	451000	百色市	451003	田阳区	1 580	15.3	2020-03-01
1904	450000	广西壮族自治区	451000	百色市	451022	田东县	1 430	14.0	2020-03-01
1905	450000	广西壮族自治区	451000	百色市	451024	德保县	1 430	14.0	2020-03-01
1906	450000	广西壮族自治区	451000	百色市	451026	那坡县	1 430	14.0	2020-03-01
1907	450000	广西壮族自治区	451000	百色市	451027	凌云县	1 430	14.0	2020-03-01
1908	450000	广西壮族自治区	451000	百色市	451028	乐业县	1 430	14.0	2020-03-01
1909	450000	广西壮族自治区	451000	百色市	451029	田林县	1 430	14.0	2020-03-01
1910	450000	广西壮族自治区	451000	百色市	451030	西林县	1 430	14.0	2020-03-01
1911	450000	广西壮族自治区	451000	百色市	451031	隆林各族自治县	1 430	14.0	2020-03-01
1912	450000	广西壮族自治区	451000	百色市	451081	靖西市	1 430	14.0	2020-03-01
1913	450000	广西壮族自治区	451000	百色市	451082	平果市	1 430	14.0	2020-03-01
1914	450000	广西壮族自治区	451100	贺州市	451102	八步区	1 580	15.3	2020-03-01
1915	450000	广西壮族自治区	451100	贺州市	451103	平桂区	1 580	15.3	2020-03-01
1916	450000	广西壮族自治区	451100	贺州市	451121	昭平县	1 430	14.0	2020-03-01
1917	450000	广西壮族自治区	451100	贺州市	451122	钟山县	1 430	14.0	2020-03-01
1918	450000	广西壮族自治区	451100	贺州市	451123	富川瑶族自治县	1 430	14.0	2020-03-01
1919	450000	广西壮族自治区	451200	河池市	451202	金城江区	1 580	15.3	2020-03-01
1920	450000	广西壮族自治区	451200	河池市	451203	宜州区	1 580	15.3	2020-03-01
1921	450000	广西壮族自治区	451200	河池市	451221	南丹县	1 430	14.0	2020-03-01
1922	450000	广西壮族自治区	451200	河池市	451222	天峨县	1 430	14.0	2020-03-01
1923	450000	广西壮族自治区	451200	河池市	451223	凤山县	1 430	14.0	2020-03-01

续 56

序号	省代码	省名称	市代码	市名称	县代码	县名称	月最低工资（元/月）	小时最低工资（元/时）	实施日期
1924	450000	广西壮族自治区	451200	河池市	451224	东兰县	1 430	14.0	2020-03-01
1925	450000	广西壮族自治区	451200	河池市	451225	罗城仫佬族自治县	1 430	14.0	2020-03-01
1926	450000	广西壮族自治区	451200	河池市	451226	环江毛南族自治县	1 430	14.0	2020-03-01
1927	450000	广西壮族自治区	451200	河池市	451227	巴马瑶族自治县	1 430	14.0	2020-03-01
1928	450000	广西壮族自治区	451200	河池市	451228	都安瑶族自治县	1 430	14.0	2020-03-01
1929	450000	广西壮族自治区	451200	河池市	451229	大化瑶族自治县	1 430	14.0	2020-03-01
1930	450000	广西壮族自治区	451300	来宾市	451302	兴宾区	1 580	15.3	2020-03-01
1931	450000	广西壮族自治区	451300	来宾市	451321	忻城县	1 430	14.0	2020-03-01
1932	450000	广西壮族自治区	451300	来宾市	451322	象州县	1 430	14.0	2020-03-01
1933	450000	广西壮族自治区	451300	来宾市	451323	武宣县	1 430	14.0	2020-03-01
1934	450000	广西壮族自治区	451300	来宾市	451324	金秀瑶族自治县	1 430	14.0	2020-03-01
1935	450000	广西壮族自治区	451300	来宾市	451381	合山市	1 430	14.0	2020-03-01
1936	450000	广西壮族自治区	451400	崇左市	451402	江州区	1 580	15.3	2020-03-01
1937	450000	广西壮族自治区	451400	崇左市	451421	扶绥县	1 430	14.0	2020-03-01
1938	450000	广西壮族自治区	451400	崇左市	451422	宁明县	1 430	14.0	2020-03-01
1939	450000	广西壮族自治区	451400	崇左市	451423	龙州县	1 430	14.0	2020-03-01
1940	450000	广西壮族自治区	451400	崇左市	451424	大新县	1 430	14.0	2020-03-01
1941	450000	广西壮族自治区	451400	崇左市	451425	天等县	1 430	14.0	2020-03-01
1942	450000	广西壮族自治区	451400	崇左市	451481	凭祥市	1 430	14.0	2020-03-01
1943	460000	海南省	460100	海口市	460105	秀英区	1 830	16.3	2021-12-01
1944	460000	海南省	460100	海口市	460106	龙华区	1 830	16.3	2021-12-01
1945	460000	海南省	460100	海口市	460107	琼山区	1 830	16.3	2021-12-01
1946	460000	海南省	460100	海口市	460108	美兰区	1 830	16.3	2021-12-01
1947	460000	海南省	460200	三亚市	460202	海棠区	1 830	16.3	2021-12-01
1948	460000	海南省	460200	三亚市	460203	吉阳区	1 830	16.3	2021-12-01
1949	460000	海南省	460200	三亚市	460204	天涯区	1 830	16.3	2021-12-01
1950	460000	海南省	460200	三亚市	460205	崖州区	1 830	16.3	2021-12-01
1951	460000	海南省	460300	三沙市	460300	三沙市	1 730	15.4	2021-12-01
1952	460000	海南省	460400	儋州市	460400	儋州市	1 730	15.4	2021-12-01
1953	460000	海南省	469000	省直辖县级行政区划	469001	五指山市	1 680	14.9	2021-12-01
1954	460000	海南省	469000	省直辖县级行政区划	469002	琼海市	1 730	15.4	2021-12-01
1955	460000	海南省	469000	省直辖县级行政区划	469005	文昌市	1 680	14.9	2021-12-01

续57

序号	省代码	省名称	市代码	市名称	县代码	县名称	月最低工资（元/月）	小时最低工资（元/时）	实施日期
1956	460000	海南省	469000	省直辖县级行政区划	469006	万宁市	1 680	14.9	2021-12-01
1957	460000	海南省	469000	省直辖县级行政区划	469007	东方市	1 680	14.9	2021-12-01
1958	460000	海南省	469000	省直辖县级行政区划	469021	定安县	1 680	14.9	2021-12-01
1959	460000	海南省	469000	省直辖县级行政区划	469022	屯昌县	1 680	14.9	2021-12-01
1960	460000	海南省	469000	省直辖县级行政区划	469023	澄迈县	1 730	15.4	2021-12-01
1961	460000	海南省	469000	省直辖县级行政区划	469024	临高县	1 680	14.9	2021-12-01
1962	460000	海南省	469000	省直辖县级行政区划	469025	白沙黎族自治县	1 680	14.9	2021-12-01
1963	460000	海南省	469000	省直辖县级行政区划	469026	昌江黎族自治县	1 680	14.9	2021-12-01
1964	460000	海南省	469000	省直辖县级行政区划	469027	乐东黎族自治县	1 680	14.9	2021-12-01
1965	460000	海南省	469000	省直辖县级行政区划	469028	陵水黎族自治县	1 680	14.9	2021-12-01
1966	460000	海南省	469000	省直辖县级行政区划	469029	保亭黎族苗族自治县	1 680	14.9	2021-12-01
1967	460000	海南省	469000	省直辖县级行政区划	469030	琼中黎族苗族自治县	1 680	14.9	2021-12-01
1968	500000	重庆市	500100	市辖区	500101	万州区	1 800	18.0	2019-01-01
1969	500000	重庆市	500100	市辖区	500102	涪陵区	1 800	18.0	2019-01-01
1970	500000	重庆市	500100	市辖区	500103	渝中区	1 800	18.0	2019-01-01
1971	500000	重庆市	500100	市辖区	500104	大渡口区	1 800	18.0	2019-01-01
1972	500000	重庆市	500100	市辖区	500105	江北区	1 800	18.0	2019-01-01
1973	500000	重庆市	500100	市辖区	500106	沙坪坝区	1 800	18.0	2019-01-01
1974	500000	重庆市	500100	市辖区	500107	九龙坡区	1 800	18.0	2019-01-01
1975	500000	重庆市	500100	市辖区	500108	南岸区	1 800	18.0	2019-01-01
1976	500000	重庆市	500100	市辖区	500109	北碚区	1 800	18.0	2019-01-01
1977	500000	重庆市	500100	市辖区	500110	綦江区	1 800	18.0	2019-01-01
1978	500000	重庆市	500100	市辖区	500111	大足区	1 800	18.0	2019-01-01

续58

序号	省代码	省名称	市代码	市名称	县代码	县名称	月最低工资（元/月）	小时最低工资（元/时）	实施日期
1979	500000	重庆市	500100	市辖区	500112	渝北区	1 800	18.0	2019-01-01
1980	500000	重庆市	500100	市辖区	500113	巴南区	1 800	18.0	2019-01-01
1981	500000	重庆市	500100	市辖区	500114	黔江区	1 800	18.0	2019-01-01
1982	500000	重庆市	500100	市辖区	500115	长寿区	1 800	18.0	2019-01-01
1983	500000	重庆市	500100	市辖区	500116	江津区	1 800	18.0	2019-01-01
1984	500000	重庆市	500100	市辖区	500117	合川区	1 800	18.0	2019-01-01
1985	500000	重庆市	500100	市辖区	500118	永川区	1 800	18.0	2019-01-01
1986	500000	重庆市	500100	市辖区	500119	南川区	1 800	18.0	2019-01-01
1987	500000	重庆市	500100	市辖区	500120	璧山区	1 800	18.0	2019-01-01
1988	500000	重庆市	500100	市辖区	500151	铜梁区	1 800	18.0	2019-01-01
1989	500000	重庆市	500100	市辖区	500152	潼南区	1 800	18.0	2019-01-01
1990	500000	重庆市	500100	市辖区	500153	荣昌区	1 800	18.0	2019-01-01
1991	500000	重庆市	500100	市辖区	500154	开州区	1 800	18.0	2019-01-01
1992	500000	重庆市	500100	市辖区	500155	梁平区	1 800	18.0	2019-01-01
1993	500000	重庆市	500100	市辖区	500156	武隆区	1 800	18.0	2019-01-01
1994	500000	重庆市	500200	县	500229	城口县	1 700	17.0	2019-01-01
1995	500000	重庆市	500200	县	500230	丰都县	1 700	17.0	2019-01-01
1996	500000	重庆市	500200	县	500231	垫江县	1 700	17.0	2019-01-01
1997	500000	重庆市	500200	县	500233	忠县	1 700	17.0	2019-01-01
1998	500000	重庆市	500200	县	500235	云阳县	1 700	17.0	2019-01-01
1999	500000	重庆市	500200	县	500236	奉节县	1 700	17.0	2019-01-01
2000	500000	重庆市	500200	县	500237	巫山县	1 700	17.0	2019-01-01
2001	500000	重庆市	500200	县	500238	巫溪县	1 700	17.0	2019-01-01
2002	500000	重庆市	500200	县	500240	石柱土家族自治县	1 700	17.0	2019-01-01
2003	500000	重庆市	500200	县	500241	秀山土家族苗族自治县	1 700	17.0	2019-01-01
2004	500000	重庆市	500200	县	500242	酉阳土家族苗族自治县	1 700	17.0	2019-01-01
2005	500000	重庆市	500200	县	500243	彭水苗族土家族自治县	1 700	17.0	2019-01-01
2006	510000	四川省	510100	成都市	510104	锦江区	1 780	18.7	2018-07-01
2007	510000	四川省	510100	成都市	510105	青羊区	1 780	18.7	2018-07-01
2008	510000	四川省	510100	成都市	510106	金牛区	1 780	18.7	2018-07-01
2009	510000	四川省	510100	成都市	510107	武侯区	1 780	18.7	2018-07-01
2010	510000	四川省	510100	成都市	510108	成华区	1 780	18.7	2018-07-01

续59

序号	省代码	省名称	市代码	市名称	县代码	县名称	月最低工资（元/月）	小时最低工资（元/时）	实施日期
2011	510000	四川省	510100	成都市	510112	龙泉驿区	1 780	18.7	2018-07-01
2012	510000	四川省	510100	成都市	510113	青白江区	1 780	18.7	2018-07-01
2013	510000	四川省	510100	成都市	510114	新都区	1 780	18.7	2018-07-01
2014	510000	四川省	510100	成都市	510115	温江区	1 780	18.7	2018-07-01
2015	510000	四川省	510100	成都市	510116	双流区	1 780	18.7	2018-07-01
2016	510000	四川省	510100	成都市	510117	郫都区	1 780	18.7	2018-07-01
2017	510000	四川省	510100	成都市	510118	新津区	1 780	18.7	2018-07-01
2018	510000	四川省	510100	成都市	510121	金堂县	1 650	17.4	2018-07-01
2019	510000	四川省	510100	成都市	510129	大邑县	1 650	17.4	2018-07-01
2020	510000	四川省	510100	成都市	510131	蒲江县	1 650	17.4	2018-07-01
2021	510000	四川省	510100	成都市	510181	都江堰市	1 650	17.4	2018-07-01
2022	510000	四川省	510100	成都市	510182	彭州市	1 650	17.4	2018-07-01
2023	510000	四川省	510100	成都市	510183	邛崃市	1 650	17.4	2018-07-01
2024	510000	四川省	510100	成都市	510184	崇州市	1 650	17.4	2018-07-01
2025	510000	四川省	510100	成都市	510185	简阳市	1 650	17.4	2018-07-01
2026	510000	四川省	510300	自贡市	510302	自流井区	1 650	17.4	2018-07-01
2027	510000	四川省	510300	自贡市	510303	贡井区	1 650	17.4	2018-07-01
2028	510000	四川省	510300	自贡市	510304	大安区	1 650	17.4	2018-07-01
2029	510000	四川省	510300	自贡市	510311	沿滩区	1 650	17.4	2018-07-01
2030	510000	四川省	510300	自贡市	510321	荣县	1 650	17.4	2018-07-01
2031	510000	四川省	510300	自贡市	510322	富顺县	1 650	17.4	2018-07-01
2032	510000	四川省	510400	攀枝花市	510402	东区	1 650	17.4	2018-07-01
2033	510000	四川省	510400	攀枝花市	510403	西区	1 650	17.4	2018-07-01
2034	510000	四川省	510400	攀枝花市	510411	仁和区	1 650	17.4	2018-07-01
2035	510000	四川省	510400	攀枝花市	510421	米易县	1 650	17.4	2018-07-01
2036	510000	四川省	510400	攀枝花市	510422	盐边县	1 650	17.4	2018-07-01
2037	510000	四川省	510500	泸州市	510502	江阳区	1 650	17.4	2018-07-01
2038	510000	四川省	510500	泸州市	510503	纳溪区	1 650	17.4	2018-07-01
2039	510000	四川省	510500	泸州市	510504	龙马潭区	1 650	17.4	2018-07-01
2040	510000	四川省	510500	泸州市	510521	泸县	1 650	17.4	2018-07-01
2041	510000	四川省	510500	泸州市	510522	合江县	1 650	17.4	2018-07-01
2042	510000	四川省	510500	泸州市	510524	叙永县	1 650	17.4	2018-07-01
2043	510000	四川省	510500	泸州市	510525	古蔺县	1 650	17.4	2018-07-01
2044	510000	四川省	510600	德阳市	510603	旌阳区	1 650	17.4	2018-07-01
2045	510000	四川省	510600	德阳市	510604	罗江区	1 650	17.4	2018-07-01

续60

序号	省代码	省名称	市代码	市名称	县代码	县名称	月最低工资（元/月）	小时最低工资（元/时）	实施日期
2046	510000	四川省	510600	德阳市	510623	中江县	1 650	17.4	2018-07-01
2047	510000	四川省	510600	德阳市	510681	广汉市	1 650	17.4	2018-07-01
2048	510000	四川省	510600	德阳市	510682	什邡市	1 650	17.4	2018-07-01
2049	510000	四川省	510600	德阳市	510683	绵竹市	1 650	17.4	2018-07-01
2050	510000	四川省	510700	绵阳市	510703	涪城区	1 650	17.4	2018-07-01
2051	510000	四川省	510700	绵阳市	510704	游仙区	1 650	17.4	2018-07-01
2052	510000	四川省	510700	绵阳市	510705	安州区	1 650	17.4	2018-07-01
2053	510000	四川省	510700	绵阳市	510722	三台县	1 650	17.4	2018-07-01
2054	510000	四川省	510700	绵阳市	510723	盐亭县	1 650	17.4	2018-07-01
2055	510000	四川省	510700	绵阳市	510725	梓潼县	1 650	17.4	2018-07-01
2056	510000	四川省	510700	绵阳市	510726	北川羌族自治县	1 650	17.4	2018-07-01
2057	510000	四川省	510700	绵阳市	510727	平武县	1 650	17.4	2018-07-01
2058	510000	四川省	510700	绵阳市	510781	江油市	1 650	17.4	2018-07-01
2059	510000	四川省	510800	广元市	510802	利州区	1 650	17.4	2018-07-01
2060	510000	四川省	510800	广元市	510811	昭化区	1 650	17.4	2018-07-01
2061	510000	四川省	510800	广元市	510812	朝天区	1 650	17.4	2018-07-01
2062	510000	四川省	510800	广元市	510821	旺苍县	1 650	17.4	2018-07-01
2063	510000	四川省	510800	广元市	510822	青川县	1 650	17.4	2018-07-01
2064	510000	四川省	510800	广元市	510823	剑阁县	1 650	17.4	2018-07-01
2065	510000	四川省	510800	广元市	510824	苍溪县	1 650	17.4	2018-07-01
2066	510000	四川省	510900	遂宁市	510903	船山区	1 650	17.4	2018-07-01
2067	510000	四川省	510900	遂宁市	510904	安居区	1 650	17.4	2018-07-01
2068	510000	四川省	510900	遂宁市	510921	蓬溪县	1 650	17.4	2018-07-01
2069	510000	四川省	510900	遂宁市	510923	大英县	1 650	17.4	2018-07-01
2070	510000	四川省	510900	遂宁市	510981	射洪市	1 650	17.4	2018-07-01
2071	510000	四川省	511000	内江市	511002	市中区	1 650	17.4	2018-07-01
2072	510000	四川省	511000	内江市	511011	东兴区	1 650	17.4	2018-07-01
2073	510000	四川省	511000	内江市	511024	威远县	1 650	17.4	2018-07-01
2074	510000	四川省	511000	内江市	511025	资中县	1 650	17.4	2018-07-01
2075	510000	四川省	511000	内江市	511083	隆昌市	1 650	17.4	2018-07-01
2076	510000	四川省	511100	乐山市	511102	市中区	1 650	17.4	2018-07-01
2077	510000	四川省	511100	乐山市	511111	沙湾区	1 650	17.4	2018-07-01
2078	510000	四川省	511100	乐山市	511112	五通桥区	1 650	17.4	2018-07-01
2079	510000	四川省	511100	乐山市	511113	金口河区	1 650	17.4	2018-07-01
2080	510000	四川省	511100	乐山市	511123	犍为县	1 650	17.4	2018-07-01

续61

序号	省代码	省名称	市代码	市名称	县代码	县名称	月最低工资（元/月）	小时最低工资（元/时）	实施日期
2081	510000	四川省	511100	乐山市	511124	井研县	1 650	17.4	2018-07-01
2082	510000	四川省	511100	乐山市	511126	夹江县	1 650	17.4	2018-07-01
2083	510000	四川省	511100	乐山市	511129	沐川县	1 650	17.4	2018-07-01
2084	510000	四川省	511100	乐山市	511132	峨边彝族自治县	1 650	17.4	2018-07-01
2085	510000	四川省	511100	乐山市	511133	马边彝族自治县	1 650	17.4	2018-07-01
2086	510000	四川省	511100	乐山市	511181	峨眉山市	1 650	17.4	2018-07-01
2087	510000	四川省	511300	南充市	511302	顺庆区	1 650	17.4	2018-07-01
2088	510000	四川省	511300	南充市	511303	高坪区	1 650	17.4	2018-07-01
2089	510000	四川省	511300	南充市	511304	嘉陵区	1 650	17.4	2018-07-01
2090	510000	四川省	511300	南充市	511321	南部县	1 650	17.4	2018-07-01
2091	510000	四川省	511300	南充市	511322	营山县	1 650	17.4	2018-07-01
2092	510000	四川省	511300	南充市	511323	蓬安县	1 650	17.4	2018-07-01
2093	510000	四川省	511300	南充市	511324	仪陇县	1 650	17.4	2018-07-01
2094	510000	四川省	511300	南充市	511325	西充县	1 650	17.4	2018-07-01
2095	510000	四川省	511300	南充市	511381	阆中市	1 650	17.4	2018-07-01
2096	510000	四川省	511400	眉山市	511402	东坡区	1 650	17.4	2018-07-01
2097	510000	四川省	511400	眉山市	511403	彭山区	1 650	17.4	2018-07-01
2098	510000	四川省	511400	眉山市	511421	仁寿县	1 650	17.4	2018-07-01
2099	510000	四川省	511400	眉山市	511423	洪雅县	1 650	17.4	2018-07-01
2100	510000	四川省	511400	眉山市	511424	丹棱县	1 650	17.4	2018-07-01
2101	510000	四川省	511400	眉山市	511425	青神县	1 650	17.4	2018-07-01
2102	510000	四川省	511500	宜宾市	511502	翠屏区	1 650	17.4	2018-07-01
2103	510000	四川省	511500	宜宾市	511503	南溪区	1 650	17.4	2018-07-01
2104	510000	四川省	511500	宜宾市	511504	叙州区	1 650	17.4	2018-07-01
2105	510000	四川省	511500	宜宾市	511523	江安县	1 650	17.4	2018-07-01
2106	510000	四川省	511500	宜宾市	511524	长宁县	1 650	17.4	2018-07-01
2107	510000	四川省	511500	宜宾市	511525	高县	1 650	17.4	2018-07-01
2108	510000	四川省	511500	宜宾市	511526	珙县	1 650	17.4	2018-07-01
2109	510000	四川省	511500	宜宾市	511527	筠连县	1 650	17.4	2018-07-01
2110	510000	四川省	511500	宜宾市	511528	兴文县	1 650	17.4	2018-07-01
2111	510000	四川省	511500	宜宾市	511529	屏山县	1 650	17.4	2018-07-01
2112	510000	四川省	511600	广安市	511602	广安区	1 650	17.4	2018-07-01
2113	510000	四川省	511600	广安市	511603	前锋区	1 650	17.4	2018-07-01
2114	510000	四川省	511600	广安市	511621	岳池县	1 650	17.4	2018-07-01
2115	510000	四川省	511600	广安市	511622	武胜县	1 650	17.4	2018-07-01

续62

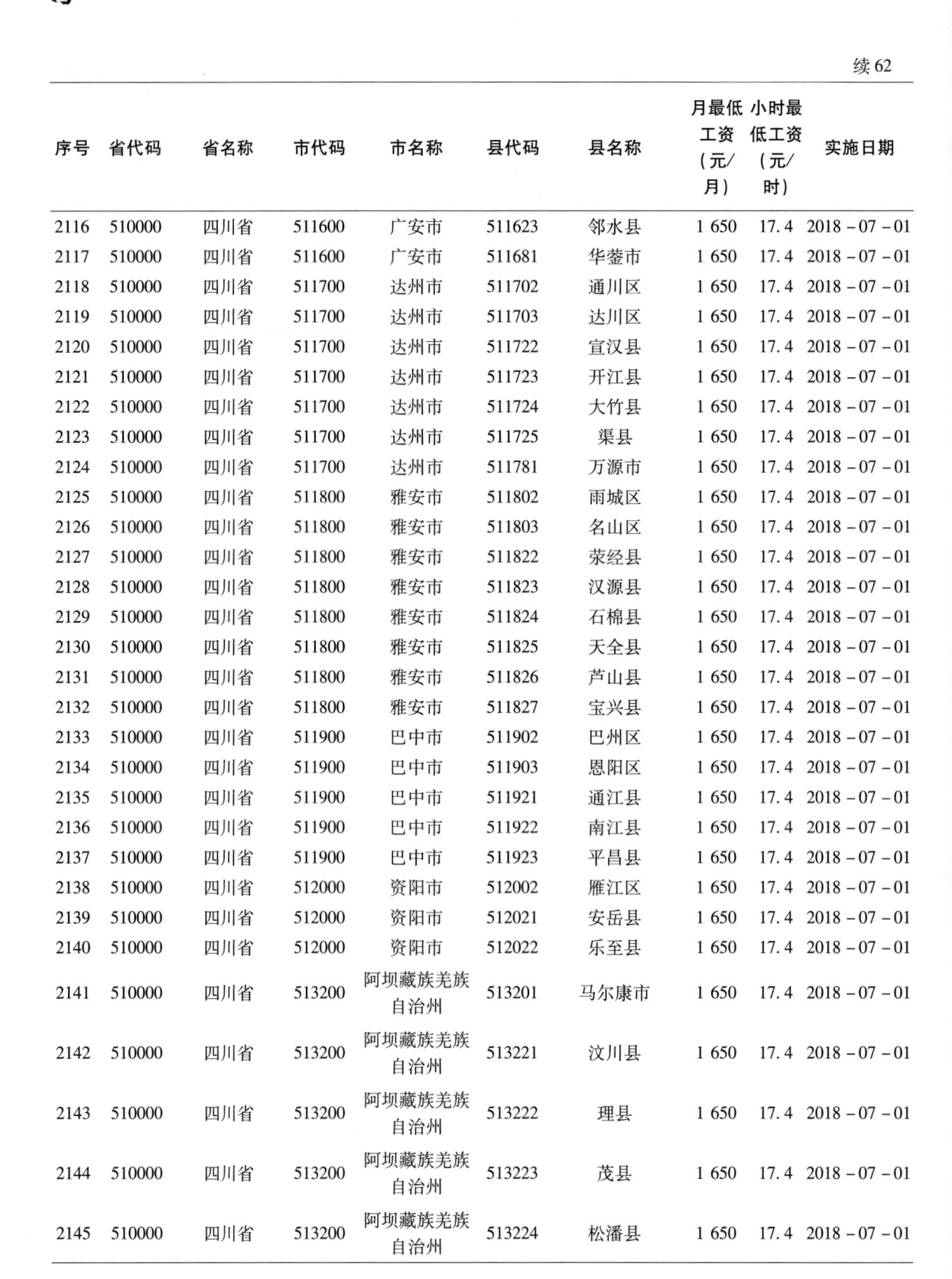

序号	省代码	省名称	市代码	市名称	县代码	县名称	月最低工资（元/月）	小时最低工资（元/时）	实施日期
2116	510000	四川省	511600	广安市	511623	邻水县	1 650	17.4	2018-07-01
2117	510000	四川省	511600	广安市	511681	华蓥市	1 650	17.4	2018-07-01
2118	510000	四川省	511700	达州市	511702	通川区	1 650	17.4	2018-07-01
2119	510000	四川省	511700	达州市	511703	达川区	1 650	17.4	2018-07-01
2120	510000	四川省	511700	达州市	511722	宣汉县	1 650	17.4	2018-07-01
2121	510000	四川省	511700	达州市	511723	开江县	1 650	17.4	2018-07-01
2122	510000	四川省	511700	达州市	511724	大竹县	1 650	17.4	2018-07-01
2123	510000	四川省	511700	达州市	511725	渠县	1 650	17.4	2018-07-01
2124	510000	四川省	511700	达州市	511781	万源市	1 650	17.4	2018-07-01
2125	510000	四川省	511800	雅安市	511802	雨城区	1 650	17.4	2018-07-01
2126	510000	四川省	511800	雅安市	511803	名山区	1 650	17.4	2018-07-01
2127	510000	四川省	511800	雅安市	511822	荥经县	1 650	17.4	2018-07-01
2128	510000	四川省	511800	雅安市	511823	汉源县	1 650	17.4	2018-07-01
2129	510000	四川省	511800	雅安市	511824	石棉县	1 650	17.4	2018-07-01
2130	510000	四川省	511800	雅安市	511825	天全县	1 650	17.4	2018-07-01
2131	510000	四川省	511800	雅安市	511826	芦山县	1 650	17.4	2018-07-01
2132	510000	四川省	511800	雅安市	511827	宝兴县	1 650	17.4	2018-07-01
2133	510000	四川省	511900	巴中市	511902	巴州区	1 650	17.4	2018-07-01
2134	510000	四川省	511900	巴中市	511903	恩阳区	1 650	17.4	2018-07-01
2135	510000	四川省	511900	巴中市	511921	通江县	1 650	17.4	2018-07-01
2136	510000	四川省	511900	巴中市	511922	南江县	1 650	17.4	2018-07-01
2137	510000	四川省	511900	巴中市	511923	平昌县	1 650	17.4	2018-07-01
2138	510000	四川省	512000	资阳市	512002	雁江区	1 650	17.4	2018-07-01
2139	510000	四川省	512000	资阳市	512021	安岳县	1 650	17.4	2018-07-01
2140	510000	四川省	512000	资阳市	512022	乐至县	1 650	17.4	2018-07-01
2141	510000	四川省	513200	阿坝藏族羌族自治州	513201	马尔康市	1 650	17.4	2018-07-01
2142	510000	四川省	513200	阿坝藏族羌族自治州	513221	汶川县	1 650	17.4	2018-07-01
2143	510000	四川省	513200	阿坝藏族羌族自治州	513222	理县	1 650	17.4	2018-07-01
2144	510000	四川省	513200	阿坝藏族羌族自治州	513223	茂县	1 650	17.4	2018-07-01
2145	510000	四川省	513200	阿坝藏族羌族自治州	513224	松潘县	1 650	17.4	2018-07-01

续63

序号	省代码	省名称	市代码	市名称	县代码	县名称	月最低工资（元/月）	小时最低工资（元/时）	实施日期
2146	510000	四川省	513200	阿坝藏族羌族自治州	513225	九寨沟县	1 650	17.4	2018-07-01
2147	510000	四川省	513200	阿坝藏族羌族自治州	513226	金川县	1 650	17.4	2018-07-01
2148	510000	四川省	513200	阿坝藏族羌族自治州	513227	小金县	1 650	17.4	2018-07-01
2149	510000	四川省	513200	阿坝藏族羌族自治州	513228	黑水县	1 650	17.4	2018-07-01
2150	510000	四川省	513200	阿坝藏族羌族自治州	513230	壤塘县	1 650	17.4	2018-07-01
2151	510000	四川省	513200	阿坝藏族羌族自治州	513231	阿坝县	1 650	17.4	2018-07-01
2152	510000	四川省	513200	阿坝藏族羌族自治州	513232	若尔盖县	1 650	17.4	2018-07-01
2153	510000	四川省	513200	阿坝藏族羌族自治州	513233	红原县	1 650	17.4	2018-07-01
2154	510000	四川省	513300	甘孜藏族自治州	513301	康定市	1 650	17.4	2018-07-01
2155	510000	四川省	513300	甘孜藏族自治州	513322	泸定县	1 650	17.4	2018-07-01
2156	510000	四川省	513300	甘孜藏族自治州	513323	丹巴县	1 650	17.4	2018-07-01
2157	510000	四川省	513300	甘孜藏族自治州	513324	九龙县	1 650	17.4	2018-07-01
2158	510000	四川省	513300	甘孜藏族自治州	513325	雅江县	1 650	17.4	2018-07-01
2159	510000	四川省	513300	甘孜藏族自治州	513326	道孚县	1 650	17.4	2018-07-01
2160	510000	四川省	513300	甘孜藏族自治州	513327	炉霍县	1 650	17.4	2018-07-01
2161	510000	四川省	513300	甘孜藏族自治州	513328	甘孜县	1 650	17.4	2018-07-01
2162	510000	四川省	513300	甘孜藏族自治州	513329	新龙县	1 650	17.4	2018-07-01
2163	510000	四川省	513300	甘孜藏族自治州	513330	德格县	1 650	17.4	2018-07-01
2164	510000	四川省	513300	甘孜藏族自治州	513331	白玉县	1 650	17.4	2018-07-01
2165	510000	四川省	513300	甘孜藏族自治州	513332	石渠县	1 780	18.7	2018-07-01
2166	510000	四川省	513300	甘孜藏族自治州	513333	色达县	1 780	18.7	2018-07-01
2167	510000	四川省	513300	甘孜藏族自治州	513334	理塘县	1 780	18.7	2018-07-01
2168	510000	四川省	513300	甘孜藏族自治州	513335	巴塘县	1 650	17.4	2018-07-01
2169	510000	四川省	513300	甘孜藏族自治州	513336	乡城县	1 650	17.4	2018-07-01
2170	510000	四川省	513300	甘孜藏族自治州	513337	稻城县	1 780	18.7	2018-07-01
2171	510000	四川省	513300	甘孜藏族自治州	513338	得荣县	1 650	17.4	2018-07-01
2172	510000	四川省	513400	凉山彝族自治州	513401	西昌市	1 650	17.4	2018-07-01

续64

序号	省代码	省名称	市代码	市名称	县代码	县名称	月最低工资（元/月）	小时最低工资（元/时）	实施日期
2173	510000	四川省	513400	凉山彝族自治州	513402	会理市	1 650	17.4	2018-07-01
2174	510000	四川省	513400	凉山彝族自治州	513422	木里藏族自治县	1 650	17.4	2018-07-01
2175	510000	四川省	513400	凉山彝族自治州	513423	盐源县	1 650	17.4	2018-07-01
2176	510000	四川省	513400	凉山彝族自治州	513424	德昌县	1 650	17.4	2018-07-01
2177	510000	四川省	513400	凉山彝族自治州	513426	会东县	1 650	17.4	2018-07-01
2178	510000	四川省	513400	凉山彝族自治州	513427	宁南县	1 650	17.4	2018-07-01
2179	510000	四川省	513400	凉山彝族自治州	513428	普格县	1 650	17.4	2018-07-01
2180	510000	四川省	513400	凉山彝族自治州	513429	布拖县	1 650	17.4	2018-07-01
2181	510000	四川省	513400	凉山彝族自治州	513430	金阳县	1 650	17.4	2018-07-01
2182	510000	四川省	513400	凉山彝族自治州	513431	昭觉县	1 650	17.4	2018-07-01
2183	510000	四川省	513400	凉山彝族自治州	513432	喜德县	1 650	17.4	2018-07-01
2184	510000	四川省	513400	凉山彝族自治州	513433	冕宁县	1 650	17.4	2018-07-01
2185	510000	四川省	513400	凉山彝族自治州	513434	越西县	1 650	17.4	2018-07-01
2186	510000	四川省	513400	凉山彝族自治州	513435	甘洛县	1 650	17.4	2018-07-01
2187	510000	四川省	513400	凉山彝族自治州	513436	美姑县	1 650	17.4	2018-07-01
2188	510000	四川省	513400	凉山彝族自治州	513437	雷波县	1 650	17.4	2018-07-01
2189	520000	贵州省	520100	贵阳市	520102	南明区	1 790	18.6	2019-12-01
2190	520000	贵州省	520100	贵阳市	520103	云岩区	1 790	18.6	2019-12-01
2191	520000	贵州省	520100	贵阳市	520111	花溪区	1 790	18.6	2019-12-01
2192	520000	贵州省	520100	贵阳市	520112	乌当区	1 790	18.6	2019-12-01
2193	520000	贵州省	520100	贵阳市	520113	白云区	1 790	18.6	2019-12-01
2194	520000	贵州省	520100	贵阳市	520115	观山湖区	1 790	18.6	2019-12-01
2195	520000	贵州省	520100	贵阳市	520121	开阳县	1 670	17.5	2019-12-01
2196	520000	贵州省	520100	贵阳市	520122	息烽县	1 570	16.5	2019-12-01
2197	520000	贵州省	520100	贵阳市	520123	修文县	1 570	16.5	2019-12-01
2198	520000	贵州省	520100	贵阳市	520181	清镇市	1 790	18.6	2019-12-01
2199	520000	贵州省	520200	六盘水市	520201	钟山区	1 790	18.6	2019-12-01
2200	520000	贵州省	520200	六盘水市	520203	六枝特区	1 670	17.5	2019-12-01
2201	520000	贵州省	520200	六盘水市	520204	水城区	1 670	17.5	2019-12-01
2202	520000	贵州省	520200	六盘水市	520281	盘州市	1 790	18.6	2019-12-01
2203	520000	贵州省	520300	遵义市	520302	红花岗区	1 790	18.6	2019-12-01
2204	520000	贵州省	520300	遵义市	520303	汇川区	1 790	18.6	2019-12-01
2205	520000	贵州省	520300	遵义市	520304	播州区	1 790	18.6	2019-12-01
2206	520000	贵州省	520300	遵义市	520322	桐梓县	1 670	17.5	2019-12-01
2207	520000	贵州省	520300	遵义市	520323	绥阳县	1 670	17.5	2019-12-01

续65

序号	省代码	省名称	市代码	市名称	县代码	县名称	月最低工资（元/月）	小时最低工资（元/时）	实施日期
2208	520000	贵州省	520300	遵义市	520324	正安县	1 570	16.5	2019-12-01
2209	520000	贵州省	520300	遵义市	520325	道真仡佬族苗族自治县	1 570	16.5	2019-12-01
2210	520000	贵州省	520300	遵义市	520326	务川仡佬族苗族自治县	1 570	16.5	2019-12-01
2211	520000	贵州省	520300	遵义市	520327	凤冈县	1 570	16.5	2019-12-01
2212	520000	贵州省	520300	遵义市	520328	湄潭县	1 670	17.5	2019-12-01
2213	520000	贵州省	520300	遵义市	520329	余庆县	1 670	17.5	2019-12-01
2214	520000	贵州省	520300	遵义市	520330	习水县	1 670	17.5	2019-12-01
2215	520000	贵州省	520300	遵义市	520381	赤水市	1 790	18.6	2019-12-01
2216	520000	贵州省	520300	遵义市	520382	仁怀市	1 790	18.6	2019-12-01
2217	520000	贵州省	520400	安顺市	520402	西秀区	1 790	18.6	2019-12-01
2218	520000	贵州省	520400	安顺市	520403	平坝区	1 790	18.6	2019-12-01
2219	520000	贵州省	520400	安顺市	520422	普定县	1 570	16.5	2019-12-01
2220	520000	贵州省	520400	安顺市	520423	镇宁布依族苗族自治县	1 570	16.5	2019-12-01
2221	520000	贵州省	520400	安顺市	520424	关岭布依族苗族自治县	1 570	16.5	2019-12-01
2222	520000	贵州省	520400	安顺市	520425	紫云苗族布依族自治县	1 570	16.5	2019-12-01
2223	520000	贵州省	520500	毕节市	520502	七星关区	1 790	18.6	2019-12-01
2224	520000	贵州省	520500	毕节市	520521	大方县	1 570	16.5	2019-12-01
2225	520000	贵州省	520500	毕节市	520523	金沙县	1 670	17.5	2019-12-01
2226	520000	贵州省	520500	毕节市	520524	织金县	1 670	17.5	2019-12-01
2227	520000	贵州省	520500	毕节市	520525	纳雍县	1 670	17.5	2019-12-01
2228	520000	贵州省	520500	毕节市	520526	威宁彝族回族苗族自治县	1 570	16.5	2019-12-01
2229	520000	贵州省	520500	毕节市	520527	赫章县	1 570	16.5	2019-12-01
2230	520000	贵州省	520500	毕节市	520581	黔西市	1 670	17.5	2019-12-01
2231	520000	贵州省	520600	铜仁市	520602	碧江区	1 790	18.6	2019-12-01
2232	520000	贵州省	520600	铜仁市	520603	万山区	1 790	18.6	2019-12-01
2233	520000	贵州省	520600	铜仁市	520621	江口县	1 570	16.5	2019-12-01
2234	520000	贵州省	520600	铜仁市	520622	玉屏侗族自治县	1 670	17.5	2019-12-01
2235	520000	贵州省	520600	铜仁市	520623	石阡县	1 570	16.5	2019-12-01
2236	520000	贵州省	520600	铜仁市	520624	思南县	1 570	16.5	2019-12-01

续66

序号	省代码	省名称	市代码	市名称	县代码	县名称	月最低工资（元/月）	小时最低工资（元/时）	实施日期
2237	520000	贵州省	520600	铜仁市	520625	印江土家族苗族自治县	1 570	16.5	2019－12－01
2238	520000	贵州省	520600	铜仁市	520626	德江县	1 570	16.5	2019－12－01
2239	520000	贵州省	520600	铜仁市	520627	沿河土家族自治县	1 570	16.5	2019－12－01
2240	520000	贵州省	520600	铜仁市	520628	松桃苗族自治县	1 570	16.5	2019－12－01
2241	520000	贵州省	522300	黔西南布依族苗族自治州	522301	兴义市	1 790	18.6	2019－12－01
2242	520000	贵州省	522300	黔西南布依族苗族自治州	522302	兴仁市	1 670	17.5	2019－12－01
2243	520000	贵州省	522300	黔西南布依族苗族自治州	522323	普安县	1 570	16.5	2019－12－01
2244	520000	贵州省	522300	黔西南布依族苗族自治州	522324	晴隆县	1 570	16.5	2019－12－01
2245	520000	贵州省	522300	黔西南布依族苗族自治州	522325	贞丰县	1 570	16.5	2019－12－01
2246	520000	贵州省	522300	黔西南布依族苗族自治州	522326	望谟县	1 570	16.5	2019－12－01
2247	520000	贵州省	522300	黔西南布依族苗族自治州	522327	册亨县	1 570	16.5	2019－12－01
2248	520000	贵州省	522300	黔西南布依族苗族自治州	522328	安龙县	1 670	17.5	2019－12－01
2249	520000	贵州省	522600	黔东南苗族侗族自治州	522601	凯里市	1 790	18.6	2019－12－01
2250	520000	贵州省	522600	黔东南苗族侗族自治州	522622	黄平县	1 570	16.5	2019－12－01
2251	520000	贵州省	522600	黔东南苗族侗族自治州	522623	施秉县	1 670	17.5	2019－12－01
2252	520000	贵州省	522600	黔东南苗族侗族自治州	522624	三穗县	1 570	16.5	2019－12－01
2253	520000	贵州省	522600	黔东南苗族侗族自治州	522625	镇远县	1 670	17.5	2019－12－01
2254	520000	贵州省	522600	黔东南苗族侗族自治州	522626	岑巩县	1 570	16.5	2019－12－01
2255	520000	贵州省	522600	黔东南苗族侗族自治州	522627	天柱县	1 570	16.5	2019－12－01

续 67

序号	省代码	省名称	市代码	市名称	县代码	县名称	月最低工资（元/月）	小时最低工资（元/时）	实施日期
2256	520000	贵州省	522600	黔东南苗族侗族自治州	522628	锦屏县	1 570	16.5	2019-12-01
2257	520000	贵州省	522600	黔东南苗族侗族自治州	522629	剑河县	1 570	16.5	2019-12-01
2258	520000	贵州省	522600	黔东南苗族侗族自治州	522630	台江县	1 570	16.5	2019-12-01
2259	520000	贵州省	522600	黔东南苗族侗族自治州	522631	黎平县	1 570	16.5	2019-12-01
2260	520000	贵州省	522600	黔东南苗族侗族自治州	522632	榕江县	1 570	16.5	2019-12-01
2261	520000	贵州省	522600	黔东南苗族侗族自治州	522633	从江县	1 570	16.5	2019-12-01
2262	520000	贵州省	522600	黔东南苗族侗族自治州	522634	雷山县	1 570	16.5	2019-12-01
2263	520000	贵州省	522600	黔东南苗族侗族自治州	522635	麻江县	1 570	16.5	2019-12-01
2264	520000	贵州省	522600	黔东南苗族侗族自治州	522636	丹寨县	1 570	16.5	2019-12-01
2265	520000	贵州省	522700	黔南布依族苗族自治州	522701	都匀市	1 790	18.6	2019-12-01
2266	520000	贵州省	522700	黔南布依族苗族自治州	522702	福泉市	1 670	17.5	2019-12-01
2267	520000	贵州省	522700	黔南布依族苗族自治州	522722	荔波县	1 570	16.5	2019-12-01
2268	520000	贵州省	522700	黔南布依族苗族自治州	522723	贵定县	1 670	17.5	2019-12-01
2269	520000	贵州省	522700	黔南布依族苗族自治州	522725	瓮安县	1 570	16.5	2019-12-01
2270	520000	贵州省	522700	黔南布依族苗族自治州	522726	独山县	1 570	16.5	2019-12-01
2271	520000	贵州省	522700	黔南布依族苗族自治州	522727	平塘县	1 570	16.5	2019-12-01
2272	520000	贵州省	522700	黔南布依族苗族自治州	522728	罗甸县	1 570	16.5	2019-12-01
2273	520000	贵州省	522700	黔南布依族苗族自治州	522729	长顺县	1 570	16.5	2019-12-01

续68

序号	省代码	省名称	市代码	市名称	县代码	县名称	月最低工资（元/月）	小时最低工资（元/时）	实施日期
2274	520000	贵州省	522700	黔南布依族苗族自治州	522730	龙里县	1 670	17.5	2019-12-01
2275	520000	贵州省	522700	黔南布依族苗族自治州	522731	惠水县	1 570	16.5	2019-12-01
2276	520000	贵州省	522700	黔南布依族苗族自治州	522732	三都水族自治县	1 570	16.5	2019-12-01
2277	530000	云南省	530100	昆明市	530102	五华区	1 670	15.0	2018-05-01
2278	530000	云南省	530100	昆明市	530103	盘龙区	1 670	15.0	2018-05-01
2279	530000	云南省	530100	昆明市	530111	官渡区	1 670	15.0	2018-05-01
2280	530000	云南省	530100	昆明市	530112	西山区	1 670	15.0	2018-05-01
2281	530000	云南省	530100	昆明市	530113	东川区	1 500	14.0	2018-05-01
2282	530000	云南省	530100	昆明市	530114	呈贡区	1 670	15.0	2018-05-01
2283	530000	云南省	530100	昆明市	530115	晋宁区	1 500	14.0	2018-05-01
2284	530000	云南省	530100	昆明市	530124	富民县	1 500	14.0	2018-05-01
2285	530000	云南省	530100	昆明市	530125	宜良县	1 500	14.0	2018-05-01
2286	530000	云南省	530100	昆明市	530126	石林彝族自治县	1 500	14.0	2018-05-01
2287	530000	云南省	530100	昆明市	530127	嵩明县	1 670	15.0	2018-05-01
2288	530000	云南省	530100	昆明市	530128	禄劝彝族苗族自治县	1 500	14.0	2018-05-01
2289	530000	云南省	530100	昆明市	530129	寻甸回族彝族自治县	1 500	14.0	2018-05-01
2290	530000	云南省	530100	昆明市	530181	安宁市	1 670	15.0	2018-05-01
2291	530000	云南省	530300	曲靖市	530302	麒麟区	1 500	14.0	2018-05-01
2292	530000	云南省	530300	曲靖市	530303	沾益区	1 500	14.0	2018-05-01
2293	530000	云南省	530300	曲靖市	530304	马龙区	1 500	14.0	2018-05-01
2294	530000	云南省	530300	曲靖市	530322	陆良县	1 350	13.0	2018-05-01
2295	530000	云南省	530300	曲靖市	530323	师宗县	1 350	13.0	2018-05-01
2296	530000	云南省	530300	曲靖市	530324	罗平县	1 350	13.0	2018-05-01
2297	530000	云南省	530300	曲靖市	530325	富源县	1 350	13.0	2018-05-01
2298	530000	云南省	530300	曲靖市	530326	会泽县	1 350	13.0	2018-05-01
2299	530000	云南省	530300	曲靖市	530381	宣威市	1 500	14.0	2018-05-01
2300	530000	云南省	530400	玉溪市	530402	红塔区	1 500	14.0	2018-05-01
2301	530000	云南省	530400	玉溪市	530403	江川区	1 500	14.0	2018-05-01
2302	530000	云南省	530400	玉溪市	530423	通海县	1 350	13.0	2018-05-01
2303	530000	云南省	530400	玉溪市	530424	华宁县	1 350	13.0	2018-05-01

续69

序号	省代码	省名称	市代码	市名称	县代码	县名称	月最低工资（元/月）	小时最低工资（元/时）	实施日期
2304	530000	云南省	530400	玉溪市	530425	易门县	1 350	13.0	2018-05-01
2305	530000	云南省	530400	玉溪市	530426	峨山彝族自治县	1 350	13.0	2018-05-01
2306	530000	云南省	530400	玉溪市	530427	新平彝族傣族自治县	1 350	13.0	2018-05-01
2307	530000	云南省	530400	玉溪市	530428	元江哈尼族彝族傣族自治县	1 350	13.0	2018-05-01
2308	530000	云南省	530400	玉溪市	530481	澄江市	1 350	13.0	2018-05-01
2309	530000	云南省	530500	保山市	530502	隆阳区	1 500	14.0	2018-05-01
2310	530000	云南省	530500	保山市	530521	施甸县	1 350	13.0	2018-05-01
2311	530000	云南省	530500	保山市	530523	龙陵县	1 350	13.0	2018-05-01
2312	530000	云南省	530500	保山市	530524	昌宁县	1 350	13.0	2018-05-01
2313	530000	云南省	530500	保山市	530581	腾冲市	1 500	14.0	2018-05-01
2314	530000	云南省	530600	昭通市	530602	昭阳区	1 500	14.0	2018-05-01
2315	530000	云南省	530600	昭通市	530621	鲁甸县	1 350	13.0	2018-05-01
2316	530000	云南省	530600	昭通市	530622	巧家县	1 350	13.0	2018-05-01
2317	530000	云南省	530600	昭通市	530623	盐津县	1 350	13.0	2018-05-01
2318	530000	云南省	530600	昭通市	530624	大关县	1 350	13.0	2018-05-01
2319	530000	云南省	530600	昭通市	530625	永善县	1 350	13.0	2018-05-01
2320	530000	云南省	530600	昭通市	530626	绥江县	1 350	13.0	2018-05-01
2321	530000	云南省	530600	昭通市	530627	镇雄县	1 350	13.0	2018-05-01
2322	530000	云南省	530600	昭通市	530628	彝良县	1 350	13.0	2018-05-01
2323	530000	云南省	530600	昭通市	530629	威信县	1 350	13.0	2018-05-01
2324	530000	云南省	530600	昭通市	530681	水富市	1 500	14.0	2018-05-01
2325	530000	云南省	530700	丽江市	530702	古城区	1 500	14.0	2018-05-01
2326	530000	云南省	530700	丽江市	530721	玉龙纳西族自治县	1 500	14.0	2018-05-01
2327	530000	云南省	530700	丽江市	530722	永胜县	1 350	13.0	2018-05-01
2328	530000	云南省	530700	丽江市	530723	华坪县	1 350	13.0	2018-05-01
2329	530000	云南省	530700	丽江市	530724	宁蒗彝族自治县	1 350	13.0	2018-05-01
2330	530000	云南省	530800	普洱市	530802	思茅区	1 500	14.0	2018-05-01
2331	530000	云南省	530800	普洱市	530821	宁洱哈尼族彝族自治县	1 350	13.0	2018-05-01
2332	530000	云南省	530800	普洱市	530822	墨江哈尼族自治县	1 350	13.0	2018-05-01
2333	530000	云南省	530800	普洱市	530823	景东彝族自治县	1 350	13.0	2018-05-01
2334	530000	云南省	530800	普洱市	530824	景谷傣族彝族自治县	1 350	13.0	2018-05-01

续70

序号	省代码	省名称	市代码	市名称	县代码	县名称	月最低工资（元/月）	小时最低工资（元/时）	实施日期
2335	530000	云南省	530800	普洱市	530825	镇沅彝族哈尼族拉祜族自治县	1 350	13.0	2018－05－01
2336	530000	云南省	530800	普洱市	530826	江城哈尼族彝族自治县	1 350	13.0	2018－05－01
2337	530000	云南省	530800	普洱市	530827	孟连傣族拉祜族佤族自治县	1 350	13.0	2018－05－01
2338	530000	云南省	530800	普洱市	530828	澜沧拉祜族自治县	1 350	13.0	2018－05－01
2339	530000	云南省	530800	普洱市	530829	西盟佤族自治县	1 350	13.0	2018－05－01
2340	530000	云南省	530900	临沧市	530902	临翔区	1 500	14.0	2018－05－01
2341	530000	云南省	530900	临沧市	530921	凤庆县	1 350	13.0	2018－05－01
2342	530000	云南省	530900	临沧市	530922	云县	1 350	13.0	2018－05－01
2343	530000	云南省	530900	临沧市	530923	永德县	1 350	13.0	2018－05－01
2344	530000	云南省	530900	临沧市	530924	镇康县	1 350	13.0	2018－05－01
2345	530000	云南省	530900	临沧市	530925	双江拉祜族佤族布朗族傣族自治县	1 350	13.0	2018－05－01
2346	530000	云南省	530900	临沧市	530926	耿马傣族佤族自治县	1 350	13.0	2018－05－01
2347	530000	云南省	530900	临沧市	530927	沧源佤族自治县	1 350	13.0	2018－05－01
2348	530000	云南省	532300	楚雄彝族自治州	532301	楚雄市	1 500	14.0	2018－05－01
2349	530000	云南省	532300	楚雄彝族自治州	532302	禄丰市	1 350	13.0	2018－05－01
2350	530000	云南省	532300	楚雄彝族自治州	532322	双柏县	1 350	13.0	2018－05－01
2351	530000	云南省	532300	楚雄彝族自治州	532323	牟定县	1 350	13.0	2018－05－01
2352	530000	云南省	532300	楚雄彝族自治州	532324	南华县	1 350	13.0	2018－05－01
2353	530000	云南省	532300	楚雄彝族自治州	532325	姚安县	1 350	13.0	2018－05－01
2354	530000	云南省	532300	楚雄彝族自治州	532326	大姚县	1 350	13.0	2018－05－01
2355	530000	云南省	532300	楚雄彝族自治州	532327	永仁县	1 350	13.0	2018－05－01
2356	530000	云南省	532300	楚雄彝族自治州	532328	元谋县	1 350	13.0	2018－05－01

续71

序号	省代码	省名称	市代码	市名称	县代码	县名称	月最低工资（元/月）	小时最低工资（元/时）	实施日期
2357	530000	云南省	532300	楚雄彝族自治州	532329	武定县	1 350	13.0	2018-05-01
2358	530000	云南省	532500	红河哈尼族彝族自治州	532501	个旧市	1 500	14.0	2018-05-01
2359	530000	云南省	532500	红河哈尼族彝族自治州	532502	开远市	1 500	14.0	2018-05-01
2360	530000	云南省	532500	红河哈尼族彝族自治州	532503	蒙自市	1 500	14.0	2018-05-01
2361	530000	云南省	532500	红河哈尼族彝族自治州	532504	弥勒市	1 500	14.0	2018-05-01
2362	530000	云南省	532500	红河哈尼族彝族自治州	532523	屏边苗族自治县	1 350	13.0	2018-05-01
2363	530000	云南省	532500	红河哈尼族彝族自治州	532524	建水县	1 350	13.0	2018-05-01
2364	530000	云南省	532500	红河哈尼族彝族自治州	532525	石屏县	1 350	13.0	2018-05-01
2365	530000	云南省	532500	红河哈尼族彝族自治州	532527	泸西县	1 350	13.0	2018-05-01
2366	530000	云南省	532500	红河哈尼族彝族自治州	532528	元阳县	1 350	13.0	2018-05-01
2367	530000	云南省	532500	红河哈尼族彝族自治州	532529	红河县	1 350	13.0	2018-05-01
2368	530000	云南省	532500	红河哈尼族彝族自治州	532530	金平苗族瑶族傣族自治县	1 350	13.0	2018-05-01
2369	530000	云南省	532500	红河哈尼族彝族自治州	532531	绿春县	1 350	13.0	2018-05-01
2370	530000	云南省	532500	红河哈尼族彝族自治州	532532	河口瑶族自治县	1 350	13.0	2018-05-01
2371	530000	云南省	532600	文山壮族苗族自治州	532601	文山市	1 500	14.0	2018-05-01
2372	530000	云南省	532600	文山壮族苗族自治州	532622	砚山县	1 350	13.0	2018-05-01
2373	530000	云南省	532600	文山壮族苗族自治州	532623	西畴县	1 350	13.0	2018-05-01
2374	530000	云南省	532600	文山壮族苗族自治州	532624	麻栗坡县	1 350	13.0	2018-05-01

续 72

序号	省代码	省名称	市代码	市名称	县代码	县名称	月最低工资（元/月）	小时最低工资（元/时）	实施日期
2375	530000	云南省	532600	文山壮族苗族自治州	532625	马关县	1 350	13.0	2018－05－01
2376	530000	云南省	532600	文山壮族苗族自治州	532626	丘北县	1 350	13.0	2018－05－01
2377	530000	云南省	532600	文山壮族苗族自治州	532627	广南县	1 350	13.0	2018－05－01
2378	530000	云南省	532600	文山壮族苗族自治州	532628	富宁县	1 350	13.0	2018－05－01
2379	530000	云南省	532800	西双版纳傣族自治州	532801	景洪市	1 500	14.0	2018－05－01
2380	530000	云南省	532800	西双版纳傣族自治州	532822	勐海县	1 350	13.0	2018－05－01
2381	530000	云南省	532800	西双版纳傣族自治州	532823	勐腊县	1 350	13.0	2018－05－01
2382	530000	云南省	532900	大理白族自治州	532901	大理市	1 500	14.0	2018－05－01
2383	530000	云南省	532900	大理白族自治州	532922	漾濞彝族自治县	1 350	13.0	2018－05－01
2384	530000	云南省	532900	大理白族自治州	532923	祥云县	1 350	13.0	2018－05－01
2385	530000	云南省	532900	大理白族自治州	532924	宾川县	1 350	13.0	2018－05－01
2386	530000	云南省	532900	大理白族自治州	532925	弥渡县	1 350	13.0	2018－05－01
2387	530000	云南省	532900	大理白族自治州	532926	南涧彝族自治县	1 350	13.0	2018－05－01
2388	530000	云南省	532900	大理白族自治州	532927	巍山彝族回族自治县	1 350	13.0	2018－05－01
2389	530000	云南省	532900	大理白族自治州	532928	永平县	1 350	13.0	2018－05－01
2390	530000	云南省	532900	大理白族自治州	532929	云龙县	1 350	13.0	2018－05－01
2391	530000	云南省	532900	大理白族自治州	532930	洱源县	1 350	13.0	2018－05－01
2392	530000	云南省	532900	大理白族自治州	532931	剑川县	1 350	13.0	2018－05－01
2393	530000	云南省	532900	大理白族自治州	532932	鹤庆县	1 350	13.0	2018－05－01
2394	530000	云南省	533100	德宏傣族景颇族自治州	533102	瑞丽市	1 500	14.0	2018－05－01
2395	530000	云南省	533100	德宏傣族景颇族自治州	533103	芒市	1 500	14.0	2018－05－01
2396	530000	云南省	533100	德宏傣族景颇族自治州	533122	梁河县	1 350	13.0	2018－05－01
2397	530000	云南省	533100	德宏傣族景颇族自治州	533123	盈江县	1 350	13.0	2018－05－01

续 73

序号	省代码	省名称	市代码	市名称	县代码	县名称	月最低工资（元/月）	小时最低工资（元/时）	实施日期
2398	530000	云南省	533100	德宏傣族景颇族自治州	533124	陇川县	1 350	13.0	2018-05-01
2399	530000	云南省	533300	怒江傈僳族自治州	533301	泸水市	1 500	14.0	2018-05-01
2400	530000	云南省	533300	怒江傈僳族自治州	533323	福贡县	1 350	13.0	2018-05-01
2401	530000	云南省	533300	怒江傈僳族自治州	533324	贡山独龙族怒族自治县	1 350	13.0	2018-05-01
2402	530000	云南省	533300	怒江傈僳族自治州	533325	兰坪白族普米族自治县	1 350	13.0	2018-05-01
2403	530000	云南省	533400	迪庆藏族自治州	533401	香格里拉市	1 500	14.0	2018-05-01
2404	530000	云南省	533400	迪庆藏族自治州	533422	德钦县	1 500	14.0	2018-05-01
2405	530000	云南省	533400	迪庆藏族自治州	533423	维西傈僳族自治县	1 350	13.0	2018-05-01
2406	540000	西藏自治区	540100	拉萨市	540102	城关区	1 850	18.0	2021-07-01
2407	540000	西藏自治区	540100	拉萨市	540103	堆龙德庆区	1 850	18.0	2021-07-01
2408	540000	西藏自治区	540100	拉萨市	540104	达孜区	1 850	18.0	2021-07-01
2409	540000	西藏自治区	540100	拉萨市	540121	林周县	1 850	18.0	2021-07-01
2410	540000	西藏自治区	540100	拉萨市	540122	当雄县	1 850	18.0	2021-07-01
2411	540000	西藏自治区	540100	拉萨市	540123	尼木县	1 850	18.0	2021-07-01
2412	540000	西藏自治区	540100	拉萨市	540124	曲水县	1 850	18.0	2021-07-01
2413	540000	西藏自治区	540100	拉萨市	540127	墨竹工卡县	1 850	18.0	2021-07-01
2414	540000	西藏自治区	540200	日喀则市	540202	桑珠孜区	1 850	18.0	2021-07-01
2415	540000	西藏自治区	540200	日喀则市	540221	南木林县	1 850	18.0	2021-07-01
2416	540000	西藏自治区	540200	日喀则市	540222	江孜县	1 850	18.0	2021-07-01
2417	540000	西藏自治区	540200	日喀则市	540223	定日县	1 850	18.0	2021-07-01
2418	540000	西藏自治区	540200	日喀则市	540224	萨迦县	1 850	18.0	2021-07-01
2419	540000	西藏自治区	540200	日喀则市	540225	拉孜县	1 850	18.0	2021-07-01
2420	540000	西藏自治区	540200	日喀则市	540226	昂仁县	1 850	18.0	2021-07-01
2421	540000	西藏自治区	540200	日喀则市	540227	谢通门县	1 850	18.0	2021-07-01
2422	540000	西藏自治区	540200	日喀则市	540228	白朗县	1 850	18.0	2021-07-01
2423	540000	西藏自治区	540200	日喀则市	540229	仁布县	1 850	18.0	2021-07-01
2424	540000	西藏自治区	540200	日喀则市	540230	康马县	1 850	18.0	2021-07-01
2425	540000	西藏自治区	540200	日喀则市	540231	定结县	1 850	18.0	2021-07-01
2426	540000	西藏自治区	540200	日喀则市	540232	仲巴县	1 850	18.0	2021-07-01
2427	540000	西藏自治区	540200	日喀则市	540233	亚东县	1 850	18.0	2021-07-01

续 74

序号	省代码	省名称	市代码	市名称	县代码	县名称	月最低工资（元/月）	小时最低工资（元/时）	实施日期
2428	540000	西藏自治区	540200	日喀则市	540234	吉隆县	1 850	18.0	2021-07-01
2429	540000	西藏自治区	540200	日喀则市	540235	聂拉木县	1 850	18.0	2021-07-01
2430	540000	西藏自治区	540200	日喀则市	540236	萨嘎县	1 850	18.0	2021-07-01
2431	540000	西藏自治区	540200	日喀则市	540237	岗巴县	1 850	18.0	2021-07-01
2432	540000	西藏自治区	540300	昌都市	540302	卡若区	1 850	18.0	2021-07-01
2433	540000	西藏自治区	540300	昌都市	540321	江达县	1 850	18.0	2021-07-01
2434	540000	西藏自治区	540300	昌都市	540322	贡觉县	1 850	18.0	2021-07-01
2435	540000	西藏自治区	540300	昌都市	540323	类乌齐县	1 850	18.0	2021-07-01
2436	540000	西藏自治区	540300	昌都市	540324	丁青县	1 850	18.0	2021-07-01
2437	540000	西藏自治区	540300	昌都市	540325	察雅县	1 850	18.0	2021-07-01
2438	540000	西藏自治区	540300	昌都市	540326	八宿县	1 850	18.0	2021-07-01
2439	540000	西藏自治区	540300	昌都市	540327	左贡县	1 850	18.0	2021-07-01
2440	540000	西藏自治区	540300	昌都市	540328	芒康县	1 850	18.0	2021-07-01
2441	540000	西藏自治区	540300	昌都市	540329	洛隆县	1 850	18.0	2021-07-01
2442	540000	西藏自治区	540300	昌都市	540330	边坝县	1 850	18.0	2021-07-01
2443	540000	西藏自治区	540400	林芝市	540402	巴宜区	1 850	18.0	2021-07-01
2444	540000	西藏自治区	540400	林芝市	540421	工布江达县	1 850	18.0	2021-07-01
2445	540000	西藏自治区	540400	林芝市	540422	米林县	1 850	18.0	2021-07-01
2446	540000	西藏自治区	540400	林芝市	540423	墨脱县	1 850	18.0	2021-07-01
2447	540000	西藏自治区	540400	林芝市	540424	波密县	1 850	18.0	2021-07-01
2448	540000	西藏自治区	540400	林芝市	540425	察隅县	1 850	18.0	2021-07-01
2449	540000	西藏自治区	540400	林芝市	540426	朗县	1 850	18.0	2021-07-01
2450	540000	西藏自治区	540500	山南市	540502	乃东区	1 850	18.0	2021-07-01
2451	540000	西藏自治区	540500	山南市	540521	扎囊县	1 850	18.0	2021-07-01
2452	540000	西藏自治区	540500	山南市	540522	贡嘎县	1 850	18.0	2021-07-01
2453	540000	西藏自治区	540500	山南市	540523	桑日县	1 850	18.0	2021-07-01
2454	540000	西藏自治区	540500	山南市	540524	琼结县	1 850	18.0	2021-07-01
2455	540000	西藏自治区	540500	山南市	540525	曲松县	1 850	18.0	2021-07-01
2456	540000	西藏自治区	540500	山南市	540526	措美县	1 850	18.0	2021-07-01
2457	540000	西藏自治区	540500	山南市	540527	洛扎县	1 850	18.0	2021-07-01
2458	540000	西藏自治区	540500	山南市	540528	加查县	1 850	18.0	2021-07-01
2459	540000	西藏自治区	540500	山南市	540529	隆子县	1 850	18.0	2021-07-01
2460	540000	西藏自治区	540500	山南市	540530	错那县	1 850	18.0	2021-07-01
2461	540000	西藏自治区	540500	山南市	540531	浪卡子县	1 850	18.0	2021-07-01
2462	540000	西藏自治区	540600	那曲市	540602	色尼区	1 850	18.0	2021-07-01

续 75

序号	省代码	省名称	市代码	市名称	县代码	县名称	月最低工资（元/月）	小时最低工资（元/时）	实施日期
2463	540000	西藏自治区	540600	那曲市	540621	嘉黎县	1 850	18.0	2021-07-01
2464	540000	西藏自治区	540600	那曲市	540622	比如县	1 850	18.0	2021-07-01
2465	540000	西藏自治区	540600	那曲市	540623	聂荣县	1 850	18.0	2021-07-01
2466	540000	西藏自治区	540600	那曲市	540624	安多县	1 850	18.0	2021-07-01
2467	540000	西藏自治区	540600	那曲市	540625	申扎县	1 850	18.0	2021-07-01
2468	540000	西藏自治区	540600	那曲市	540626	索县	1 850	18.0	2021-07-01
2469	540000	西藏自治区	540600	那曲市	540627	班戈县	1 850	18.0	2021-07-01
2470	540000	西藏自治区	540600	那曲市	540628	巴青县	1 850	18.0	2021-07-01
2471	540000	西藏自治区	540600	那曲市	540629	尼玛县	1 850	18.0	2021-07-01
2472	540000	西藏自治区	540600	那曲市	540630	双湖县	1 850	18.0	2021-07-01
2473	540000	西藏自治区	542500	阿里地区	542521	普兰县	1 850	18.0	2021-07-01
2474	540000	西藏自治区	542500	阿里地区	542522	札达县	1 850	18.0	2021-07-01
2475	540000	西藏自治区	542500	阿里地区	542523	噶尔县	1 850	18.0	2021-07-01
2476	540000	西藏自治区	542500	阿里地区	542524	日土县	1 850	18.0	2021-07-01
2477	540000	西藏自治区	542500	阿里地区	542525	革吉县	1 850	18.0	2021-07-01
2478	540000	西藏自治区	542500	阿里地区	542526	改则县	1 850	18.0	2021-07-01
2479	540000	西藏自治区	542500	阿里地区	542527	措勤县	1 850	18.0	2021-07-01
2480	610000	陕西省	610100	西安市	610102	新城区	1 950	19.0	2021-05-01
2481	610000	陕西省	610100	西安市	610103	碑林区	1 950	19.0	2021-05-01
2482	610000	陕西省	610100	西安市	610104	莲湖区	1 950	19.0	2021-05-01
2483	610000	陕西省	610100	西安市	610111	灞桥区	1 950	19.0	2021-05-01
2484	610000	陕西省	610100	西安市	610112	未央区	1 950	19.0	2021-05-01
2485	610000	陕西省	610100	西安市	610113	雁塔区	1 950	19.0	2021-05-01
2486	610000	陕西省	610100	西安市	610114	阎良区	1 950	19.0	2021-05-01
2487	610000	陕西省	610100	西安市	610115	临潼区	1 950	19.0	2021-05-01
2488	610000	陕西省	610100	西安市	610116	长安区	1 950	19.0	2021-05-01
2489	610000	陕西省	610100	西安市	610117	高陵区	1 950	19.0	2021-05-01
2490	610000	陕西省	610100	西安市	610118	鄠邑区	1 850	18.0	2021-05-01
2491	610000	陕西省	610100	西安市	610122	蓝田县	1 850	18.0	2021-05-01
2492	610000	陕西省	610100	西安市	610124	周至县	1 850	18.0	2021-05-01
2493	610000	陕西省	610200	铜川市	610202	王益区	1 850	18.0	2021-05-01
2494	610000	陕西省	610200	铜川市	610203	印台区	1 750	17.0	2021-05-01
2495	610000	陕西省	610200	铜川市	610204	耀州区	1 750	17.0	2021-05-01
2496	610000	陕西省	610200	铜川市	610222	宜君县	1 750	17.0	2021-05-01
2497	610000	陕西省	610300	宝鸡市	610302	渭滨区	1 850	18.0	2021-05-01

续 76

序号	省代码	省名称	市代码	市名称	县代码	县名称	月最低工资（元/月）	小时最低工资（元/时）	实施日期
2498	610000	陕西省	610300	宝鸡市	610303	金台区	1 850	18.0	2021－05－01
2499	610000	陕西省	610300	宝鸡市	610304	陈仓区	1 850	18.0	2021－05－01
2500	610000	陕西省	610300	宝鸡市	610305	凤翔区	1 750	17.0	2021－05－01
2501	610000	陕西省	610300	宝鸡市	610323	岐山县	1 750	17.0	2021－05－01
2502	610000	陕西省	610300	宝鸡市	610324	扶风县	1 750	17.0	2021－05－01
2503	610000	陕西省	610300	宝鸡市	610326	眉县	1 750	17.0	2021－05－01
2504	610000	陕西省	610300	宝鸡市	610327	陇县	1 750	17.0	2021－05－01
2505	610000	陕西省	610300	宝鸡市	610328	千阳县	1 750	17.0	2021－05－01
2506	610000	陕西省	610300	宝鸡市	610329	麟游县	1 750	17.0	2021－05－01
2507	610000	陕西省	610300	宝鸡市	610330	凤县	1 850	18.0	2021－05－01
2508	610000	陕西省	610300	宝鸡市	610331	太白县	1 750	17.0	2021－05－01
2509	610000	陕西省	610400	咸阳市	610402	秦都区	1 950	19.0	2021－05－01
2510	610000	陕西省	610400	咸阳市	610403	杨陵区	1 950	19.0	2021－05－01
2511	610000	陕西省	610400	咸阳市	610404	渭城区	1 950	19.0	2021－05－01
2512	610000	陕西省	610400	咸阳市	610422	三原县	1 850	18.0	2021－05－01
2513	610000	陕西省	610400	咸阳市	610423	泾阳县	1 850	18.0	2021－05－01
2514	610000	陕西省	610400	咸阳市	610424	乾县	1 850	18.0	2021－05－01
2515	610000	陕西省	610400	咸阳市	610425	礼泉县	1 850	18.0	2021－05－01
2516	610000	陕西省	610400	咸阳市	610426	永寿县	1 750	17.0	2021－05－01
2517	610000	陕西省	610400	咸阳市	610428	长武县	1 750	17.0	2021－05－01
2518	610000	陕西省	610400	咸阳市	610429	旬邑县	1 750	17.0	2021－05－01
2519	610000	陕西省	610400	咸阳市	610430	淳化县	1 750	17.0	2021－05－01
2520	610000	陕西省	610400	咸阳市	610431	武功县	1 850	18.0	2021－05－01
2521	610000	陕西省	610400	咸阳市	610481	兴平市	1 850	18.0	2021－05－01
2522	610000	陕西省	610400	咸阳市	610482	彬州市	1 850	18.0	2021－05－01
2523	610000	陕西省	610500	渭南市	610502	临渭区	1 850	18.0	2021－05－01
2524	610000	陕西省	610500	渭南市	610503	华州区	1 750	17.0	2021－05－01
2525	610000	陕西省	610500	渭南市	610522	潼关县	1 850	18.0	2021－05－01
2526	610000	陕西省	610500	渭南市	610523	大荔县	1 850	18.0	2021－05－01
2527	610000	陕西省	610500	渭南市	610524	合阳县	1 750	17.0	2021－05－01
2528	610000	陕西省	610500	渭南市	610525	澄城县	1 750	17.0	2021－05－01
2529	610000	陕西省	610500	渭南市	610526	蒲城县	1 750	17.0	2021－05－01
2530	610000	陕西省	610500	渭南市	610527	白水县	1 750	17.0	2021－05－01
2531	610000	陕西省	610500	渭南市	610528	富平县	1 750	17.0	2021－05－01
2532	610000	陕西省	610500	渭南市	610581	韩城市	1 850	18.0	2021－05－01

续77

序号	省代码	省名称	市代码	市名称	县代码	县名称	月最低工资（元/月）	小时最低工资（元/时）	实施日期
2533	610000	陕西省	610500	渭南市	610582	华阴市	1 850	18.0	2021-05-01
2534	610000	陕西省	610600	延安市	610602	宝塔区	1 850	18.0	2021-05-01
2535	610000	陕西省	610600	延安市	610603	安塞区	1 850	18.0	2021-05-01
2536	610000	陕西省	610600	延安市	610621	延长县	1 750	17.0	2021-05-01
2537	610000	陕西省	610600	延安市	610622	延川县	1 750	17.0	2021-05-01
2538	610000	陕西省	610600	延安市	610625	志丹县	1 850	18.0	2021-05-01
2539	610000	陕西省	610600	延安市	610626	吴起县	1 850	18.0	2021-05-01
2540	610000	陕西省	610600	延安市	610627	甘泉县	1 850	18.0	2021-05-01
2541	610000	陕西省	610600	延安市	610628	富县	1 750	17.0	2021-05-01
2542	610000	陕西省	610600	延安市	610629	洛川县	1 850	18.0	2021-05-01
2543	610000	陕西省	610600	延安市	610630	宜川县	1 750	17.0	2021-05-01
2544	610000	陕西省	610600	延安市	610631	黄龙县	1 750	17.0	2021-05-01
2545	610000	陕西省	610600	延安市	610632	黄陵县	1 850	18.0	2021-05-01
2546	610000	陕西省	610600	延安市	610681	子长市	1 850	18.0	2021-05-01
2547	610000	陕西省	610700	汉中市	610702	汉台区	1 850	18.0	2021-05-01
2548	610000	陕西省	610700	汉中市	610703	南郑区	1 850	18.0	2021-05-01
2549	610000	陕西省	610700	汉中市	610722	城固县	1 850	18.0	2021-05-01
2550	610000	陕西省	610700	汉中市	610723	洋县	1 850	18.0	2021-05-01
2551	610000	陕西省	610700	汉中市	610724	西乡县	1 850	18.0	2021-05-01
2552	610000	陕西省	610700	汉中市	610725	勉县	1 850	18.0	2021-05-01
2553	610000	陕西省	610700	汉中市	610726	宁强县	1 750	17.0	2021-05-01
2554	610000	陕西省	610700	汉中市	610727	略阳县	1 850	18.0	2021-05-01
2555	610000	陕西省	610700	汉中市	610728	镇巴县	1 750	17.0	2021-05-01
2556	610000	陕西省	610700	汉中市	610729	留坝县	1 750	17.0	2021-05-01
2557	610000	陕西省	610700	汉中市	610730	佛坪县	1 750	17.0	2021-05-01
2558	610000	陕西省	610800	榆林市	610802	榆阳区	1 950	19.0	2021-05-01
2559	610000	陕西省	610800	榆林市	610803	横山区	1 950	19.0	2021-05-01
2560	610000	陕西省	610800	榆林市	610822	府谷县	1 950	19.0	2021-05-01
2561	610000	陕西省	610800	榆林市	610824	靖边县	1 950	19.0	2021-05-01
2562	610000	陕西省	610800	榆林市	610825	定边县	1 950	19.0	2021-05-01
2563	610000	陕西省	610800	榆林市	610826	绥德县	1 850	18.0	2021-05-01
2564	610000	陕西省	610800	榆林市	610827	米脂县	1 850	18.0	2021-05-01
2565	610000	陕西省	610800	榆林市	610828	佳县	1 850	18.0	2021-05-01
2566	610000	陕西省	610800	榆林市	610829	吴堡县	1 850	18.0	2021-05-01
2567	610000	陕西省	610800	榆林市	610830	清涧县	1 850	18.0	2021-05-01

续78

序号	省代码	省名称	市代码	市名称	县代码	县名称	月最低工资（元/月）	小时最低工资（元/时）	实施日期
2568	610000	陕西省	610800	榆林市	610831	子洲县	1 850	18.0	2021-05-01
2569	610000	陕西省	610800	榆林市	610881	神木市	1 950	19.0	2021-05-01
2570	610000	陕西省	610900	安康市	610902	汉滨区	1 750	17.0	2021-05-01
2571	610000	陕西省	610900	安康市	610921	汉阴县	1 750	17.0	2021-05-01
2572	610000	陕西省	610900	安康市	610922	石泉县	1 750	17.0	2021-05-01
2573	610000	陕西省	610900	安康市	610923	宁陕县	1 750	17.0	2021-05-01
2574	610000	陕西省	610900	安康市	610924	紫阳县	1 750	17.0	2021-05-01
2575	610000	陕西省	610900	安康市	610925	岚皋县	1 750	17.0	2021-05-01
2576	610000	陕西省	610900	安康市	610926	平利县	1 750	17.0	2021-05-01
2577	610000	陕西省	610900	安康市	610927	镇坪县	1 750	17.0	2021-05-01
2578	610000	陕西省	610900	安康市	610929	白河县	1 750	17.0	2021-05-01
2579	610000	陕西省	610900	安康市	610981	旬阳市	1 750	17.0	2021-05-01
2580	610000	陕西省	611000	商洛市	611002	商州区	1 850	18.0	2021-05-01
2581	610000	陕西省	611000	商洛市	611021	洛南县	1 750	17.0	2021-05-01
2582	610000	陕西省	611000	商洛市	611022	丹凤县	1 750	17.0	2021-05-01
2583	610000	陕西省	611000	商洛市	611023	商南县	1 750	17.0	2021-05-01
2584	610000	陕西省	611000	商洛市	611024	山阳县	1 750	17.0	2021-05-01
2585	610000	陕西省	611000	商洛市	611025	镇安县	1 750	17.0	2021-05-01
2586	610000	陕西省	611000	商洛市	611026	柞水县	1 750	17.0	2021-05-01
2587	620000	甘肃省	620100	兰州市	620102	城关区	1 820	19.0	2021-09-01
2588	620000	甘肃省	620100	兰州市	620103	七里河区	1 820	19.0	2021-09-01
2589	620000	甘肃省	620100	兰州市	620104	西固区	1 820	19.0	2021-09-01
2590	620000	甘肃省	620100	兰州市	620105	安宁区	1 820	19.0	2021-09-01
2591	620000	甘肃省	620100	兰州市	620111	红古区	1 820	19.0	2021-09-01
2592	620000	甘肃省	620100	兰州市	620121	永登县	1 770	18.4	2021-09-01
2593	620000	甘肃省	620100	兰州市	620122	皋兰县	1 770	18.4	2021-09-01
2594	620000	甘肃省	620100	兰州市	620123	榆中县	1 770	18.4	2021-09-01
2595	620000	甘肃省	620200	嘉峪关市	620200	嘉峪关市	1 820	19.0	2021-09-01
2596	620000	甘肃省	620300	金昌市	620302	金川区	1 820	19.0	2021-09-01
2597	620000	甘肃省	620300	金昌市	620321	永昌县	1 770	18.4	2021-09-01
2598	620000	甘肃省	620400	白银市	620402	白银区	1 770	18.4	2021-09-01
2599	620000	甘肃省	620400	白银市	620403	平川区	1 770	18.4	2021-09-01
2600	620000	甘肃省	620400	白银市	620421	靖远县	1 720	17.9	2021-09-01
2601	620000	甘肃省	620400	白银市	620422	会宁县	1 720	17.9	2021-09-01
2602	620000	甘肃省	620400	白银市	620423	景泰县	1 720	17.9	2021-09-01

序号	省代码	省名称	市代码	市名称	县代码	县名称	月最低工资（元/月）	小时最低工资（元/时）	实施日期
2603	620000	甘肃省	620500	天水市	620502	秦州区	1 720	17.9	2021-09-01
2604	620000	甘肃省	620500	天水市	620503	麦积区	1 720	17.9	2021-09-01
2605	620000	甘肃省	620500	天水市	620521	清水县	1 670	17.4	2021-09-01
2606	620000	甘肃省	620500	天水市	620522	秦安县	1 670	17.4	2021-09-01
2607	620000	甘肃省	620500	天水市	620523	甘谷县	1 670	17.4	2021-09-01
2608	620000	甘肃省	620500	天水市	620524	武山县	1 670	17.4	2021-09-01
2609	620000	甘肃省	620500	天水市	620525	张家川回族自治县	1 670	17.4	2021-09-01
2610	620000	甘肃省	620600	武威市	620602	凉州区	1 720	17.9	2021-09-01
2611	620000	甘肃省	620600	武威市	620621	民勤县	1 670	17.4	2021-09-01
2612	620000	甘肃省	620600	武威市	620622	古浪县	1 670	17.4	2021-09-01
2613	620000	甘肃省	620600	武威市	620623	天祝藏族自治县	1 670	17.4	2021-09-01
2614	620000	甘肃省	620700	张掖市	620702	甘州区	1 720	17.9	2021-09-01
2615	620000	甘肃省	620700	张掖市	620721	肃南裕固族自治县	1 670	17.4	2021-09-01
2616	620000	甘肃省	620700	张掖市	620722	民乐县	1 670	17.4	2021-09-01
2617	620000	甘肃省	620700	张掖市	620723	临泽县	1 670	17.4	2021-09-01
2618	620000	甘肃省	620700	张掖市	620724	高台县	1 670	17.4	2021-09-01
2619	620000	甘肃省	620700	张掖市	620725	山丹县	1 670	17.4	2021-09-01
2620	620000	甘肃省	620800	平凉市	620802	崆峒区	1 770	18.4	2021-09-01
2621	620000	甘肃省	620800	平凉市	620821	泾川县	1 720	17.9	2021-09-01
2622	620000	甘肃省	620800	平凉市	620822	灵台县	1 720	17.9	2021-09-01
2623	620000	甘肃省	620800	平凉市	620823	崇信县	1 720	17.9	2021-09-01
2624	620000	甘肃省	620800	平凉市	620825	庄浪县	1 720	17.9	2021-09-01
2625	620000	甘肃省	620800	平凉市	620826	静宁县	1 720	17.9	2021-09-01
2626	620000	甘肃省	620800	平凉市	620881	华亭市	1 720	17.9	2021-09-01
2627	620000	甘肃省	620900	酒泉市	620902	肃州区	1 820	19.0	2021-09-01
2628	620000	甘肃省	620900	酒泉市	620921	金塔县	1 770	18.4	2021-09-01
2629	620000	甘肃省	620900	酒泉市	620922	瓜州县	1 770	18.4	2021-09-01
2630	620000	甘肃省	620900	酒泉市	620923	肃北蒙古族自治县	1 770	18.4	2021-09-01
2631	620000	甘肃省	620900	酒泉市	620924	阿克塞哈萨克族自治县	1 770	18.4	2021-09-01
2632	620000	甘肃省	620900	酒泉市	620981	玉门市	1 820	19.0	2021-09-01
2633	620000	甘肃省	620900	酒泉市	620982	敦煌市	1 820	19.0	2021-09-01
2634	620000	甘肃省	621000	庆阳市	621002	西峰区	1 720	17.9	2021-09-01
2635	620000	甘肃省	621000	庆阳市	621021	庆城县	1 670	17.4	2021-09-01
2636	620000	甘肃省	621000	庆阳市	621022	环县	1 670	17.4	2021-09-01

续 80

序号	省代码	省名称	市代码	市名称	县代码	县名称	月最低工资（元/月）	小时最低工资（元/时）	实施日期
2637	620000	甘肃省	621000	庆阳市	621023	华池县	1 670	17.4	2021－09－01
2638	620000	甘肃省	621000	庆阳市	621024	合水县	1 670	17.4	2021－09－01
2639	620000	甘肃省	621000	庆阳市	621025	正宁县	1 670	17.4	2021－09－01
2640	620000	甘肃省	621000	庆阳市	621026	宁县	1 670	17.4	2021－09－01
2641	620000	甘肃省	621000	庆阳市	621027	镇原县	1 670	17.4	2021－09－01
2642	620000	甘肃省	621100	定西市	621102	安定区	1 720	17.9	2021－09－01
2643	620000	甘肃省	621100	定西市	621121	通渭县	1 670	17.4	2021－09－01
2644	620000	甘肃省	621100	定西市	621122	陇西县	1 670	17.4	2021－09－01
2645	620000	甘肃省	621100	定西市	621123	渭源县	1 670	17.4	2021－09－01
2646	620000	甘肃省	621100	定西市	621124	临洮县	1 670	17.4	2021－09－01
2647	620000	甘肃省	621100	定西市	621125	漳县	1 670	17.4	2021－09－01
2648	620000	甘肃省	621100	定西市	621126	岷县	1 670	17.4	2021－09－01
2649	620000	甘肃省	621200	陇南市	621202	武都区	1 720	17.9	2021－09－01
2650	620000	甘肃省	621200	陇南市	621221	成县	1 670	17.4	2021－09－01
2651	620000	甘肃省	621200	陇南市	621222	文县	1 670	17.4	2021－09－01
2652	620000	甘肃省	621200	陇南市	621223	宕昌县	1 670	17.4	2021－09－01
2653	620000	甘肃省	621200	陇南市	621224	康县	1 670	17.4	2021－09－01
2654	620000	甘肃省	621200	陇南市	621225	西和县	1 670	17.4	2021－09－01
2655	620000	甘肃省	621200	陇南市	621226	礼县	1 670	17.4	2021－09－01
2656	620000	甘肃省	621200	陇南市	621227	徽县	1 670	17.4	2021－09－01
2657	620000	甘肃省	621200	陇南市	621228	两当县	1 670	17.4	2021－09－01
2658	620000	甘肃省	622900	临夏回族自治州	622901	临夏市	1 720	17.9	2021－09－01
2659	620000	甘肃省	622900	临夏回族自治州	622921	临夏县	1 670	17.4	2021－09－01
2660	620000	甘肃省	622900	临夏回族自治州	622922	康乐县	1 670	17.4	2021－09－01
2661	620000	甘肃省	622900	临夏回族自治州	622923	永靖县	1 670	17.4	2021－09－01
2662	620000	甘肃省	622900	临夏回族自治州	622924	广河县	1 670	17.4	2021－09－01
2663	620000	甘肃省	622900	临夏回族自治州	622925	和政县	1 670	17.4	2021－09－01
2664	620000	甘肃省	622900	临夏回族自治州	622926	东乡族自治县	1 670	17.4	2021－09－01
2665	620000	甘肃省	622900	临夏回族自治州	622927	积石山保安族东乡族撒拉族自治县	1 670	17.4	2021－09－01
2666	620000	甘肃省	623000	甘南藏族自治州	623001	合作市	1 770	18.4	2021－09－01
2667	620000	甘肃省	623000	甘南藏族自治州	623021	临潭县	1 720	17.9	2021－09－01
2668	620000	甘肃省	623000	甘南藏族自治州	623022	卓尼县	1 720	17.9	2021－09－01
2669	620000	甘肃省	623000	甘南藏族自治州	623023	舟曲县	1 720	17.9	2021－09－01
2670	620000	甘肃省	623000	甘南藏族自治州	623024	迭部县	1 720	17.9	2021－09－01

续81

序号	省代码	省名称	市代码	市名称	县代码	县名称	月最低工资（元/月）	小时最低工资（元/时）	实施日期
2671	620000	甘肃省	623000	甘南藏族自治州	623025	玛曲县	1 720	17.9	2021-09-01
2672	620000	甘肃省	623000	甘南藏族自治州	623026	碌曲县	1 720	17.9	2021-09-01
2673	620000	甘肃省	623000	甘南藏族自治州	623027	夏河县	1 720	17.9	2021-09-01
2674	630000	青海省	630100	西宁市	630102	城东区	1 700	15.2	2020-01-01
2675	630000	青海省	630100	西宁市	630103	城中区	1 700	15.2	2020-01-01
2676	630000	青海省	630100	西宁市	630104	城西区	1 700	15.2	2020-01-01
2677	630000	青海省	630100	西宁市	630105	城北区	1 700	15.2	2020-01-01
2678	630000	青海省	630100	西宁市	630106	湟中区	1 700	15.2	2020-01-01
2679	630000	青海省	630100	西宁市	630121	大通回族土族自治县	1 700	15.2	2020-01-01
2680	630000	青海省	630100	西宁市	630123	湟源县	1 700	15.2	2020-01-01
2681	630000	青海省	630200	海东市	630202	乐都区	1 700	15.2	2020-01-01
2682	630000	青海省	630200	海东市	630203	平安区	1 700	15.2	2020-01-01
2683	630000	青海省	630200	海东市	630222	民和回族土族自治县	1 700	15.2	2020-01-01
2684	630000	青海省	630200	海东市	630223	互助土族自治县	1 700	15.2	2020-01-01
2685	630000	青海省	630200	海东市	630224	化隆回族自治县	1 700	15.2	2020-01-01
2686	630000	青海省	630200	海东市	630225	循化撒拉族自治县	1 700	15.2	2020-01-01
2687	630000	青海省	632200	海北藏族自治州	632221	门源回族自治县	1 700	15.2	2020-01-01
2688	630000	青海省	632200	海北藏族自治州	632222	祁连县	1 700	15.2	2020-01-01
2689	630000	青海省	632200	海北藏族自治州	632223	海晏县	1 700	15.2	2020-01-01
2690	630000	青海省	632200	海北藏族自治州	632224	刚察县	1 700	15.2	2020-01-01
2691	630000	青海省	632300	黄南藏族自治州	632301	同仁市	1 700	15.2	2020-01-01
2692	630000	青海省	632300	黄南藏族自治州	632322	尖扎县	1 700	15.2	2020-01-01
2693	630000	青海省	632300	黄南藏族自治州	632323	泽库县	1 700	15.2	2020-01-01
2694	630000	青海省	632300	黄南藏族自治州	632324	河南蒙古族自治县	1 700	15.2	2020-01-01
2695	630000	青海省	632500	海南藏族自治州	632521	共和县	1 700	15.2	2020-01-01
2696	630000	青海省	632500	海南藏族自治州	632522	同德县	1 700	15.2	2020-01-01
2697	630000	青海省	632500	海南藏族自治州	632523	贵德县	1 700	15.2	2020-01-01
2698	630000	青海省	632500	海南藏族自治州	632524	兴海县	1 700	15.2	2020-01-01
2699	630000	青海省	632500	海南藏族自治州	632525	贵南县	1 700	15.2	2020-01-01
2700	630000	青海省	632600	果洛藏族自治州	632621	玛沁县	1 700	15.2	2020-01-01
2701	630000	青海省	632600	果洛藏族自治州	632622	班玛县	1 700	15.2	2020-01-01
2702	630000	青海省	632600	果洛藏族自治州	632623	甘德县	1 700	15.2	2020-01-01
2703	630000	青海省	632600	果洛藏族自治州	632624	达日县	1 700	15.2	2020-01-01

续 82

序号	省代码	省名称	市代码	市名称	县代码	县名称	月最低工资（元/月）	小时最低工资（元/时）	实施日期
2704	630000	青海省	632600	果洛藏族自治州	632625	久治县	1 700	15.2	2020-01-01
2705	630000	青海省	632600	果洛藏族自治州	632626	玛多县	1 700	15.2	2020-01-01
2706	630000	青海省	632700	玉树藏族自治州	632701	玉树市	1 700	15.2	2020-01-01
2707	630000	青海省	632700	玉树藏族自治州	632722	杂多县	1 700	15.2	2020-01-01
2708	630000	青海省	632700	玉树藏族自治州	632723	称多县	1 700	15.2	2020-01-01
2709	630000	青海省	632700	玉树藏族自治州	632724	治多县	1 700	15.2	2020-01-01
2710	630000	青海省	632700	玉树藏族自治州	632725	囊谦县	1 700	15.2	2020-01-01
2711	630000	青海省	632700	玉树藏族自治州	632726	曲麻莱县	1 700	15.2	2020-01-01
2712	630000	青海省	632800	海西蒙古族藏族自治州	632801	格尔木市	1 700	15.2	2020-01-01
2713	630000	青海省	632800	海西蒙古族藏族自治州	632802	德令哈市	1 700	15.2	2020-01-01
2714	630000	青海省	632800	海西蒙古族藏族自治州	632803	茫崖市	1 700	15.2	2020-01-01
2715	630000	青海省	632800	海西蒙古族藏族自治州	632821	乌兰县	1 700	15.2	2020-01-01
2716	630000	青海省	632800	海西蒙古族藏族自治州	632822	都兰县	1 700	15.2	2020-01-01
2717	630000	青海省	632800	海西蒙古族藏族自治州	632823	天峻县	1 700	15.2	2020-01-01
2718	640000	宁夏回族自治区	640100	银川市	640104	兴庆区	1 950	18.0	2021-09-01
2719	640000	宁夏回族自治区	640100	银川市	640105	西夏区	1 950	18.0	2021-09-01
2720	640000	宁夏回族自治区	640100	银川市	640106	金凤区	1 950	18.0	2021-09-01
2721	640000	宁夏回族自治区	640100	银川市	640121	永宁县	1 840	17.0	2021-09-01
2722	640000	宁夏回族自治区	640100	银川市	640122	贺兰县	1 840	17.0	2021-09-01
2723	640000	宁夏回族自治区	640100	银川市	640181	灵武市	1 840	17.0	2021-09-01
2724	640000	宁夏回族自治区	640200	石嘴山市	640202	大武口区	1 950	18.0	2021-09-01
2725	640000	宁夏回族自治区	640200	石嘴山市	640205	惠农区	1 950	18.0	2021-09-01
2726	640000	宁夏回族自治区	640200	石嘴山市	640221	平罗县	1 840	17.0	2021-09-01
2727	640000	宁夏回族自治区	640300	吴忠市	640302	利通区	1 840	17.0	2021-09-01
2728	640000	宁夏回族自治区	640300	吴忠市	640303	红寺堡区	1 750	16.0	2021-09-01
2729	640000	宁夏回族自治区	640300	吴忠市	640323	盐池县	1 750	16.0	2021-09-01
2730	640000	宁夏回族自治区	640300	吴忠市	640324	同心县	1 750	16.0	2021-09-01
2731	640000	宁夏回族自治区	640300	吴忠市	640381	青铜峡市	1 840	17.0	2021-09-01
2732	640000	宁夏回族自治区	640400	固原市	640402	原州区	1 750	16.0	2021-09-01

续 83

序号	省代码	省名称	市代码	市名称	县代码	县名称	月最低工资（元/月）	小时最低工资（元/时）	实施日期
2733	640000	宁夏回族自治区	640400	固原市	640422	西吉县	1 750	16.0	2021-09-01
2734	640000	宁夏回族自治区	640400	固原市	640423	隆德县	1 750	16.0	2021-09-01
2735	640000	宁夏回族自治区	640400	固原市	640424	泾源县	1 750	16.0	2021-09-01
2736	640000	宁夏回族自治区	640400	固原市	640425	彭阳县	1 750	16.0	2021-09-01
2737	640000	宁夏回族自治区	640500	中卫市	640502	沙坡头区	1 840	17.0	2021-09-01
2738	640000	宁夏回族自治区	640500	中卫市	640521	中宁县	1 840	17.0	2021-09-01
2739	640000	宁夏回族自治区	640500	中卫市	640522	海原县	1 750	16.0	2021-09-01
2740	650000	新疆维吾尔自治区	650100	乌鲁木齐市	650102	天山区	1 700	17.0	2021-04-01
2741	650000	新疆维吾尔自治区	650100	乌鲁木齐市	650103	沙依巴克区	1 700	17.0	2021-04-01
2742	650000	新疆维吾尔自治区	650100	乌鲁木齐市	650104	新市区	1 700	17.0	2021-04-01
2743	650000	新疆维吾尔自治区	650100	乌鲁木齐市	650105	水磨沟区	1 700	17.0	2021-04-01
2744	650000	新疆维吾尔自治区	650100	乌鲁木齐市	650106	头屯河区	1 700	17.0	2021-04-01
2745	650000	新疆维吾尔自治区	650100	乌鲁木齐市	650107	达坂城区	1 700	17.0	2021-04-01
2746	650000	新疆维吾尔自治区	650100	乌鲁木齐市	650109	米东区	1 700	17.0	2021-04-01
2747	650000	新疆维吾尔自治区	650100	乌鲁木齐市	650121	乌鲁木齐县	1 700	17.0	2021-04-01
2748	650000	新疆维吾尔自治区	650200	克拉玛依市	650202	独山子区	1 900	19.0	2021-04-01
2749	650000	新疆维吾尔自治区	650200	克拉玛依市	650203	克拉玛依区	1 900	19.0	2021-04-01
2750	650000	新疆维吾尔自治区	650200	克拉玛依市	650204	白碱滩区	1 900	19.0	2021-04-01
2751	650000	新疆维吾尔自治区	650200	克拉玛依市	650205	乌尔禾区	1 900	19.0	2021-04-01
2752	650000	新疆维吾尔自治区	650400	吐鲁番市	650402	高昌区	1 620	16.2	2021-04-01
2753	650000	新疆维吾尔自治区	650400	吐鲁番市	650421	鄯善县	1 620	16.2	2021-04-01

续 84

序号	省代码	省名称	市代码	市名称	县代码	县名称	月最低工资（元/月）	小时最低工资（元/时）	实施日期
2754	650000	新疆维吾尔自治区	650400	吐鲁番市	650422	托克逊县	1 540	15.4	2021-04-01
2755	650000	新疆维吾尔自治区	650500	哈密市	650502	伊州区	1 620	15.4	2021-04-01
2756	650000	新疆维吾尔自治区	650500	哈密市	650521	巴里坤哈萨克自治县	1 540	15.4	2021-04-01
2757	650000	新疆维吾尔自治区	650500	哈密市	650522	伊吾县	1 540	15.4	2021-04-01
2758	650000	新疆维吾尔自治区	652300	昌吉回族自治州	652301	昌吉市	1 700	17.0	2021-04-01
2759	650000	新疆维吾尔自治区	652300	昌吉回族自治州	652302	阜康市	1 700	17.0	2021-04-01
2760	650000	新疆维吾尔自治区	652300	昌吉回族自治州	652323	呼图壁县	1 700	17.0	2021-04-01
2761	650000	新疆维吾尔自治区	652300	昌吉回族自治州	652324	玛纳斯县	1 700	17.0	2021-04-01
2762	650000	新疆维吾尔自治区	652300	昌吉回族自治州	652325	奇台县	1 620	17.0	2021-04-01
2763	650000	新疆维吾尔自治区	652300	昌吉回族自治州	652327	吉木萨尔县	1 620	17.0	2021-04-01
2764	650000	新疆维吾尔自治区	652300	昌吉回族自治州	652328	木垒哈萨克自治县	1 620	17.0	2021-04-01
2765	650000	新疆维吾尔自治区	652700	博尔塔拉蒙古自治州	652701	博乐市	1 540	15.4	2021-04-01
2766	650000	新疆维吾尔自治区	652700	博尔塔拉蒙古自治州	652702	阿拉山口市	1 540	15.4	2021-04-01
2767	650000	新疆维吾尔自治区	652700	博尔塔拉蒙古自治州	652722	精河县	1 540	15.4	2021-04-01
2768	650000	新疆维吾尔自治区	652700	博尔塔拉蒙古自治州	652723	温泉县	1 540	15.4	2021-04-01
2769	650000	新疆维吾尔自治区	652800	巴音郭楞蒙古自治州	652801	库尔勒市	1 620	16.2	2021-04-01
2770	650000	新疆维吾尔自治区	652800	巴音郭楞蒙古自治州	652822	轮台县	1 540	15.4	2021-04-01

续 85

序号	省代码	省名称	市代码	市名称	县代码	县名称	月最低工资（元/月）	小时最低工资（元/时）	实施日期
2771	650000	新疆维吾尔自治区	652800	巴音郭楞蒙古自治州	652823	尉犁县	1 540	15.4	2021-04-01
2772	650000	新疆维吾尔自治区	652800	巴音郭楞蒙古自治州	652824	若羌县	1 620	16.2	2021-04-01
2773	650000	新疆维吾尔自治区	652800	巴音郭楞蒙古自治州	652825	且末县	1 540	15.4	2021-04-01
2774	650000	新疆维吾尔自治区	652800	巴音郭楞蒙古自治州	652826	焉耆回族自治县	1 540	15.4	2021-04-01
2775	650000	新疆维吾尔自治区	652800	巴音郭楞蒙古自治州	652827	和静县	1 540	15.4	2021-04-01
2776	650000	新疆维吾尔自治区	652800	巴音郭楞蒙古自治州	652828	和硕县	1 540	15.4	2021-04-01
2777	650000	新疆维吾尔自治区	652800	巴音郭楞蒙古自治州	652829	博湖县	1 540	15.4	2021-04-01
2778	650000	新疆维吾尔自治区	652900	阿克苏地区	652901	阿克苏市	1 620	16.2	2021-04-01
2779	650000	新疆维吾尔自治区	652900	阿克苏地区	652902	库车市	1 620	16.2	2021-04-01
2780	650000	新疆维吾尔自治区	652900	阿克苏地区	652922	温宿县	1 540	15.4	2021-04-01
2781	650000	新疆维吾尔自治区	652900	阿克苏地区	652924	沙雅县	1 540	15.4	2021-04-01
2782	650000	新疆维吾尔自治区	652900	阿克苏地区	652925	新和县	1 540	15.4	2021-04-01
2783	650000	新疆维吾尔自治区	652900	阿克苏地区	652926	拜城县	1 540	15.4	2021-04-01
2784	650000	新疆维吾尔自治区	652900	阿克苏地区	652927	乌什县	1 540	15.4	2021-04-01
2785	650000	新疆维吾尔自治区	652900	阿克苏地区	652928	阿瓦提县	1 540	15.4	2021-04-01
2786	650000	新疆维吾尔自治区	652900	阿克苏地区	652929	柯坪县	1 540	15.4	2021-04-01
2787	650000	新疆维吾尔自治区	653000	克孜勒苏柯尔克孜自治州	653001	阿图什市	1 540	15.4	2021-04-01

续 86

序号	省代码	省名称	市代码	市名称	县代码	县名称	月最低工资（元/月）	小时最低工资（元/时）	实施日期
2788	650000	新疆维吾尔自治区	653000	克孜勒苏柯尔克孜自治州	653022	阿克陶县	1 540	15.4	2021-04-01
2789	650000	新疆维吾尔自治区	653000	克孜勒苏柯尔克孜自治州	653023	阿合奇县	1 540	15.4	2021-04-01
2790	650000	新疆维吾尔自治区	653000	克孜勒苏柯尔克孜自治州	653024	乌恰县	1 540	15.4	2021-04-01
2791	650000	新疆维吾尔自治区	653100	喀什地区	653101	喀什市	1 620	16.2	2021-04-01
2792	650000	新疆维吾尔自治区	653100	喀什地区	653121	疏附县	1 620	16.2	2021-04-01
2793	650000	新疆维吾尔自治区	653100	喀什地区	653122	疏勒县	1 620	16.2	2021-04-01
2794	650000	新疆维吾尔自治区	653100	喀什地区	653123	英吉沙县	1 620	16.2	2021-04-01
2795	650000	新疆维吾尔自治区	653100	喀什地区	653124	泽普县	1 620	16.2	2021-04-01
2796	650000	新疆维吾尔自治区	653100	喀什地区	653125	莎车县	1 620	16.2	2021-04-01
2797	650000	新疆维吾尔自治区	653100	喀什地区	653126	叶城县	1 620	16.2	2021-04-01
2798	650000	新疆维吾尔自治区	653100	喀什地区	653127	麦盖提县	1 620	16.2	2021-04-01
2799	650000	新疆维吾尔自治区	653100	喀什地区	653128	岳普湖县	1 620	16.2	2021-04-01
2800	650000	新疆维吾尔自治区	653100	喀什地区	653129	伽师县	1 620	16.2	2021-04-01
2801	650000	新疆维吾尔自治区	653100	喀什地区	653130	巴楚县	1 620	16.2	2021-04-01
2802	650000	新疆维吾尔自治区	653100	喀什地区	653131	塔什库尔干塔吉克自治县	1 900	19.0	2021-04-01
2803	650000	新疆维吾尔自治区	653200	和田地区	653201	和田市	1 540	15.4	2021-04-01
2804	650000	新疆维吾尔自治区	653200	和田地区	653221	和田县	1 540	15.4	2021-04-01

续87

序号	省代码	省名称	市代码	市名称	县代码	县名称	月最低工资（元/月）	小时最低工资（元/时）	实施日期
2805	650000	新疆维吾尔自治区	653200	和田地区	653222	墨玉县	1 540	15.4	2021-04-01
2806	650000	新疆维吾尔自治区	653200	和田地区	653223	皮山县	1 540	15.4	2021-04-01
2807	650000	新疆维吾尔自治区	653200	和田地区	653224	洛浦县	1 540	15.4	2021-04-01
2808	650000	新疆维吾尔自治区	653200	和田地区	653225	策勒县	1 540	15.4	2021-04-01
2809	650000	新疆维吾尔自治区	653200	和田地区	653226	于田县	1 540	15.4	2021-04-01
2810	650000	新疆维吾尔自治区	653200	和田地区	653227	民丰县	1 540	15.4	2021-04-01
2811	650000	新疆维吾尔自治区	654000	伊犁哈萨克自治州	654002	伊宁市	1 540	16.2	2021-04-01
2812	650000	新疆维吾尔自治区	654000	伊犁哈萨克自治州	654003	奎屯市	1 540	16.2	2021-04-01
2813	650000	新疆维吾尔自治区	654000	伊犁哈萨克自治州	654004	霍尔果斯市	1 540	16.2	2021-04-01
2814	650000	新疆维吾尔自治区	654000	伊犁哈萨克自治州	654021	伊宁县	1 540	16.2	2021-04-01
2815	650000	新疆维吾尔自治区	654000	伊犁哈萨克自治州	654022	察布查尔锡伯自治县	1 540	16.2	2021-04-01
2816	650000	新疆维吾尔自治区	654000	伊犁哈萨克自治州	654023	霍城县	1 540	16.2	2021-04-01
2817	650000	新疆维吾尔自治区	654000	伊犁哈萨克自治州	654024	巩留县	1 540	16.2	2021-04-01
2818	650000	新疆维吾尔自治区	654000	伊犁哈萨克自治州	654025	新源县	1 540	16.2	2021-04-01
2819	650000	新疆维吾尔自治区	654000	伊犁哈萨克自治州	654026	昭苏县	1 540	15.4	2021-04-01
2820	650000	新疆维吾尔自治区	654000	伊犁哈萨克自治州	654027	特克斯县	1 540	15.4	2021-04-01
2821	650000	新疆维吾尔自治区	654000	伊犁哈萨克自治州	654028	尼勒克县	1 540	15.4	2021-04-01

续 88

序号	省代码	省名称	市代码	市名称	县代码	县名称	月最低工资（元/月）	小时最低工资（元/时）	实施日期
2822	650000	新疆维吾尔自治区	654200	塔城地区	654201	塔城市	1 540	15.4	2021－04－01
2823	650000	新疆维吾尔自治区	654200	塔城地区	654202	乌苏市	1 620	16.2	2021－04－01
2824	650000	新疆维吾尔自治区	654200	塔城地区	654203	沙湾市	1 620	17.0	2021－04－01
2825	650000	新疆维吾尔自治区	654200	塔城地区	654221	额敏县	1 540	15.4	2021－04－01
2826	650000	新疆维吾尔自治区	654200	塔城地区	654224	托里县	1 540	15.4	2021－04－01
2827	650000	新疆维吾尔自治区	654200	塔城地区	654225	裕民县	1 540	15.4	2021－04－01
2828	650000	新疆维吾尔自治区	654200	塔城地区	654226	和布克赛尔蒙古自治县	1 540	15.4	2021－04－01
2829	650000	新疆维吾尔自治区	654300	阿勒泰地区	654301	阿勒泰市	1 540	15.4	2021－04－01
2830	650000	新疆维吾尔自治区	654300	阿勒泰地区	654321	布尔津县	1 540	15.4	2021－04－01
2831	650000	新疆维吾尔自治区	654300	阿勒泰地区	654322	富蕴县	1 540	15.4	2021－04－01
2832	650000	新疆维吾尔自治区	654300	阿勒泰地区	654323	福海县	1 540	15.4	2021－04－01
2833	650000	新疆维吾尔自治区	654300	阿勒泰地区	654324	哈巴河县	1 540	15.4	2021－04－01
2834	650000	新疆维吾尔自治区	654300	阿勒泰地区	654325	青河县	1 540	15.4	2021－04－01
2835	650000	新疆维吾尔自治区	654300	阿勒泰地区	654326	吉木乃县	1 540	15.4	2021－04－01
2836	650000	新疆维吾尔自治区	659000	自治区直辖县级行政区划	659001	石河子市	1 700	17.0	2021－04－01
2837	650000	新疆维吾尔自治区	659000	自治区直辖县级行政区划	659002	阿拉尔市	1 620	16.2	2021－04－01
2838	650000	新疆维吾尔自治区	659000	自治区直辖县级行政区划	659003	图木舒克市	1 620	16.2	2021－04－01

续完

序号	省代码	省名称	市代码	市名称	县代码	县名称	月最低工资（元/月）	小时最低工资（元/时）	实施日期
2839	650000	新疆维吾尔自治区	659000	自治区直辖县级行政区划	659004	五家渠市	1 700	17.0	2021-04-01
2840	650000	新疆维吾尔自治区	659000	自治区直辖县级行政区划	659005	北屯市	1 540	15.4	2021-04-01
2841	650000	新疆维吾尔自治区	659000	自治区直辖县级行政区划	659006	铁门关市	1 620	16.2	2021-04-01
2842	650000	新疆维吾尔自治区	659000	自治区直辖县级行政区划	659007	双河市	1 540	15.4	2021-04-01
2843	650000	新疆维吾尔自治区	659000	自治区直辖县级行政区划	659008	可克达拉市	1 540	16.2	2021-04-01
2844	650000	新疆维吾尔自治区	659000	自治区直辖县级行政区划	659009	昆玉市	1 540	15.4	2021-04-01
2845	650000	新疆维吾尔自治区	659000	自治区直辖县级行政区划	659010	胡杨河市	1 540	16.2	2021-04-01
2846	650000	新疆维吾尔自治区	659000	自治区直辖县级行政区划	659011	新星市	1 620	15.4	2021-04-01

数据来源：贾朋（2022）：中国最低工资数据库（China Minimum Wage Database，CMWD），网址：https：//www.cmwd.org.cn。

注：数据统计截至2020年12月31日；行政区划采用民政部公布的"2020年中华人民共和国县以上行政区划代码"，不包括台湾省、香港特别行政区、澳门特别行政区；海南省三沙市下辖的西沙区、南沙区因未赋行政区划代码，未包括在数据中。

附 录

• 会议综述

"高质量发展与工会工作"学术研讨会综述

祁文昭

摘　要：高质量发展是"十四五"乃至更长时期内我国经济社会发展的主题，推动高质量发展是当前工会组织面临的重大任务，同时也对工会工作实现高质量发展提出了新的时代要求。与会专家学者就高质量发展与工会改革、高质量发展与高质量劳动关系、高质量发展与产业工人队伍建设改革、高质量发展与劳动技能竞赛、高质量发展与工会工作的国际视野等重要议题进行了广泛深入的研讨，提出了许多兼具理论性、实践性和建设性的对策建议，对于高质量发展背景下如何更好地推进工会工作具有积极的启示意义。

关键词：高质量发展；工会改革；劳动关系；产业工人；劳动技能竞赛

党的十九届五中全会明确将"高质量发展"作为"十四五"时期我国经济社会发展的主题。作为党联系职工群众的桥梁和纽带，工会组织必须团结带领广大职工群众准确把握新发展阶段，深入贯彻新发展理念，服务构建新发展格局，推动高质量发展。2021年5月28日，上海工会管理职业学院在建校70周年之际与上海市工运研究会联合举办"高质量发展与工会工作"学术研讨会。来自中华全国总工会、上海市总工会、中国劳动关系学院、复旦大学、华东师范大学、上海社会科学院、中共上海市委党校、上海江三角律师事务所及全国各省级工会干校的130余位专家学者出席了此次研讨会，深入开展研讨交流。

一　高质量发展与工会改革

习近平总书记指出："高质量发展，就是能够很好满足人民日益增长的美好生活需要的发展，是体现新发展理念的发展，是创新成为第一动力、协调成为内生特点、绿色成为普遍形态、开放成为必由之路、共享成为根本目的的发展。"[①] 党的群团工作会议以来，工会组织的吸引力凝聚力战斗力明显增强，因此进一步深化工会改革、推动高质量发展，是当前工会组织面临的重大任务，也对工会工作实现高质量发展提出了新的时代要求。

中华全国总工会陶志勇指出，中国工会工作高质量发展的核心目标就是要"增三性"（政治性、先进性、群众性），去除工会工作中存在的"四化"（机关化、行政化、贵族化、娱乐化）现象。他认为，增强政治性是工会工作高质量发展的第一位要求，这里的核心问题是要正确处理好工会与党的关系；增强先进性是工会工作高质量发展的题中应有之义，先进性是群团

---

① 中共中央宣传部编：《习近平新时代中国特色社会主义思想学习纲要》，人民出版社2019年版，第112页。

组织的力量之源，工会组织必须把保持和增强先进性作为重要着力点，引领工人阶级听党话跟党走，使之成为党治国理政最坚实最可靠的阶级基础；增强群众性是工会工作高质量发展的本质要求，中国共产党在组建工会、领导工人运动之初就给工会注入了群众底色，始终把群众性确立为工会组织的根本特点，但时至今日，脱离群众的危险依然是尖锐地摆在工会组织面前的一个问题。他指出，中国工会必须充分发挥自身独特的政治优势、组织优势、制度优势、群众优势和资源优势，实现工会工作的高质量发展。

针对工会工作中存在的"老问题"和高质量发展带来的新情况新要求，中国劳动关系学院杨冬梅就工会改革新的方向和突破口提出了以下几方面的思考和建议。首先，工会要适应新形势新任务，加强和改进职工思想政治工作。通过认真学习贯彻习近平新时代中国特色社会主义思想，特别是习近平总书记关于工人阶级和工会工作的重要论述，把保持和增强政治性、先进性、群众性作为工会工作的根本标尺和长期任务贯穿于工会改革全过程。同时要抓住党史学习教育的契机，加强中国工运史教育，认真总结经验，汲取智慧力量，坚定广大工人队伍前行的信心。在具体实施方面，可以将弘扬劳模精神、劳动精神、工匠精神作为推进工会改革的重要抓手，充分发挥劳模在思想政治引领中的积极作用。其次，要深入基层实际，密切联系群众，着力破解基层基础薄弱难题。强化狠抓基层的鲜明导向，坚持落实到基层、落实靠基层，把改革向基层延伸，把力量和资源向基层充实，使基层工会组织建起来、转起来、活起来。最后，健全工会工作制度机制，提升工会工作法治化水平。

陶志勇还从打造工会工作升级版的视角对智慧工会建设提出了以下建议。一是构建基于大数据技术的工会治理能力提升体系。建立和完善工会数据资源管理体系，建立多节点的可信"工会身份链"，整合共享各级工会数据和应用资源。二是构建基于互联网技术的工会服务应用创新体系。建设全国工会服务平台，创新网上普惠服务模式，构建工会网上服务评价体系，建设工会业务管理和网上协同办公平台。三是构建基于云计算技术的工会网信基础支撑体系。完善工会信息基础设施建设，编制实施工会系统数据资源标准规范和开放利用标准，加快工会电子政务网络建设。四是巩固发展工会网上舆论阵地。构建网上网下一体、以新技术为支撑、"工"字特色内容建设为根本、以新型运行管理模式为保障的报网端微刊全媒体传播体系。杨冬梅也认为，各级工会组织要积极推进智慧工会建设，大力加强网上工会工作，赋能工会工作的高质量发展。她提出，应在前期工作成果的基础上认真总结经验，运用互联网、新媒体等快捷新颖的宣传手段，切实提高网上工会工作的质量和水平；应抓住重要机遇期，坚持守正创新，认真回答好网上工会"为何建、建什么、怎样建"的基本问题，建立完善工会网上工作体系。

二 高质量发展与高质量劳动关系

随着我国经济社会发展模式向高质量发展转变，生产关系范畴中的劳动关系也须发生变革，形成高质量劳动关系。上海江三角律师事务所陆敬波重点围绕构建高质量劳动关系、推动高质量发展这一主题进行了探讨。他指出，一方面高质量发展促进高质量劳动关系的构建，另一方面高质量劳动关系推动高质量发展的实现，二者互相促进。他认为，和谐劳动关系的构建包括依法保障职工的基本权益、拥有健全的劳动关系协调机制与企业民主管理制度等方面，而构建高质量劳动关系则主要包括以下几个方面的要件和特征：高质量的法律规范、高质量的权益保护、高质量的运行机制、高质量的纠纷防治。与高质量劳动关系相比，和谐劳动关系合乎高质量劳动关系的基本面，因此和谐劳动关系是高质量劳动关系的基础，高质量劳动关系是和谐劳动关系的发展。对于如何构建高质量的劳动关系，陆敬波认为，首先要强化底线性，当前劳动者权益被侵犯的情况依然存在，其中最重要、最直接的原因是执法部门执法不严，因此仍要继续强化底线性思维，强调严格执法的重要性，保障职工的基本劳动权益；同时也要强化灵活性，由于当前的劳动关系更为多样，可以从增强标准劳动关系的灵活性和对部分劳动法条款进行特别解释或另行制定特别规定的方式将新业态[①]的用工关系纳入劳动关系的范畴；此外还要强化源头性，构建高质量劳动关系应"消防结合，以防为主"，应当注重劳动关系的"真和谐"、动态和谐与持续和谐。

新业态从业者的权益保障是构建高质量劳动关系的一个重要方面。陶志勇指出，首先要解决好新业态从业人员"能否入会""怎么入会"的问题，最大限度地把新业态从业者组织到工会中来。他认为，对于"能否入会"这一问题，在工会会员资格认定要件上应注重经济从属性而非组织从属性，治本之策是修改《工会法》和《中国工会章程》，使这一群体加入工会得到明确的法律保障，在法律和工会章程短期内难以修改的情况下，应先以文件或个案答复等方式做出安排，研究起草新业态从业人员入会意见；对于"怎么入会"的问题，可以实行网上申请入会，网下做实区域性、行业性工会联合会，为防止"线上线下脱节"问题，可以借助行业主管部门力量，选择相关平台头部企业先行试点探索，以点带面进行突破，带动关联企业建会。

陶志勇认为，不能简单地用传统的劳动管理规定来监管新业态用工关系。新业态从业者真实的属性是"弱从属、无保障"，应构建中间型劳动提供者——"类雇员"的法律保护框架，推动劳动基准立法，补齐劳动领域骨干性法律的短板，制定《基本劳动标准法》，或在《劳动合同法》三个"特别规定"[②]的基础上增设关于"新业态人员"的特别规定；如果考虑到立法周期可能较长，权宜之计是以一事一议的方式加快制定出台相关政策文件。陆敬波对此表示赞同，也认为首先要补齐新就业形态的法律短板，根据新的就业情况进一步完善包括平台用工等非标准劳动关系在内的劳动法律体系，将这种"弱从属、弱保障"的用工关系纳入劳动关系的范畴，通过对部分劳动法条款进行特别解释或另行制定特别规定，以适应新业态劳动用工的特殊性。

三 高质量发展与产业工人队伍建设改革

产业工人是工人阶级中发挥支撑作用的主体力量，是创造社会财富的中坚力量，是创新驱动发展的骨干力量，是实施制造强国战略的有生力量，因此实现经济社会高质量发展必须有一支高素质的产业工人队伍作为重要支撑。

上海社会科学院杨鹏飞对目前我国产业工人队伍现状的相关数据进行了分析，指出"技工荒"与"就业难"并存的双重困境。他认为，技能劳动者匮乏及产业工人技能素质、创新能力

[①] 新业态是指伴随互联网技术进步与大众消费升级出现的、去雇主化的就业模式以及偏离传统正规就业并借助信息技术升级的灵活就业模式。参见张成刚《就业发展的未来趋势，新就业形态的概念及影响分析》，《中国人力资源开发》2016年第19期。

[②] 三个"特别规定"指《劳动合同法》第五章中关于集体合同、劳务派遣、非全日制用工的三个特别规定。

不足以成为制约我国产业升级的瓶颈问题。面对高质量发展背景下产业工人队伍建设改革的新要求，我国工会自身还存在一些不足和挑战：在思想认识上，仍有一些工会干部对于职业教育、技能提升等与产业工人队伍建设直接相关的工作不够熟悉和重视；在手段措施上，对于现实中收入差距、劳动者维权难和农民工获得公共服务难等各种不利于产业工人权益维护和成长的障碍仍未找到更有效的解决办法；在人员力量上，企业工会干部多为兼职，精力不足、专业性不强等。针对以上情况，杨鹏飞提出了几点思考建议：一是各级工会组织要积极争取党政、企事业单位的支持，与广大产业工人共同努力，不断提升产业工人队伍建设水平；二是改进劳模选树等工会组织传统的促进产业工人队伍建设的方法、推动企事业单位进一步重视产业工人职业发展和技能提升等长期比较忽视的工作、进一步加强集体协商与权益维护等不太擅长的工作，真正形成适应市场经济和劳动力市场蓬勃发展的工会硬核能力；三是着力推动工会改革和自身建设，不断提高工会干部队伍的专业化水平，为产业工人队伍建设改革服务。

陶志勇指出，中共中央、国务院印发的《新时期产业工人队伍建设改革方案》的很多内容仍在试点中，下一步应突出以企业为主体，着力提高产业工人技术技能素质，搭建适合我国国情的技能形成体系框架。其核心构成要件包括以下五方面。一是责任明晰、分担合理的技能投资制度。政府对企业培训要提供税收优惠和资金补贴支持，进一步明确企业是技能形成的投资主体。二是标准化、可转移、有活力的技能供应制度。这涉及职业教育模式和职业教育分流方式两方面内容，要彻底转变目前高中和中专阶段的职业教育沦为"好学生"和"差学生"分水岭的观念和制度设计。三是客观公正、独立可信的技能评价制度，包括技能等级设置、评价方式、资格认证等。四是正向激励、规范有序的技能使用制度。必须努力扭转重学历、轻技能的传统观念，完善技能工资制度，形成技能导向的收入分配制度。五是多方参与、协同推进的技能合作制度。政府、企业、职工、社会四者协同配合，其中政府的立法、决策、劳动力市场规制等决定着合作的高度及发展方向。

杨冬梅也指出，产业工人队伍建设改革是习近平总书记亲自谋划和部署的重大改革，是全面深化改革的重要内容。她认为，与推动高质量发展的要求相比，产业工人队伍目前还存在技能素质总体不高、技术工人总量不足等问题。必须加快推进产业工人队伍建设改革，创新产业工人发展制度，完善产业工人劳动经济权益保障机制，加大对产业工人地位和作用的宣传力度，进一步彰显产业工人的政治地位和社会地位，努力打造一支宏大的高素质产业工人队伍，为高质量发展提供强大人力支撑。

四　高质量发展与劳动技能竞赛

对于工会而言，劳动和技能竞赛是工人阶级的伟大创举，是党领导工人阶级抓生产、促发展的重要载体。通过劳动和技能竞赛这一重要抓手，工会推动职工学习新知识新技术新技能，不断优化职工队伍结构，满足新时代高质量发展的新需求。

上海市总工会张刚总结了高质量发展背景下上海职工劳动和技能竞赛的实践特点。第一，始终把提升劳动者技能素质作为竞赛的根本任务，不断深化产业工人队伍建设改革。以 2019 年首届长三角地区燃气职工劳动和技能创新竞赛为例，上海通过竞赛发布了长三角地区燃气行业职工专项技能等级标准，该标准填补了国内燃气行业技能等级标准的缺失。上海还注重将世界技能大赛先进技术标准转化为技能人才培养标准，真正在岗位练兵中推广应用。第二，竞赛不断向非公领域延伸，通过竞赛推动非公企业工会组建工作。劳动竞赛注重从大中型企业向小微企业、工业园区推进，把不同地区、不同所有制、不同行业的企业职工组织动员起来，包括非公企业职工、灵活就业群体、农民工，让竞赛活动渗透到经济社会发展的各个领域和层面，同时在竞赛中推动非公企业建会入会。第三，持续弘扬劳模精神、劳动精神和工匠精神。通过开展劳动竞赛，发扬了工人阶级先进性、主力军和排头兵的作用，激发职工首创精神和岗位创新创造活力，一大批劳模工匠脱颖而出。第四，注重竞赛工作顶层设计，整合各方资源，构建了由上海市总工会联合本市其他委办局、顶层计划部署、整合各方资源、各级工会协调有关部门积极参与落实的劳动竞赛组织机制。

张刚在总结上海职工劳动和技能竞赛实践特点的基础上，对于高质量发展背景下工会组织如何更好地开展劳动技能竞赛提出了进一步的思考：首先，竞赛要进一步向新经济领域延伸，新技术、新产业、新模式不断涌现并越来越活跃，劳动竞赛工作需要不断与这些新经济业态深度融合，更好地推动新经济高质量发展；其次，积极应对当前人工智能的挑战，不断完善技能人才发现、挖掘、培育、选树、评定体系，构建以劳动竞赛为基础的技能人才"订单式"培养方式和职工技能培训平台，实现高质量发展对劳动力资源的有效利用；最后，通过劳动竞赛提高更广大职工的利益获得感。张刚建议增强劳动竞赛的普惠性，推动广大职工技能等级认定，推动提升企业生产效率，形成全社会重视劳动竞赛和技能人才的良好氛围；探索地方教育附加专项资金在劳动竞赛技术推广中的使用途径；健全以劳动竞赛促进技能晋级激励体系，探索劳动竞赛成绩与职工收入的结合机制。

五　高质量发展与工会工作的国际视野

中国已经深深融入经济全球化，与世界的联系越来越紧密，这对中国工会建设提出了新的挑战与要求，工会工作也必须适应国际领域劳动关系的结构性变动，加强国际劳工规则的研究对接，才能实现高质量发展。

华东师范大学王向民认为，在中国企业融入全球经济的过程中，国际劳工标准与中国"做大蛋糕"的经济发展战略之间存在一定的张力，这种张力会加大中国企业走向国际化后工会工作的难度。其一，由于我国还处于现代化发展道路上，相对于发达国家而言，我国部分跨国企业仍偏向于以劳动力成本为主导竞争优势，这部分跨国企业在外投资设厂的关注重点仍会偏重于企业效益的快速发展，因而在一定程度上会延长工人工作时间，降低工人福利，甚至忽视企业社会责任，这就造成保护工人权益与经济发展之间的张力。二者间的张力在某种程度上不利于我国企业和劳工走向国际市场，也会降低部分中国企业在国际竞争中的吸引力和优势。其二，我国的法治环境有待完善、公民权利意识仍待提升、法律法规的践行程序还需进一步规范，劳工标准的建立与施行还处于一个不断实践和强化的过程。这会导致一些优质的、发展前景较好的跨国投资项目因中国劳工标准执行不严、公民法律意识和规则意识不健全、地区营商环境不平衡、监管机制有待完善等而放弃在中国的业务发展，中国企业和中国工人在遵循国际劳工标准层面也会面临诸多挑战。

对此，王向民指出，中国工会已进行了一些积极探索和尝试，主要体现在以下几方面：其一，在法律体系层面，中国对于劳工权利保护的法律法规已较为成熟，在劳工立法层面和建立符合本国国情的劳工政策方面也有相应的突破；其二，在制定劳工保护议题层面，我国在国内劳工标准制定上有步骤地学习和对接国际劳工标准的优质内容，不断提高更高水平的劳工政策的供给能力；其三，在劳工政策实践层面，我国劳动关系协调机制、纠纷解决机制等正在逐步健全和完善；其四，在后疫情时代与新国际政治经济格局下，以中国为代表的一些亚太国家以区域合作为主线，为继续深入推动全球化进展、构建开放型世界经济做出了有益尝试。

在迈向全面建设社会主义现代化国家的新征程中，实现工会工作的高质量发展是实现经济社会高质量发展不可或缺的重要组成部分。此次研讨会紧扣高质量发展和工会工作这一主题，与会专家学者回顾历史、立足当下、着眼未来，重点就工会工作实现高质量发展的具体路径进行广泛深入的讨论，观点多元丰富，内容精彩纷呈，总结梳理了我国工运事业的历史经验和启示，并对相关前沿理论研究和实践问题展开深入分析，提出了许多兼具理论性、实践性和建设性的思考、对策与建议，对于高质量发展背景下更好地推进工会工作具有积极的启示意义。

作者单位：上海工会管理职业学院

（原文刊载于《工会理论研究（上海工会管理职业学院学报）》2021年第5期，收录时有改动）

深化产教融合　校企合作
推进职业教育高质量发展研讨会会议综述

宋亚峰　潘海生

摘　要：2021年10月15日，深化产教融合、校企合作、推进职业教育高质量发展研讨会在天津大学召开。此次研讨会围绕深化产教融合、校企合作的主题，聚焦职业教育产教融合制度设计与实施的探索与实践、行业企业举办职业教育的探索与实践、中国特色学徒制的理论创新与实践探索、实体化职教集团的探索与实践、产业学院的探索与实践、园区布局与职业教育布局一体化设计的探索与实践、职业院校产教融合校企合作的探索与实践等核心议题进行了研讨，提出了进一步深化产教融合、校企合作的重要举措。

关键词：产教融合；校企合作；多元协同；高质量发展

为深入贯彻落实全国职业教育大会精神和《中共中央办公厅、国务院办公厅关于推动现代职业教育高质量发展的意见》，系统总结职业教育产教融合、校企合作新机制、新模式，全面展示职业教育产教融合、校企合作新发展、新突破，深入研讨职业教育产教融合、校企合作的重点、难点问题，2021年10月15日，由教育部职业教育与成人教育司主办，天津市教委、天津大学共同承办的"深化产教融合　校企合作　推进职业教育高质量发展研讨会"在天津大学举办。教育行政部门领导、相关领域专家、行业协会、企业代表、部分职业院校领导与管理人员、部分研究机构代表等约150人参加会议。

一　深化产教融合的时代意义

《中华人民共和国国民经济和社会发展第十四个五年规划和2035年远景目标纲要》中明确提出，要增强"职业技术教育适应性"。习近平总书记在2021年4月召开的全国职业教育大会上作出重要批示，强调"职业教育前途广阔、大有可为，要优化职业教育类型定位，深化产教融合、校企合作，增强职业教育适应性"。职业教育适应性的提升成为新时期我国职业教育发展的重要任务之一，提升职业教育的适应性，应关注职业教育的服务对象——产业系统，促进产教深度融合，根据产业链和岗位群的需求，为我国经济社会发展培养更多技术技能人才、能工巧匠和大国工匠。

产教融合是新时期促进职业教育高质量发展的关键所在、命脉所系，与会专家们都强调了新时代深化产教融合的时代意义。在主旨报告中，教育部职业技术教育中心研究所副所长曾天山做了题为"深化产教融合校企合作，推动现代职业教育高质量发展"的报告，指出党的十九届五中全会对"十四五"时期我国的发展作出了系统谋划和战略部署，新发展格局明确了我国经济高质量发展的路径选择，也为现代职业教育的发展路径指明了方向。基于该背景，我国经济发展需要更多的高素质技术技能人才、能工巧匠、大国工匠，因此职业教育要更加关注与产业的对接，从而提升劳动力的整体素质和技术技能人才技能掌握程度。"产教融合"是我国职业教育发展的核心主题词，关系职业教育的生存发展，关系企业的长远发展。曾天山通过梳理相关政策文件指出，职业教育的发展史就是一部产教融合、校企合作的理论实践不断创新的历史。作为一种类型教育，职业教育应具有跨界的天然属性，需要打破经济与教育、职业与教育、企业与学校的边界，从"产教合作"到"产教融合"，突破现有体制机制的桎梏，推动观念创新和制度创新。

二　深化产教融合的理论探源

职业教育深化产教融合的内在逻辑为何、产教融合制度设计有何理论依据也是此次研讨会讨论的主要议题。中国宏观经济研究院产业经济与技术经济研究所副所长谭永生在其专题报告中对职业教育产教融合制度设计进行了深入分析。他认为制造业是立国之本、兴国之器、强国之基，要坚持把发展经济着力点放在实体经济上，加快推进制造强国建设。加快建设实体经济、科技创新、现代金融、人力资源协同发展的产业体系。在基础研究、原始创新等关键领域，我国与国际先进水平仍有不小差距。一些关键核心技术受制于人，部分关键元器件、零部件、原材料依赖进口。产教融合实现了科学研究、实验开发、推广应用，贯通了创新驱动发展中的核心要素资源，形成了以价值链为核心的"产业链—创新链—教育链—人才链"的贯通。中国社会科学院人力资源研究中心副秘书长周晓光就行业企业举办职业教育的若干问题进行了深入分析。他认为资本市场并购仍然缺乏成熟操作路径、多数省份校企合作支持政策不够明确、民营企业举办职业院校存在不少困难、中央企业举办职业学校面临许多掣肘等问题突出，致使行业企业参与职业教育办学存在实践困境。天津大学教育学院副院长潘海生在分析职业教育产教融合中国模式与优化路径时，通过比较益格鲁-撒克逊计划、日本企业培训模式、欧洲大陆双元制的职业教育模式指出，中国职业教育以学校职业教育为主体，产教融合、校企合作是中国职业教育的本质特征。其基于标准体系分析了产教融合制度设计的内在依据，同时提出要巩固和发展国务院教育行政部门联合行业制定国家教学标准、职业院校依据标准自主制定人才培养方案的工作格局。

三　深化产教融合的政府举措

中央和地方政府出台的政策体系是推动产教融合深化的重要保障，为了深化产教融合国家出台了一系列政策举措。教育部职业技术教育中心研究所副所长曾天山系统梳理了国家产教融合的政策变迁，其变迁过程为：2013年教育部《关于2013年深化教育领域综合改革的意见》提出"完善职业教育产教融合制度"；党的十八届三中全会提出"加快现代职业教育体系建设，深化产教融合、校企合作，培养高素质劳动者和技能型人才"；党的十九大明确指出"完善职业教育和培训体系，深化产教融合、校企合作"；2017年国务院办公厅《关于深化产教融合的若干意见》首次站在教育综合改革和经济高质量发展的角度进行全面规划；2019年国务院《国家职业教育改革实施方案》提出"建立产教融合型企业认证制度，培育数以万计的产教融合型企业";2019年国家发改委等六部委《国家产教融合建设试点实施方案》提出"分批试点建设50个左右产教融合型城市，在试点省域内打造一批区域特色鲜明的产教融合型行业";2020年教育部等九部门《职业教育提质培优行动计划（2020—2023年）》提出要"深化职业教育供给侧结构性改革"，要"深化校企合作协同育人模式改革";2021年全国职业教育大会，习近平总书记对职业教育工作作出重要指示，强调"深化产教融合、校企合作，深入推进育人方式、办学模式、管理体制、保障机制改革";2021年《关于推动现代职业教育高质量发展的意见》提出"完善产教融合办学体制、创新校企合作办学机制"。

国家层面一系列政策文件为深化产教融合提供重要政策保障，与此同时，地方政府也出台了系列举措，探究具有地方特色的产教融合模式，天津市探索出了以"产教融合、五业联动"为特色的产教融合模式，天津职业技术师范大学职业教育学院院长米靖对该模式做了详细阐述。他从历史梳理维度展示了天津市产教融合实践的历史过程，并进一步指出，作为国家职业教育校企合作、工学结合制度的策源地，在职业教育的具体实践中，天津市逐步探索出了产业、行业、企业、职业和专业"五业联动"现代职业教育产教深度融合发展模式。

广东省清远市教育局局长张玉兰重点分享了中国特色学徒制的"清远模式"与实践探索，在广东省教育厅的正确指导和市委、市政府的重视与支持下，清远职业技术学院在2012年率先探索现代学徒制，后期通过完善政策制度与质量保证体系；加强学徒培养过程管理，引入第三方，建立健全多方参与、多元评价体制机制等政策举措不断完善了中国特色现代学徒制。现代学徒制有效调动了"政行校企研"多方参与人才培养的积极性，充分利用了行企优质教育资源，提升了职业教育人才培养质量，高质量服务于地方社会经济和企业转型升级，为清远"入珠融湾"和"城乡融合发展"战略，努力打造国家职业教育改革示范区、国家产教融合发展试验区奠定了坚实基础。

四　深化产教融合的园区探索

以园区为依托，是深化产教融合，实现更大范围的产教融合的重要举措，全国不同地区也开展了不同形式的实践探索。此次研讨会上，来自天津市海河教育园区和山东省烟台市负责人分享了各自在产教园区建设方面的重要举措。天津海河教育园区管委会副主任詹珽指出，天津市津南区深入贯彻落实市委、市政府布局的绿色生态屏障、国家会展中心（天津）、海教园管理体制机制改革和"双碳"工作目标四大重点任务，推动绿色生态示范区、会展经济功能区、创新发展聚集区和"双碳"工作先行示范区"四区"建设。津南区、海教园重点建设海尔智能+5G智慧园区、荣钢现代冶金产业园、华海清科产业园、哈工福臻智能产业园，培育以华海清科、福臻工业装备为代表的工业战略性新兴企业91家，优质企业聚集。同时，入驻院校13所，在校师生15万人，形成了"天津智谷"。通过校企合作程度的进一步深化，合作主体维度的多元化、系统化，基于需求导向的复杂化发展趋势，打造产教城融合典型模式，促进教育链、人才链与产业链、创新链有机衔接。山东省烟台市教育局副局长宋守杰在其报告中分享了烟台模式，指出烟台市政府出台了《关于推进烟台市职业教育产教融合创新发展的意见》，完成市级对管理体制、专业调整、课程改革、教师队伍等方面的顶层设计，调整高职高专院校业务管理体制，原由市人力资源社会保障部门、区市政府代管的5所职业院校全部划归市教育部门统一管理。聚焦每个园区产业的主攻方向，专业化、差异化发展职业教育，大力培育特色学科专业，加快构建适应烟台现代产业体系需求的专业设置动态调整机制。通过组建烟台电子信息产教联盟、烟台医养健康产教联盟、烟台现代物流产教联盟、烟台跨境电商产教联盟、烟台数字经济产教联盟、烟台旅游与鲁菜文化产教联盟，以中等职业教育为基础、以高等职业教育为主体、以应用型本科为支撑、以研究生院为引领，形成中职、高职、本科、研究生院的"中职—高职—本科—研究生"纵向衔接人才培养通道，促进了产教深度融合。

五　深化产教融合的企业担当

企业是深化产教融合、校企合作的重要主体，企业特别是行业龙头企业应在深化产教融合的过程中积极作为、主动担当。在此次研讨会上，来自企业界的负责人也分享了各自企业在深化产教融合方面的典型经验和重要举措。中车集团人力资源中心党委干部部副主任吴新林在其报告中分析了中车集团深化产教融合的主要经验和做法。他指出，一流的产品和技术，离不开一流的人才。中车在通过职业教育培养高技能人才方面有着深厚传统，创建了全国最早的技工学校，为行业和社会培养了大批技术技能人才，并且已经成为缔造"复兴号"的骨干力量，更有诸多佼佼者成长为中华技能大奖、全国技术能手获得者等"大国工匠""高铁工匠"——轨道交通装备制造一线的领军人物。在具体的实践中，中车集团通过企业办学校，实现校企一体；依托职业学校办企业大学，实现职业教育与培训一体；通过统筹专业规划建设，打造高水平轨道交通装备制造专业群；通过统筹校企实训基地建设布局与建设，打造高水平实训基地群，开拓了校企双主体育人新局面，打造了央企职业教育产教融合的典范。

徐工集团工程人力资源部冯跃虹分享了徐工集团在产教融合方面的典型经验与做法。作为中国工程机械行业最大的研发、制造和出口企业，徐工集团始终坚守大国重器的责任与使命，将高技能人才培养作为增强企业核心竞争力、推动产业升级转型和提升企业创新能力的重要手段，通过不断创新和探索实践，形成了具有徐工特色的校企共融育人路径和模式，形成了国家高端装备制造技术技能人才的培养高地。

中铝集团人力资源部副总经理万红岩以中铝集团的典型经验与做法为例，探讨行业龙头企业在深化职业教育产教融合方面的具体举措。中国铝业集团有限公司深入贯彻落实中共中央、国务院关于深化产教融合改革部署，不断促进教育链、人才链与产业链、创新链等要素聚集融合，提升中铝职教集团服务中铝、服务地方和服务行业的能力，为有色行业乃至国家职业教育改革发展工作贡献了中铝力量。中铝集团把深化产教融合融入企业发展战略、人才培养与开发战略、创新驱动战略，通过创新管理机制、打造央企办职业教育品牌，厚植队伍建设、打造技能人才聚集地，校企育人双主体、创新人才培养"直通车"，产学研一体化、共享技术研发成果等重要举措，以推进产教融合型企业建设为契机，在提升多方面质量上发挥示范带动作用，助推企业行业高质量发展。

六　深化产教融合的院校实践

职业院校是完善职业教育产教融合、校企合作、工学结合、知行合一共同育人机制的重要主体。此次研讨会上来自部分高等职业院校的党委书记和校长们也分享了职业院校在深化产教融合过程中的典型经验与特色模式。教育部全国现代学徒制工作专家指导委员会主任委员、广东建设职业技术学院校长赵鹏飞指出，中国特色学徒制作为国家层面推动实施的一项职业教育制度，既是破解产教融合不深、校企合作不紧难题，加速专用性人力资本积累的重要途径，也是坚持立德树人、弘扬工匠精神，实现为党育人、为国育才的基本方略。以习近平新时代中国特色社会主义思想为指引，探索中国特色学徒制，增强职业技术教育适应性，是"十四五"时期我国职业教育发展的重要任务。在长期的实践中，我国逐步探索形成了以"双元育人、双重身份，交互训教、工学交替，岗位培养、在岗成才"为基本内涵的中国特色现代学徒制。在未来，为更好地发展中国特色学徒制，一须完善法律支持，构建产教融合、职普融通、纵向贯通的职教体系；二须加强政策支持和制度保障，重点建立合理的成本分担和利益共享机制，提升各参与主体动力；三须健全学徒制标准体系；四须基于标准构建学徒制评价与监管体系；五须加快研制实施《学徒制工作实施指南》；六须开展多维视角研究。

深圳职业技术学院党委书记杨欣斌以深圳职业技术学院与华为公司合作为例，分析了在产教融合中实现校企共生共长的典型经验与做法。深圳职业技术学院与华为公司联合建立了12所特色产业学院，通过共同制定通信技术、人工智能等专业群建设方案、人才培养方案，共同开发专业标准，共同建设课程体系，将华为的技术标准转化为课程标准，对接新技术、新工艺开发培训包20多个、编写教材30部，打造了一批"走出去"国际课程标准，在合作共赢中实现了校企共生共长。

金华职业技术学院副校长成军以产教融合的"金华产教综合体模式"为例分享了该校探索实体化、一体化的产教融合发展典型经验与做法。她在报告中指出，产教融合、校企合作是职业教育的基本办学模式，也是打通教育链、人才链与产业链、创新链的根本之路。针对产教融合中教育与经济、供给与需求存在"两张皮"，学校和企业双主体推动实施的融合格局无法真正建立等问题，金华职业技术学院从体制机制破题，自2016年起，依托国家首批产教融合发展工程，投入资金建成"智能化精密制造产教园"，打造产教综合体形式的实体化新平台和"产学研训创"一体化新形态，构建"三融三通"产教综合体运行新机制，探索"全链式"产教融合人才培养新模式，形成了高水平产教融合推动高质量人才培养的"金华模式"。

广州番禺职业技术学院校长何友义以产业学院为依托，重点分享了广州番禺职业技术学院深化校企合作、产教融合的探索与实践。广州番禺职业技术学院立足国家政策，对接区域新一代信息技术、人工智能、先进制造、金融服务、时尚艺术、国际贸易、珠宝首饰、旅游服务等粤港澳大湾区支柱产业，依托广州开发区、广州市金融城、中新广州知识城、国际科技城、瑰宝特色镇、番禺汽车城、国际健康城等广州市重点产业园区，以产业发展为引领、以企业需求为导向、以产业人才培养为主线合作办学，建成16个产业学院，培养掌握新技术、具有国际视野的高素质复合型创新型技术技能人才，助力中小微企业解决技术革新、工艺改造、产品开发等方面问题。何友义建议，未来为进一步促进产业学院的发展，应明确产业学院的法律性质与地位，明确产业学院产权划分原则，完善现代产业学院的治理制度，完善企业参与举办产业学院的进入和退出机制，提升学校服务企业发展的能力，即以高水平产业学院为抓手，促进产教深度融合。

天津轻工职业技术学院党委书记戴裕崴以"四中心一融入"的轻工模式，分享了校企命运共同体构建的典型经验与做法。他在报告中指出，职业院校要与区域经济社会协同发展，把学校办学和地方经济发展紧密结合起来，服务区域支柱产业发展，解决企业技术难题，满足企业高素质技术技能人才需求，成为区域经济社会发展新引擎；职业院校要把产教融合作为办学的基本范式，推进办学体制机制改革，完善校企合作机制，主动融入产业发展，紧密对接产业链人才需求，把企业优秀的文化元素和技术元素吸收到学校的人才培养之中；职业院校要重组教育链——促进教育纵深发展，聚焦人才链——推动人才引领发展，植根产业链——激发产业生态变革，对接创新链——实现创新驱动发展；职业院校要主动提升服务国家重大战略和区域经济发展的贡献度，主动提升职业院校专业群服务行业企业发展的适配度，在校企良性互动中，打造产教融合命运共同体。

产教融合、校企合作是职业教育优化类型特色、激发办学活力，实现高质量发展的关键。我国职业教育坚持产教融合、校企合作、工学结合、知行合一的办学模式，走出了一条富有中国特色的职业教育发展道路，努力实现由政府举办为主向政府统筹管理、社会多元办学的格局转变，由追求规模扩张向提高质量转变，由参照普通教育办学模式向企业社会参与、专业特色鲜明的类型教育转变。要坚持产教融合、校企合作，推动形成产教良性互动、校企优势互补的发展格局，切实提升职业教育适应性，确保专业设置与产业需求对接，课程内容与职业标准对接，教学过程与生产过程对接，毕业证书与职业资格证书对接，职业教育与终身学习对接。通过打造产教命运共同体，助推现代职业教育高质量发展。

作者单位：天津大学教育学院

（原文刊载于《中国职业技术教育》2021年第34期，收录时有改动）

人工智能与当代劳动新发展

——第六届全国劳动人权马克思主义论坛会议综述（三）

潘二亮

摘 要：智能时代带来了劳动的新境遇、新发展和新困境。首先，人工智能的迅猛发展使得马克思主义劳动价值论受到前所未有的质疑与挑战，对人类劳动就业造成重大影响，并使劳动幸福问题成为当前热门的学术话题。其次，依托现代科技发展的数字劳动日益成为劳动的一般形式，由此而引发人们对人的主体自由和解放的关切，与此同时，劳动关系也面临历史性重构，劳动形态的非物质化和生态化趋势日益明显。最后，劳动异化也在当代呈现出新的样态，"劳动—人"的生存困境及其出路也迫切需要理论界关注。以上成为与会学者所关心也必须回答的学术议题。

关键词：人工智能；数字劳动；非物质劳动；生态劳动

2021年4月10日，由上海师范大学知识与价值科学研究所发起，上海师范大学哲学与法政学院、上海师范大学马克思主义学院、中共上海市委党校、《青年学报》编辑部等单位共同承办的"劳动幸福·民生保障·社会公正"——第六届全国劳动人权马克思主义论坛在上海召开。线上线下与会学者紧紧围绕劳动幸福与劳动人权、劳动精神与劳动教育、人工智能与当代劳动新发展等分主题，进行了跨学科宽度和精专业深度的学术讨论。与会学者们从各个专业和不同视角踊跃发言，为我们奉上了一场大型的学术盛宴。此文即是对"人工智能与当代劳动新发展"这一分主题论坛会议情况的总览概要，以飨学界！

一 智能时代与劳动新境遇

（一）智能劳动：人还是物创造价值？

上海师范大学贾淑品教授认为，人工智能作为渗透性的科学技术因素渗透到劳动资料中，会引起劳动资料的智能化改造和增强，产生越来越高级的、影响生产状况的智能化劳动资料。智能化因素渗透在生产力各要素中并带来人际关系的变化，使劳动创造价值的过程呈现出新的特点，但是这并没有改变劳动创造价值，也没有改变劳动价值论。科技、知识、信息等新的生产要素并不能直接创造价值，但是这些要素可以物化到劳动者身上创造价值。人工智能并不能脱离人工劳动而单独存在，因而，人工智能背景下劳动创造价值这一观点仍然没有改变。她认为，虽然机器、科学技术、知识等将成为主导生产的决定性力量，但是生产工人将变得无足轻重的观点是错误的。① 上海师范大学杨柯柯认为，任何先进的机器和普通的机器都是一样的，都是不变资本的一种构成部分，智能机器在生产过程中看似占据了主体地位，实际上在生产的过程中还是需要技术人员从旁照看，从表面上看是智能机器在进行生产，但这得以可能的前提却是：智能机器首先是由人劳动生产出来的，是人劳动创造的产物。劳动价值的生产在人工智能时代下只是变成了一种间接的方式，但它归根结底仍然是人的脑力劳动和体力劳动结合的一种结果。总之，马克思主义的劳动价值论在人工智能时代不是被否定了，而是进一步得到了验证。山东师范大学周楠楠认为，人工智能生产验证了马克思劳动价值论。首先，人工智能下的生产活动是复杂劳动，这极大地提高了整个行业甚至整个社会的生产率。其次，人工智能将研发者们赋予机器中的价值转移到商品中去，是人的劳动对象化的一种形式。最后，人工智能生产下的劳动造成了大量相对过剩人口的出现。

（二）人工智能对人类劳动就业的影响

上海师范大学苏令银认为，人工智能对人类工作的影响只是刚刚开始被理解。要理解人工智能是创造就业还是破坏就业，必须评估它在商品和服务生产中是如何使用的。人工智能技术在工作场所的使用方式可能因行业和企业的不同而有所不同，既可以用来提高生产率，也可以用来取代劳动力。因此，预测人工智能对经济的影响是很困难的。人工智能的兴起和蔓延，导致人们普遍担心其对就业的影响，在极端情况下，人们产生了严峻的、末日般的幻觉，认为人类劳动可能变得越来越多余。其实，在许多方面人工智能的影响可能被高估了，它对工作的影响后果将是极度不平衡的，这取决于一系列因素，包括地理空间、经济活动、商业文化、教育水平和性别等。总之，人工智能对就业的影响并不是预先注定的，而主要取决于企业和政府推动提高生产率的人工智能形式的决定：要么部署能够赋能的技术，要么利用生产率高的替代技术。这些反过来又部分由空间地理和当地能力决定。② 上海应用技术大学薛峰认为，从短期来看，人工智能将发展到弱人工智能阶段，它将挑战人类现有的就业结构，对传统行业造成冲击。未来弱人工智能带来的直接消极影响是就业压力问题，弱人工智能的负面效应将直接导致劳动岗位缺失，如果这一部分被取代劳动者的安置工作不能得到妥善解决，他们将会成为"无业游民"，成为影响"客体"部分（即人类社会）的不安定因素。但从中期来看，强人工智能技术将逐渐成熟并占据人工智能发展的主导地位。强人工智能实现了对人类脑力劳动的取代后，意味着人工智能实现了对人类脑力劳动和体力劳动的双重取代，届时作为劳动主体的人类在新的世界中必须找到自己的定位，必须组建人机和谐的新关系才能够自存。从人工智能发展的长期来看，人工智能的发展将迈向超人工智能阶段。这一阶段的人工智能发展将全面超越人类的一切能力，将从根本上改变现在的生活方式，将会导致一种"存在的升级"。因此，他认为人工智能对人劳动就业的影响依据其时间尺度的不同，而呈现完全不同的面貌。山东师范大学周楠楠认为，人工智能广泛应用于生产领域，对人们的就业带来严重的挑战。很多需要体力的工作岗位已经消失或者正在消失，人们不得不面对严峻的就业形势。随着整个行业以及整个社会的劳动生产率的提高，智能机器的价格会越来越低，这将对我们的工作产生巨大的冲击。她认为，

---

① 贾淑品：《人工智能背景下马克思劳动价值论的再审视》，《广西社会科学》2021年第6期。
② 苏令银：《人工智能对人类工作的影响：乌托邦？敌托邦？》，《广西社会科学》2021年第6期。

面对这种状况我们必须要积极应对一切可能发生的状况：第一，对于还没有参与工作的学生来说，要加强科学技术尤其是人工智能教育，让他们从小接触、适应高科技产品，适应整个社会对就业方向的需求；第二，对于已经进入工作岗位的人来说，更要积极学习，适应人工智能产品对劳动主体提出的新要求。我们只有不断适应社会发展，适应现有的工作方式，才能不被这个社会淘汰，进而避免大规模失业现象的到来。

（三）智能劳动如何创造幸福？

上海师范大学贾淑品教授认为，人工智能的出现，进一步改进了劳动工具，劳动解放的程度进一步提高，劳动也由谋生劳动走向体面劳动、自由劳动，劳动也越来越成为创造幸福的活动。从短期来看，虽然人工智能的发展带来一些实践问题。例如，人工智能的出现使劳动工具和劳动者合二为一，在某些生产环节出现了"机器排挤人"的趋势。但是，从长期来看，人工智能与其说是对人类的劳动主体地位的挑战，倒不如说给人类带来了全面自由发展的机会，是对资本雇佣劳动的超越，让人类全面解放的长期梦想有可能得到实现。那时，人们就不再需要从事繁重的体力和脑力劳动，可以尽情地从事自己过去想做而没机会做的事情。但是，幸福不是个人单纯意志的体现，不是不劳动的幸福，幸福必须是自主性的劳动创造，在劳动的创造中，人的自我价值才能显现出来，才能够有效实现对幸福的基本诉求。上海出版印刷高等专科学校讲师王永秋认为，人工智能的发展是社会生产力发展的必然结果，它既为人类创造性劳动提供了现实基础，同时又激发了人类创造性劳动的进一步需要，使人类的劳动解放真正成为可能。人工智能的发展实现了人类劳动的时代变革，是科学技术发展到新高度的标志。它极大地降低了劳动者的劳动强度和劳动难度，提高了人类劳动的精度、深度和效度。依靠这一人类智能的创造物，人类劳动的范围进一步扩大、劳动的对象大幅增加、劳动的工具更加精良、人类改造自然的能力大大提高，这进一步确证了人类独有的价值和能力。人的幸福正是在此过程中不断得到体现和实现。

二 数字劳动与劳动关系新发展

（一）数字劳动的本质与人的主体性自由

西北师范大学崔昕认为，以数字技术为核心的人工智能时代推动了数字劳动的诞生，数字劳动以数字技术为核心，是一种大众化的新劳动形态，它已发展成为占据主要地位的劳动形式。人工智能时代下的数字劳动具有解放与异化的双重路向。作为资本积累的新路径，数字劳动推动了马克思劳动价值论数据化的发展。只有以马克思的资本逻辑为线索，剖析人工智能时代下的数字劳动，才能确证数字劳动存在的合理性，同时也可呈现马克思劳动价值论的时代发展进程。在人工智能时代背景下，资本主义存在样态由原先产业资本的实在性增殖转变成为数字资本的虚拟性增殖。她认为，只有揭示隐藏在资本主义背后的生命政治治理术，构建解放性的生命政治，才能挣脱资本逻辑的束缚，走向未来新范式，最终为处于人工智能时代下生命个体的美好生活之实现提供有效保障。[①] 厦门大学聂嘉琪认为，就劳动形式而言，在数字资本主义时

---

① 崔昕：《人工智能时代生命政治的范式转换及解放路径》，《甘肃社会科学》2021年第2期。

代之前，资本主义的发展相应地经过了工场手工业劳动的时代和机器大工业劳动的时代。在工场手工业时代和机器大工业时代，工人们主要进行物质劳动。而在数字资本主义时代，数字劳动出现，并逐渐成为一种新的劳动形式。在数字资本主义时代，数字化的快速发展既为人们带来了便捷，也为人们带来了烦扰。数字资本主义时代的本质是在数字化的基础上，资本家凭借私人所有的大数据资源在社会生活中全面控制经济、政治和文化等领域，对全社会进行更为隐蔽的支配和更深层次的剥削。在数字资本主义时代，数字劳动成为物质劳动之外新的劳动形式，然而从事数字劳动的劳动者仍然未能逃避资本逻辑的掌控。数字劳动的本质在于在资本及其主导逻辑的控制下，劳动者在数字平台上进行劳动，其第一动力是谋生，其劳动成果仍被无偿占有。也正因如此，马克思的劳动价值论在数字资本主义时代并没有过时，而是具有更强的解释力。他进一步认为，在可预见的未来，如何解决数字化时代人们普遍面临的数字异化问题、如何警惕数字技术被资本和权力渗透、如何避免数字化鸿沟以及如何积极推动数字化技术的共享发展，将是我们亟待思考并努力解决的问题。吉林大学孙冬鑫认为，作为主体而存在的数字劳工，无论是自我塑造的主体，还是在权力关系中抵抗和斗争的主体，都不仅仅存在受剥削和异化的一面，在生存需求和欲望满足之外，其也存在着追求自由与解放的一面。他通过对数字劳工群体的劳动过程和驱动机制的分析，认为数字劳工在生存性传播和欲求性传播之外，也存在着有意识地通过文本建构和意义生产进行主体性构建的过程。在这一过程中，相比于时间和精力的让渡，文化满足和自我提升应该受到更多关注。不仅如此，在这些群体的自我实践过程中，群体文化的形成和组织力量的增长对抵抗数字资本主义的剥削也具有实际的意义。他进一步认为，中国语境下数字劳工理论发展应跳出单一的剥削框架，关注劳工的主体性与能动性的建构过程。将劳动议题置于传播政治经济学和文化研究学派的交叉逻辑下考察，可以探究数字劳动的深层动因，也可以对数字劳动的后果和意义进行全面的思考。而通过挖掘这些群体的共同品质，可以使我们从受众的角度思考如何平衡技术赋权与免费劳动之间的关系，使数字劳工摆脱工具理性的束缚，追求作为能动主体的综合的合理性。最后，他认为要大力提升数字劳工的网络素养、建设自由平等的网络社区等，这样可以在一定程度上召唤和组织数字劳工的主体性，培育其自我解放和抵抗剥削的能动性力量，同时也可以为营造理性和健康的网络空间提供一条新的路径。

（二）劳动关系与劳动休息权

复旦大学肖巍教授认为，要用马克思主义的方法论分析新劳动关系问题。首先，灵活就业是大势所趋。"互联网+"不仅使资本而且也使劳动的流动性大大增强，技术创新、竞争力加剧和劳动成本抬升激发了灵活就业，导致劳动力市场供需结构发生巨大变化，并对"体面劳动"（包括四项支柱：就业、劳动权利、保障和劳资对话）构成冲击。其次，灵活就业的大趋势对劳动关系提出了一系列新挑战。由"单一雇主、全职签约、工资收入"这三个主要构件组成的"标准劳动关系"面临变局，特别表现在身份认同问题（是雇佣劳动者，还是自由职业者）、从属性问题（是劳动关系，还是民事关系）、灵活性与安全性的平衡问题这三个方面。最后，灵活就业的大趋势对劳动者的可雇佣性要求将越来越高。这要求劳动力市场要进行供给侧结构性改革，同时要求工会的组织和维权这两大功能重心要有所改变，提高劳动者的可雇佣性要比就业数字更重要。上海城建职业学院郑佳认为，在西方资本主义社会发展中，劳动关系受到广泛的关注,并作为资本主义社会的一对主要矛盾而调节其他社会关系。劳动关系不仅影响生产力,而且与社会的稳定息息相关。西方发达国家劳动关系自18世纪至今,大致经历了四个阶段。工业革命初期的劳动关系从总体上充满着激烈的阶级对抗和阶级冲突。到19世纪下半叶,工人罢工斗争的发展和工会组织的广泛建立,迫使资方及政府做出让步,从而在一定程度上改善和缓解了劳资矛盾。再到20世纪上半叶,国家劳动行政管理发展、劳动立法、工业民主化、集体谈判制度和三方机制的出现,使协调劳动关系的方式更加丰富、内容更加宽泛,劳动关系的紧张状态得到了缓和。二战结束以来,劳动关系发生了重大的转折性变化,劳动关系焦点仍然集中在工资、工时、劳动条件的改善上,争取广泛的民主参与权也成为劳动关系中非常重要的内容。暨南大学黄镇认为,休息权立法与劳动力市场之间并非仅仅是单向的调控,而是存在某种互动机制。他以"工时博弈"为切入点,以法律经济学中的"信号传递模型"为分析工具,对影响工作时间分配的社会规范之形成逻辑展开研究。他认为:制度意义上自由时间起源于工时博弈;工时博弈促使劳动力市场形成分离均衡;分离均衡引发工作时间分配规范的生成;法律干预工作时间分配应当以维持劳动力市场的分离均衡为边界。从而他得出结论:在经济意义上,符合社会经济发展规律的工作时间制度取决于劳动力市场是否在加班问题上形成了分离均衡,而非人们单方的主观意愿或法律的强制干预。

(三)新型劳动形态:生态劳动与非物质劳动

南京信息工程大学徐海红教授认为,劳动是人类社会存在和发展的基础。马克思主义政治经济学以劳动为出发点,认为资本主义条件下的劳动是资本家获取剩余价值的手段,导致人与自然物质变换的断裂,成为反自然的存在。劳动的反自然性带来"公地悲剧"与环境危机。社会主义生态文明视域中的劳动蕴含着人与自然相互交换物质、信息和能量,实现良性交换的要求,劳动是促进人与自然和谐共生的活动,具有生态性。生态劳动是人与自然的良性物质变换,由劳动主体、劳动目的、劳动过程构成。劳动主体应具有生态知识、生态伦理和合作意识。劳动目的为创造人与自然和谐共生的美丽世界。劳动过程是对人的需要、劳动时间、废弃物处置的共同控制。倡导消费伦理,为实现生态劳动提供伦理支撑;完善生态文明体制机制建设,为实现生态劳动优化制度环境。计划经济注重公平,市场经济讲究效率。要保障劳动的生态性得以实现,需要在坚持社会主义基本制度的基础上,不断完善生态文明体制机制建设,以社会主义市场经济保障社会经济的高质量发展,通过国家宏观调控,以生态工业园区、国家公园、生态补偿体制机制等形式,彰显社会公平和生态正义,促进人与人平等共享、人与自然和谐共生的统一。复旦大学陈茜认为,在《1857—1858年经济学手稿》"机器论片段"中,马克思初步探讨了在资本主义大工业生产条件下,机器体系与一般智力、劳动时间与自由时间、形式吸纳与实际吸纳的辩证关系。意大利自治主义学者奈格里与哈特尤为重视"机器论片段",批判地吸收了片段中一些主要概念群的内涵,完善了自己的非物质劳动理论。他们从工人自治运动中透视劳动与资本关系的新变化,认为非物质劳动是对一般智力的补充,并试图确证生命政治式的革命主体生产的可能性。陈茜认为,奈格里与哈特虽然一定程度上洞悉了资本主义的新动态,但是框限于自治主义思维,片面地解读"机器论片段",忽视了马克思的劳动二重性理论和劳动价值论。"机器论片段"虽然尚有不成熟之处,但是马克思开始分析机器体系、资本、劳动三者之间的复合矛盾,这三重矛盾关系并不存在先后次序,是同时发生、互相渗透在生产力与生产关系变化的内在矛盾之中的。在当今机器体系越来越发达、智能化水平不断提升的社会，要坚持以实现马克思唯物史观自由劳动为目标，让劳动本身是技术形式和社会形式的统一体转变为劳动本身是自我需要和社会需要的统一体。科学技术的迷思有其根本性缺陷，即对技术变革与社会变迁之间关系的扁平化和庸俗化处理。尤其是当科学技术被资本增殖的逻辑裹挟时，其本身将以彻底的技术拜物教姿态融入资本主义意识形态的有机组成部分，甚至成为主导部分。她认为，如何解决上述的三重矛盾是当代马克思主义理论需要去解决甚至预判的理论奇点和实践难点，也是通向自由劳动的必经之路，对于辨析自由劳动何以可能具有重大意义。

三 劳动异化与劳动生存困境

（一）不同视角下劳动异化的发生

上海交通大学黄灿从设计学视域下论述了劳动异化的发生。他认为造物和造物质是两个完全不同的概念，但在设计界并未严格加以区分，物和物质在与人的关系中无法避免感性因素，从造物到造物质，人的本质性力量会被削弱，异化感会被增强。他从设计学视域出发，以劳动异化为切入点，研究设计、劳动、设计异化的发展过程，引出异化造成的问题并探讨其出路。他认为设计之所以正在改变自身性质，与当代城市化、全球化和西方大国主导的资本主义是分不开的，与西方文化价值体系是分不开的。设计应该回归人本身，这种回归过程应该是感性的，理性可以作为工具但不能作为目的，理性并不是万能的，理性针对道德和文化往往会失去普遍有效性。设计应该联系艺术而不应该只走向纯粹技术。设计应该借鉴东方思想。武汉理工大学文静认为，私有制是异化的主要根源，社会分工固定化是它的最终根源。现当代的中国，劳动异化有了新特征，即服务型劳动占比大、科技型劳动越来越重要、管理型劳动不断增加、从事精神产品的工人劳务比重越来越大、劳动社会化和商品化以及市场化程度提高等。我们应该以科学的态度对待异化劳动，即保守性继承和彻底性批判。了解劳动异化的当代新特征有利于完善社会主义市场经济体制，更有利于减少异化劳动对劳动者的不利影响。在新的时代背景下对马克思的异化劳动进行深入研究，不仅可以使我们正确地理解当代异化劳动的新特征，还能扬弃异化，进一步深化对马克思主义理论的科学理解，此外，还能让我们对现当代的劳动有更深刻的认识。苏州大学刘一凯从网络游戏视域探讨了异化劳动的样态问题，他认为数字时代，网络游戏呈现大众化趋势，其作为当代主要休闲方式，在满足玩家休闲与娱乐需要的同时，还令他们逐渐脱离现实生活和现实需求，使他们在诱导下进行着异化劳动。同时，由于网络游戏已由单一产业演化为多元化产业体系，游戏本身及其一系列衍生活动构成了一个玩乐体系，具有虚拟与现实两重向度的属性，玩家的异化劳动也更加隐蔽和复杂。因此，他认为应当以马克思异化劳动相关理论为主线，配合其他学科，重新审视网络游戏，考辨网络游戏视域下的异化劳动现象和本质，向纵深发掘网络游戏中疑难问题的成因，为青少年自由而全面发展探索实现的途径。

（二）现代性与人的生存困境

中南财经政法大学张星萍认为，西方马克思主义理论家着眼于当代资本主义的现代性危机重估技术的价值问题，认为资本逻辑与工具理性的共谋是造成现代性危机的罪魁祸首，而实证哲学的唯科学主义和客观主义倾向则恰恰构成了工具理性泛滥的思想根源。所以，从总体上批判作为肯定性哲学的实证主义构成了西方马克思主义探索技术的价值属性和基本内涵的逻辑前提，也正是在同各种实证主义思潮的激烈论辩中西方马克思主义理论家逐渐形成了技术的非中立性及其意识形态化的观点。他们从人本主义立场出发追问技术的价值指向及其社会后果并指出，现代技术系统负载着资产阶级全面控制人和自然的政治意向性，不仅严重背离了"人的解放"和"自然祛魅"的初衷，而且把人类及其技术实践推向了追求"虚假需求"和"娱乐至死"的深渊。尽管绝大多数西方马克思主义者对技术的未来感到悲观，但他们仍然相信通过对技术的改造实现善治的可能，把技术的实然状态与人的自由解放统一起来并赋予其"求真"和"求善"的文化使命。上海师范大学刘舜通过人类学田野调查的实证方法分析了疫情背景下的劳动者的生存境况。他认为，疫情背景下赋闲农民工面临"空间管制性制约"与"资源获取性制约"的困境，在社会结构的制约下，赋闲农民工运用个人的反思性与实践的能动性，利用"资源转移性防范"与"空间转移性防范"应对微观个体的生活失衡，从而达到社会结构制约性与能动性的统一。农民工在疫情大背景下由于受到空间管制性制约，隔离在家，无法复工，出现了生活资源获取受限、赌博成瘾、家庭矛盾加深与个人心态焦虑等不良现象，但是由于社会结构是制约性与能动性的统一，部分赋闲农民工以实践为媒介，对于疫情的出现发挥行动者的主动性，通过开启副业、改变工作计划、资源代际转移与回流家乡等措施，对疫情的出现进行防范。他进一步认为，每个农民工都是独立的个体，身处具体的时代背景与社会结构之下，其行为与思想不免要被烙上时代的烙印，农民工群体受到疫情的影响而摇摆于失衡与再平衡之间，在一定的空间情境与社会结构下，通过相应的风险防范措施，他们的生活工作能够逐渐回到正轨。复旦大学张申博以草根电商主播为例关注劳动生存困境。她认为继新媒体技术的发展和移动设备的普及后，电商直播迅速走红，直播带货成为电商发展的新引擎。必须将电商主播、直播平台两者的相互关系置于更为宏大的政治经济逻辑框架之中才能揭示电商直播过程中被遮蔽的数字劳动。作为媒介和工具，抖音平台将量化的点赞、评论、转发、涨粉、打赏等元素整合进主播的劳动过程，与媒体报道合力，建构出电商直播界内"爱拼就会赢"的迷思，诱导主播投入其中。在为平台创造内容的同时，带货主播的休息与劳动时间界限被模糊，顺理成章地将"爆单"归结为个人奋斗的果实，劳动时间已然不是决定性因素这一事实反被遮蔽。这突破了马克思对于出卖体力活技术赚取工资的劳工的经典定义，草根主播这种并非直接通过平台获得收入的劳动者事实上也是潜在的被剥削者。即便他们本人并不能从平台上获取工资，但他们生产的短视频内容依旧具有被平台利用的商业价值。草根主播们不断延长使用媒介亦即数字劳动的时间，休闲时间与劳动时间的界限极大程度被消弭，从而主播们无时无刻不处于剩余价值被剥削的状态之中，这正是印证了"垄断资本主义无休闲"的论断。

作者单位：上海大学知识与价值科学研究所
（原文刊载于《劳动哲学研究》2021年第2期，收录时有改动）

● 会议动态

【中国人力资源开发研究会劳动关系分会2021年新年论坛】

1月10日，中国人力资源开发研究会劳动关系分会2021年新年论坛在首都经济贸易大学举行并于线上同步直播。此次论坛主题为"后疫情时代劳动关系发展趋势与挑战"。论坛由中国人力资源开发研究会劳动关系分会主办，首都经济贸易大学劳动经济学院承办，山东管理学院劳动关系学院等单位协办。

人力资源社会保障部原党组副书记、副部长，中国劳动学会会长杨志明，做了"后疫情时代新业态劳动就业实践创新"主题报告，指出面对后疫情时代诸多不确定性，新型用工将不适合劳动合同的刚性约束，创新劳动管理需要有新的探索；宋晓梧做了"新发展格局与劳动关系"主题报告，围绕国内大循环为主的新发展格局、促进国内大循环与劳动关系调整和国内国际双循环与劳动关系调整三方面进行了发言；聂生奎分别从政治视角、社会视角和变革与劳动用工视角指出，要把尊重劳动、尊重劳动者作为劳动关系的最核心问题；常凯从国际角度针对中美贸易战与国际经济格局变动对中国劳动关系的影响和中国企业劳动关系面临的影响及其应对措施进行发言；李善乐做了题为"家庭收入与子女教育获得——基于CHIP数据的实证分析"主题演讲；陈俊洁做了题为"中国工会在社会治理中的角色及其作用研究"的主题演讲；路军做了题为"疫情期间中国劳动关系治理的政策工具选择：基于政策文本的分析"的主题演讲。

此次论坛的召开对进一步推动国内劳动关系的理论研究具有重要意义。

【2021年全国卫生健康工作会议】

2月5日，2021年全国卫生健康工作会议在京召开。会议以习近平新时代中国特色社会主义思想为指导，全面贯彻党的十九大和十九届二中、三中、四中、五中全会精神，深入学习贯彻习近平总书记关于卫生健康和疫情防控工作的重要指示批示精神，认真落实党中央、国务院决策部署，回顾总结2020年工作，科学分析面临的新形势，安排部署2021年重点工作。

会议要求，2021年全国卫生健康系统要以习近平新时代中国特色社会主义思想为指导，深入贯彻党的十九大和十九届二中、三中、四中、五中全会精神和中央经济工作会议精神，认真落实党中央、国务院决策部署，增强"四个意识"、坚定"四个自信"、做到"两个维护"，牢牢把握卫生健康工作的政治属性和业务属性，紧盯国之大者，紧盯形势变化，紧盯工作落实，以常态化疫情防控为重点，全面推进健康中国建设，为开启全面建设社会主义现代化国家新征程提供有力保障。一是严防死守，确保疫情不出现规模性输入和反弹。二是改革完善疾病预防控制体系。三是深化医药卫生体制改革。四是做好健康扶贫成果与乡村振兴有效衔接，持续推进贫困地区乡村医疗卫生服务体系建设，继续实施县医院提标扩能工程，着力解决制约基层发展的人才问题。五是持续推进健康中国行动。六是积极应对人口老龄化。七是强化事业发展保障和支持。八是一以贯之推进全面从严治党。

国家卫生健康委党组成员、副主任王贺

胜主持会议。国家卫生健康委党组成员出席会议。中央有关部门代表，国家卫生健康委直属机关各单位主要负责同志在主会场参加会议。各省、自治区、直辖市、计划单列市、新疆生产建设兵团卫生健康委班子成员、有关处室主要负责同志，省级疾控机构主要负责同志在视频分会场参加会议。

【第十七次中国劳动经济学者论坛季会】

2021年3月20日，由中国劳动经济学者论坛理事会主办，浙江大学经济学院劳动经济学系、浙江大学公共管理学院社会保障与风险管理系和浙江大学民生保障与公共治理研究中心承办的第十七次中国劳动经济学者论坛季会在浙江大学紫金港校区召开。

此次季会的主题是"新兴技术发展与劳动力市场结构转型"。来自北京大学、清华大学、复旦大学、上海财经大学、上海社会科学院、华东师范大学、南开大学、山东大学、厦门大学、中央财经大学、中南财经政法大学、广东工业大学、浙江农林大学、之江实验室、美国肯塔基大学、英国伦敦政治经济学院和浙江大学等高校和科研院所的22位论文作者围绕"新兴技术与劳动供求、教育与人力资本、贫困与收入分配、健康与生育行为、劳动力流动"等主题报告了他们的研究成果，来自中国人民大学、复旦大学、上海财经大学、南京大学、南开大学、山东大学、东南大学、西南财经大学、暨南大学、香港中文大学、华东师范大学、中南财经政法大学、湖南大学、宁波诺丁汉大学、浙江大学等高校的22位学者对这些论文做了精彩评论。

浙江大学文科资深教授张俊森老师做了题为"An Economic Analysis of Tiger Parenting"的主题发言，从经济学角度对在家庭育儿过程中的"虎妈"现象及其对子代人力资本发展的影响进行了深入细致的讨论，引起了与会人员的广泛兴趣。

随后的讨论分为六个分论坛分别进行。

分论坛一的主题为"新兴技术与劳动供求"，由浙江大学张海峰副教授主持。北京大学张沛康报告了"机器换人与后疫情期的劳动力需求——基于'世界工厂'的经验证据"。上海财经大学游葭露报告了"信息素养，技能错配与农民工收入不平等"。美国肯塔基大学的程诗雨报告了"High - Speed Rail Network and Brain Drain: Evidence from College Admission Scores in China"。山东大学的付伟豪报告了"城市信息技术发展带来劳动力市场极化吗？——来自流动人口的微观证据"。

分论坛二的主题为"劳动力流动"。山东大学崔慧敏首先报告了"信息技术发展如何影响劳动力跨行业流动？基于'技能门槛'与'技能距离'的实证研究"。中央财经大学段雪怡分享了"人口流动、休闲娱乐产业发展与性疾病传播"。之江实验室的许浩老师介绍了他的近期研究成果——"Return Migration, Tobacco and Alcohol Consumption in China"。复旦大学罗吉罡报告了"中国顶尖人才流失原因探究：基于资源配置的视角"。

分论坛三的主题为"新型技术与劳动供求"。上海社会科学院马艺瑷报告了"动态调价能否影响劳动参与？——基于网约车和巡游出租车的对照组实验"。伦敦政治经济学院郑天翔报告了"人工智能应用的要素收入分配效应"。上海财经大学张欢报告了"要素相对价格上升是否挤出了劳动力？——以制造业为例"。广东工业大学胡嘉琪报告了"工业机器人、劳动保护与劳动力技能结构"。

分论坛四的主题为"贫困与收入分配"。北京大学国家发展研究院任昶宇报告了"恐慌、网络搜索与消费扭曲"。中南财经政法大学李文健报告了"Optimal Supply - side Capital Income Tax with Endogenous Wage Inequality"。浙江大学公共管理学院冯履冰报告了

"机会不平等和努力不平等对移民定居意愿的影响机制分析"。

分论坛五的主题为"健康与生育行为"。复旦大学经济学院王贞博士后首先带来了题为"How Do Spot Price and Future Price Affect Healthcare Usage? Evidence from Quasi Experiments in China"的报告。清华大学葛润分享了"全面二孩是否提升了二孩出生率"。复旦大学余沭乐报告了"Job Insecurity and Fertility: Evidence from Massive Layoffs in Urban China"。华东师范大学曹章露介绍"环境污染暴露会损害技术创新水平吗？——基于人力资本健康与高端劳动力流动的视角"。

分论坛六的主题为"教育与人力资本"。浙江农林大学薛增鑫报告了"公共转移支付对贫困儿童认知能力的影响"。南开大学司睿超分享了"Unexpected Pressure? The Effect of a Curriculum Reform on Household Educational Investments and Student Outcomes"。厦门大学徐云娇博士分享了"Girls' Opportunity After Disaster: Earthquake and Female Education in Poor Counties"。

【第六届全国劳动人权马克思主义论坛】

4月10日，由上海师范大学知识与价值科学研究所发起，上海师范大学哲学与法政学院、上海师范大学马克思主义学院、中共上海市委党校、《青年学报》编辑部等单位共同承办了"劳动幸福·民生保障·社会公正"——第六届全国劳动人权马克思主义论坛。

浙江大学刘同舫教授在题为"我们为什么要提出劳动正义问题？"的报告中指明了劳动正义问题与美好生活创造具有重要的内在关联，所以劳动正义问题是一个值得深入研究的问题。上海财经大学鲁品越教授在题为"劳动人权与基本人权"的主旨报告中表明了保障人民群众的劳动权在创造美好生活中的重要性与必要性。中国劳动关系学院刘向兵教授在题为"劳动教育在新时代的价值重估与体系重构"的报告中指出，劳动教育与美好生活也是分不开的。陕西师范大学寇东亮教授在题为"马克思的劳动概念与'三个王国'的自由思想"的发言中指出，马克思的劳动概念与自由的幸福生活密切相关。中共中央党校邱耕田教授的发言题目是"以美好劳动创造美好生活"。南京信息工程大学徐海红教授的发言题目是"生态劳动的困境、逻辑及实现路径——基于马克思主义政治经济学视角的分析"。上海师范大学何云峰教授报告题目为"民生保障与劳动幸福权的最大化实现"。

三个分论坛展开了多视角的学术讨论。第一分论坛主题为"劳动幸福与民生保障"；第二分论坛围绕"劳动精神与劳动教育"展开研讨；第三分论坛以"人工智能与当代劳动新发展"为主题，围绕人工智能对人类工作的影响、数字劳动的本质、数字劳工的主体性、政治经济学视域下的劳动关系、非物质劳动、劳动休息立法权等话题进行了深入讨论。

【低生育率应对经验研讨会】

2021年4月20日，由国家卫生健康委人口监测与家庭发展司、中国人口与发展研究中心、联合国人口基金驻华代表处联合主办的低生育率应对经验研讨会在京成功召开。此次研讨会旨在探讨低生育率发展变动趋势，交流世界各国应对低生育率问题的经验，助力中国更好地制定生育友好型家庭和社会支持政策。

国家卫生健康委人口监测与家庭发展司司长杨文庄在致辞中指出，人口问题始终是影响经济社会发展的基础性、全局性、战略性问题。中共十九届五中全会首次提出实施积极应对人口老龄化国家战略，并提出，要制定人口长期发展战略，优化生育政策，增强生育政策包容性，提高优生优育服务水平，发展普惠托育服务体系，降低生育、养育、教育成本，促进人口长期均衡发展，提高人口素质，从而有效防范和化解人口老龄化带来的社会稳定风险和国家人口安全风险，确保中华民族永续发展。这是维护国家人口安全和社会和谐稳定、实现第二个百年奋斗目标的重要考量。近年来中国总和生育率快速下降，少子老龄化成为中国人口发展的主要特征，是必须认真研究和积极应对的重大人口问题。

此次研讨会的举办标志着联合国人口基金与中国政府2021—2025年未来5年合作周期的开始，支持中国采取基于权利和全生命周期的方法应对低生育率和人口老龄化是其优先议题之一。如今，低生育率和人口老龄化不仅是发达国家，也是众多发展中国家关注的一个人口问题，但对于这一问题并没有普适的应对策略，必须仔细分析影响个体和夫妇生育决定的历史、政治、人口、社会、经济以及文化因素，做出政策应对。

研讨会由一个主旨论坛和四个主题分论坛构成。来自国内外的人口学专家学者们围绕低生育率现状和发展态势、低生育率影响因素、应对低生育率的政策经验及具体实践等主题进行了热烈交流与探讨。

中国人口与发展研究中心副主任张许颖运用中国人口与发展研究中心的人口预测数据、2017年全国生育状况抽样调查数据以及人口监测数据对中国的生育水平与生育意愿变动趋势进行了基本分析，认为低生育率将是中国未来一段时间长期需要应对的一个问题。中心贺丹主任、刘鸿雁副主任与部分研究人员参会。作为人口与发展领域的决策支持机构，中国人口与发展研究中心将在未来持续关注低生育率问题，依托全国生育水平调查、人口动态监测等大型数据平台，加强相关研究，为推动相关应对政策出台与实施提供更多技术支持。

【第五届流动人口子女学术研讨会暨政策论坛】

2021年5月8—9日，暨南大学经济与社会研究院（IESR）顺利举办第五届流动人口子女学术研讨会暨政策论坛。来自芝加哥大学、上海财经大学高等研究院、上海市教科院民办教育研究所、陕西师范大学教育实验经济研究所、北京大学中国教育财政科学研究所、国务院发展研究中心、绵竹市教育局、广东省千禾社区公益基金会、中国人口学会迁移流动专业委员会等国内外知名高校和研究机构的专家学者、政府及相关机构工作人员、一线教育工作者共同参与了为期两天的政策论坛与学术报告活动。

研究机构的专家学者、政府及相关机构工作人员及一线教育工作者围绕"流动人口子女教育"问题发表主题演讲。国务院发展研究中心研究员冯文猛围绕"新形势下流动人口子女面临的问题"提出见解；陕西师范大学教育实验经济研究所所长史耀疆围绕"投资婴幼儿早期发展：推动经济增长最具公平与效率的公共政策"展开讨论；广州大学副校长、教育学院教育经济研究所所长吴开俊围绕"农民工随迁子女义务教育：中央与地方支出责任划分——基于全国31个省份数据的实证分析"进行分享；北京大学中国教育财政科学研究所副研究员宋映泉探讨了"回流儿童学生规模及对留级的影响"这一问题。

5月8日下午，大会进入政策论坛环节。与会专家围绕"各城市异地中考政策的指标构建及影响评估""公平视野下的流动人口随迁子女教育"等议题，对流动人口子女教育问题合力献策。

5月9日下午，来自流动人口子女教育研

究领域的海内外专家学者向参会人员展示各自在随迁儿童教育等方面的研究成果。其中，上海财经大学高等研究院教授、人口流动与劳动力市场研究中心主任陈媛媛分享了题为"Gender Difference in Non-cognitive Skills during Pandemic-Evidence from Elementary Students"的论文；暨南大学经济与社会研究院副教授蔡澍分享了题为"On the Origin of Cognition：How Childhood Conditions Shape Cognitive Function in Old Age"的论文；新加坡国立大学博士研究生罗钦月分享了题为"Test Scores, Noncognitive Outcomes, and Stereotyping of Non-local Students"的论文；卡尔加里大学博士研究生肖书康分享了题为"Land Reform and Child Adoption"的论文。

此次会议与会人员还前往参观广州市农民工博物馆，了解自20世纪80年代以来我国经济和社会变迁中农民工的印记。

【第二届数字和计算人口学研讨会】

中国人口与发展研究中心与深圳大学联合于2021年5月15—16日在深圳召开了第二届数字和计算人口学研讨会。研讨会的主题是"交叉学科视野下的人机协同与人口长期均衡发展"。来自北京大学、中国人民大学、中国科学院、中国社会科学院、中央财经大学、北京师范大学、北京邮电大学、中国信息通信研究院、复旦大学、浙江大学、上海交通大学等高校、科研院所、企业的专家学者围绕"数字健康、计算人口学、人机协同决策的理论与方法、人口数据与人口发展、计算法学、大数据与人口发展、数字技术与人口发展"等专题开展研讨，交流了学术观点，形成了学术共识，取得了丰硕的学术成果，为促进人口研究范式转变、数字和计算人口学学科发展、人机协同与人口长期均衡发展提供了知识储备和决策支持。

【"七人普"迁移流动人口数据专题研讨会】

2021年5月18日，中国人口学会迁移流动与城镇化专委会举办"七人普"迁移流动人口数据专题研讨会。

研讨会在中国人口与发展研究中心举行，由专委会主任委员王谦主持，中国人口学会副秘书长庄亚儿研究员出席。段成荣总结了"七人普"数据中我国流动人口的五点特征：第一，人口流动保持着大规模、高流动性的趋势；第二，城市对流动人口的吸引力度进一步加强，流动人口仍呈现向城市聚集的趋势；第三，流动人口已成为城镇人口增长的主导因素；第四，城—城流动人口的规模持续增长；第五，流动人口仍向东部沿海城市和特大城市聚集。他认为，快速增长的市内人户分离人口与流动人口有着本质差别，可能给城市的管理运营带来很大的挑战，需要引起更广泛的关注。王桂新认为自改革开放以来，我国人口流动呈现增强趋势，但从流动人口年均增长率来看，总体趋势呈现由快变缓的趋势。侯佳伟根据"七人普"公报数据提出三点看法。第一，此次普查流动人口数量暴增和以往年度抽样调查所反映下降趋势相反，要考虑到年度抽样调查在保持抽样框架原有状态的情况下可能产生系统性的偏差。第二，2020年农民工监测报告显示农民工的数量在减少，而普查的流动人口在增加。流动人口的构成多样化，农民工在流动人口中的比例明显降低，已不能成为其中的主体。第三，第六次全国人口普查公报中有464万人无法确定常住地，而"七人普"没有发布"无法确定常住地"的信息，希望能够进一步得到抽样、复查的信息，以便对普查的数据质量进行分析。朱宇在2016年发表的一篇文章中，结合国际经验判断中国人口迁移流动的整体规模和强度还有相当大的扩大和上升空间。王学义对"七人普"人户分离数据进行了解读，认为"七人普"所采用的手段应使2020年的数据比2010年更加准确，其他年份的抽样调查受第六次全国人口普查数据的影响，在流动人口数量的推算上可能相对保守。他指出，人口流动发生的人口背景更加复杂，对流出地、流入地的人口结构产生更大的影响，流动人口的服务管理需要进一步加强。杨菊华梳理了可能抑制流动人口数量增长的因素：一是过去数年，许多大城市对流动人口进行调控，同时各地推进乡村振兴也会吸引流动人口回流，如果回到户籍所在乡镇，就不再是流动人口了；二是在一些相关组织鼓励下，母亲回乡照顾留守儿童，留守儿童的数量大幅减少，流动人口的数量也应减少；三是疫情封城、封地会抑制人口的流动。她推测了新增1亿多流动人口的原因：一是疫情过后带来流动人口的"报复性"反弹；二是城镇化战略目标，推动了农村转移人口的市民化；三是易地扶贫搬迁；四是流动人口家庭化的比重有较大的提升；五是迁户籍的农村大学生的数量减少。

【人口与可持续发展研讨会】

6月5日，由中国人口与发展研究中心和中国人口学会联合主办的人口与可持续发展研讨会在北京召开。来自北京大学、中国人民大学等高校与研究机构的教授学者，国家卫生健康委、国家统计局、全国老龄办、中国国际发展知识中心等部门的官员，联合国人口基金等国际机构的代表，Springer Nature 出版集团代表等40余人在现场参加了此次会议，数十位学者在线上参会。

中国人口与发展研究中心主任贺丹在开幕发言中表示，中国人口与发展研究中心愿意搭建人口与2030年可持续发展议程的研究、交流与传播平台，为政府相关决策提供更多智库支持。

参会专家围绕2030年可持续发展议程，分别从人口动态、人口数据与指标、健康、性别平等和人口迁移流动、人口与资源环境六个方面全方位展示了当前我国人口与可持续发展取得的进展与面临的挑战。

人口与可持续发展的联系非常紧密，要最大限度地发挥人口要素对可持续发展的作用。要从理念突破、脉络演进和体制再构三个方面推进积极应对人口老龄化等相关的战略与行动。

在会议总结中，中国人口与发展研究中心副主任刘鸿雁对参会嘉宾表达感谢，她表示，中国是世界上人口最多的发展中国家，在实现2030年可持续发展议程中人口相关目标的进程中，中国取得了显著的成果，但也面临着众多的挑战。未来要加强相关研究，最大限度地发挥人口要素对社会经济发展的支撑作用，构建人口长期均衡发展及其与经济社会、资源环境协调发展的新人口发展格局，推动我国早日实现2030年可持续发展议程的目标。

【第五届中国劳动经济学者论坛年会】

6月12—13日，中国劳动经济学者论坛理事会和四川大学经济学院联合主办了第五届"中国劳动经济学者论坛年会"。此次年会得到《经济研究》、《管理世界》、《经济学（季刊）》、《世界经济》、《世界经济文汇》、《中国人口·资源与环境》、《劳动经济研究》、《中国经济问题》、《经济学报》、China & World Economy、China Agricultural Economic Review 等学术期刊的支持，来自全国一百多所高校和科研机构的150余名劳动经济专家学者参加了此次年会。

北京大学国家发展研究院赵耀辉教授以"人口老龄化与养老金体制改革"为题做主旨演讲。厦门大学王亚南经济研究院、经济学院傅十和教授做了题为"Air Pollution, Avoidance Behavior, and Residential Electricity Consumption"的主旨报告。年会有24个平行分论坛，与会专家学者分别围绕"技术进步与劳动力市场""城乡移民""老龄化、老年扶持及福利结果""教育与人力资本""健康与医疗服务""城市、农村发展与区域经济""人口与婚姻""收入分配""创业、企业家与企业行为""市场分割与歧视""劳动力市场政策评估""劳动经济学其他话题"等主题，分别就各自的学术研究成果进行了汇报交流，并开展研讨。

【第三届亚洲发展中国家人口与发展国际研讨会】

2021年6月19—20日，以"人口发展与公共治理"为主题的第三届亚洲发展中国家人口与发展国际研讨会在江苏省南京市召开。会议由中国人口与发展研究中心、北京大学人口研究所、联合国人口基金、孟加拉综合研究国际网络组织（Netinsearch）和孟加拉达卡大学联合主办，国家卫生健康委南京人口国际培训中心、南京邮电大学理学院和人口研究院承办。

在健康专题的研讨中，学者们聚焦包括公共卫生、生殖健康、避孕节育、青少年妊娠、心理健康等在内的关键性人口健康议题，分析归纳了不同亚洲发展中国家当前面临的人口健康形势与挑战，并表示通过相互交流与借鉴，将不断完善公共治理，以提升全人群健康服务水平，减少因性别、地区、教育、经济不平等带来的健康差异。

人口老龄化是21世纪亚洲部分国家共同面临的人口议题。专家分析总结了亚洲发展中国家在老龄和养老方面取得的研究成果，强调了人口老龄化和老龄问题在未来人口与发展领域的重要地位。

在人口迁移流动的专题下，专家总结了中国人口城乡流动对留守儿童、流动人口以及区域经济发展的影响，并立足国际视野，探讨了国际迁移与各国人口和发展之间的关系。

家庭和生育是人口治理和人口政策研究的核心之一。专家们基于人口政策，分析各国青年生育意愿、生育行为、生殖健康、家庭育儿成本、家庭人口变动等特点，为未来人口预测以及人口政策调整提供依据。

人口与发展是人类社会共同面对的基础性、全局性和战略性问题，亚洲各发展中国家可以增进相互了解，相互交流和借鉴人口研究成果及政策应对，并助力人口与发展领域的南南合作。中国是世界上人口最多的发展中国家，在实现人口转变、利用人口红利等方面取得了显著的成果，为亚洲其他发展中国家贡献了中国的人口治理经验，但也面临众多的挑战。

亚洲发展中国家人口与发展会议由设在中国人口与发展研究中心的人口与发展南南合作卓越中心与北京大学人口研究所、联合国人口基金驻华代表处于2018年共同发起，迄今已成功举办三届，并已成为亚洲发展中国家人口与发展学术交流的重要平台。

【"一带一路"国家人口与发展论坛】

2021年7月17日，中国人口与发展研究中心（以下简称"人发中心"）自主申办的"一带一路"国家人口与发展论坛在贵州省贵阳市召开的中国人口学会2021年年会上举办。来自联合国人口基金、国内多所高校和研究所的项目官员、专家教授、青年学者等30余人参加了论坛。参会人员围绕"一带一路"伙伴国家的人口与社会经济发展状况进行了深入交流，以期为充分发挥人口要素、高质量共建"一带一路"提供数据与决策参考。

论坛主持人人发中心刘鸿雁副主任首先介绍了"一带一路"国家人口与发展研究的主要成果和研究进展。她表示人发中心作为人口与发展领域智库创建单位和人口与发展南南合作卓越中心所在地，与人口相关的国际机构保持良好合作关系，愿意发挥自身优势，搭建"一带一路"人口与发展研究平台，为高质量开展"一带一路"国际合作提供更多支持。

论坛共有4位发言人,她们分享了第一期"一带一路"国家人口与发展状况研究成果。华中科技大学社会学博士研究生杨柳清介绍了乌兹别克斯坦的人口与发展现状与特征、主要问题与挑战,并基于此提出进一步深化"一带一路"中乌合作的建议。云南大学晏月平教授用翔实的数据分析了柬埔寨的人口和经济发展特征,指出其当前发展经济、加快脱贫和减贫的需求,因此大力促进中柬人力资源、文化经贸、农业与技术、医疗卫生等领域合作,交流人口治理与经济社会发展经验十分有必要。中共北京市委党校(北京行政学院)北京市市情研究中心主任马小红教授表示,在"一带一路"倡议合作背景下,应注重发挥印尼人口规模优势,拓展产业合作范围,关注卫生医疗产业的广阔前景。浙江大学非传统安全与和平发展研究中心助理研究员马齐旖旎介绍了南非人口与发展现状、主要特征和现实挑战,以及南非政府有关人口治理的政策措施。

最后,人发中心刘鸿雁副主任做总结发言,表示,开展"一带一路"国家人口与发展状况研究可以为中国"一带一路"国际合作提供决策依据和有力支撑,并希望借此推动中国人口界青年学者走向世界,对"一带一路"国家人口与发展进行深入研究。参加论坛的专家学者们表示将持续关注和推动"一带一路"国家人口与发展研究,以人口学研究助力高质量共建"一带一路"和"健康命运共同体",让中国在世界更好发声。

【中国人口学会2021年年会】

7月16—17日,以"新阶段新理念新格局与人口发展"为主题的中国人口学会2021年年会在贵阳召开。此次年会由中国人口学会主办,贵州财经大学协办,包括开幕式、大会发言以及60个分论坛,旨在探讨新时代中国人口发展面临的诸多重要议题。

大会发言阶段,全国政协人资环委副主任,中国计生协党组书记、常务副会长王培安以"中国共产党人口发展的探索、成就和思考"为题,国家统计局人口司副司长崔红艳以"第七次全国人口普查工作及主要结果"为题,河北大学教授王金营以"中国人口长期发展战略目标和主要任务的再认识"为题,中国人口学会迁移流动与城镇化专委会主任王谦以"'意料之外'的启示——做好流动人口的调查和研究"为题,中国计生协专职副会长姚瑛以"生育力保护与实现适度生育水平"为题,人口与发展研究中心主任贺丹以"数字时代的人口学研究思考"为题,分别与在场专家学者进行了精彩交流与分享。

年会共设置了60个分论坛,议题涉及"人口老龄化""迁移流动、人口集聚与市民化""人口资源与环境""中国共产党百年人口思想""新阶段新理念新格局与家庭发展""脱贫与乡村振兴""人口统计与数据评估""人工智能与人口发展""互助养老与社区治理""'一带一路'国家人口与发展""高质量发展视域下的中国人口均衡发展""户居安排与代际关系""社会性别视角下的人口研究""健康与福祉及其影响因素""中外人口普查以及数据分析""人口与教育的多维度研究""低生育率与生育支持""生殖健康的社会支持研究"等。

会议期间,全国老龄办和中国人口学会联合举行了"积极应对人口老龄化征文颁奖仪式"。会上还举行了"贵州财经大学人口与发展研究院"揭牌仪式。

【空间人口学理论创新暨新一轮东北振兴战略研讨会】

2021年7月22日上午,由吉林大学东北亚研究中心、中国区域科学协会、全国经济地理研究会联合主办,吉林大学东北亚学院/东北亚研究院承办的"空间人口学理论创新暨新一轮东北振兴战略"研讨会在吉林召开。

研讨会主题报告阶段,赵作权教授、张耀军教授、沈体雁教授、赵儒煜教授分别作主题报告。会议由吉林大学东北亚研究中心于潇教授主持。

于潇教授表示,人口发展是关系中华民族发展的大事情,为了促进人口长期均衡发展,国家开放了三孩政策,优化生育政策。而人口问题在东北地区尤为严峻,数据显示东北地区人口数量大规模减少。赵作权教授指出我国区域经济发展分化态势明显,全国经济重心进一步南移。通过研究发现南北区域经济具有明显的空间融合发展趋势,强大的国内市场正在驱动我国经济空间在华北平原和长江中下游平原形成核心—边缘结构。张耀军教授表示基于国土空间优化的背景,探究国土空间"三区"的人口发展趋势,研究如何推动人口在"三区"间的合理分布是应对目前我国存在的人口问题的关键。"三个"空间之间形成有机联系,最终实现人口均衡。沈体雁教授强调人口学是人文学与社会科学研究的枢纽变量,而空间人口学结合了人口学、区域科学和空间分析及空间计量。针对空间分布差异及现存的人口问题,以空间人口学角度研究流动人口市民化及健康福祉、人才集聚与区域创新。赵儒煜教授表示空间人口学的研究与市场是分不开的,所以对经济学理论范式进行反思与重建十分重要。经济学的重建在国际中竞争激烈,市场原理重建,其他理论必然随之调整,而经济学理论体系重建正处于国际竞争之中。

下午开设两个分会论坛,分会论坛一主题为"空间人口学理论创新",分论坛二主题为"新一轮东北振兴战略"。

此次研讨会结合地理信息大数据系统和空间分析技术发展前沿,围绕空间分析技术开发应用以及东北地区人口流出、老龄化、低生育、振兴政策评估、振兴发力点等议题进行研讨,为空间人口学理论创新和新一轮东北振兴提供了智力支持。

【第七届全国社会保障学术大会】

2021年7月24—25日,由中国社会保障学会主办,国家社会科学基金资助的第七届全国社会保障学术大会在北京举行。此次会议主题为"共同富裕与社会保障体系建设"。

中国社会保障学会会长郑功成首先代表中国社会保障学会对与会的领导与学界同仁表示热烈欢迎。他指出,大会旨在探究社会保障与共同富裕的关系以及如何通过完善社会保障体系来扎实推动共同富裕的方略,进而为全面深化社会保障改革、促使中国特色社会保障制度全面走向成熟贡献学界智慧。

民政部副部长唐承沛表示,第七届全国社会保障学术大会以"共同富裕与社会保障体系建设"为主题,关切民生,着眼长远,意义重大。加强低收入人口动态监测工作存在四个方面的问题亟待解决:一是低收入人口的底数和分布状况尚未完全落实;二是低收入人口动态监测机制尚未完备;三是低收入人口救助和帮扶政策尚未健全;四是社会救助制度统筹有待加强。

全国人大农业与农村委员会主任委员陈锡文指出,共同富裕贯穿了改革开放四十年,实现共同富裕对顺利推进我国社会主义现代化建设具有重要的现实意义和深远的历史意义。推进农业人口转移和城镇化是实现农民收入增长的必然路径,但目前面临两大问题:一是城市就业农民工的住房问题;二是农村留守老人的养老问题。

浙江省人民政府副省长刘小涛在题为"勇担新使命 干出新境界 高质量发展建设共同富裕示范区"的书面发言中强调,要充分发挥社会保障对共同富裕的兜底支撑作用，在城乡一体化建设、多层次体系建设、服务数字化转型、完善新业态参保政策上先行示范。

全国人大财政经济委员会副主任委员尹中卿指出，党和国家高度重视居民收入分配差距扩大问题，全社会已经基本上形成共同富裕是社会主义本质的共识，也是人民群众的共同期盼。从经济学的角度来看，当前有五大问题需要各方共同研究：第一，贯彻新发展理念，促进高质量发展；第二，调整国民收入分配格局，提高居民收入比重，提高劳动所得比重；第三，加快完善有利于调节居民收入分配的税收制度，保护合法收入，规范灰色收入，取缔非法收入；第四，加快优化有利于调节居民收入的财政支出制度，增加低收入者劳动收入，调节过高收入，扩大中等收入群体，缩小居民收入差距，不断朝着全国人民共同富裕迈进；第五，促进社会保障制度改革，加快健全多层次社会保障体系，逐步缩小群体间的基本保障待遇差距。

全国人大社会建设委员会副主任委员宫蒲光指出，以慈善事业为主要渠道的第三次分配是推进全体人民共同富裕的必由之路。第三次分配能够有效促进社会资源在不同群体之间的均衡流动，有效化解社会矛盾，提升社会治理水平，蕴含着不可低估的社会价值和精神力量。他表示，要抓住我国慈善事业发展面临的难得机遇期，充分发挥第三次分配在国家治理中的重要作用。

中国社会科学院副院长高培勇指出，讨论进入新发展阶段的社会保障体系建设具有重要意义。新发展阶段是一个相对于既往存在着一系列系统性差异的阶段，在这个发展阶段谋划共同富裕问题、部署社会保障体系建设问题，一定会打上时代的烙印。在共同富裕条件下讨论社会保障体系建设，事实上就是从党和国家事业发展全局的高度讨论社会保障体系建设问题。高培勇认为有三个方面需要重视：一是立足新发展阶段，在不稳定性、不确定性显著增加的环境中，社会保障体系的建设要将发展和安全两件大事一并处理好；二是贯彻新发展理念，在社会保障体系建设问题上强调忧患意识；三是构建新发展格局，新发展格局最本质的特征是高水平的自立自强，构建新发展格局实际上也是在统筹发展和安全。他建议，社会保障体系建设要从国家治理层面与党和国家事业发展全局的高度加以谋划和部署，将社会保障体系建设放在关乎经济正常发展、社会大局、总体稳定的支撑性和基础性力量与要素的定位加以认识，围绕着共同富裕与社会保障体系建设，加强前瞻性思考，要全局性谋划、战略性布局、整体性推进。

郑功成在大会报告中指出，要实现共同富裕必须加大社会保障再分配力度，而社会保障制度的不断健全就是扎实推进共同富裕的实质性行动。社会保障的改革深化要有助于经济发展。他还指出，从国际视野出发，社会保障制度越是健全的国家，国民共享的份额就越大、社会平等与公正的程度就越高、离共同富裕目标的距离就越近。

社会保障是走向共同富裕的必要且异常重要的制度保障，完善社会保障体系和提高社会保障水平就是扎实推进共同富裕并取得明显的实质性进展的具体体现，这是社会保障与共同富裕之间的理论逻辑与事实逻辑，也是两者之间的历史逻辑与现实逻辑。

7月25日，第七届全国社会保障学术大会同时举行社会救助、养老金、养老服务、儿童福利、医疗保障与长期护理保险、综合共6个平行分论坛。

全国社会保障学术大会是中国社会保障学会主办的学术年会，每年一届，旨在搭建政府、学界与实践界的交流互动平台。第七届全国社会保障学术大会在国家社会科学基金社科学术社团活动资助项目的支持下举行。

【全国政协"积极应对人口老龄化,促进人口均衡发展"专题协商会】

7月26日,全国政协召开"积极应对人口老龄化,促进人口均衡发展"专题协商会。中共中央、国务院有关部门和单位负责同志,政协委员和专家学者齐聚一堂、深入交流,共同探讨如何走出一条具有中国特色的应对老龄化之路。

会议提出要完善政策法律体系、推动养老服务高质量发展、"跨越"数字鸿沟等应对措施。另外,岑旭委员发言表示,老龄产业经济是为了满足老年人物质和精神生活需求而形成的新的产业经济,既包括生产性产业,也包括服务性产业,是解决人口老龄化问题的重要手段。加快发展银发经济,需要加强统筹规划与政策设计。充分释放老年市场消费潜力,还需在供需两端一起发力。树立积极的老龄观、挖掘银发人口红利也是与会人员关注的焦点之一。优化政策,让人口长期均衡发展。健全三孩生育政策配套支持措施。既要关注"生",更要强化"育"。保障计划生育家庭合法权益。随着人口老龄化程度加深,我们必须在各方面做好更充分的准备,让"银发族"优雅而不失尊严地安度晚年。

【"2021劳动就业与职业发展促进行动"】

为更好地发挥行业企业作用,助力健全更充分更高质量就业的促进机制,9月23日,由人民网、中国劳动学会与中国人事科学研究院联合推出的"2021劳动就业与职业发展促进行动"(以下简称"促进行动")在京正式启动。

促进行动涵盖案例征集、实地调研、报告发布、主题招聘、发展论坛等系列活动。中国劳动学会会长,国务院参事室特约研究员,人社部原党组副书记、常务副部长杨志明在致辞中表示,在"十四五"时期我国将进入高技能人才引领的"技能劳动时代",要促进优秀"蓝领"通过勤劳、创新、致富,率先进入中等收入群体。全国政协委员、中国人事科学研究院院长余兴安在致辞中表示,劳动就业是经济发展最基本的支撑,是扎实推进共同富裕的重要基础。"赋能职业发展实现优质就业",需要政府、企业、学校、人力资源服务机构以及劳动者自身多方共同推动。中国人民大学劳动人事学院院长,教授、博士生导师杨伟国发表了题为"就业转型——迈向新工作范式"的主旨演讲。人民网研究院副院长、舆论与公共政策研究中心主任刘志华对劳动就业与职业发展调研活动进行了介绍。万达集团副总裁张伟就万达促进就业工作的特点和具体措施发表了主旨发言。

【第十八次中国劳动经济学者论坛季会】

9月25日,第十八次中国劳动经济学者论坛季会聚焦"教育、人力资本与劳动力市场"主题在线举行。会议由中国劳动经济学者论坛理事会主办,上海财经大学高等研究院承办,由《经济学(季刊)》、《管理世界》、《世界经济》、《经济学动态》、《经济科学》、《劳动经济研究》、《中国经济问题》、《经济学报》、《教育经济评论》、China & World Economy 等期刊提供学术支持。

在"劳动力市场"分论坛上,天津大学李文博老师做题为"The Impact of a University Name Change in China"报告;巴黎政治学院的张星健老师做题为"Anatomy of Wage Gap between Local and Migrant Workers in Urban China"报告;暨南大学孙坚栋老师做题为"中国劳动力市场搜寻行为研究"报告。

在"教育与家庭"分论坛上,山东大学沈丹青老师做题为"Marriage, Divorce and Sorting"报告;中央财经大学的马胜楠老师做题为"女子无才便是德？教育与女性家庭地位"报告；上海科技大学司唯老师做题为"Higher Education Expansion and Women's Empowerment"报告。

在"教育与流动"分论坛上，中央财经大学段雪怡老师的报告主题为"人口流动、休闲娱乐业发展与性疾病的传播"；上海财经大学邹月晴老师的报告主题为"异地中考门槛和儿童留守"；华中农业大学刘畅老师的报告主题为"父母外出务工对农村留守子女高等教育升学的影响与机制研究"；北京师范大学张晓敏老师的报告主题为"教育对流动人口社会融入的影响"。

在"教育与人力资本"分论坛上，清华大学葛润老师做题为"The Effect of Education on Health"报告；上海财经大学张竞老师的报告主题为"疫情背景下本地儿童和流动儿童的非认知能力差异分析"；北京大学黄敖老师的报告主题为"The Long-term Effects of Automatic Grade Promotion on Child Development"；北京大学陈玉婷老师的报告主题为"Caregiver-Child Interaction Duration and Early Childhood Development：Videotaped Evidence of Home Play in Rural China"。

在"同伴效应与人力资本"分论坛上，中国人民大学孙昂老师的报告主题为"鸡头还是凤尾——相对排名与学生成绩"；暨南大学员彦文老师做题为"Myopia Peer Effects：Evidence from School-aged Children in Rural China"的报告；华东师范大学姚羽欣老师做题为"Peer Effects of Misbehavior and Ability in Classroom"的报告；厦门大学的袁聪颖老师做题为"The Impact of Only Child Peers on Classroom Environment and Students' Cognitive and Noncognitive Outcomes"的报告。

在"老龄化与照料"分论坛上，中国人民大学刘逸楠老师做题为"The Value of Medicaid Long-Term Care"的报告；上海财经大学张熠老师的报告主题为"人力资本进步、工资压缩与区域赡养负担差异——兼论南北经济差距问题"；武汉大学亢梅玲老师的报告主题为"人口年龄结构与创新"。

会议期间，参会人员在评论区就"父母收入对子女高考的影响""流动人口的比例"等主题以及研究过程中样本选取、数据采集、模型构建、结论导出等具体内容开展了热烈交流，延伸了与会人员的思考与讨论。

【"深化产教融合 校企合作 推动现代职业教育高质量发展"论坛】

2021年10月15日，"深化产教融合 校企合作 推动现代职业教育高质量发展"论坛在天津召开。该论坛由教育部职业教育与成人教育司指导，天津市教育委员会和天津大学共同主办。

会议旨在深入贯彻落实全国职业教育大会精神和学习宣传《中共中央办公厅 国务院办公厅关于推动现代职业教育高质量发展的意见》，系统总结研讨职业教育产教融合、校企合作实践新经验和理论成果。

孙志良在致辞中指出，产教融合、校企合作是职业教育优化类型特色、激发办学活力，实现高质量发展的关键。曾天山在"深化产教融合校企合作 推动现代职业教育高质量发展"的主旨报告中指出，职业教育是国民教育体系和人力资源开发的重要组成部分，在全面建设社会主义现代化国家新征程中，职业教育前途广阔、大有可为。天津职业技术师范大学职业教育学院院长米靖结合天津市经验指出，要不断优化职业教育供给结构，职业教育应围绕国家和区域重大战略，实施"产业、行业、企业、职业、专业"五业联动，形成紧密对接产业链、创新链的专业体系。中车集团、徐工集团、中铝集团介绍了龙头企业引领职业教育的经验。天津海河教育园区和山东烟台市分享了园区与职业教育布局一体化设计的实践与探索。

天津大学教育学院院长闫广芬教授对此次论坛进行了总结，表示此次会议深入学习了相关政策文件的精神，系统总结了产教融合校企合作新模式、新机制，有助于进一步推进职业教育产教融合、校企合作深入发展，稳步推进职业教育高质量发展，加速推进技能型社会建设。

【2021中国人口与发展论坛】

10月16日，以"构建积极健康向善的活力老龄社会"为主题的2021中国人口与发展论坛在京举办。

全国政协副主席兼秘书长李斌出席并讲话指出，人口老龄化是社会发展的重要趋势，是人类文明进步的体现，也是我国相当长一个时期的基本国情。全国政协常委、人口资源环境委员会主任李伟指出，加快建立和完善可持续养老保障体系，是积极应对人口老龄化的重要制度安排，是中国特色社会主义制度的必然要求。全国政协人口资源环境委员会副主任、中国计生协常务副会长王培安表示，人口问题始终是"国之大者"。

据悉，目前我国60岁及以上老年人口已达2.64亿人，老年人口占总人口的比重已达18.7%，人口老龄化对国家发展全局和亿万百姓福祉有深刻持久的影响。

全国老龄办常务副主任王建军、民政部副部长高晓兵，国家发展改革委相关负责人参加论坛。

【2021年人口健康学术年会】

10月23—24日，以"全民健康与健康促进——新视野 新视域 新视角"为主题的2021年人口健康学术年会在南京召开。会议由中国人口与发展研究中心、中国人口学会人口健康专业委员会、江苏省人口学会主办，江苏省卫生健康发展研究中心、高质量发展评价研究院、南京邮电大学人口研究院承办。

开幕式由中国人口与发展研究中心刘鸿雁副主任主持。她强调，从新冠疫情的发生可以看出健康问题已经严重地影响到我们生活的各个方面，借此可以看出人口健康问题的重要性。

南京邮电大学党委常委、副校长荆眃对到会嘉宾表示热烈欢迎和衷心感谢，介绍了南京邮电大学近年来积极关注国家人口发展的前沿和重大问题，在智慧养老、人口城镇化、贫困人口发展、区域人口发展规划等方面开展了富有成效的研究工作。

中国人口学会会长翟振武在致辞中表示：健康是人类的永恒追求，也是政府和学者们共同责任。国家卫生健康委人口家庭司闫宏巡视员在会上介绍：围绕人口与健康领域的重大问题开展学术交流，对于加快推进健康中国建设、积极应对人口老龄化具有重要意义。

学术年会期间，各界专家学者围绕"人口健康与社会发展""生育支持与母婴健康""健康促进政策与实践经验分享""健康老龄化""老年健康政策""重点人群健康促进""青少年健康""生殖健康与促进""老年健康促进"等议题展开了深度交流和讨论，为推进"健康中国"建设提出了多项具有创新性的建议和设想。

【第四届人口发展战略研讨会】

2021年10月28日，由中国农工民主党中央委员会、中国老龄协会和中国人民政治协商会议黑龙江省委员会共同主办的"第四届人口发展战略研讨会"通过线上与线下相结合的方式召开。会议以"积极应对人口老龄化，促进人口长期均衡发展"为主题。全国政协副主席、农工党中央常务副主席何维在京出席开幕式并讲话，国家卫生健康委党组成员、全国老龄办常务副主任、中国老龄协会会长王建军出席会议并讲话，黑龙江省人民政府副省长孙东生通过视频方式致辞。

何维指出，积极应对人口老龄化、促进人口均衡发展，事关国家发展全局、亿万百姓福祉和中华民族永续发展。王建军在讲话中指出，习近平总书记关于老龄工作的重要论述和指示，既根植于中华民族孝亲敬老的优良传统，又体现了中国特色社会主义新时代的鲜明特征，是习近平新时代中国特色社会主义思想的重要组成部分，为积极应对人口老龄化、高质量发展老龄事业提供了强大思想武器和行动指南。

全国老龄办党组成员、中国老龄协会副会长吴玉韶参加研讨会并主持专题研讨。全国政协、发改委、卫健委、民政部、国务院发展研究中心、中国老龄协会、中国人口与发展研究中心等单位有关领导，农工民主党各省级组织、广大党员和有关专家学者参加会议。

【2021年中国人口地理学术年会暨第12届城市社会论坛】

10月30日，以"城市人口、社会与空间"为主题的纪念胡焕庸诞辰120周年2021年中国人口地理学术年会暨第12届城市社会论坛在上海举行。此大会由中国地理学会人口地理专业委员会、中国人口学会人口资源环境专业委员会、中国人口学会人口迁移流动与城镇化专业委员会、上海市人口学会、华东师范大学社会发展学院、华东师范大学地理科学学院、华东师范大学城市与区域科学学院联合主办，华东师范大学人口研究所承办。大会围绕纪念胡焕庸先生和人口地理学主题，就中国人口分布、人口流动、人口地理研究新方法、城市经济社会生活、乡村振兴、人口健康等多个专题展开讨论。

【第五届人口迁移与可持续发展学术研讨会】

2021年10月30日，第五届人口迁移与可持续发展学术研讨会在广州举行。会议以"流动人口调查的回顾与展望"为主题，由中山大学人口研究所、《南方人口》编辑部、中国人口学会迁移流动与城镇化专委会联合主办。

开幕式由中山大学人口研究所教授侯佳伟主持。中国人口学会会长翟振武在致辞中指出，中国人口迁移流动对经济社会发展产生巨大影响，托起了中国的经济腾飞。

上午的主题报告环节由中山大学人口研究所副教授阎志强和杨晓照主持，中国人口与发展研究中心研究员齐嘉楠、福建师范大学人口与发展研究中心副教授柯文前、中国人口学会迁移流动与城镇化专委会主任王谦、中央民族大学民族学与社会学学院教授杨菊华围绕"全国流动人口动态监测调查"分享交流了十年组织实施调查和开发数据的体会，并展望未来。

下午，以"调查需求与调查方法"和"国内流动和跨境流动的调查"为主题，专家学者通过主题发言、圆桌论坛和自由讨论的方式展开研讨与交流。

闭幕式上，王谦对研讨会做了精彩总结。他以静态的高清晰照片和摄像机摇摇晃晃的动态画面做比喻，形象地说明不同部门机构组织进行不同类型的调查对记录人口迁移流动变化的重要作用，倡导继续开展各类人口流动调查，并呼吁及时开放调查数据。

【2021中国工会·劳动关系论坛】

12月5日，"2021中国工会·劳动关系论坛"在北京举办。会议由中国劳动关系学院劳动关系与人力资源学院承办。

论坛围绕"加强零工经济劳动者权益保障，提升劳动关系治理能力"的主题进行交流研讨，与会专家聚焦零工经济劳动者权益保障问题和国家在劳动关系领域的治理体系建设，从国家治理、政府政策、工会工作、企业发展、劳动者技能等不同方面，共同探讨保护零工经济劳动者权益的话题。

当前，如何维护好新就业形态劳动者权益，提升劳动者就业质量、服务劳动者需求，增强灵活用工治理能力，构建和谐劳动关系，事关更充分更高质量就业、事关公平正义、事关社会安全稳定，也成为工会与劳动关系研究领域需要深入探讨的重大课题。会上，中国劳动关系学院校长傅德印表示，此届论坛的议题既是当前国家较为关切的重大问题，也是"十四五"时期迈向高质量发展的重要议题。

会上7位专家分别以"旗帜鲜明地维护新就业形态劳动者权益""共同富裕视角下的零工经济劳动者权益保障""挑战与变革：工会维护新就业形态劳动者权益的几点思考""困在系统里的App劳动者""中国县域零工劳动者现状和权益保障""变革 平衡 合意——企业人员调整的法情理平衡之道""用工关系法律协调的历史图景与现代革新"为题进行主旨发言。

此外，论坛还通过"'十四五'时期的工会工作新局面"、"技能、算法与劳动"、"零工经济发展与劳动权益保障"和"新业态下的组织与个体"4个分论坛，进行了更为深入、细致、全面的研讨。50余位专家学者在分论坛上进行了发言交流。

【第六届劳动经济学会年会（2021）】

2021年12月11日，第六届劳动经济学会年会（2021）暨"面向现代化的中国劳动力市场和就业研讨会"在北京以线上线下相结合方式召开。此次年会由劳动经济学会主办，中国社会科学院大学经济学院承办，中国社会科学院人口与劳动经济研究所、中国人民大学劳动人事学院、北京师范大学经济与工商管理学院协办，并得到中国社会科学院大学科研处支持。会议议程由开幕式、主题报告、换届选举、平行论坛、闭幕式组成。此次会议收到投稿论文147篇，39篇论文作者做了报告。

中共中央党校（国家行政学院）社会和生态文明教研部副主任赖德胜教授发表主题报告。赖德胜教授的演讲题目是"更好发挥教育在共同富裕中的作用"。中国劳动关系学院校长傅德印教授发表主题报告。傅德印教授的演讲题目是"共同富裕的统计认识"。北京大学继续教育学院院长章政教授发表主题报告。章政教授的演讲题目是"关于加快国内大循环、培育国内大市场的一点新思考：经济学总公式再解析"。劳动经济学会人才发展分会会长、首都经济贸易大学劳动经济学院院长冯喜良教授发表主题报告。冯喜良教授的主题报告题目是"灵活雇佣的发展趋势及规范管理"。山东省社会科学院院长袁红英研究员发表主题报告。袁红英研究员的演讲题目是"面向现代化的就业、收入与政策需求——2021山东省经济社会调查报告"。

12月11日下午，来自全国各高校的专家学者、青年学子在四个平行论坛分别进行了专题研讨，围绕"教育、劳动力市场与就业""数字经济与劳动力市场体面劳动用工规制""迎接人才新发展机遇，创新人才发展新生态"等主题进行交流学习。

【2021年中国人力资本报告发布会暨第十三届人力资本国际研讨会】

2021年12月11日，由中央财经大学人力资本与劳动经济研究中心主办的2021年中国人力资本报告发布会暨第十三届人力资本国际研讨会在线上线下同步召开。会上，中央财经大学人力资本与劳动经济研究中心发布了中英文版本的《中国人力资本报告2021》，公布了我国最新人力资本估算结果。

此次会议共收到71篇投稿，最终选定39篇，在9个并行会场中进行学术研讨。会议内容涵盖了人力资本与劳动经济学相关领域，包括教育、健康、就业、经济发展、人力资本度量等主题。

中国人力资本度量项目由李海峥教授主持，中央财经大学人力资本中心师生参与。经过十三年的持续研究，项目组已经建立起一套全面系统的国际化的中国人力资本度量指标体系。《中国人力资本报告》系列采用基于教育程度的人力资本度量指标、基于国际通用的 Jorgenson-Fraumeni（J－F）终身收入计算法的综合人力资本度量指标，以及基于国际人力资本研究最新发展而建立的指标如广义人力资本度量指标。

《中国人力资本报告 2021》引入国家统计局、高校和社会调查部门等公布的最新数据对所有计算进行更新、调整及改进，形成了 1985—2019 年中国国家层面和省级层面（包括香港特别行政区和台湾地区）分城乡人力资本的多种度量指标，提供了最新的、更准确的人力资本估算结果。

【第十九次中国劳动经济学者论坛季会】

2021 年 12 月 11 日，第十九次中国劳动经济学者论坛季会聚焦"收入分配与社会保障"主题在线举行。会议由中国劳动经济学者论坛理事会主办，中南财经政法大学财政税务学院和收入分配与现代财政学科创新引智基地承办，由《经济学（季刊）》、《管理世界》、《世界经济》、《经济科学》、《劳动经济研究》、《中国经济问题》、《经济学报》、China & World Economy 等期刊提供技术支持。

中国人民大学财政金融学院的吕冰洋教授发表了题为"国民收入循环中的财政与分配"的主旨演讲。复旦大学经济学院的封进教授发表了题为"Long-term Care Coverage and Labor Participation at Older Ages: Evidence Through Benefit Anticipation"的主旨演讲。

"公共政策与收入分配"分论坛由《世界经济》编辑部宋志刚老师主持。山东大学王瞳老师的报告主题为"Labor Market Outcomes of Minimum Wage Changes: A Behavioral Perspective"；南京大学贾甜甜老师的报告主题为"Partial Privatization, Producer Service and Skilled-Unskilled Wage Inequality in Developing Countries"。

"养老保险与社会保障"分论坛由《劳动经济研究》编辑部屈小博老师主持。吉林大学韩树煜老师做了题为"新农保对农村中老年人劳动供给影响研究"的报告；中南财经政法大学的吴菁博士的报告主题为"社会基本养老保险会缩小城乡家庭金融资产配置差距吗？——来自 CHFS 的经验证据"；冷熙媛老师做了题为"基本养老保险对农村老年人医疗消费和慢性病干预的影响研究"的报告。

"人口老龄化服务与养老服务"分论坛由复旦大学经济学院封进老师主持。上海财经大学高鹏老师的报告主题为"医养结合是否提高了老年人的健康与幸福？"；西北大学董子越的报告主题为"居家社区机构相协调、医养康养相结合的农村养老服务体系建设路径研究"；郭晴老师做题为"数字经济、劳动力老龄化与企业生产率——基于雇主雇员匹配数据的研究"的报告。

"收入不平等"分论坛由《经济学报》编辑部施新政老师主持。郑州大学江求川老师的报告主题为"收入不平等抑制还是促进个人捐赠？"；合肥工业大学黄家文老师的报告主题为"互联网对代际收入流动性的影响研究"；郭海霞老师的报告主题为"中国城乡相对贫困指数的测度及变动分解"；陈家炜老师的报告主题为"义务教育法的实施有利于降低教育不平等吗？——来自教育挤兑视角的分析"。

"收入分配与劳动力市场"分论坛由中国人民大学经济学院孙文凯老师主持。天津大学买买提依明·祖农老师做了题为"市场竞争对企业收入分配的约束作用"的报告；西安交通大学的何洋博士的报告主题为"工业机器人使用对中国劳动力就业收入的影响"；北海道大学李梦丹博士做了题为"Trends in China wage inequality: The lower-tail widened more than the upper-tail"的报告；华中科技大学赵奎老师做了题为"Levelling the Playing Field: 200 years of Affirmative Action and Human Capital Accumulation in China"的报告。

"收入分配与'三农'问题"分论坛由北京大学公共卫生学院傅虹桥老师主持。广东外语外贸大学赖世海同学的报告主题为"鸿沟还是红利：农民工使用互联网能提高收入吗？"；北京工商大学刘蕾博士做题为"农民工返乡创业何以促进农村地区共同富裕？"的报告；李芳华老师做题为"Heterogeneous impacts of cash transfers on employment and earningsin developing regions"的报告；张震霖博士的报告主题为"城乡居民收入流动缓解收入不平等了吗？"。

"社会保险征收"分论坛由中国人民大学劳动人事学院罗楚亮老师主持。西南财经大学张冰老师的报告主题为"谁从社保降费中获益？——社保降费的归宿与福利分配效应"；华中科技大学黄永颖老师的报告主题为"地方财政调整的非对称性：基于中国降费率的经验证据"；首都经济贸易大学杜鹏程老师的报告主题为"社会保险征收体制改革与企业劳动收入份额"；何凡老师的报告主题为"谁承担了公司税负：税收征管的收入分配效应"。

"医疗保险与社会保障"分论坛由中南财经政法大学财政税务学院鄢伟波老师主持。北京大学黄家林老师做了题为"补充医疗保险对居民消费的影响：来自城乡居民大病保险的证据"的报告；华中科技大学叶巾祁老师的报告主题为"失去医疗保险影响短期健康和劳动供给吗？——基于城镇职工基本医疗保险改革的实证研究"；周闯老师做了题为"城乡医保统筹与农民工的家庭化迁移"的报告；冯晨博士做了题为"基层医疗质量提升与医患关系改善"的报告。

"其他社会保障政策"分论坛由中南财经政法大学财政税务学院陈三攀老师主持。中南财经政法大学赵颖老师的报告主题为"公共政策如何改善机会公平——来自中国健康扶贫的证据"；中南财经政法大学李宇潇同学做题为"延迟退休对子女生育的代际影响——基于CHARLS的实证分析"的报告；张海燕博士做题为"产假延长对母亲收入的长期影响"的分享；赵美洁博士的报告主题为"家庭育儿补贴政策、公共教育支出与经济增长"。

【2021中国职业发展论坛暨劳动经济学会职业开发与管理分会年会】

2021年12月19日，2021中国职业发展论坛暨劳动经济学会职业开发与管理分会年会在北京成功举办。此次会议由中国人民大学劳动人事学院、中国人民大学招生就业处、劳动经济学会职业开发与管理分会和组织行为研究所联合主办。

会议齐聚了我国职业开发与管理领域最具影响力的专家学者，吸引了来自全国职业开发与管理领域的学者、企业家和实践者线上参加。会议以"超越'内卷'：职业发展本质的再探寻"为主题，聚焦当今大时代背景下个人职业发展面临的挑战。

中国人民大学劳动人事学院院长杨伟国教授做开幕致辞并做题为"新工作范式与个体职业生涯"的报告。中国人民大学劳动人事学院副院长、劳动经济学会职业开发与管理分会会长周文霞教授发布2021中国人力资源职业发展状况调查报告。该报告为由中国人民大学劳动人事学院牵头，全国45所设有HR及相关专业的大学联合参与的"中国HR

职业发展状况追踪调查"项目的阶段性成果，从 2015 年至 2021 年，已经连续开展七年。中国人民大学劳动人事学院教授、劳动关系系主任吴清军做题为"灵活用工与员工职业发展：平台经济带动下的新管理模式"的主题演讲。北京航空航天大学经济管理学院教授苏文平做题为"从生涯价值观维度破解大学生'内卷'难题：基于生涯咨询的案例研究"的主题演讲。中央财经大学商学院教授朱飞做题为"当雇主品牌遇到无边界职业生涯"的主题演讲。学慧职业发展研究院院长高燕女士做题为"从小白到 CEO——二十年职业发展路上的关键选择"的主题演讲。北京师范大学经济与工商管理学院助理教授蔡子君做题为"当我们谈论职业危机感时我们在谈论什么？"的主题演讲。中国人民大学劳动人事学院教授彭剑锋做题为"中国企业家的职业人生焦虑与困惑"的主题演讲。

此次会议共选出一等奖三篇、二等奖八篇、三等奖十一篇、优秀奖八篇。随后，三位优秀论文获奖者代表做论文报告。第一位是首都经济贸易大学劳动经济学院人才学系教授苗仁涛，报告题目为"工作不安全感是导致员工离职还是工作投入：内外部自我职业生涯管理双中介机制效应"。第二位是中国劳动关系学院劳动关系与人力资源学院讲师高雪原，报告题目为"基于扎根理论的零工工作压力感知形成机理：以外卖骑手为例"。第三位是北京大学学生心理健康教育与咨询中心副主任、副教授庄明科，报告题目为"高校职业生涯发展咨询工作室建设标准研究"。

最后，周文霞教授做总结与致谢，并对职业生涯领域的发展现状做了分析，对职业生涯研究提出寄托与展望。

【新业态背景下灵活就业人员社会保障问题学术研讨会】

2021 年 12 月 19 日，由浙江大学民生保障与公共治理研究中心和中国社会保障学会养老金分会共同举办的"新业态背景下灵活就业人员社会保障问题学术研讨会"在杭州召开。

会议开幕时，中国社会保障学会副会长兼养老金分会会长、浙江大学民生保障与公共治理研究中心主任何文炯教授致开幕词。他指出，随着新业态的发展和数字化时代的到来，人们的生产和生活方式都在发生深刻变化，社会保障制度面临诸多新的挑战，国内外社会保障学界开始关注这一重大现实问题，希望在学理上予以清晰的解释，并为政府的社会保障制度改革提供有效的参考依据。

中国社会科学院社会政策研究中心唐钧研究员的发言题目是"民生保障：拓展视野和调整思路"。中国社会科学院世界社会保障研究中心郑秉文教授的发言题目是"新业态的就业特征与社会保险的应对思路——兼论欧美做法的得失"。中国社会保障学会副会长、西北大学公共管理学院席恒教授的发言题目是"新业态从业人员社会保险实现路径：融入与共享"。浙江大学公共管理学院刘涛教授的发言题目是"建立数字时代的社会保障学"。中国社会保障学会副会长、浙江大学国家制度研究院求是智库研究员、浙江大学共享与发展研究员金维刚的发言题目是"新业态从业人员社会保险问题与对策思路"。中山大学政治与公共事务管理学院岳经纶教授的发言题目是"灵活保障：平台经济从业者的社会保障困境与广东试点"。中国政法大学民商经济法学院娄宇教授的发言题目是"新业态劳动者的意外伤害保障制度"。浙江大学公共管理学院何文炯教授发言题目是"构建与数字化时代相适应的社会保障制度"。

下午分论坛一的主题是"平台经济崛起与社会保障制度面临的挑战"。武汉大学社会学院张杨波副教授的发言题目是"职业风险的形成与化解机制研究——以城市快递小哥群体为例"。北京外国语大学法学院闫冬副教授的发言题目是"社会保障缴费基数的'去工资化'"。华中科技大学社会学院陈斌副教授的发言题目是"挑战与机遇并存：数字经济对社会保障制度的影响研究进展"。南京大学政府管理学院于萌助理研究员的发言题目是"青年劳动者为什么选择平台就业？——基于布尔迪厄的资本理论分析"。

分论坛二讨论的主题为"新业态就业与社会保险制度"。西安交通大学公共政策与管理学院王立剑教授的发言题目是"新业态背景下社会保险制度包容性研究：内涵、审视与调适"。中国人民大学劳动人事学院郭瑜教授的发言题目是"数字经济下的养老保险：挑战与改革"。武汉大学社会保障研究中心薛惠元副教授的发言题目是"灵活就业人员养老保险研究"。浙江大学公共管理学院特聘副研究员马高明的发言题目是"新业态从业人员社会保险参保状况与成因分析——基于江浙两地调查"。中国人民大学劳动人事学院乔庆梅副教授的发言题目是"从地方探索到顶层设计：灵活就业者工伤保险问题及政策选择"。

最后，何文炯教授对此次会议做了总结，表示，无论是国内还是国外，关于新业态背景下社会保障问题的研究尚处于起步阶段，因而学界应当予以足够的重视并进行持续深入的研究，从而作出原创性的学术贡献。

【"实施积极应对人口老龄化国家战略"高端研讨会暨《积极应对人口老龄化战略研究报告2021》发布会】

2021年12月28日，"实施积极应对人口老龄化国家战略"高端研讨会暨《积极应对人口老龄化战略研究报告2021》发布会在京举行。会议由中国社会科学院应对人口老龄化研究中心、中国社会科学院大学黄埔高等研究院、中国社会科学出版社联合主办。

钱伟书记在致辞中指出，实施积极应对人口老龄化国家战略是我国的一项重大战略决策。蔡昉研究员在演讲中提出了"生育率悖论"，即生育率因经济社会发展而降低，在降低到一定程度后，却反过来阻碍经济社会发展。杜鹏教授以"中国老龄化社会20年的实践与前瞻"为题进行了演讲。他认为未来我国老龄社会将呈现出五大新特征：老年人口增速加快，峰值将接近5亿人；人口老龄化程度深，将超过发达国家平均水平；高龄化特征愈发凸显，失能人数增加；老年人口受教育水平高，老年人力资源禀赋提升；老年人口的经济收入更有保障，消费观念升级。陆杰华教授围绕"共同富裕目标下新时代养老服务高质量发展"进行了演讲。李志宏主任对《中共中央 国务院关于加强新时代老龄工作的意见》进行了解读。

会议发布了由中国社会科学院应对人口老龄化研究中心和中国社会科学院大学黄埔高等研究院联合支持，林宝研究员主编的《积极应对人口老龄化战略研究报告2021》，报告主题为"积极应对人口老龄化：内涵、举措和建议"。

中国社会科学院大学校长张政文教授、中国社会科学出版社社长赵剑英研究员、中国社会科学院人口与劳动经济研究所所长张车伟研究员对报告的发布进行了祝贺，认为报告非常及时，切合国家战略需要，并希望系列报告继续关注实施积极应对人口老龄化国家战略的关键问题，深入开展研究，及时发布成果。

索　引

B

毕业生　15，18，27－29

C

财政　5，9，12，13，16，21，24，56，64，75，78，82，107，118，119，151，155，156，161
残疾人　55
产教融合　14－16，81
产业结构　16，115，154，155，157
城乡　6，9，13，22，24，27，28，32，33，38，41，43，45，53，55，57，60，65－67，75，83，156，157，159
城镇化　42，47，102，103，108
初婚　105
储蓄率　116，118
创业　10，14，16，22，26，27，29－33，72

D

大学　10，12，15－17，23，28，29，66－68，89，159
代际　3，41－45，49，51，56，57，59，76，102，105，106，109，113－116，151，160，161
独生子女　6，39，46，49，55，103，150

E

二孩　37－39，105－109，118

F

发达国家　19，87，116，147，154
服务体系　4，5，8，13，20，22，24，41，46，60，101
服务业　13，23，32，43，53，54，64，71，77，81，90，115，116，149，157，159
福利　12，13，20，25，31，45，54，65，69，79，84，85，107，146，152，154，156－158
负增长　82，105，118

G

改革　4，8，13，14，16，19，27，30，52－54，64，66，67，75，78，80，81，87，99，101，108，116，148，151，153，154，156－161
高校　10－12，27－30，67，77，81，150，152，153，157，159
高学历　77，150，160
高中　15，67，68
工会　7，13，73，74，81
工业　13，16，27，64，79，148，149，158
工资　12，16，28，29，31，32，54，55，62－64，66，69，71－74，77，79，80，116，148－150，153－156，159，161
公共服务　5，6，8，10，22，27，33，103，157，160
公共卫生　8－10，28，87，101，102

567

H

互联网　10，11，20，21，27，45，48，58，59，71，73，106，153

户籍　28，39，43，46，50，55，64，66 - 68，101 - 103，148，151，160

婚姻　11，37，39，44，49 - 51，57，59，60，105，109

J

机器人　148，149，152，158，159

疾病　5，13，25，86，88，89，103

技术进步　88，146，149，154，161

家庭　3 - 12，19，20，22，24，25，27，31，37，41 - 46，49 - 51，55 - 60，63 - 69，76，77，83，85，89，90，101 - 104，106 - 109，114 - 118，146 - 148，150，151，153，156 - 158，160，161

教育　4 - 7，9 - 18，20，22，24，25，27 - 32，42，43，48，50，51，57，59，60，62，65 - 68，71，75 - 78，81 - 83，87，102，104，108，113，114，116，118，119，148 - 153，155，157 - 161

金融　5，13，16，24，27，32，68，81，83，86，115，147，153，158

就业　6，10，12，14 - 16，18，22，24，31，41，46，62 - 65，68 - 72，74，75，77，78，80 - 82，114，119，149，150，152，157，158，161

K

科研　11，28，30 - 32，72，78 - 82，160

L

劳动关系　22，70 - 74

劳动力　3，22，23，41，47，49，53，54，60，62 - 64，66，68 - 79，82，83，104，113 - 117，146 - 160，162

劳动者权益　73，79，146

离婚　50，51

流动人口　37，39，46，47，50，58，62，65，68，75 - 77，101 - 103，105 - 108，149，151，152，154，157 - 159

M

民族　3 - 5，7，8，27 - 29，48

N

男性　42 - 44，46，50，51，55，57，58，60，63，72，75，116，161

年龄结构　38，40，49，53，55，75，104，105，113 - 115

农村　6，9，11，15，18，26 - 33，38，42 - 45，50，51，57，64 - 66，80，87，104，149，160

农民工　15，27，29，30，43，44，50，51，101，102，150

农业　15，18，26，27，29 - 32，43，46，55，62，80，102，103，116

女性　3，6，22，38，42，44，46，49 - 51，55，58，60，62，63，72，75，82，104，106，116，148，152，158，161

P

培训　6，10 - 12，15 - 17，26 - 31，63，81

贫困　22，24，65，70，147，150，156

平等　6，22，40，44，49，55，57，64，65，82，109，156

Q

企业　5, 6, 9-11, 15-17, 19-24, 26, 27, 30-32, 54, 63, 64, 66, 69-73, 76, 79-81, 83, 85, 87, 88, 148, 149, 152-155, 158, 159

青年　14, 22, 30, 32, 49, 62, 63, 74

R

人工智能　15, 80, 146, 149, 158

人口红利　41, 53, 62, 68, 73, 79, 82, 104, 108, 114, 117, 119, 146, 152, 162

人口结构　3, 4, 24, 41, 48, 53, 83, 101, 108, 113, 117-119, 155

人口老龄化　3, 4, 8, 11-13, 19, 46, 52-55, 60, 62, 70, 71, 73, 82, 83, 87, 89, 101, 103, 105, 108, 113, 116, 118, 151, 154, 157, 159, 160

人口普查　37, 46-48, 52, 60, 70, 71, 82, 83, 104, 106, 108, 109, 158

人口迁移　37, 46-49, 51, 69, 70, 83, 114, 115, 157

人口转变　39, 49, 83, 116, 161, 162

人力资本　3, 26, 32, 54, 60, 62, 66-68, 77-80, 82, 83, 88, 89, 101, 104, 108, 113, 115, 117, 119, 150-153, 155, 156, 158, 161, 162

入学率　67, 68

S

三孩　3, 4, 37, 108

社会保障　8, 13, 16, 25, 31, 44, 65, 70, 73, 80

生产率　53, 62, 69, 71, 73, 78-80, 88, 113, 115-117, 146, 152, 153, 155, 157, 160-162

生命周期　5, 19, 39, 43, 55, 67, 78, 79, 87, 103, 107, 116, 118, 150

生育　3-7, 9, 22, 24, 25, 37-39, 62, 63, 68, 78, 82, 101, 103-109, 113, 115-118, 147, 148, 150, 152, 161

失能　9-11, 19, 20, 23, 43, 45, 55

失业　62, 63, 70, 73, 74, 104, 150

世界银行　148

市民化　101, 102

收入　9, 16, 18, 19, 22, 28, 42-44, 50-53, 56, 57, 62-68, 71-78, 80, 103, 107, 113-116, 148-150, 152-161

收入分配　44, 53, 64, 113, 114, 154, 156, 159, 161

数字经济　73, 75, 79, 146, 153

死亡率　39-41, 88

随迁　58, 157

T

投资　5, 9, 12, 19, 21, 32, 54, 66, 67, 75, 77, 78, 81, 83, 90, 104, 113, 115, 150, 153, 159, 161

退休　11, 28, 31, 46, 53-55, 60, 63, 71, 78, 113, 114, 146, 147, 150, 151, 156

脱贫　3, 4, 22, 70, 80, 147

W

务工　29

X

乡村振兴　9, 15, 16, 22, 26, 29-32, 80, 81

乡镇　9，10，12，28，29，31，32
消费　10，12，20，43，53，57，59，85－87，113，115－117，119，147，153，154
小康社会　3，4，70，103
幸福感　8，43－45，57，104
性别比　4

Y

养老保险　9，19，28，31，42－44，53－55，63，71，75，82，113，114，118，151，153，154，156，160，161
养老服务　8－13，20，21，23，25，41－43，46，57，60，89，103
医疗保险　20，31，147
医疗机构　10，12，21
医疗卫生　9，10，21，25，28，31，56，90
医养　8，10，13，21，41，56，60，87
移民　48，49，68，69，75，149，158
义务教育　31，155
抑郁　57，103，104
疫情　39，40，47，48，62，63，70，71，73，86，87，90，109，149，150
育儿　6，7，22，43，101
育龄妇女　25，38，39，109

预期寿命　39，40，54，55，59－61，63，71，78，83，105，118，150，151，156
孕产妇　5

Z

照料　3，6，7，9，10，12，20，21，42，43，45，46，52，55－57，59，60，101，103，106，148，150，161
诊疗　25，86
支出　9，18，44，65，66，71，77，78，82，88，116，118，119，151，152，155，156，160
职工　5，6，9，11，22，24，27，30，31，71，74
制造业　53，54，63，64，66，78，79，90，114，147－149，152，153，156
中医　90
住房　5，6，12，13，24，28，31，60，102，103，108，116，159
资本　3，15，21，26，31，32，54，58，60，62，66－68，77－83，88－90，101，104，108，113，115，117－119，147，148，150－153，155，156，158，159，161，162